“十二五”国家重点图书出版规划项目

河北省国民经济和社会发展“十二五”规划项目

燕赵文库

# 〔乾隆〕畿辅义仓图

〔清〕方观承 撰
崔广社 马秀娟 袁茁萌 整理

燕赵文库编辑出版委员会
河北大学出版社

**图书在版编目（CIP）数据**

［乾隆］畿辅义仓图 /（清）方观承撰；崔广社，马秀娟，袁茁萌整理．— 保定：河北大学出版社，2017.5
（燕赵文库）
ISBN 978-7-81097-770-8

Ⅰ．①畿… Ⅱ．①方… ②崔… ③马… ④袁… Ⅲ．①社会救济－粮仓－史料－河北省－清代 Ⅳ．① D691.9

中国版本图书馆 CIP 数据核字（2016）第 065974 号

丛 书 名　燕赵文库
丛书编者　燕赵文库编辑出版委员会
书　　名　［乾隆］畿辅义仓图
撰　　者　［清］方观承
整　　理　崔广社　马秀娟　袁茁萌

责任编辑　韩立霞
美术编辑　赵　谦
封面设计　李　欣
责任印制　靳云飞

出版发行　河北大学出版社（保定市莲池区七一东路2666号）
排　　版　保定市万方数据处理有限公司
印　　刷　河北新华第一印刷有限责任公司
开　　本　787毫米 × 1092毫米　1/16
印　　张　22.25
字　　数　400 000
版　　次　2017年5月第1版　2017年5月第1次印刷
印　　数　1-1 400
书　　号　ISBN 978-7-81097-770-8
定　　价　110.00元

# 《燕赵文库》编辑出版领导小组



# 《燕赵文库》编辑出版委员会

# 出版说明

一、燕赵大地，历史悠久，人杰地灵，孕育了一批又一批名人大家。燕赵文化，源远流长，博大精深，是中华民族优秀文化的重要脉系。中共河北省委、河北省人民政府决定编纂出版《燕赵文库》大型丛书，对于保存燕赵文化元素、挖掘其当代价值、构建传承体系、推动当代经济社会发展，都具有重要的意义。

二、本着『整理、传承、研究』和『存史、资政、育人』的宗旨，《燕赵文库》选取具有较高历史价值和深远影响，在思想文化发展史上占有一定地位，并具有借鉴作用的前人著述，以及现当代学者研究河北文化的著述，分为《文献编》和《研究编》两部分。

《文献编》选收现今河北区域，或历史上属于燕赵地域，或长期客居燕赵且著述内容多反映河北文化的名人佳作。时限自古代至民国，按历史时期分为五卷，另有方志档案卷。预计收四百四十余种，四百九十余册。

《研究编》选收现当代学者研究燕赵文化各领域的著述。研究时限自古代至一九四九年，按研究的内容分为历史、人物、文物、风物、艺术、综合等六卷。预计收二百六十余种，二百一十余册。

为保存和查阅之便，两编各自按卷次编号，以罗马数字和阿拉伯数字分别标明卷次和册次。

三、《燕赵文库》除个别影印的图书外，一律采用简化字横排加新式标点的方式出版。简化字的使用，以二〇一三年六月十五日经国务院同意，由教育部、国家语言文字工作委员会组织制定并予以公布的《通用规范汉字表》为准。标点符号的使用，以二〇一一年经国务院同意，由国家语言文字工作委员会、新闻出版总署修订并重新予以公布的《标点符号用法》为准。

四、为保证数字使用的规范和统一，《燕赵文库》的《文献编》一律使用汉字数字。《研究编》中的现当代人的著述，其文字、标点、格式等均按现行出版有关规定使用和处理。

五、凡《燕赵文库》所收图书，均由校勘者、研究者撰写前言一篇。《文献编》的前言主要介绍该书作者生平、版本、内容及其学术价值等；《研究编》的前言主要介绍该书的研究视角、基本观点及在学术界的影响等。

《燕赵文库》编辑出版委员会

方观承（1698～1768），清安徽桐城人，字遐谷，号问亭，一号宜田。雍正时为平郡王记室。乾隆七年（1742）授直隶清河道，官至直隶总督、太子少保。督直隶20年，皆掌治水，前后奏上治河方略数十疏。继赵一清、戴震辑《直隶河渠书》130余卷。与秦蕙田同撰《五礼通考》。自著有《述本堂诗》《宜田汇稿》《问亭集》，另编绘有《畿辅义仓图》。谥恪敏。

《畿辅义仓图》计有绘图144幅。编绘该图，意在按图稽仓，按仓稽粮，以资措理。为此，直隶各州、县、卫各绘一图，共计村庄39687处，为仓1005座，以及各仓粮储若干。同时，载有《义仓奏议》《义仓图凡例》《义仓规条》，评述设立仓之宗旨、依据、管理 办法等。

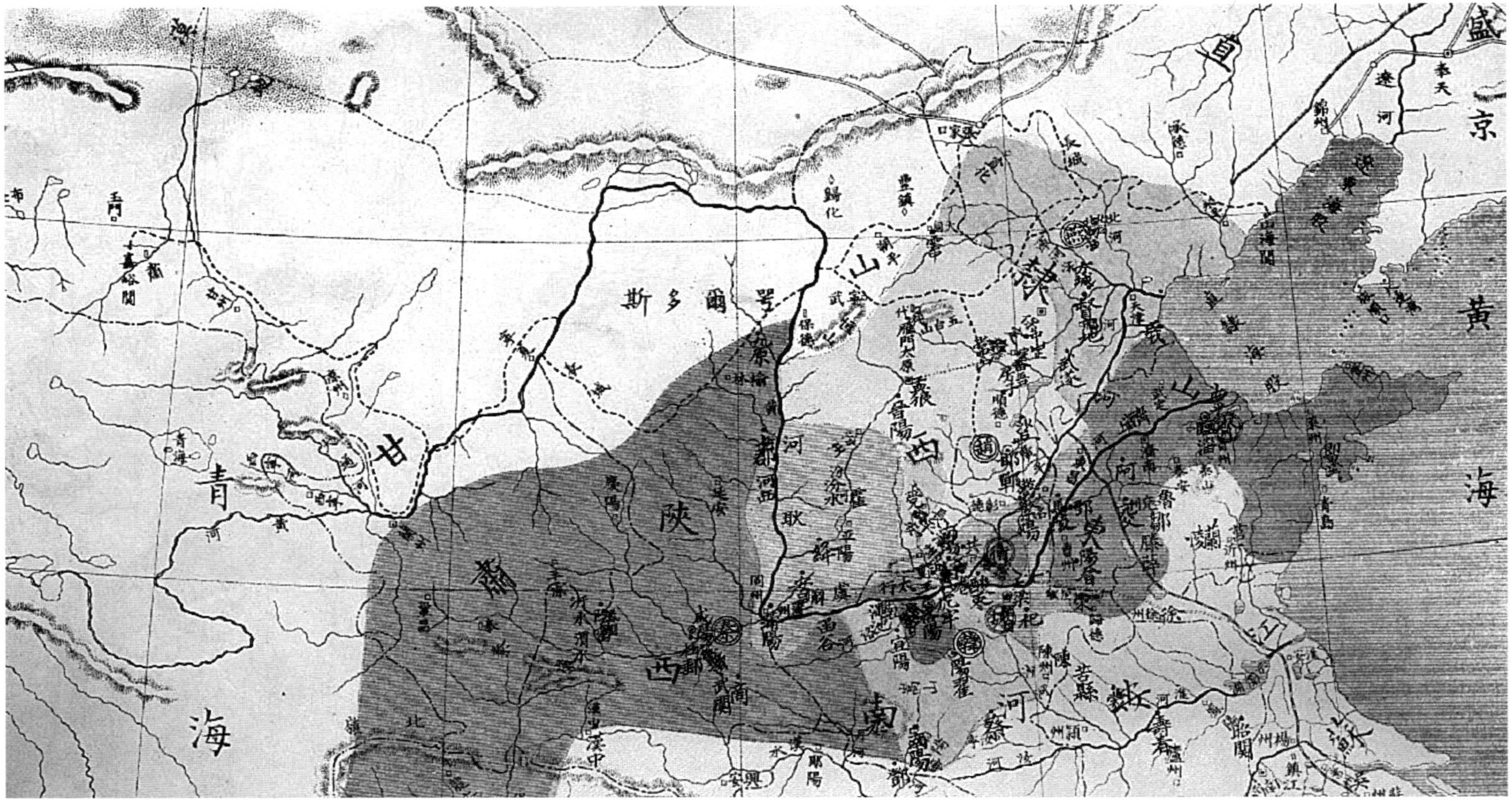


畿辅区域略图

# 前言

《畿辅义仓图》，清人方观承撰，乾隆十八年刊本。原书一函六册，板框高二十三点二厘米，宽三十二点二厘米。书前载《义仓奏议》《义仓图凡例》和《义仓规条》。其主体内容为直隶省所辖各州县卫之义仓图，共计一百四十四幅。此次出版，据河北大学图书馆藏本影印。

方观承（一六九八至一七六八），字遐谷，号问亭，又号宜田，室名述本堂，谥恪敏，安徽桐城人。著述颇丰，有《述本堂诗》《薇香集》《燕香集》《问亭集》等。乾隆十一年，皇帝下旨命地方大臣劝立义仓，值方氏署理山东巡抚，直接管办此事。其继任直隶总督后，更是大力督办。从制订《义仓图凡例》《义仓规条》到组织绘图、刊刻，事必躬亲。其间遇有要事，则及时奏请御批。可见，建立义仓洵为一项重大的利民工程。清直隶省所辖，盖今北京、天津、河北全境，及河南、山东、辽宁、内蒙古、山西部分属地，拱卫京师，称为『畿辅』。所谓『义仓』，是我国古代的一种粮食储备制度。在中国古代社会，生产力水平低下，农业生产受自然和社会因素影响，人民生活很不稳定，一遇灾荒之年，民不聊生，引发社会动荡。为此，历代王朝曾谋求解决之方。据《周礼》记载：『遗人，掌邦之委积，以待施惠。乡里之委积，以恤民之艰厄；门关之委积，以养老孤；郊里之委积，以待宾客；野鄙之委积，以待羁旅；县都之委积，以待凶荒。』三代以下，国家粮食储备制度逐步建立。首先设立官仓，也叫『常平仓』，由官府出资，修仓建廒，征购粮食，设立机构，遣吏值守。官仓略相当于今天的国家粮食战略储备。但官仓一般设于城市，而人口却集中于村社。官仓在征储、赈济中，多有不足。作为补充，由官方主导，又建立了一整套民间粮食储备制度，称『社仓』或『义仓』。方观承在《义仓奏议》中阐述了义仓的历史、意义和命名理由：『隋臣长孙平，因之为义仓之制，令诸州百姓当社立仓，随所收获，劝课出输，领之社司，以时赈发。唐宋递相遵仿，至朱子而规画倍详。仓虽以社为名，事实与义同例。一切输受之法，条目兼该，而其要尤在地近其人，人习其事。

良以官之为民计，不若民之自为计，故守以民而不守以官。城之专为备，不若乡之多所备，故贮于乡而不贮于城。其输之也不劳，其散之也易遍，其操之也不迫，其察之也易周，是以积久而蠹不生，施溥而泽可继，虽有水旱不齐之岁，而无仓皇四出之民。制莫有善于此者也。』义仓的建立在其所处之时代，确有现实需要与积极意义。然其亦有不足与时弊，此不赘言。

《畿辅义仓图》，即清乾隆年间直隶各州县卫的义仓建设规划图之合集。全书包括文本和地图两大部分。文字内容在前，包括《义仓奏议》《义仓图凡例》《义仓规条》。《义仓奏议》可以使我们了解义仓设立的原委，及建设过程中的某些细节。《义仓图凡例》则为义仓图的绘制和使用说明。《义仓规条》是载有义仓设立原则、规章和措施的规范性文件。通过奏议可知，规条的制订具有示范性，有意向全国各督府推广。书中地图部分为义仓的建设规划图，如方氏奏议所言：『以有谷而不筹其地，则浥变可虞。有地而不察其形，则经界莫定。故劝捐必先建仓，建仓必先绘图。』全书收图一百四十四幅，标识义仓一千零五座，遍及直隶省一百四十四州县卫的三万九千六百八十七个村庄，其规模之大、工程之繁，可以想见。各图由州县地方按照统一的《义仓图凡例》分别绘制，故其村界、里程由实测得来，翔实可靠。概言之，义仓图的绘制有三大优点。其一，内容翔实、准确。州县各图每格以五里为准，格之大小视治域广狭而定。附仓各村庄俱注明至仓里程数，州县大小村庄悉备，与义仓有关的山地、河流一并绘入。其二，注释规范、简明。每幅图中均有释文，其条目基本一致，包括州县名、以县治为中心至其边界的距离、村庄数量、义仓名称及数量、时任知县等内容。其三，构图美观大方，布局合理。标注灵活，照顾披览。

还应该指出，《畿辅义仓图》作为地方图志的一个独特成果，不仅具有重要的实用价值，而且具有深远的历史意义。首先，就其刊刻的时间而言，其适应了义仓建设的时代需要；就其官吏的管治而言，按图稽仓可知远近，按仓稽谷可知丰歉。其次，它又是一部畿辅乡村史，所记村落的名称、数量、方位及山地、河流、滩涂是十分难得的清前期史料集。再次，它更是研究我国古代粮食储备制度及农业发展史的必备资料。

整理者

二〇一四年十一月二十日

# 目录

# 畿輔義倉圖

奏議　凡例　[illegible]

# 義倉奏議

太子少保都察院右都御史總督直隸兼理河務臣方觀承

奏為經理義倉告成繪刻全圖恭呈
聖鑒事竊照積貯為本計所關而推行惟義倉尤便蓋鄉村分貯則斂散可以隨時典守在民則吏胥無由滋弊歷稽前代良法具存自周禮遺人之掌門關鄉閭各有委積以待艱阨隋臣長孫平因之為義倉之制令諸州百姓當社立倉隨所收穫勸課出輸領之社司以時賑發唐宋遞相遵倣至朱子而規畫倍詳倉

雖以社為名事實與義同例一切輸受之法條目兼該而其要尤在地近其人人習其事良以官之為民計不若民之自為計故守以民而不守以官城之專為備不若鄉之多所備故貯於鄉而不貯於城其輸之也不勞其散之也易徧其操之也不迫其察之也易周是以積久而蠹不生施溥而澤可繼雖有水旱不齊之歲而無倉皇四出之民制莫有善於此者也

我

皇上念切民依

仁周蔀屋凡於備荒足食之政靡不

宵旰勤求尤以義倉足資民間緩急於乾隆十一年十月
特降諭旨
命地方大吏乘時勸導臣先於直隸布政使任內與督臣
那蘇圖欽遵
訓諭酌議規條以有穀而不籌其地則浥變可虞有地而
不察其形則經界莫定故勸捐必先建倉建倉必先
繪圖當經指示屬員通行循照及臣蒙
恩擢任畿輔因復申明前令次第經理就其幅員之廣狹
度其道里之均齊於四鄉酌設倉座自三四區以至
十八區其地必擇烟戶稠密形勢高阜之處使四面

村莊相為附麗近在十五里内者三十三縣在二十
里内者七十三州縣在二十里及二十餘里者三十
三州縣衛在三十里内者三州縣在四十里内者二
縣期於往返各便賙捄易通比年以來仰賴
聖主福庇年穀豐登人民和樂臣與諸有司隨宜勸導俾
各出其有餘斗石不限以數粟黍悉從其便務在樂
輸無稍勉強如一州邑中豐歉不齊歉處即停其報
捐選擇倉正專司簿鑰不許吏胥干預現據報捐新
舊義穀共二十八萬五千三百餘石而圖與倉先後
告成州縣衛各具一圖大小村莊並各村到倉里數

悉載統計為圖一百四十有四合一百四十四州縣衛共村莊三萬九千六百八十七為倉一千有五臣詳加訂正鏤板刷印一貯布政司庫一貯本州縣衛按圖以稽倉而知各村之孰遠孰近按倉以稽穀而知四境之或絀或盈由是儲蓄遞年有增規畫因時漸擴而有司凡於境内賑糶惠民之舉辦方隅計道里披圖瞭然亦足以資措理臣謹參合新舊事宜酌籌規條另摺奏請

聖訓久遠遵循以期仰副我

皇上惠保無疆之

至意茲將義倉全圖按府州所屬繪寫十四冊敬刊凡例

恭陳

御覽又所刻各州縣衛倉圖謹彙次裒成六軸一并恭

進伏祈

皇上聖鑒乾隆十八年二月十九日奏本日奉

硃批知道了圖留覽欽此

奏為詳酌義倉規條恭請
聖訓事案照乾隆十一年十月十一日欽奉
上諭義倉一事乃急公慕義之人當米穀有餘輸之於倉
以備緩急目下正值豐收之際宜飭地方官善為鼓舞
勸導以足倉儲蓋米穀為民食攸關乘此豐年當廣為
儲蓄之計可一并寄諭那蘇圖凡有益積貯之事令其
悉心籌畫茲已交冬當急為經理毋致後時欽此當經
前督臣那蘇圖欽遵
諭旨陸續勸捐并酌籌善後事宜六條奏准通行遵照是
時臣蒙

恩命暫署山東巡撫敬體
皇上足民重本之
聖心諮詢東省州縣預籌積貯並應舉行義倉經臣奏蒙
聖鑒亦在案兹當直隸各屬義倉普律告成節年以來經
理事宜尚有應行增損者理合覆加酌定以期可垂
久遠案原議規條内如動項建倉並賃房收貯一條
今義倉業已建齊毋庸復動公項另籌收貯又倉正
副三年無過題請議叙一條已奉部議停止均應删
汰而倉房規制以及修葺出納收掌盤查等項從前
尚有未經議及之處臣謹悉心籌酌釐為五事一十

七條另繕清摺恭呈
御覽仰懇
聖主俯賜
訓示晝一遵守庶奉行悉有依據而儲蓄益資廣裕矣為
此恭摺具
奏伏祈
皇上聖鑒乾隆十八年二月十九日奏本日奉
硃批諸凡周詳要在實力行之欽此

義倉圖凡例

一州縣各圖每格以五里為準格之大小視治之廣狹

一圖内附倉各村莊俱註明至倉里數

一圖載一州縣之大小村莊悉備其境内山川惟有關眉目者乃繪入

一附倉村莊在十五里内者盧龍清苑博野容城完縣蠡縣東鹿新安阜城肅寧交河寧津吳橋故城東光慶雲欒城無極鉅鹿肥鄉廣平邯鄲大名南樂魏縣清豐南宮新河棗強高邑武強饒陽安平三十三

縣
一附倉村莊在二十里內者大興宛平良鄉固安香
河三河武清順義涿州霸州文安薊州平谷遷安撫
寧昌黎灤州樂亭臨榆滿城安肅定興新城望都雄
縣祁州安州高陽河間獻縣景州天津青縣鹽山正
定獲鹿井陘藁城新樂邢臺沙河南河平鄉廣宗唐
山任縣永年曲周雞澤成安威縣清河磁州元城東
明開州長垣遵化州豐潤易州淶水冀州衡水武邑
趙州隆平栢鄉寧晉深州定州曲陽深澤保定七十
三州縣

一附倉村莊在二十里內及二十餘里者永清東安通州寶坻寧河昌平州密雲懷柔大城延慶衛唐縣任邱行唐靈壽平山元氏贊皇晉州內邱宣化赤城萬全龍門懷來蔚州蔚縣西寧懷安延慶州保安州玉田廣昌臨城三十三州縣衛

一村稀地錯附倉在三十里內者靜海滄州南皮三州縣

一山村窵遠附倉在四十里內者房山阜平二縣

一山鄉如涿州三坡二十三村居民樵炭為業濱海之區如天津縣羊回等十四村鹽山縣狼坨鋪等七

村居民魚鹽為業皆存其村名無庸建倉

一宛平縣西抵懷來縣境一百七十五里西北抵宣化縣二百十五里涿州西北抵三坡二百里房山縣西抵蔚州三百二十里淶水縣西北抵馬水口二百三十里山徑遼遠不能悉按五里界格祇於分界處

註明里數

一境内大川如正定之滹沱河固安永清之永定河其附倉村莊不取隔河為近以免勞涉

一境外村莊稠密並應建倉者如開州陳家樓等四十六村坐落東明縣境内長垣縣天鵞坡十三村坐

七

落山東曹縣境内俱另為界畫置倉一區
一境外村莊稀少如寧河縣之何家流岳家莊青坨
三村即附入西關莊倉延慶衛之顏家溝附大兵馬
營倉又西南之北河澗附南口倉
一熱河道屬之熱河喀喇河屯八溝塔子溝四旗五
廳口北道屬之多倫諾爾張家口獨石口三廳係内
地農民出口佃種與土著有間無庸建倉
一大興宛平與五城地方相錯附者皆界畫之
一蔚州蔚縣同隸一城仍各繪一圖
一直隸省計直隸州六府屬州十有六縣百二十一

衛一共一百四十四州縣衛內總計村莊三萬九千
六百八十七建倉一千五區

# 義倉規條

一擇地建倉

案朱子社倉之法方五十里而置一倉準邑之大小酌其數方五十里者一面十二里半也倉立其中四隅之稍遠者亦不及十里最於民稱便但州邑之大者需倉過多今於每州縣衛内擇大村集鎮酌建倉廒自三四區至十八區令四面村莊皆在十五里及二十里之内間有山程崎遠海濱遼闊村落無多亦不出三四十里俾捐輸曉諭易徧賑貸老弱能來且衆情曉然知捐於此者即可取於此積於公者無異

藏於家閭里族黨相賙相救無非耳目相接之人於
以發其任䘏之情而取效集事為尤速州縣辦此先
將闔境村莊繪圖齊全某處立義倉一區附倉若干
里之内為某某村莊各註明到倉里數各倉各村用
五色筆別之其境内高山大川為疆界眉目所繫者
一並繪入鋟版存縣印送院司道該管府州存案仍
將義倉幾處各畫一圖懸之本倉村民視之更為瞭
然向後積貯日廣更於鄉鎮社約湊總之地參錯增
建則多而益近總不得取便在城致違本制
每倉瓦房三間俾可貯穀千餘石周以高垣門額題

某村義倉按方位列各村於後再建小房一間以居守倉之人倉宜分間各門以便新舊穀輪流出借並便盤查雜糧無多另以囤置之士民有捐輸工料建義倉一座者折照穀價一體獎勵所需芻藁木植土墼村民有零星捐備並力作者俱簿記之分別加獎各倉應歲加葺補或數年一次修理所需工料倉正副稟縣勘明準動息穀變價充用如捐穀漸多應添建倉廒並於息穀內動支凡倉廒工作俱估計册報本管府州立案直隸州報本道立案

一勸捐分別獎勵

秋收豐稔之年該管道府州董率州縣勸導捐輸紳衿士庶人等捐穀十石者州縣官給以花紅三十石以上奬以匾額五十石以上報明上司遞加奬勵准將各年所捐前後通算至二百石者照例核實具題給以九品頂帶三百石者給以八品頂帶四百石以上者給以七品頂帶其有捐雜糧者折照穀數畫一奬勵近京五百里内旗莊正身有願在所住産業地方捐輸者悉照民人之例予以奬勵所收穀石即貯該管州縣義倉内一體辦理

勸捐之法州縣設立印簿多本將勸捐義穀緣由摘

敘簡明書之簿首就附倉諸村內延擇紳衿鄉老殷
實可信者各數人轉相勸諭無論粟米雜糧不拘升
斗斛石聽捐户自登姓名數目毋許抑勒強派各按
村莊總歸一簿勿使紊淆每年於秋收後舉行十月
內交倉註收州縣核實總數限於十一月內詳府申
司彙總通省捐數報院麥收後有願捐者聽鹽當商
有願捐者聽官捐倡首即於登簿之日交出實數貯
倉其年歉收在六分以下停捐如富户自願捐者逾
格旌之

一典守擇人

每鄉穀數在五百石以内者立倉正一名經管千石
以上添設倉副共為經理統於鄉耆中公舉端謹殷
實之人充當免其差徭將姓名申報存案不得違例
引用生監
倉正副經管三年果能鄉井休戚相關辛勤無誤遵
照新例由州縣詳府州給匾獎勵六年無過許府州
詳布政司給匾十年無過許布政司報院給匾徇私
者革懲侵蝕者治罪賠補
倉正副稟事許徑赴州縣署不許胥役隔手平時亦
不許胥役至倉其經理勤妥者州縣官歲首傳集公

堂勞之酒食以示鼓勵

倉置夫二名或一名往倉看守於息穀内每名按月給工食穀五斗如需加增視歲入息穀多寡隨宜酌辦

一出納積息

每年於青黃不接之時分半出借定於三月下旬開倉預期倉正副先計一倉應借之數按村莊大小核明某某村各應借若干開具清榜送官核明標發實貼倉門俾各村皆知應借之數願借者互保具領到倉倉正副核明應借各於領内畫押登簿每戶自數

斗至二石為止願借雜糧者聽仍不得逾於借穀之數如已借常社倉穀即不準重借令於領內註明並無重借字樣游手不事生業之人不準借通一村無捐戶者不準借倘有強借情事立即稟究事畢倉正副將出借花名簿領送州縣查核鈐印秋收後發倉照數催還倉正副並其同居親屬準於常社倉借給毋得即借本倉之穀

借穀限於秋收後十月內還倉收成八分以上加一收息收成六分七分免其加息每斗收耗穀三合五分以下緩至次年秋後分別加免還倉借雜糧者豐

[illegible]

年[illegible][illegible]交還仍照穀數加息各户交還正息穀俱令正副長眼同登簿於原借簿内註銷通計所收正息穀若干正太若干免息若干分晰開載歲底送州縣核明盤查得實通報存案如有頑户抗不交還者稟官倍罰正副長徇私捏還銷欠察出究處仍罰穀一倍故絶無着者核明稟官開除

每倉置斛斗升各一俱照部頒成式用鐵葉裹口印烙發倉貯用出入令借户輪流灌量概則倉長司之以免高下之弊

息穀準以豐年之入每百石收息十石以一石爲倉

正副紙張飯食以一石為倉穀折耗以一石為鋪墊之資其餘七石除動支倉夫工食外存作修建倉廒之用如有贏餘源源積貯

一收掌盤查釐晾

各倉鎖鑰當春借秋還時發倉正收掌平時繳存州縣署如遇黴雨濕漏應開倉看視赴署請領門鎖封條俱由州縣給發惟春借秋還時將封條標發倉正副按日用之有餘仍繳

州縣官每歲於十二月逐鄉同倉正副盤查一次取具甘結加具印結詳報本管道府察核其有因事交

代者接任官於限內照常平倉穀一體盤收如倉正副有侵混情弊即嚴行詳究前任官知情者着令賠補倉正副年滿更替亦按數盤量交代

盤查曬晾倉夫如不足用即派本村鄉民執役量給飯食

增附二條

煮賑

遇歲荒人饑災象已成急出穀碾米積柴薪附倉立粥廠設竈釜缸桶各具每日散粥一次人給一籌繳籌領粥先女後男（不出三日人數約畧可定）用米按大口

五合小口二合五勺計之石米可食二百餘人日
煮米五石可食大小口千餘人鐵杓散粥製如口
數大小惟準嬰兒準作小口一倉所食不越四面
附近村民且不待撿别而來者皆極貧者如或災
重人多義穀不繼州縣勸富户出粟或認日煮賑
一人兼認數日數人共認一日惟便先期於賑廠
揭示大書某某於某日煮賑使食者知感而施者
不倦即令倉長司廠務佐以好善能事數人州縣
並派妥役以備呼應正佐各官勤至察視以資彈
壓所需釜薪雜費準於息穀動用

散穀

案明臣王廷相之言曰備荒之政莫善於義倉第上中下户捐穀貯倉凶歲計户給散先中下者後及上户上户責之償中下者免之令師其意先為粥以食極貧者令穀足用乃籌次貧準穀之多少以算户視口之衆寡以貸穀有田者來歲還倉或寬期二年均免息無田者免償官親臨給散毋獨任倉長（未賑散之先增守倉健役為之防）極次貧户既皆已得食一州邑之中各倉並舉數州邑之中同時並舉繼之以官賑而民宜無外出者矣貧民安而富户乃

可保當其時益見是又當曉之于平日者也

附勸捐二則

清苑令周元理爲輪捐之法平分所屬鄉村某鄉捐在甲年某鄉捐在乙年俾期寬而民益勸各屬亦不必皆照此行其有行之者鄉村既分勸捐更宜如法庶歲入乃有實際

牧令勤心積貯有於官民常捐之外另籌資益義穀力由己出者準其報明上司隨宜辦理

奏為義倉穀數請免具題以符本制事竊照直隸義倉
一案經前督臣那蘇圖具奏酌籌事宜請將每歲增
輸數目奏
聞報部於乾隆十二年正月初六日奉到
硃批所奏俱悉實力妥為之欽此又臣在東省預籌積貯
請令已行義倉之省分每於年底將一年内捐過數
目或遇歉歲停捐緣由於奏報民數穀數之時另隨
一摺奏明不必開具管收除在數目則其數仍不在
官而其法行之可久恭摺具
奏於乾隆十二年正月二十一日奉到

硃批覽奏俱悉欽此嗣於乾隆十三年五月内户部議覆
直隸義倉事宜案内行令將每年出借糧石加息免
息並開銷雜費各數分别管收除在造具清册隨同
常社二倉奏銷按年另案具題其續捐穀數亦令題
報等因復在案臣思義倉之制以本地之有餘助本
地之不足原係民間自爲賙䘏之舉與積貯在官者
不同故其輸受出納一切典之於民惟藉官爲稽察
無使侵耗而止從前社穀一項亦係民爲典守自入
奏銷册案民間以爲在公廩而不在民社緩急動用
均須報部是以惟捐輸於舉行之初而其後祇出借

增收息穀而已今義倉之設用以補常社所不及自
乾隆十一年舉行以來士民咸知
聖主籌裕閭閻之
德意踴躍輸將已著成效今欲使其源源相繼久而益勸
宜與常社二倉稍爲區別辦理若一例彙入題案仍
於設立義倉本意未符應請嗣後士民有捐輸及數
應題奬者仍照例具
題外其每年題報續捐穀數並隨常社倉奏銷具題俱
行停免祇令每年一次專摺具
奏凡上年報捐穀數及出借動用之項統於次年二月

内分晰
奏明存案則在官既有籍可稽而在民仍自為之守庶
於就村立倉之本制相符而士民益加信從矣臣言
是否有當伏祈
皇上聖鑒
勅部議覆施行乾隆十八年二月十九日奏本日奉
硃批該部議奏欽此乾隆十八年三月初九日准　部咨
遵
旨議奏事查義倉之設原係閭閻自為捐輸預備緩急之
需以佐常社之不足從前臣　部於酌定事宜案内議

令照常社二倉按年題報原欲有所稽察俾出納俱歸實用今該督奏稱義倉續捐穀數每年一次專摺具奏于次年二月内分晰奏明存案是典守既專在民而出納仍可稽核應如該督方觀承所奏將義倉續捐穀石每年分别管收除在隨同常社二倉奏銷具題之處准其停免嗣後士民内有捐輸及數應行題奬者照例具題其捐穀數目每年一次專摺具奏凡上年報捐穀數及出借動用之項於次年二月内分晰奏明存案以備稽查仍令該督方觀承不時查察如有借端侵隱情弊即行參究可也等因乾隆十

八年三月初四日奏本日奉

旨依議欽此相應移咨欽遵查照施行

宛平縣東無管轄係大興縣屬西除城屬十五里外至懷來縣界一百七十五里至縣治二百七十里南除城屬二十里又除大興縣屬二十七里外至固安縣界五十五里至縣治六十七里北除城屬十八里外至昌平州界五里至州治四十五里東南無管轄係大興縣屬西南除城屬十五里外至良鄉縣界三十里至縣治五十五里東北無管轄係大興縣屬西北除城屬十五里外至宣化縣界二百十五里至縣治四百十五里縣屬大小二百八十一村每二十里內建倉一區計太平莊麗各莊稻田村新莊磨石口二奇村平圓村東棲圍東齋堂共建倉九區再查西北一帶山徑遼遠難以界格居民伐木燒炭為業無庸建倉

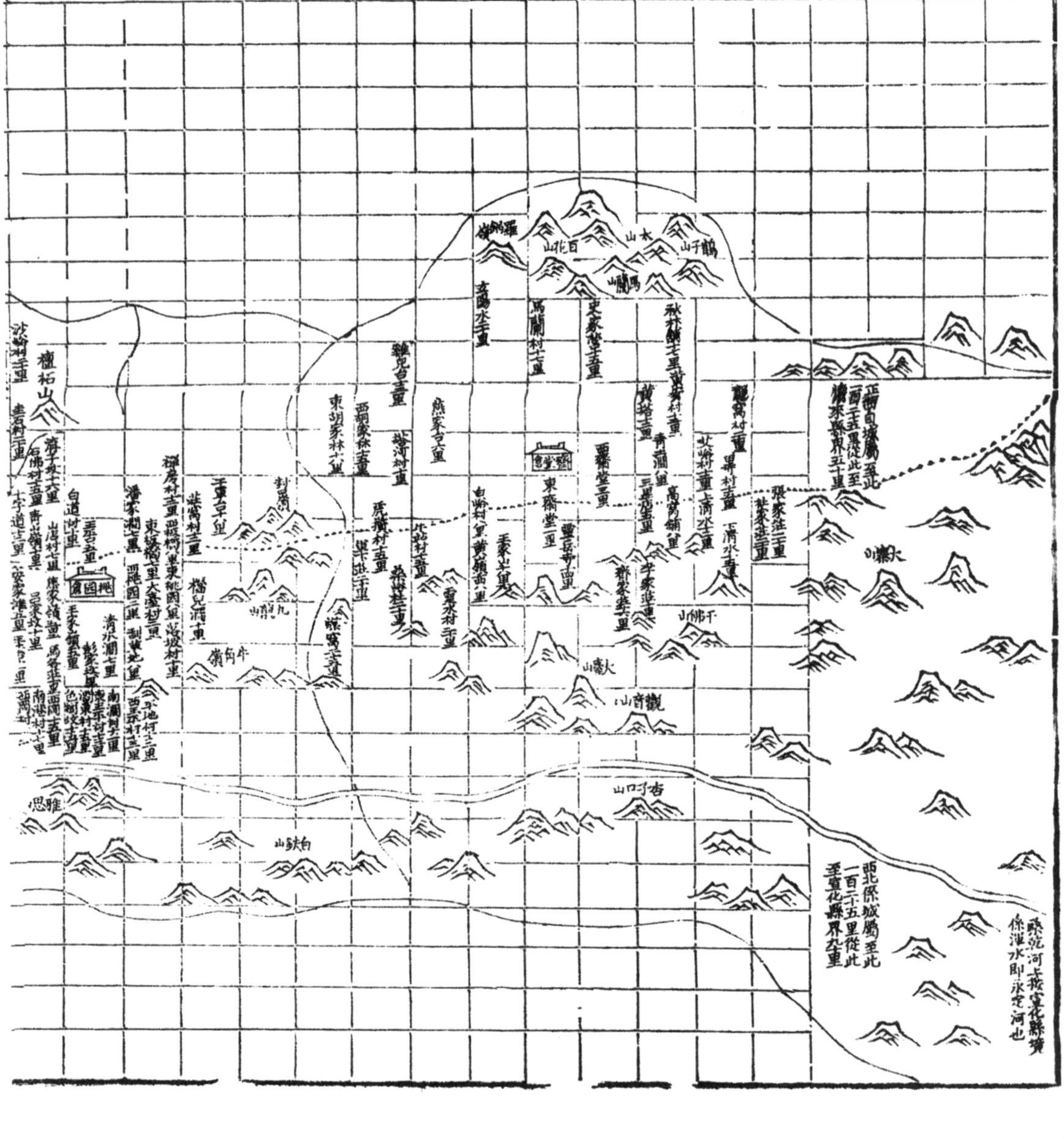

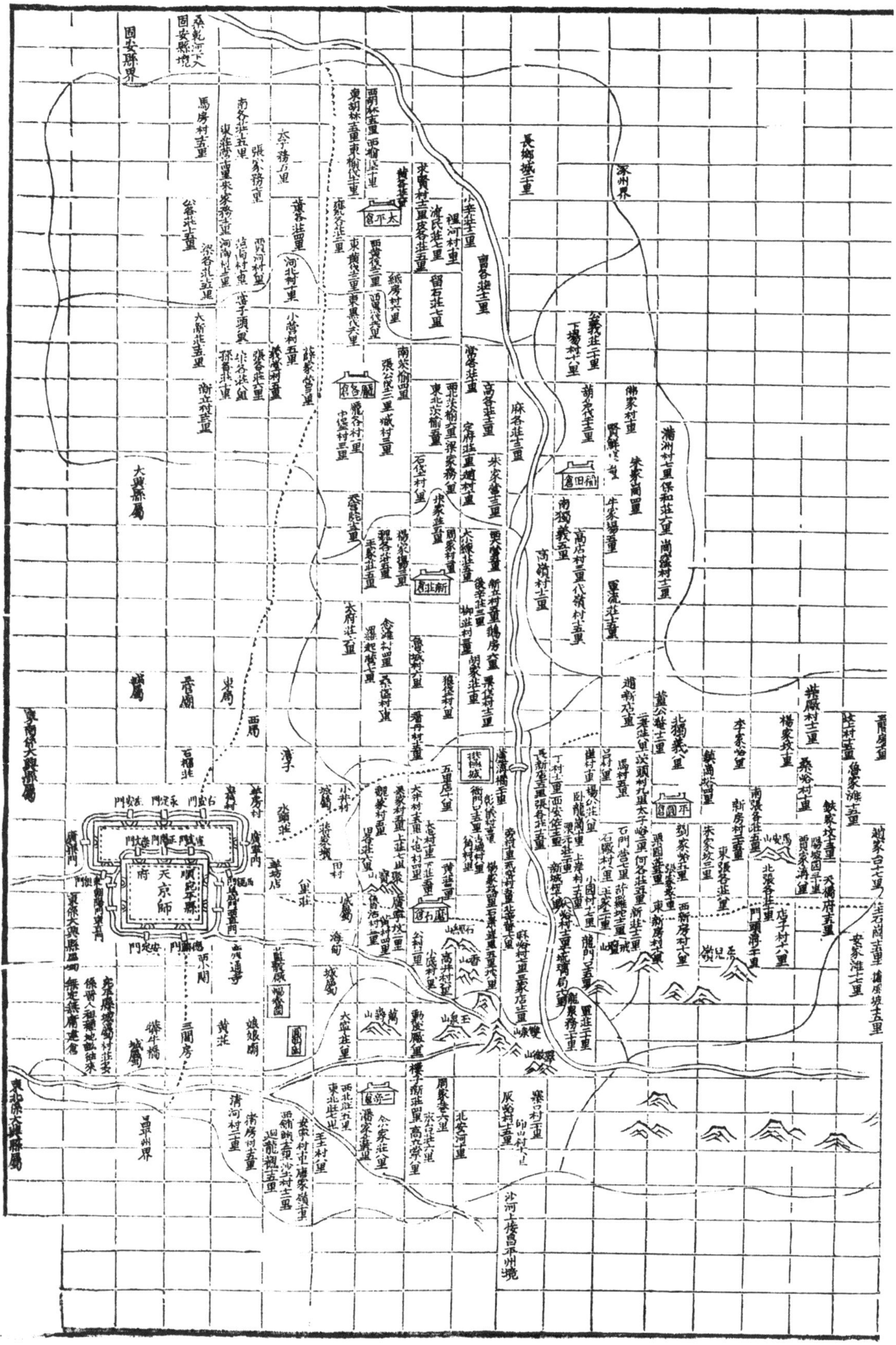
固安縣界
大興縣屬
沙河上接昌平州境

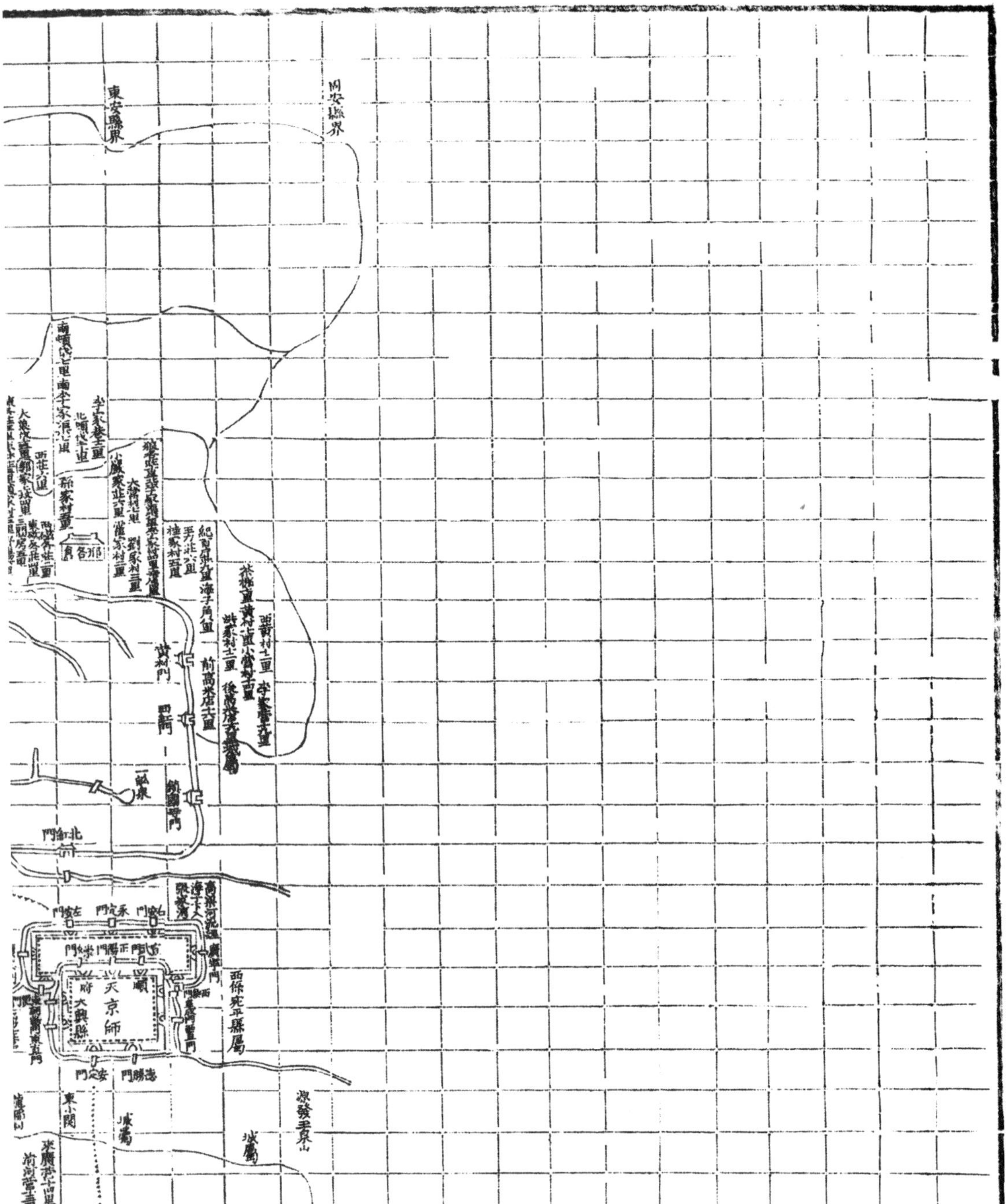
東安縣界
固安縣界
京師
大興縣
西係宛平縣屬
昌平州界

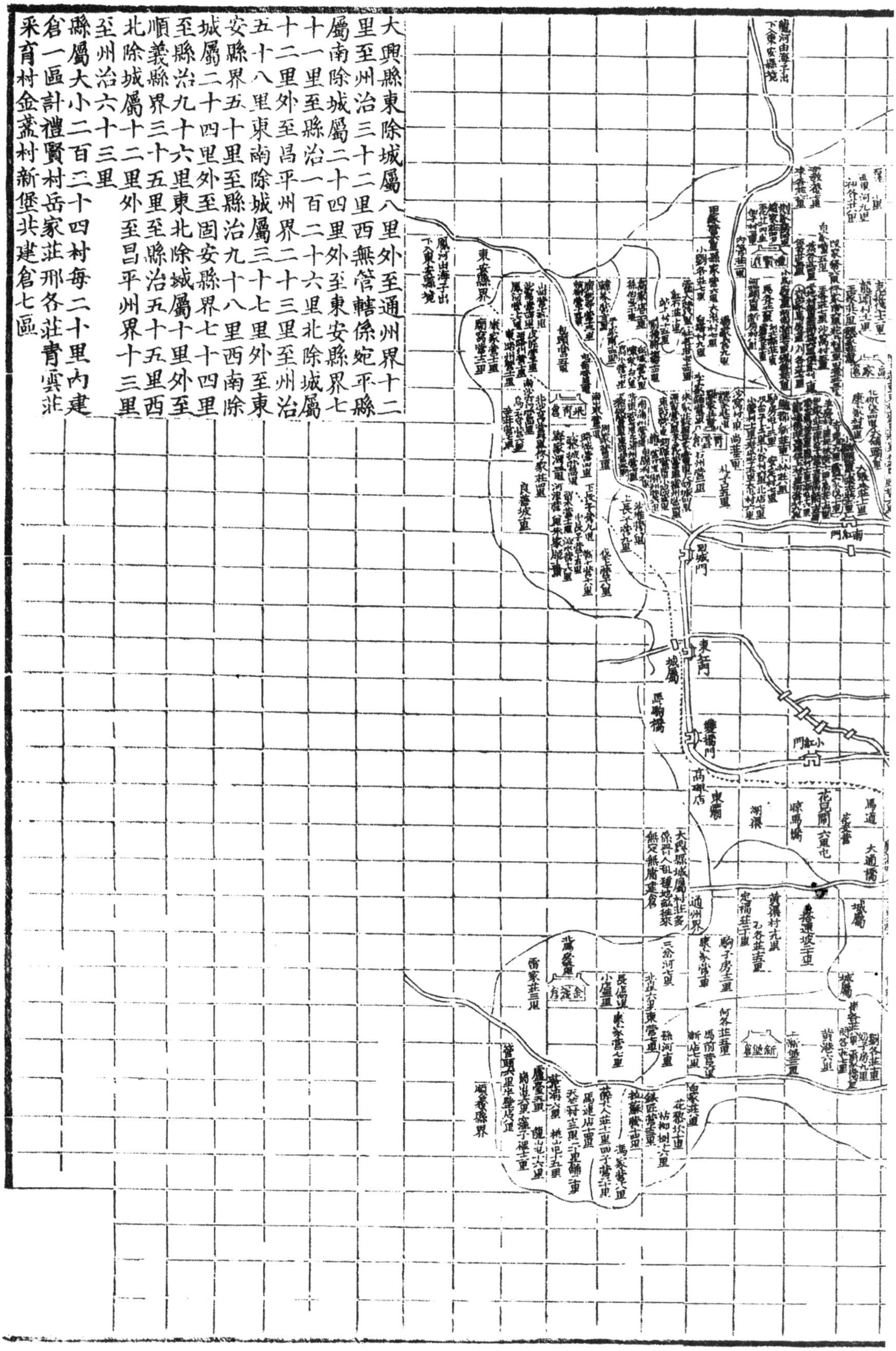

大興縣東除城屬八里外至通州界十二里至州治三十二里西無管轄係宛平縣屬南除城屬二十四里外至東安縣界七十一里至縣治一百二十六里北除城屬十二里外至昌平州界二十三里至州治五十八里東南除城屬三十七里外至東安縣界五十里至縣治九十八里西南除城屬二十四里外至固安縣界七十四里至縣治九十六里東北除城屬十里外至順義縣界三十五里至縣治五十五里西北除城屬十二里外至昌平州界十三里至州治六十三里

縣屬大小二百二十四村每二十里内建倉一區計禮賢村岳家莊邢各莊青雲莊采育村金鯊村新堡共建倉七區

霸州東至東安縣界七十五里至縣治九十里西至新城縣界二十六里至縣治九十里南至文安縣界二十里至縣治六十里北至永清縣界二十五里至縣治八十里東南至靜海縣界九十里至縣治一百四十里西南至保定縣界十三里至縣治二十里東北至永清縣界二十五里至縣治八十里西北至固安縣界二十七里至縣治八十里

州屬大小二百三十村每二十里內建倉一區計東關煎茶鋪南孟信安共建倉四區

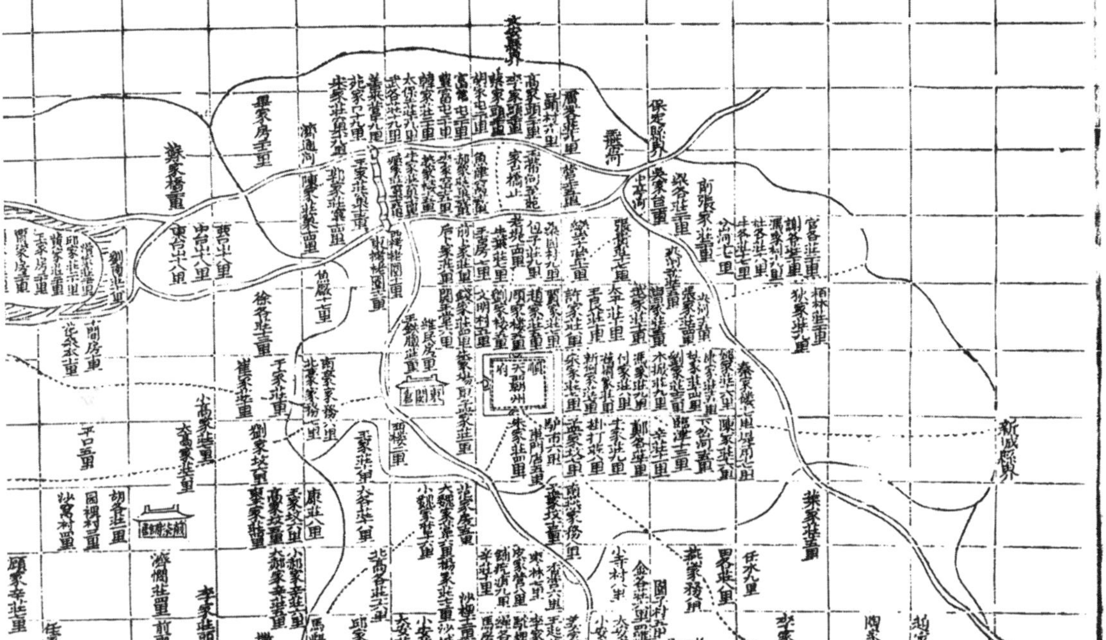

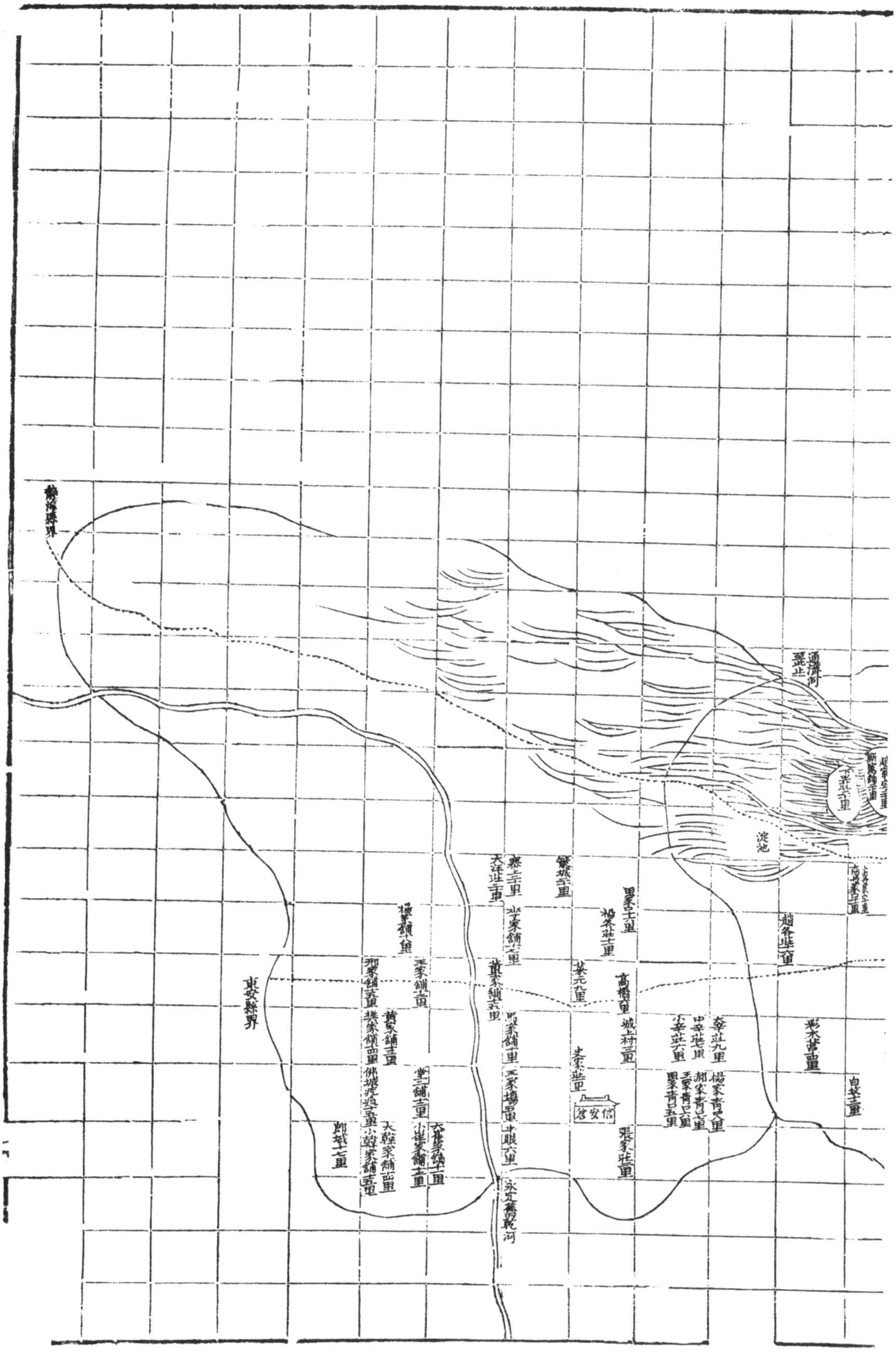
東安縣界
通濟河
澱池
信安倉
辛莊九里
中辛莊七里
小辛莊六里

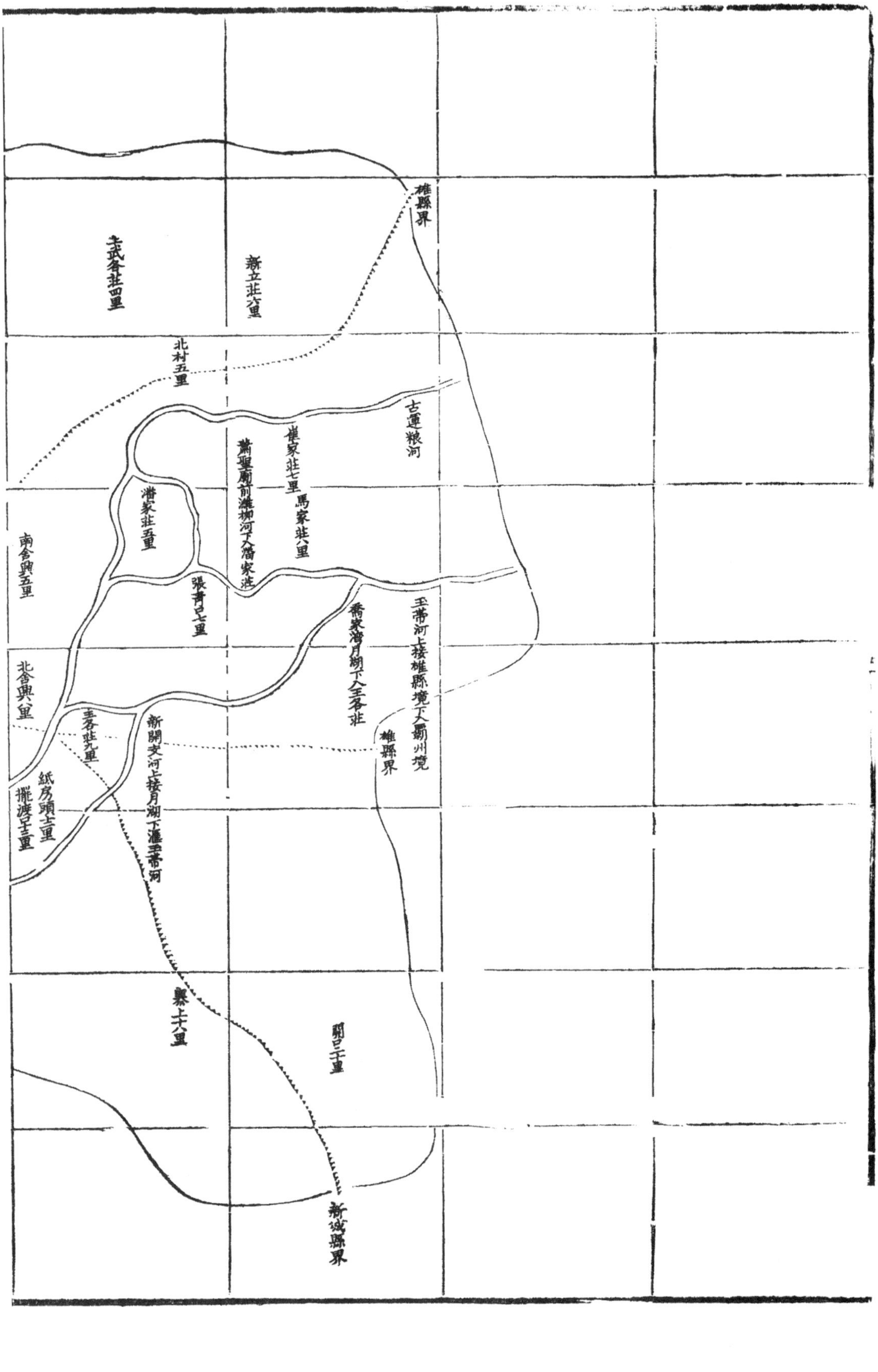
雄縣界
新立莊六里
北村五里
古運糧河
崔家莊七里
馬家莊八里
潘家莊五里
南舍興五里
張青口七里
喬家灣月湖下入王各莊
玉帶河上接雄縣境下入霸州境
北舍興六里
王各莊九里
雄縣界
新開支河上接月湖下滙玉帶河
紙房頭十里
擺渡口十三里
新城縣界

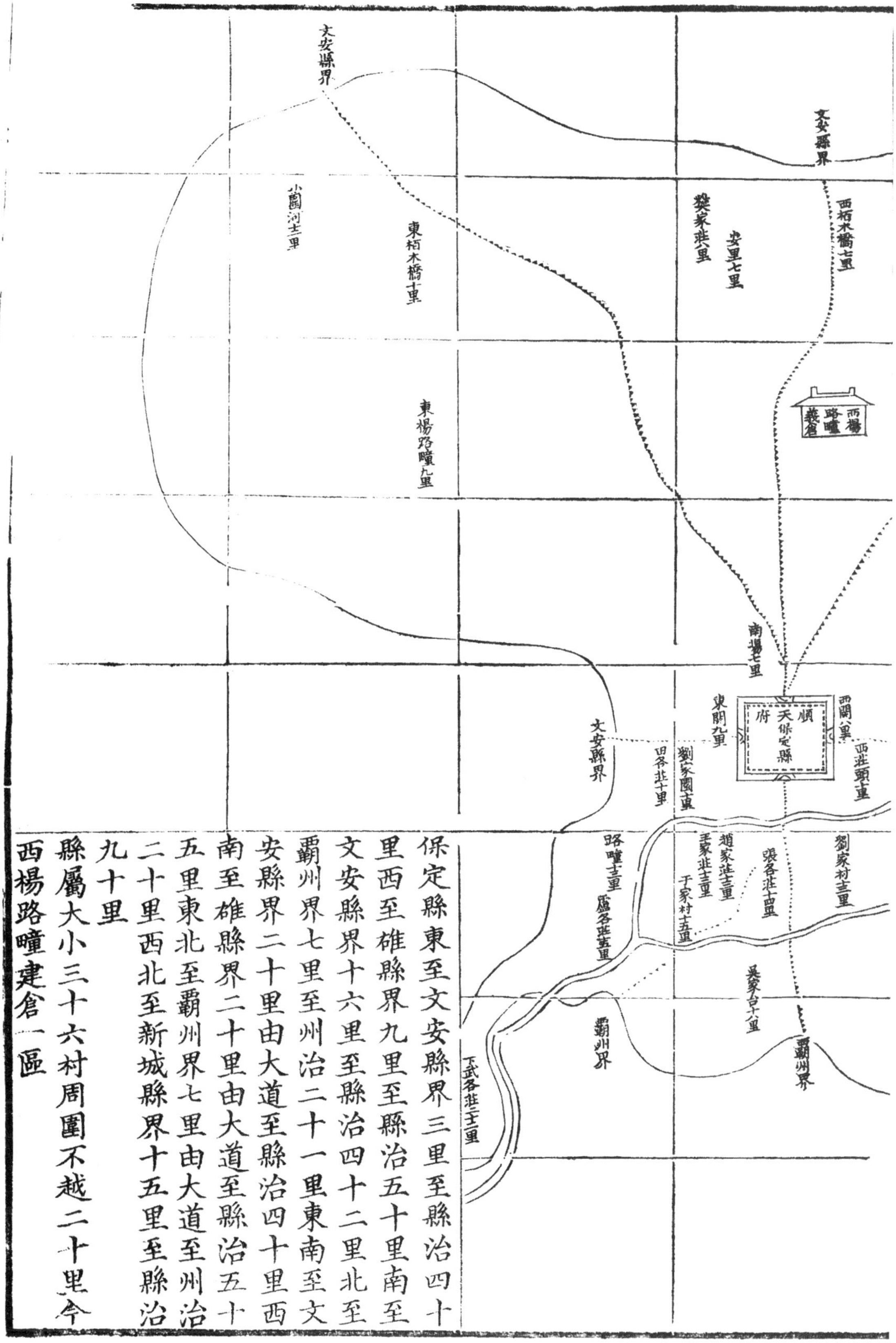


保定縣東至文安縣界三里至縣治四十里西至雄縣界九里至縣治五十里南至文安縣界十六里至縣治四十二里北至霸州界七里至州治二十一里東南至文安縣界二十里由大道至縣治四十里西南至雄縣界二十里由大道至縣治五十五里東北至霸州界七里由大道至州治二十里西北至新城縣界十五里至縣治九十里

縣屬大小三十六村周圍不越二十里今西楊路疃建倉一區

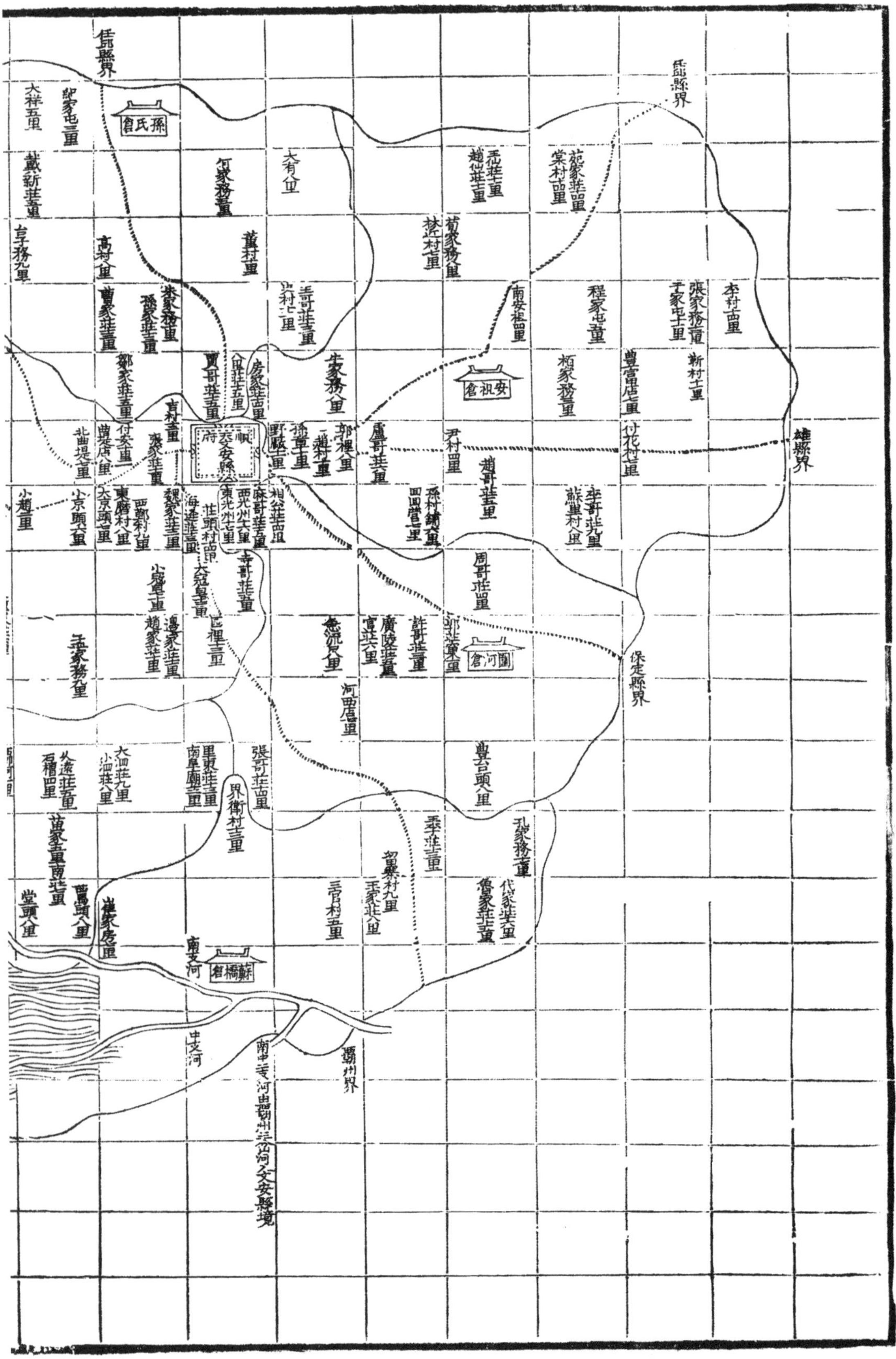

孫氏倉
雄縣界
保定縣界
蘇橋倉
南支河
中支河
霸州界

文安縣東至大城縣界三十里至縣治七十里西至雄縣界三十里至縣治九十里南至任邱縣界二十五里至縣治九十里北至霸州界四十里由大道至州治六十里東南至大城縣界三十里由大道至縣治五十里西南至任邱縣界三十里由大道至縣治七十里東北至霸州界七十里至州治九十里西北至保定縣界二十里至縣治四十里

縣屬大小一百六十八村每二十里内建倉一區計安祖店圍河鎮蘇橋鎮左家莊勝芳鎮栁河鎮大趙村岳村鎮孫氏共建倉九區

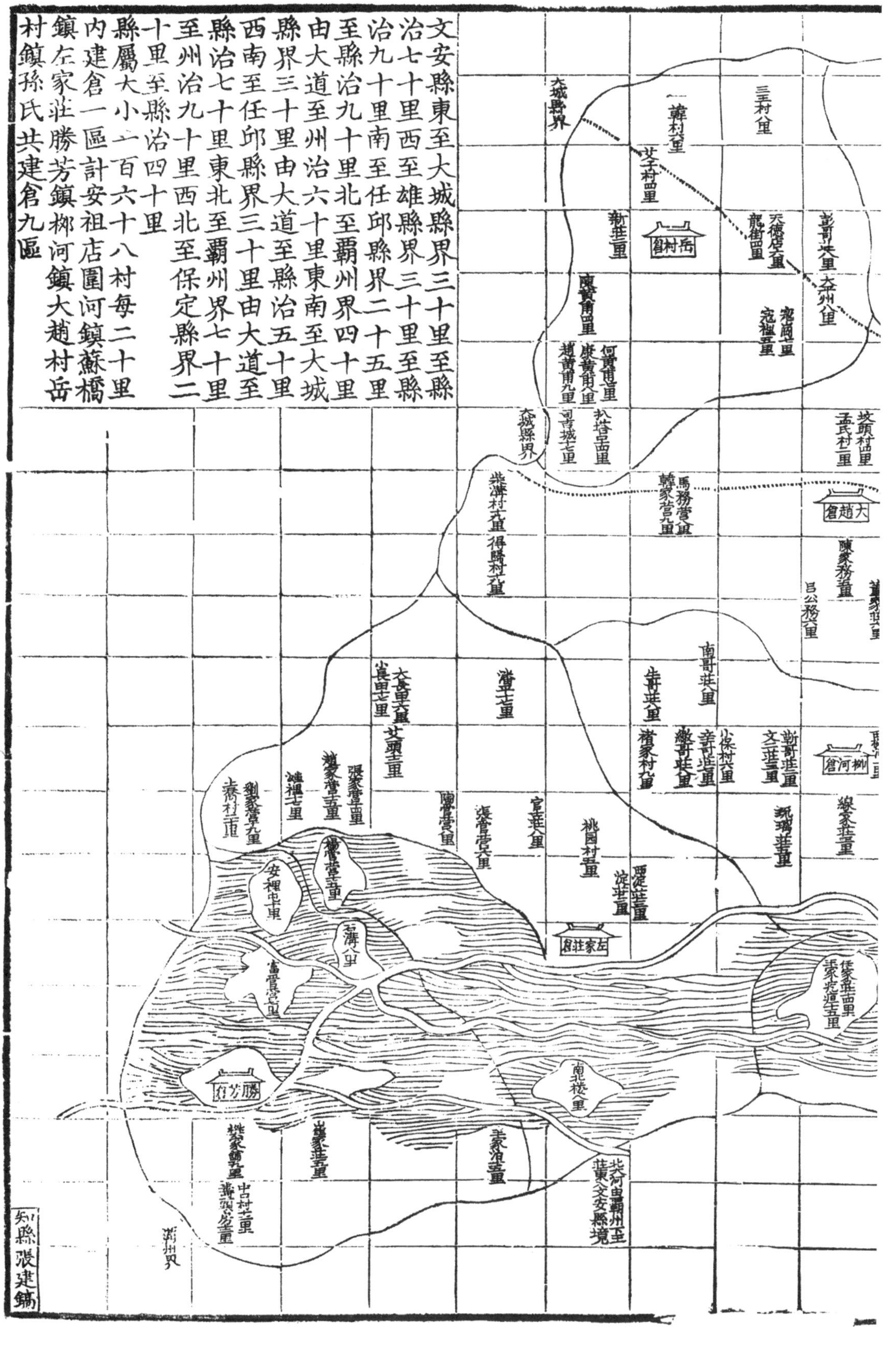


知縣張建鑄

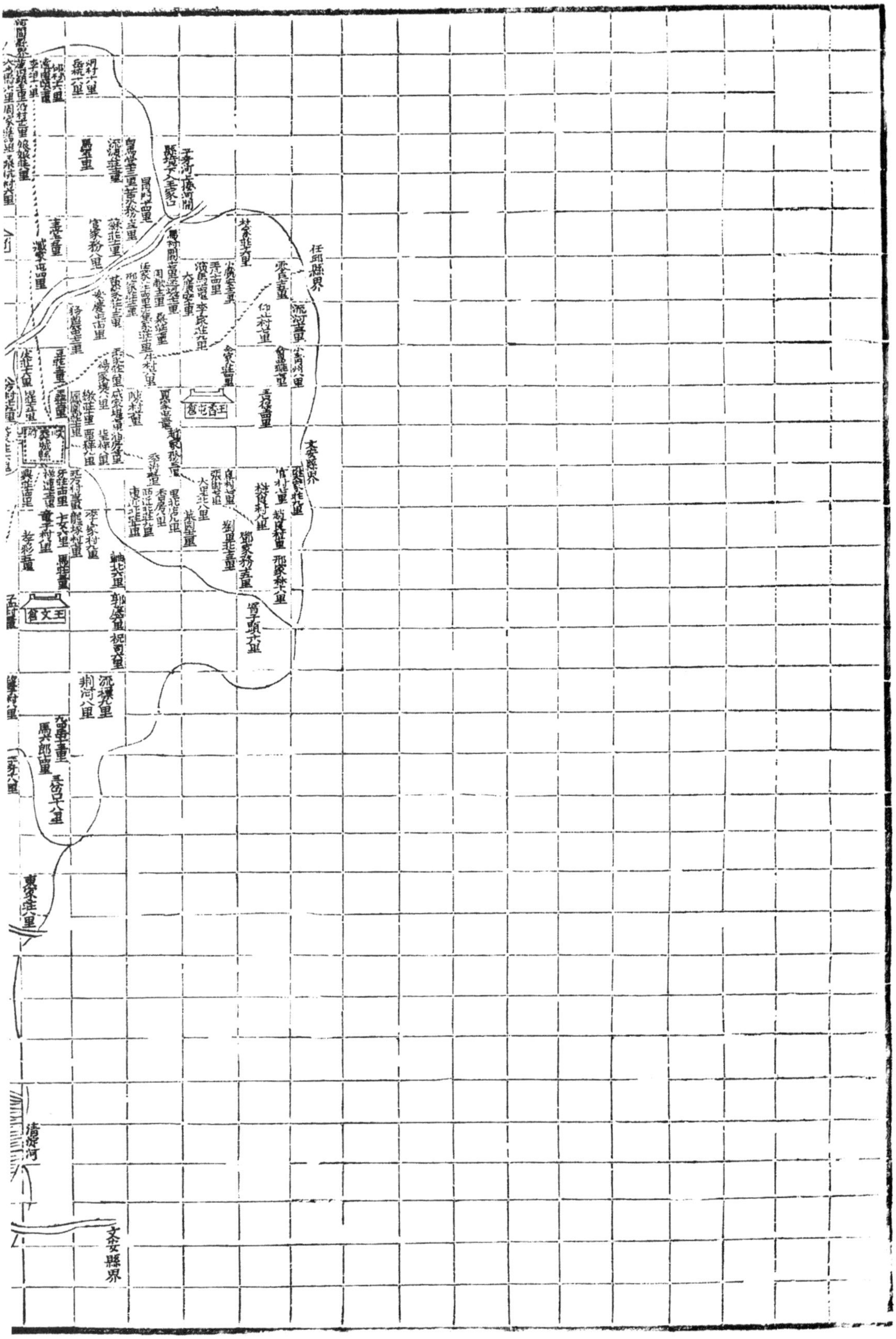
任邱縣界
王香屯倉
王文倉
東家莊八里
文安縣界

大城縣東至靜海縣界二十五里至縣治九十里西至文安縣界二十里至縣治五十里南至河間縣界四十五里至縣治一百二十里北至霸州角河淀一百里東南至青縣界二十五里至縣治四十里西南至任邱縣界二十五里至縣治九十里東北至靜海縣界四十里至縣治九十里西北至文安縣界一百里至縣治一百九十里

縣屬大小一百八十三村每二十里內建倉一區稍遠者附之計王家口王文村野固獻王香屯共建倉四區

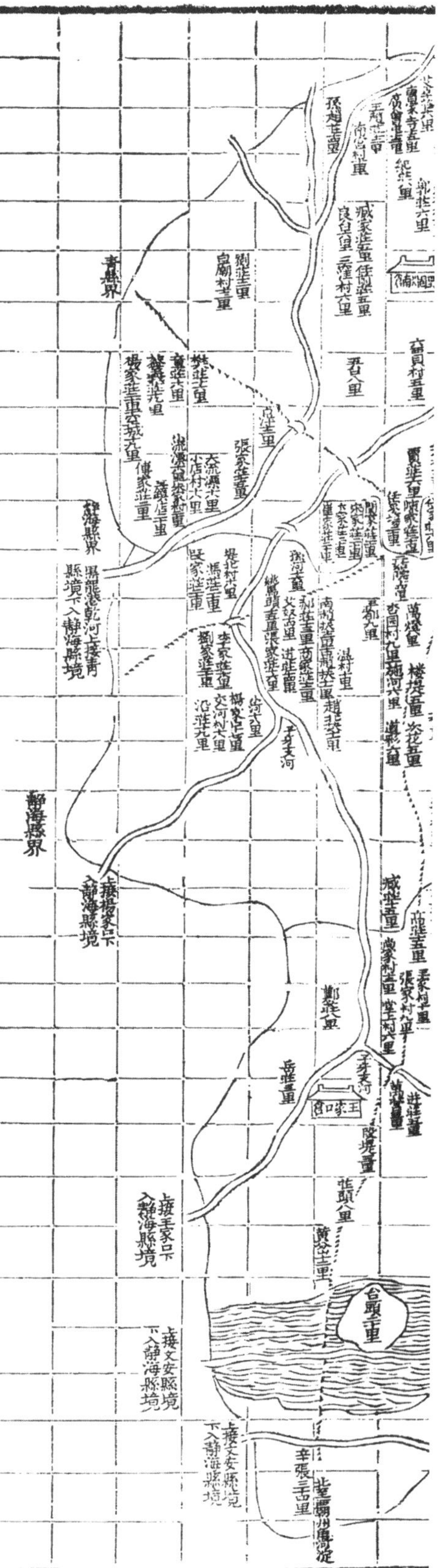


知縣孫洙

涿州東至固安縣界三十里至縣治六十里西至淶水縣界三十里至縣治五十里南至新城縣界三十里至縣治六十里北至良鄉縣界二十五里至縣治七十里東南至新城縣界三十五里至縣治七十里西南至新城縣界三十五里至縣治七十里東北至宛平縣界五十里至縣治一百四十里西北至三坡二百里

州屬大小三百二十七村每二十里內建倉一區計馬頭村椰河營南阜店陶家屯普立莊胡良共建倉六區再查西北三坡一帶山徑崎嶇遼遠難以界格其境內二十三村居民星散伐木燒炭為業無庸建倉

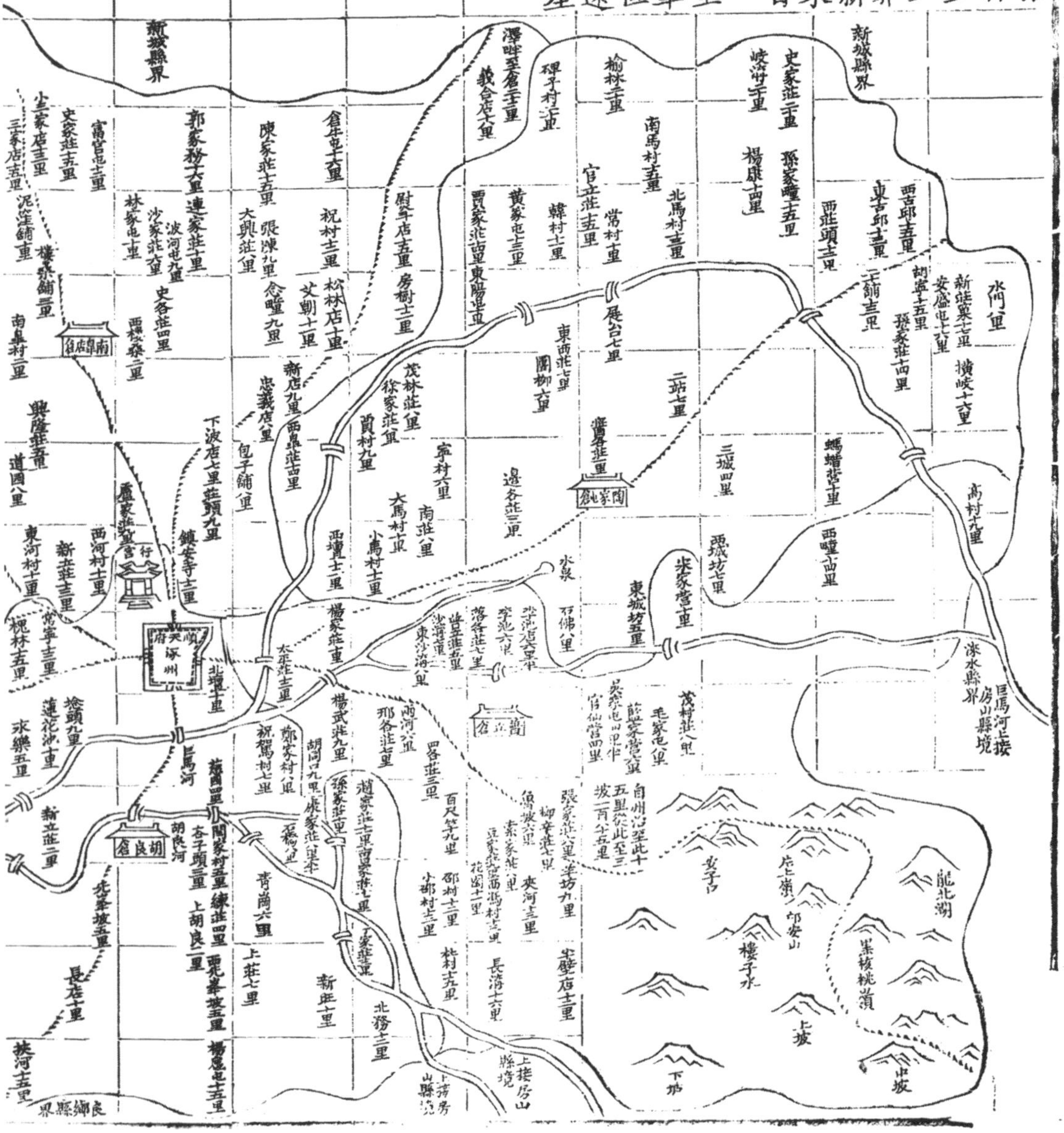

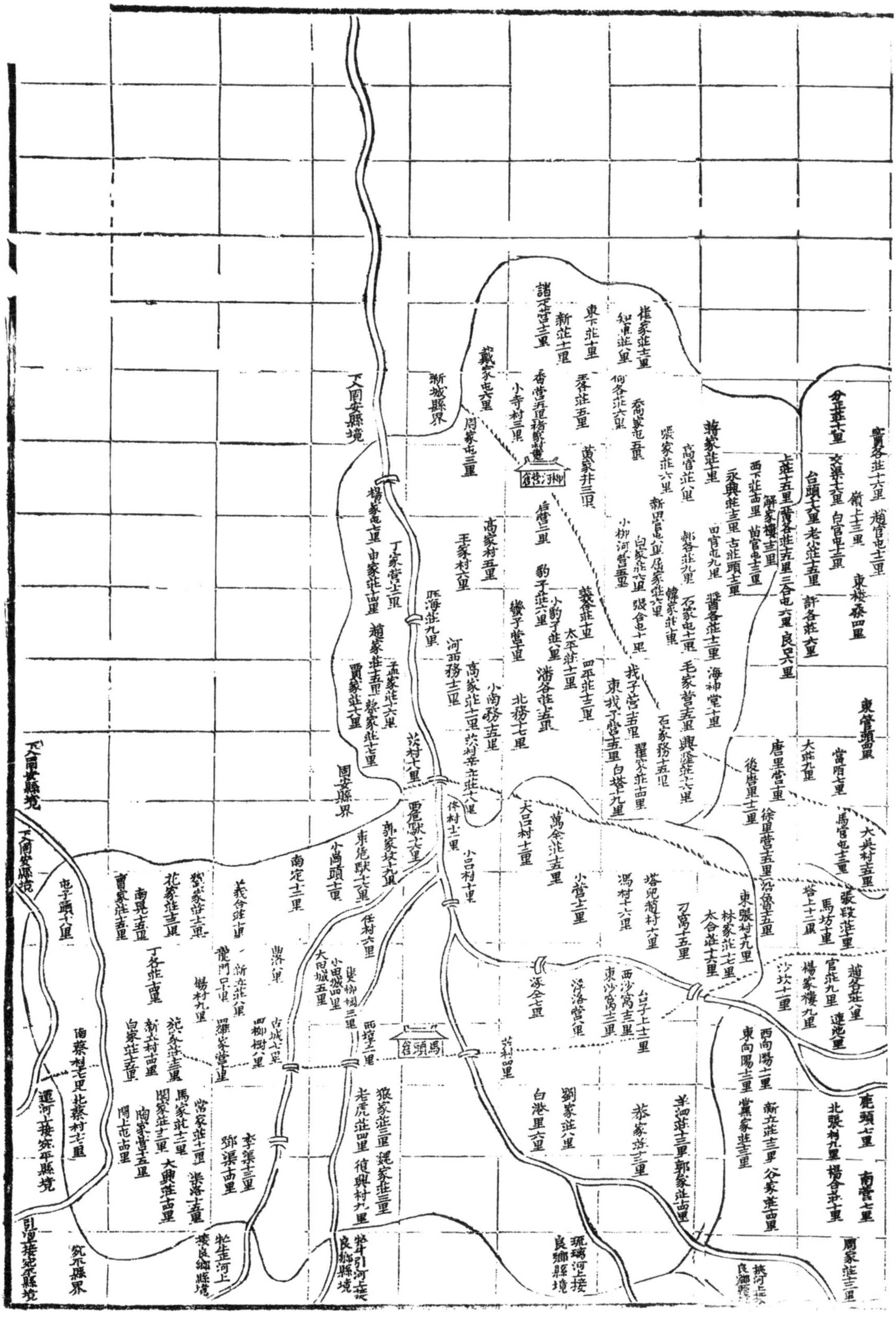
新城縣界
固安縣界

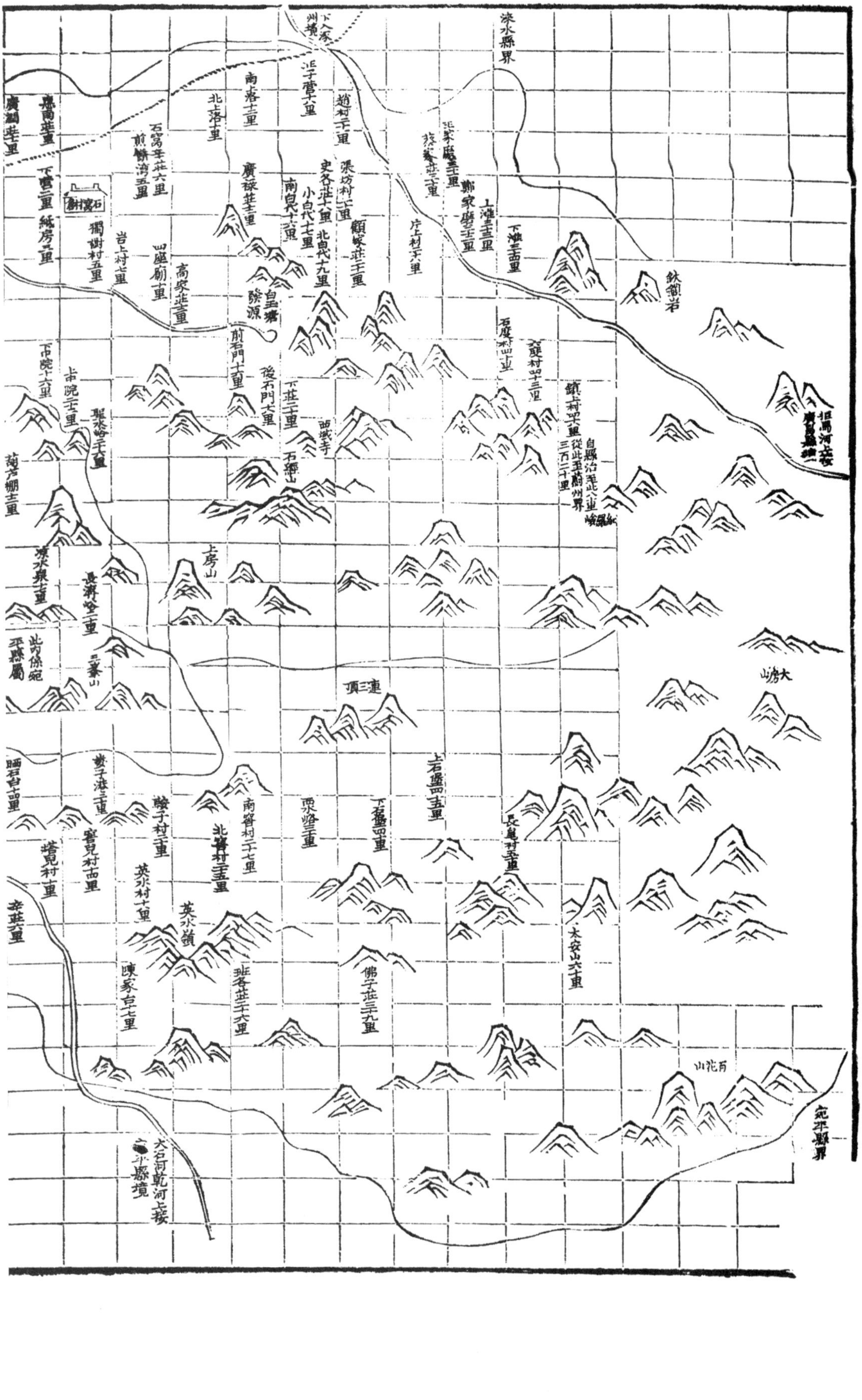

淶水縣界
石窩村
皇塘
發源
西域寺
石經山
上房山
英水嶺
百花山
宛平縣界

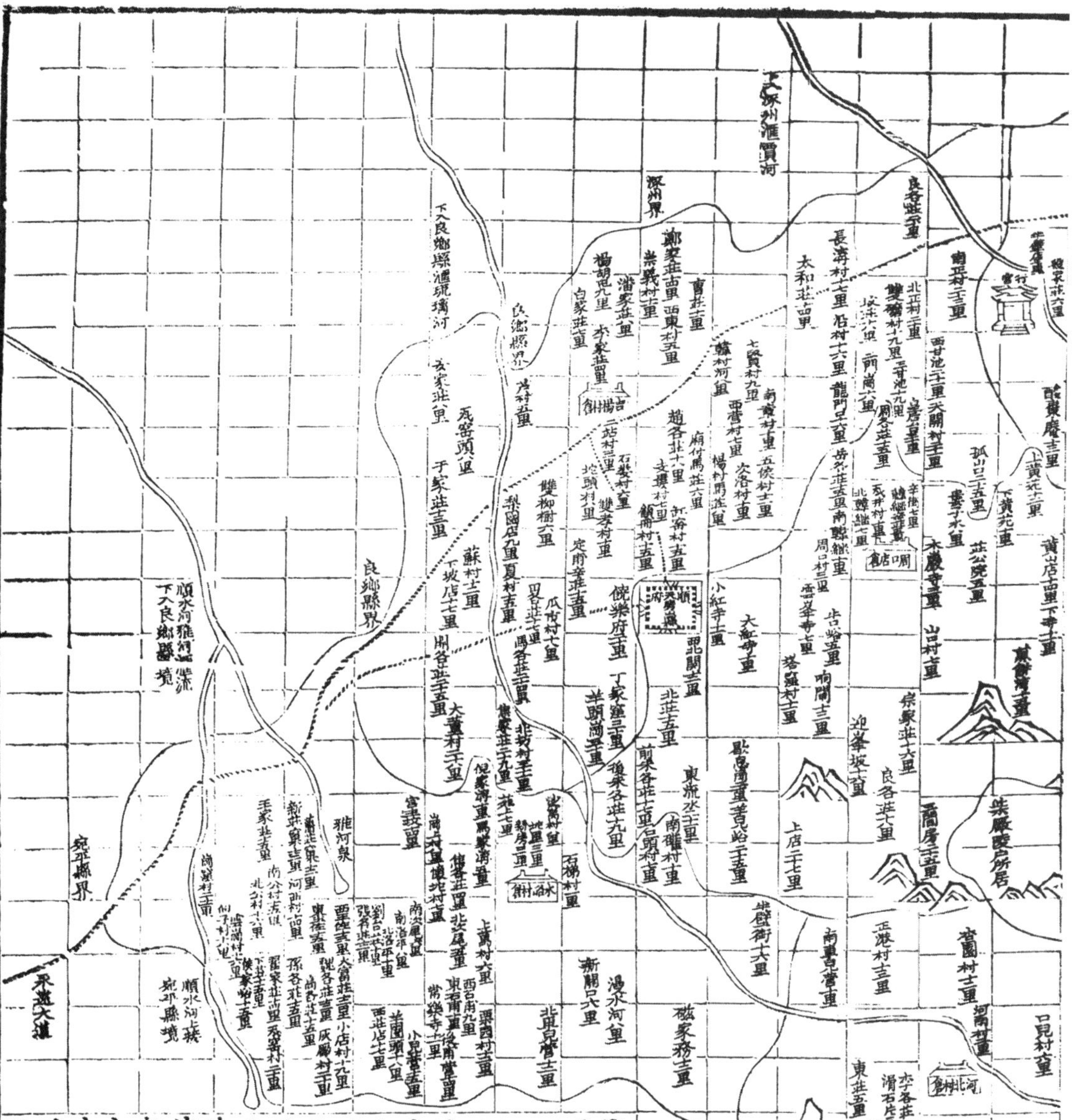


房山縣東至良鄉縣界十八里至縣治三十里西至蔚州界四百里至州治四百一十里南至涿州界三十五里至州治五十里北至宛平縣界五十里至縣治一百里東南至良鄉縣界二十里至縣治四十里西南至淶水縣界七十五里至縣治九十五里東北至宛平縣界四十里至縣治一百里西北至宛平縣界一百里由大道至縣治一百里縣屬大小二百二十二村錯處萬山變通辦理每四十里內建倉一區稍遠者附之計石窩村吉陽村周口店水峪村河北村共建倉五區再查縣治自鎮上村迤西山徑崎嶇遼遠難以界格合並聲明

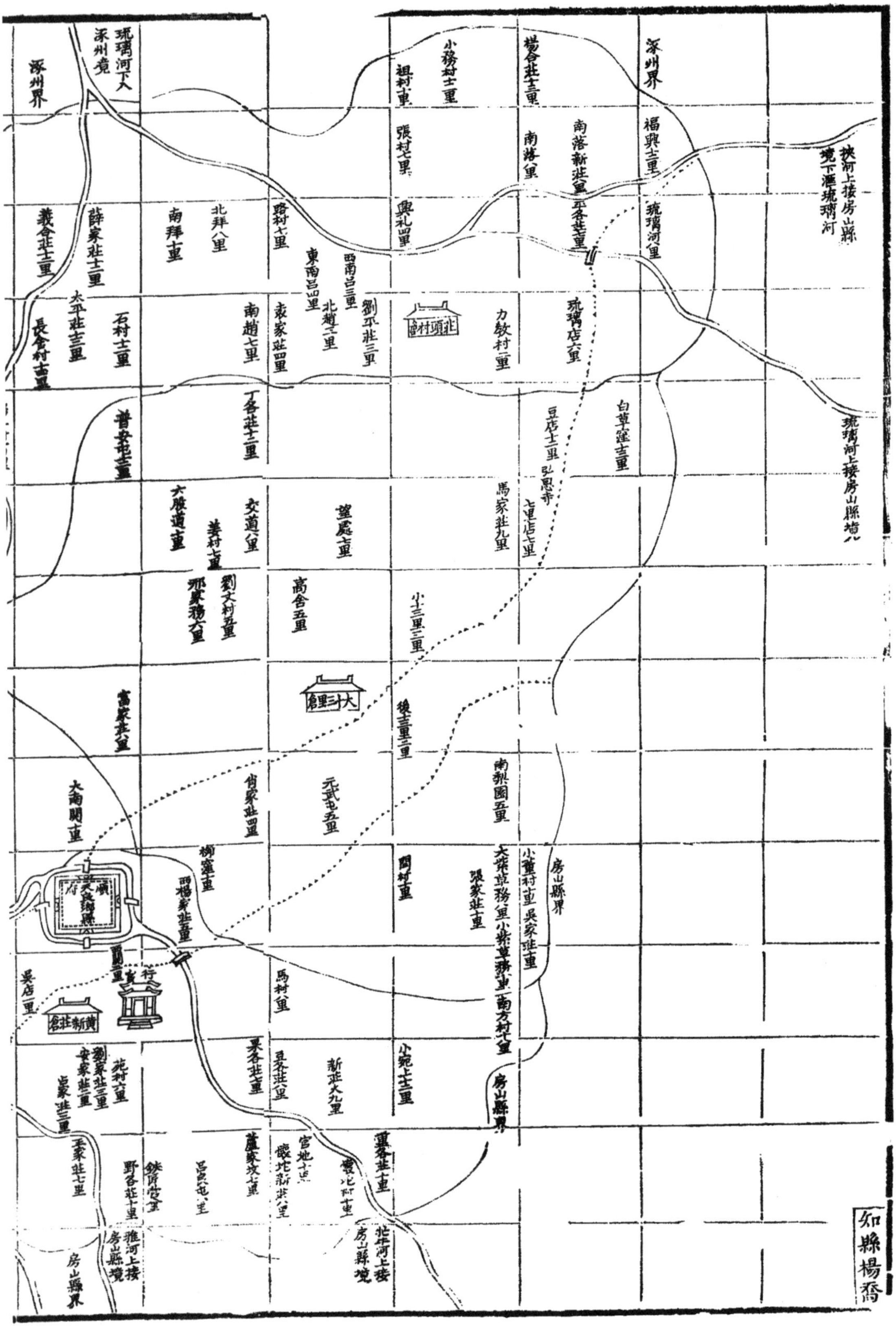
涿州界
琉璃河下入涿州境
挾河上接房山縣境下滙琉璃河
琉璃河上接房山縣境入
良鄉縣
行宮
房山縣界
房山縣境
知縣楊喬

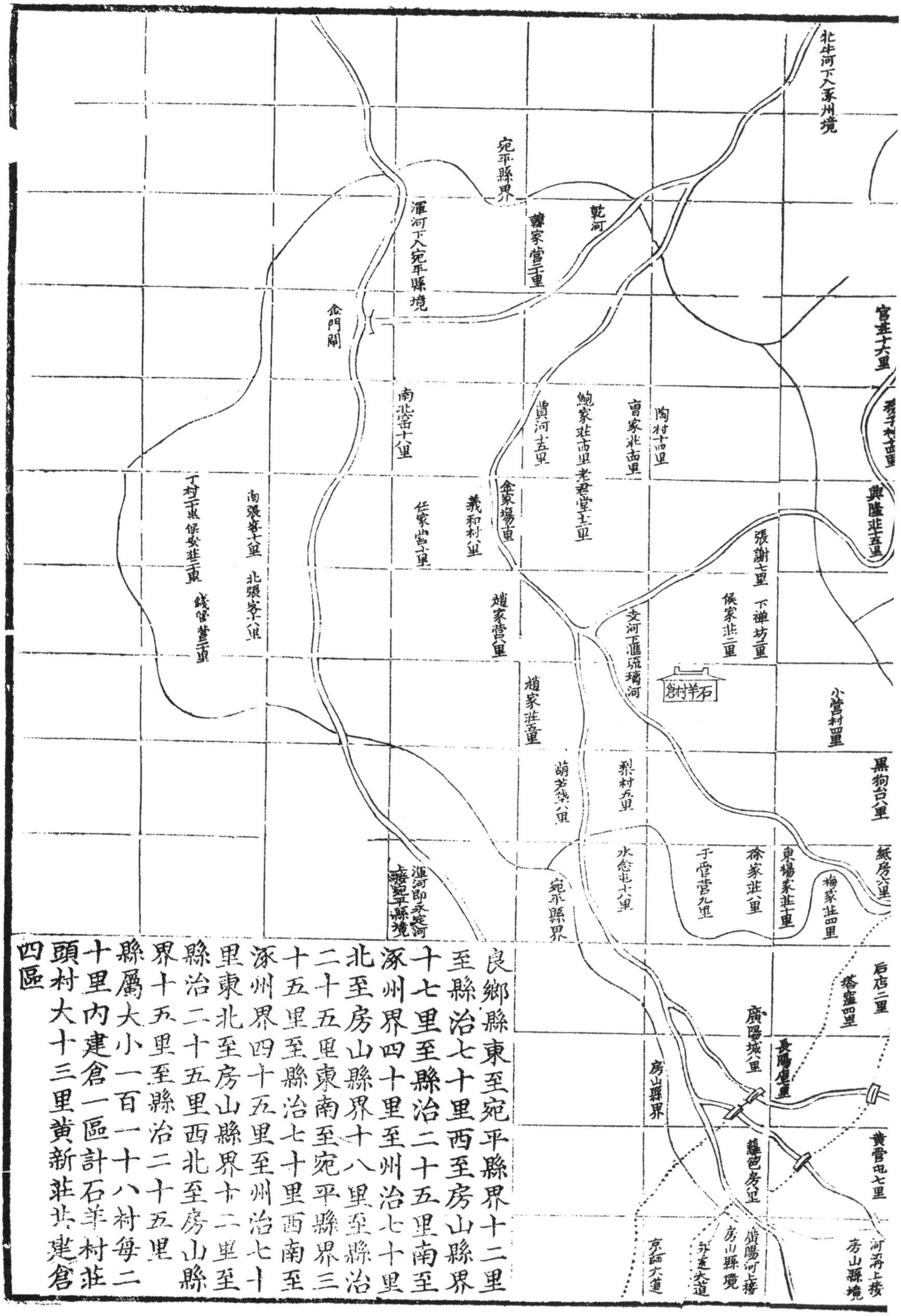


良鄉縣東至宛平縣界十二里至縣治七十里西至房山縣界十七里至縣治二十五里南至涿州界四十里至州治七十里北至房山縣界十八里至縣治二十五里東南至宛平縣界三十五里至縣治七十里西南至涿州界四十五里至州治七十里東北至房山縣界十二里至縣治二十五里西北至房山縣界十五里至縣治二十五里縣屬大小一百一十八村每二十里内建倉一區計石羊村莊頭村大十三里黄新莊共建倉四區

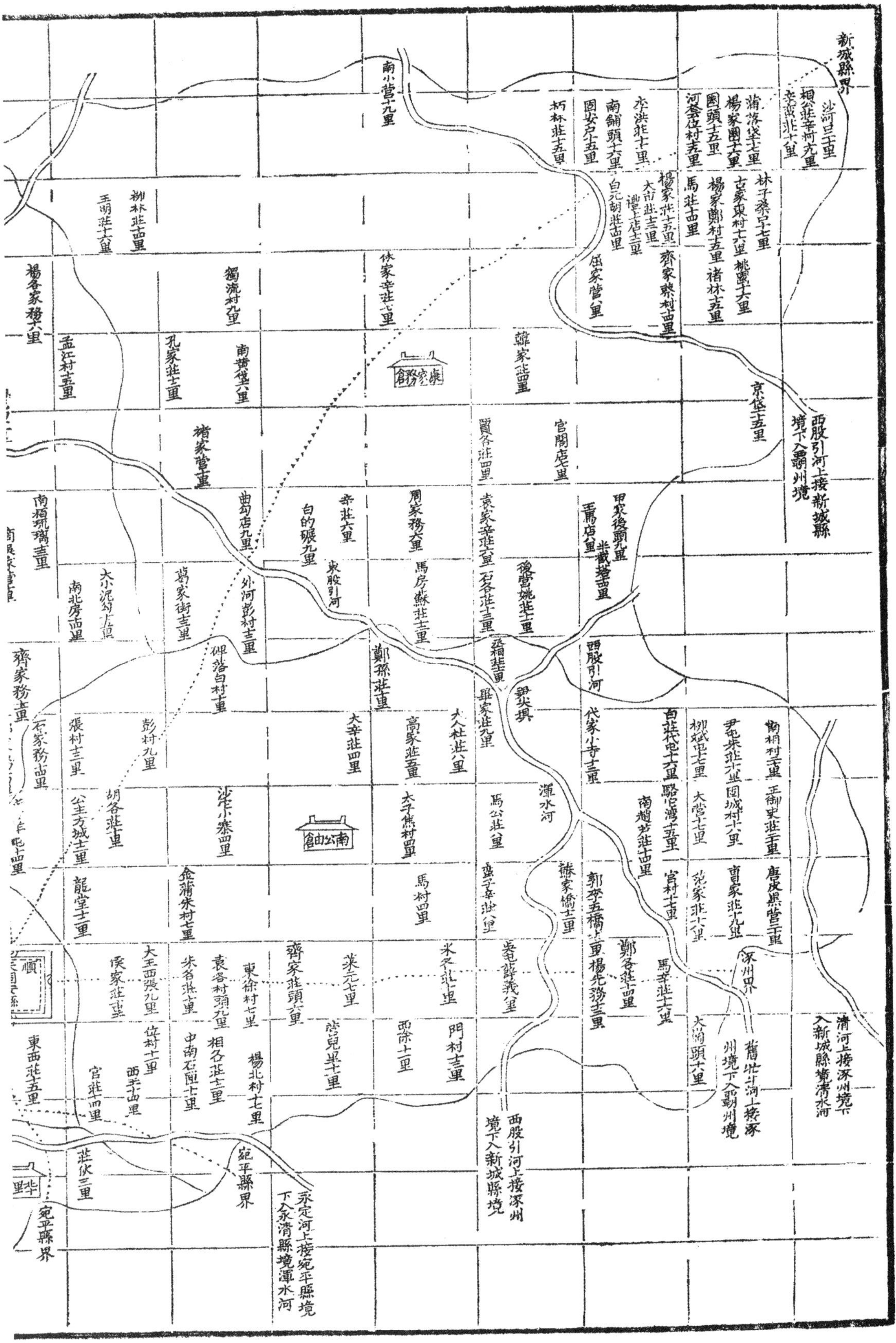
新城縣界
南小营十九里
西股引河上接新城縣境下入霸州境
東股引河
西股引河
渾水河
清河上接涿州境下入新城縣境清水河
西股引河上接涿州境下入新城縣境
永定河上接宛平縣境下入永清縣境渾水河
宛平縣界
宛平縣界

固安縣東至永清縣界二十七里至縣治四十五里西至涿州界三十里至州治六十里南至霸州界五十三里至州治八十里北至宛平縣界十二里至縣治一百二十里東南至霸州界五十三里至州治三十七里西南至新城縣界六十二里至縣治一百二十里東北至大興縣界十五里至縣治一百二十里西北至宛平縣界十二里至縣治一百二十里

縣屬大小二百一十四村每二十里內建倉一區計知子營大沙伐康家務公由村北十里鋪共建倉五區

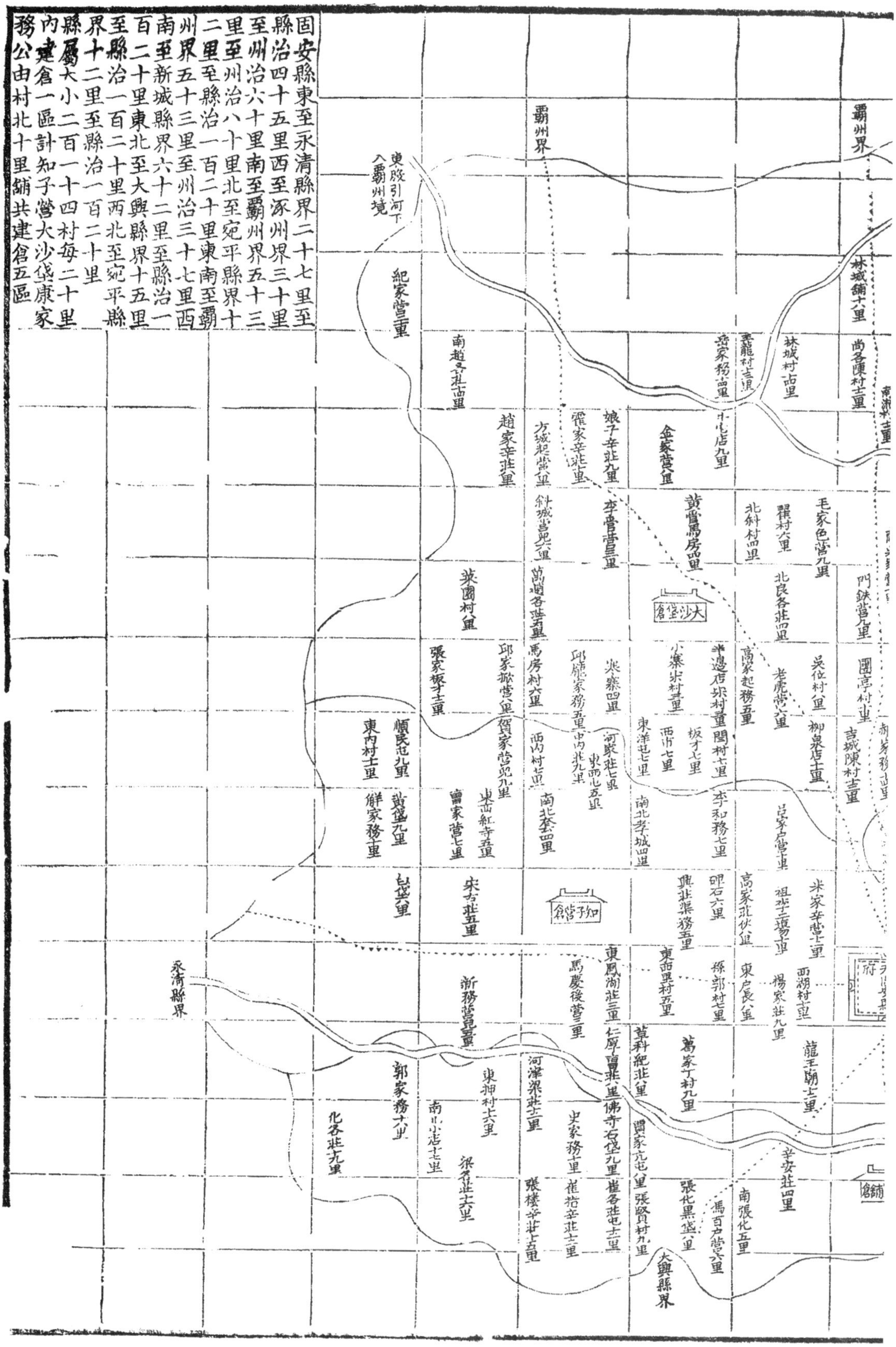

永清縣東至東安縣界三十里至縣治五十里西至固安縣界十八里至縣治四十五里南至霸州界二十五里至州治五十里北至東安縣界二十六里至縣治五十里東南至霸州界五十里至州治 百里西南至霸州界二十五里至州治五十五里東北至東安縣界三十里至縣治五十五里西北至固安縣界二十里至縣治四十五里縣屬大小二百五十六村每二十里内建倉一區稍遠者附之計趙百户營后奕村北又口北大王莊共建倉四區

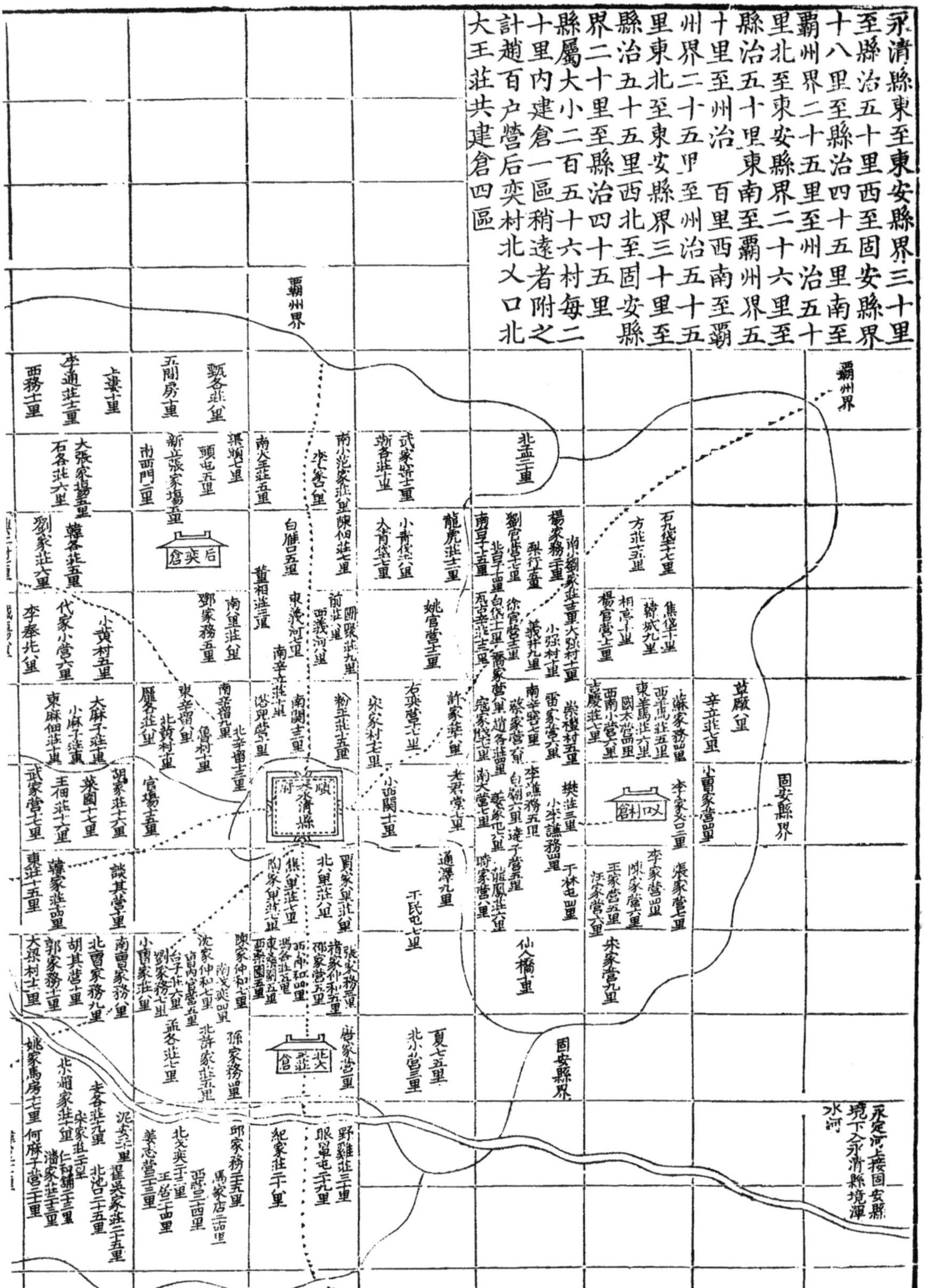

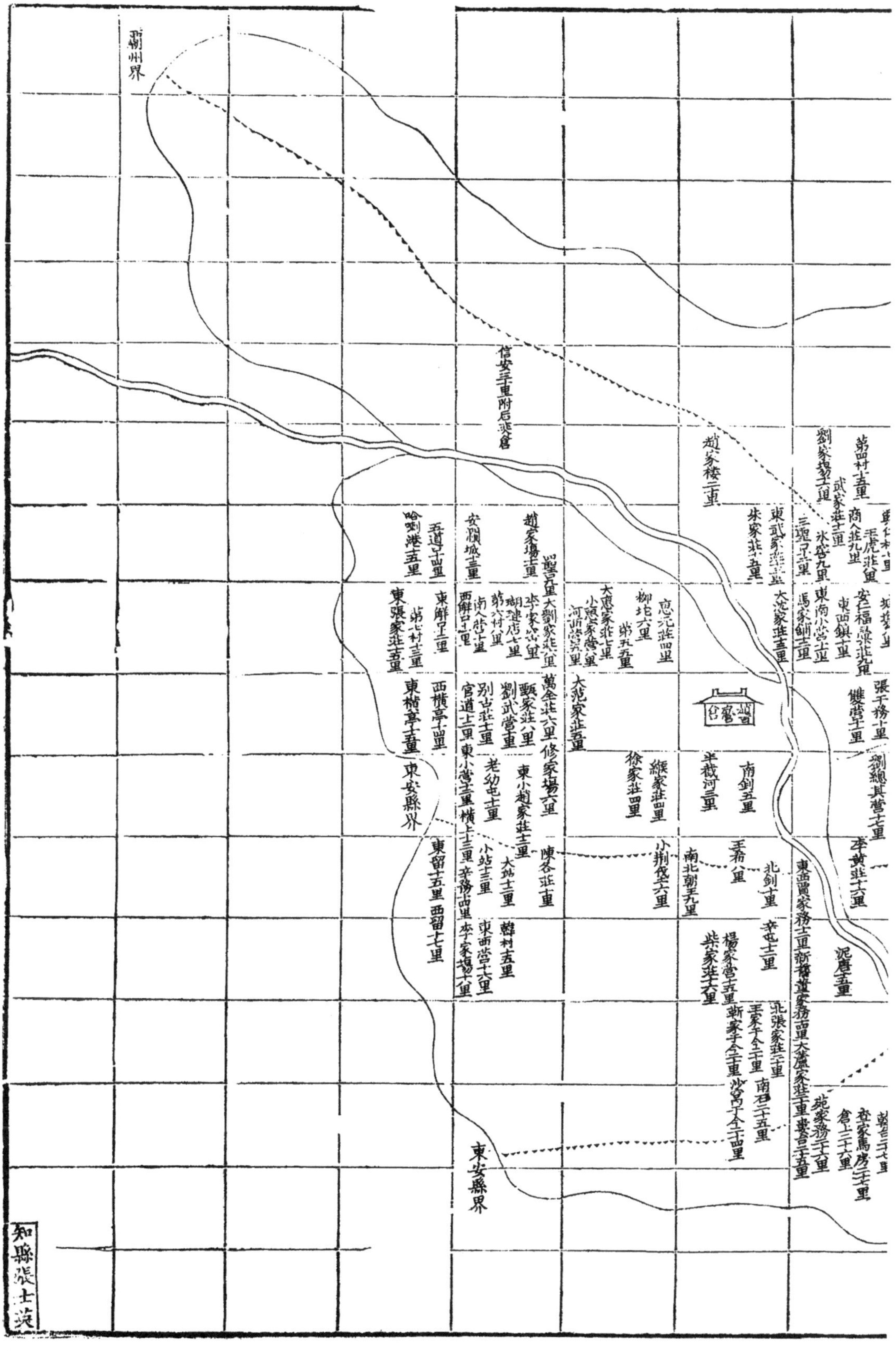

霸州界
信安三十里附后米倉
趙家樓二里
劉家塢
武家莊
第四村
商人莊九里
王虎莊
東武家莊
朱家莊五里
大沈家莊
馬家舖十里
東南小營
東西鎮
安福鎮
張家莊
哈劉港五里
五道口
安顧城
趙家場
東張家莊
第七村
東辭口
西辭口
南八營
第六村
胡家莊
劉家莊
河西營
小惠家莊
柳北六里
第五里
惠元莊
張千務十里
雙營
劉總兵營
李黃莊十六里
東橫亭十里
西橫亭十里
東安縣界
別古莊十里
官道
東小營
劉武營
甄家莊
萬金莊
修家場
大沈家莊
徐家莊四里
維家莊四里
半截河三里
南釗五里
老幼屯
東小趙家莊
陳各莊
小荆垡
南北朝
王希
北釗
東西田家務
東留十五里
西留十七里
小站
大站
韓村五里
東西營
李家場
辛屯
楊家營
柴家莊
張家莊
泥窪
施家務
馬房
倉上
東安縣界
知縣張士燕

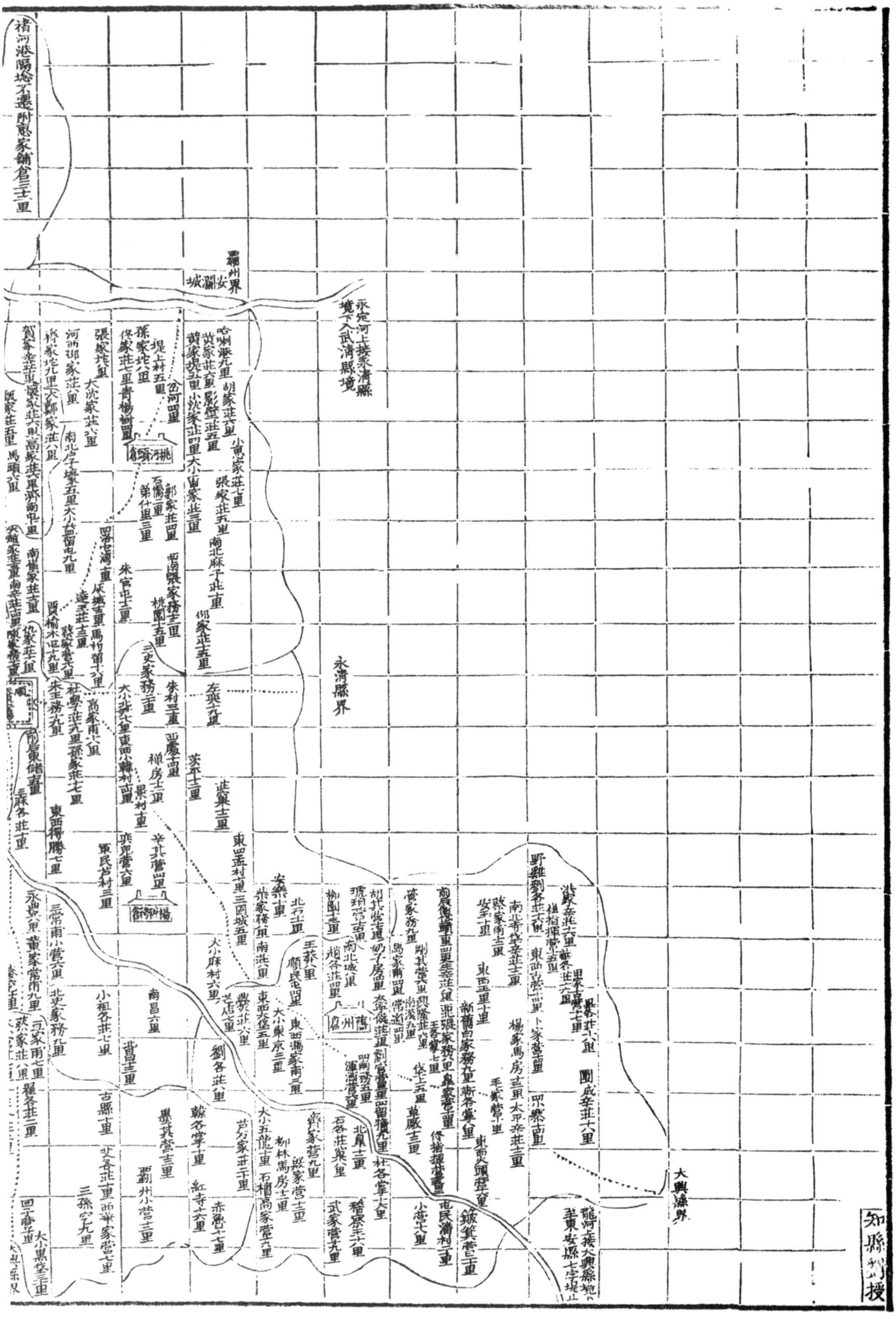

永定河上接永清縣境下入武清縣境
安瀾城
霸州界
永清縣界
大興縣界
龍河上接大興縣境下至東安縣七字堤止

東安縣東至武清縣界十八里至縣治四十里西至永清縣界二十里至縣治五十里南至靜海縣界六十五里至縣治一百二十里北至大興縣界五十里至縣治一百四十里東南至武清縣界五十里至縣治六十里西南至霸州界四十里至州治一百里東北至通州界五十里至州治一百二十里西北至大興縣界六十里至縣治一百四十里

縣屬大小二百六十一村每二十里內建倉一區稍遠者附之計惠家舖挑河頭落垡伊家馬房楊稅務舊州共建倉六區

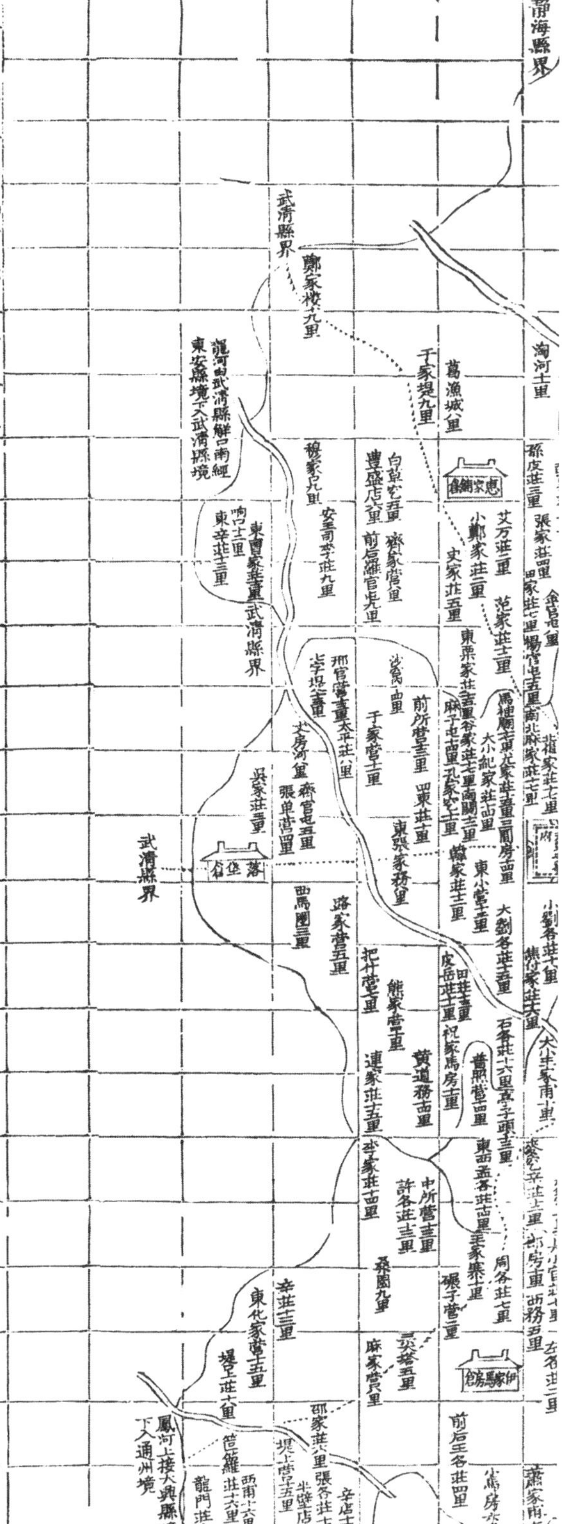

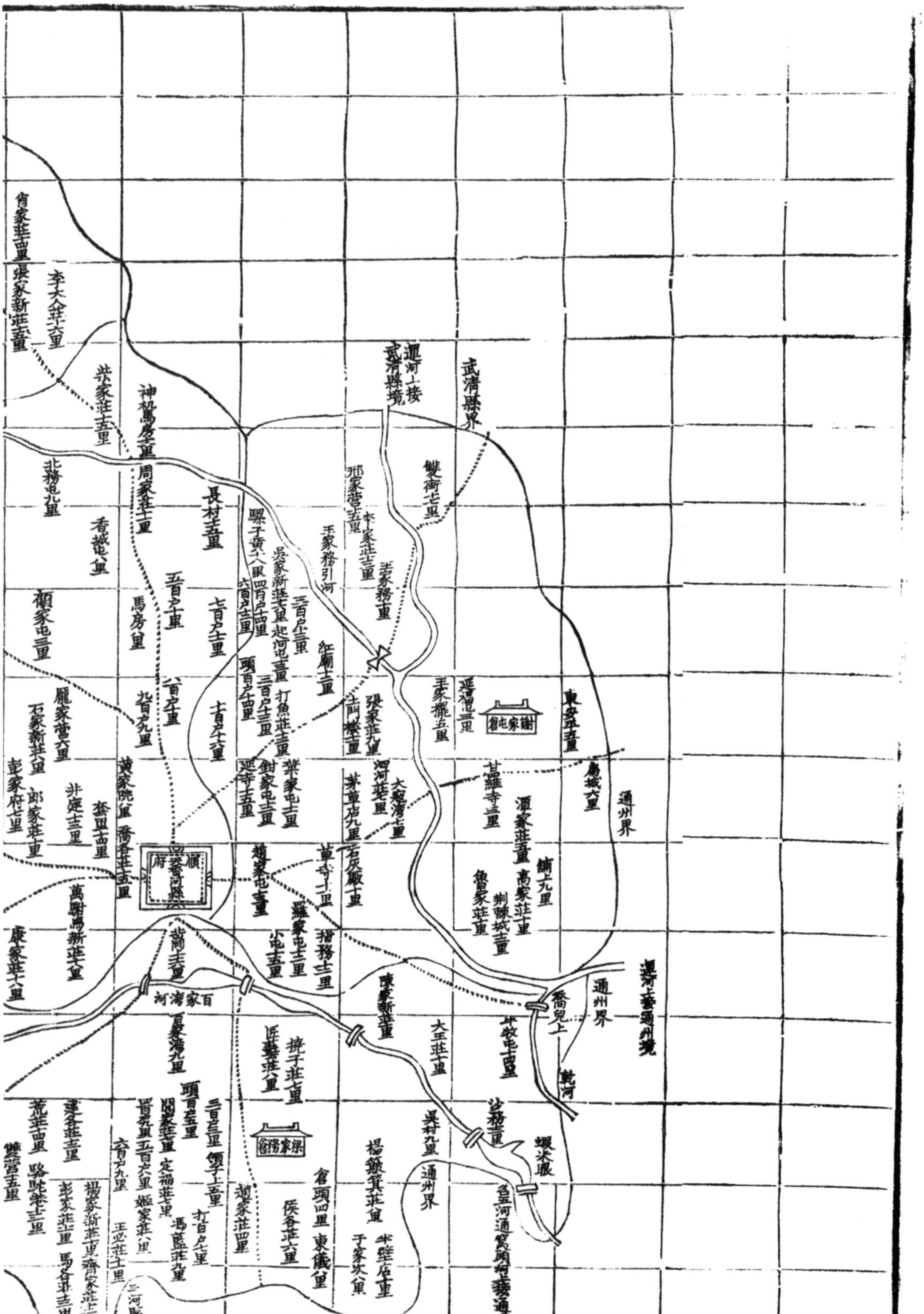
運河上接武淸縣境
武淸縣界
順天府香河縣
謝家屯倉
梁家務倉
百家湾河
通州界
運河上接通州境
三河縣界

香河縣東至寶坻縣界三十里至縣治六十里西至通州界十八里至州治七十里南至武清縣界五十里至縣治五十里北至三河縣界二十五里至縣治六十里東南至寶坻縣界二十里至縣治四十里西南至武清縣界二十五里至縣治六十里東北至寶坻縣界二十五里至縣治三十里西北至通州界十五里至州治五十五里

縣屬大小一百六十三村每二十里内建倉一區計渠口河北屯安頭屯謝家屯梁家務共建倉五區

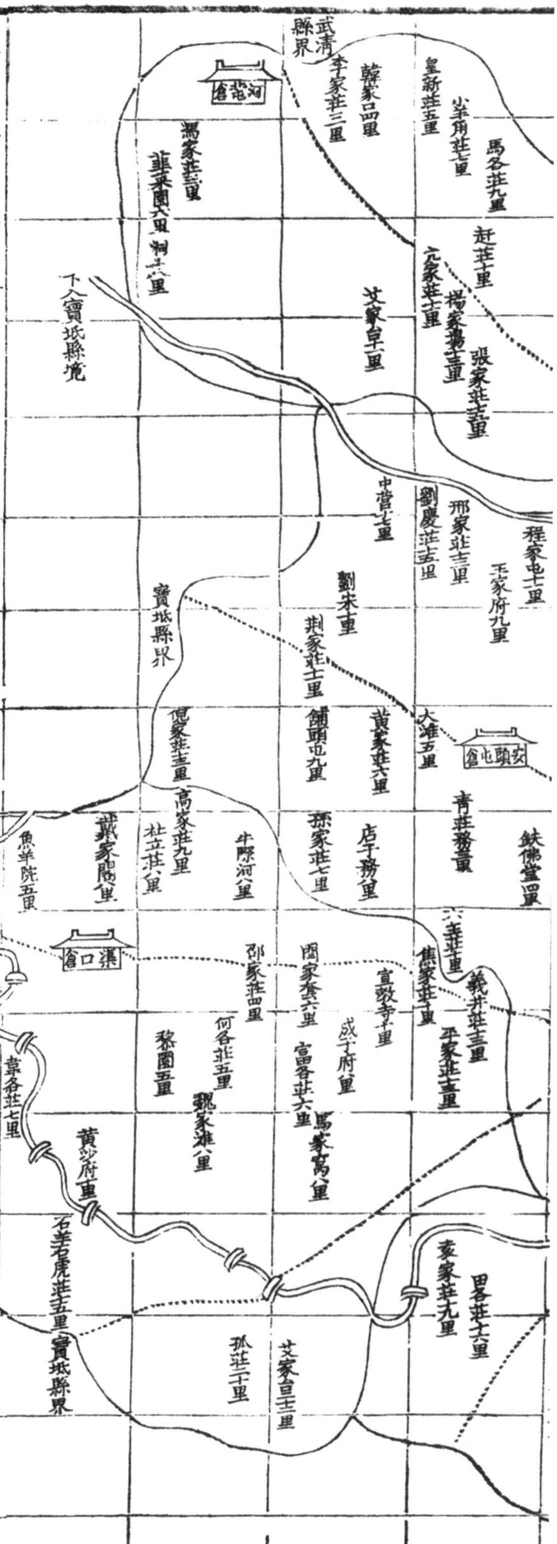


香縣姚德文

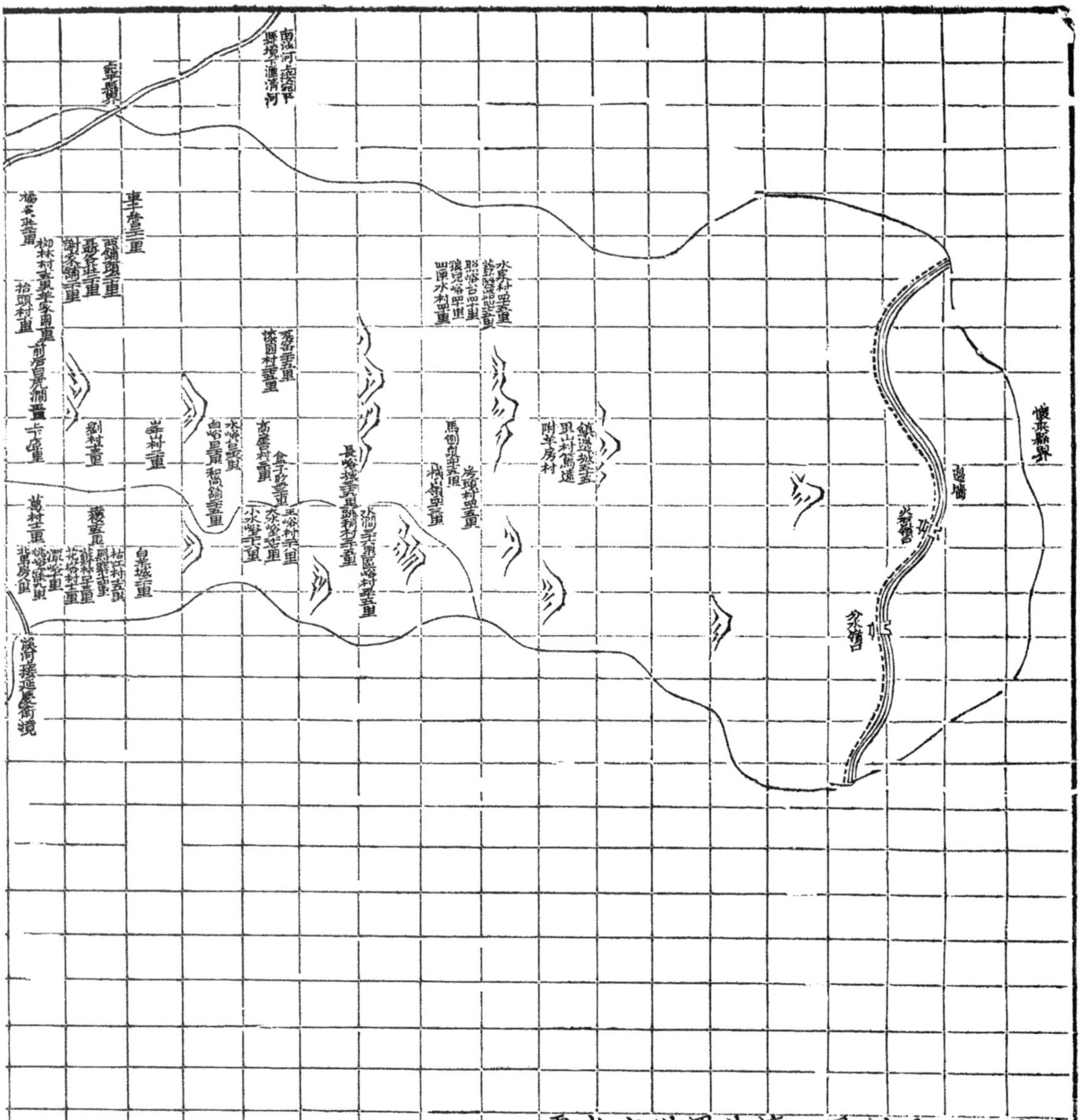


昌平州東至順義縣界五十里至縣治八十里西至懷來縣界一百一十五里由大道至縣治九十里南至宛平縣界三十里至縣治七十五里北至延慶州界一百二十里由大道至州治九十里東南至大興縣界五十里至縣治八十里西南至宛平縣界四十五里至縣治七十五里東北至懷柔縣界七十里至縣治八十里西北至延慶衛界二十里至衛治四十里

州屬大小三百一十二村每二十里内建倉一區其山徑崎嶇道里窵遠者附之計高麗營沙河羊房梔林龍虎臺口頭村共建倉六區

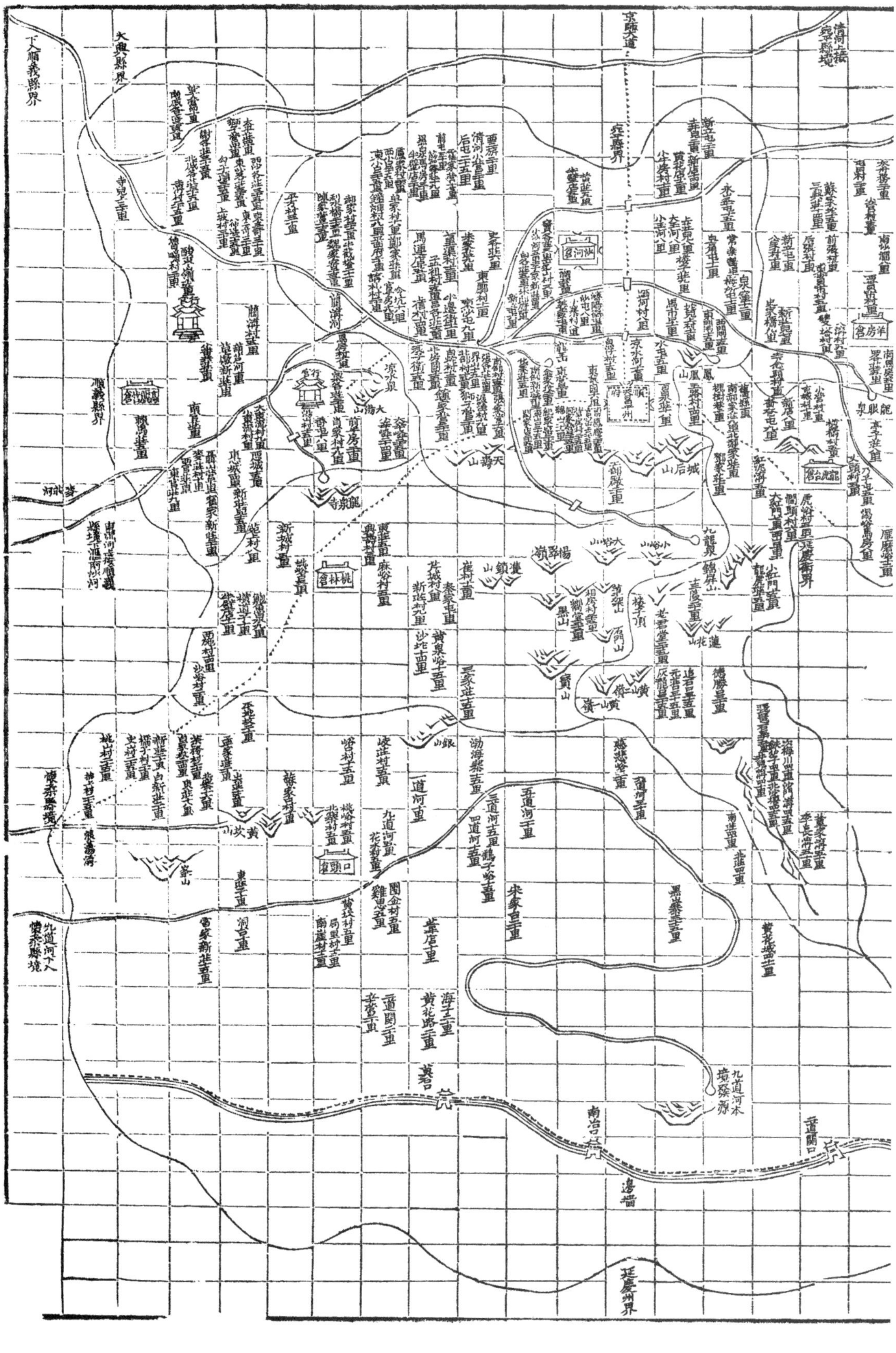
京師大道
大興縣界
下入順義縣界
順義縣界
清河接宛平縣境
延慶州界
邊墻
南口
九道河本境發源
九道河下入懷來縣境

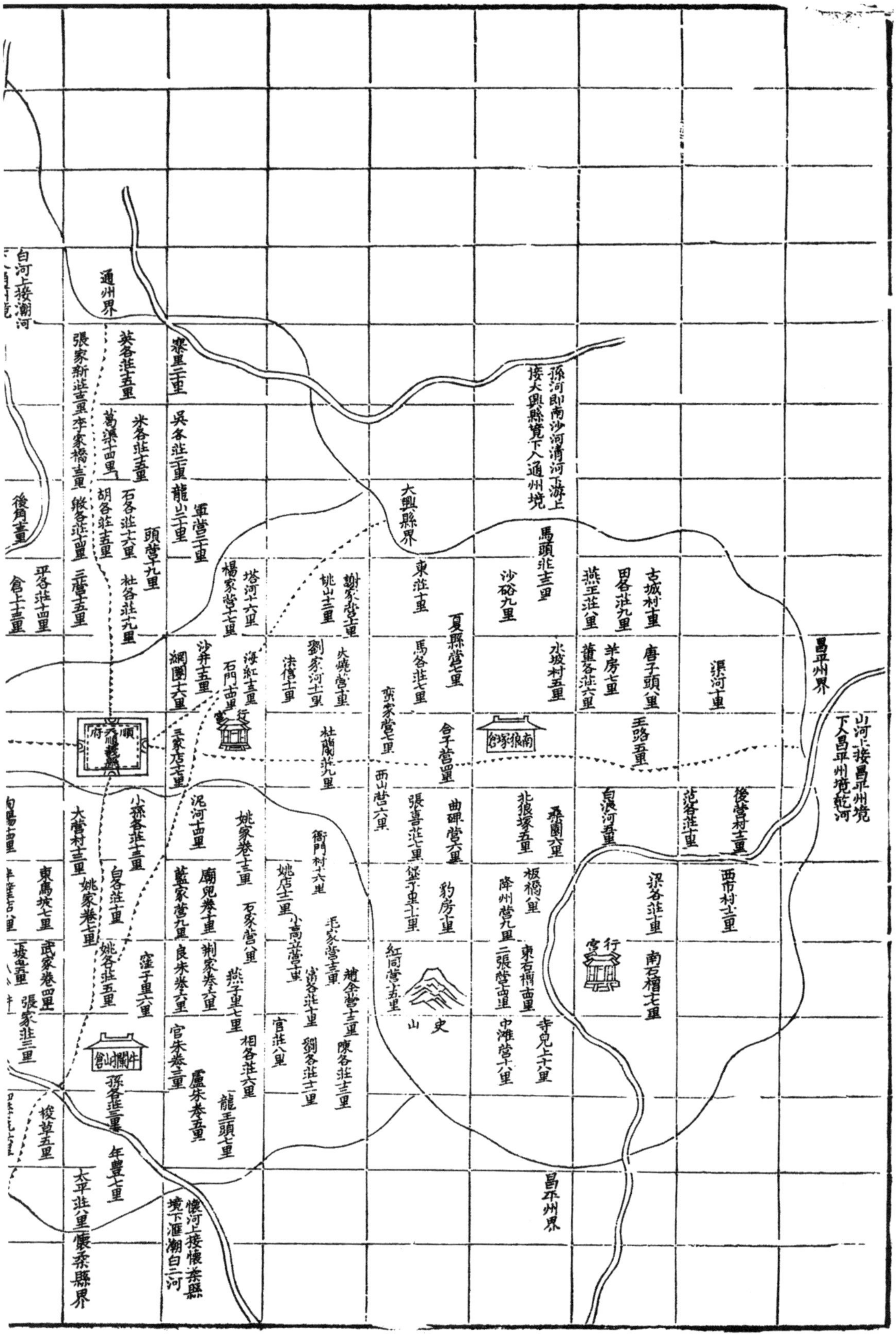
白河上接潮河
通州界
英各莊五里
吳各莊二十里
龍山二十里
軍營二十里
米各莊十五里
石各莊十六里
胡各莊十五里
頭營十九里
杜各莊十九里
三營十五里
平各莊十四里
倉上十三里
孫河即南沙河清河下游上接大興縣境下入通州境
大興縣界
馬頭莊十三里
東莊十里
沙峪九里
田各莊九里
古城村十里
燕王莊八里
塔河十六里
楊家營十七里
馬各莊七里
水坡村五里
唐子頭八里
羊房七里
渠河十里
昌平州界
沙井十五里
海紅十五里
石門十四里
行宮
順天府
三家店十七里
王路五里
泥河十四里
大營村十三里
白各莊十里
東馬坡七里
武家巷四里
張家莊三里
姚各莊五里
藍家營九里
廟兒巷十里
石家營八里
相各莊六里
龍王頭七里
孫各莊三里
年豐七里
懷柔縣界
懷河上接懷柔縣境下匯潮白二河
梭草五里
昌平州界
寺兒上十六里
東石槽十四里
南石槽七里
板橋八里
西市村十里
桑園六里
曲碑營六里
豹房十里
西山營六里
官莊八里
陳各莊十三里

順義縣東至三河縣界三十里至縣治九十里西至昌平州界三十里至州治八十里南至通州界二十五里至州治五十里北至懷柔縣界三十里至縣治四十里東南至通州界四十里至州治四十里西南至大興縣界十五里由大道至縣治六十里東北至密雲縣界三十里由大道至縣治四十里西北至昌平州界三十里由大道至州治五十里

縣屬大小二百七村每二十里内建倉一區計楊各莊李遂店南狼塚牛欄山共建倉四區

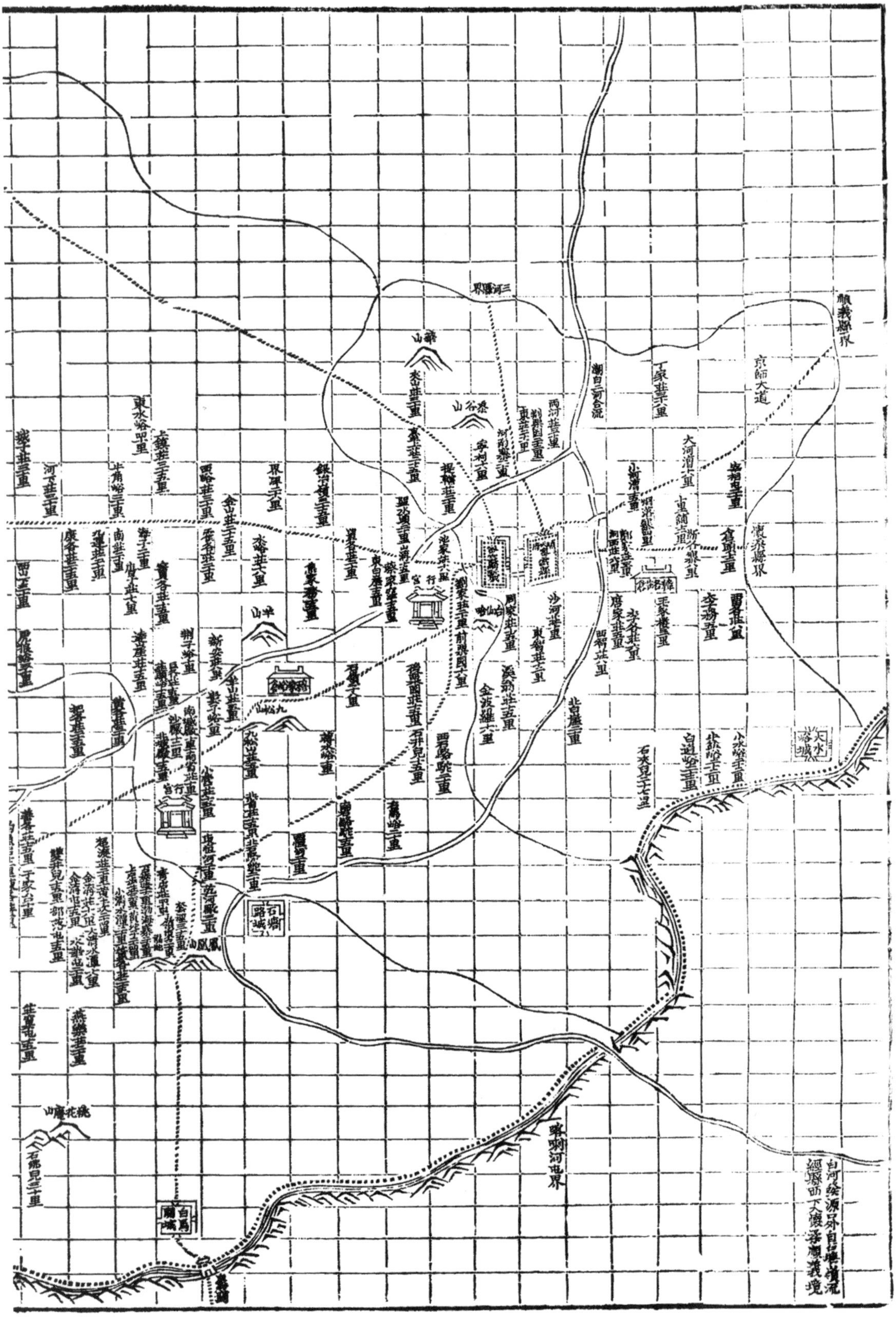

順義縣界
京師大道
懷柔縣界
湖白二河合流
三河縣界
丁家莊六里
大水峪城
石塘路城
白馬關城

密雲縣東至墻子路關九十里西至懷柔縣界二十里至縣治四十里南至三河縣界三十五里至縣治一百里北至白馬關一百里東南至平谷縣界六十五里至縣治九十里西南至順義縣界三十里至縣治七十里東北至古北口一百里口外係喀喇河屯界至喀喇河屯一百四十里西北至大水峪口三十里

縣屬大小一百六十八村每二十里內建倉一區間有小村遼遠者附之計石匣城穆家峪南臺韓各莊共建倉四區

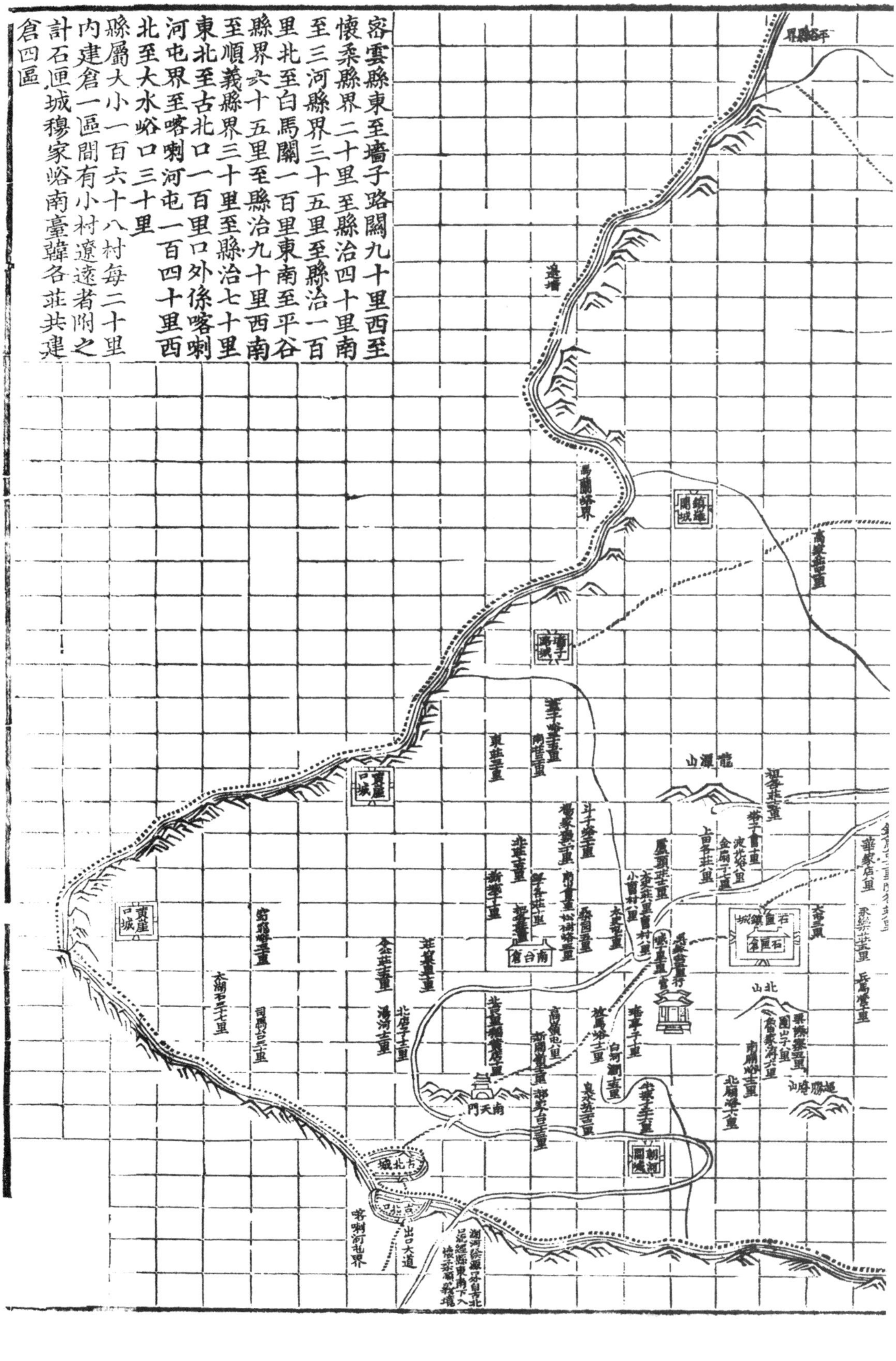

懷柔縣東至密雲縣界二十里至縣治四十里西至昌平州界五里至州治八十里南至順義縣界十里至縣治四十里北至密雲縣界三十里至縣治六十里東南至平谷縣界一百一十里由大道至縣治一百三十里西南至昌平州界十二里由大道至州治八十里東北至密雲縣界五十里由大道至縣治七十里西北至昌平州界四十里由大道至州治一百二十里縣屬大小一百五村每二十里內建倉一區稍遠者附之計王化莊流水莊孝德莊紙房莊共建倉四區

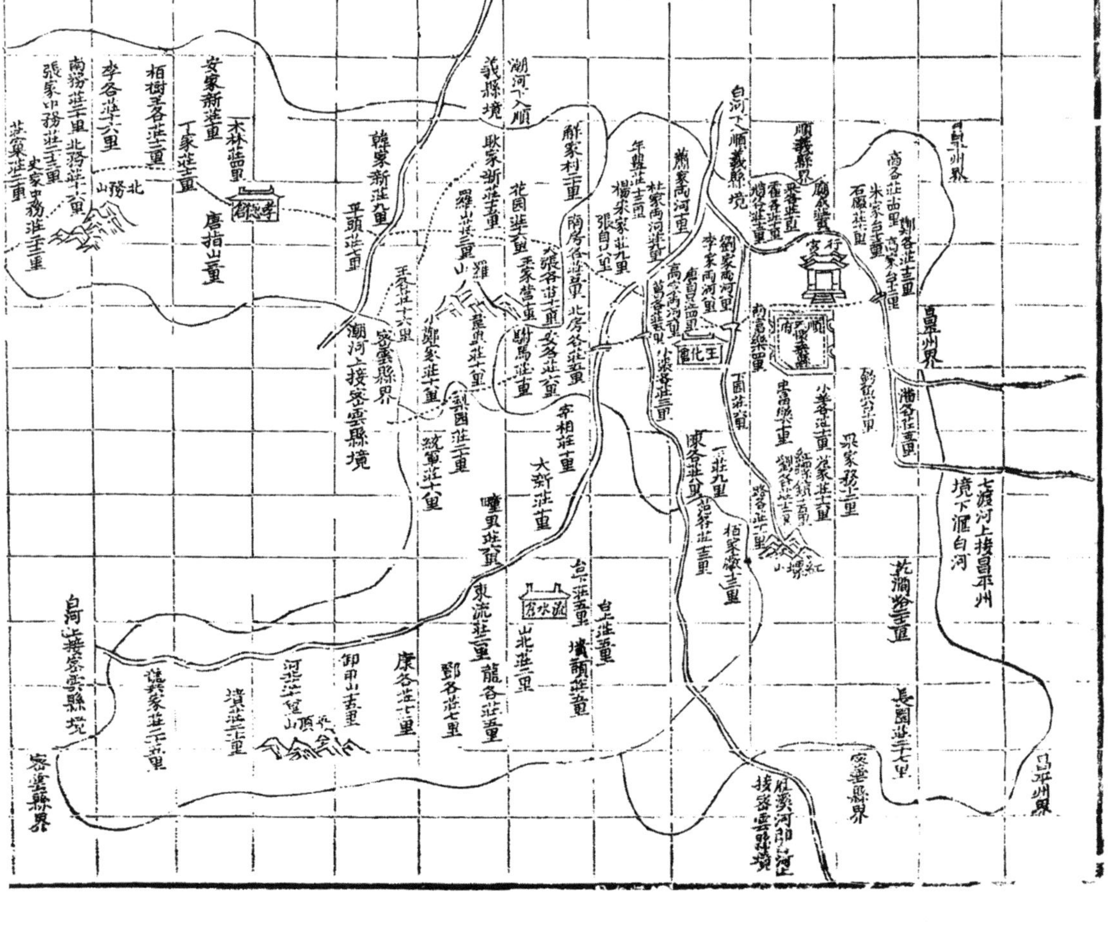

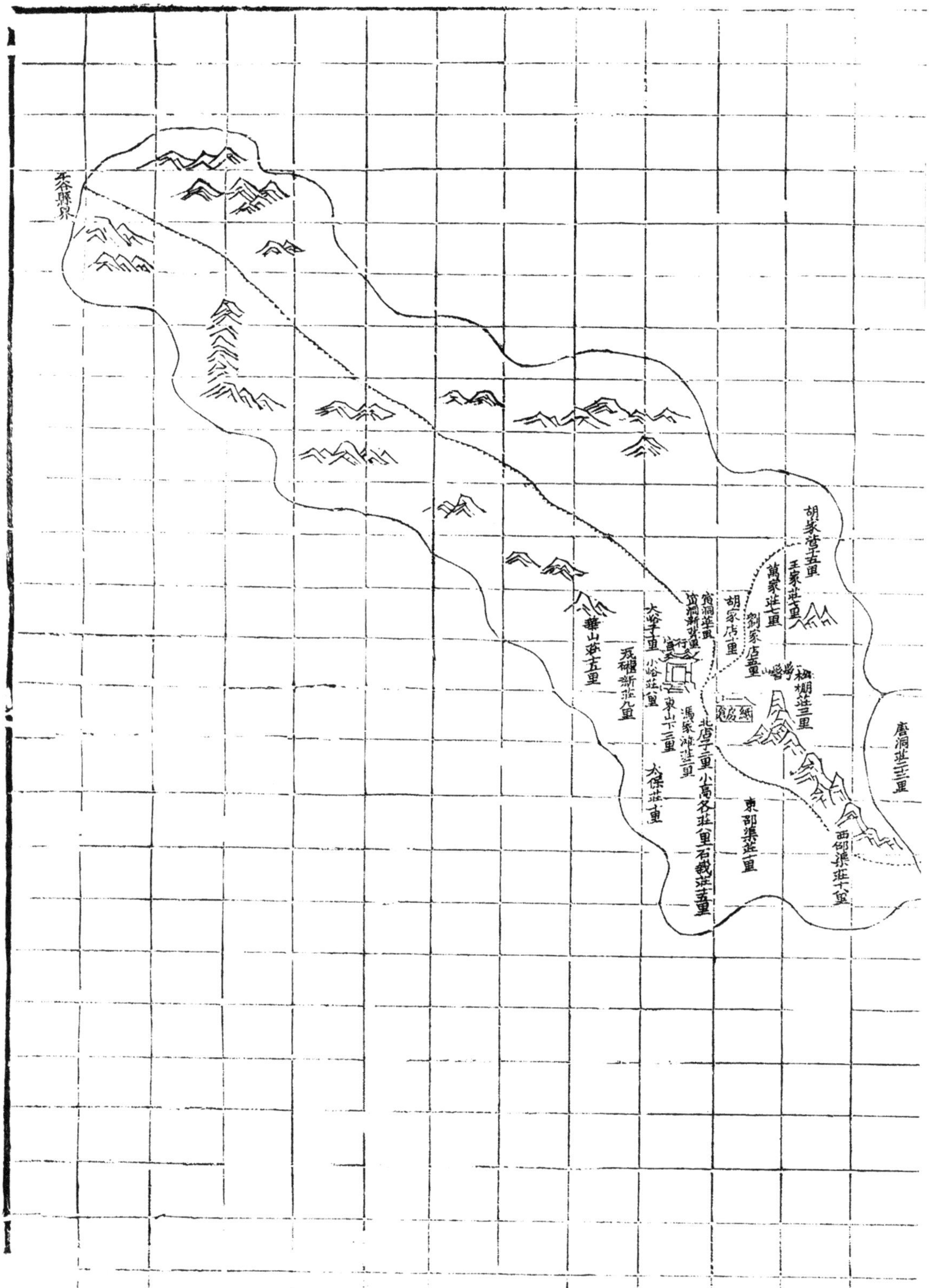
平谷縣界
華山莊五里
大峪子十里
小峪莊八里
東山下三里
太保莊十里
北店子五里
小高各莊八里
胡家店十里
劉家店五里
萬家莊七里
王家莊七里
胡家營十五里
東部渠莊十里
西部渠莊十里

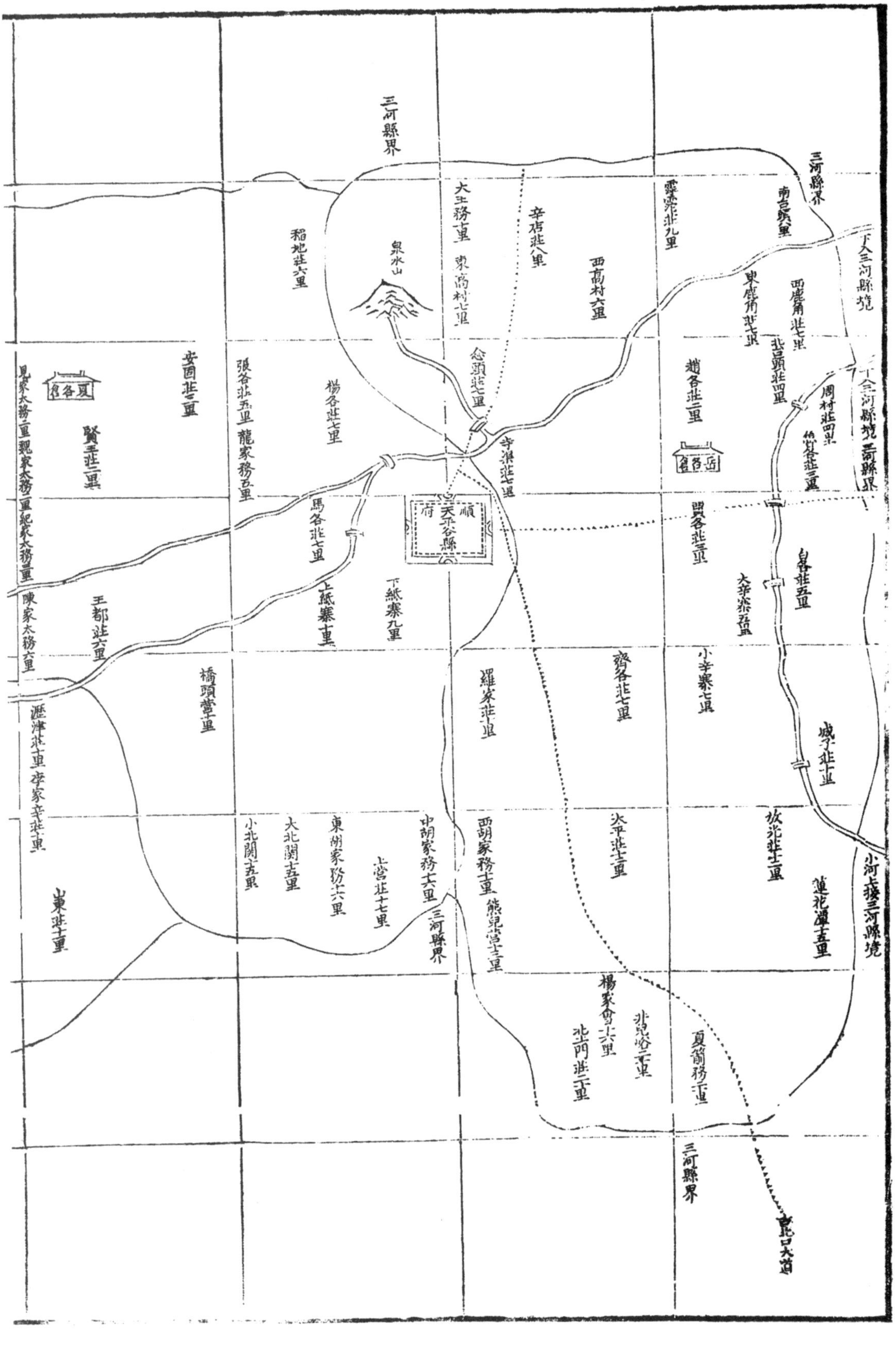
三河縣界
稻地莊六里
泉水山
辛店莊八里
東高村七里
西高村六里
三河縣界
西鹿角莊七里
東鹿角莊七里
下入三河縣境
趙各莊三里
念頭莊七里
楊各莊七里
張各莊五里
龍家務五里
安固莊三里
夏各倉
賢王莊二里
寺上莊七里
岳各倉
周村莊四里
順天府平谷縣
馬各莊七里
下紙寨九里
王都莊六里
陳家太務六里
橋頭營十里
羅家莊十里
小辛寨七里
岳各莊五里
小北關十五里
大北關十五里
東胡家務十六里
中胡家務十六里
西胡家務十里
三河縣界
小河上接三河縣境
蓮花潭十五里
楊家會十六里
北門莊二十里
夏簡務二十里
三河縣界

平谷縣東至薊州界三十里至州治六十里西至三河縣界十里由大道至縣治四十里南至三河縣界十里至縣治四十里北至三河縣界十三里由大道至縣治五十三里東南至薊州界十五里由大道至州治一百五里西南至三河縣界十里由大道至縣治四十里東北至薊州界三十里由大道至州治一百二十里西北至三河縣界二十里由大道至縣治六十里縣屬大小七十六村每二十里內建倉一區計篤樂河岳各莊夏各莊北建倉三區

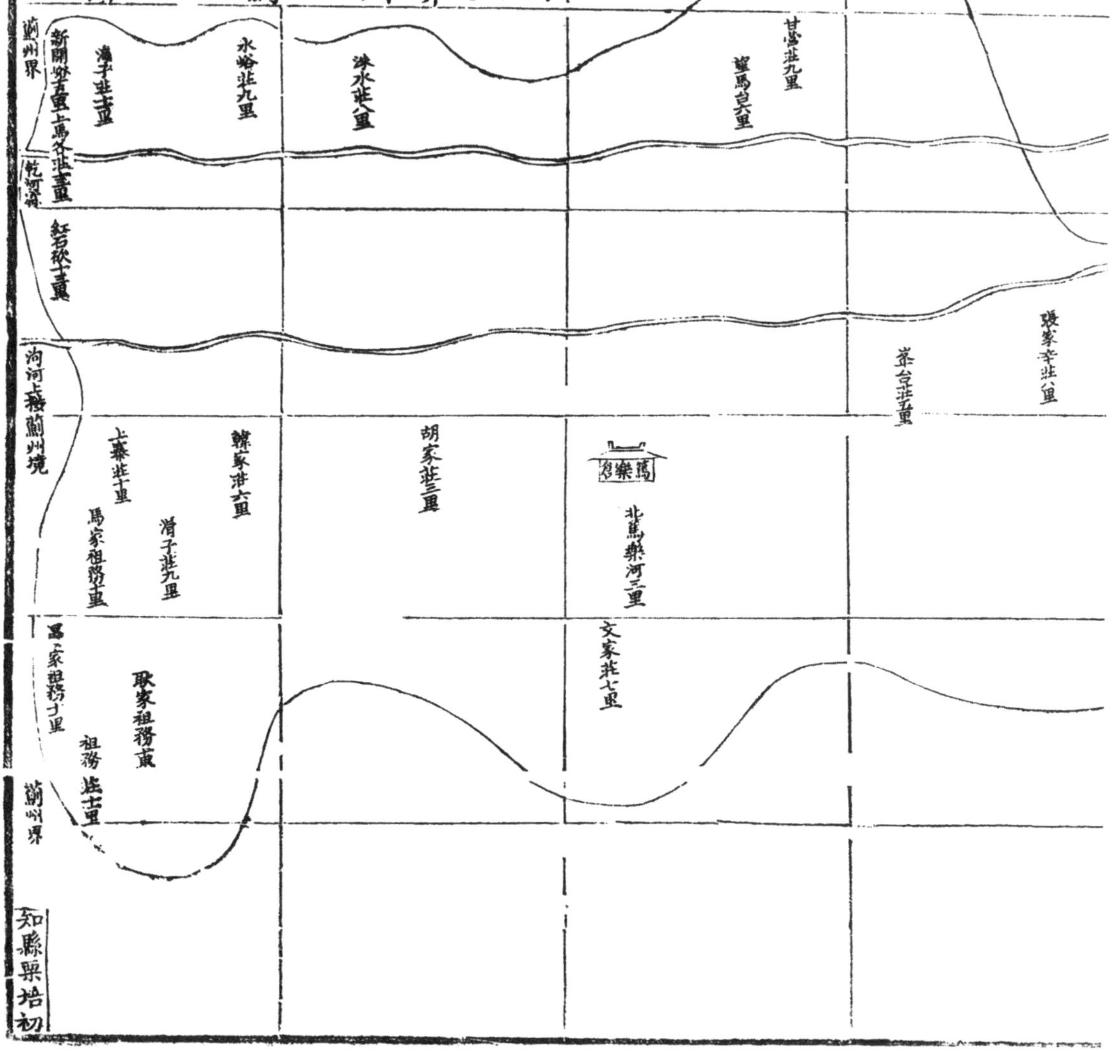


知縣栗培初

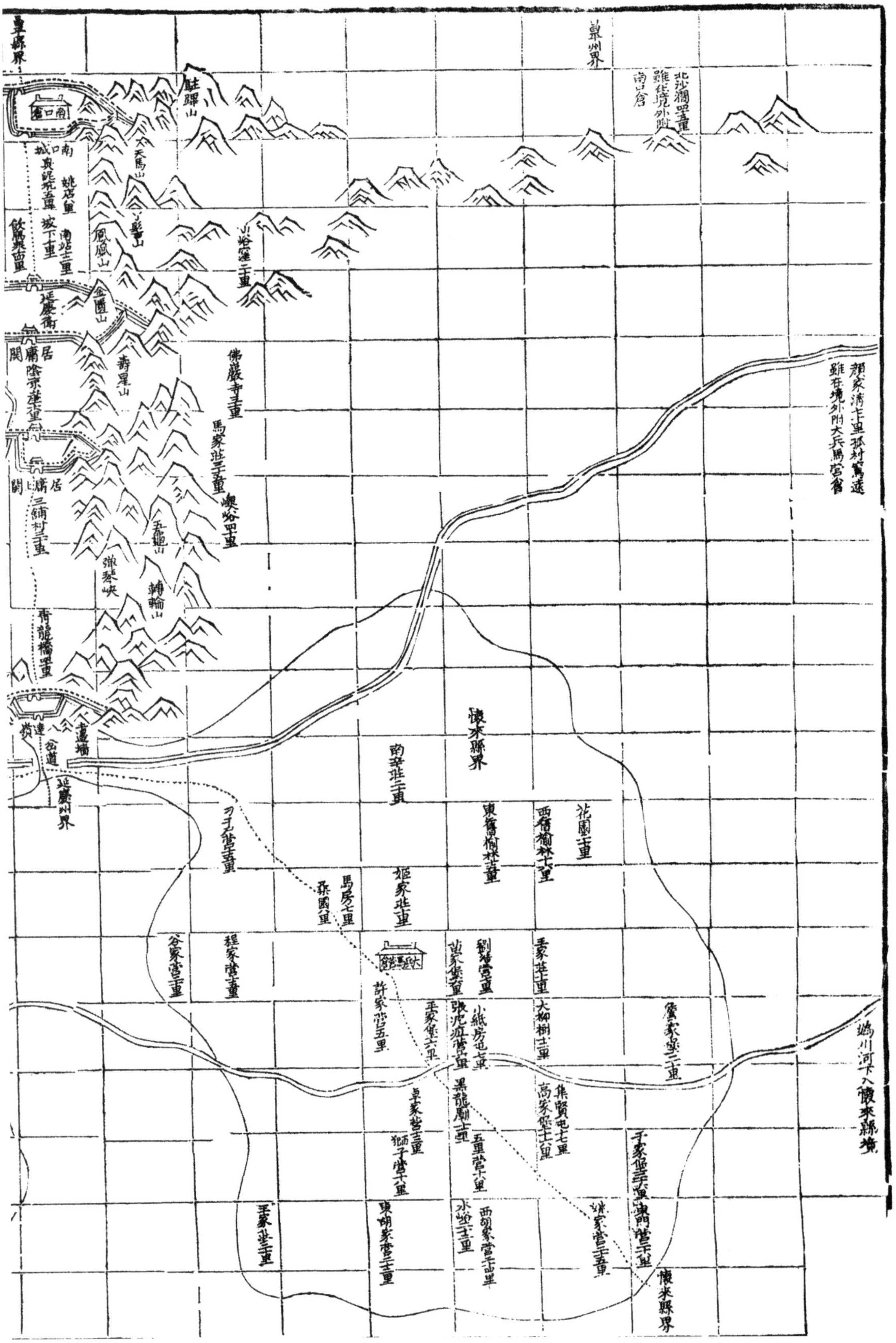

駐蹕山
天馬山
鳳凰山
金櫃山
壽星山
五龜山
彈琴峽
延慶衛
佛巖寺十里
馬家莊十二里
懷來縣界
姬家莊
花園十里
程家營
谷家營
岔道
延慶州界
黑龍廟十里
懷來縣界

延慶衛東至昌平州界迂道八十里至州治一百二十里西至懷來縣界迂道五十五里至縣治八十里南至昌平州界十八里至州治四十里北至延慶州界三十五里至州治六十里東南至昌平州界三十五里至州治五十五里西南至昌平州界二十八里至州治五十五里東北至延慶州界迂道九十里至州治一百三十里西北至懷來縣界迂道八十里至縣治一百里

衛屬大小九十村每二十里内建倉一區間有山村窵遠者附之計南口大兵馬營吕莊共建倉三區

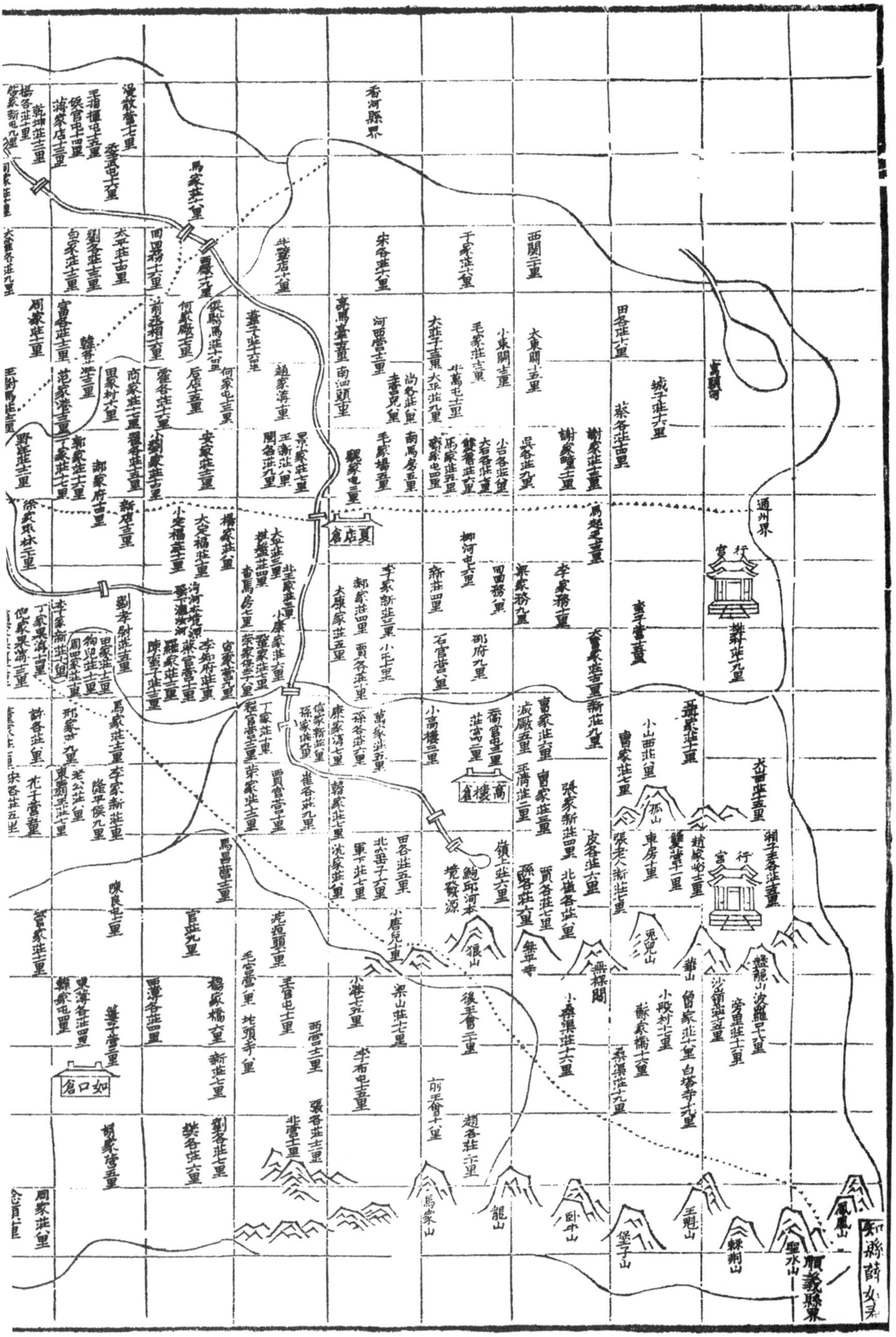
香河縣界
通州界
順義縣界
行宮
夏店倉
高樓倉
如口倉
鮑邱河本境發源
無梁閣
猴山
孤山
兔兒山
龍山
馬家山
卧牛山
堡子山
王魁山
聖水山
鳳凰山
盤龍山

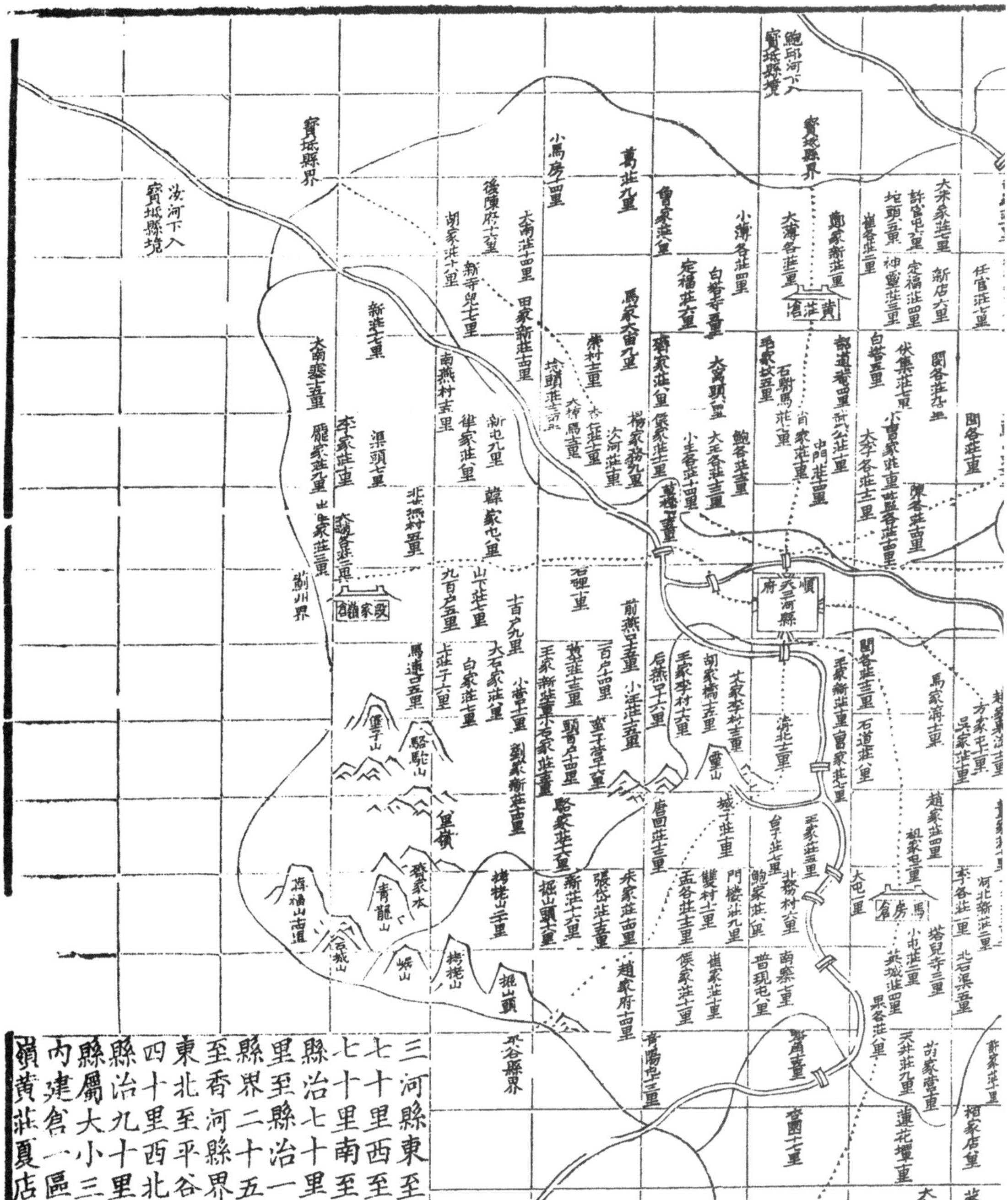


三河縣東至薊州界二十里至州治七十里西至通州界五十里至州治七十里南至寶坻縣界二十五里至縣治七十里北至密雲縣界五十五里至縣治一百一十里東南至寶坻縣界二十五里至縣治七十里西南至香河縣界三十里至縣治六十里東北至平谷縣界二十五里至縣治四十里西北至順義縣界六十里至縣治九十里

縣屬大小三百四十六村每二十里内建倉一區計如口鎮高樓鎮段家嶺黃莊夏店鎮馬房鎮共建倉八區

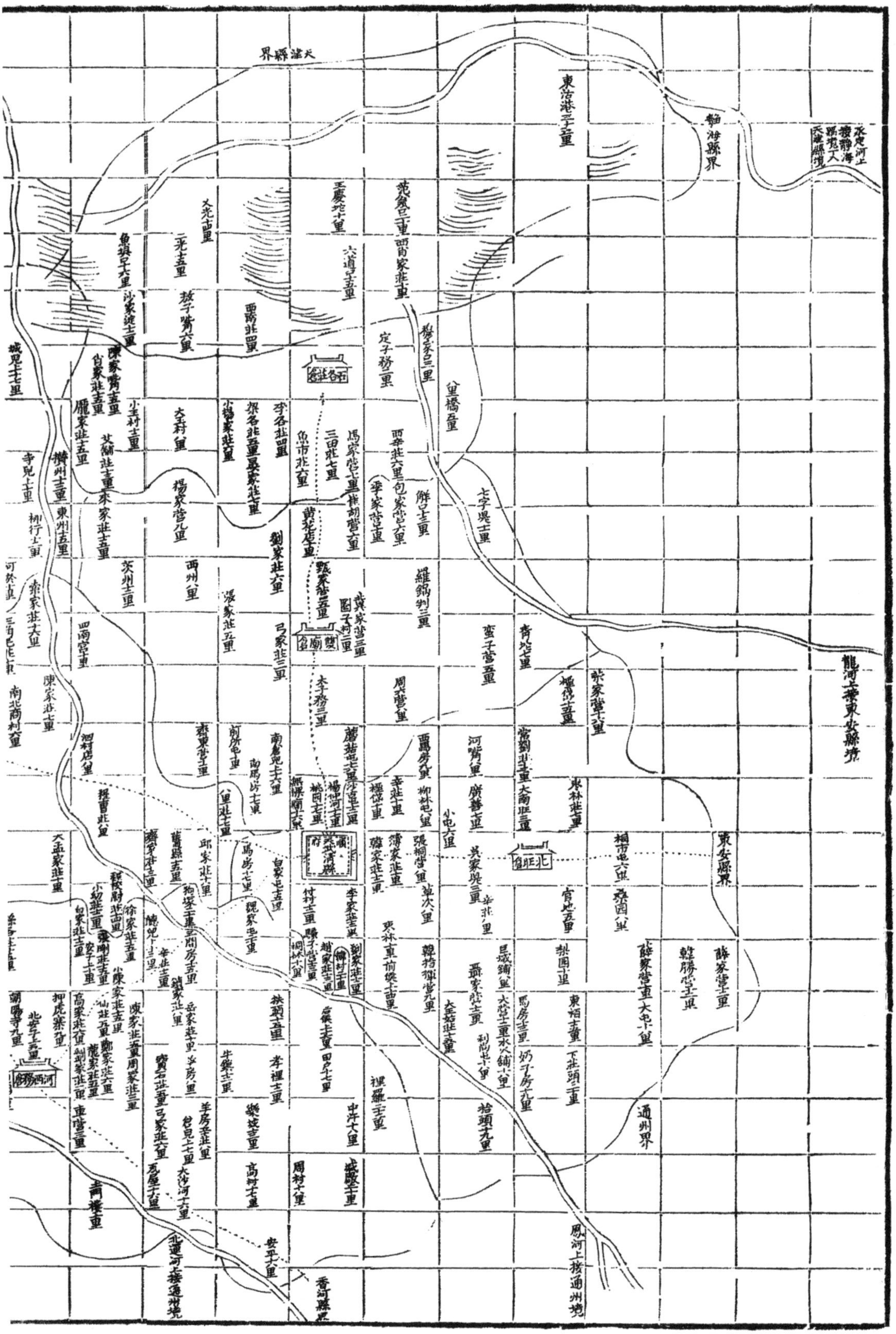

天津縣界
東安縣界
通州界
龍河上接東安縣境
鳳河上接通州境
香河縣界

武清縣東至寶坻縣界七十里至縣治九十里西至東安縣界二十二里至縣治三十五里南至天津縣界六十八里至縣治一百一十里北至香河縣界三十五里至縣治六十里東南至天津縣界六十五里至縣治一百一十里西南至靜海縣界八十五里至縣治一百三十里東北至香河縣界三十五里至縣治六十里西北至通州界三十里至州治一百一十里

縣屬大小三百四十三村每二十里內建倉一區計河西務蔡村楊村崔黃口上馬臺北王平雙廟石各莊北旺村共建倉九區

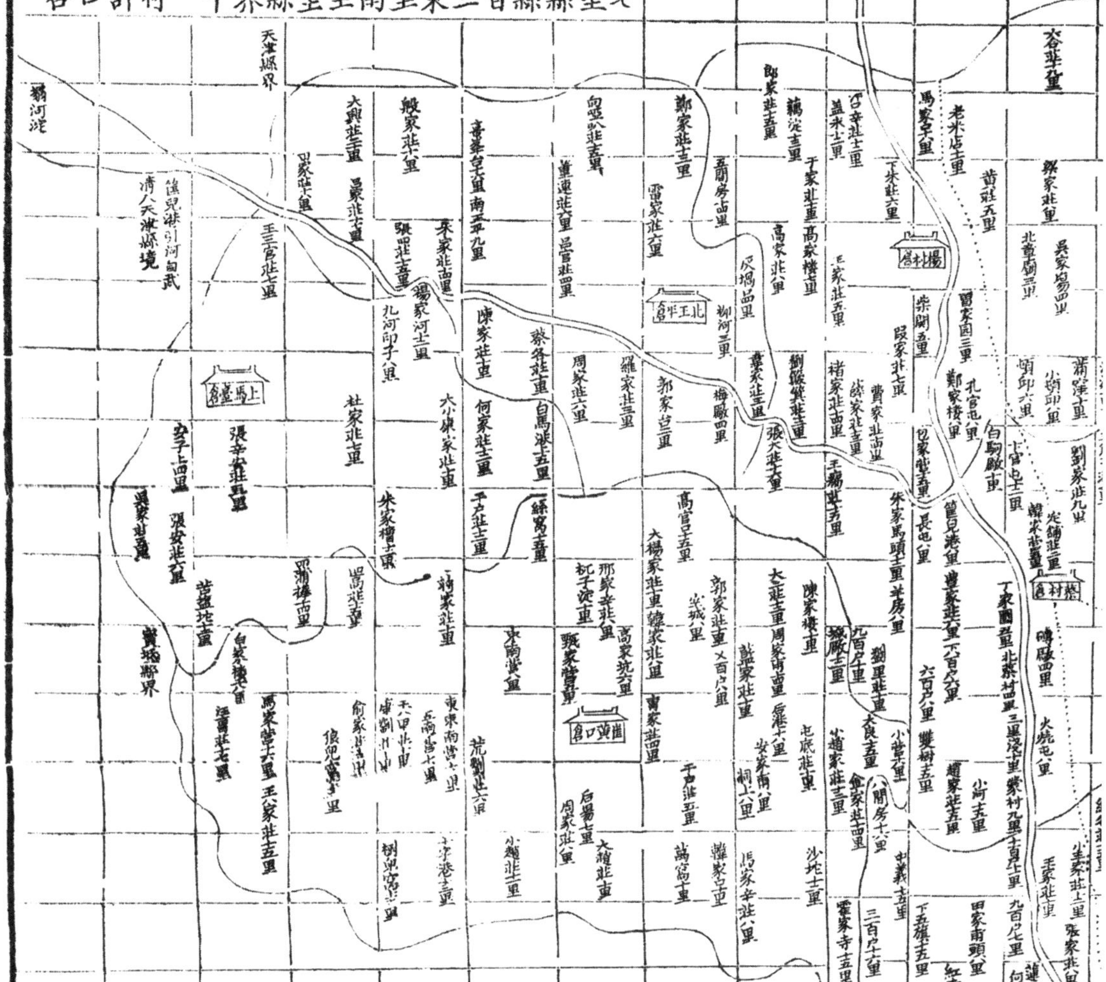


知縣丁昌平
署縣保寧

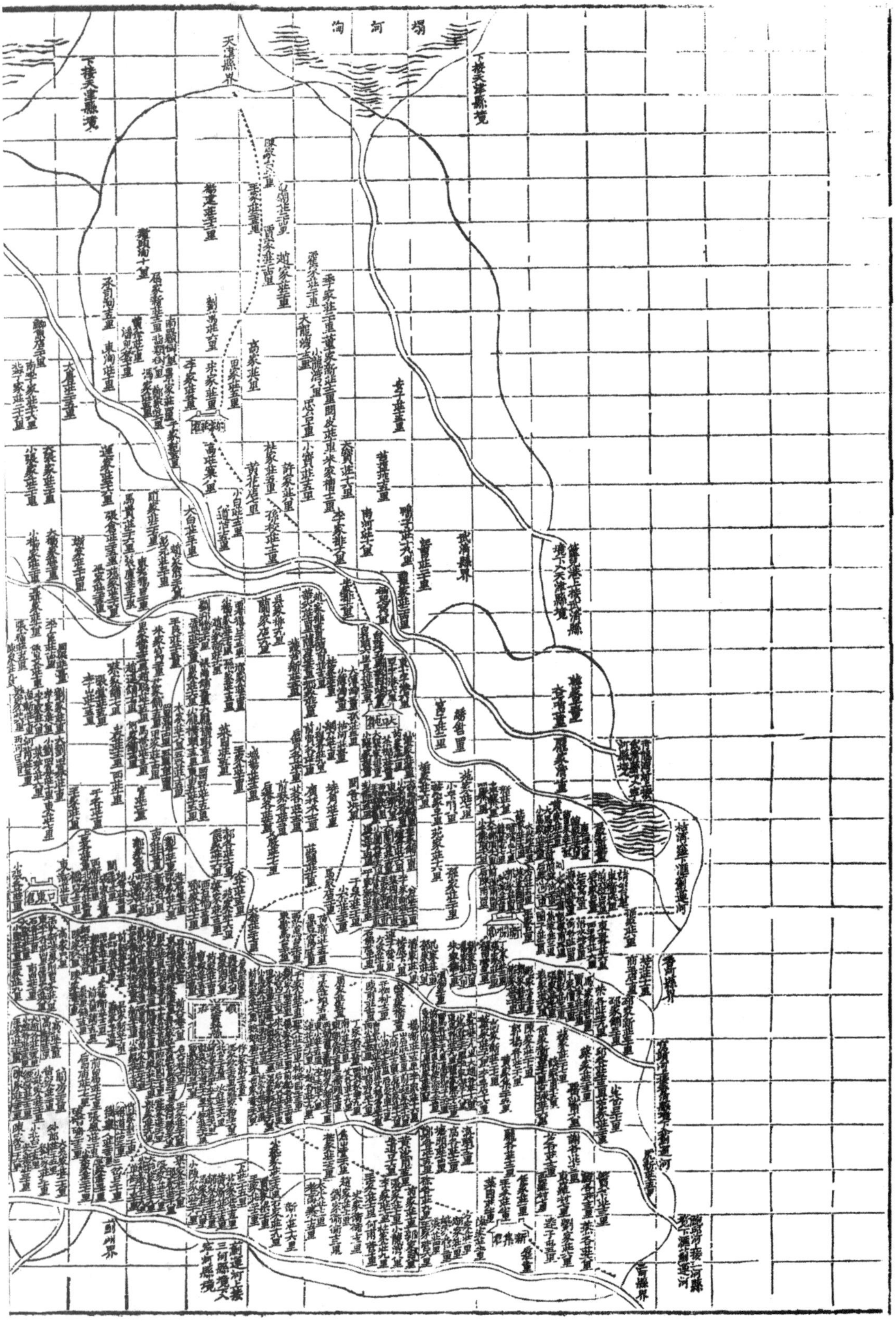

下接天津縣境
天津縣界
武清縣界
薊州界

寶坻縣東至豐潤縣界九十里至縣治一百八十里西至香河縣界四十里至縣治六十里南至天津縣界一百十里至縣治一百五十五里北至薊州界二十里至州治九十里東南至寧河縣界八十五里至縣治一百十里西南至武清縣界五十五里至縣治九十五里東北至玉田縣界四十五里至縣治一百里西北至三河縣界四十里至縣治七十里縣屬大小九百一十一村每二十里内建倉一區稍遠者附之計新集新開口口東新安鎮大口屯黑狼口林亭口八門城黄莊爾家莊共建倉十區

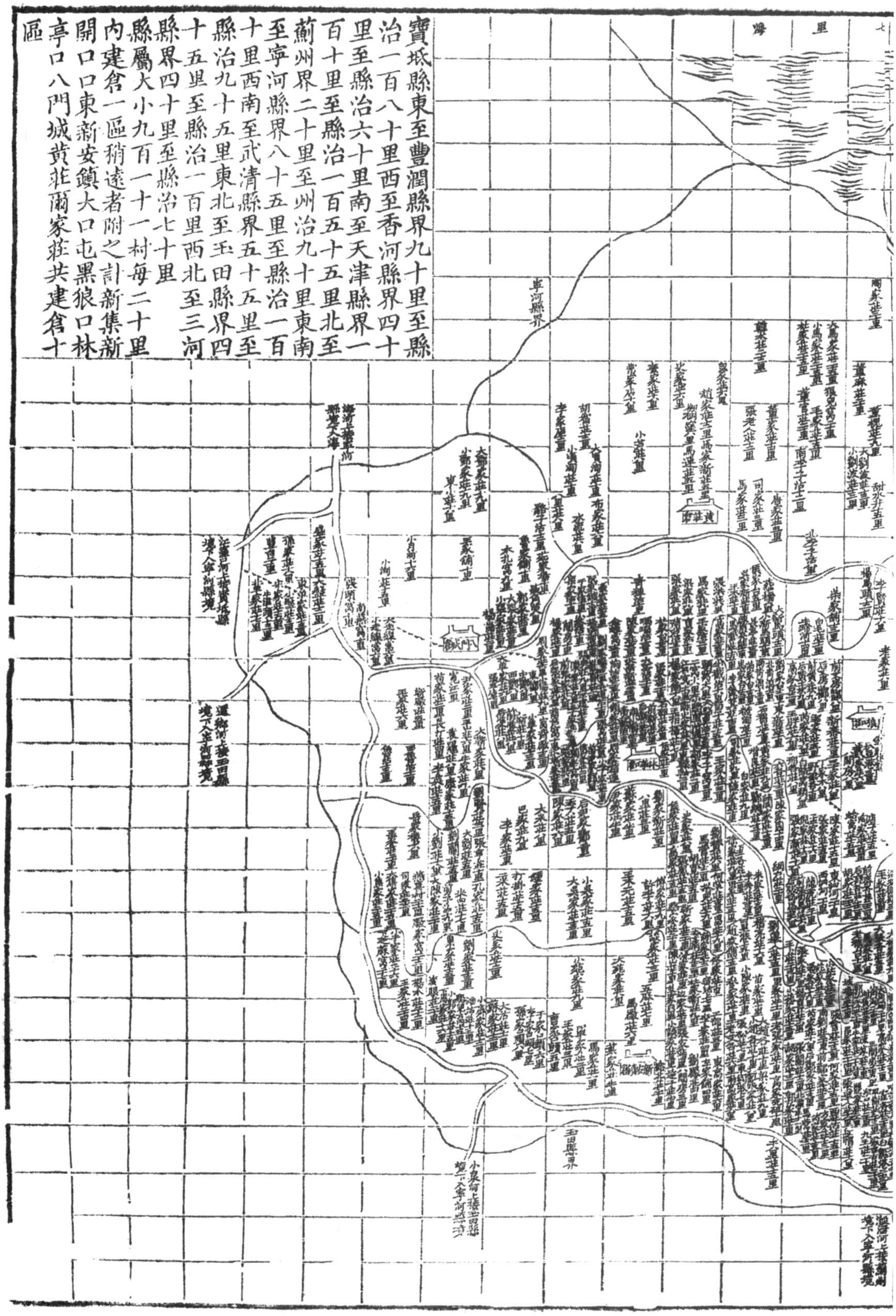

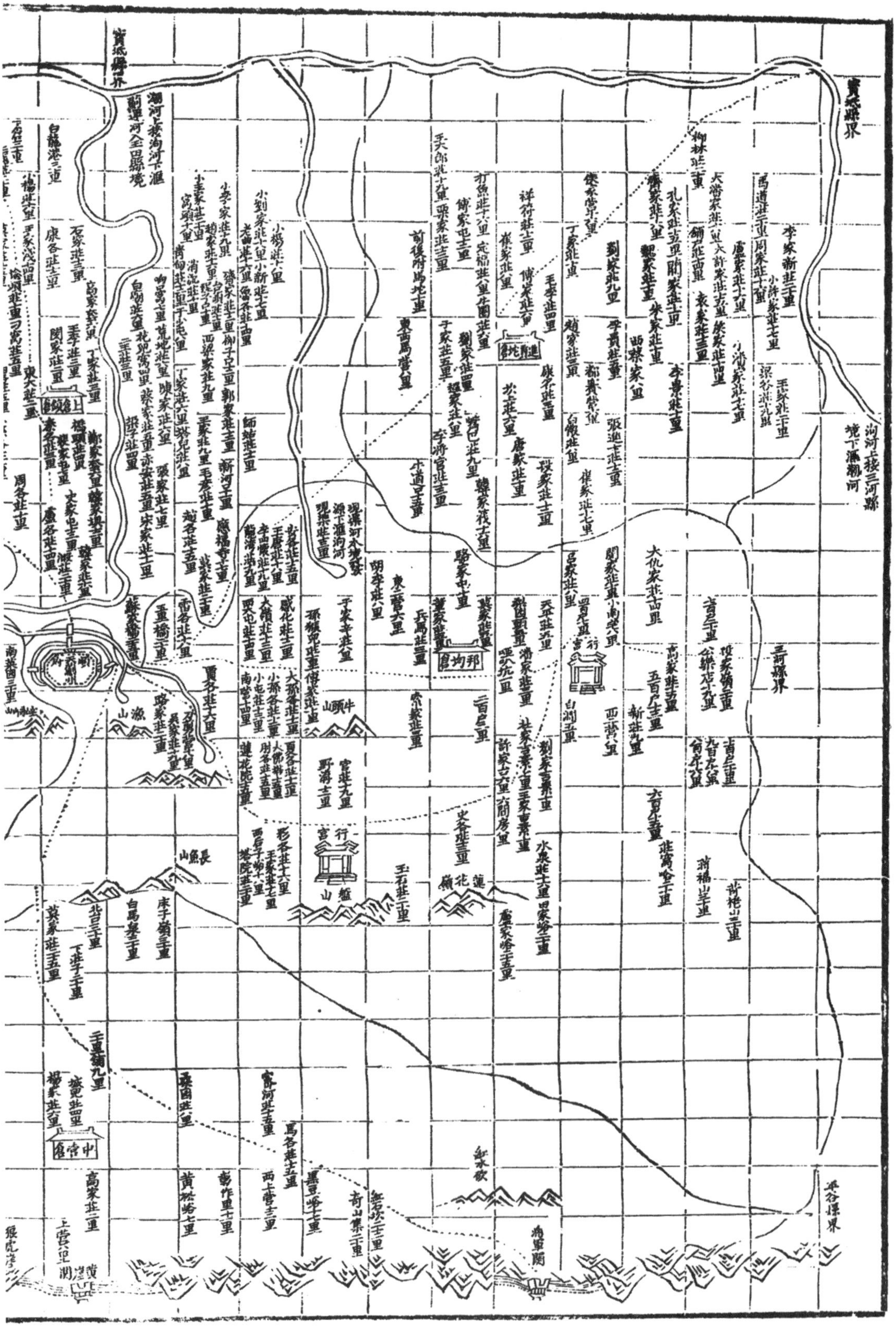

寳坻縣界
潮河上接泃河下滙
薊運河全歸縣境
寳坻縣界
泃河上接三河縣
境下滙潮河
三河縣界
牛頭山
盤山
行宮

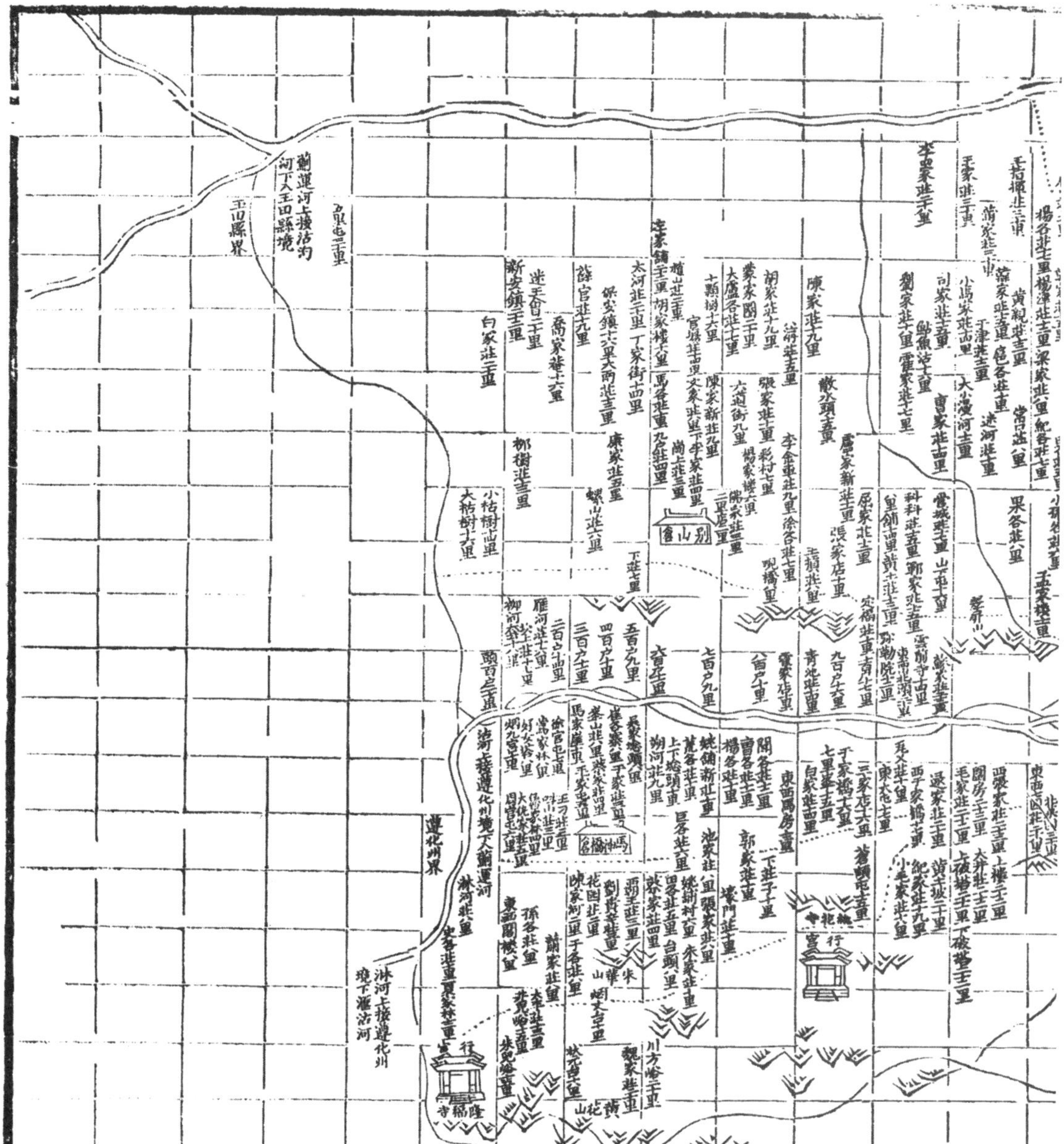


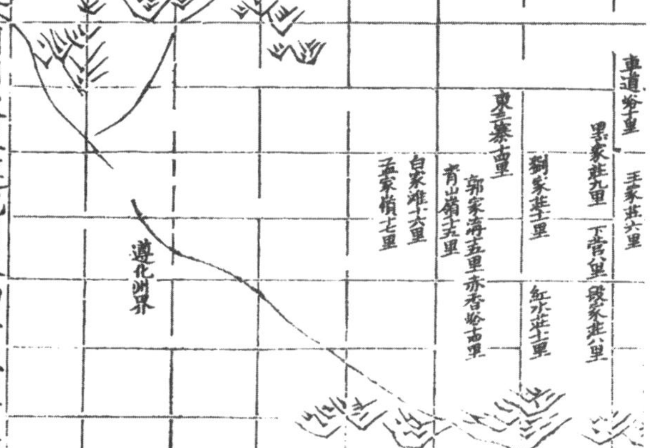


薊州東至遵化州界四十五里至州治一百二十里西至三河縣界五十里至縣治七十里南至寶坻縣界六十里至縣治八十里北至黃崖關六十里關外地方遼濶難定里數東南至玉田縣界六十五里至縣治八十里西南至寶坻縣界七十里至縣治八十里東北至遵化州界五十里至州治一百二十里西北至平谷縣界六十里至縣治八十里

州屬大小三百八十四村每二十里內建倉一區計中營鎮上倉鎮邦均鎮進貢地別山鎮馬伸橋鎮共建倉六區

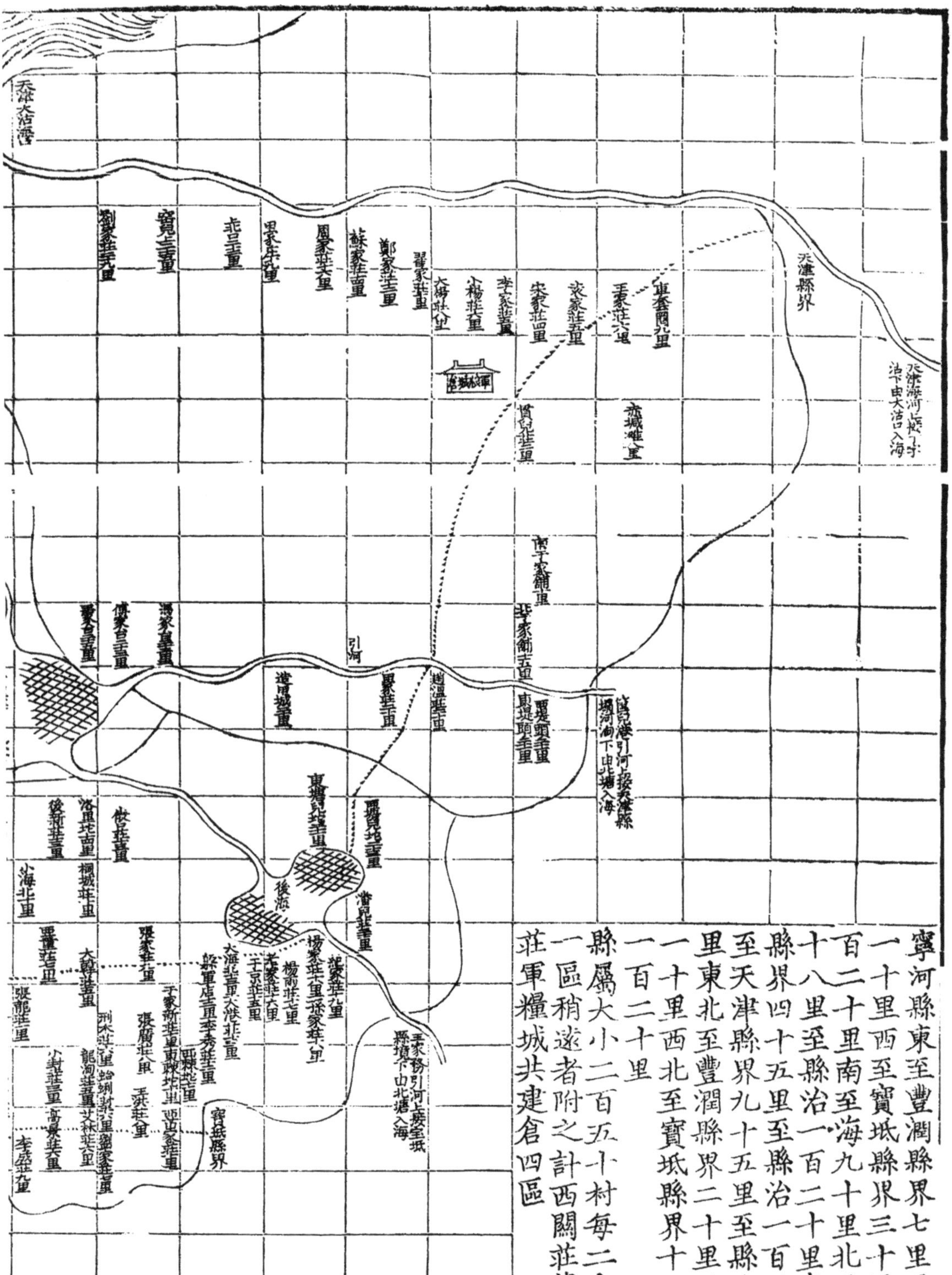


寧河縣東至豐潤縣界七里至縣治一百一十里西至寶坻縣界三十里至縣治一百二十里南至海九十里北至寶坻縣界十八里至縣治一百二十里東南至豐潤縣界四十五里至縣治一百五十里西南至天津縣界九十五里至縣治一百六十里東北至豐潤縣界二十里至縣治一百一十里西北至寶坻縣界十八里至縣治一百二十里

縣屬大小二百五十村每二十里內建倉一區稍遠者附之計西關莊蘆臺鎮西雙莊軍糧城共建倉四區

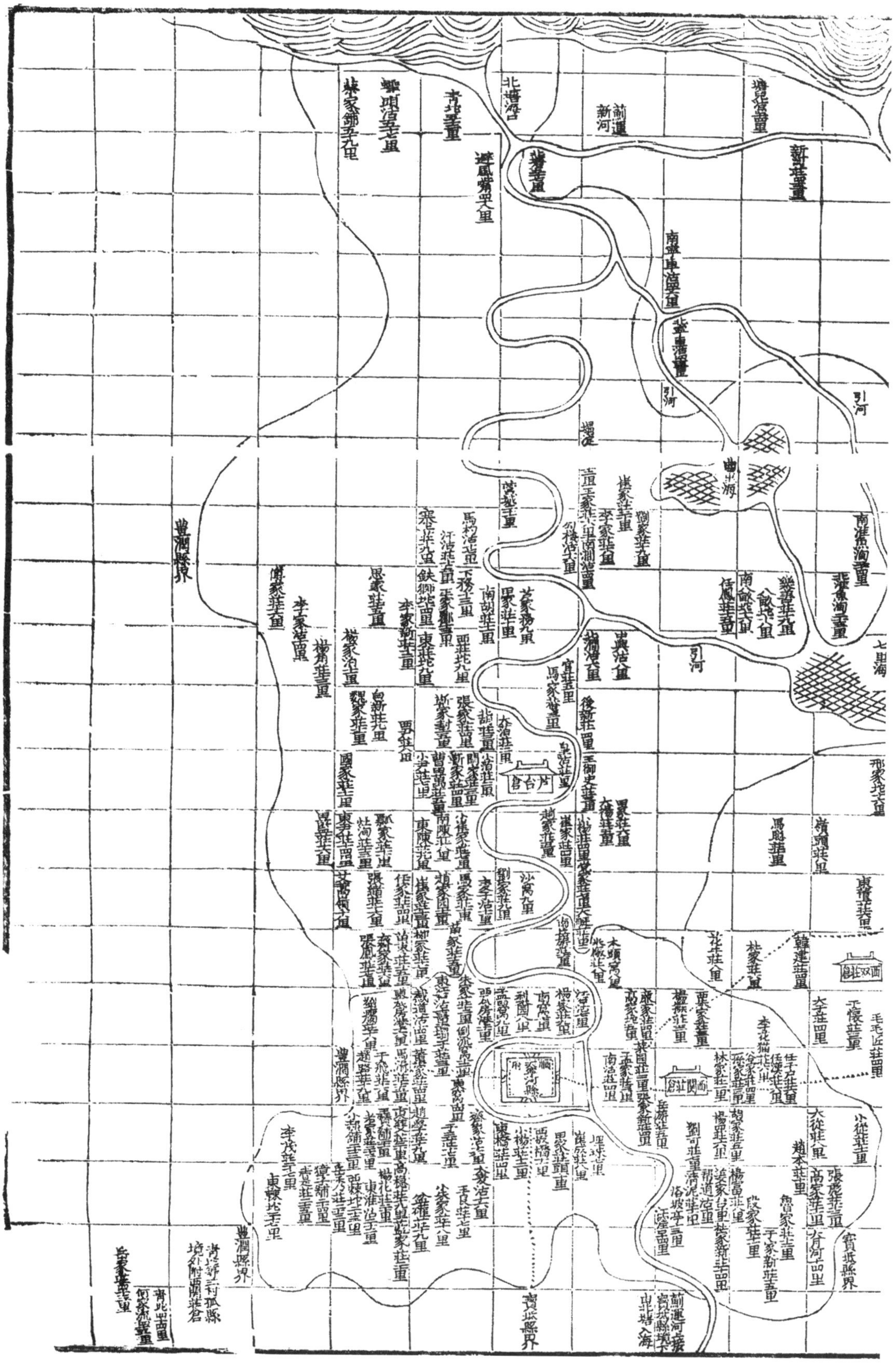
北塘海口
引河
豐潤縣界
寶坻縣界
七里海

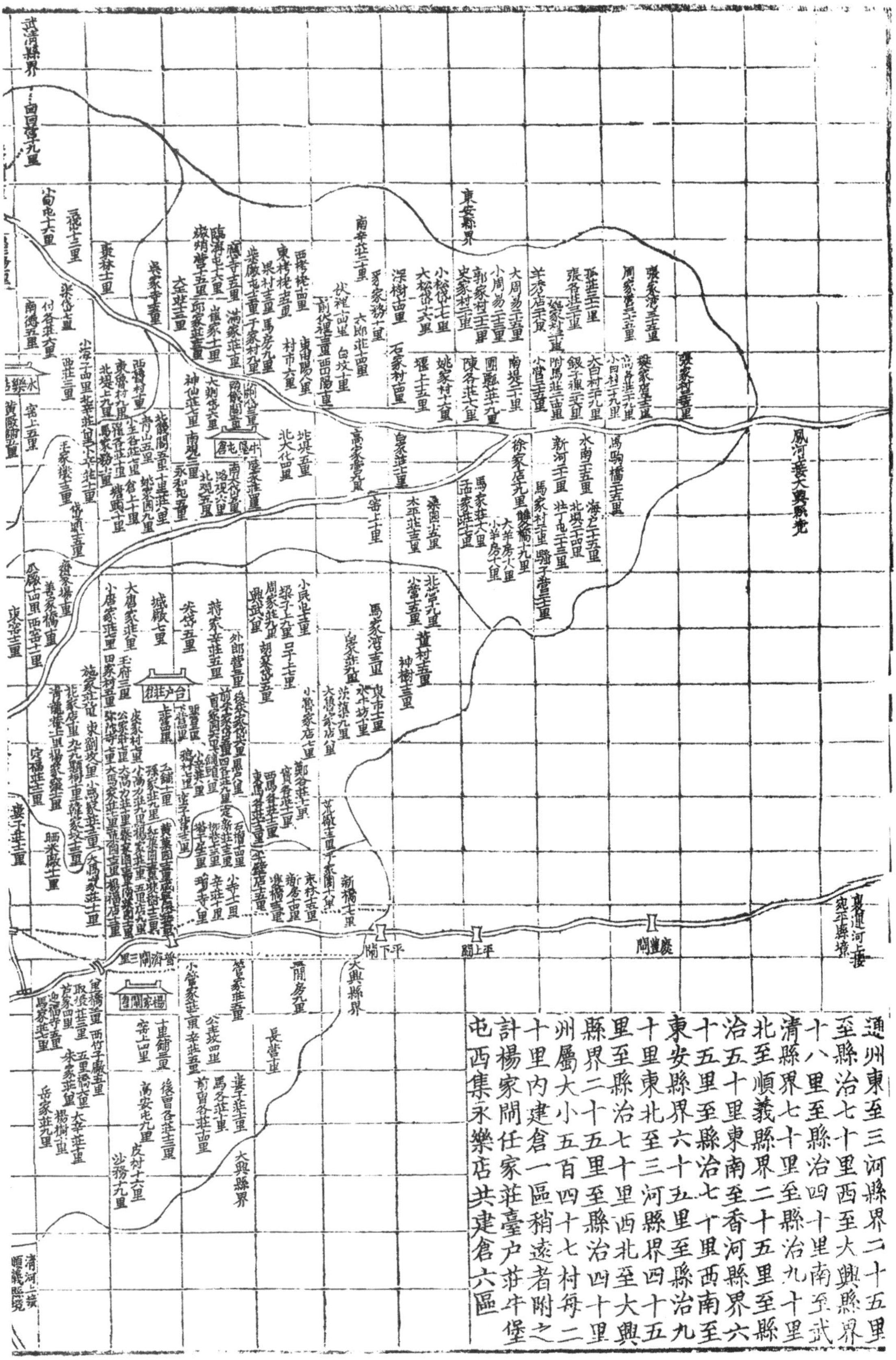


通州東至三河縣界二十五里至縣治七十里西至大興縣界十八里至縣治四十里南至武清縣界七十里至縣治九十里北至順義縣界二十五里至縣治五十里東南至香河縣界六十五里至縣治七十里西南至東安縣界六十五里至縣治九十里東北至三河縣界四十五里至縣治七十里西北至大興縣界二十五里至縣治四十里州屬大小五百四十七村每二十里内建倉一區稍遠者附之計楊家閘任家莊臺户莊牛堡屯西集永樂店共建倉六區

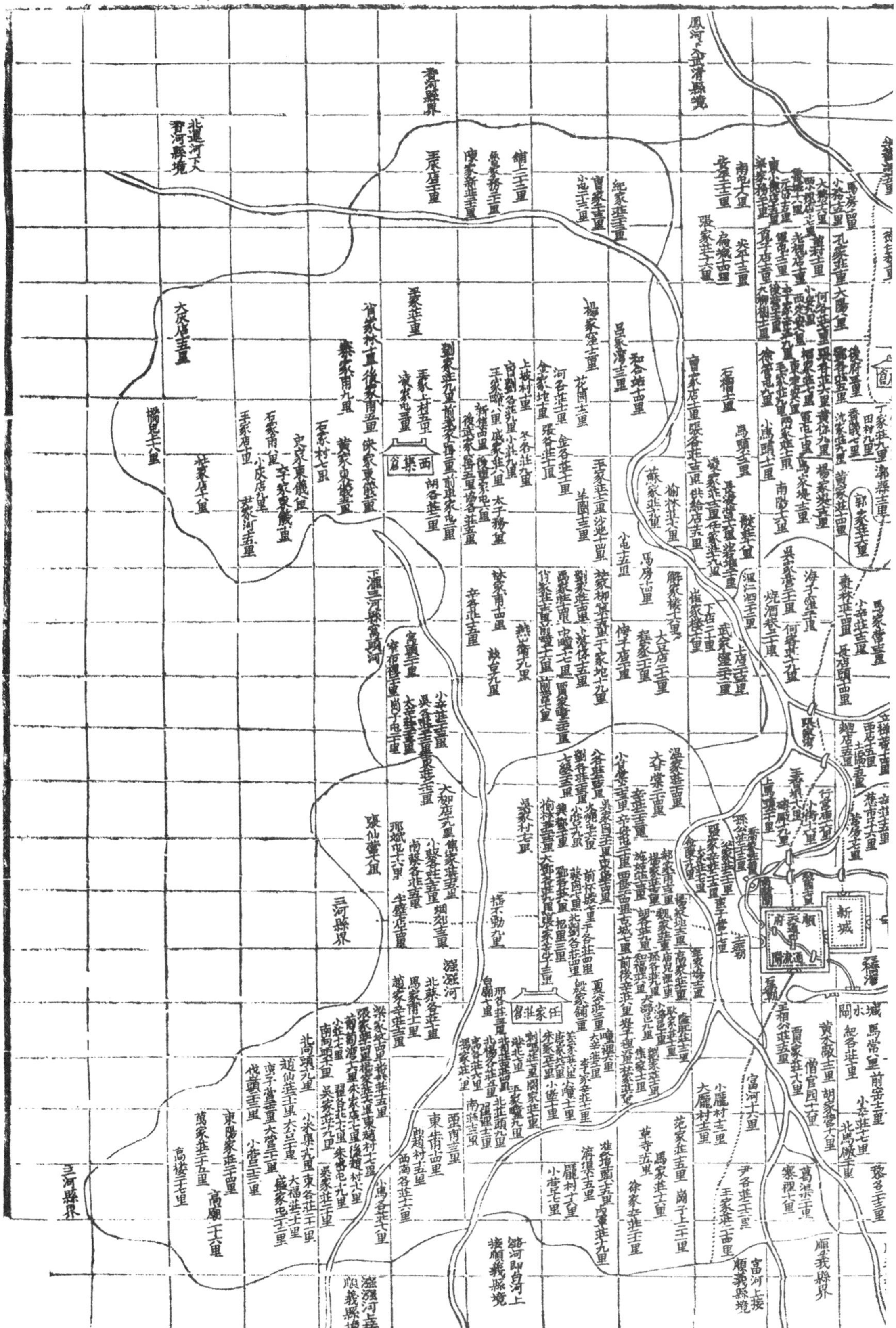
鳳河入武清縣境
香河縣界
北運河下入香河縣境
西集倉
任家莊倉
新城
三河縣界
大庚店
順義縣界

# 畿輔義倉圖

保定府　正定府

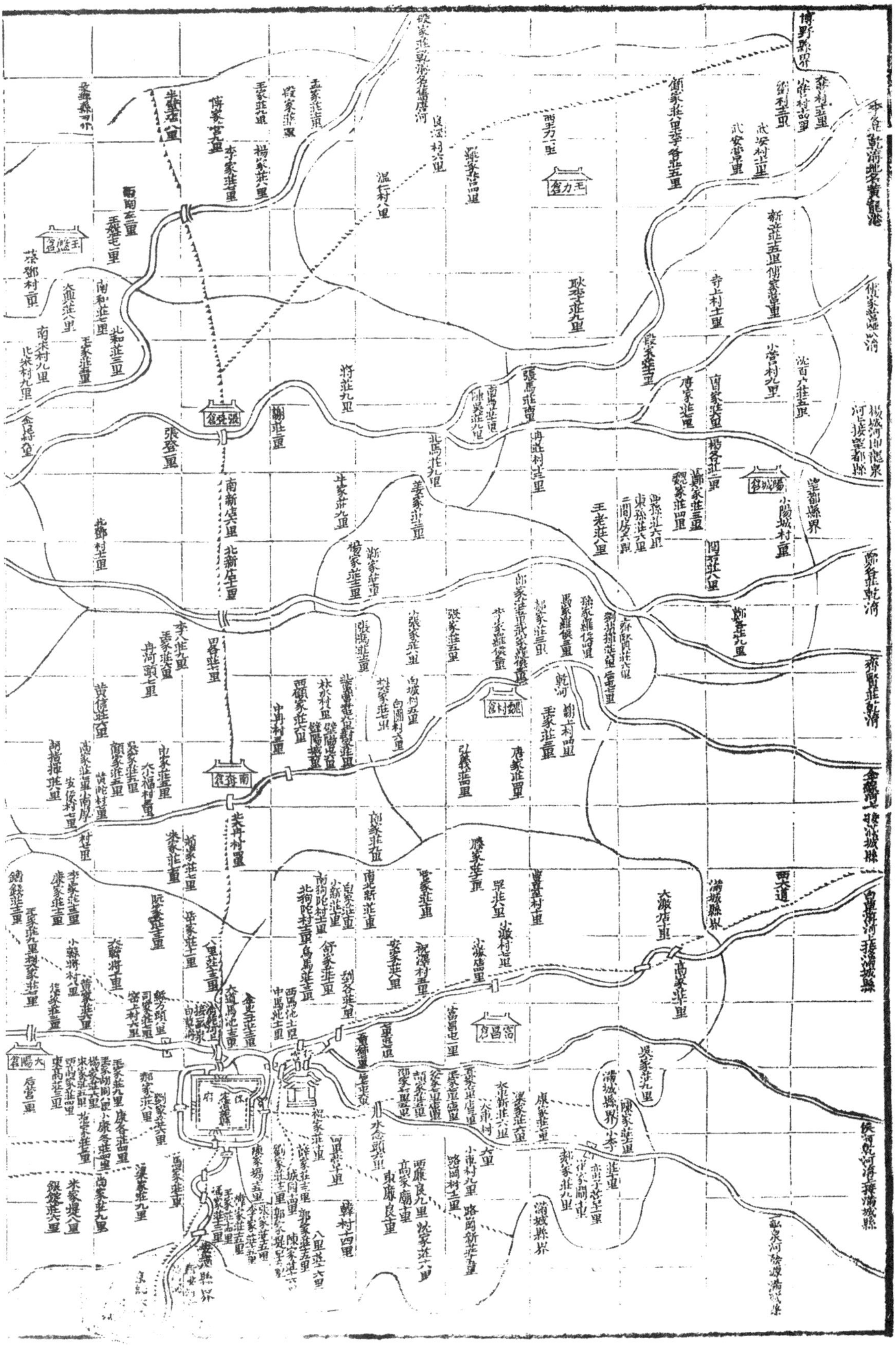

博野縣界
望都縣界
滿城縣界
滿城縣界
張登
南新莊六里
北新莊五里
乾河

清苑縣東至安州界四十五里至州治六十里西至滿城縣界十八里至縣治四十五里南至蠡縣界七十里至縣治九十里北至安肅縣界五里至縣治五十里東南至高陽縣界四十三里至縣治六十里西南至博野縣界八十里至縣治九十里東北至安肅縣界三十里由安肅境至容城縣治九十里西北至滿城縣界十五里至縣治四十里縣屬大小三百一十七村每十二里內建倉一區計富昌村大陽村魏村陽城村南大冉村大莊何家橋西臧村喇喇地張登王盤村王力村共建倉十二區

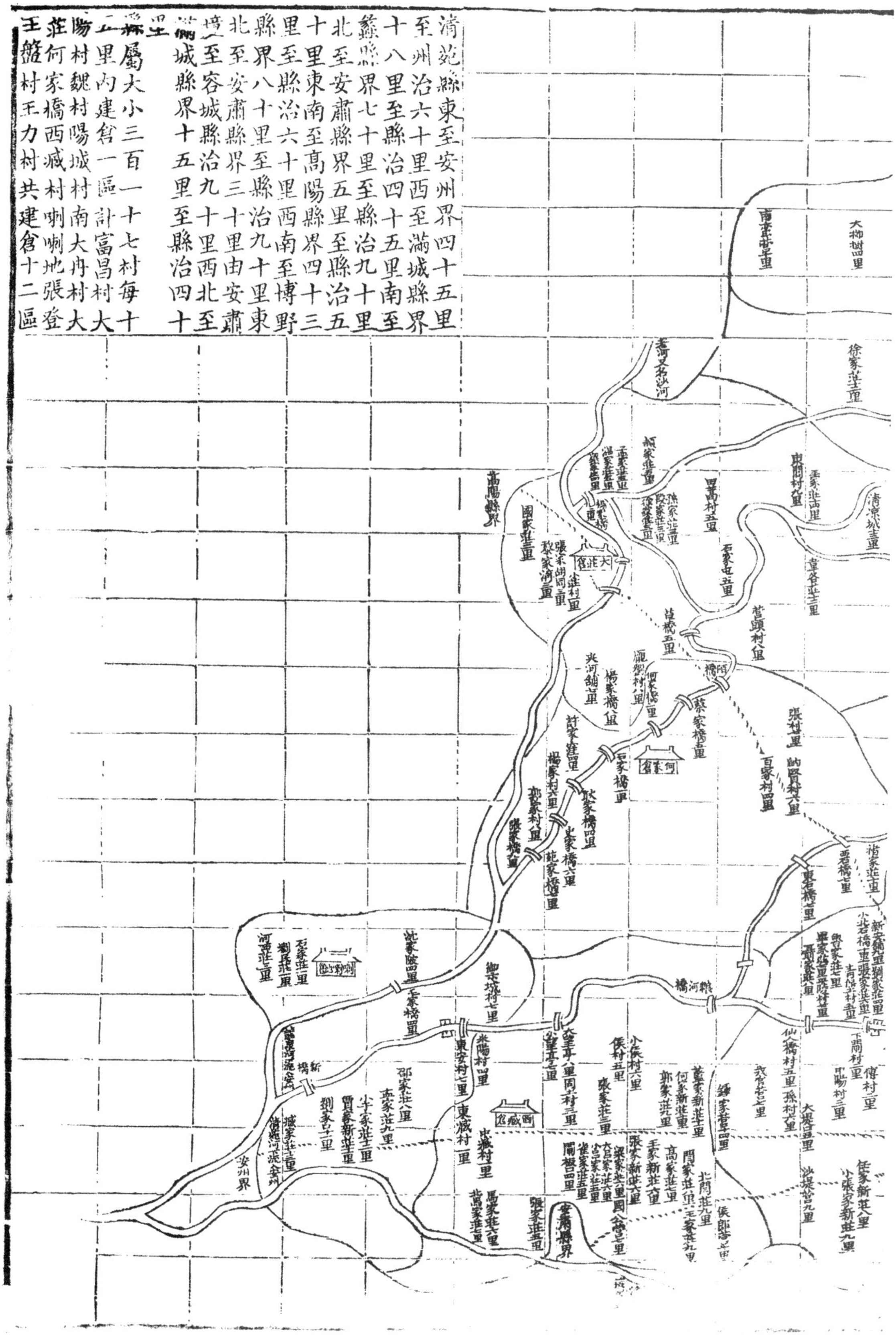

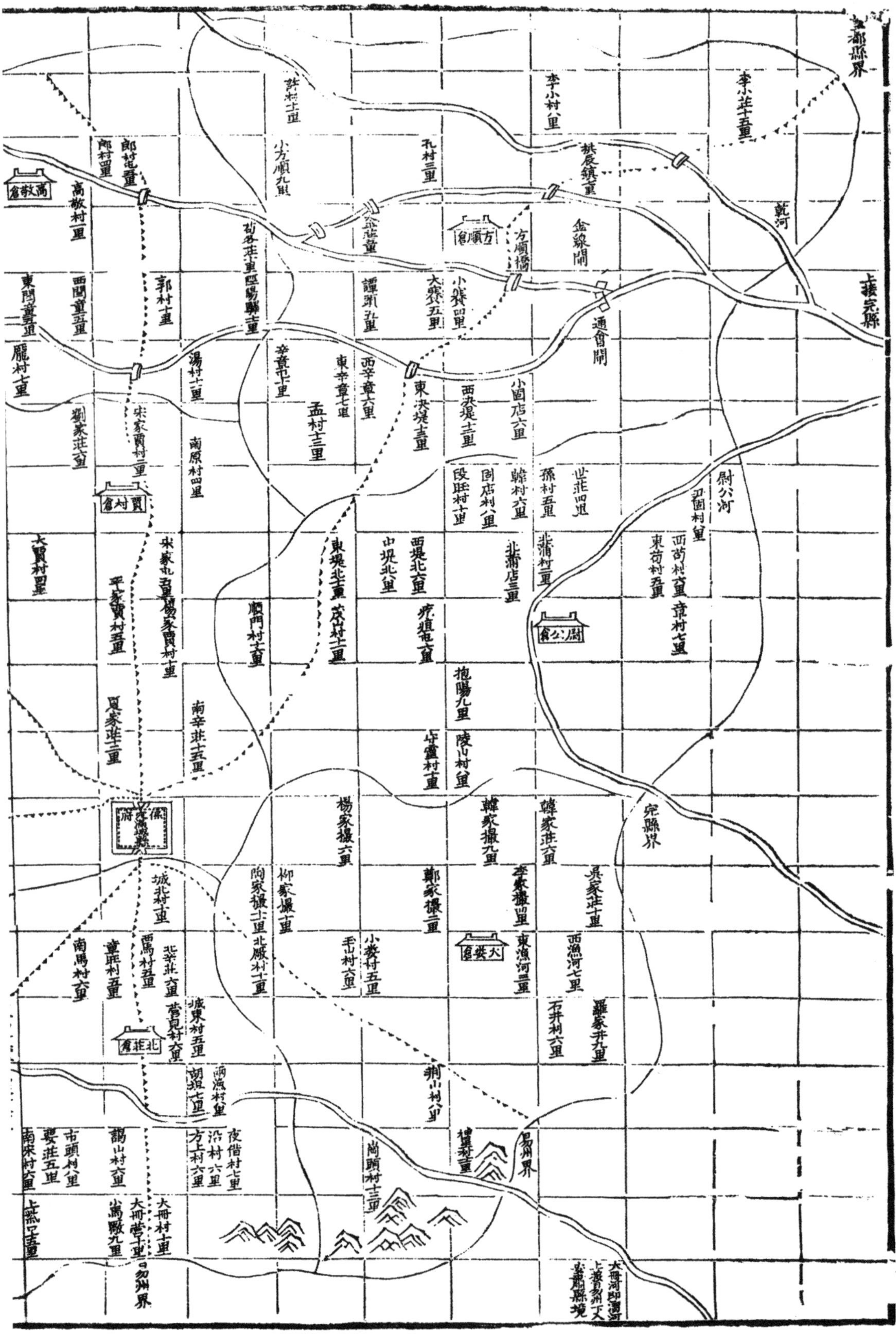
方順倉
方順橋
金線閘
通會閘
乾河
上接完縣
完縣界
易州界
賈村倉
北莊倉

滿城縣東至安肅縣界三十里至縣治七十里西至完縣界二十五里至縣治五十里南至望都縣界六十里至縣治九十里北至易州界三十里至州治一百一十里東南至清苑縣界二十七里至縣治四十里西南至望都縣界六十五里至縣治八十里東北至安肅縣界三十五里至縣治七十里西北至易州界二十里至州治一百二十里縣屬大小一百五十八村每二十里内建倉一區計許村賢臺村北壯大婁村尉公村方順橋高敬莊賈村共建倉八區

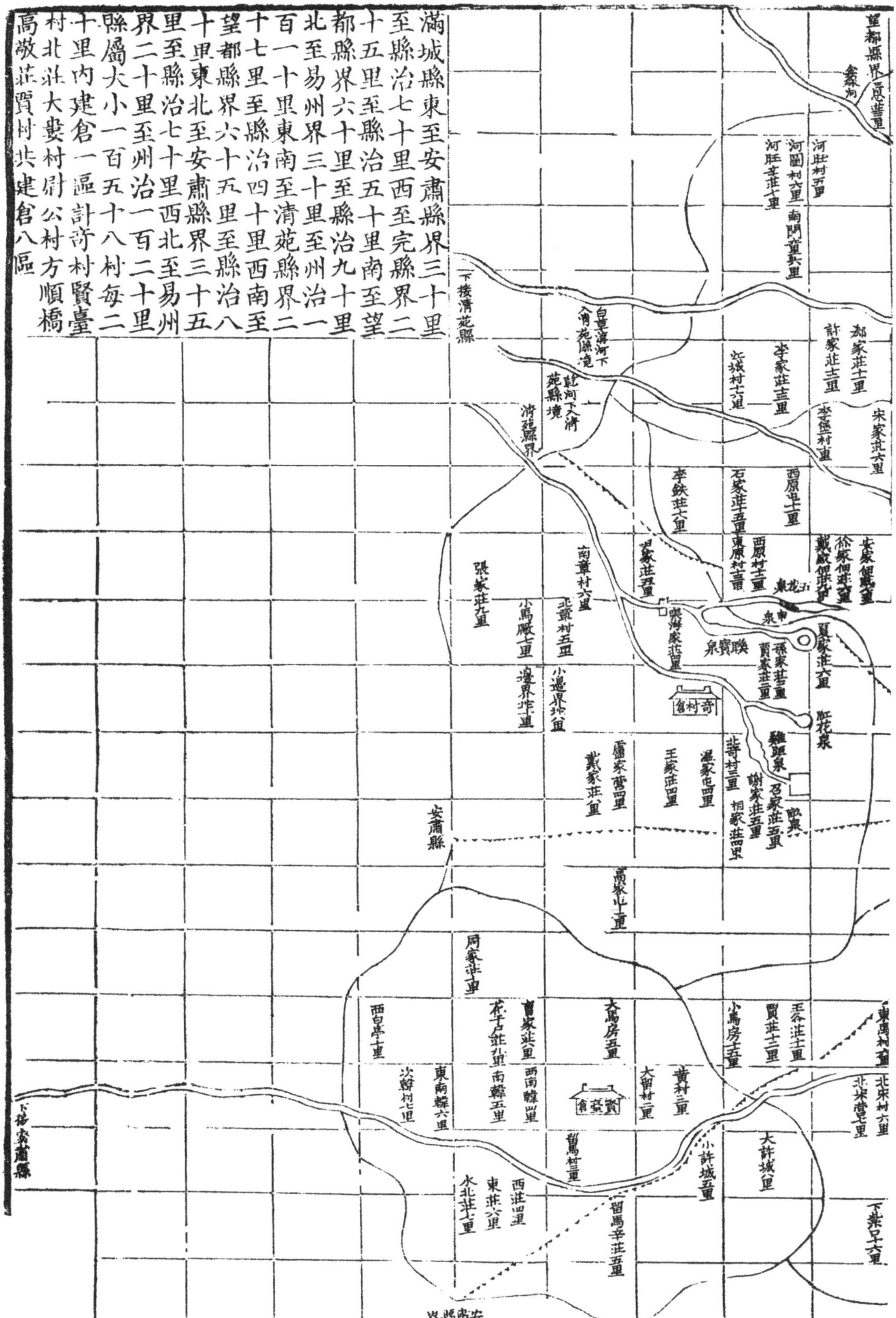

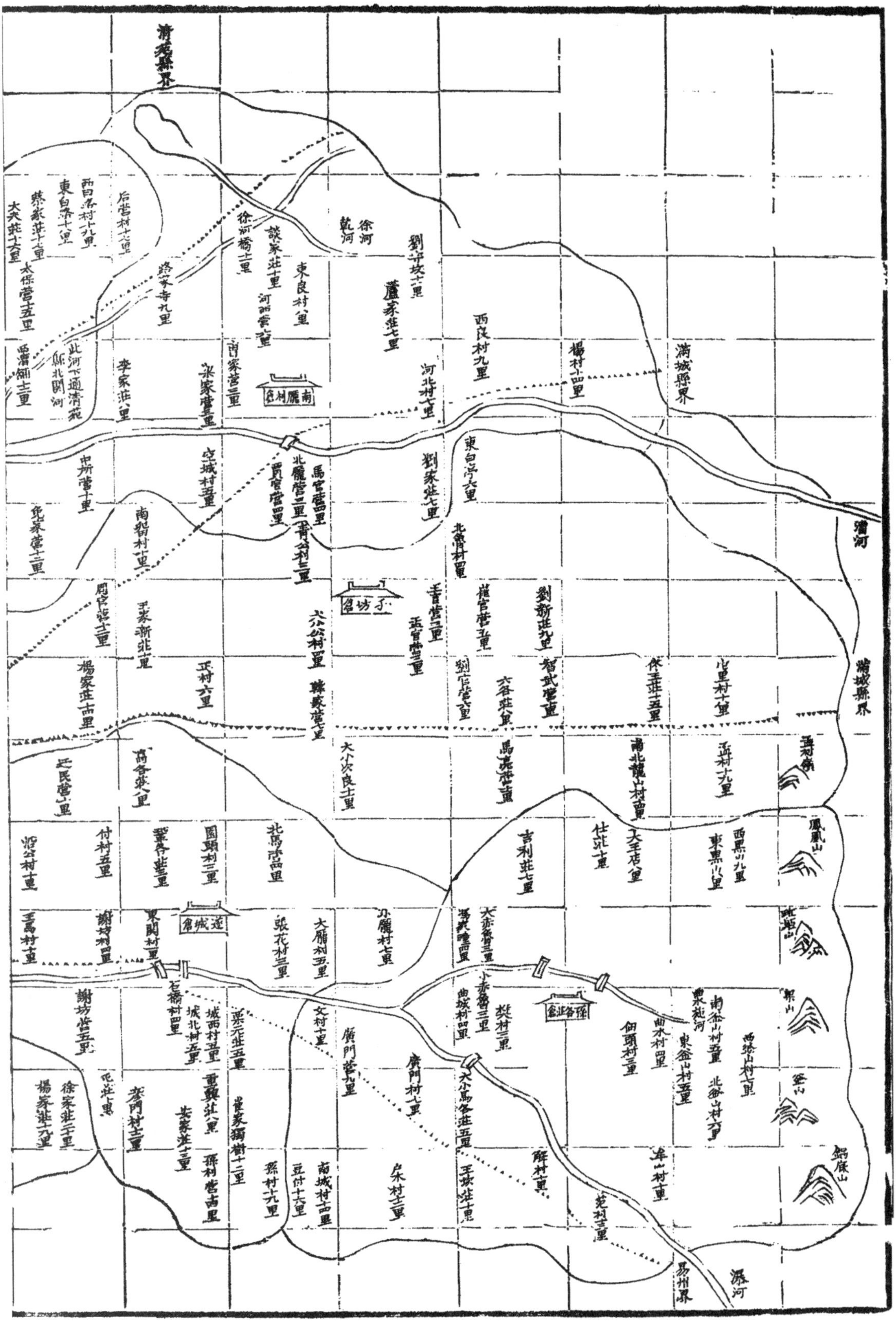
清苑縣界
徐河
乾河
滿城縣界
漕河
遂城倉
鳳凰山
釜山
易州界
瀑河

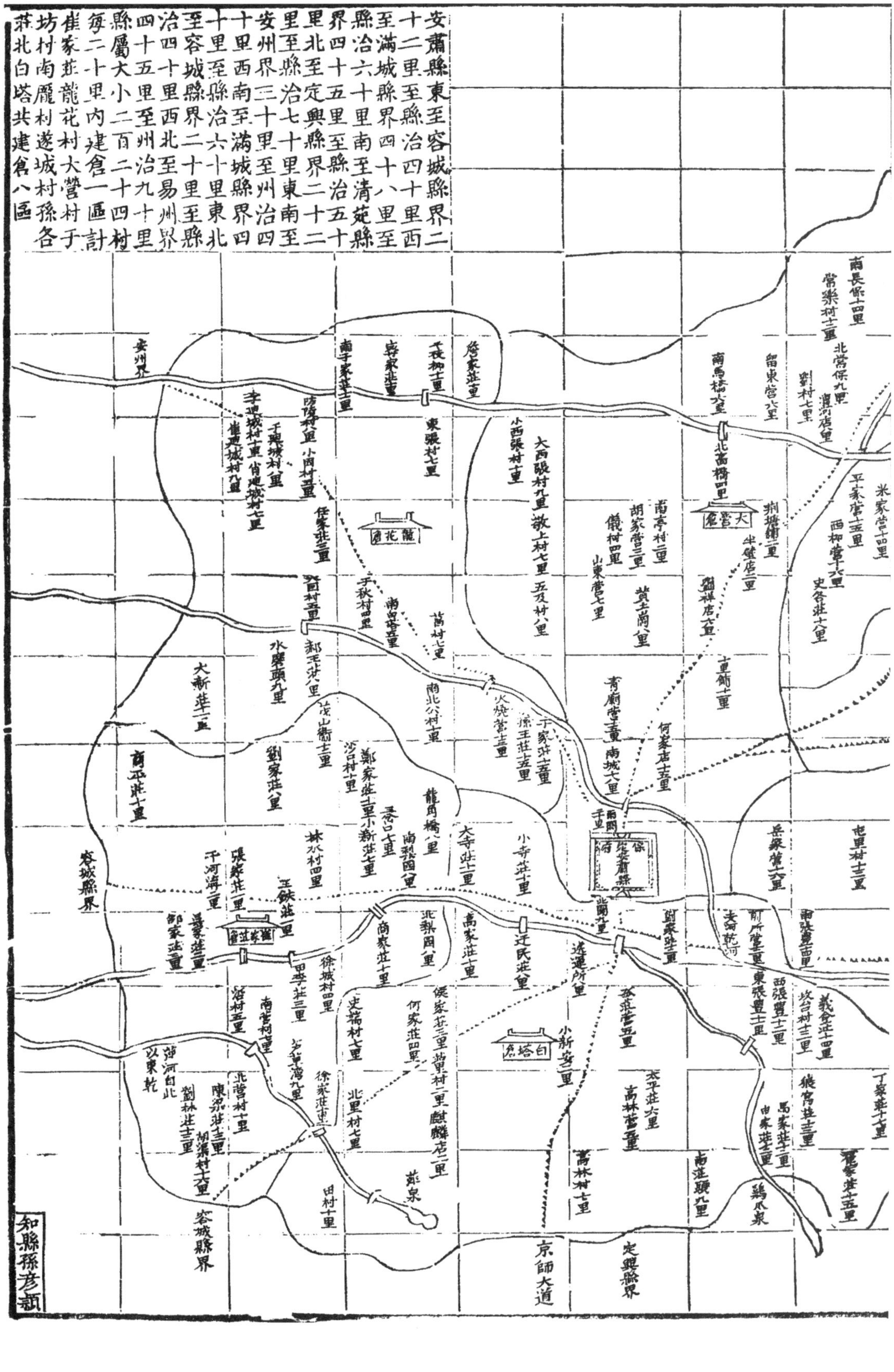
安肅縣東至容城縣界二十二里至縣治四十里西至滿城縣界四十八里至縣治六十里南至清苑縣界四十五里至縣治五十里北至定興縣界二十二里至縣治七十里東南至安州界三十里至州治四十里西南至滿城縣界四十里至縣治六十里東北至容城縣界二十里至縣治四十里西北至易州界四十五里至州治九十里縣屬大小二百二十四村每二十里內建倉一區計崔家莊龍花村大營村子坊村南麗村遂城村孫各莊北白塔共建倉八區
安州界
容城縣界
容城縣界
京師大道
定興縣界
知縣孫彥頡

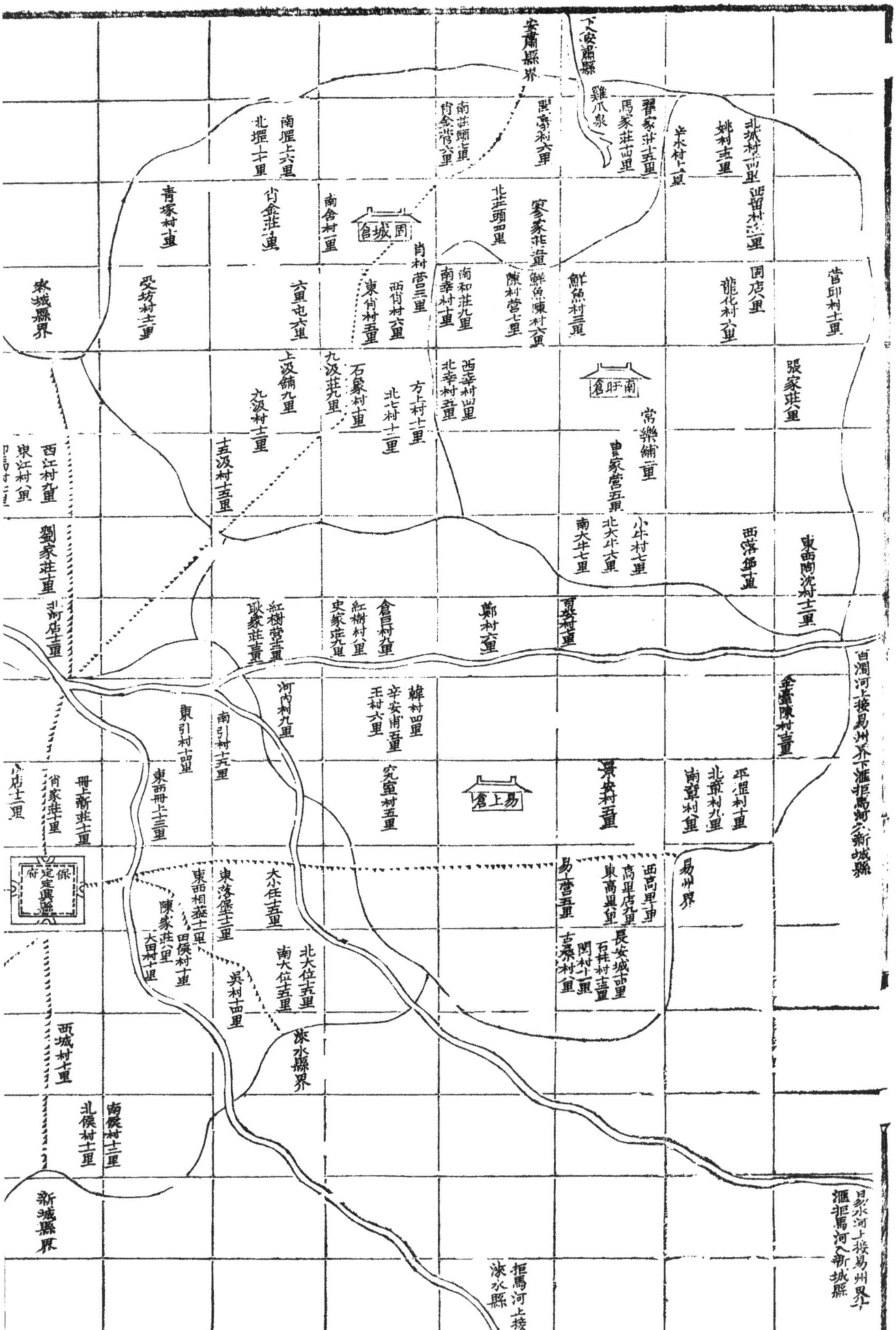

安肅縣界
下入安新縣
雞爪泉
周城倉
南盱倉
易上倉
保定府
容城縣界
新城縣界
淶水縣界
易州界
拒馬河上接
淶水縣

定興縣東至新城縣界二十五里至縣治三十五里西至易州界二十五里至州治五十里南至容城縣界三十里至縣治五十里北至新城縣界十五里至縣治三十五里東南至容城縣界三十五里至縣治五十里西南至安肅縣界四十六里至縣治七十里東北至新城縣界二十五里至縣治三十五里西北至淶水縣界十二里至縣治三十里

縣屬大小一百七十五村每二十里內建倉一區計祖村店易上村固城店南旺村張李村彭哥莊尤汪村共建倉七區

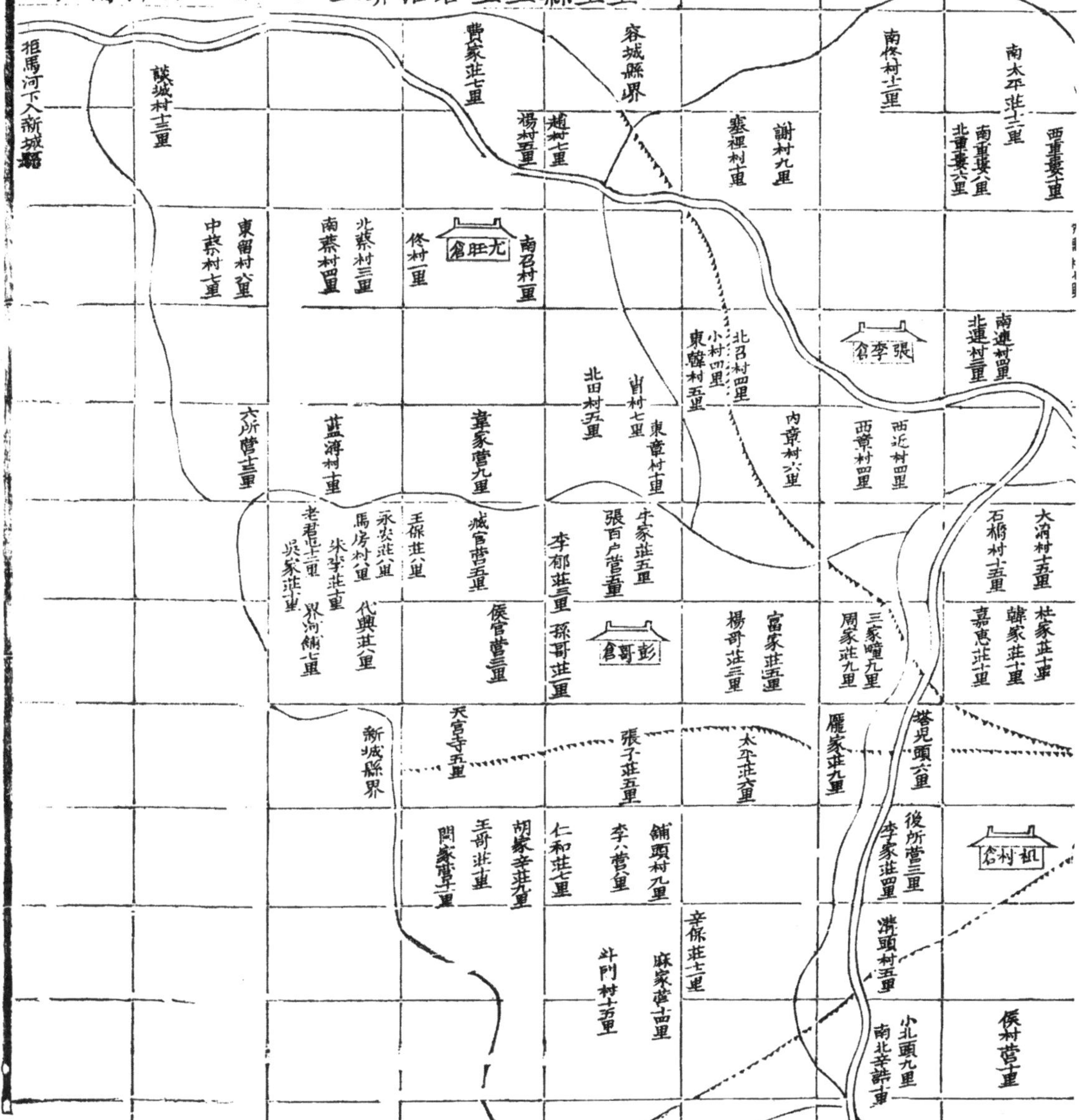

新城縣東至霸州界八十里至州治九十里西至定興縣界十里至縣治三十五里南至雄縣界三十里至縣治七十里北至涿州界三十里至州治六十里東南至保定縣界七十里至縣治九十里西南至容城縣界三十里至縣治六十里東北至固安縣界四十里至縣治九十里西北至涞水縣界四十五里至縣治六十里

縣屬大小三百九十村每二十里內建倉一區計陶家營孔家馬頭沓各莊高橋村滿碑店坊官店新橋集史家鎮共建倉八區

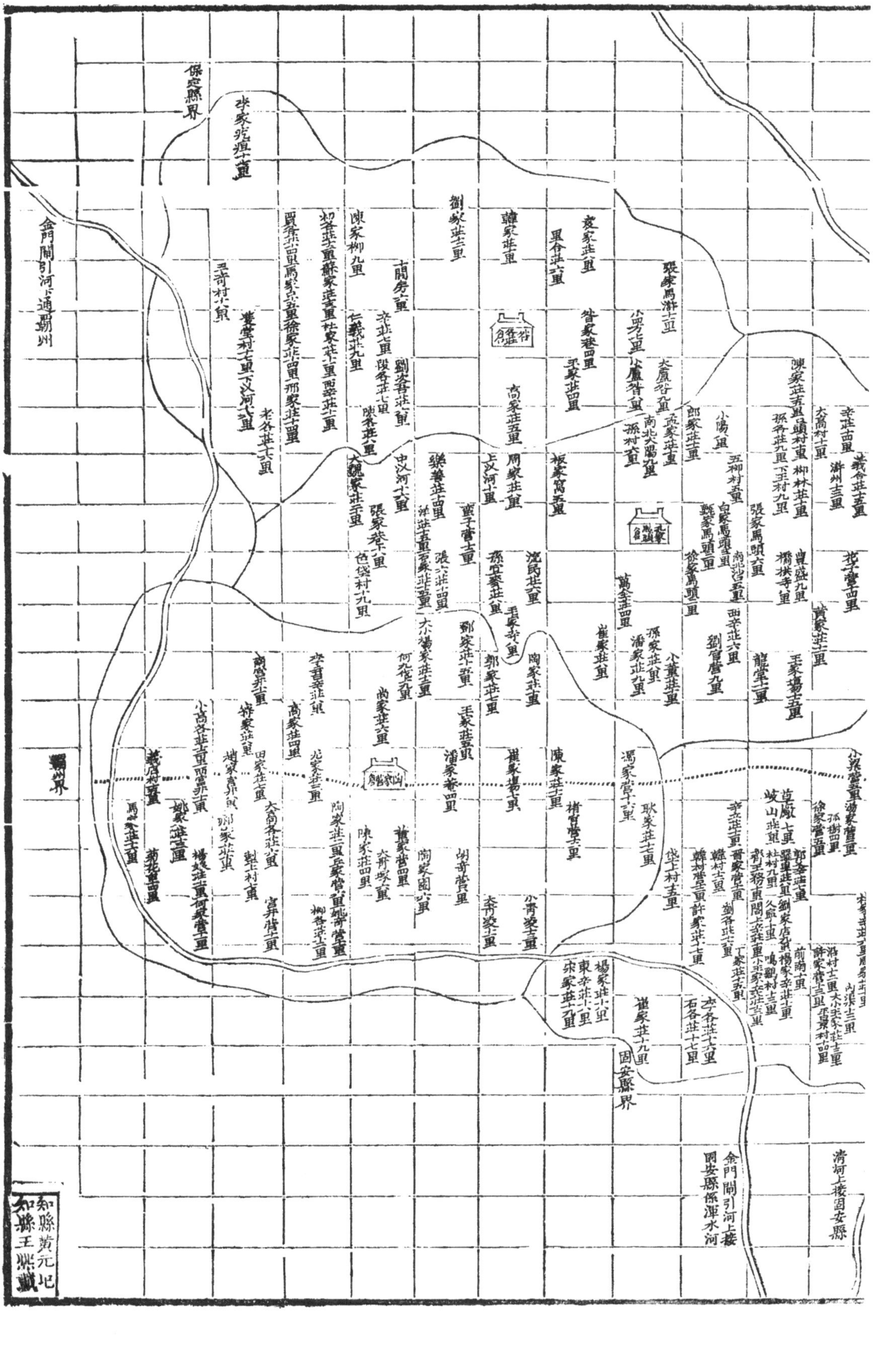
保定縣界
金門閘引河下通霸州
霸州界
劉家莊十二里
韓家莊十里
張家馬頭十二里
陳家柳九里
固安縣界
金門閘引河上接固安縣渾水河
清河上接固安縣

唐縣東至望都縣界八里至縣治三十里西至曲陽縣界五十五里至縣治九十里南至定州界三十里至州治六十里北至完縣界七十五里至縣治一百二十五里東南至定州界三十里至州治六十五里西南至曲陽縣界四十里至縣治六十里東北至完縣界十八里至縣治三十里西北至廣昌縣界一百六十里至縣治二百五十里

縣屬大小一百七十八村每二十里内建倉一區間有稍遠者附之計高昌莊留九莊北羅莊大羊莊歇馬莊軍城莊共建倉六區

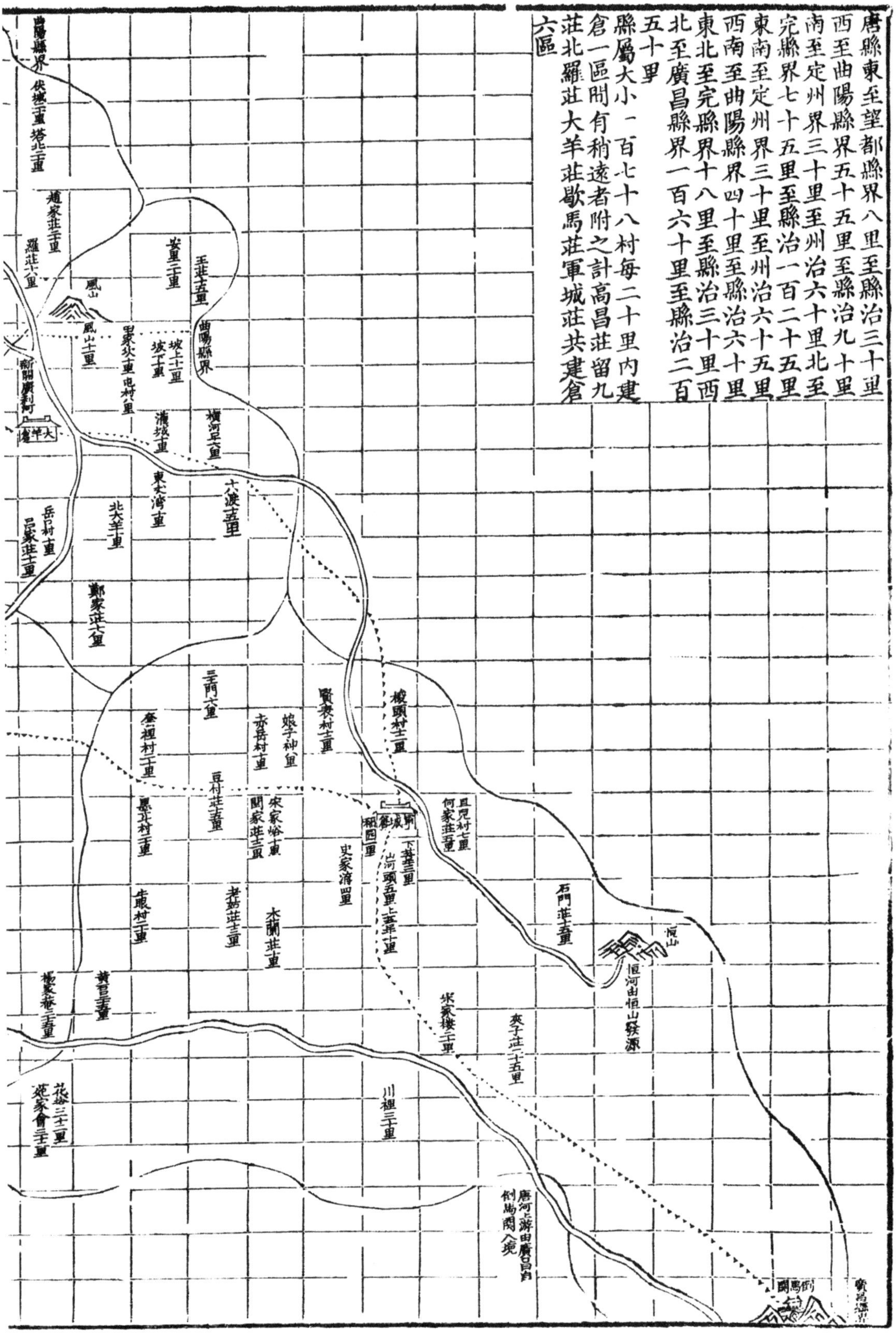

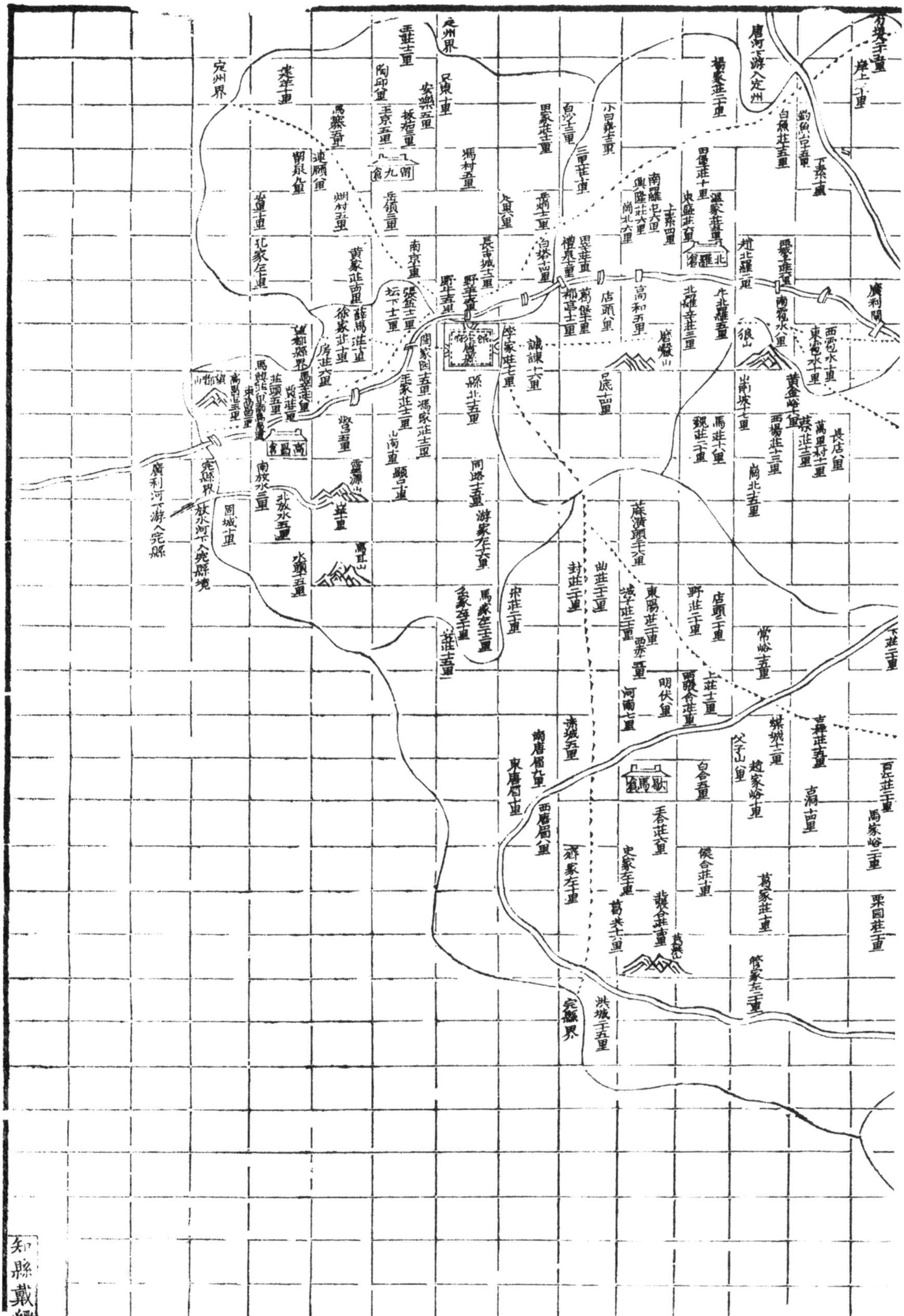
定州界
唐河下游入定州
廣利閘
廣利河下游入完縣
放水河下入完縣境
完縣界
知縣戴

博野縣東至蠡縣界六里至縣治十八里西至祁州界十六里至州治三十里南至安平縣界三十里至縣治五十里北至清苑縣界三十里至縣治九十里東南至饒陽縣界三十里至縣治七十里西南至祁州界十二里至州治三十里東北至蠡縣界十五里至縣治十八里西北至望都縣界三十里至縣治九十里

縣屬大小一百一十四村每十五里內建倉一區計程委村堤頭村城東村杜村馮村共建倉五區

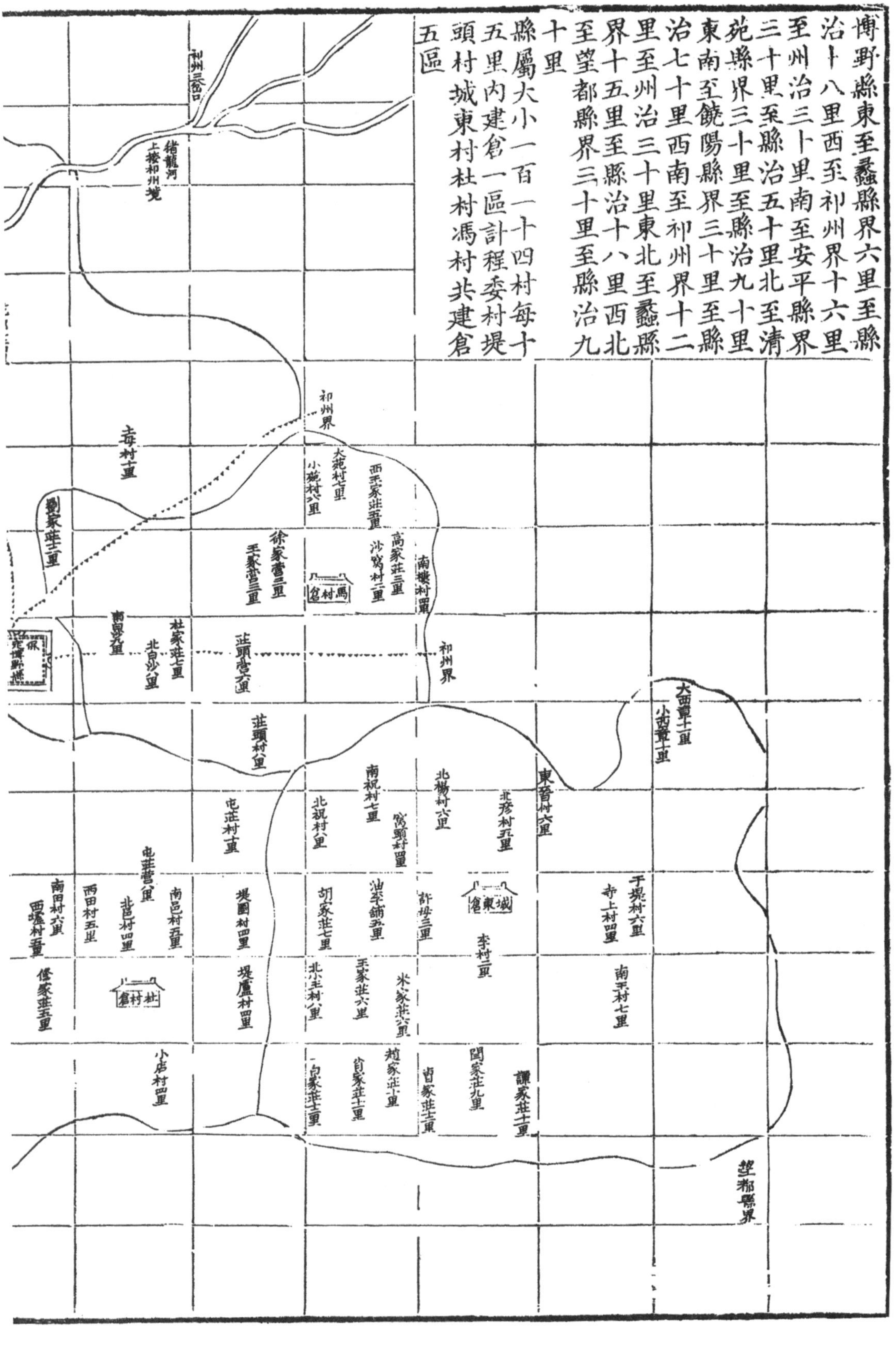

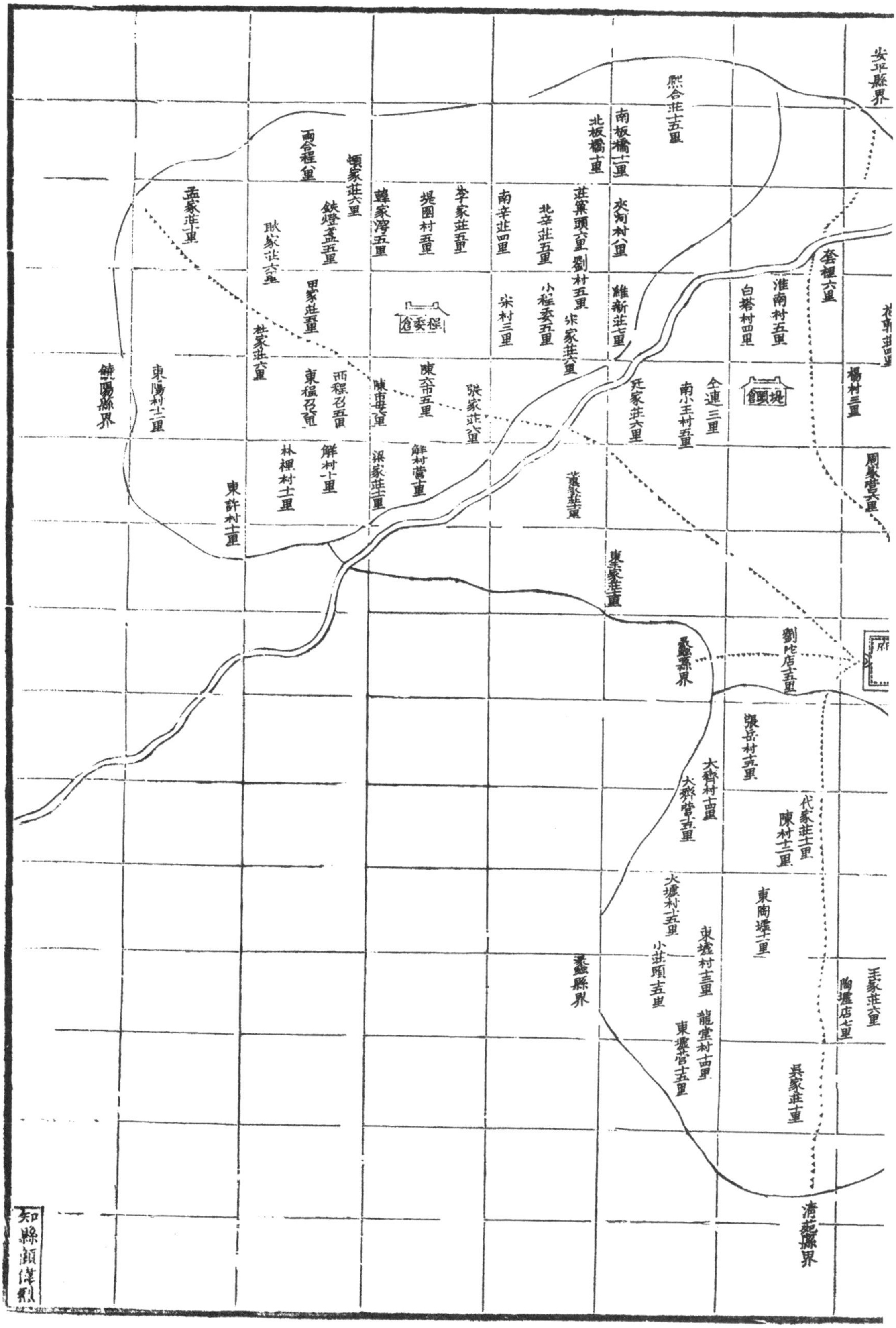
安平縣界
熙合莊十五里
南板橋十一里
北板橋十一里
西合程八里
順家莊六里
孟家莊十里
鉄燈盞五里
韓家灣五里
堤圍村五里
李家莊五里
南辛莊四里
北辛莊五里
莊窠頭六里
劉村五里
夾河村八里
耿家莊六里
申家莊五里
宋村三里
小程委五里
宋家莊六里
雄新莊七里
淮南村五里
白塔村四里
套裡六里
杜家莊六里
饒陽縣界
東陽村十二里
東福召八里
西程召五里
陳市五里
陳六市五里
張家莊八里
延家莊六里
南小王村五里
全連三里
楊村三里
周家營六里
林棉村十里
解村十里
梁家莊十里
解村營十里
東許村十里
東宋家莊十里
蠡縣界
劉陀店五里
大齊村十三里
大齊營十五里
代家莊十里
陳村十二里
東陶壕十一里
小莊頭十五里
蠡縣界
王家莊六里
龍堂村十四里
吳家莊十里
清苑縣界
知縣顏偉刻

望都縣東至清苑縣界二十里至縣治九十里西至唐縣界二十二里至縣治三十里南至定州界二十里至州治六十里北至完縣界十五里至縣治三十里東南至祁州界四十五里至州治七十里西南至定州界三十里至州治六十里東北至滿城縣界十五里至縣治八十里西北至完縣界十八里至縣治三十里

縣屬大小一百一十四村每二十里内建倉一區計荆城村六宿村白城村常早村共建倉四區

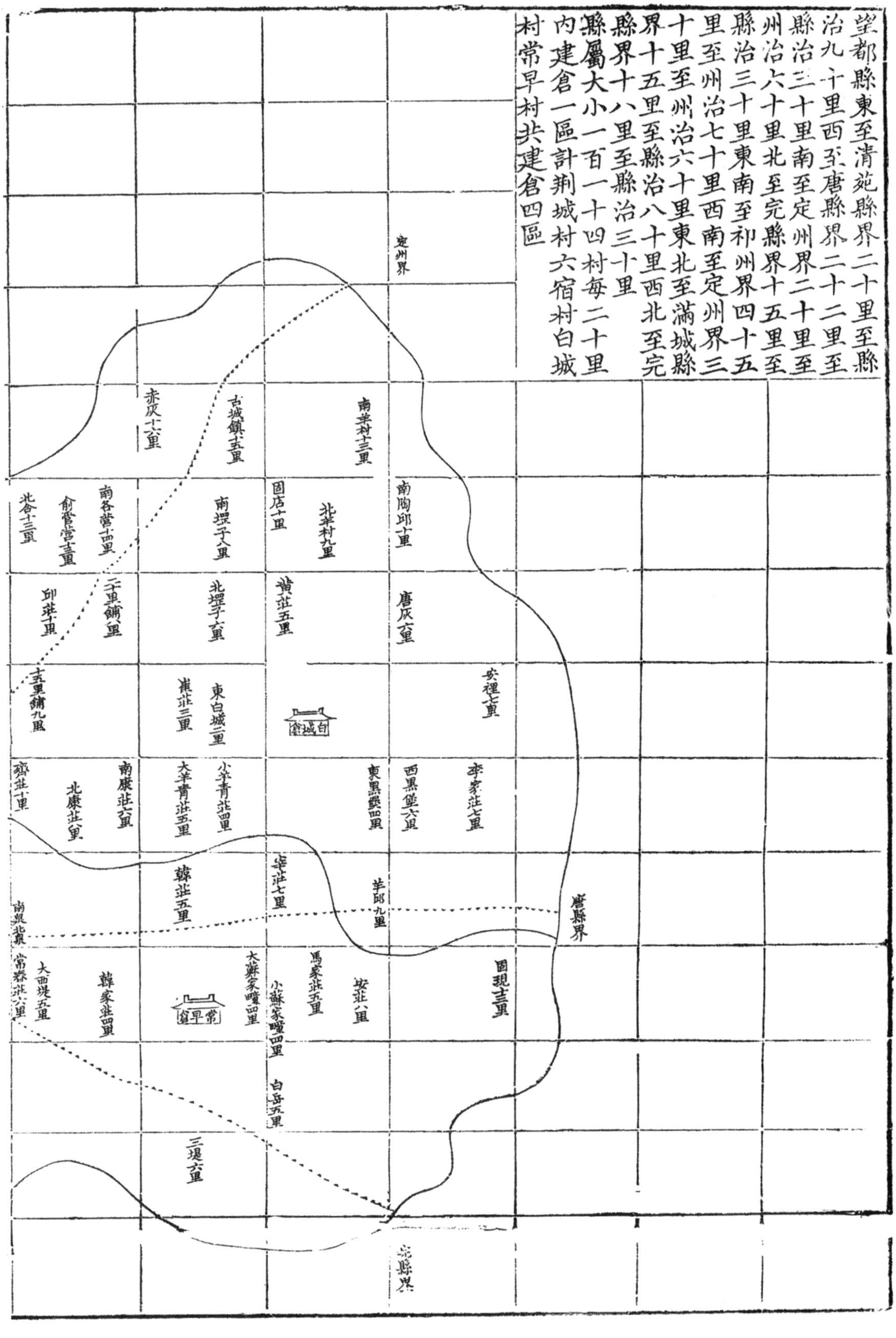

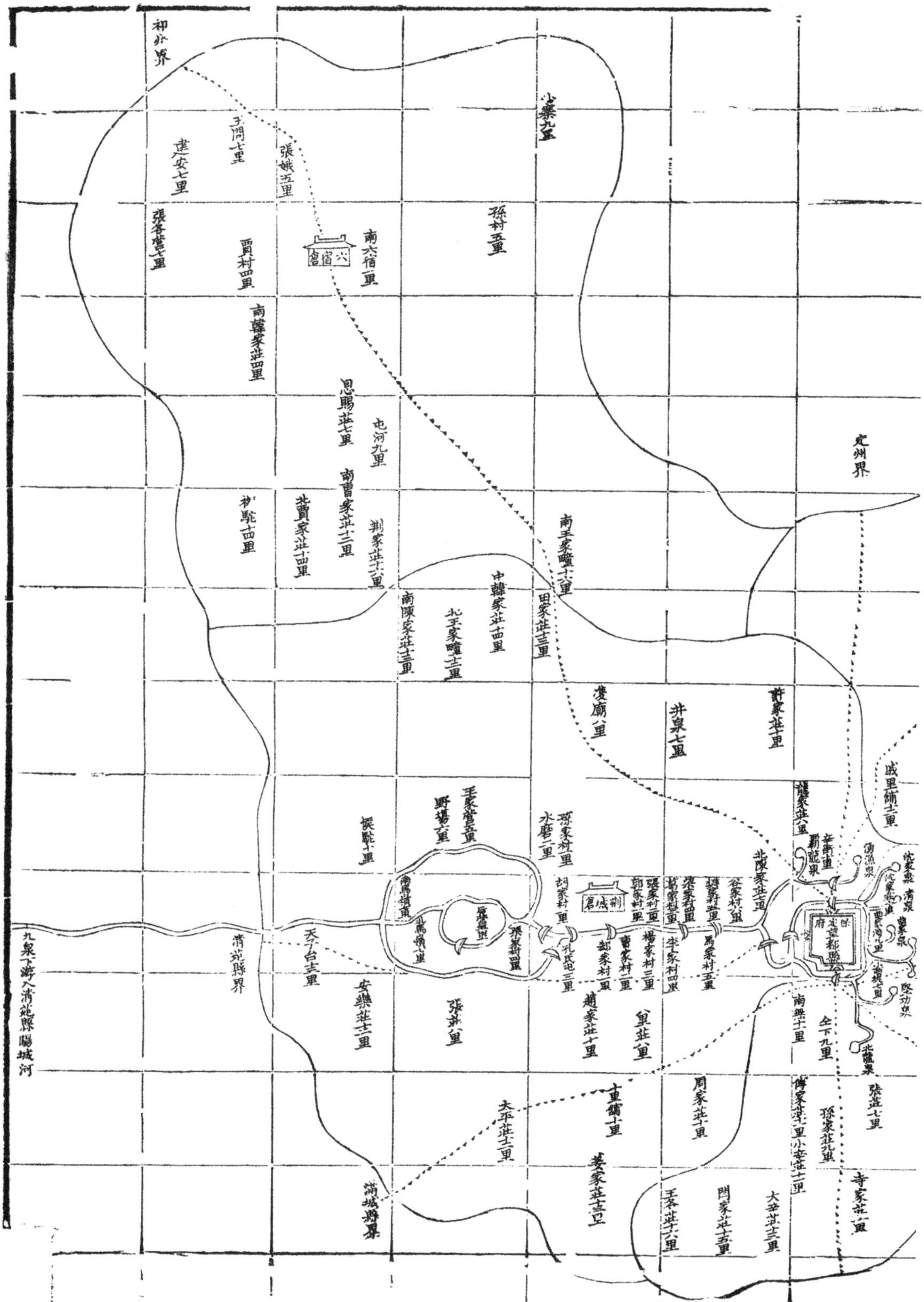
定州界
孫村五里
張娥五里
南六宿五里
南韓家莊四里
恩賜莊七里
屯河九里
南曹家莊十三里
北賈家莊十四里
南王家疃十六里
中韓家莊十四里
田家莊十三里
南陳家莊十三里
北王家疃十三里
井泉七里
許家莊十里
安樂莊十三里
周家莊十里
太平莊十三里
寺家莊一里
清苑縣界
滿城縣界
完縣界

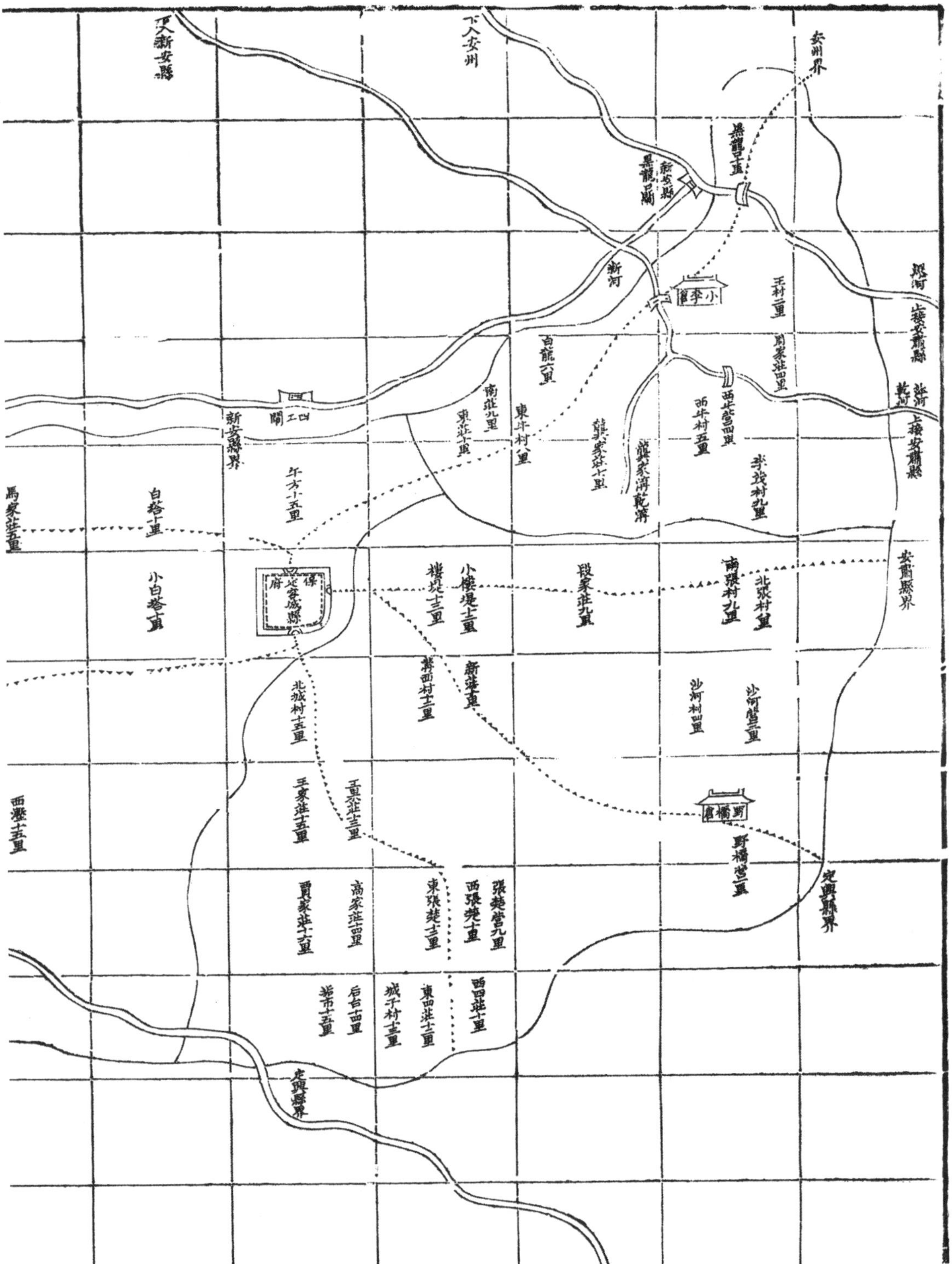
下入新安縣
下入安州
安州界
新河
王村二里
白龍六里
南莊九里
東莊十里
東牛村八里
西牛村五里
李戎村九里
新安縣界
白營十里
馬家莊五里
小白營十里
保定府
清苑縣
樓堤十三里
小樓堤十里
段家莊九里
南張村九里
北張村十里
安肅縣界
新莊十里
沙河村四里
北城村十五里
王家莊十五里
高家莊十四里
東張莊十三里
西張莊十里
張莊營九里
后台十四里
城子村十三里
東四莊十二里
西四莊十里
定興縣界
拒馬河上接定興縣

容城縣東至新城縣界三十六里至縣治六十里西至安肅縣界十八里至縣治四十里南至新安縣界八里至縣治三十里北至定興縣界二十里至縣治五十里東南至雄縣界十八里至縣治四十里西南至安州界二十二里至州治四十里東北至新城縣界十八里至縣治六十里西北至定興縣界十六里至縣治五十里

縣屬大小七十七村每十六里內建倉一區計白溝河胡村小李村野橋共建倉四區

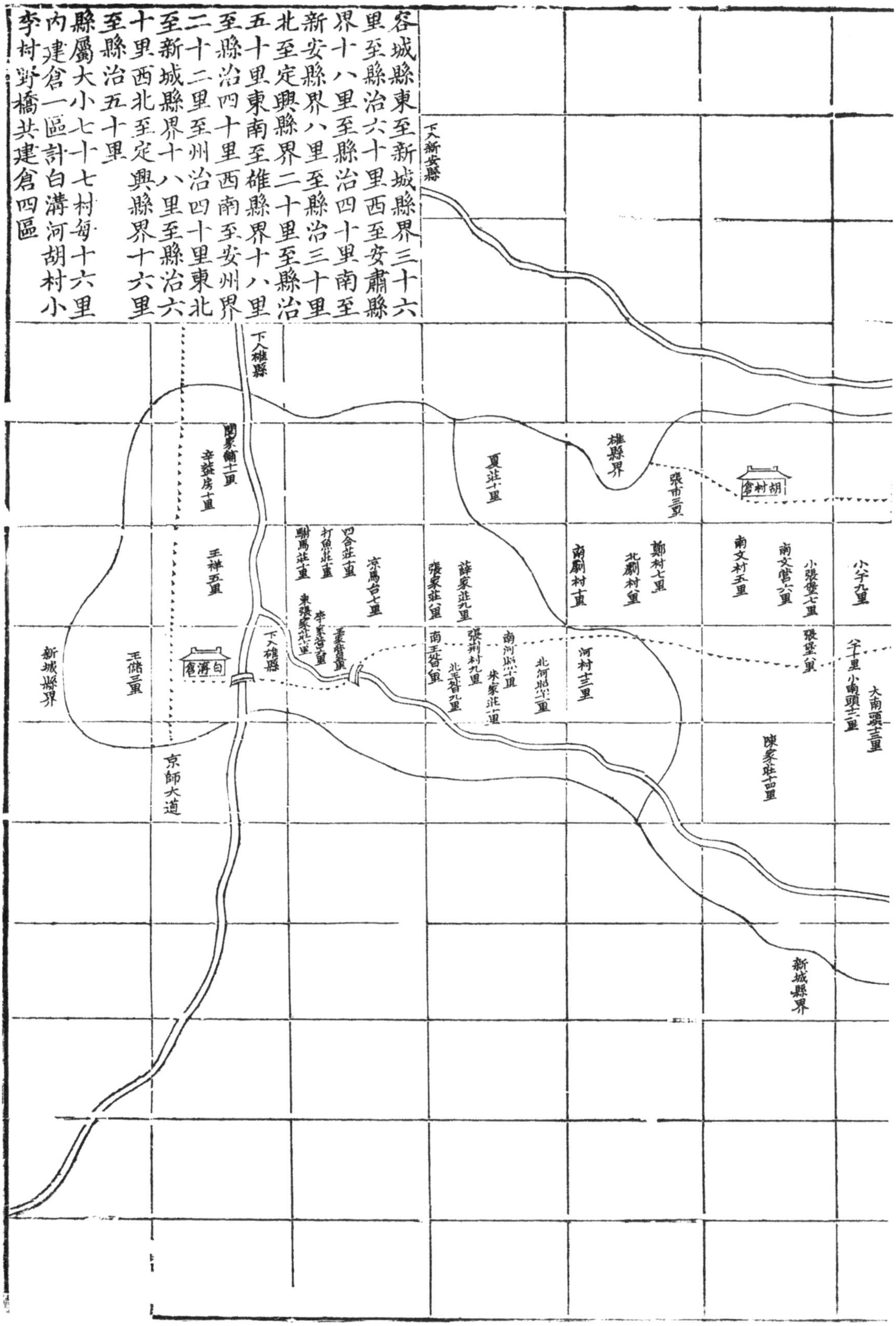

完縣東至滿城縣界二十五里至縣治五十里西至唐縣界三十五里至縣治五十五里南至望都縣界十五里至縣治三十里北至易州界五十里至州治一百九十里東南至滿城縣界二十五里至縣治五十里西南至唐縣界二十里至縣治三十五里東北至易州界五十里至州治一百九十里西北至唐縣界七十里至縣治一百六十里

縣屬大小一百六十二村每十五里內建倉一區計新興村下叔村魏村大悲村安陽村齊哥莊南呂村吳村共建倉八區

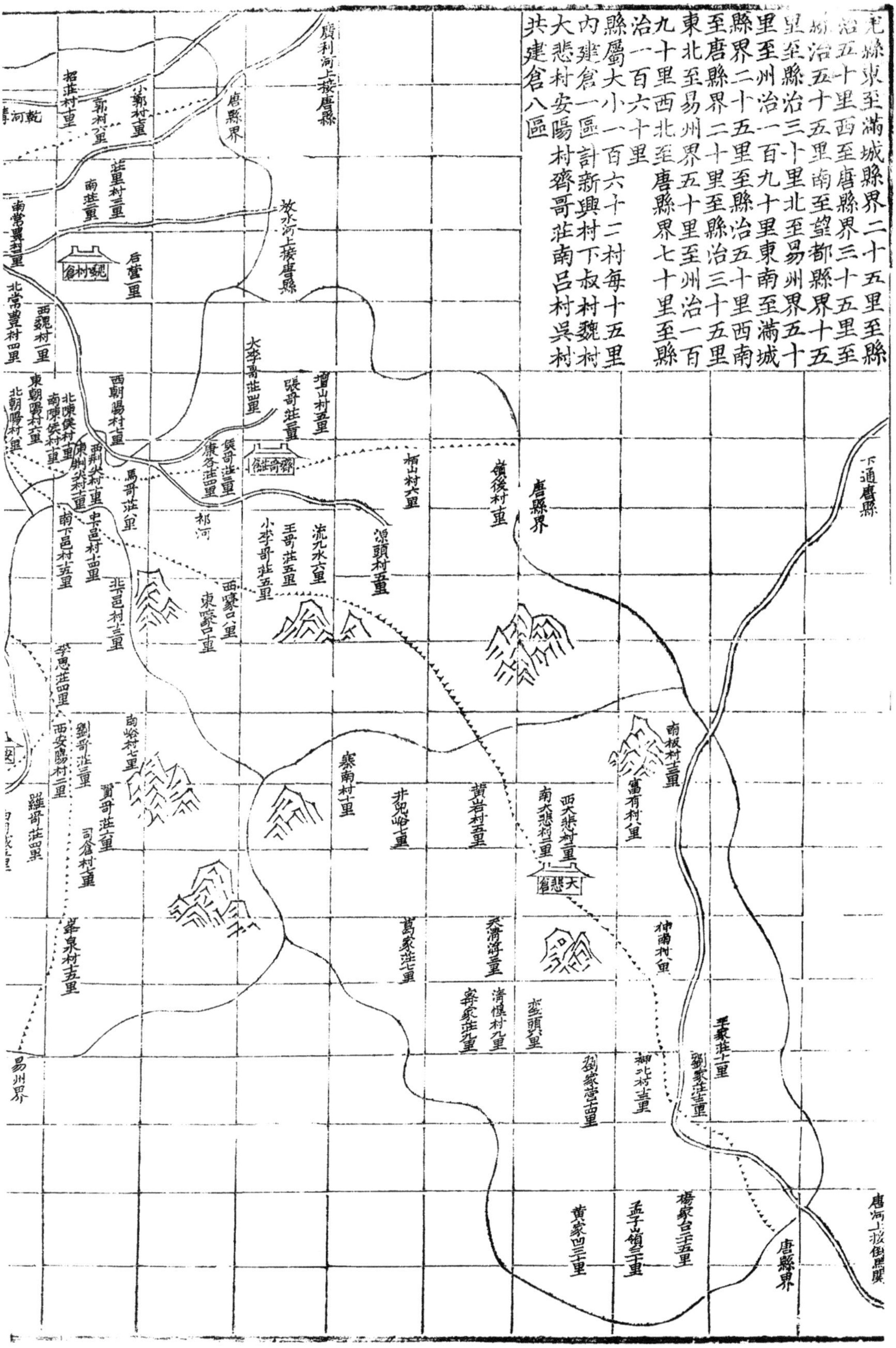

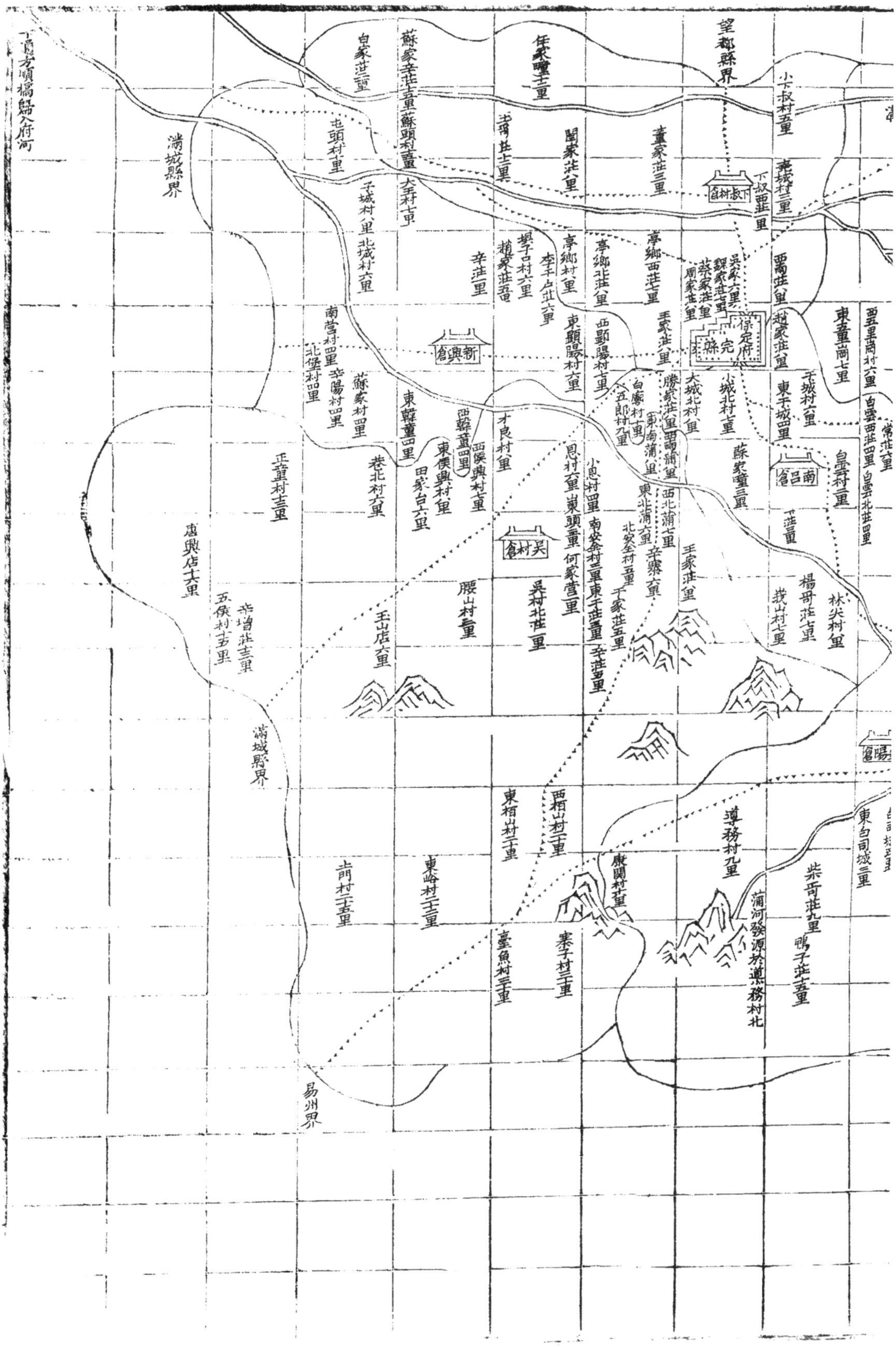

望都縣界
滿城縣界
白家莊三里
蘇家辛莊五里
蘇頭村十里
屯頭村十里
大辛村七里
子城村八里
北城村六里
南營村四里
北堡村四里
辛陽村四里
蘇家村四里
東韓童四里
西韓童四里
東侯興村八里
西侯興村七里
田家台六里
巷北村六里
正童村十三里
唐興店十六里
五侯村十五里
辛增莊十三里
王山店六里
腰山村十里
吳村倉
才良村八里
辛莊一里
趙家莊五里
李千戶莊六里
亭鄉村八里
亭鄉北莊八里
亭鄉西莊七里
閆家莊八里
董家莊三里
小下叔村五里
下叔村倉
下叔西莊一里
北城村三里
吳家六里
蔡家莊八里
周家莊八里
王家莊八里
保定府
完縣
新興倉
東顯陽村六里
西顯陽村七里
白廟村十里
五郎村九里
勝家莊八里
大城北村八里
小城北村七里
東千城四里
千城村六里
東南蒲八里
西南蒲八里
蘇家童三里
南呂倉
皇寺村三里
常莊六里
白雲西莊四里
白雲北莊四里
東五童崗七里
息村六里
小息村四里
東頭童十里
何家營十里
南安全村三里
東千莊三里
北安全村五里
東北蒲六里
西北蒲七里
辛寨六里
于家莊五里
王家莊八里
吳村北莊十里
辛莊五里
楊哥莊七里
林尖村八里
東柏山村二十里
西柏山村二十里
導務村九里
康關村十里
東白司城三里
柴哥莊九里
鴨子莊十五里
蒲河發源於蕙務村北
臺魚村三十里
寨子村三十里
東峪村二十三里
易州界

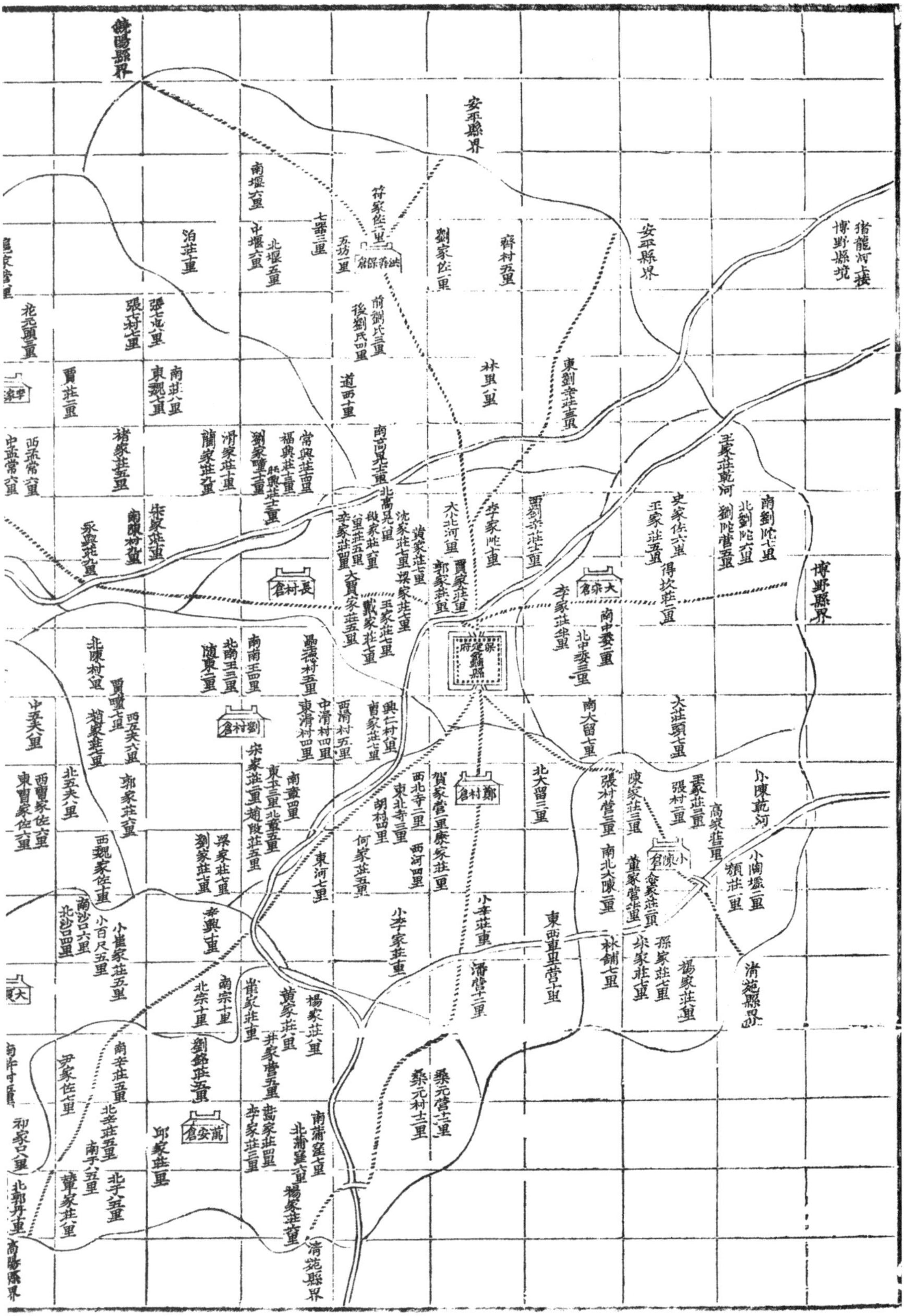
饒陽縣界
安平縣界
安平縣界
豬龍河
博野縣境
博野縣界
清苑縣界
清苑縣界
高陽縣界
保定縣
長村倉
大宗倉
劉村倉
鄭村倉
萬安倉
南堰六里
中堰六里
北堰五里
劉家佐一里
泊莊一里
林里一里
道西一里
東河七里
西河四里
小辛莊一里
桑元村十里
南蒲窑七里
北蒲窑六里
楊家莊一里
黃家莊一里
孟家莊一里
楊家莊一里
尹家佐七里
北于五里
郭家莊一里
劉銘莊五里
北宗十里
南宗十里
辛興一里
林鋪七里

蠡縣東至肅寧縣界二十五里至縣治四十里西至博野縣界十五里至縣治十八里南至安平縣界三十五里至縣治六十里北至清苑縣界四十里至縣治九十里東南至饒陽縣界四十里至縣治六十里西南至安平縣界三十里至縣治六十里東北至高陽縣界四十里至縣治六十里西北至清苑縣界二十里至縣治九十里

縣屬大小二百二十村每十五里內建倉一區計辛橋劉氏村中連子口劉村長村李家莊洪善保大宋村小陳村鄭村大百尺村萬安村共建倉十二區

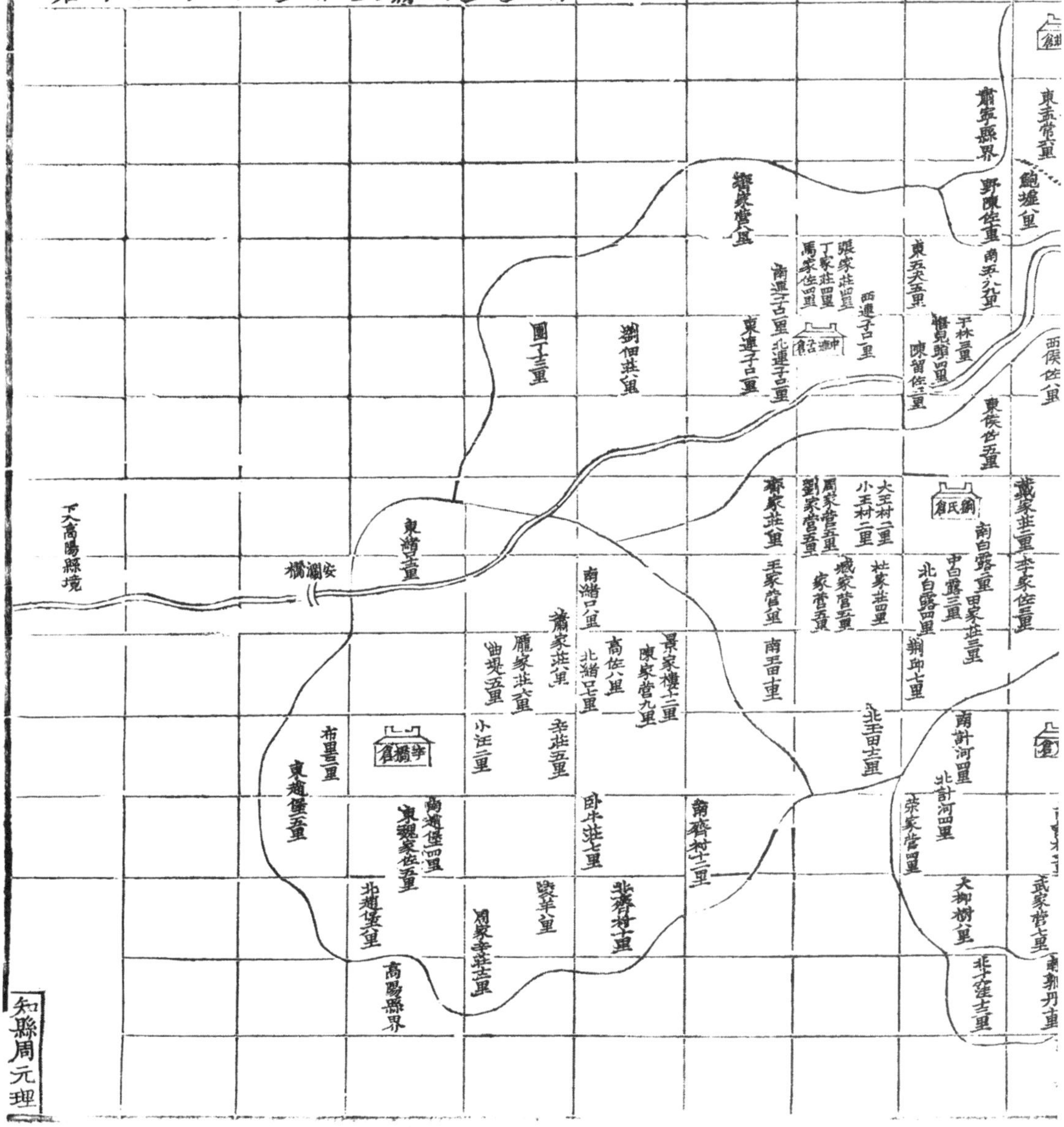


知縣周元理

雄縣東至保定縣界三十里至縣治四十里西至新安縣界二十里至縣治四十里至容城縣界二十里至縣治五十里南至任邱縣界十二里至縣治七十里北至新城縣界三十里至縣治七十里東南至文安縣界五十里至縣治九十里西南至新安縣界十八里至縣治四十里東北至覇州界三十里至州治六十里西北至容城縣界二十五里至縣治四十里縣屬大小一百五十二村每二十里内建倉一區計張各莊秦各莊古縣村淶河村共建倉四區

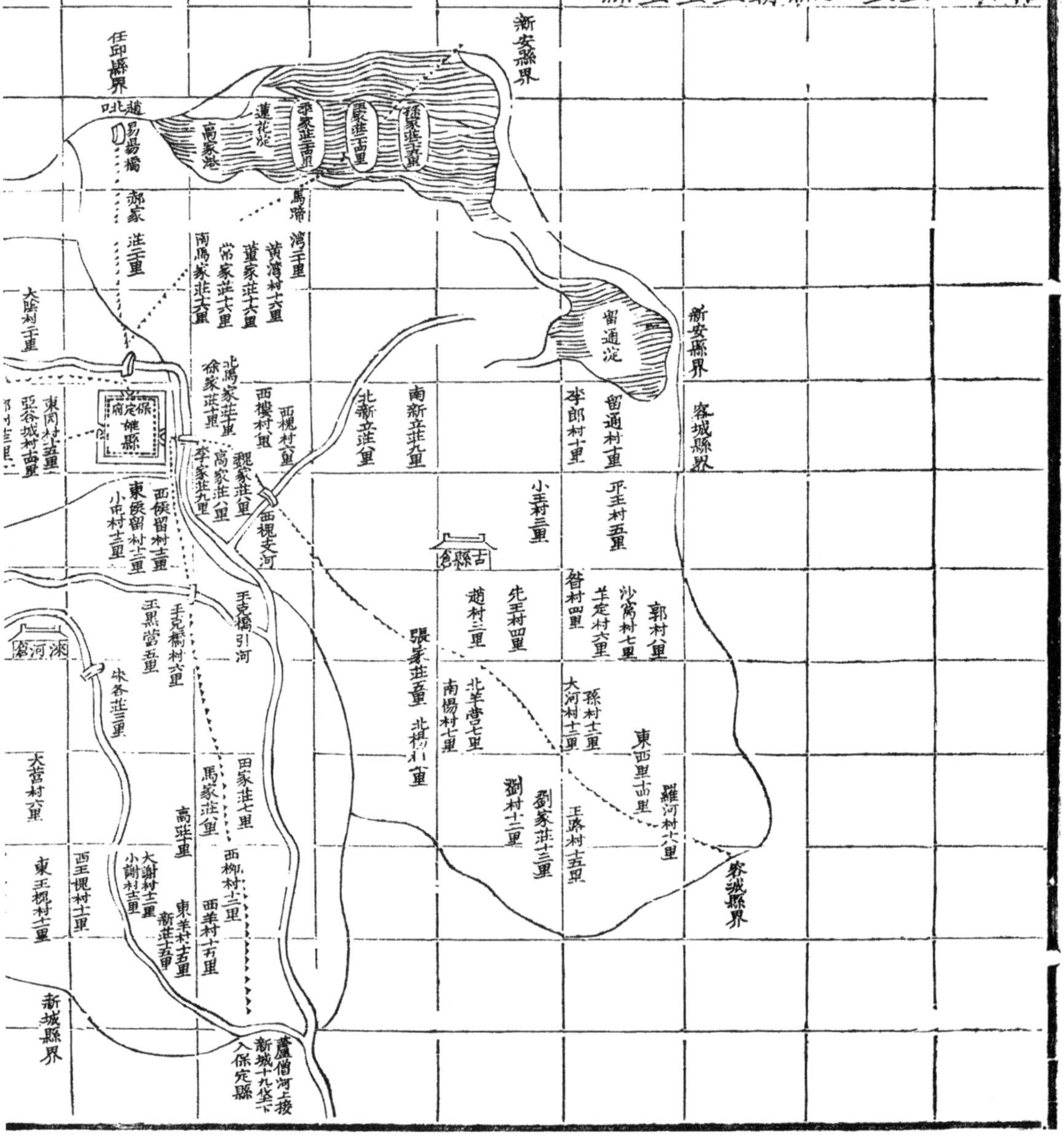

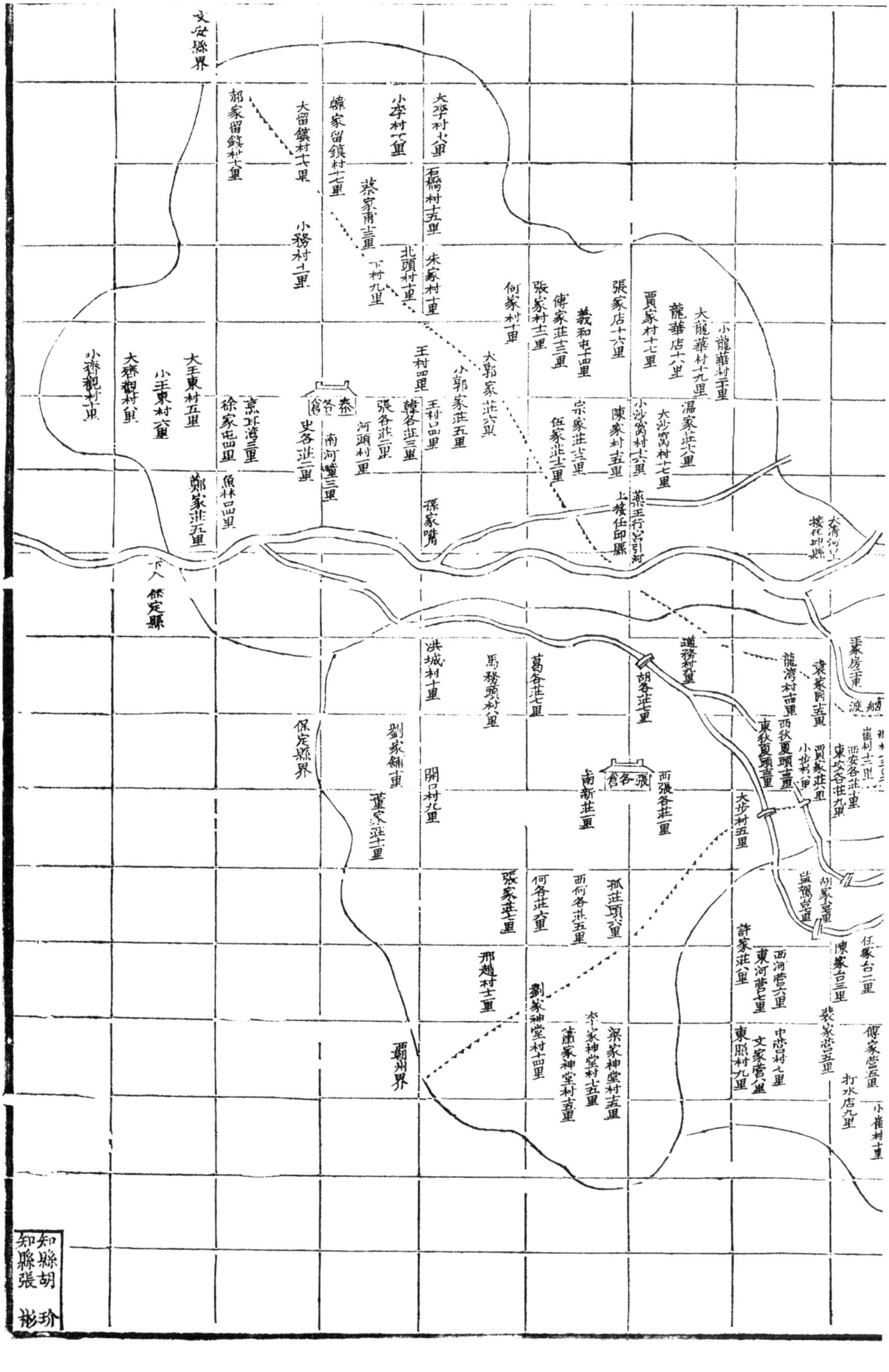

文安縣界
郝家留鎮村十七里
大留鎮村十七里
韓家留鎮村十七里
小李村十七里
大李村十七里
石橋村十五里
蔡家甫十三里
小務村十一里
北頭村十里
朱家村十里
下村九里
何家村十里
張家村十三里
傅家莊十三里
義和屯十四里
張家店十六里
賈家村十七里
龍華店十八里
大龍華村十九里
小龍華村二十里
小齊觀村十里
大齊觀村十里
小王東村六里
大王東村五里
徐家屯四里
京玗湾三里
秦各倉
史各莊一里
南河疃三里
河頭村一里
張各莊二里
韓各莊三里
王村四里
小郭家莊五里
大郭家莊六里
宗家莊十二里
伍家莊十三里
陳家村十五里
小沙窩村十六里
大沙窩村十七里
温家莊十八里
鄭家莊五里
魚林口四里
孫家嘴
藥王行宮引河
大清河
保定縣
洪城村十里
馬務頭村八里
葛各莊七里
道務村九里
胡各莊七里
龍湾村十四里
袁家房十五里
劉家舖十里
開口村九里
董家莊十一里
保定縣界
張各倉
南新莊八里
西張各莊八里
東狄夏頭十三里
西狄夏頭十三里
小步村十四里
賈家莊十里
東安各莊十九里
大步村五里
張家莊十三里
何各莊十六里
西何各莊十五里
孤莊頭村十一里
邢趙村十一里
劉家神堂村十四里
李家神堂村十五里
蕭家神堂村十三里
梁家神堂村十三里
許家莊八里
東河營七里
西河營八里
陳家台三里
任家台二里
東照村九里
文家營八里
中營村七里
裴家營五里
傅家營五里
打水店九里
霸州界
知縣胡琦
知縣張彬

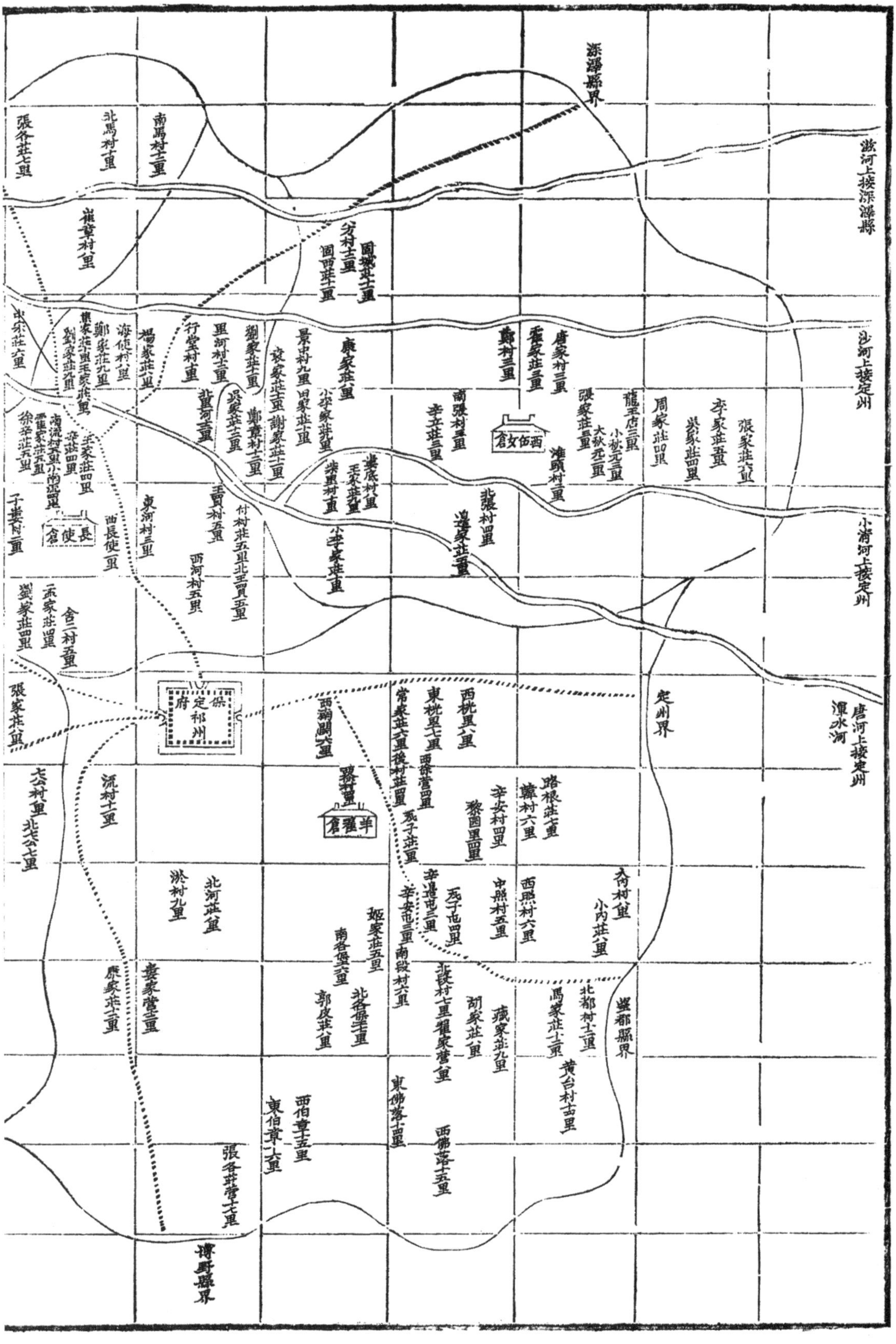
深澤縣界
滋河上接深澤縣
沙河上接定州
小清河上接定州
唐河上接定州
滱水河
定州界
望都縣界
博野縣界
保定府祁州
北馬村十里
南馬村十一里
東河村三里
西河村五里
東桃里七里
西桃里八里
北河莊十里
東伯章十六里
西伯章十五里

祁州東至博野縣界二十里至縣治三十里西至定州界十五里至州治六十里南至東鹿縣界三十里至縣治一百二十里北至博野縣界二十五里至縣治三十里東南至安平縣界三十里至縣治六十里西南至深澤縣界三十里至縣治六十里東北至博野縣界十五里至縣治三十里西北至望都縣界十八里至縣治九十里

州屬大小一百八十六村每二十里内建倉一區計伍仁橋長使村西伍女村羊翟村中羊村共建倉五區

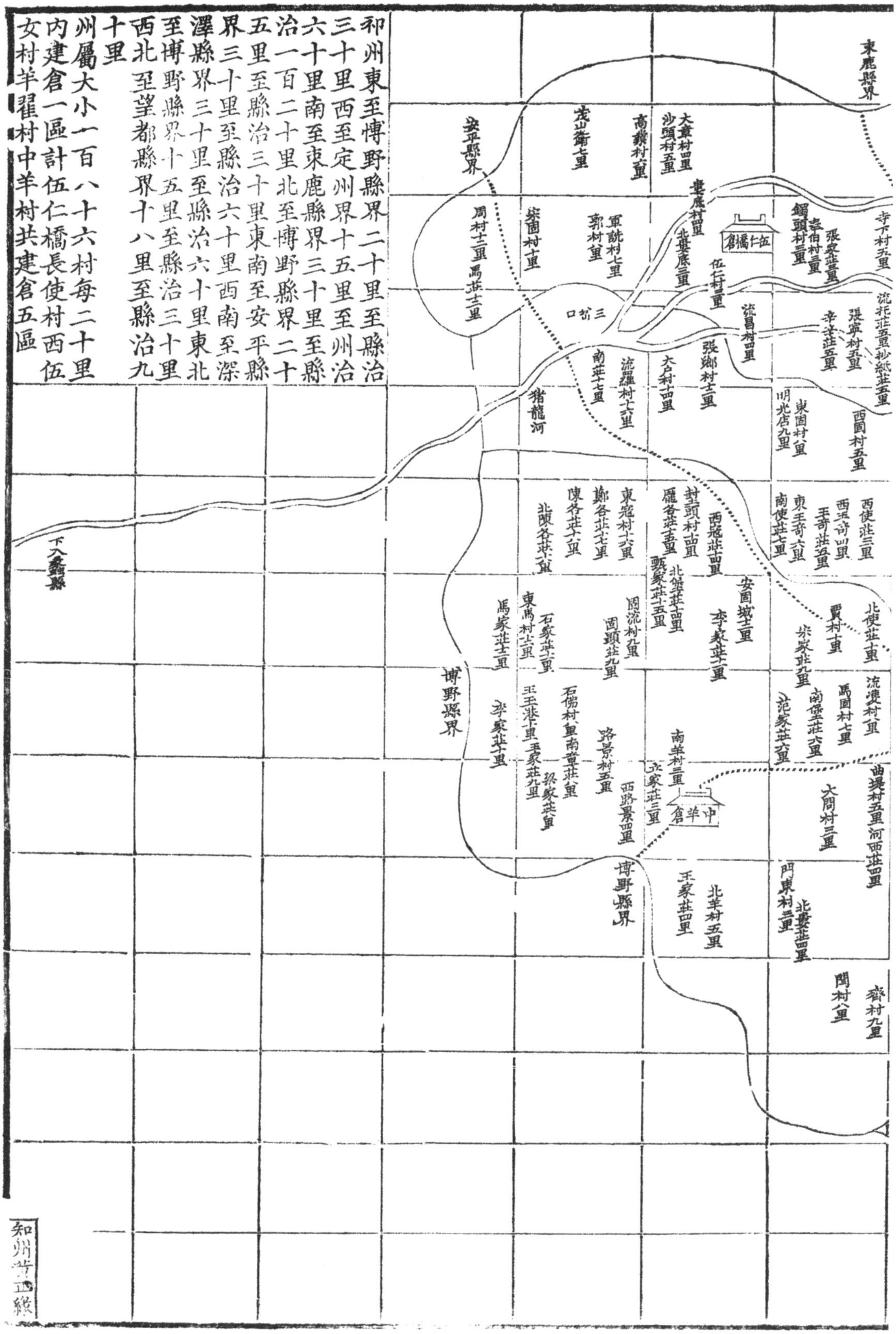


知州黄[illegible]繪

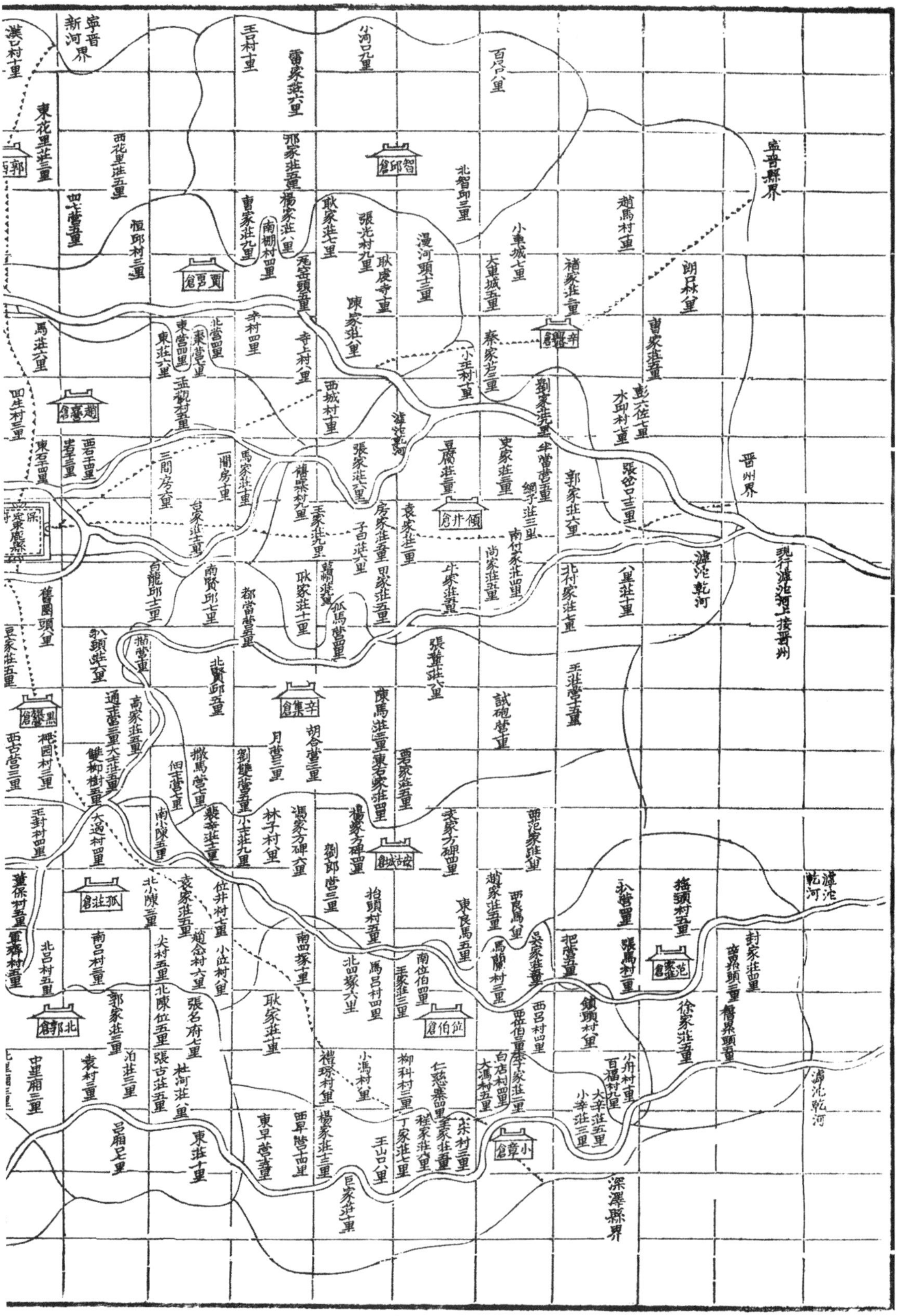

寧晉新河界
王口村十里
小河口九里
百尺口八里
雷家莊六里
東花里莊三里
西花里莊五里
邢家莊五里
智邱倉
北智邱三里
寧晉縣界
趙馬村十里
楊家莊八里
曹家莊九里
南柳村四里
耿家莊七里
張光村九里
漫河頭十三里
小東城七里
大東城五里
褚家莊十里
朗口林十里
恒邱村三里
賈莊倉
耿慶寺十里
陳家莊八里
辛集倉
曹家莊十里
馬莊六里
東營四里
東莊八里
寺上村八里
西城村十里
小王村十里
秦家莊三里
劉家莊七里
彭家莊十里
水邱村十里
趙莊倉
滹沱乾河
張家莊十里
豆腐莊十里
史家莊十里
牛當營十五里
郭家莊六里
張岔口十三里
晉州界
三間房十里
一間房十里
馬家莊十里
繩子莊三里
傾井倉
袁家莊十里
房家莊十五里
南付家莊四里
尚家莊十里
北村家莊十里
八里莊十里
現行滹沱河上接晉州
滹沱乾河
南賢邱七里
耿家莊十里
都當營十五里
白龍邱十里
舊圍頭十里
張董莊八里
北賢邱五里
試砲營十里
王莊營十里
辛集倉
陳馬莊十里
東古家莊四里
雙柳村五里
南小陳五里
林子村十里
劉郎營三里
北小陳五里
位井村七里
邢家莊五里
張家莊五里
把營十里
張馬村十里
封家莊四里
抓莊倉
西呂村四里
北呂村五里
南呂村五里
北郭倉
郭家莊十里
張名府七里
耿家莊十里
位伯倉
徐家莊十五里
小辛莊三里
大辛莊五里
百福村九里
小甯倉
東莊十里
東旱營十五里
楊家莊十三里
王山口八里
丁家莊七里
深澤縣界
滹沱乾河

東鹿縣東至深州界十五里至州治六十里西至晉州界四十里至州治六十里南至新河縣界四十里至縣治八十里至寧晉縣界四十里至縣治九十里北至安平縣界六十里至縣治九十里至深澤縣界六十里至縣治九十里東南至冀州界三十五里至州治九十里西南至寧晉縣界四十里至縣治九十里東北至深州界五十里至州治六十里西北至深澤縣界六十里至縣治九十里

縣屬大小二百七十二村每十五里內建倉一區計小章村北郭村天宮村范家莊位伯村孤莊舊城賈辛莊黑旗營辛集安古城傾井村辛興路趙古營賈百户莊大营村智邱村郭西村共建倉十八區

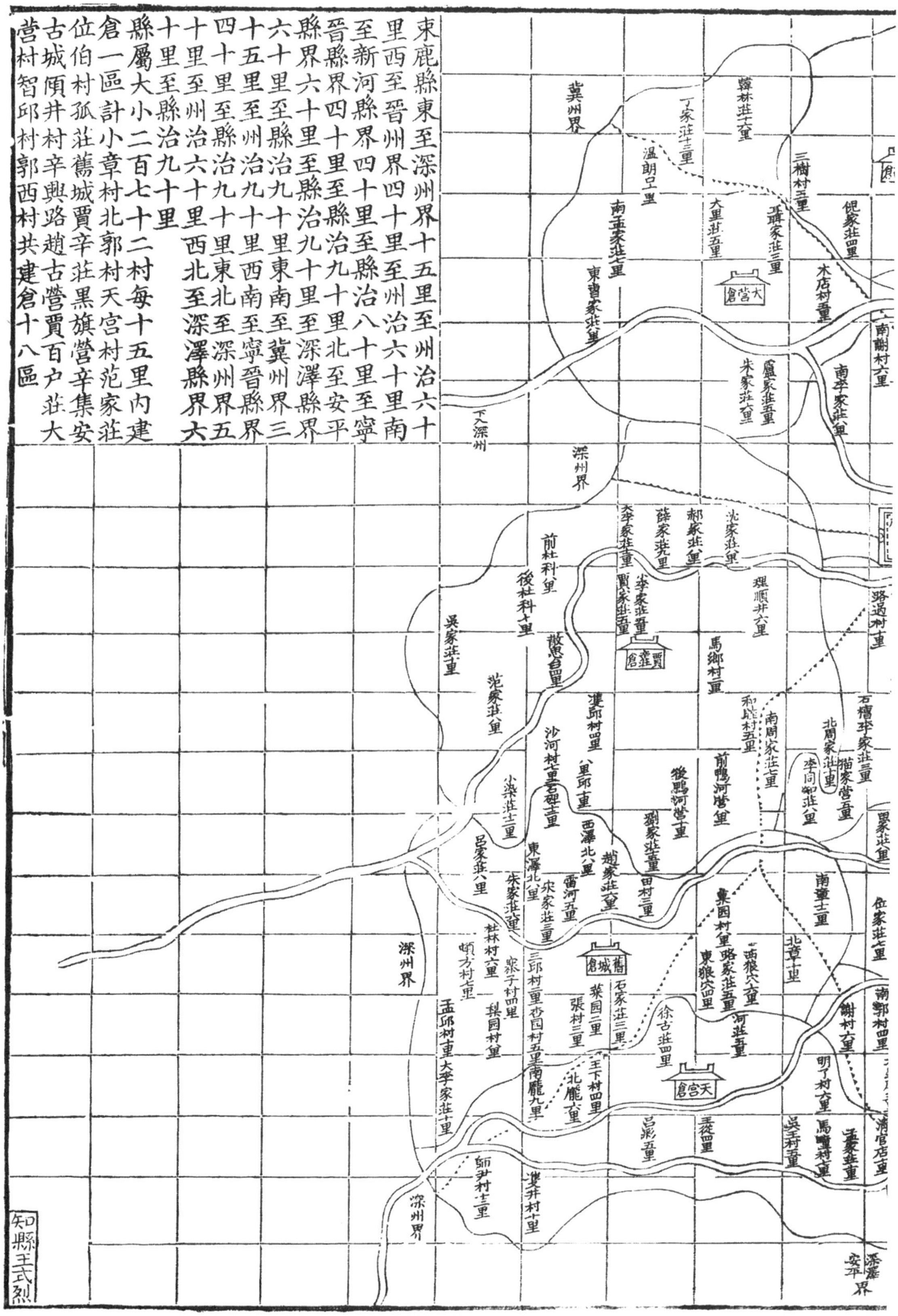

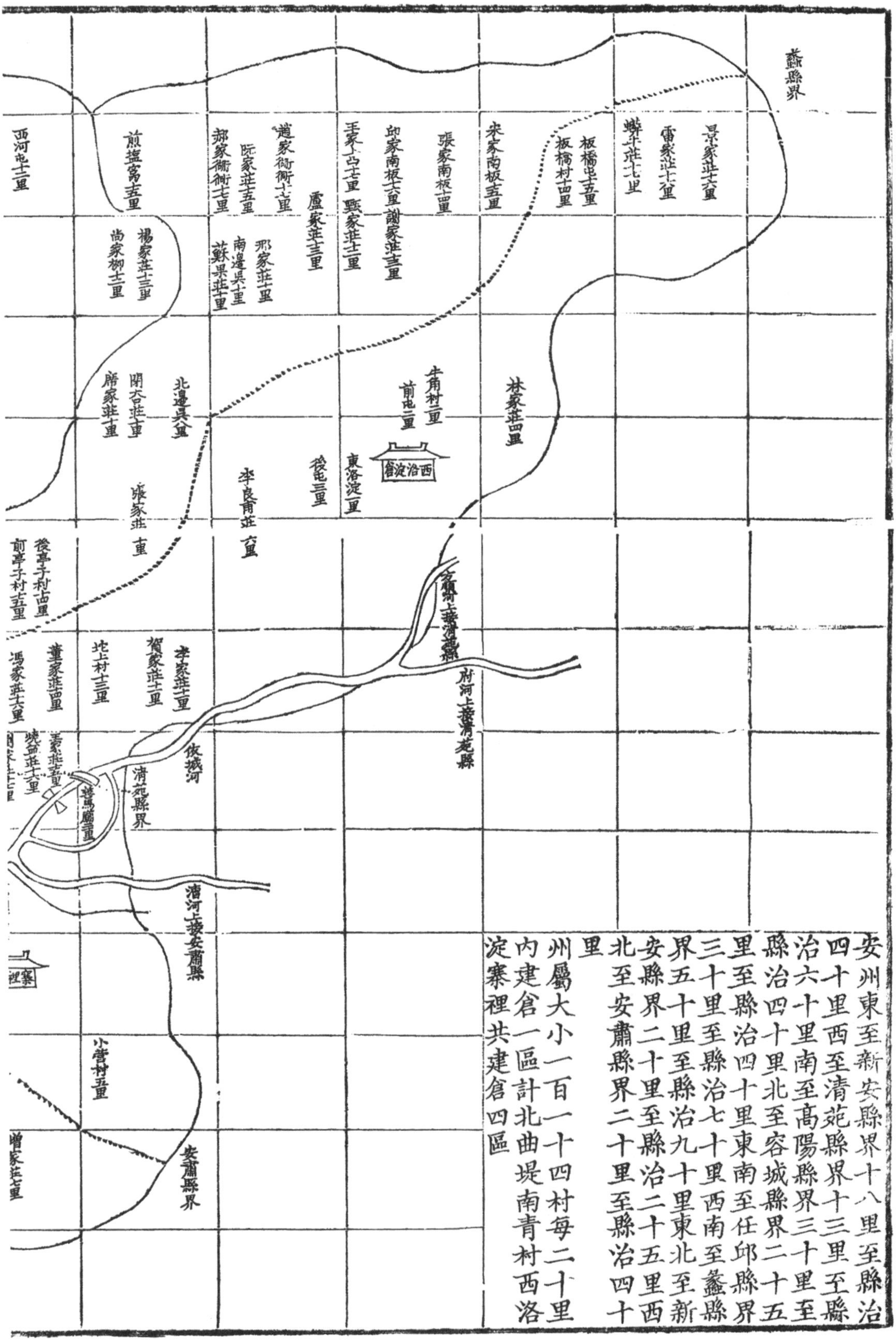


安州東至新安縣界十八里至縣治四十里西至清苑縣界十三里至縣治六十里南至高陽縣界三十里至縣治四十里北至容城縣界二十五里至縣治四十里東南至任邱縣界三十里至縣治七十里西南至蠡縣界五十里至縣治九十里東北至新安縣界二十里至縣治二十五里西北至安肅縣界二十里至縣治四十里

州屬大小一百一十四村每二十里內建倉一區計北曲堤南青村西洛淀寨裡共建倉四區

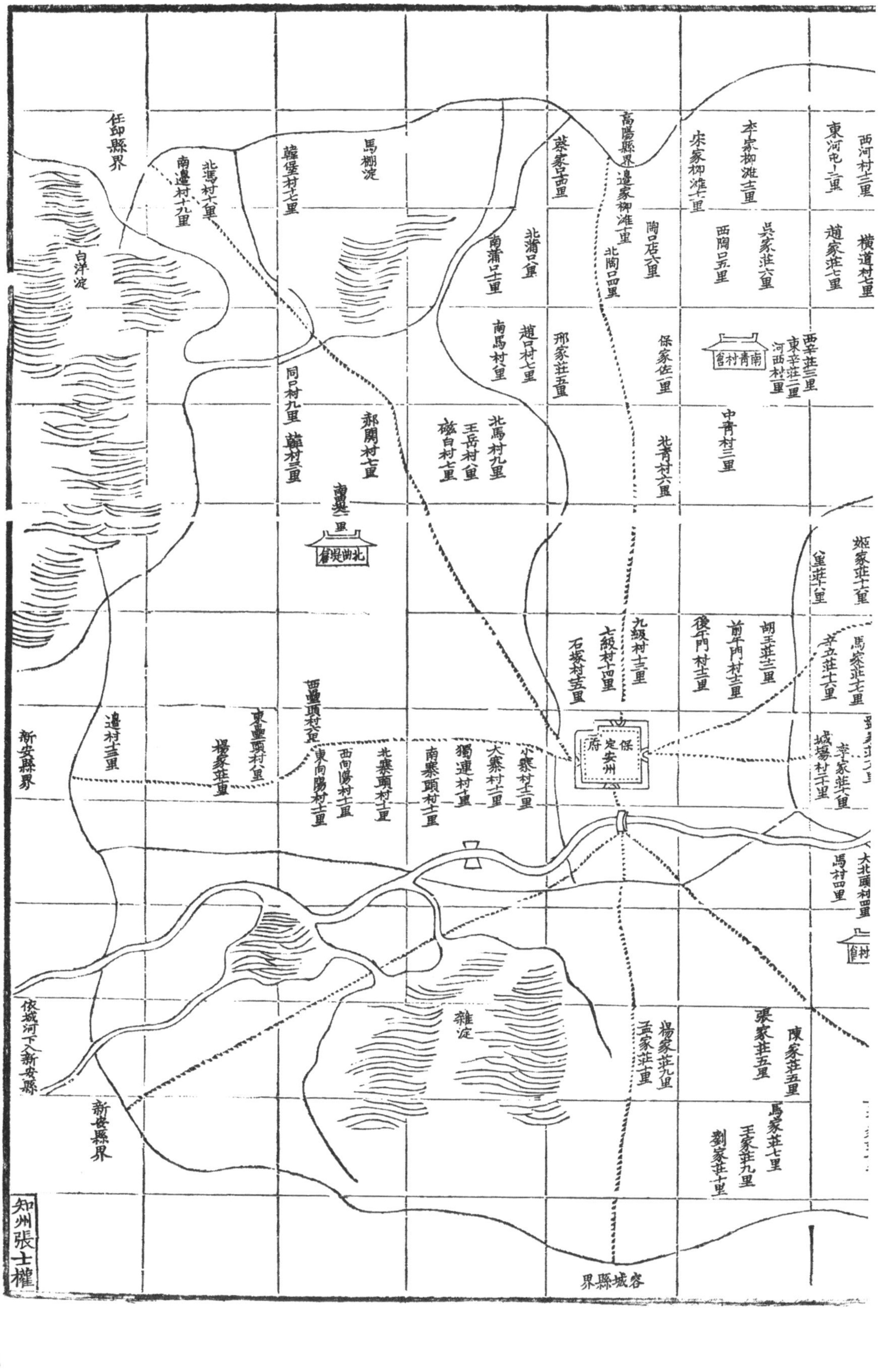
任邱縣界
白洋淀
北邊村十六里
南邊村十九里
韓堡村十七里
馬棚淀
蔡家口十四里
高陽縣界
邊家柳灘十一里
北陶口四里
陶口店六里
宋家柳灘十一里
李家柳灘十三里
西陶口五里
吳家莊六里
東河屯十二里
西河村十三里
趙家莊七里
橫道村十三里
北蒲口八里
南蒲口十一里
趙口村七里
南馬村八里
邢家莊五里
保家佐八里
南青村營
西辛莊三里
東辛莊二里
河西村三里
同口村九里
郝關村七里
北馬村九里
王岳村八里
磁白村七里
中青村三里
北青村六里
姬家莊十里
九級村十三里
七級村十四里
石塚村十五里
後午門村十二里
前午門村十二里
胡王莊三里
辛立莊十六里
馬家莊十七里
西壘頭村十六里
東壘頭村十里
楊家莊十里
邊村十三里
新安縣界
東向陽村十一里
西向陽村十一里
北寨頭村十一里
南寨頭村十一里
獨連村十里
大寨村十里
小寨村十二里
保定府
安州
辛家莊八里
大北頭村四里
馬村四里
依城河下入新安縣
雜淀
楊家莊九里
孟家莊十里
張家莊五里
陳家莊五里
馬家莊七里
王家莊九里
劉家莊十里
新安縣界
容城縣界
知州張士權

高陽縣東至任邱縣界三十五里至縣治六十里西至清苑縣界三十里至縣治七十里南至肅寧縣界三十七里至縣治六十里北至安州界十里至州治四十里東南至河間縣界五十五里至縣治八十里西南至蠡縣界十八里至縣治六十里東北至任邱縣界三十五里至縣治七十里西北至安州界十里至州治五十里至清苑縣界三十里至縣治六十里縣屬大小一百四十三村每二十里內建倉一區計舊城楊家左邊渡口石氏村共建倉四區

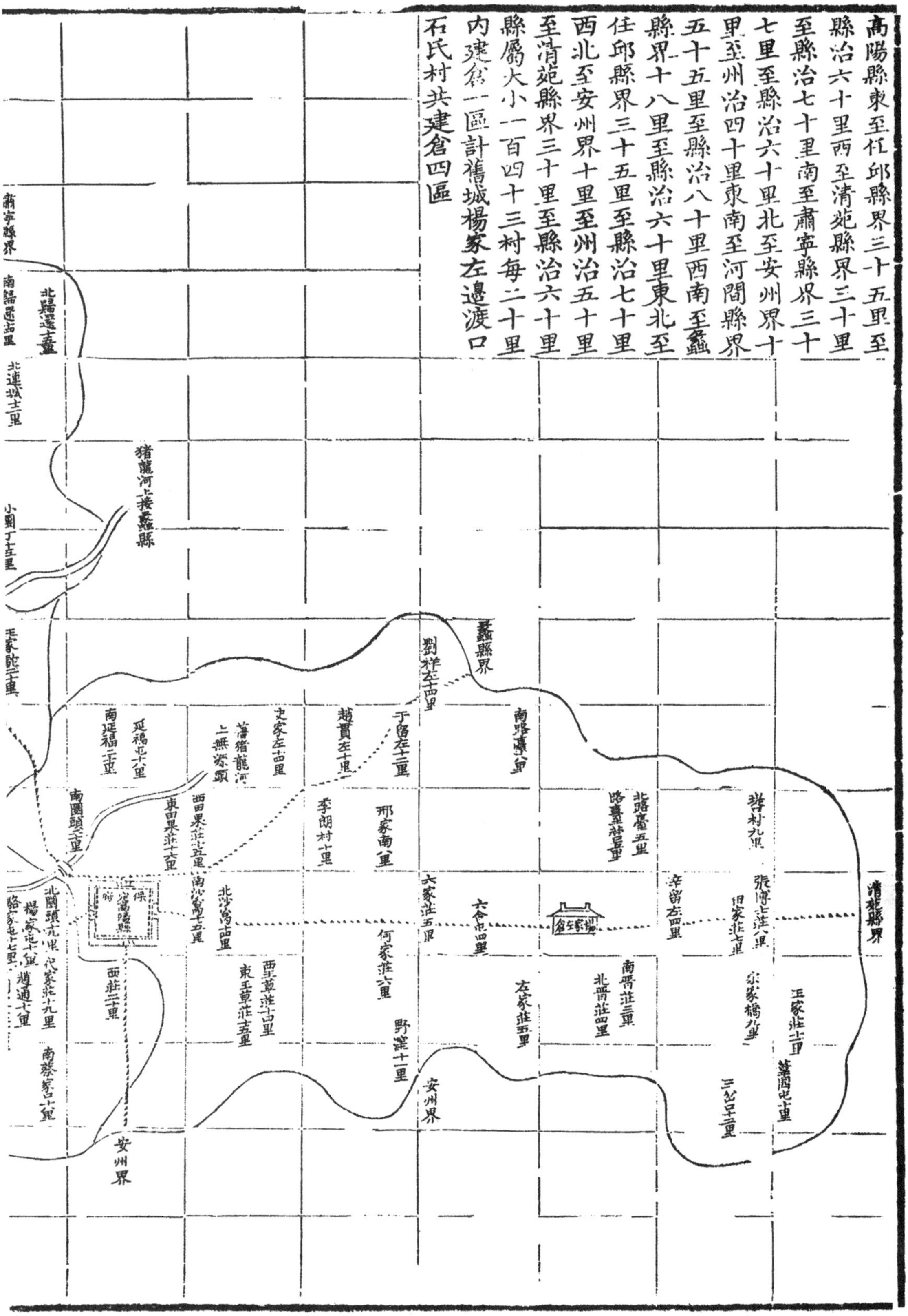

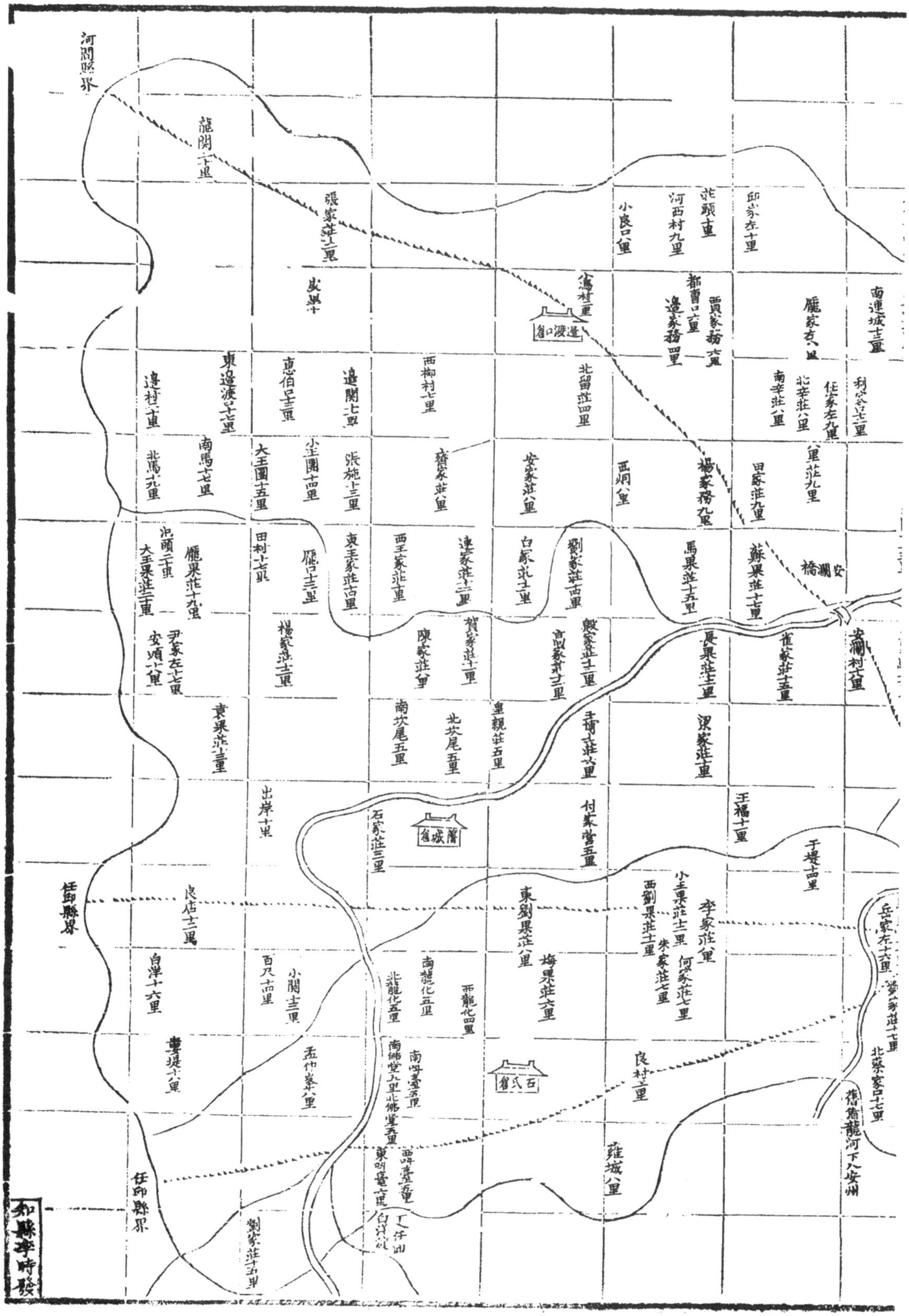
河間縣界
邊渡口倉
蕭城倉
石氏倉
安瀾橋
任邱縣界
任邱縣界
舊龍河下入安州
知縣李時發
河西村九里
北留莊四里
西柳村七里
楊家務九里
王福十里
東劉果莊八里
梅果莊六里
良村十里

新安縣東至任邱縣界二十里至縣治七十里西至安肅縣界二十五里至縣治五十里西至安州界二十二里至州治四十里南至高陽縣界二十五里至縣治六十里至任邱縣界二十五里至縣治七十五里北至雄縣界二十里至縣治四十里東南至任邱縣界二十五里至縣治七十里西南至安州界五里至州治二十五里東北至雄縣界二十二里至縣治四十里西北至容城縣界二十五里至縣治三十里

縣屬大小六十三村每十五里內建倉一區計大庄村張村端村王家寨共建倉四區

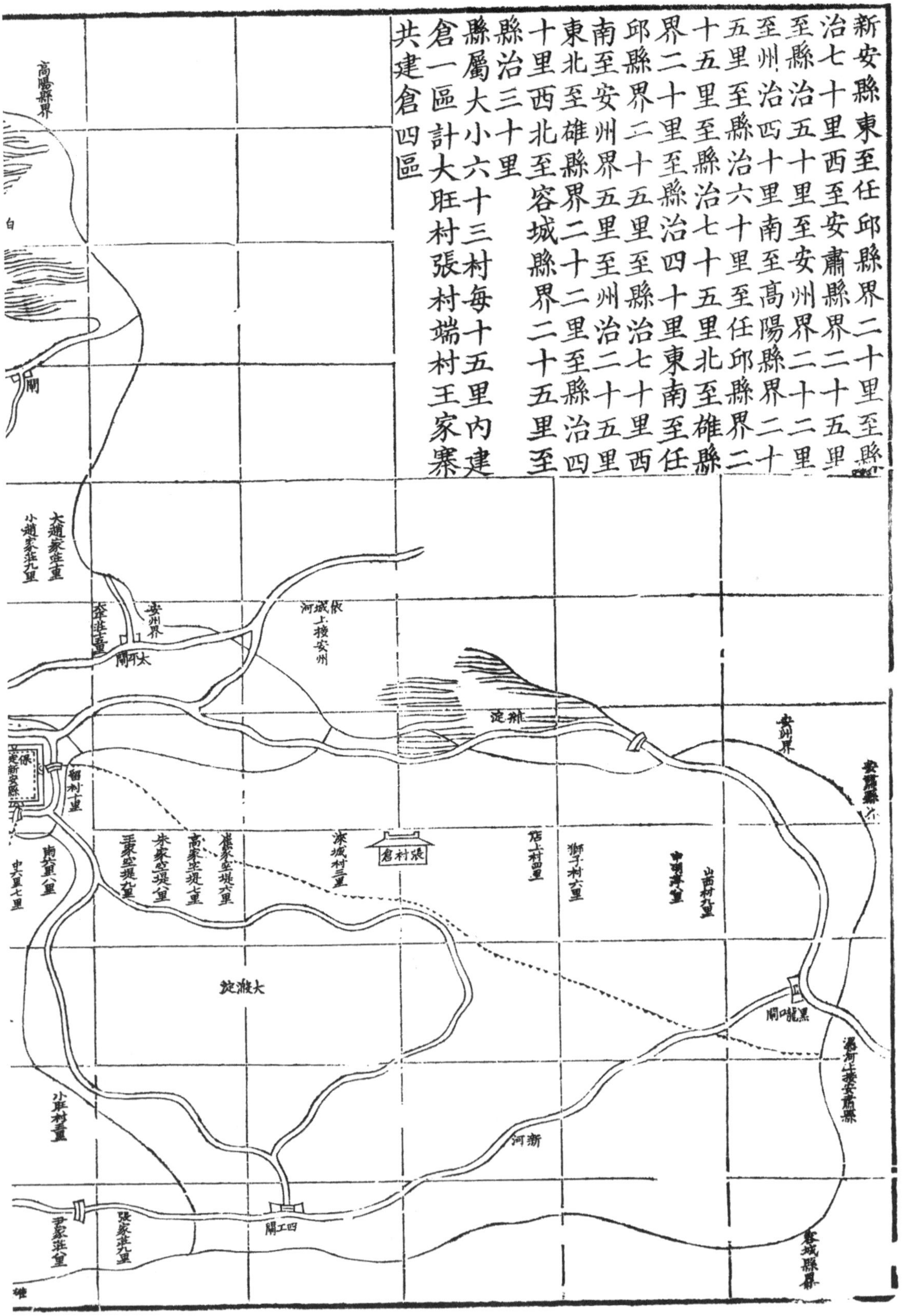

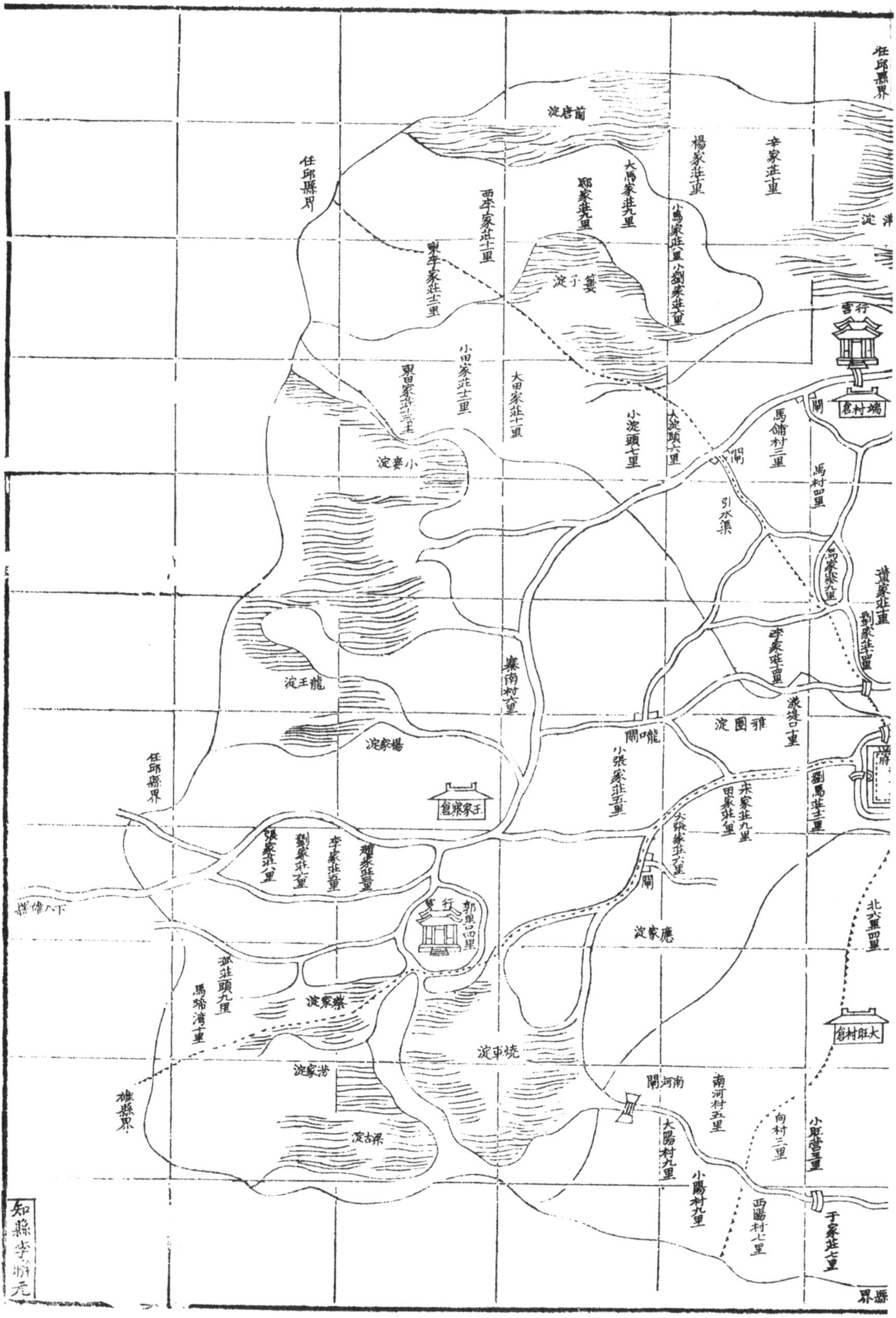

任邱縣界
前唐淀
楊家莊里
辛家莊里
大馬家莊九里
邸家莊九里
西李家莊十里
東李家莊十一里
小馬家莊里
小劉家莊里
蔞子淀
行宮
端村倉
小田家莊十里
大田家莊十里
小淀頭七里
大淀頭六里
馬鋪村三里
閘
馬村四里
小婁淀
引水渠
龍王淀
寨南村六里
龍𠳐閘
雅圈淀
楊家淀
任邱縣界
王家寨倉
宋家莊九里
大張家莊六里
張家莊八里
行宮
應家淀
燒車淀
大旺村倉
南河閘
南河村五里
向村三里
雄縣界
大陽村九里
小陽村九里
西陽村七里
于家莊七里

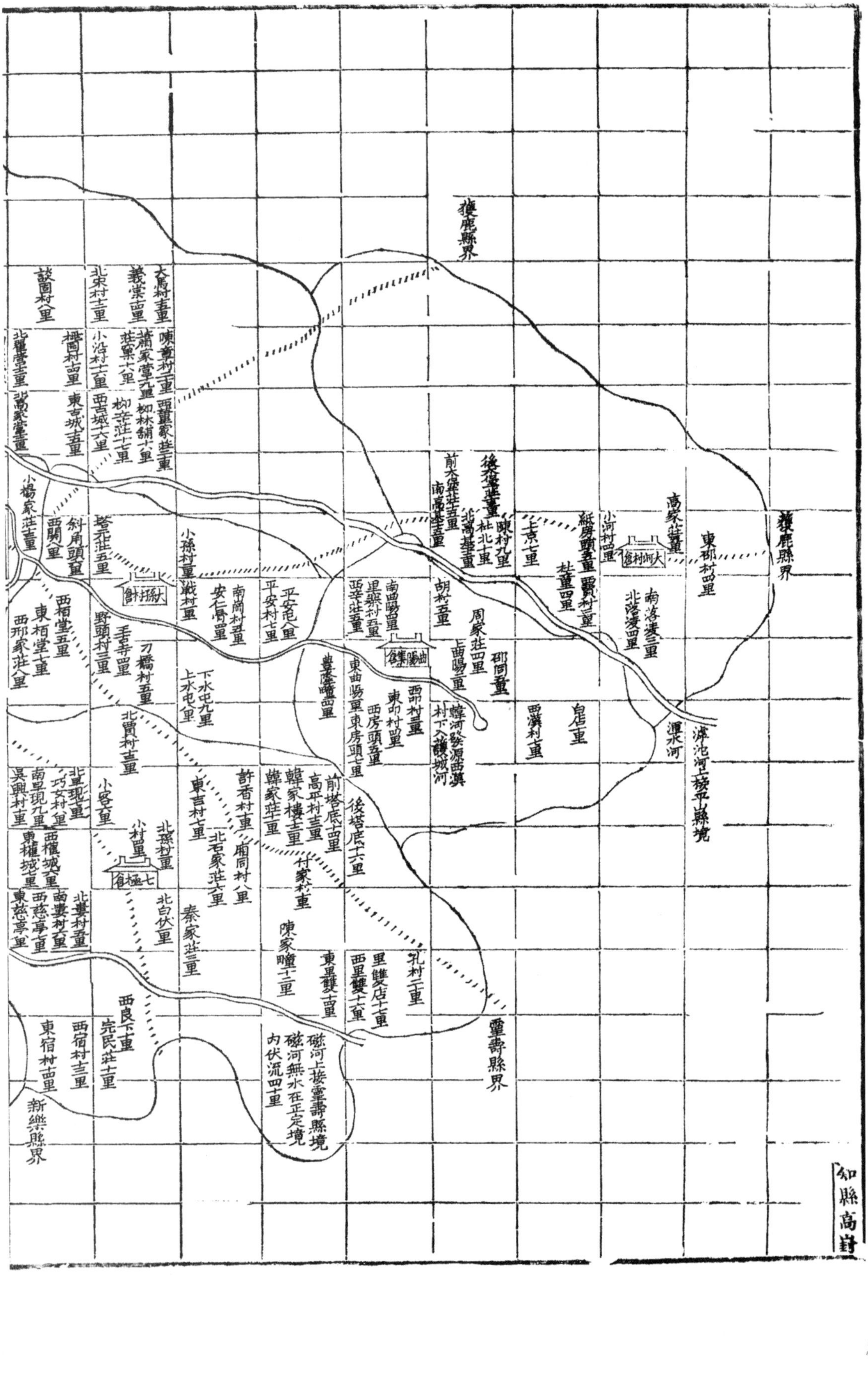

獲鹿縣界
獲鹿縣界
靈壽縣界
新樂縣界
滹沱河上接平山縣境
磁河上接靈壽縣境内伏流四十里在正定境
滹水河
大河村倉
大孫村倉
曲陽橋倉
談固村八里
義棠十四里
北宋村十里
上京七里
皂店十里
高家莊十二里
東郝村十四里
南落漫十三里
北落漫十四里
周家莊十四里
胡村十五里
平安屯八里
平安村十七里
安仁十四里
小孫村十二里
小孫村十八里
東桓堂十七里
西桓堂十五里
西邢家莊八里
小楊家莊十二里
小客十里
北孫村十三里
東吉村七里
許香村十三里
韓家莊十三里
韓家樓十三里
高平村十二里
前塔底十四里
後塔底十六里
秦家莊十三里
陳家疃十二里
孔村二十里
東宿村十四里
西宿村十三里
知縣高對

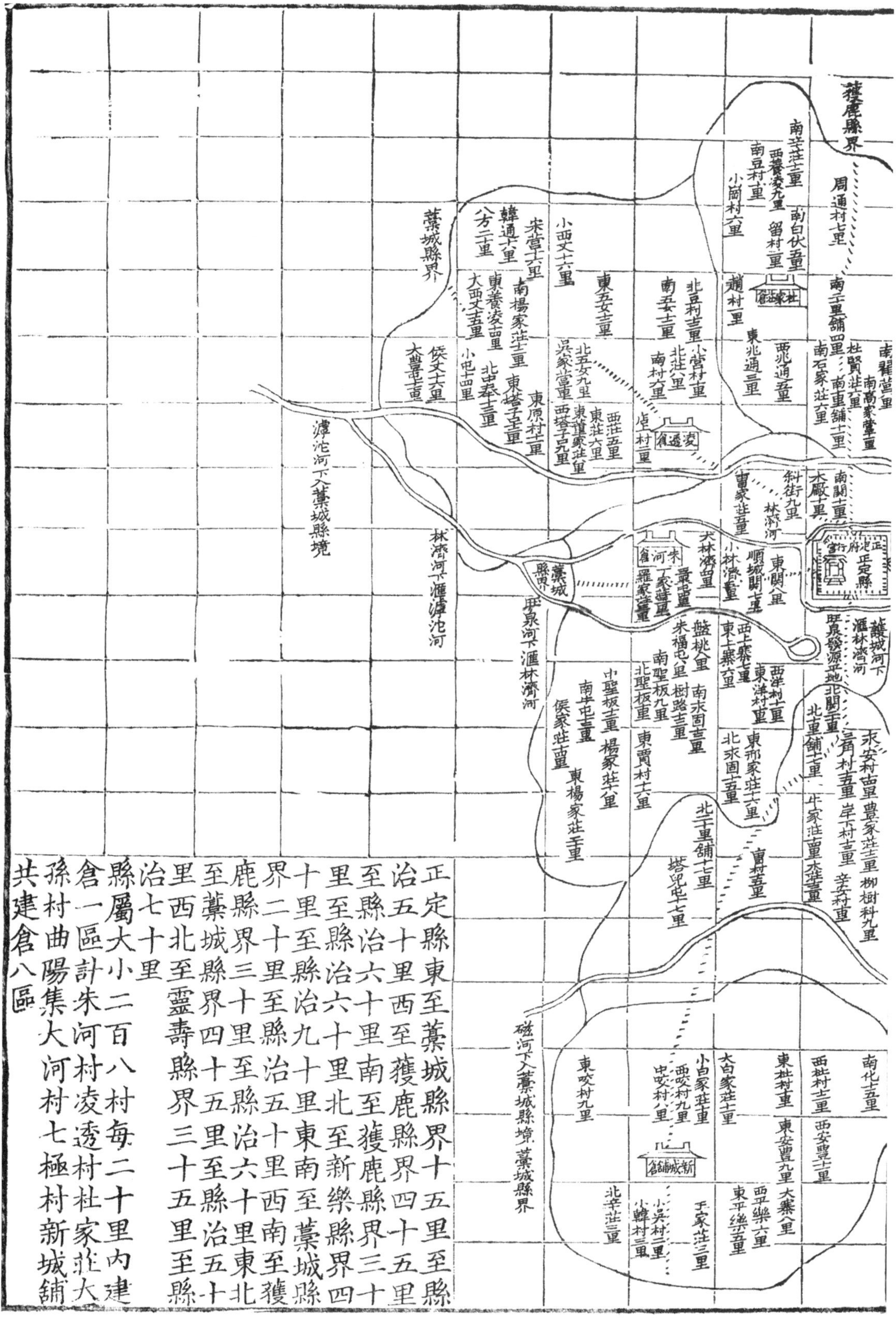


正定縣東至藁城縣界十五里至縣治五十里西至獲鹿縣界四十五里至縣治六十里南至獲鹿縣界三十里至縣治六十里北至新樂縣界四十里至縣治九十里東南至藁城縣界二十里至縣治五十里西南至獲鹿縣界三十里至縣治六十里東北至藁城縣界四十五里至縣治五十里西北至靈壽縣界三十五里至縣治七十里

縣屬大小二百八村每二十里内建倉一區計朱河村凌透村杜家莊大孫村曲陽集大河村七極村新城鋪共建倉八區

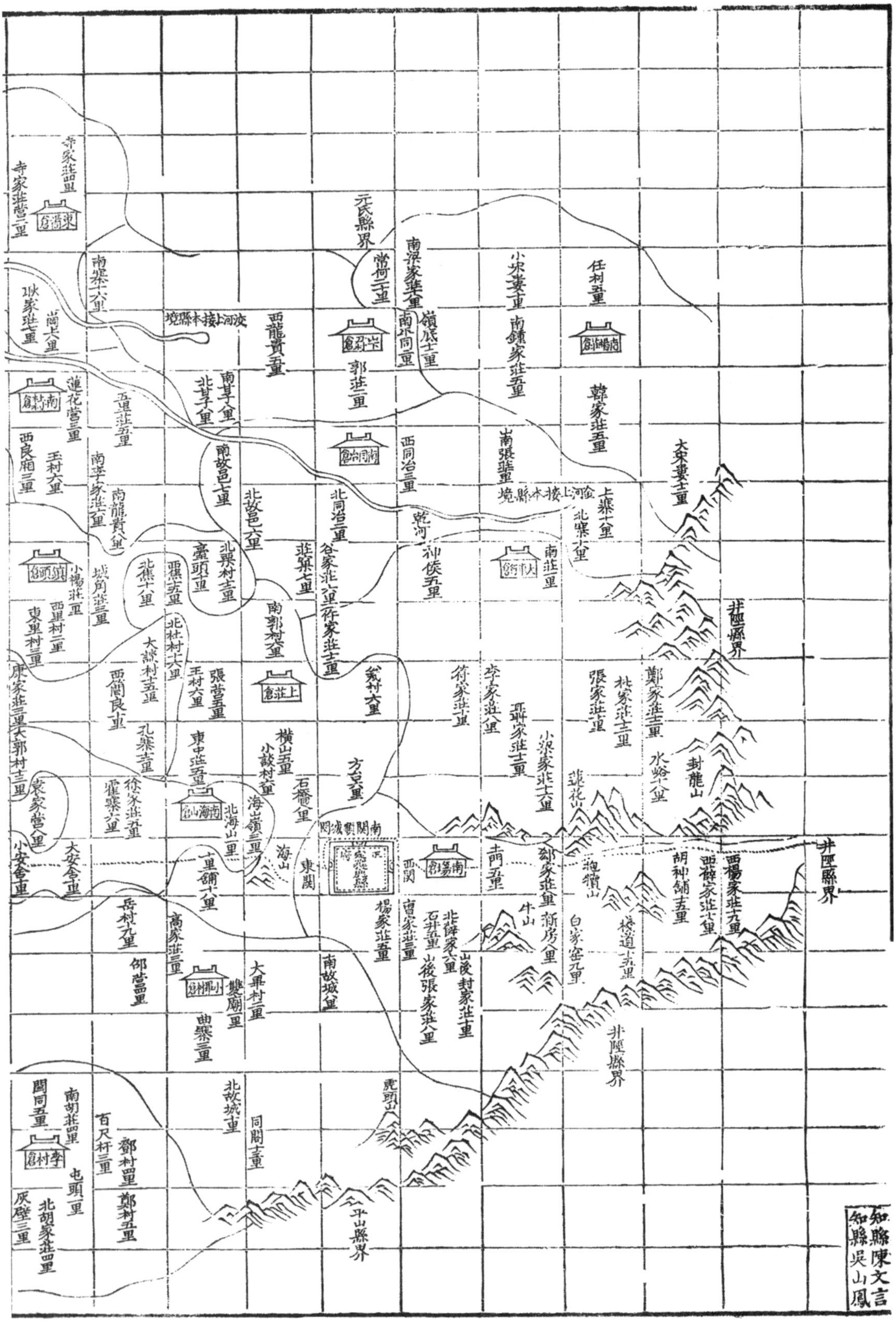
元氏縣界
任村五里
常村二十里
南故邑七里
北故邑六里
北同冶十里
西同冶十里
乾河
井陘縣界
封龍山
水峪十八里
胡神舖十五里
抱犢山
牛山
海山
東關
西關
南關
東中莊十五里
孔寨十里
東里村二里
西里村二里
康家莊十二里
大郭村十三里
袁家營八里
大安舍十里
小安舍十里
岳村十九里
邰營四里
雙廟十里
曲寨十三里
大巢村十里
楊家莊十三里
南故城八里
北故城十里
同閣十里
虎頭山
平山縣界
閻同五里
南胡莊四里
百尺村三里
鄧村四里
屯頭一里
鄭村五里
灰壁三里
北胡家莊四里
知縣陳文言
知縣吳山鳳

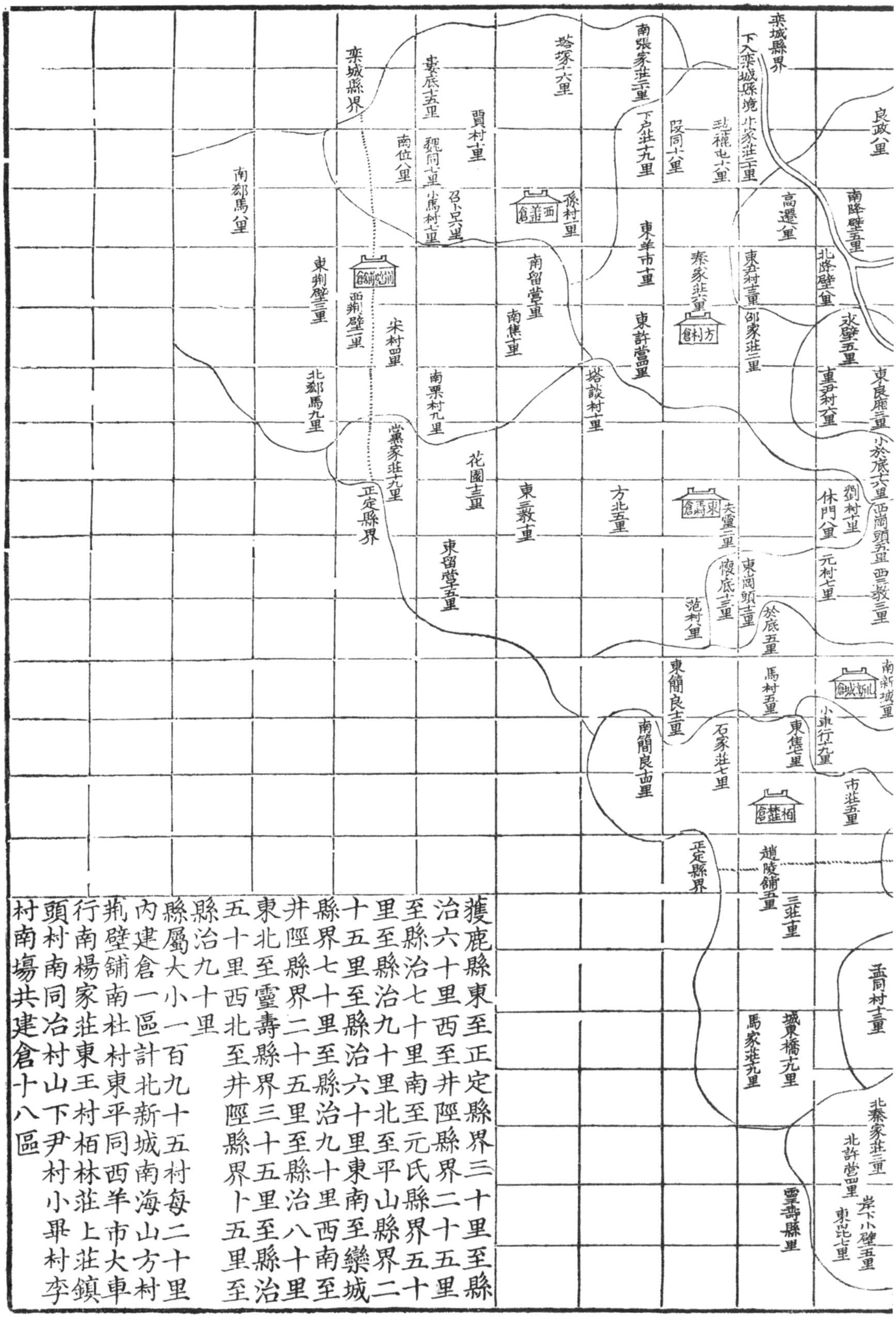


獲鹿縣東至正定縣界三十里至縣治六十里西至井陘縣界二十五里至縣治七十里南至元氏縣界五十里至縣治九十里北至平山縣界二十五里至縣治六十里東南至欒城縣界七十里至縣治九十里西南至井陘縣界二十五里至縣治八十里東北至靈壽縣界三十五里至縣治五十里西北至井陘縣界卜五里至縣治九十里

縣屬大小一百九十五村每二十里内建倉一區計北新城南海山方村荊壁鋪南杜村東平同西羊市大車行南楊家莊東王村栢林莊上莊鎮頭村南同冶村山下尹村小畢村李村南塲共建倉十八區

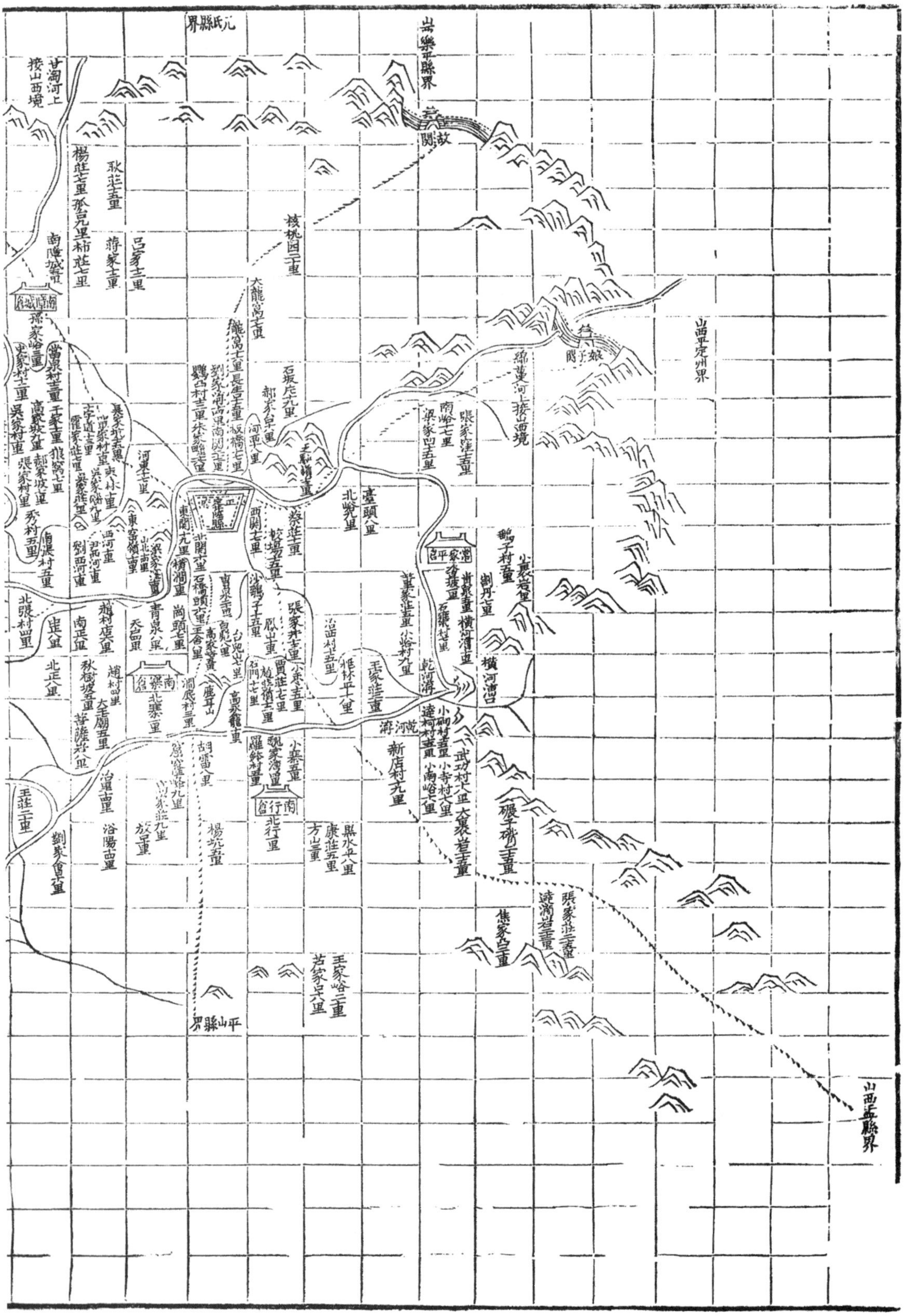

元氏縣界
山西樂平縣界
故關
甘淘河上接山西境
山西平定州界
娘子關
綿蔓河上接山西境
核桃园二十里
新店村九里
山西盂縣界
平山縣界

井陘縣東至獲鹿縣界六十里至縣治七十里西至山西平定州界四十里至州治一百三十里南至元氏縣界五十五里至縣治一百二十里北至平山縣界六十里至縣治七十里東南至元氏縣界五十五里至縣治一百二十里西南至山西樂平縣界四十五里至縣治一百五十里東北至獲鹿縣界八十五里至縣治一百二十里西北至山西盂縣界七十里至縣治一百五十里

縣屬大小二百二十四村每二十里內建倉一區計橫口村微水村上安村威州村金柱村北障城村梅莊村常家平村南寨村南行村東焦村共建倉十一區

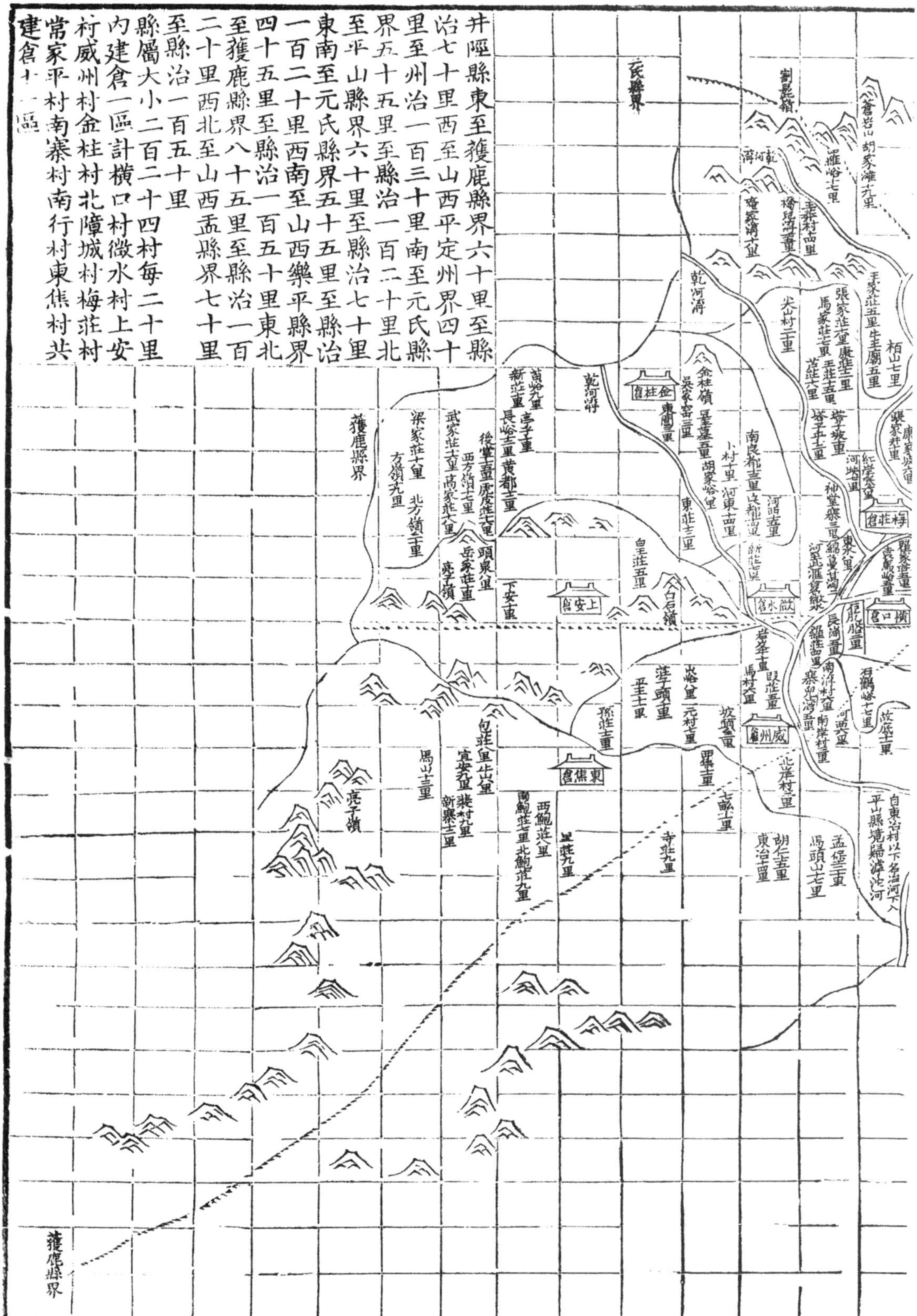

阜平縣東至曲陽縣界六十里至縣治一百二十里西至山西五臺縣界一百一十五里至縣治二百三十五里南至靈壽縣界六十里至縣治一百三十里北至山西靈邱縣界八十里至縣治二百八十里東南至行唐縣界六十里至縣治一百五十里西南至山西五臺縣界九十里至縣治二百三十五里東北至廣昌縣界七十五里至縣治二百七十里西北至山西繁峙縣界一百五十里至縣治二百六十里

縣屬大小一百六十六村因山路崎嶇村莊寥遠難拘常格每四十里内建一區計王快鎮陳南莊西下關村龍王莊共建倉四區

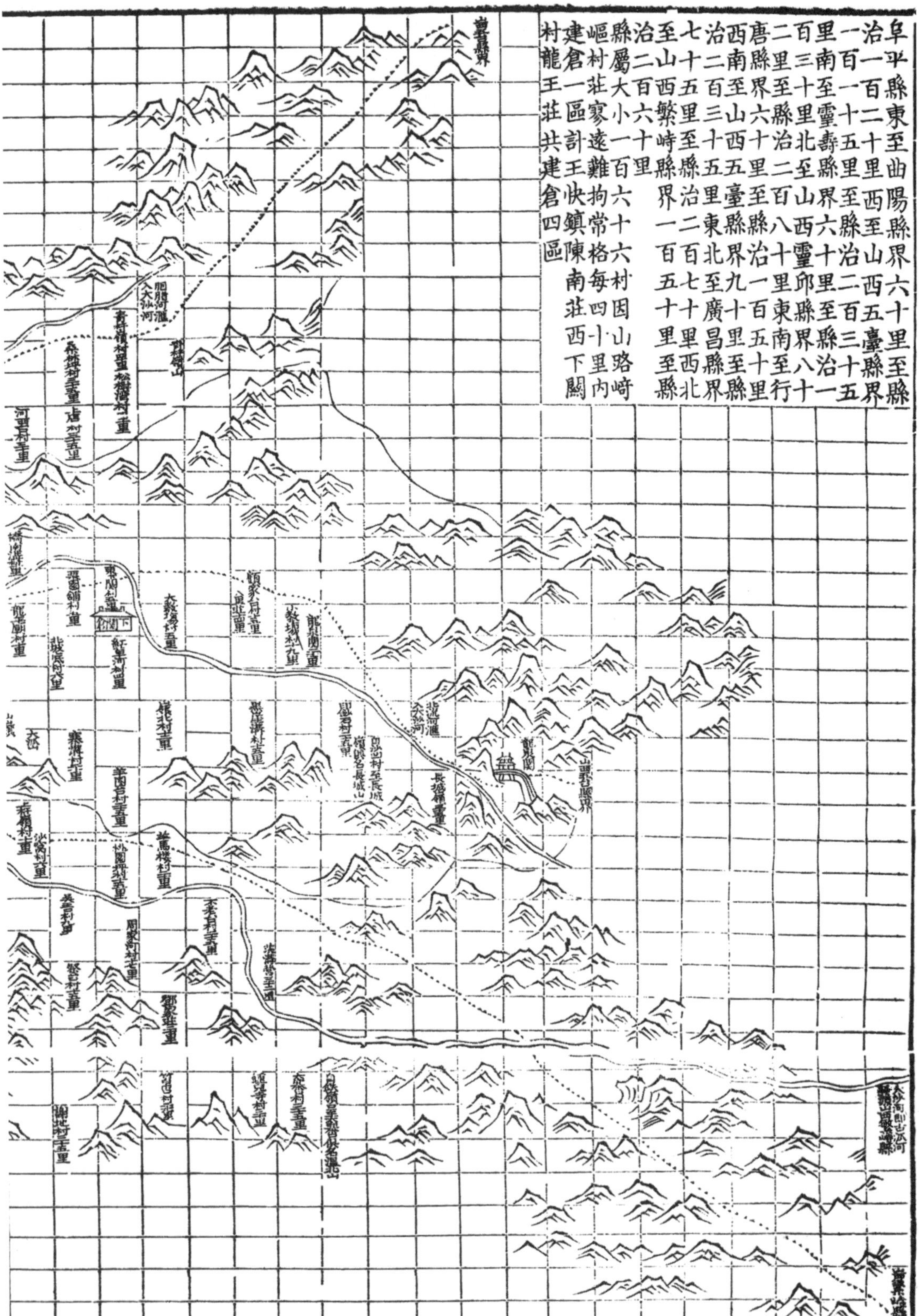

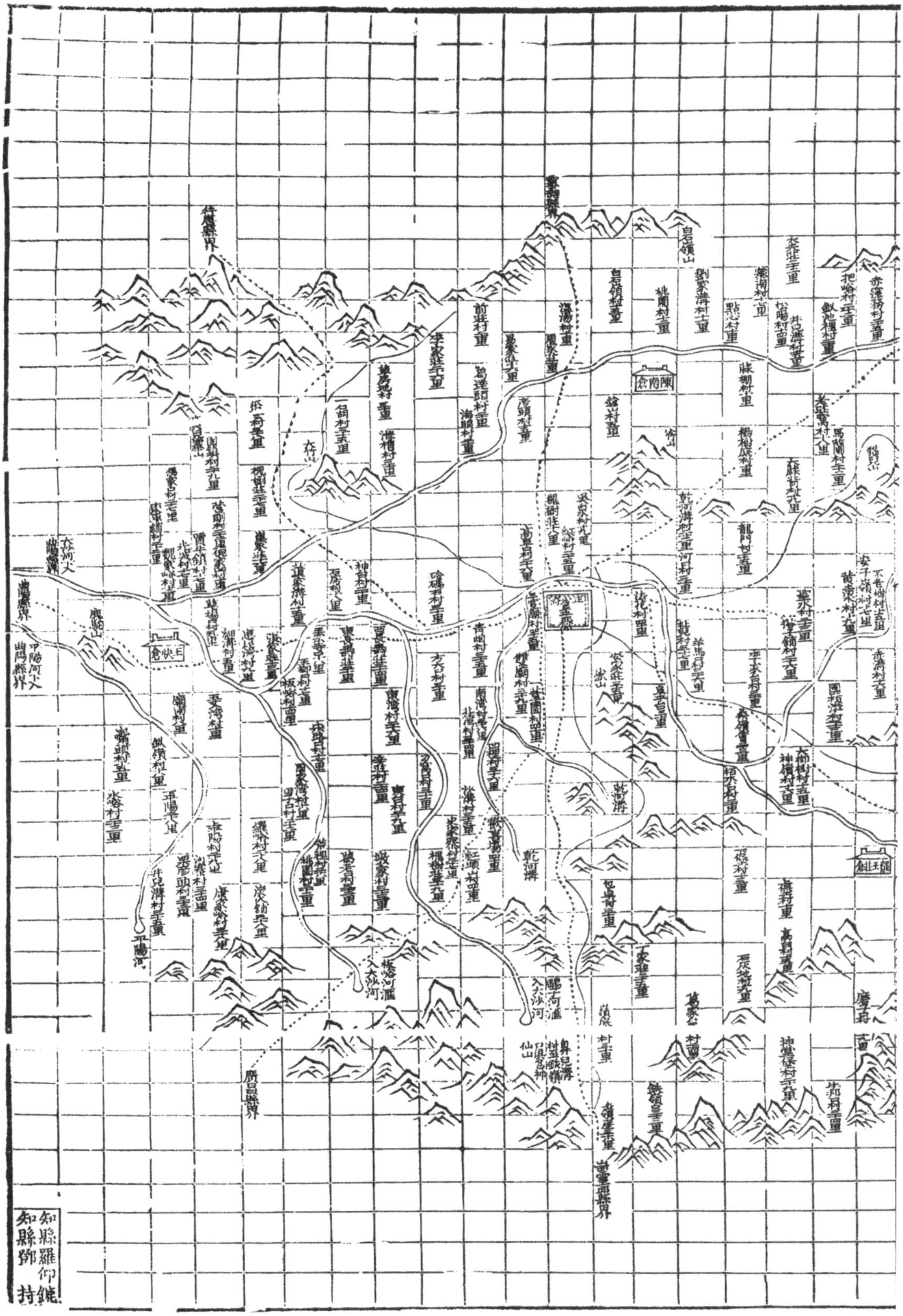

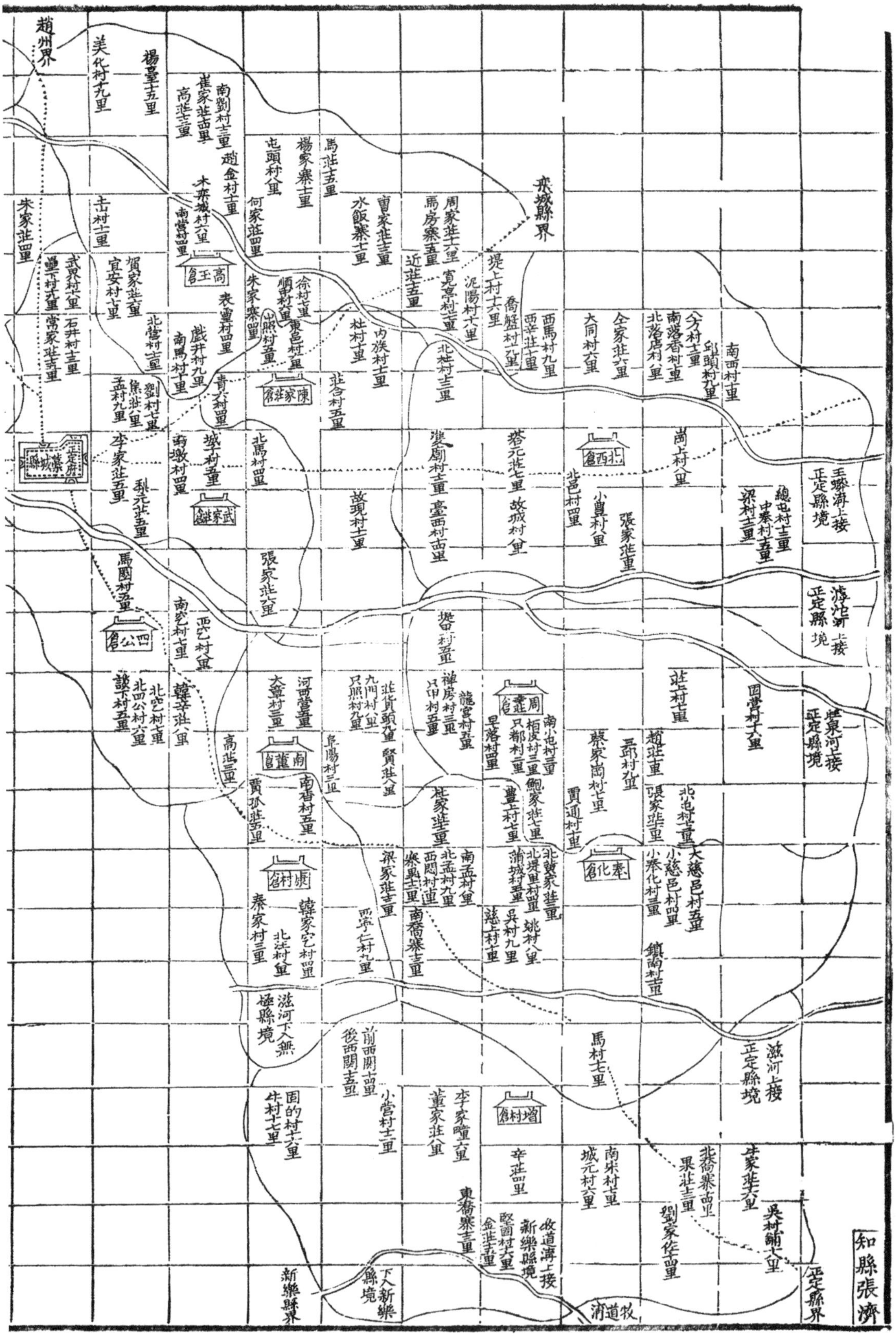

趙州界
美化村九里
楊臺十五里
崔家莊西里
高莊十三里
南劉村十三里
趙金村十一里
屯頭村八里
楊家寨十里
馬莊五里
朱家莊四里
何家莊四里
水飯寨十里
曹家莊十三里
周家莊十六里
南房寨五里
近莊五里
栾城縣界
高王倉
陳家莊倉
北西倉
武家莊倉
四公倉
南蘆倉
周豐倉
奉化倉
康村倉
增村倉
王縣海上接
正定縣境
滹沱河上接
正定縣境
泉河上接
正定縣境
滋河上接
正定縣境
滋河下入無極縣境
收道海上接
新樂縣境
下入新樂縣境
新樂縣界
正定縣界
牧道河
知縣張濟

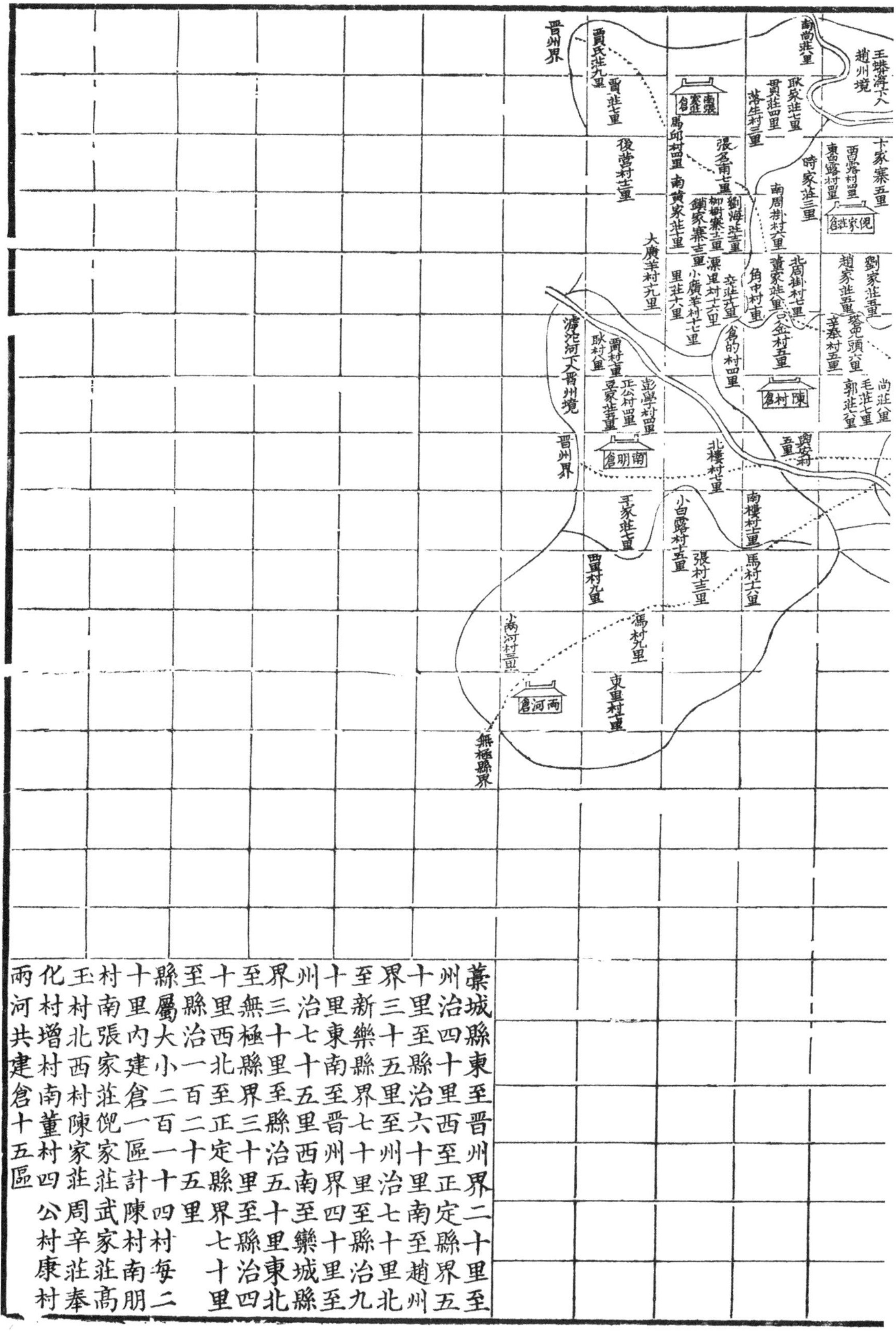


藁城縣東至晉州界二十里至州治四十里西至正定縣界五十里至縣治六十里南至趙州界三十五里至州治七十里北至新樂縣界七十里至縣治九十里東南至晉州界四十里至州治七十五里西南至欒城縣界三十里至縣治五十里東北至無極縣界三十里至縣治四十里西北至正定縣界七十里至縣治一百二十五里

縣屬大小二百一十四村每二十里內建倉一區計陳村南朋村南張家莊倪家莊武家莊高王村北西村陳家莊周辛莊奉化村增村南董村四公村康村兩河共建倉十五區

行唐縣東至新樂縣界二十五里至縣治五十里西至靈壽縣界三十里至縣治五十里南至新樂縣界二十五里至縣治五十里北至阜平縣界七十里至縣治一百四十里東南至新樂縣界二十里至縣治五十里西南至正定縣界二十五里至縣治七十里東北至曲陽縣界二十五里至縣治五十里西北至阜平縣界九十五里至縣治一百四十里

縣屬大小二百六十二村每二十里内建倉一區稍遠者附之計賈莊張吾村上碑村龍門王亭口頭村共建倉六區

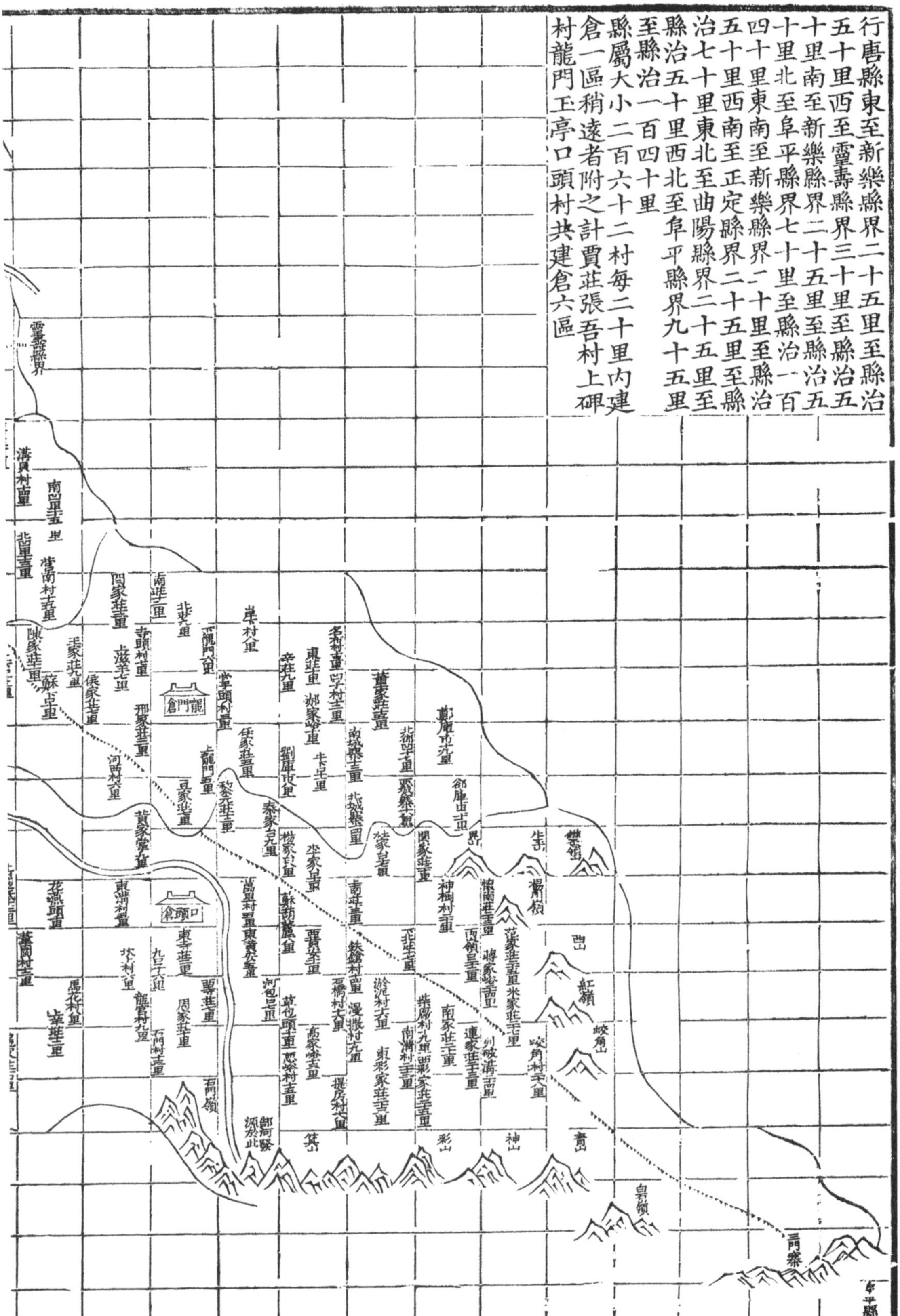

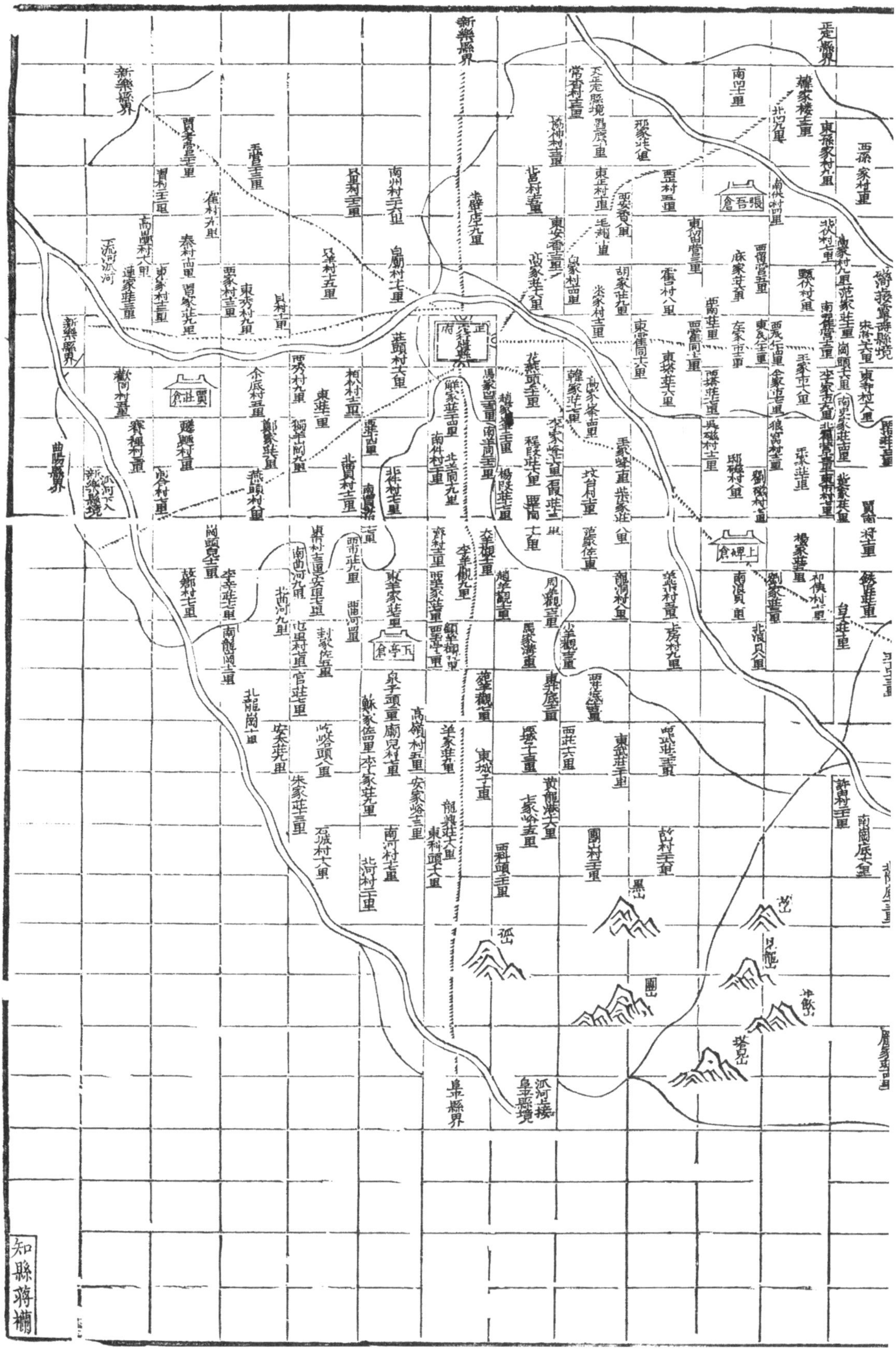

新樂縣界
正定縣界
阜平縣界
曲陽縣界
沠河上接阜平縣境
知縣蔣櫥

靈壽縣東至行唐縣界十五里至縣治四十五里西至平山縣界二十五里至縣治三十五里南至平山縣界八里至縣治三十里北至阜平縣界七十里至縣治一百四十里東南至正定縣界十五里至縣治五十里西南至平山縣界十五里至縣治三十五里東北至行唐縣界十五里至縣治五十里西北至山西五臺縣界一百七十里至縣治二百六十里

縣屬大小一百四十四村每二十里内建倉一區稍遠者附之計南托村故城村管村慈峪鎮陳莊共建倉五區

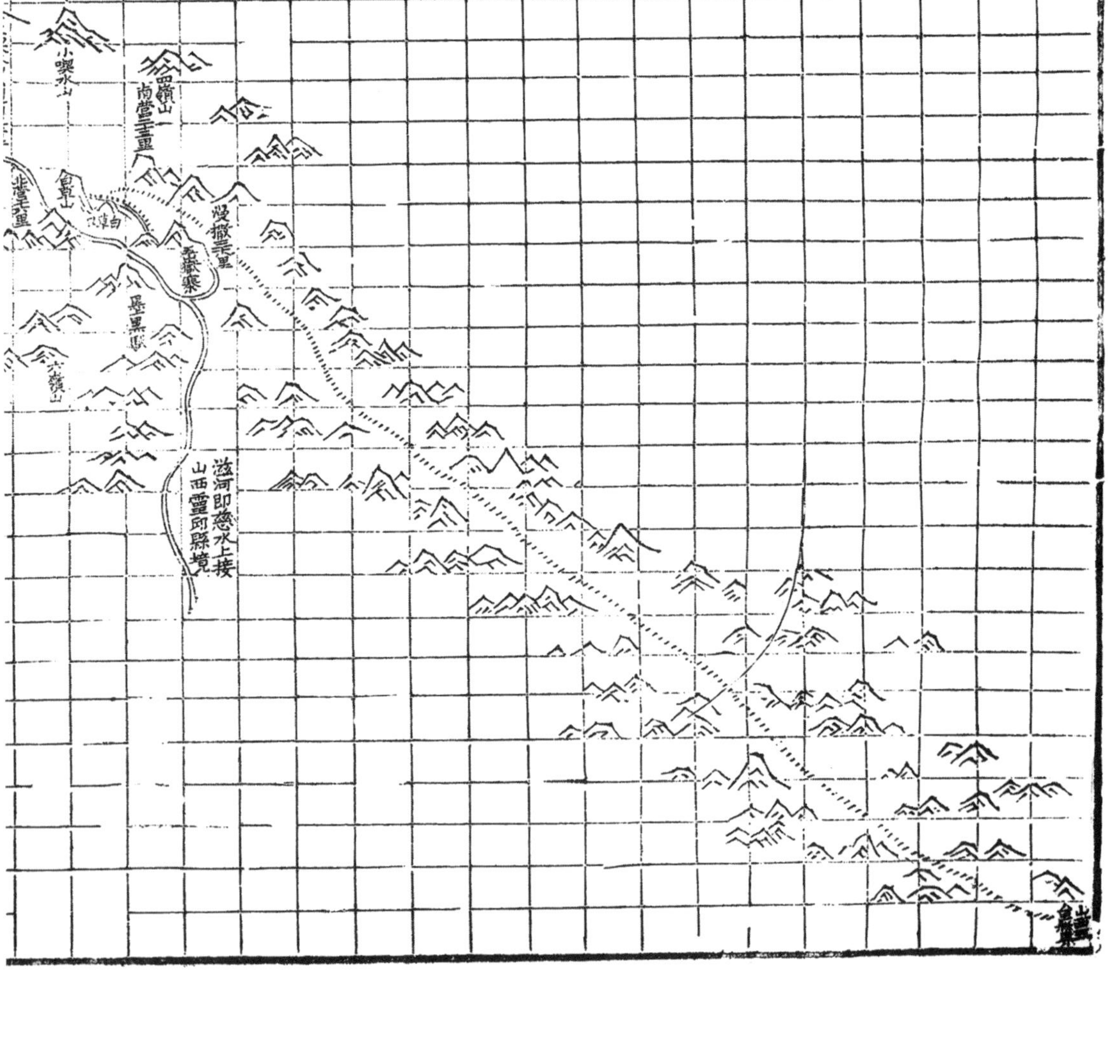

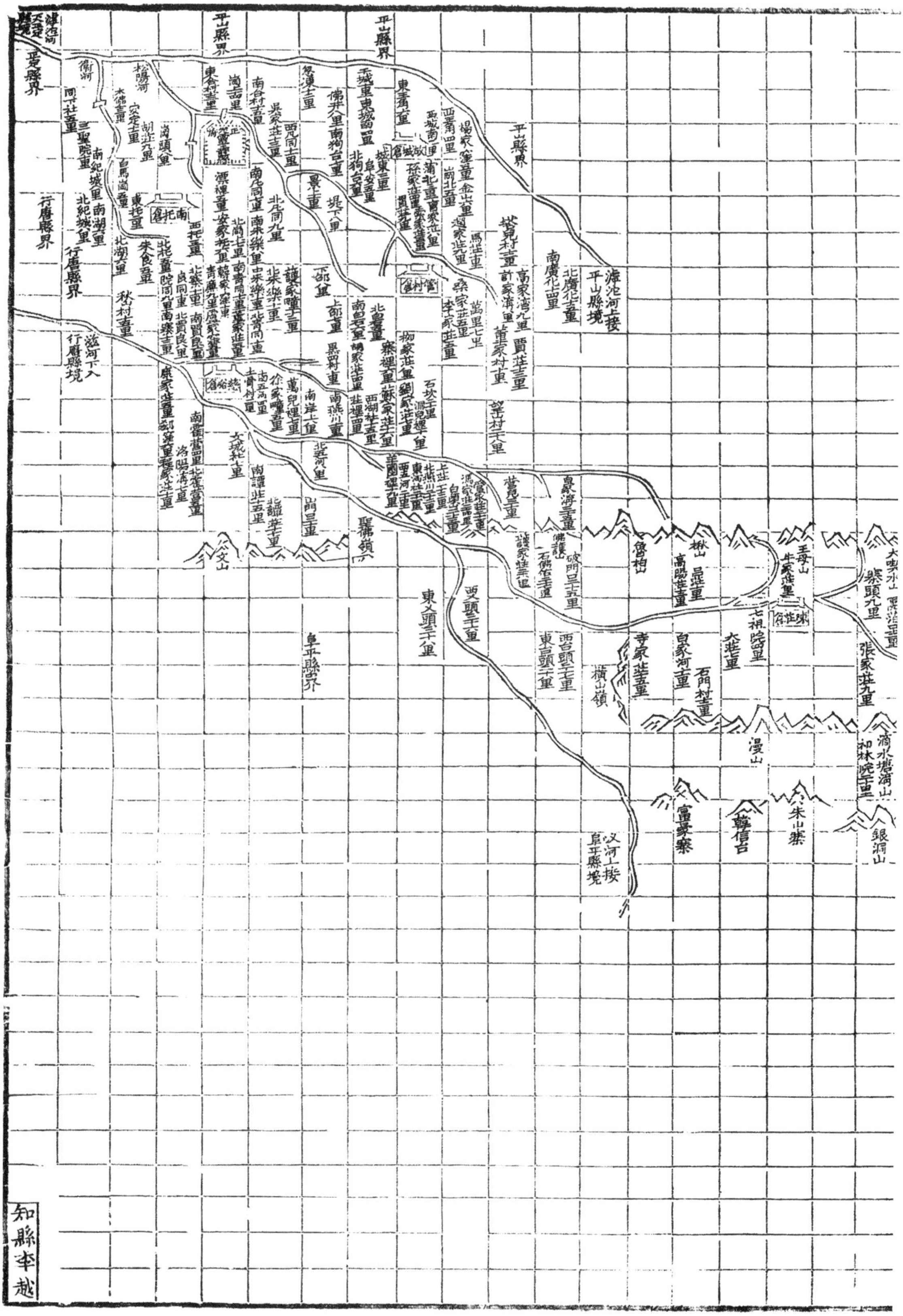
平山縣界
平山縣界
平山縣界
行唐縣界
行唐縣界
滹沱河上接
平山縣境
滋河下入
行唐縣境
阜平縣界
阜平縣境
衛河
秋村里
大文山
王母山
漫山
朱山寨
銀洞山
韓信台
富貴寨
橫山嶺
知縣李越

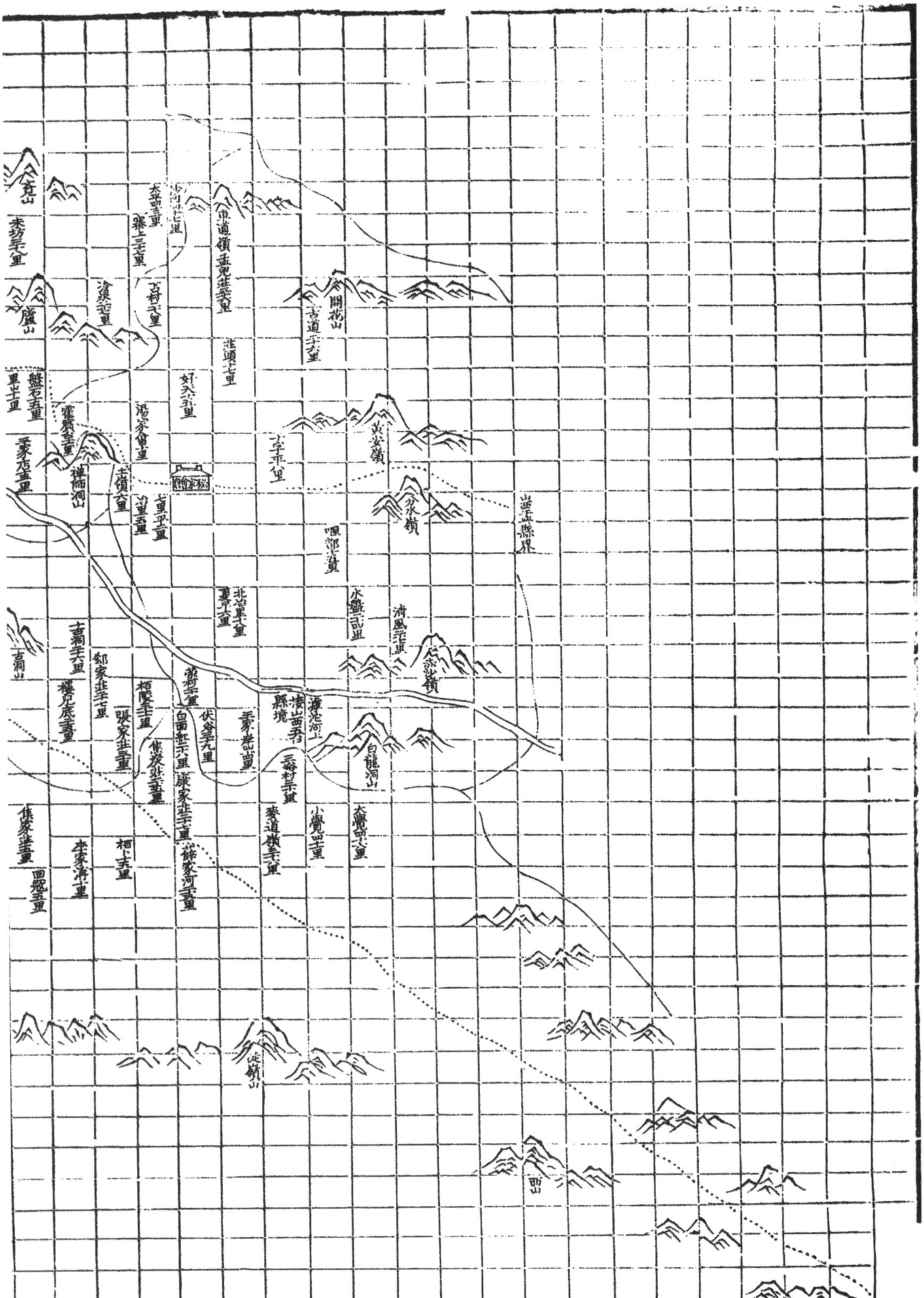

開花山
神仙洞山
古洞山
白龍洞山
分水嶺
接山西孟縣境
滹沱河

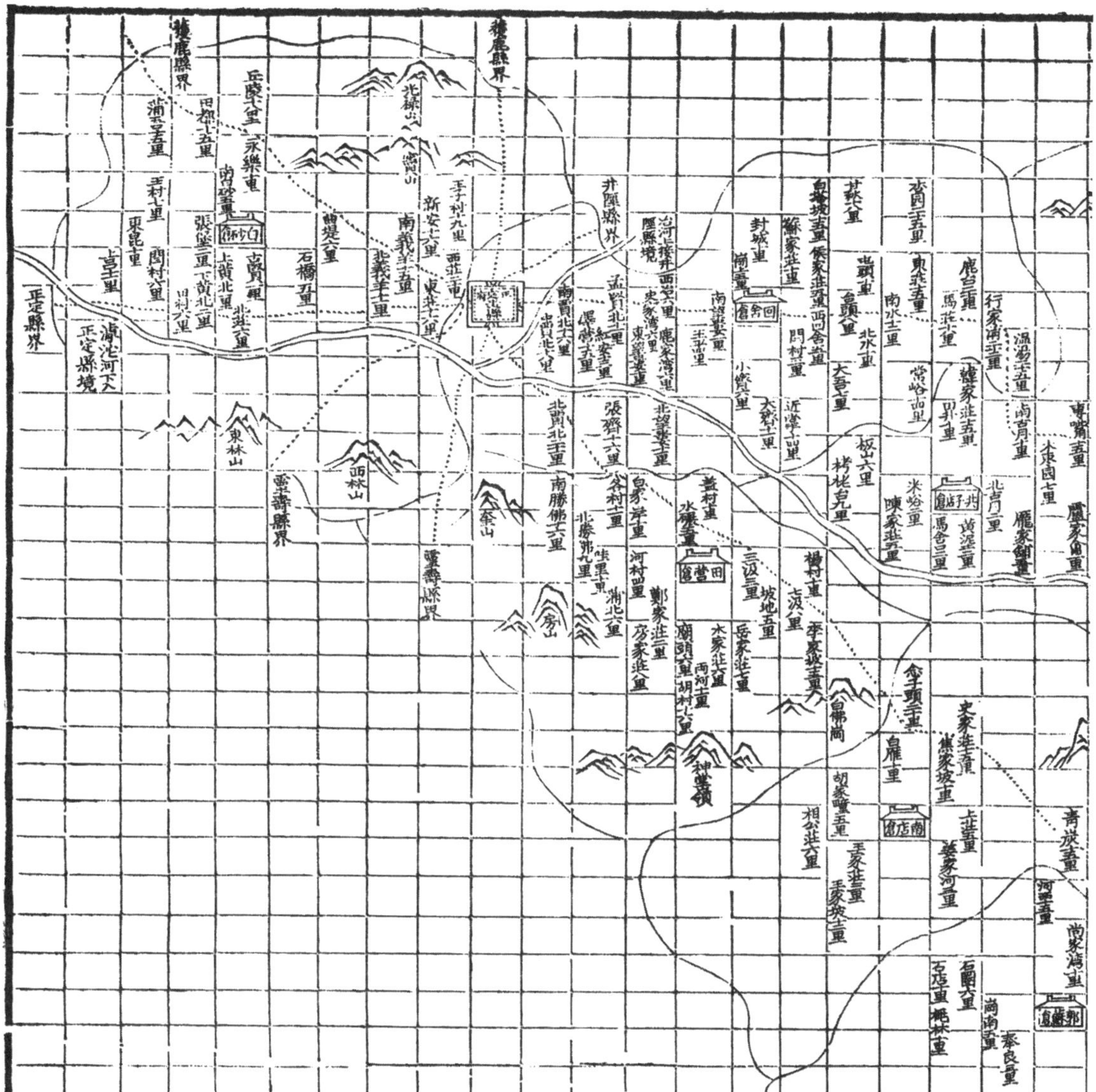


平山縣東至正定縣界四十里至縣治七十里西至山西盂縣界一百二十里至縣治二百里南至獲鹿縣界三十里至縣治五十里北至靈壽縣界三十里至縣治四十里東南至獲鹿縣界三十五里至縣治六十里西南至井陘縣界五里至縣治七十里東北至靈壽縣界二十里至縣治三十五里西北至山西五臺縣界一百七十里至縣治二百里

縣屬大小一百六十四村每二十里內建倉一區稍遠者附之計白砂村回舍村洪子店南店田營村郭蘇村秘家會共建倉七區

元氏縣東至趙州界十五里至州治五十里西至井陘縣界七十里至縣治一百二十里南至臨城縣界十三里至縣治七十里北至欒城縣界二十六里至縣治四十里東南至高邑縣界十八里至縣治三十五里西南至贊皇縣界十六里至縣治三十里東北至欒城縣界八十里至縣治四十里西北至獲鹿縣界四十五里至縣治九十里

縣屬大小一百四十六村每二十里內建倉一區稍遠者附之計冦村南蘇陽村南左村北程村共建倉四區

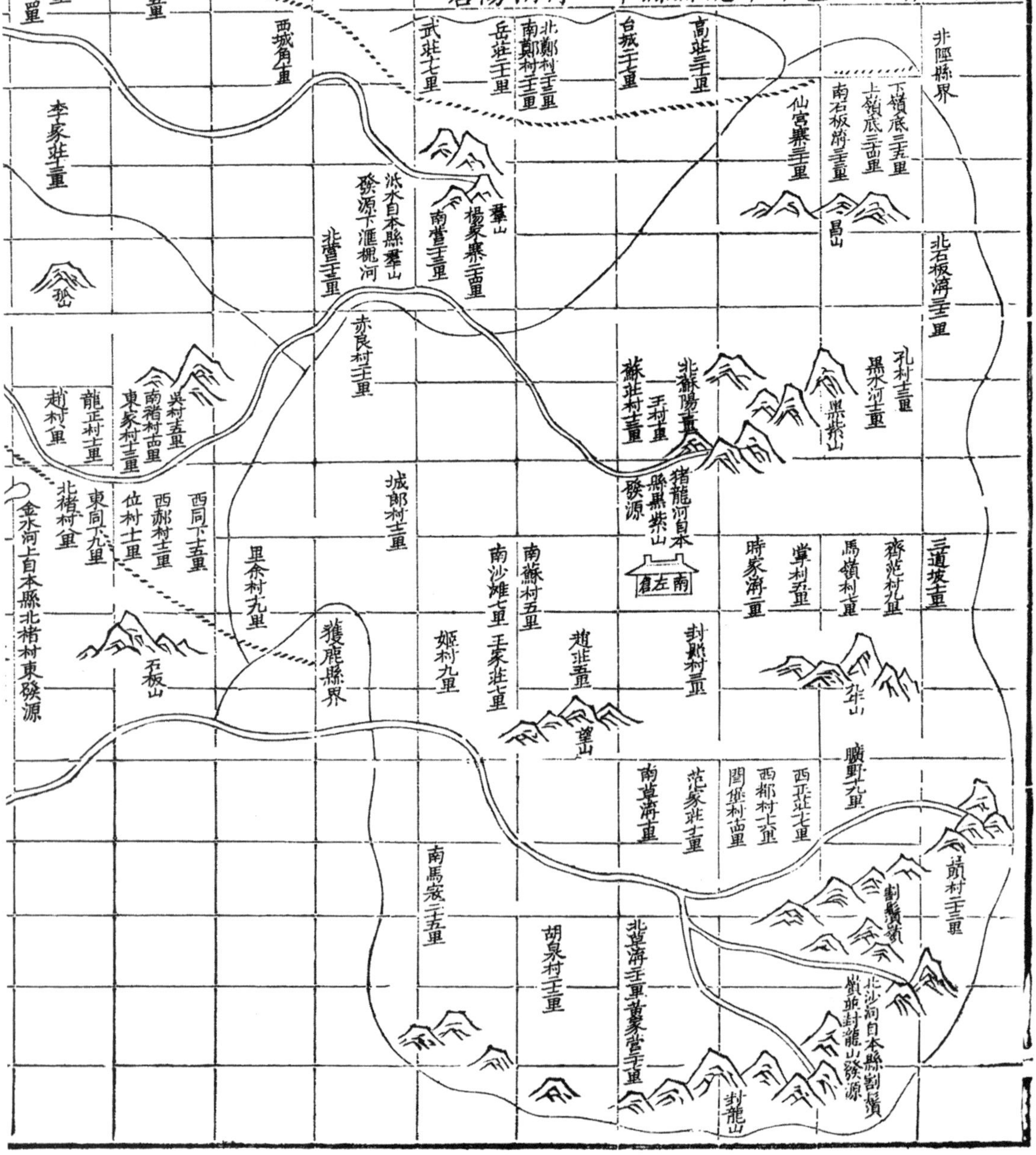

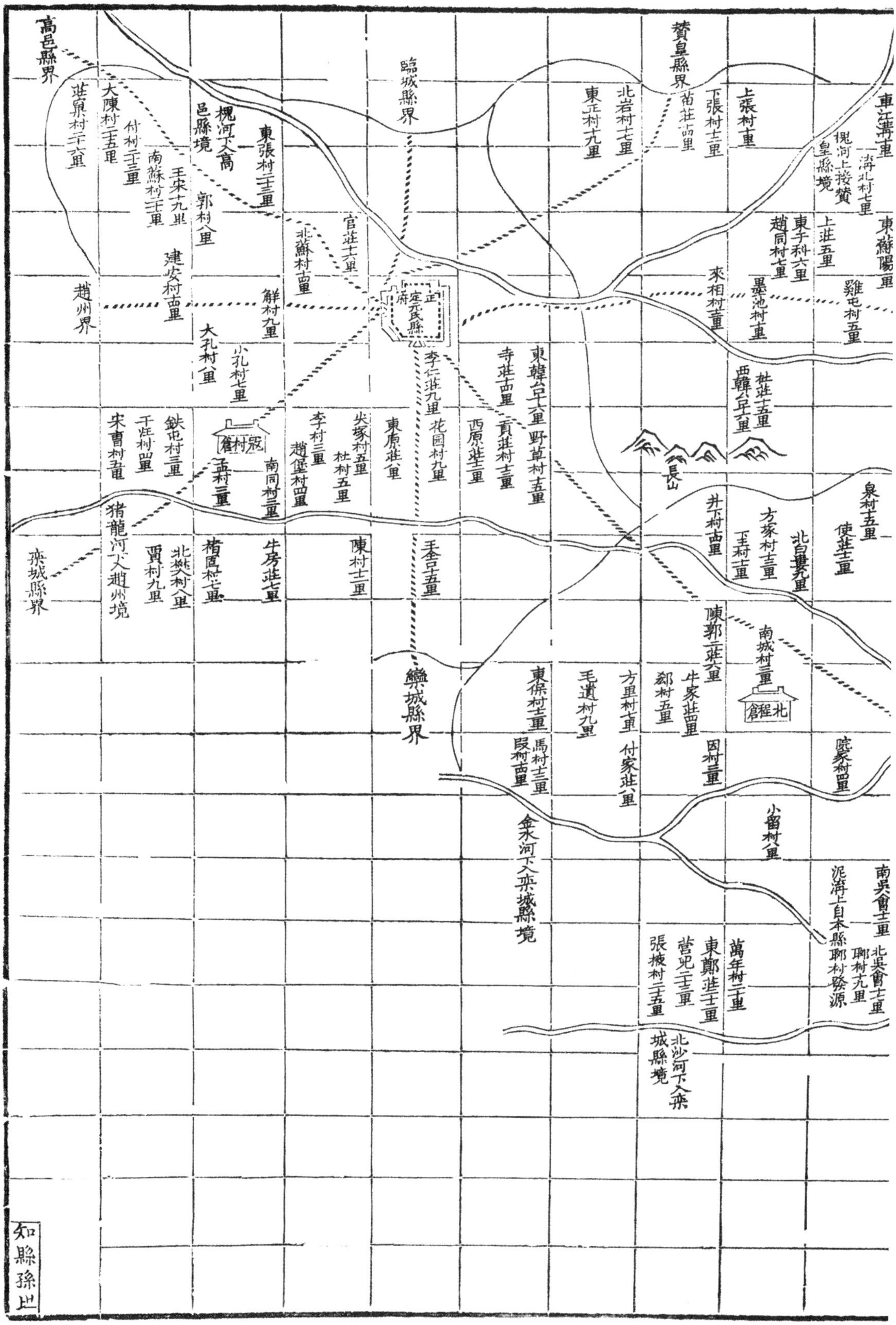
高邑縣界
臨城縣界
贊皇縣界
槐河下入高邑縣境
東張村二十三里
大陳村二十五里
莊頭村二十六里
付村二十三里
南蘇村二十三里
王宋十九里
郭村八里
建安村十四里
趙州界
北蘇村十四里
官莊十六里
正定府
元氏縣
鮮村九里
大孔村八里
小孔村七里
東莊村十九里
北岩村十七里
苗莊十四里
下張村十二里
上張村十里
槐河上接贊皇縣境
東子科六里
趙同村七里
上莊五里
來相村十里
墨池村十里
雞屯村十五里
東韓台十八里
寺莊十四里
西韓台十六里
杜莊十五里
長山
李仁莊九里
花園村九里
西原莊十里
東原莊十里
郭村
宋曹村十里
于莊村四里
鉄屯村三里
孟村三里
南同村三里
李村三里
趙堡村四里
尖塚村五里
杜村五里
野草村十五里
井下村十四里
方家村十二里
王村十里
泉村十五里
使莊十二里
豬龍河下入趙州境
欒城縣界
北樊村八里
賈村九里
楮原村七里
牛房莊七里
陳村十一里
王舍台五里
陳郭莊二十里
南城村二十里
北程倉
東保村十里
毛遺村九里
方里村七里
郄村五里
牛家莊十四里
段村十四里
馬村十二里
付家莊八里
固村十三里
龐家村四里
金水河下入欒城縣境
小留村四里
泥河上自本縣聊村發源
南吳會十三里
北吳會十七里
聊村十九里
張楨村二十五里
营兜二十三里
東鄭莊二十里
萬年村二十里
北沙河下入欒城縣境
知縣孫岀

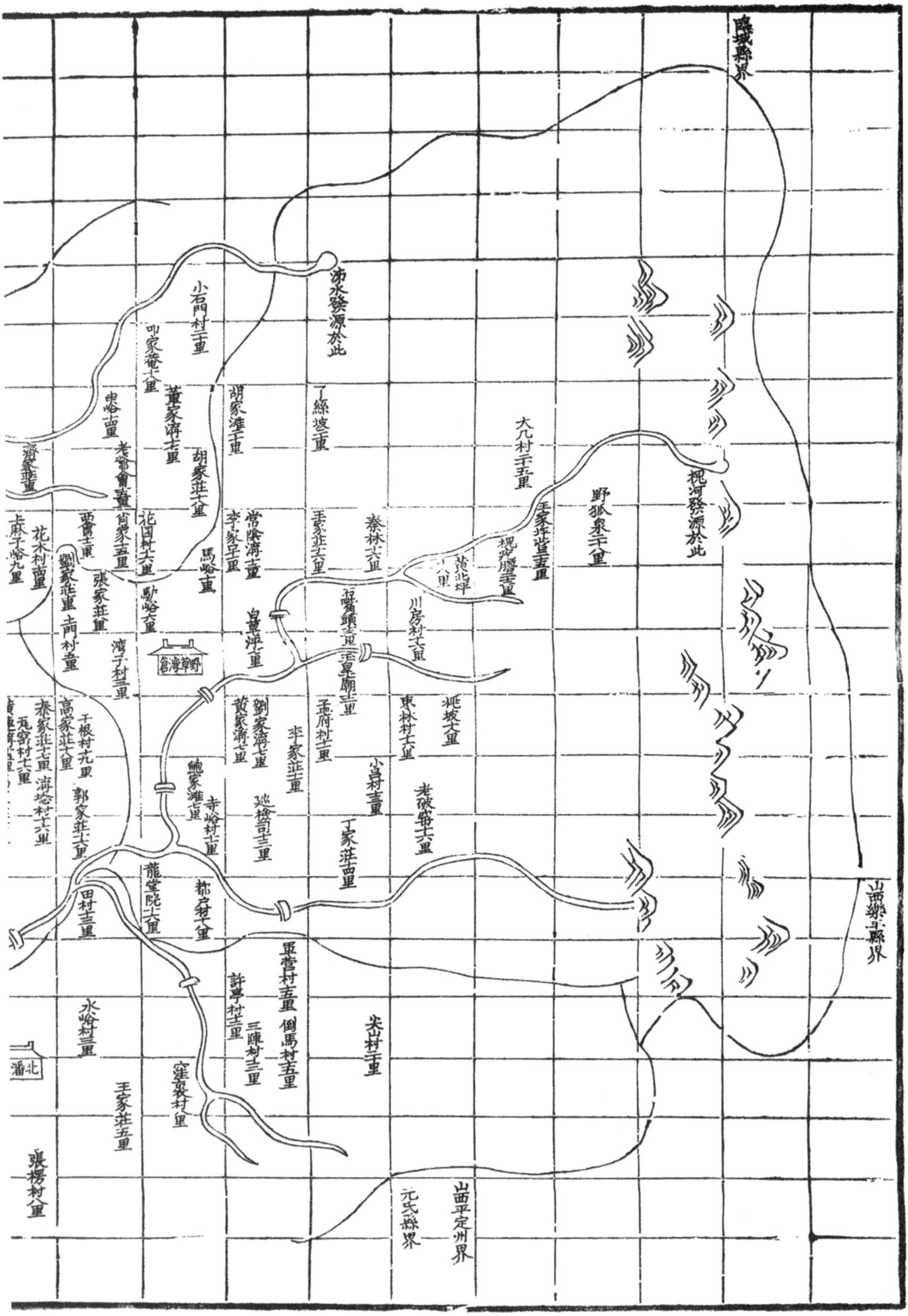
臨城縣界
涉水發源於此
小石門村二里
胡家灘二里
大凡村三五里
槐河發源於此
野狐泉三十里
秦林七里
川房村七里
張家莊
灣子村三里
劉家溝七里
李家莊二里
小宮村十三里
老破窑十六里
丁家莊西里
龍堂院六里
田村十二里
許亭村十三里
三陣村三里
倒馬村五里
尖山村三里
水峪村三里
王家莊五里
張楞村八里
山西樂平縣界
元氏縣界
山西平定州界
野草灣倉

贊皇縣東至高邑縣界二十五里至縣治五十里西至山西樂平縣界七十五里至縣治一百七十里南至臨城縣界四十五里至縣治七十里北至元氏縣界一十五里至縣治五十里東南至高邑縣界三十里至縣治五十五里至臨城縣界三十里至縣治八十里西南至臨城縣界八十里至縣治一百三十里東北至元氏縣界十五里至縣治二十里西北至山西平定州界五十里至州治一百九十里至元氏縣界五十里至縣治一百二十里

縣屬大小一百五十八村每二十里內建倉一區稍遠者附之計曲家村野草灣白壁村北潘村郭莊院頭村馬村延康村邢郭村共建倉九區

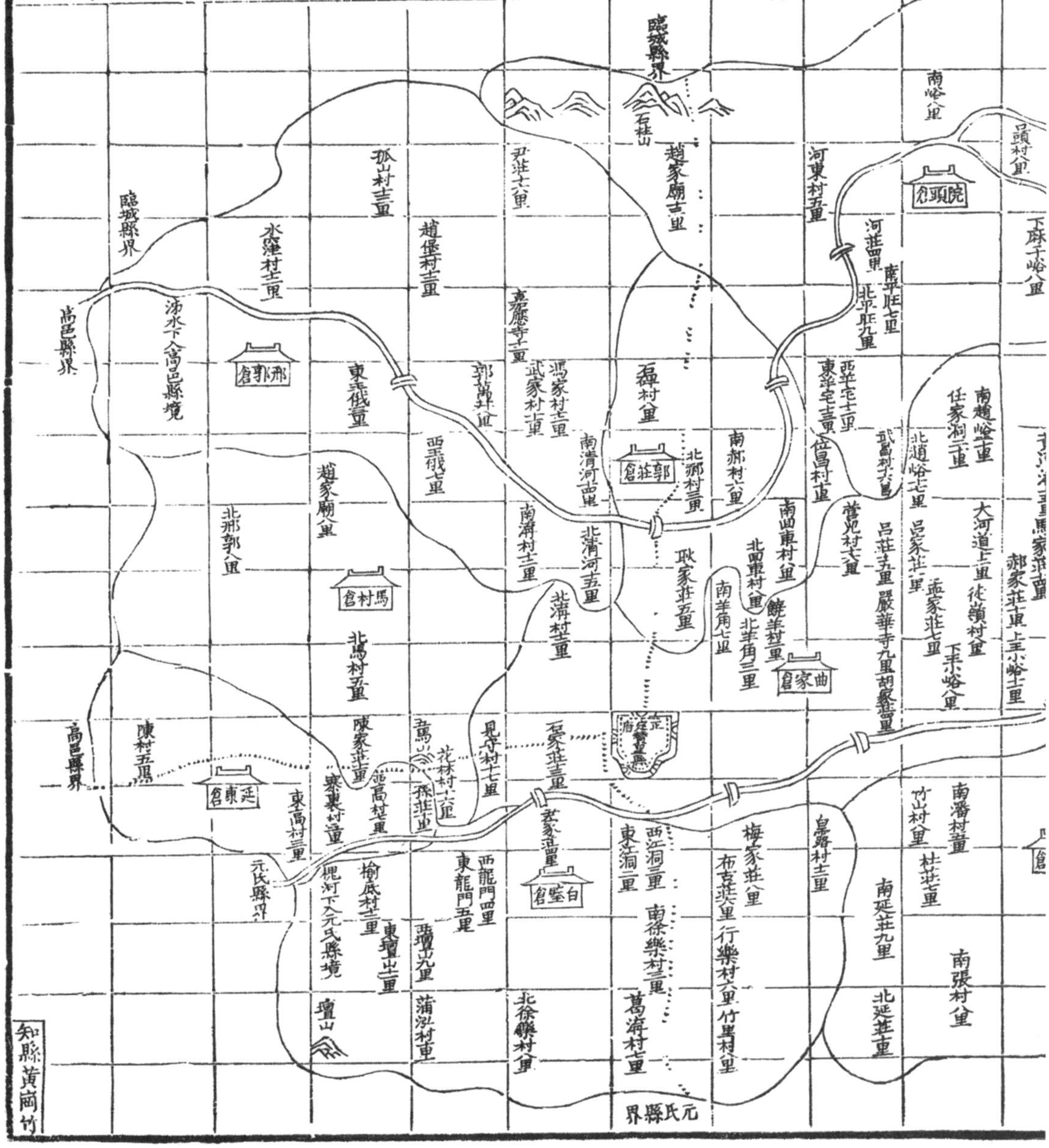


知縣黄岡竹

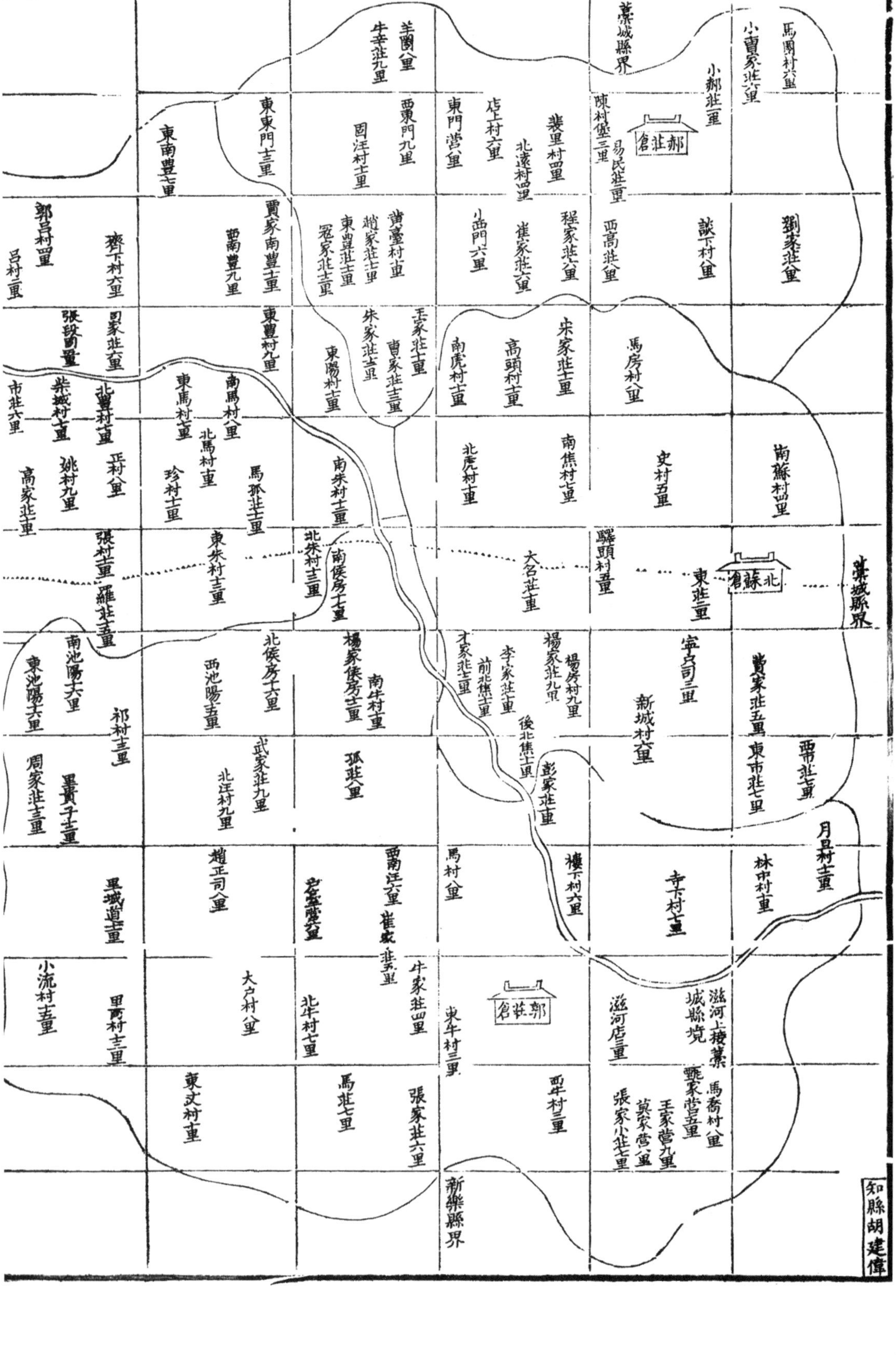
羊圈八里
牛辛莊九里
小曹家莊六里
郝莊倉
陳村堡三里
易民莊
西東門九里
固汪村
東門營
店上村六里
裴里村四里
北遠村四里
東南豐七里
東東門
西南豐九里
賈家南豐
黃臺村
趙家莊
寇家莊
小西門六里
崔家莊六里
程家莊六里
西高莊八里
談下村八里
劉家莊
王家莊
朱家莊
曹家莊
東陽村
東豐村九里
南虎村
高頭村
宋家莊
馬房村八里
市莊六里
柴城村
南馬村
東馬村
北馬村
珍村
姚村九里
高家莊
南宋村
北虎村
南焦村七里
史村五里
南蘇村四里
張村
羅莊
東宋村
北宋村
南侯房
大名莊
驛頭村
東莊
北蘇倉
南池陽
東池陽
西池陽
北侯房
楊家侯房
南牛村
楊家莊九里
新城村
祁村
周家莊
北汪村九里
武家莊九里
孤莊八里
彭家莊
東市莊七里
月星村
趙正司八里
馬村八里
寺下村
林中村
小流村
大戶村八里
北牛村七里
牛家莊四里
郝莊倉
東牛村三里
滋河店
滋河上接藁城縣境
東丈村
馬莊七里
張家莊六里
西牛村三里
張家小莊七里
莫家營八里
王家營九里
甄家營
馬營村八里
新樂縣界
知縣胡建偉

無極縣東至深澤縣界二十里至縣治四十里西至藁城縣界三十里至縣治四十里南至晉州界十四里至州治二十五里北至定州界一十里至州治九十里東南至晉州界十五里至州治四十里西南至藁城縣界三十里至縣治四十里東北至深澤縣界三十里至縣治五十里西北至新樂縣界一十五里至縣治六十里

縣屬大小一百八十五村每十五里内建倉一區計佛堂丁騐村郝莊北蘇村郭莊南流共建倉六區

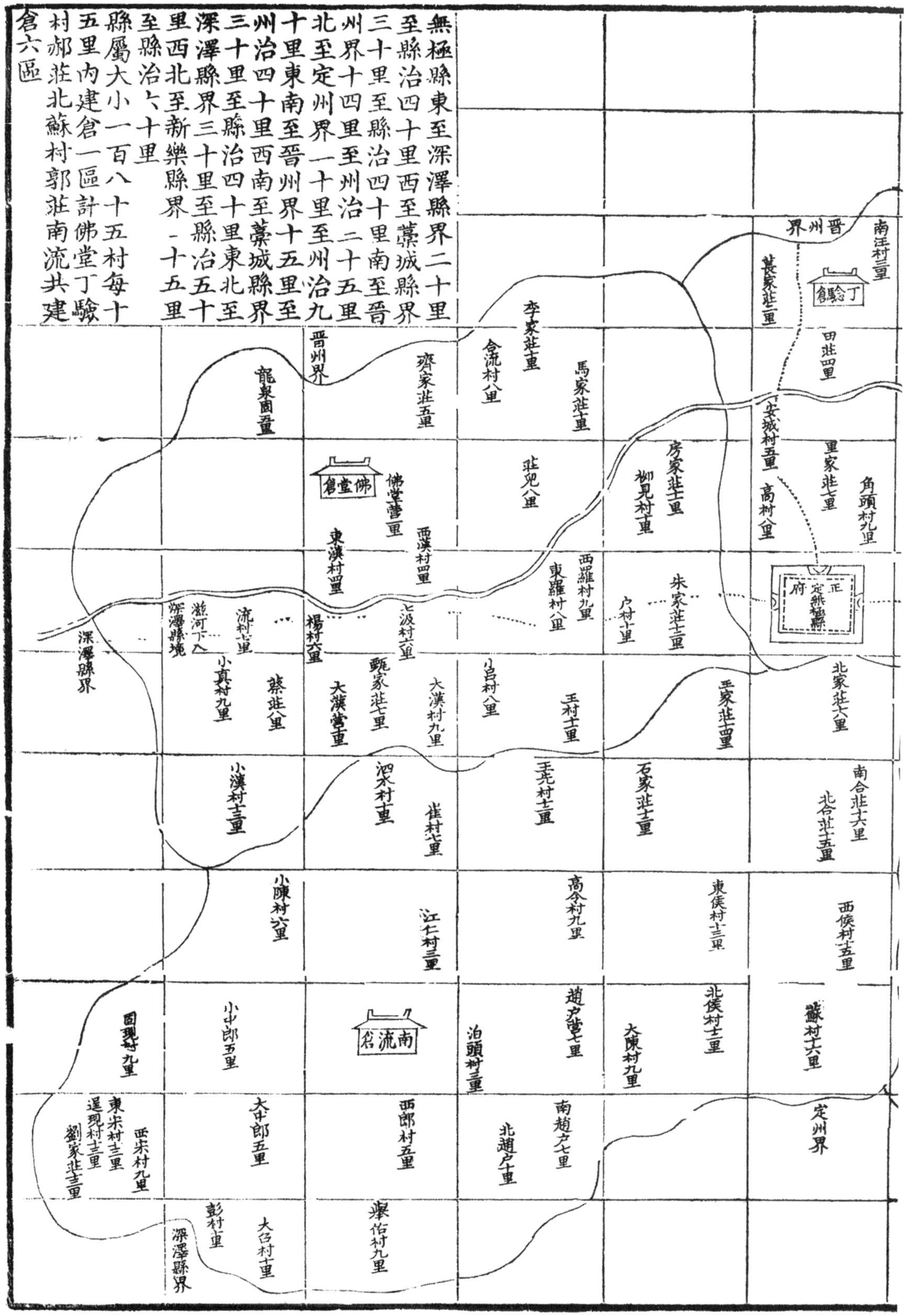

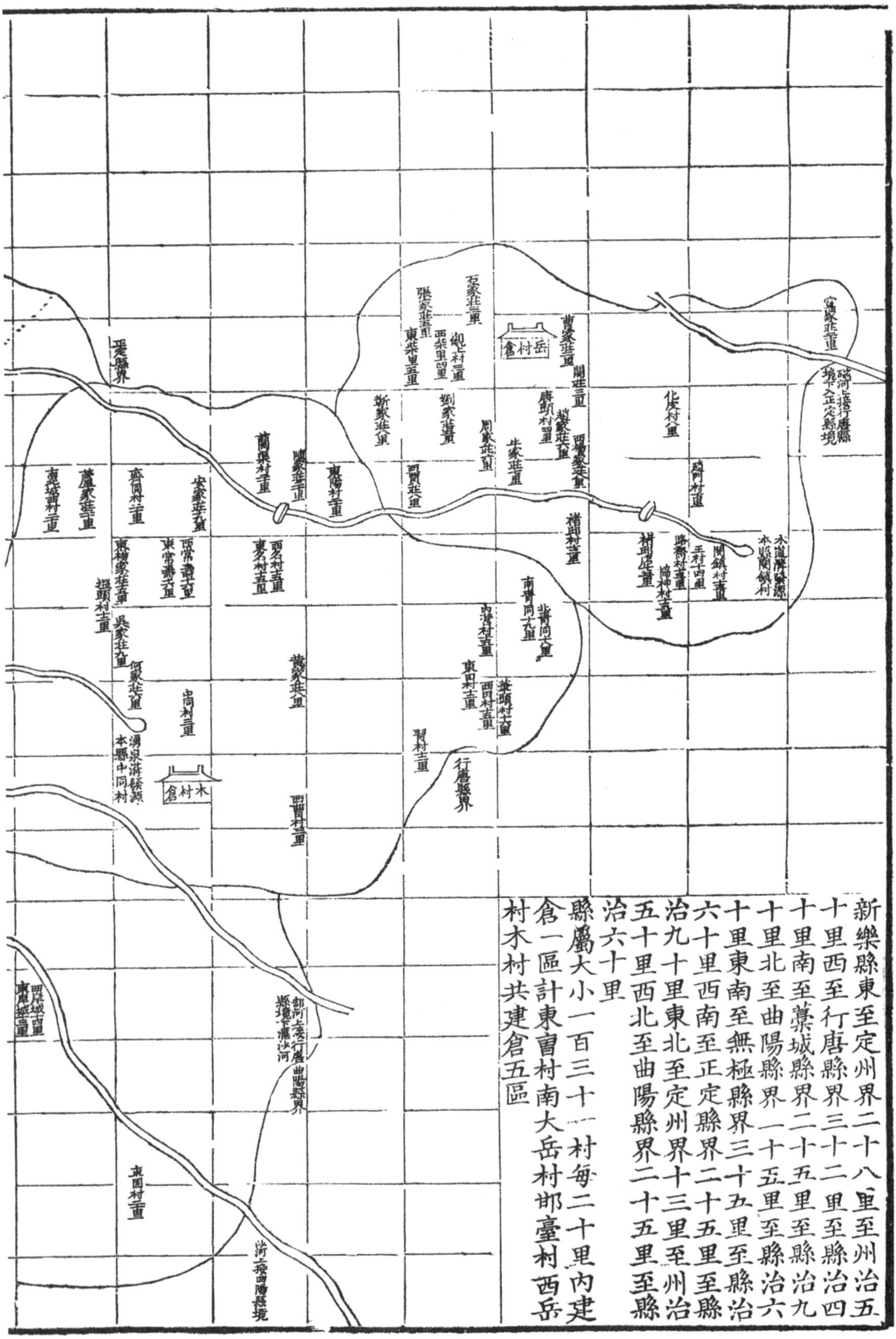


新樂縣東至定州界二十八里至州治五十里西至行唐縣界三十二里至縣治四十里南至藁城縣界二十五里至縣治九十里北至曲陽縣界一十五里至縣治六十里東南至無極縣界三十五里至縣治六十里西南至正定縣界二十五里至縣治九十里東北至定州界十三里至州治五十里西北至曲陽縣界二十五里至縣治六十里

縣屬大小一百三十一村每二十里内建倉一區計東曹村南大岳村邯臺村西岳村木村共建倉五區

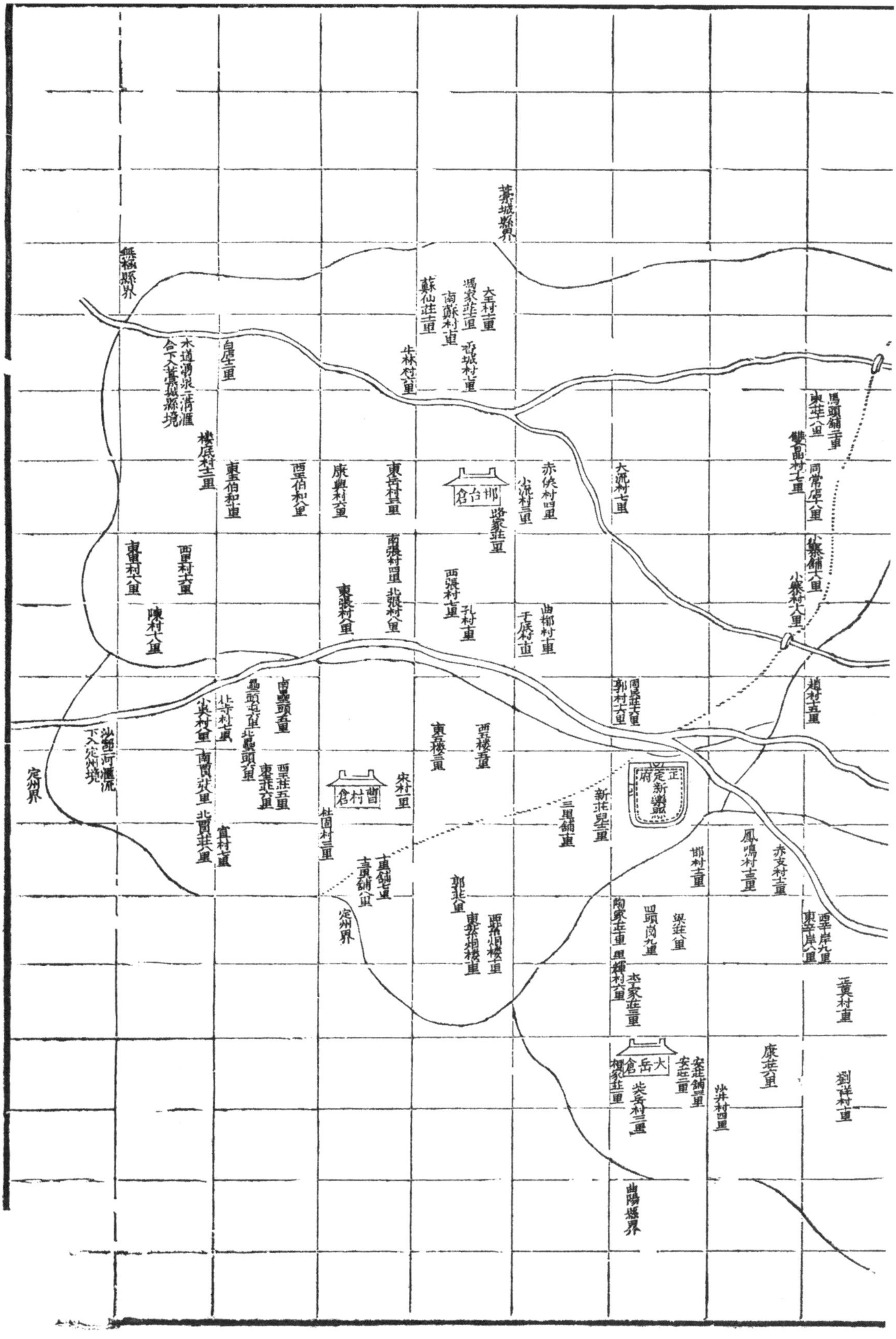
藁城縣界
無極縣界
郝台倉
曹村倉
大岳倉
正定府
新樂縣
定州界
定州界
曲陽縣界
蘇仙莊
馮家莊
南蘇村
大王村
赤伏村
小流村
大流村
東伯和
西伯和
康興村
東岳村
路家莊
南張村
北張村
西張村
東張村
孔村
陳村
樓底村
馬頭鋪
小寨鋪
小寨村
鳳鳴村
赤支村
劉祥村

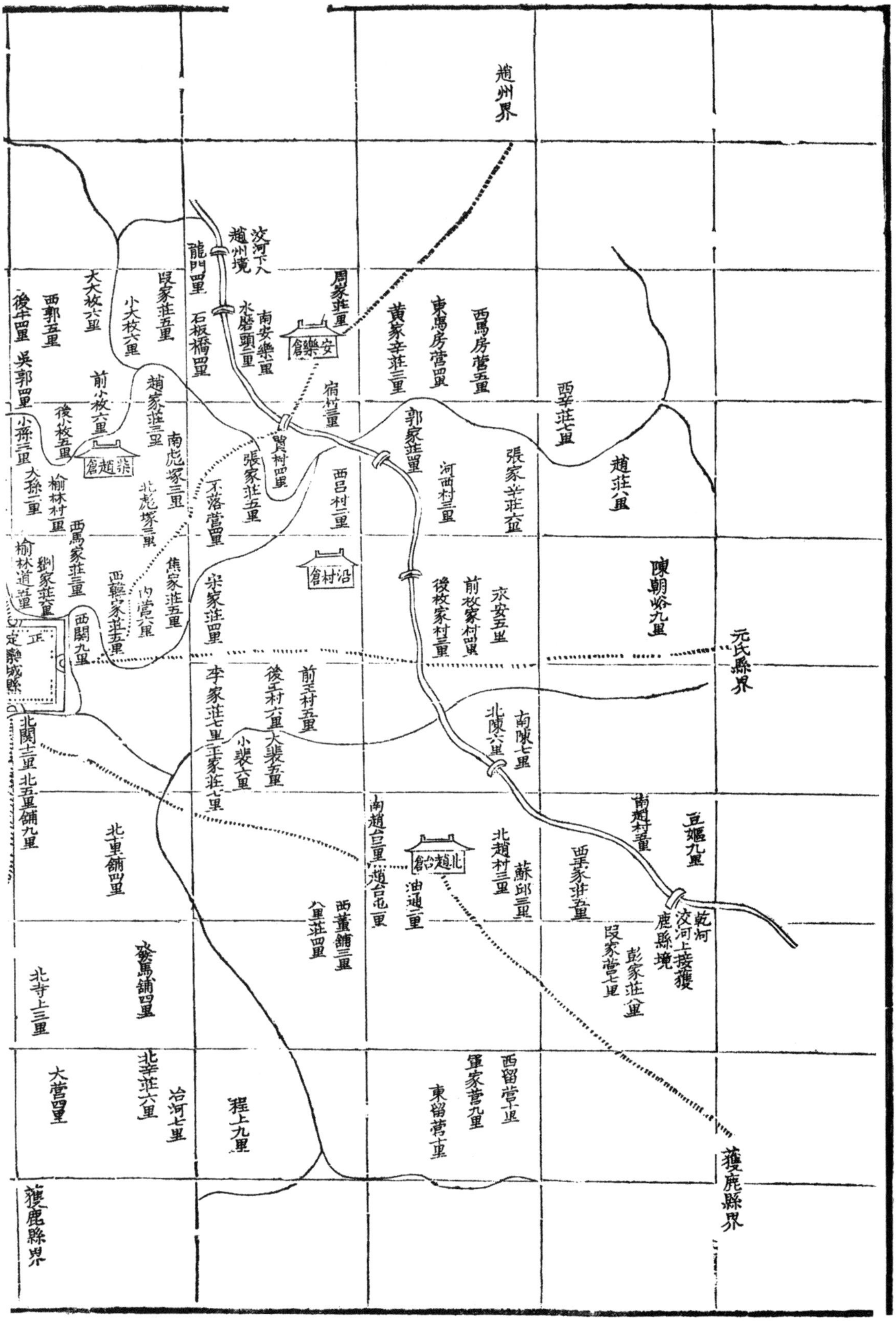
趙州界
汶河下入趙州境
龍門四里
段家莊五里
大大枚六里
小大枚六里
西郭五里
後羊四里
吳郭四里
石板橋四里
水磨頭二里
南安樂二里
周家莊二里
安樂倉
黄家辛莊三里
東馬房營四里
西馬房營五里
西辛莊七里
前小枚六里
後小枚五里
小孫三里
趙家莊三里
宿村三里
貫村四里
郭家莊六里
張家辛莊五里
趙莊八里
河西村三里
西呂村二里
張家莊五里
不落營四里
大孫三里
榆林村二里
西馬家莊三里
沿村倉
陳朝峪九里
榆林道莊四里
劉家莊五里
焦家莊五里
宋家莊四里
後枚家村三里
前枚家村四里
永安五里
元氏縣界
西關九里
正定縣城
前王村五里
後王村六里
李家莊七里
北陳六里
南陳七里
小裴六里
大裴五里
王家莊七里
北關三里
北五里鋪九里
北東鋪四里
南趙台三里
趙台屯二里
北趙村三里
蘇邱三里
豆嫗九里
西王家莊五里
油通二里
西董鋪三里
八里莊四里
段家營七里
彭家莊八里
乾河
汶河上接獲鹿縣境
北寺上三里
大營四里
北辛莊六里
冶河七里
程上九里
西留營十里
韋家營九里
東留營十里
獲鹿縣界
獲鹿縣界

欒城縣東至藁城縣界二十里至縣治五十里西至元氏縣界一十里至縣治四十里南至趙州界二十里至州治四十里北至獲鹿縣界二十里至縣治九十里東南至趙州界一十里至縣治四十里西南至趙州界二十里至州治四十里東北至藁城縣界十里至縣治五十里西北至獲鹿縣界二十里至縣治九十里縣屬大小一百五十一村每十五里內建倉一區計東張村浪頭村南十里鋪柴趙村西安樂沿村北趙臺南留共建倉八區

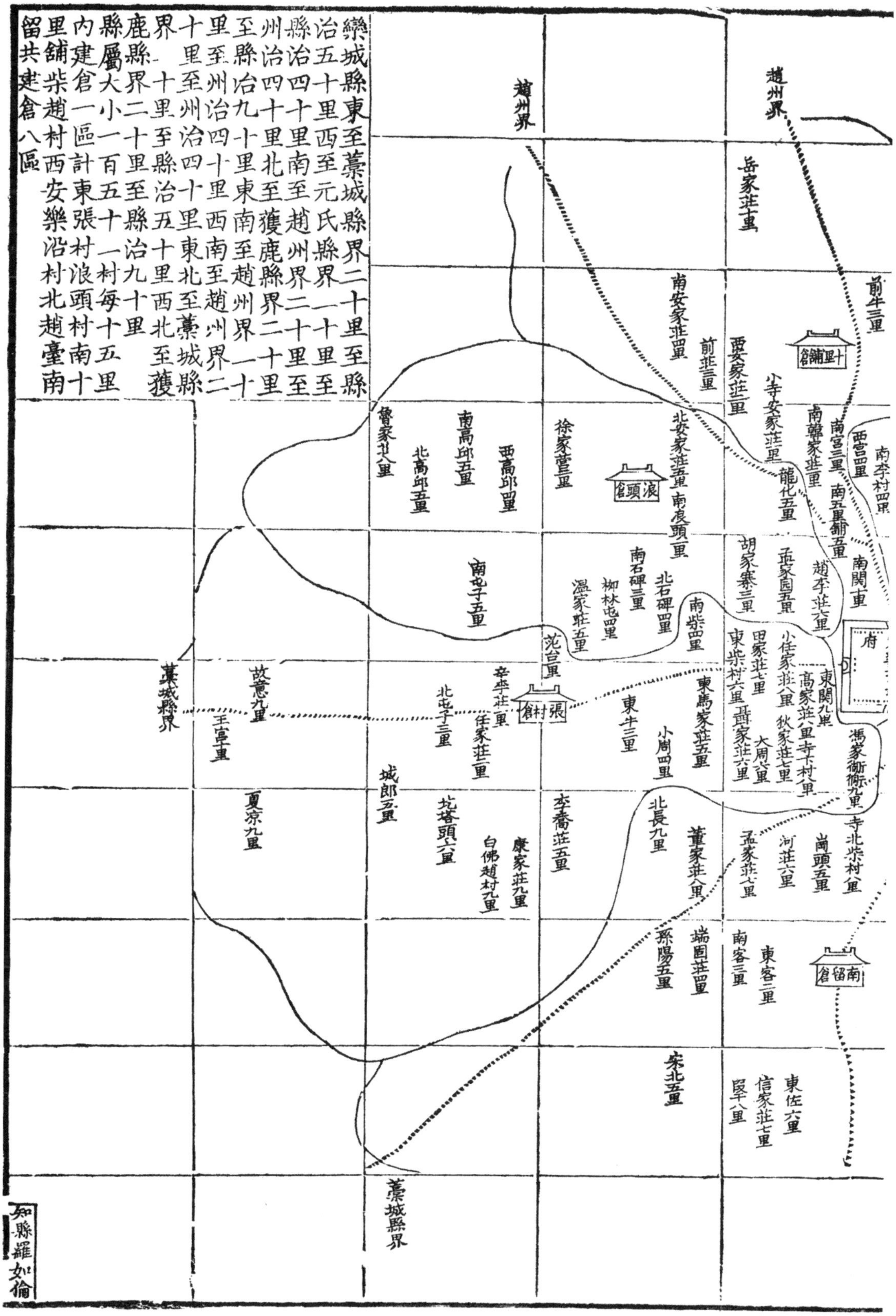


知縣羅如倫

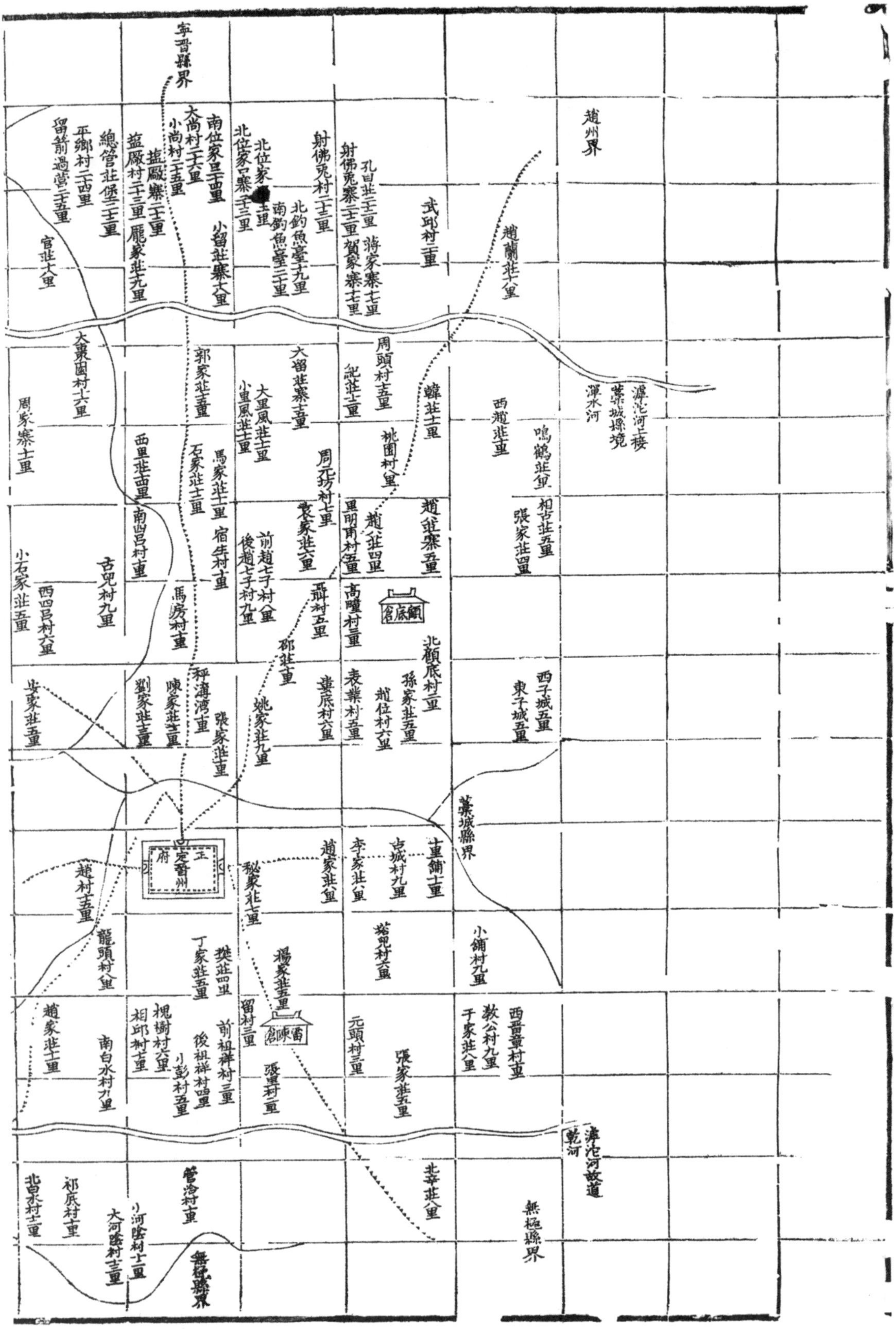

寧晉縣界
趙州界
官莊十八里
大棗園村十六里
周家寨十一里
小石家莊十五里
西四呂村十六里
古兒村九里
西里莊十四里
南呂村十里
馬房村十里
郭家莊十三里
馬家莊十一里
石家莊十一里
宿朱村十里
大留莊寨十三里
周元坊村七里
韓莊十里
桃園村八里
趙莊寨五里
趙莊四里
西趙莊十里
嗚鶴莊八里
張家莊四里
西子城五里
東子城五里
北顏底村十里
孫家莊五里
趙位村六里
姚家莊九里
張家莊十里
劉家莊十三里
陳家莊十三里
安家莊十五里
藁城縣界
定晉州
趙村十五里
龍頭村八里
秘家莊十里
趙家莊八里
李家莊八里
十里舖十里
小舖村九里
楊家莊十二里
張家莊十五里
西晉章村十里
北辛莊八里
無極縣界
滹沱河故道
乾河
滹沱河上接
藁城縣境
滹水河
管冶村十里
小河陰村十里
大河陰村十三里
北蘇村十里

晉州東至東鹿縣界三十五里至縣治六十里西至藁城縣界十五里至縣治四十里南至寧晉縣界五十里至縣治九十里北至無極縣界一十五里至縣治二十五里東南至東鹿縣界四十五里至縣治六十里西南至趙州界四十里至州治九十里東北至深澤縣界二十里至縣治四十里西北至無極縣界一十里至縣治三十里州屬大小二百八村每二十里內建倉一區稍遠者附之計東卓宿村東四呂村南顧底村雷陳村共建倉四區

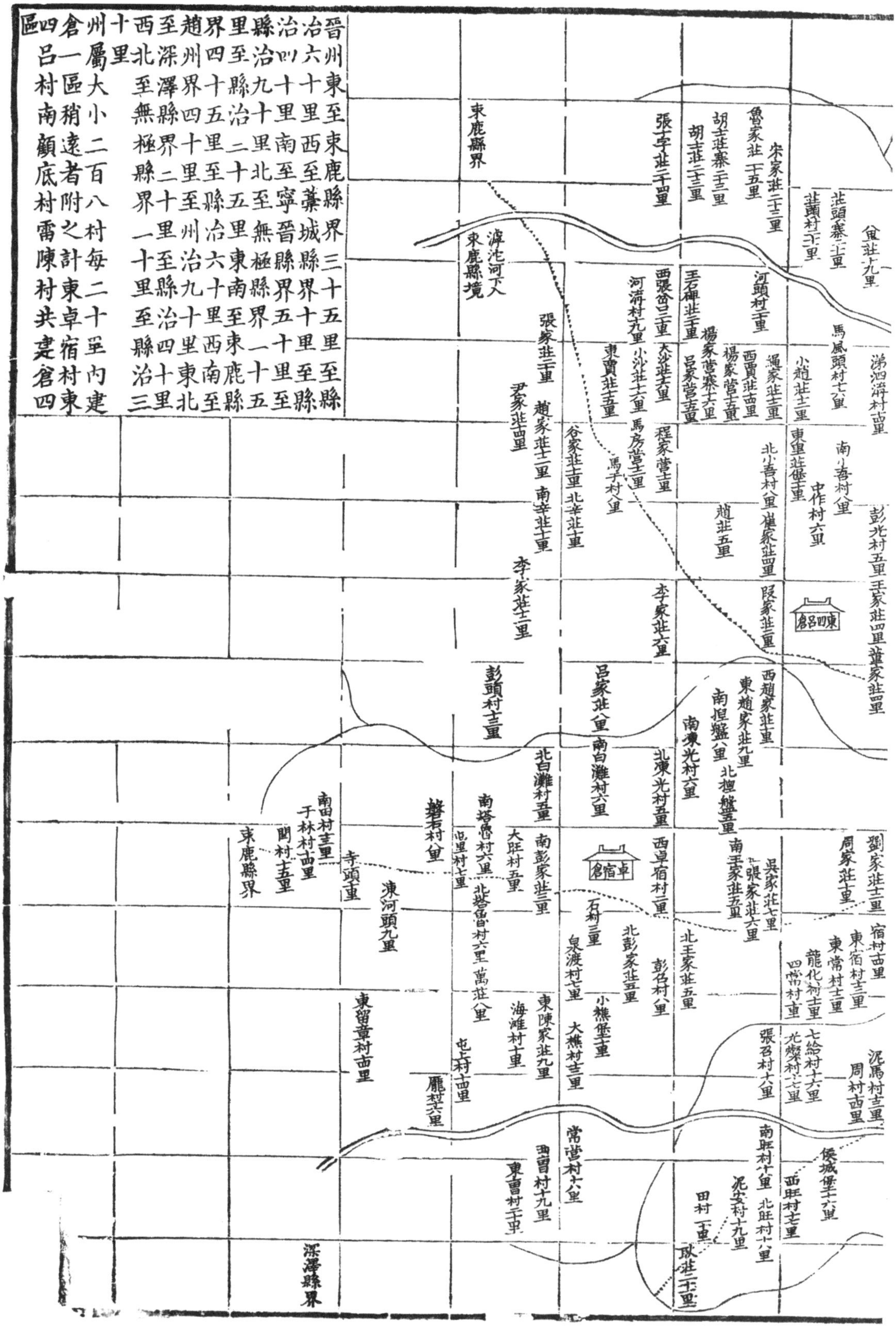

# 畿輔義倉圖

順德府　廣平府　大名府

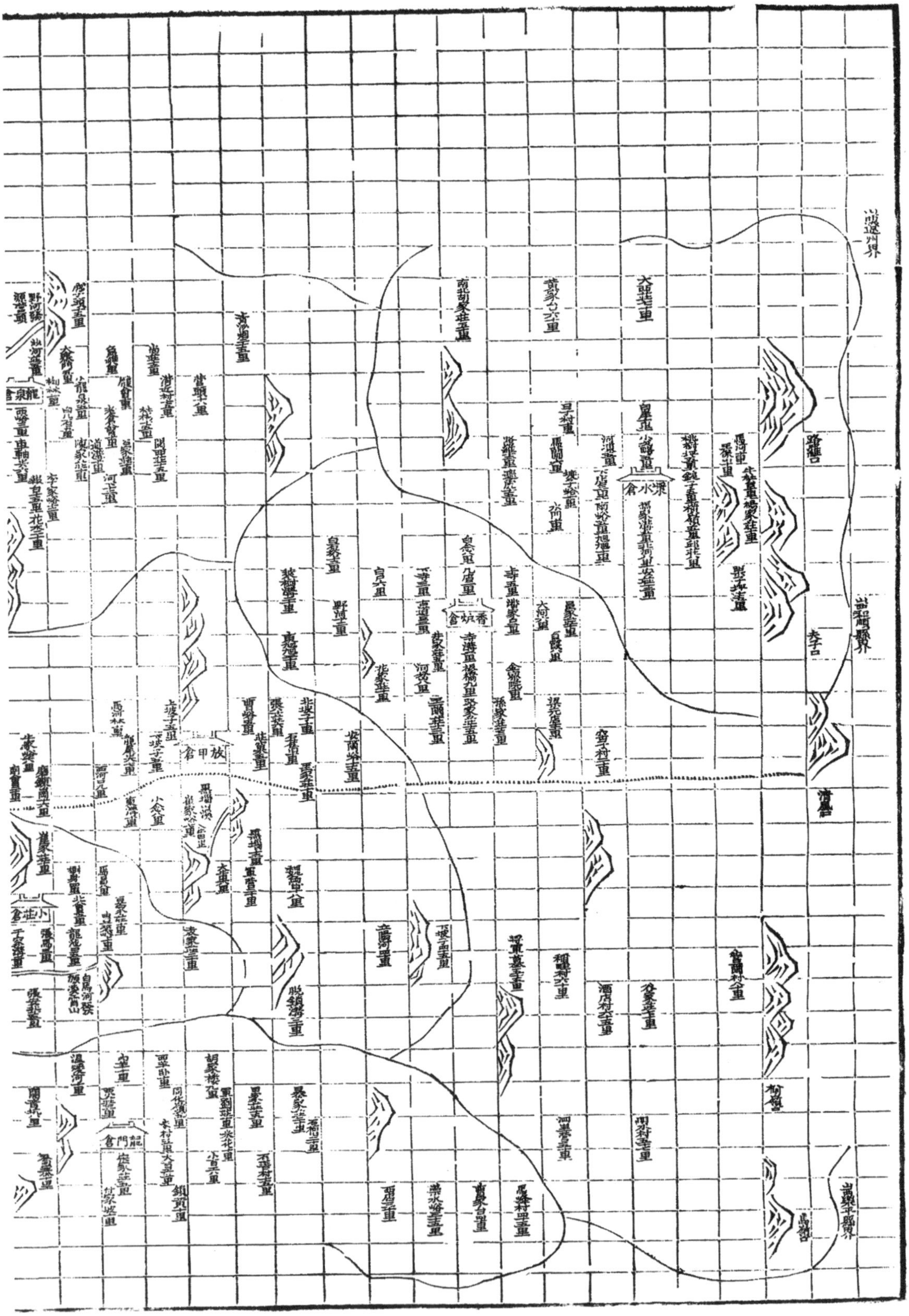

邢臺縣東至南和縣界二十二里至縣治四十里西至山西和順縣界一百六十里至縣治二百三十里南至沙河縣界十七里至縣治三十五里北至内邱縣界二十五里至縣治六十里東南至南和縣界二十二里至縣治四十里西南至山西遼州界一百八十里至州治二百六十里東北至任縣界二十五里至縣治三十五里西北至山西樂平縣界一百六十里至縣治二百四十里

縣屬大小三百二十九村每二十里内建倉一區計王快村隴馬村先賢村尹郭村小莊龍泉村放甲舖香爐村龍門村漿水村共建倉十區

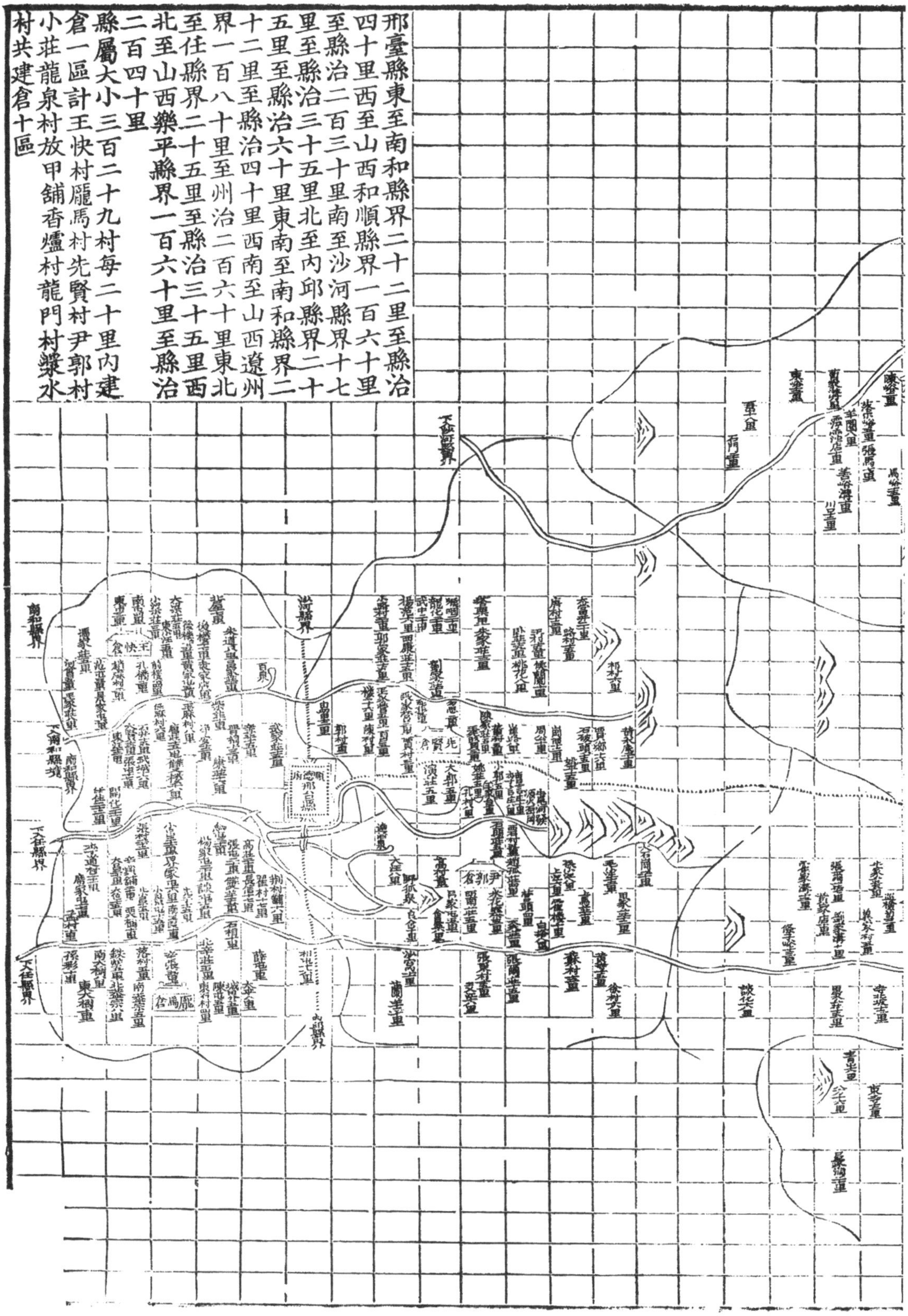

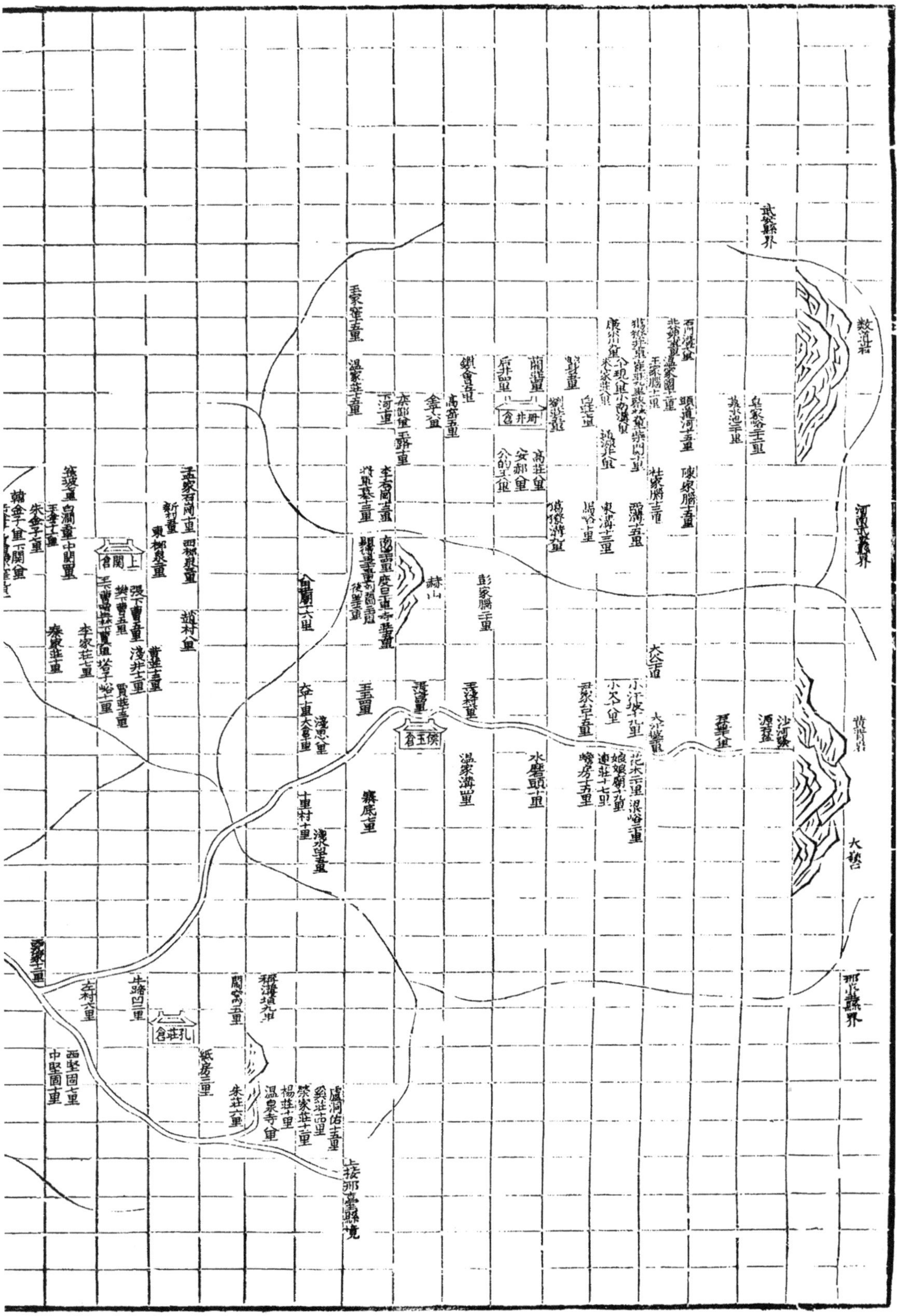
武安縣界
河南武安縣界
邢台縣界
赫山

沙河縣東至南和縣界一十里至縣治三十里西至河南武安縣界一百四十里至縣治一百九十里南至永年縣界二十五里至縣治八十里北至邢臺縣界十七里至縣治三十五里東南至永年縣界一十里至縣治七十里西南至河南武安縣界一百四十里至縣治一百九十里東北至南和縣界一十五里至縣治二十五里西北至邢臺縣界一百四十里至縣治一百五十里

縣屬大小二百四十三村每二十里內建倉一區計留村普通舖新城上隰册井村侯玉村孔莊洛陽村共建倉八區

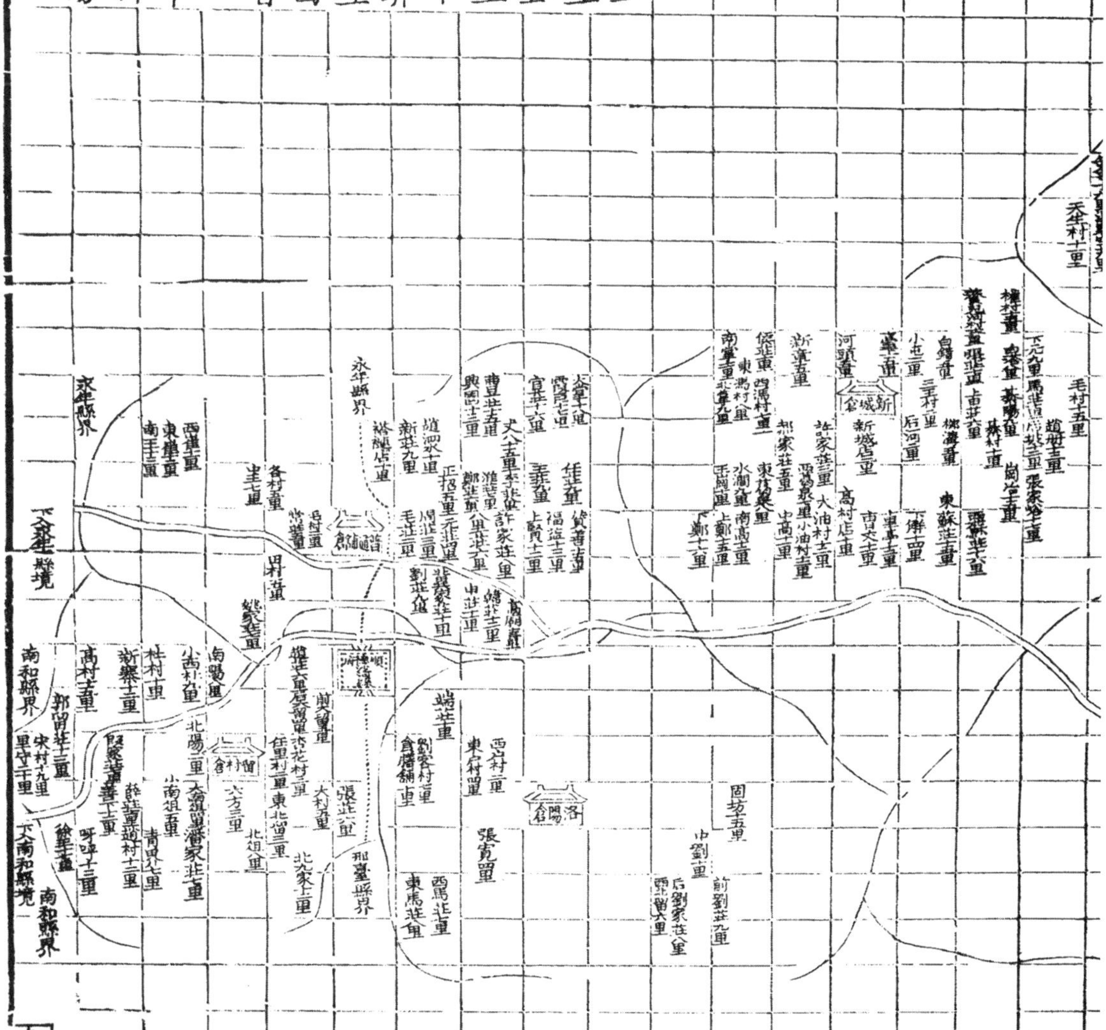


知縣孫鳳

南和縣東至平鄉縣界三十七里至縣治四十里西至邢臺縣界二十里至縣治四十里南至永年縣界二十里至縣治七十里北至任縣界二十三里至縣治二十五里東南至雞澤縣界二十八里至縣治四十里西南至沙河縣界十五里至縣治四十里東北至平鄉縣界三十五里至縣治四十里西北至任縣界二十里至縣治二十五里縣屬大小一百五十二村每二十里内建倉一區計郝橋大趙村河郭村白佛村共建倉四區

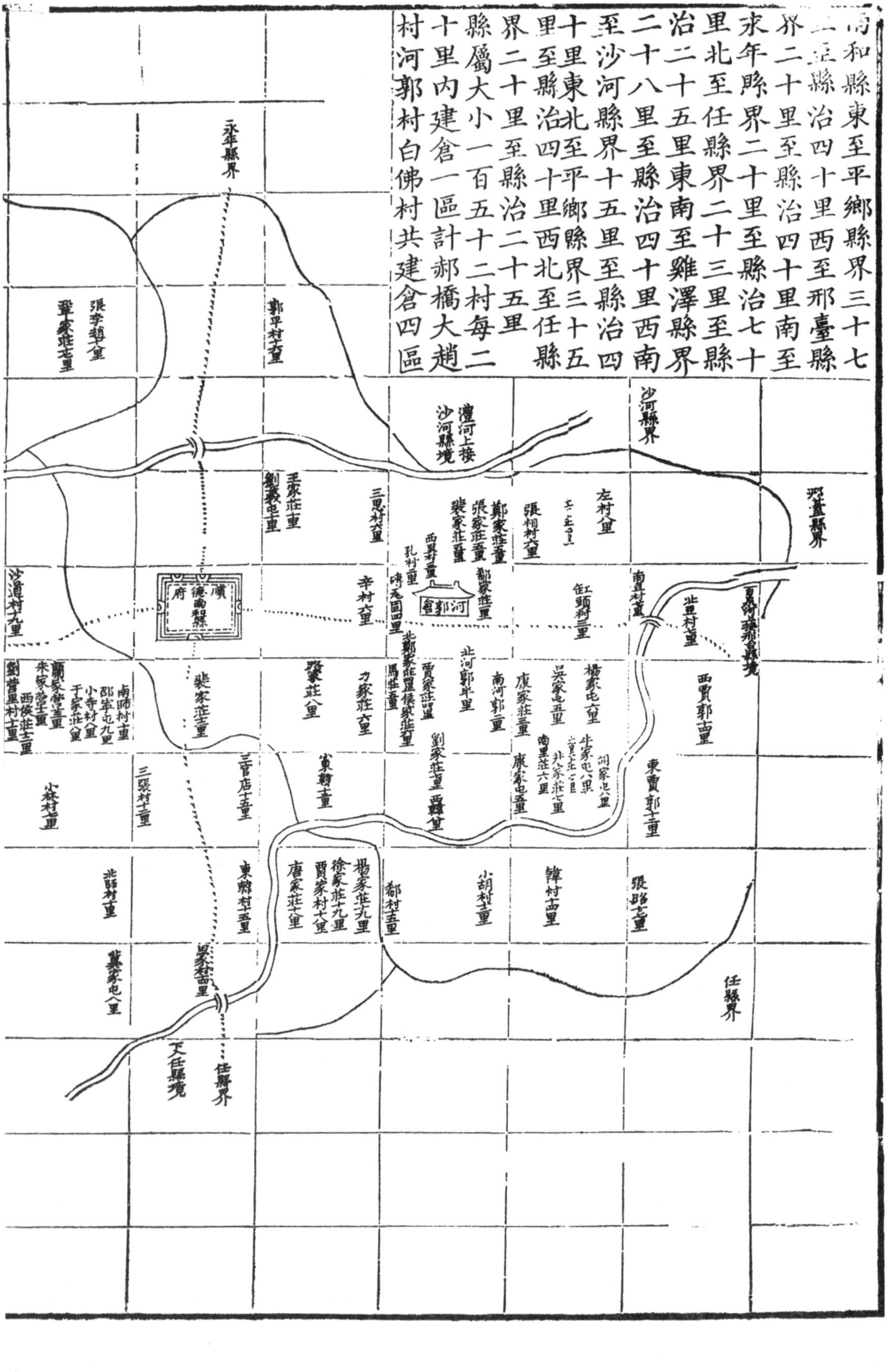

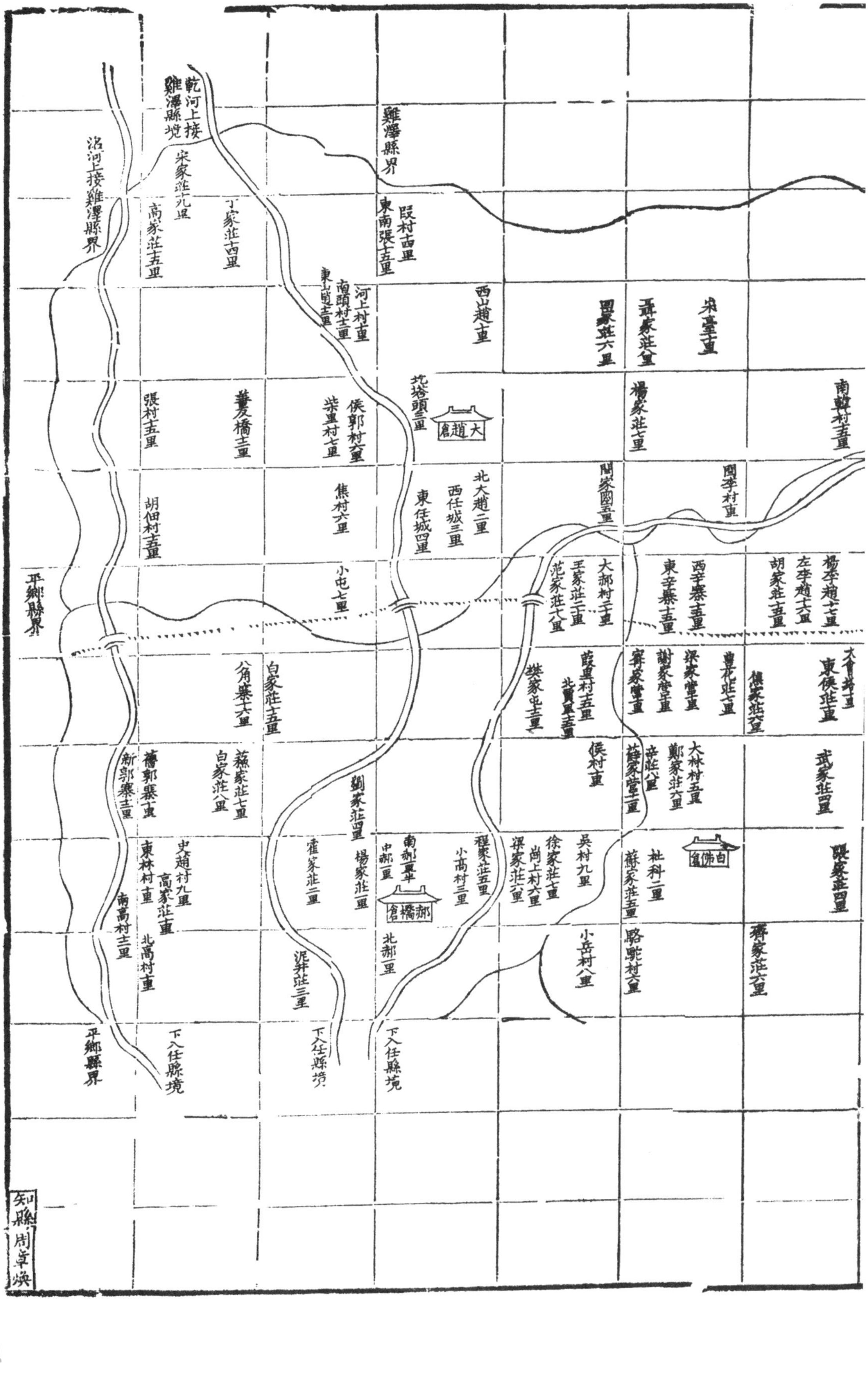
乾河上接雞澤縣境
洺河上接雞澤縣界
雞澤縣界
宋家莊十九里
高家莊十五里
丁家莊十四里
段村十四里
東南張十五里
西山趙十里
大趙倉
張村十五里
焦村六里
東任城四里
西任城三里
北大趙二里
胡佃村十五里
小屯七里
平鄉縣界
八角寨十六里
白家莊十五里
劉家莊四里
郝橋倉
白佛倉
北郝一里
泥井莊三里
平鄉縣界
下入任縣境
下入任縣境
下入任縣境
知縣周章煥

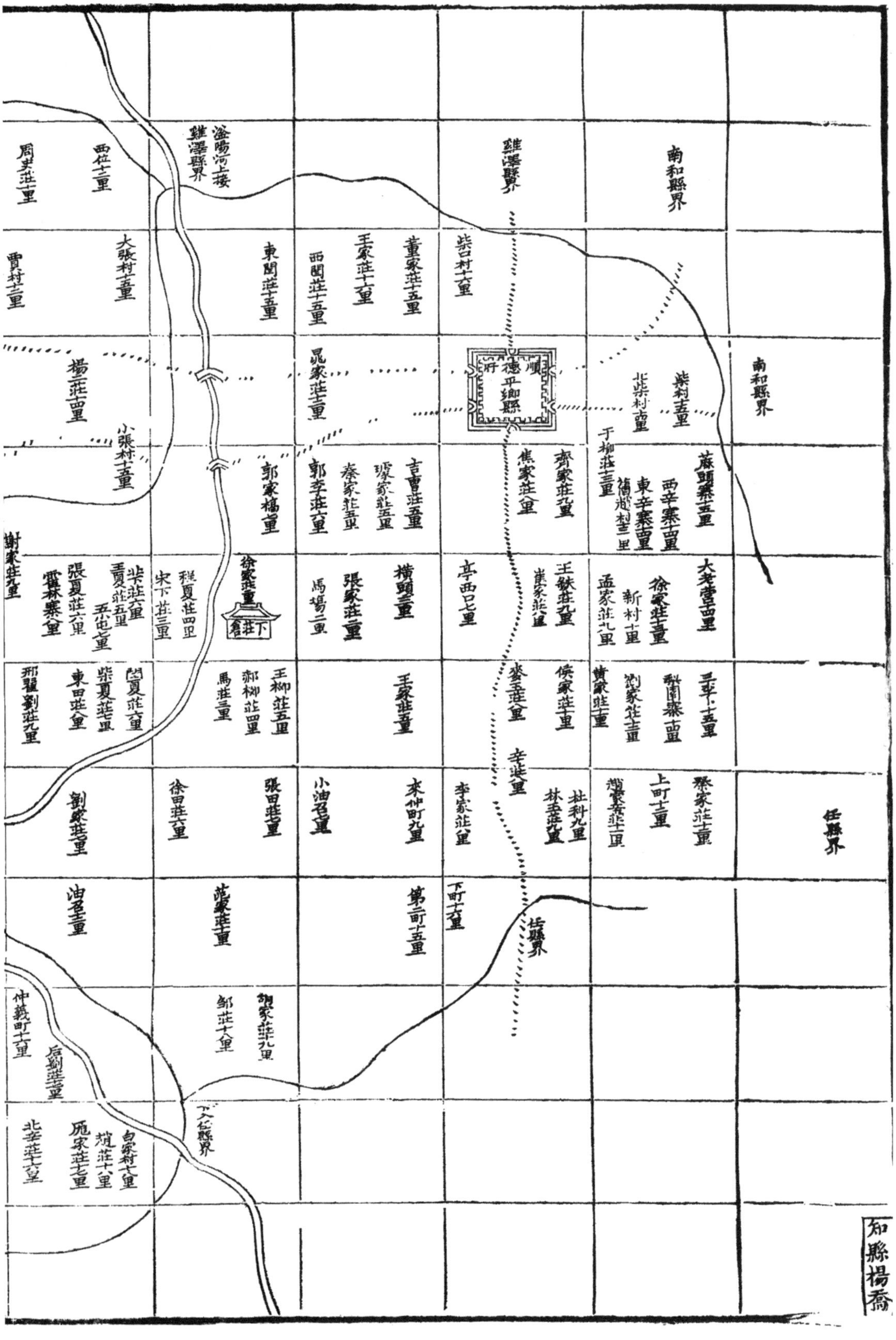
順德府
平鄉縣
滏陽河上接雞澤縣界
雞澤縣界
南和縣界
南和縣界
任縣界
任縣界
大張村十五里
東閆莊十五里
西閆莊十五里
王家莊十六里
董家莊十五里
郭家橋十里
徐家莊十里
張家莊十里
橫頭十里
王家莊十里
林台莊十里
油召十里
知縣楊喬

平鄉縣東至廣宗縣界二十五里至縣治五十里西至南和縣界五里至縣治四十里南至雞澤縣界五里至縣治十二里北至任縣界二十里至縣治五十里東南至曲周縣界一十里至縣治五十里西南至南和縣界五里至縣治四十里東北至鉅鹿縣界四十五里至縣治六十里西北至任縣界一十里至縣治五十里

縣屬大小一百九十二村每二十里内

建倉三區

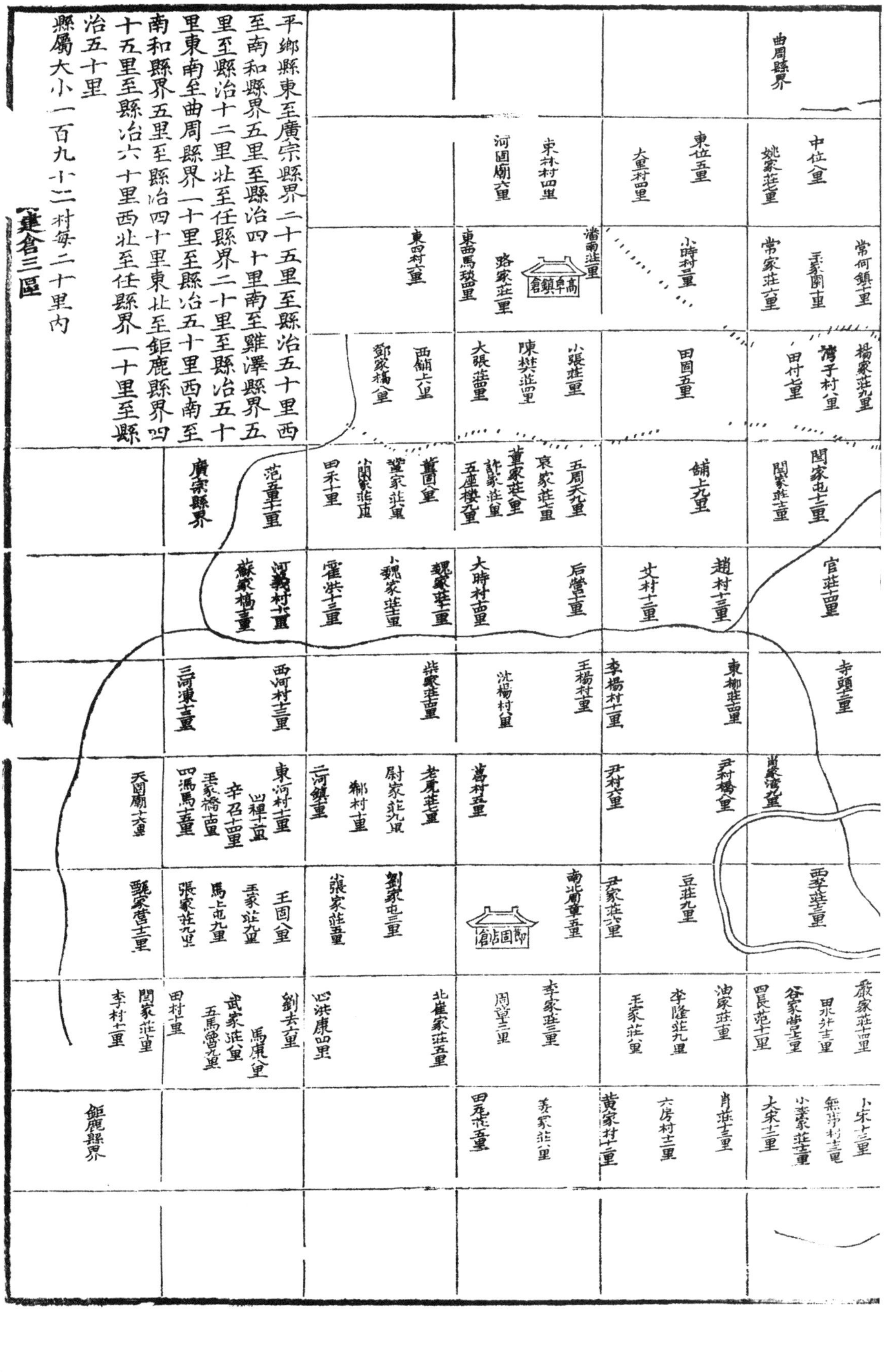

廣宗縣東至威縣界二十五里至縣治四十里西至平鄉縣界七里至縣治五十里南至山東邱縣界五十里至縣治八十里北至鉅鹿縣界五十里至縣治八十五里東南至威縣界三十里至縣治八十里西南至平鄉縣界十二里至縣治五十里東北至南宮縣界五十里至縣治八十里西北至鉅鹿縣界十二里至縣治二十五里

所屬大小一百八十一村每一十里內建倉一區計田莊辛莊李懷村董里村尖建倉四區

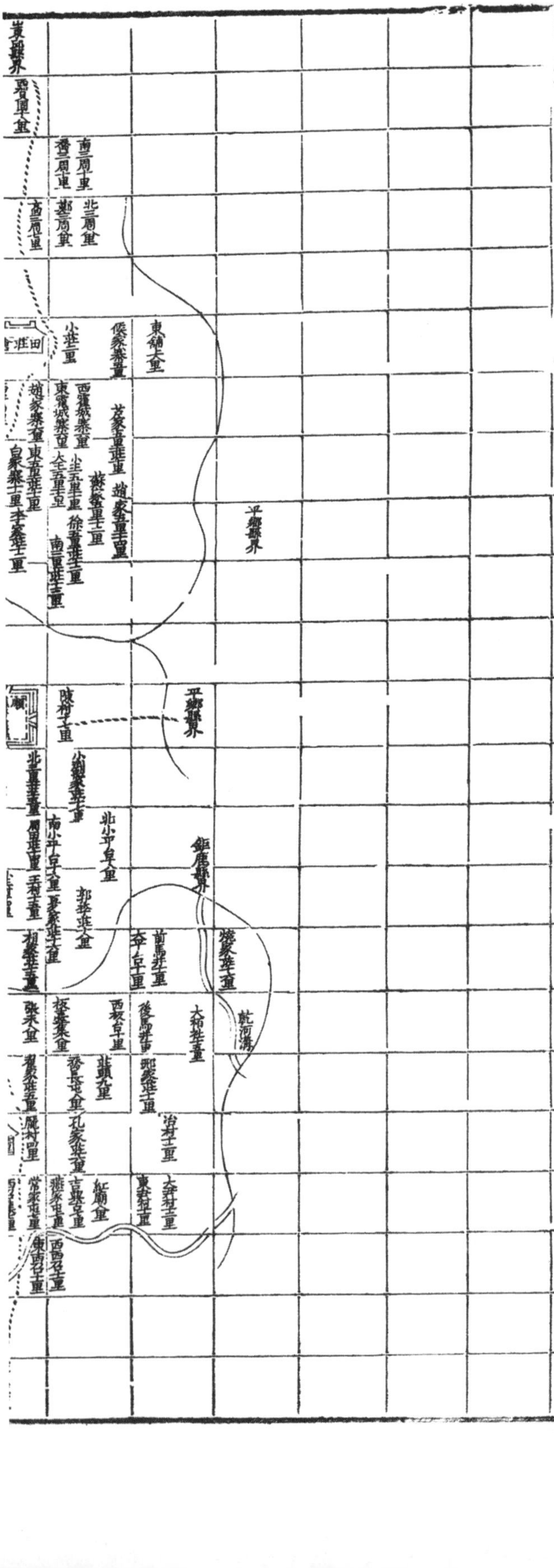

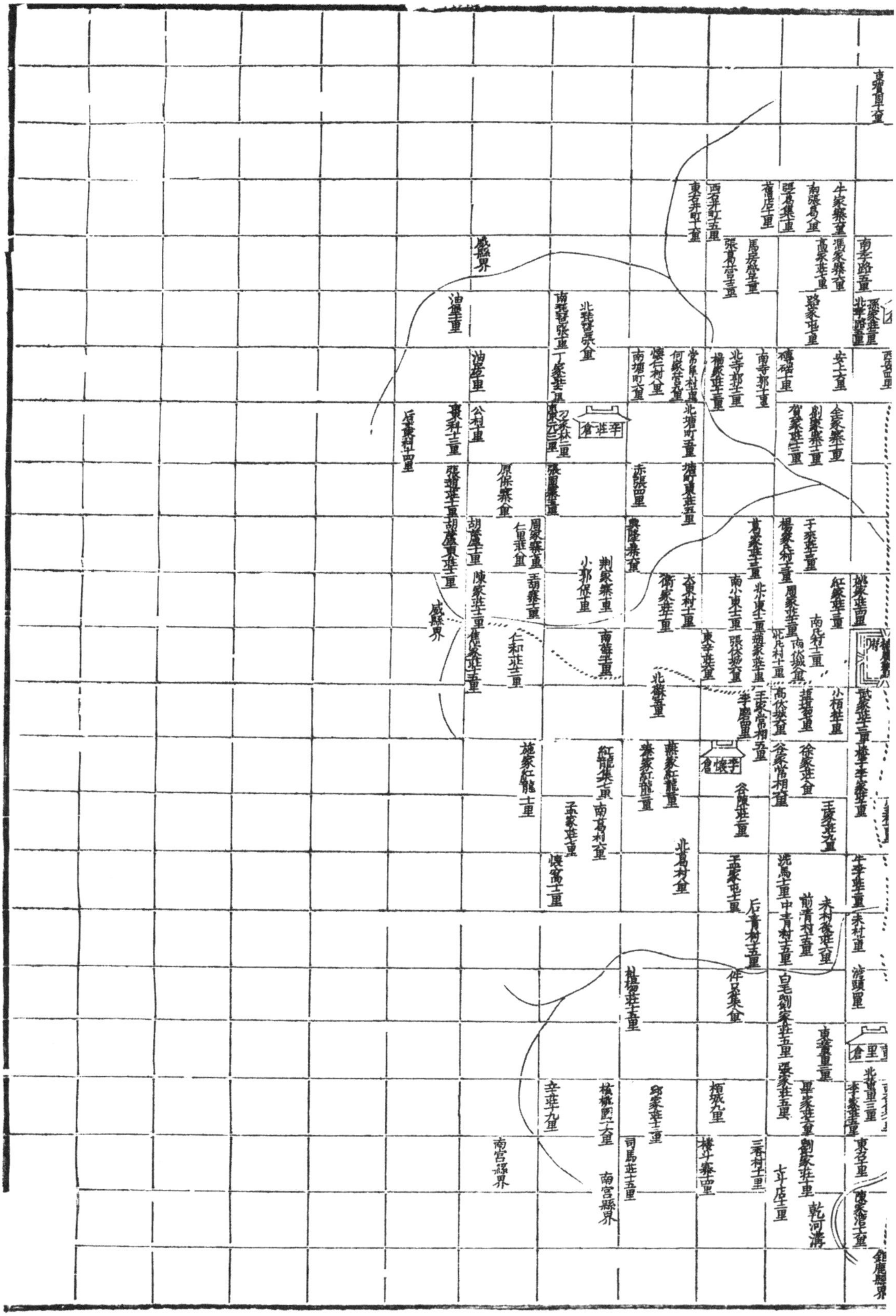
威縣界
威縣界
南宫縣界
南宫縣界
乾河溝

鉅鹿縣東至廣宗縣界一十里至縣治三十五里西至任縣界二十里至縣治七十里南至平鄉縣界十五里至縣治六十里北至新河縣界五十里至縣治九十里東南至廣宗縣界十五里至縣治三十五里西南至平鄉縣界二十里至縣治九十里東北至南宮縣界三十五里至縣治七十里西北至隆平縣界二十五里至縣治六十里

**縣屬大小一百九村每十五里内建倉一區計王義寨官亭蘇家營賈莊王六村共建倉五區**

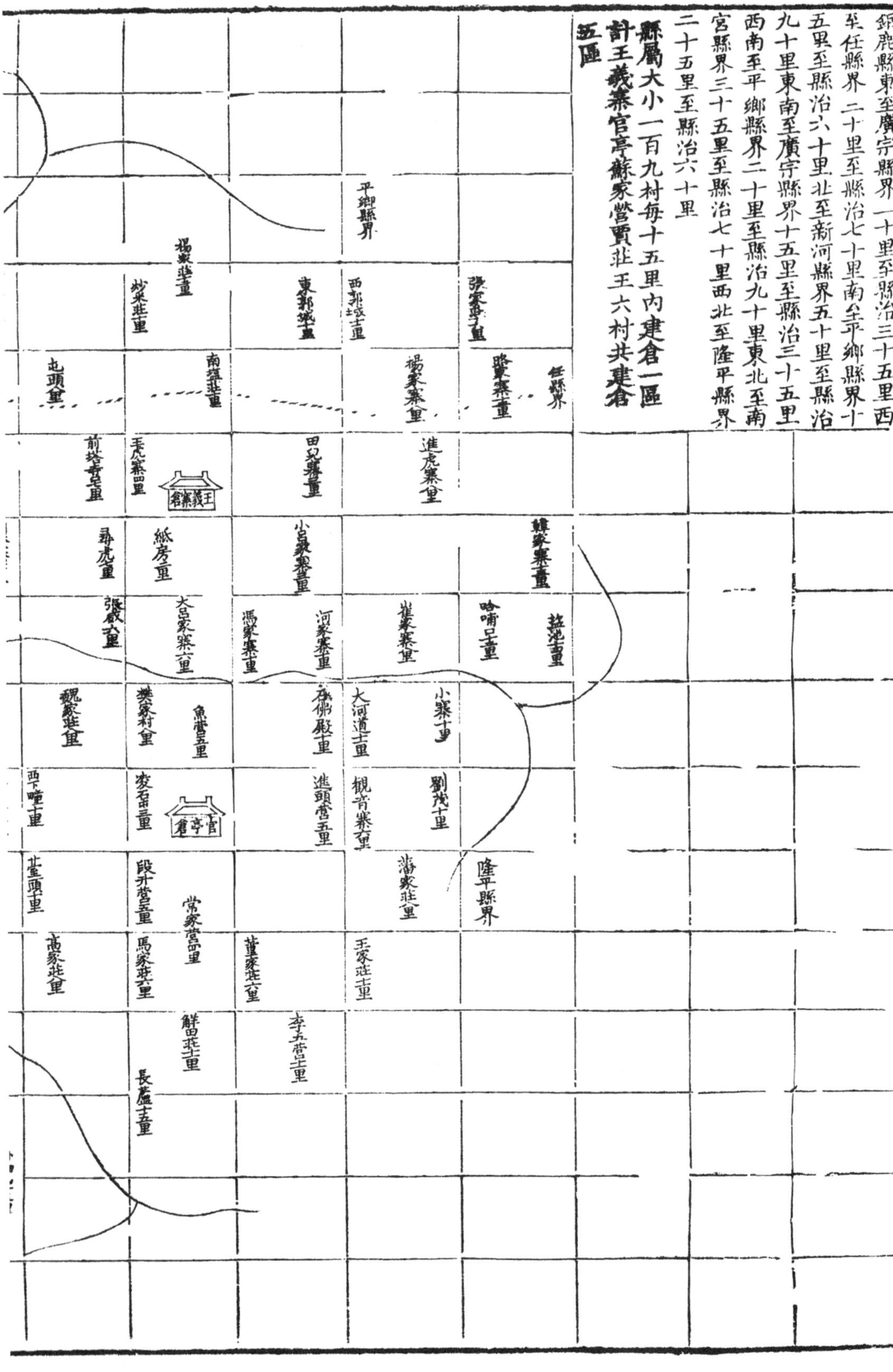

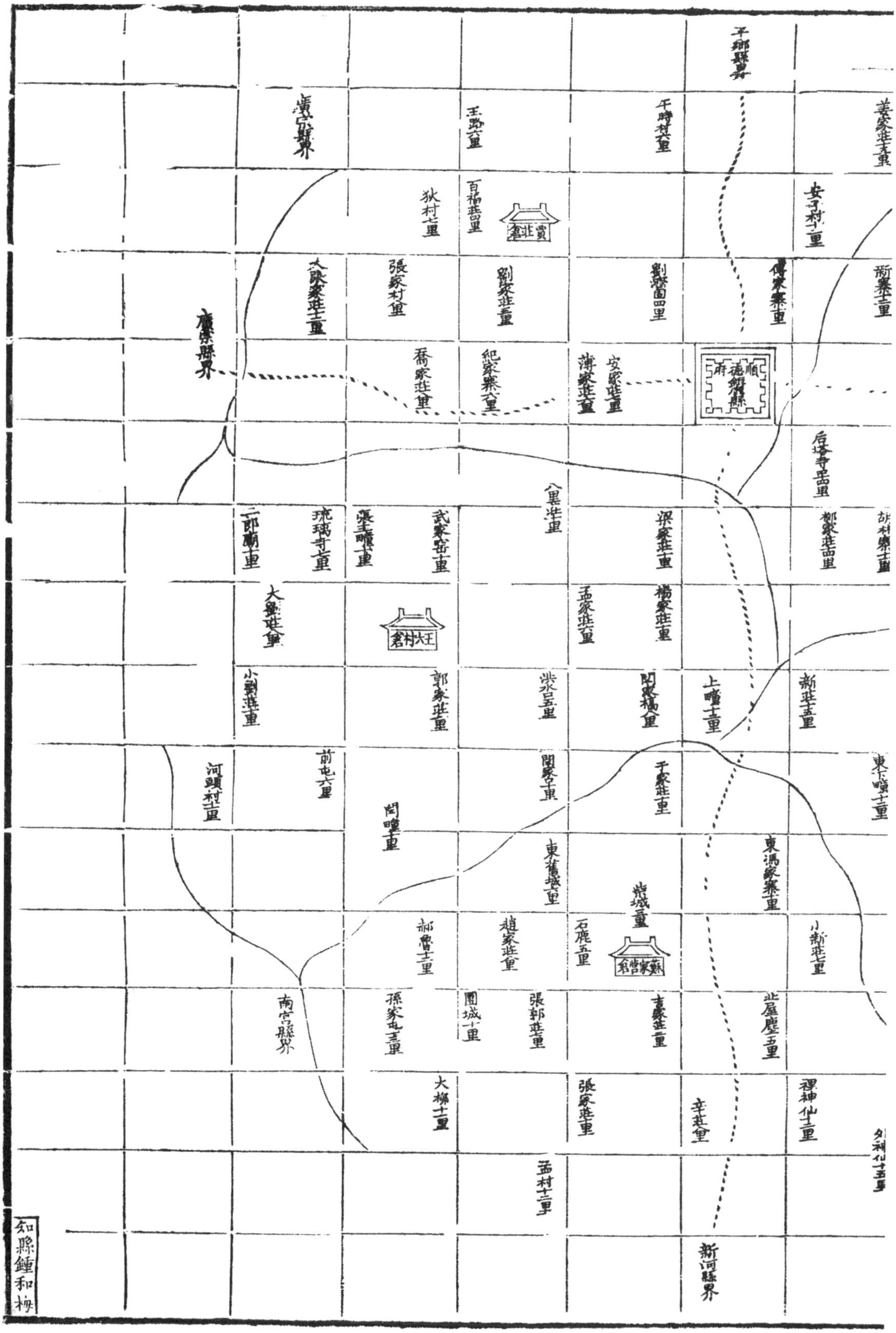
平鄉縣界
狄村
百福莊
劉家園四里
紀家寨
順德府
鉅鹿縣
王大村倉
上疃
前屯六里
閆疃
東舊城
舊城
石鹿五里
蘇家營倉
南宮縣界
孫家屯
圍城十里
張郭莊
大柳
張家莊
辛莊
孟村
外神仙
新河縣界
知縣鍾和梅

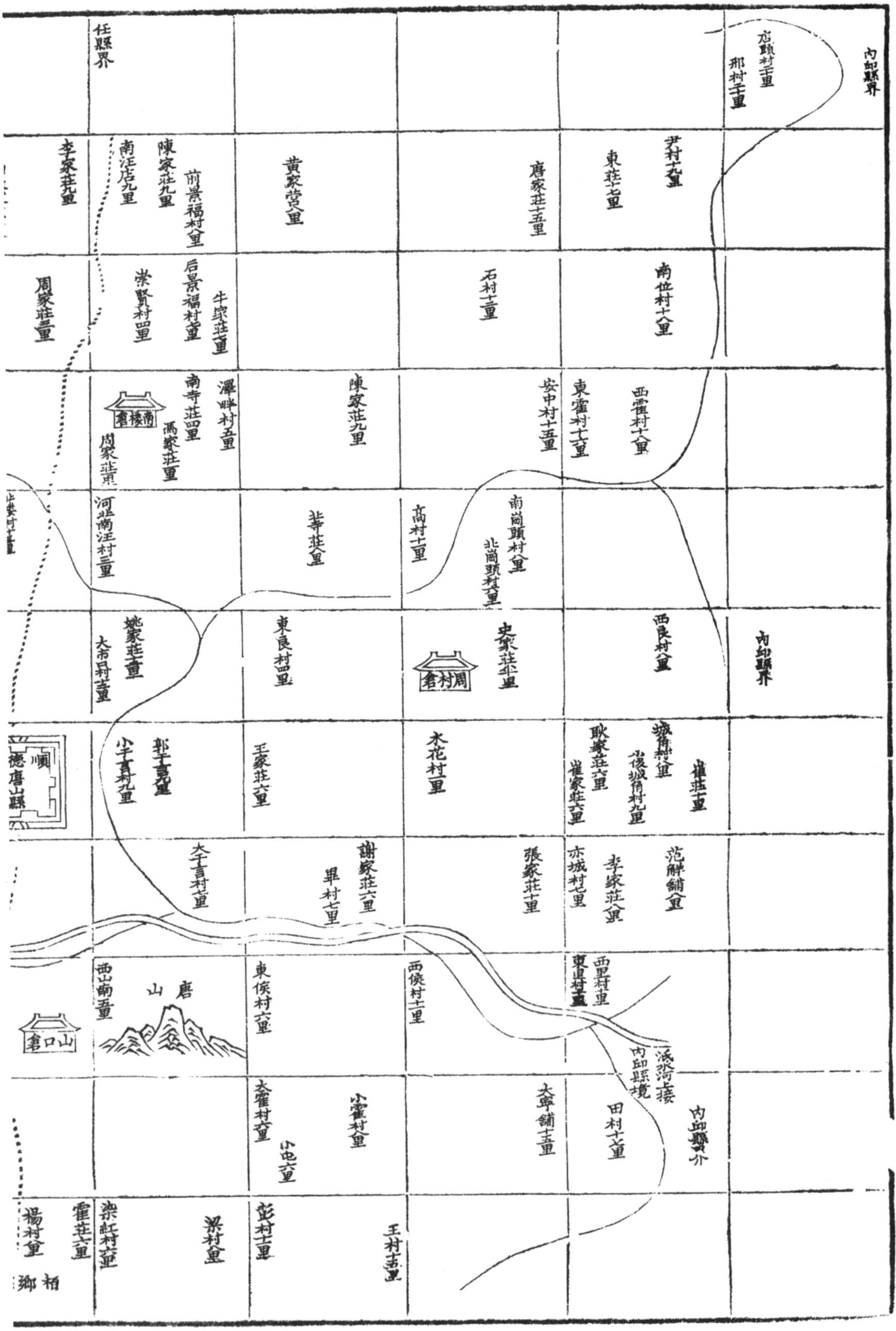
任縣界
內邱縣界
邢村十二里
李家莊九里
南汪店九里
陳家莊九里
前景福村八里
黃家營八里
唐家莊十五里
東莊十七里
尹村十六里
周家莊三里
崇賢村四里
后景福村八里
牛家莊十三里
石村十二里
南位村十八里
南樓倉
南寺莊四里
澤畔村五里
陳家莊九里
安中村十五里
東霍村十七里
西霍村十八里
河北南汪村三里
高村十一里
南崗頭村八里
北崗頭村八里
姚家莊十二里
東良村四里
周村倉
西良村八里
內邱縣界
順德唐山縣
王家莊六里
耿家莊六里
崔家莊六里
後城角村九里
謝家莊六里
畢村七里
張家莊十里
李家莊八里
范解舖八里
西山南五里
唐山
山口倉
東侯村六里
西侯村十二里
西里村十里
泜水河上接內邱縣境
大霍村九里
小霍村十里
田村十七里
內邱縣界
楊村八里
霍莊六里
梁村八里
彭村十里
王村十五里
栢鄉

唐山縣東至隆平縣界十里至縣治十二里西至內邱縣界一十里至縣治四十里南至任縣界二十五里至縣治五十里北至栢鄉縣界十八里至縣治三十五里東南至任縣界一十四里至縣治五十里西南至內邱縣界三十五里至縣治五十五里東北至隆平縣界十六里至縣治三十二里西北至內邱縣界二十四里至縣治二十二里

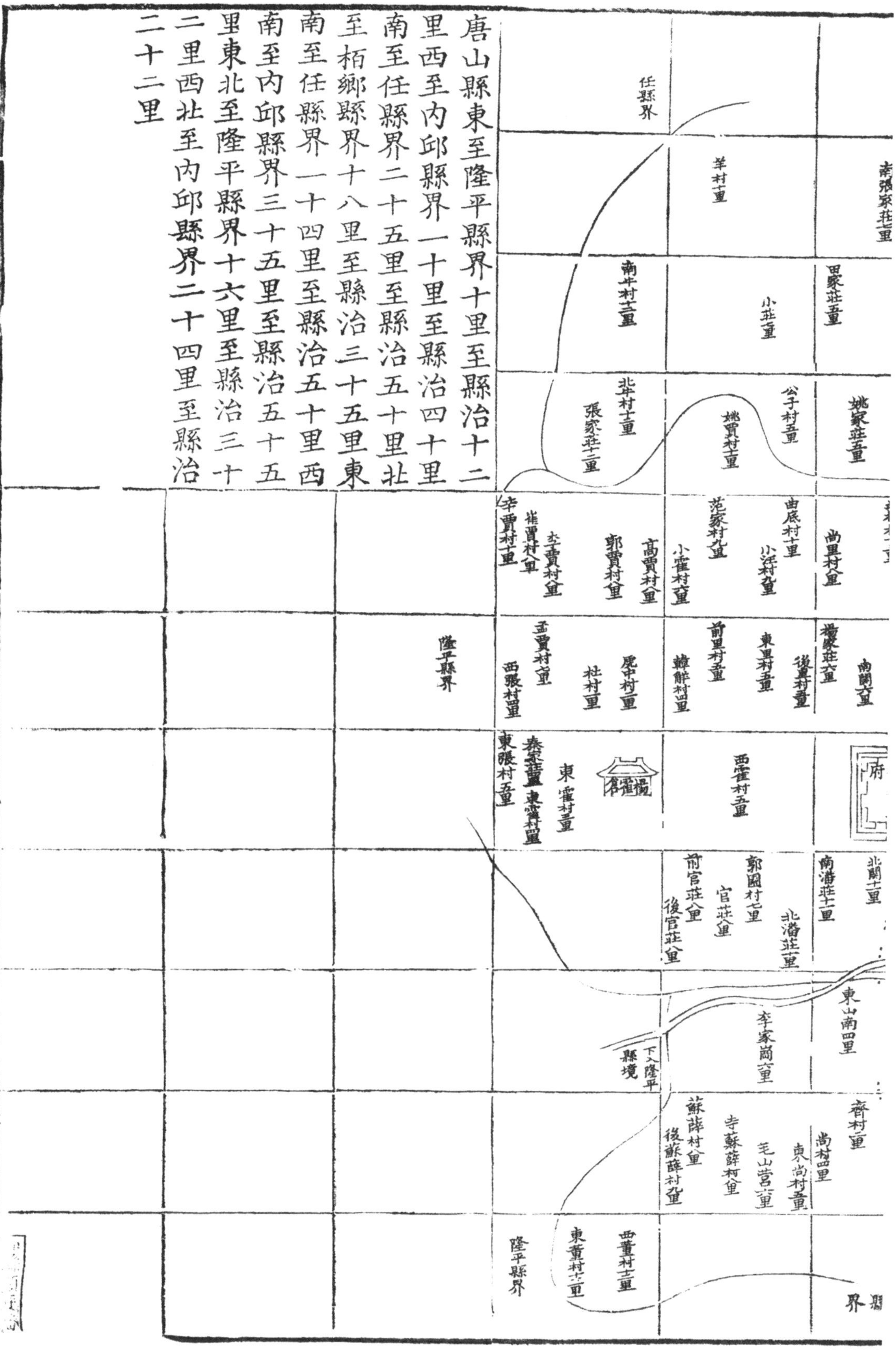

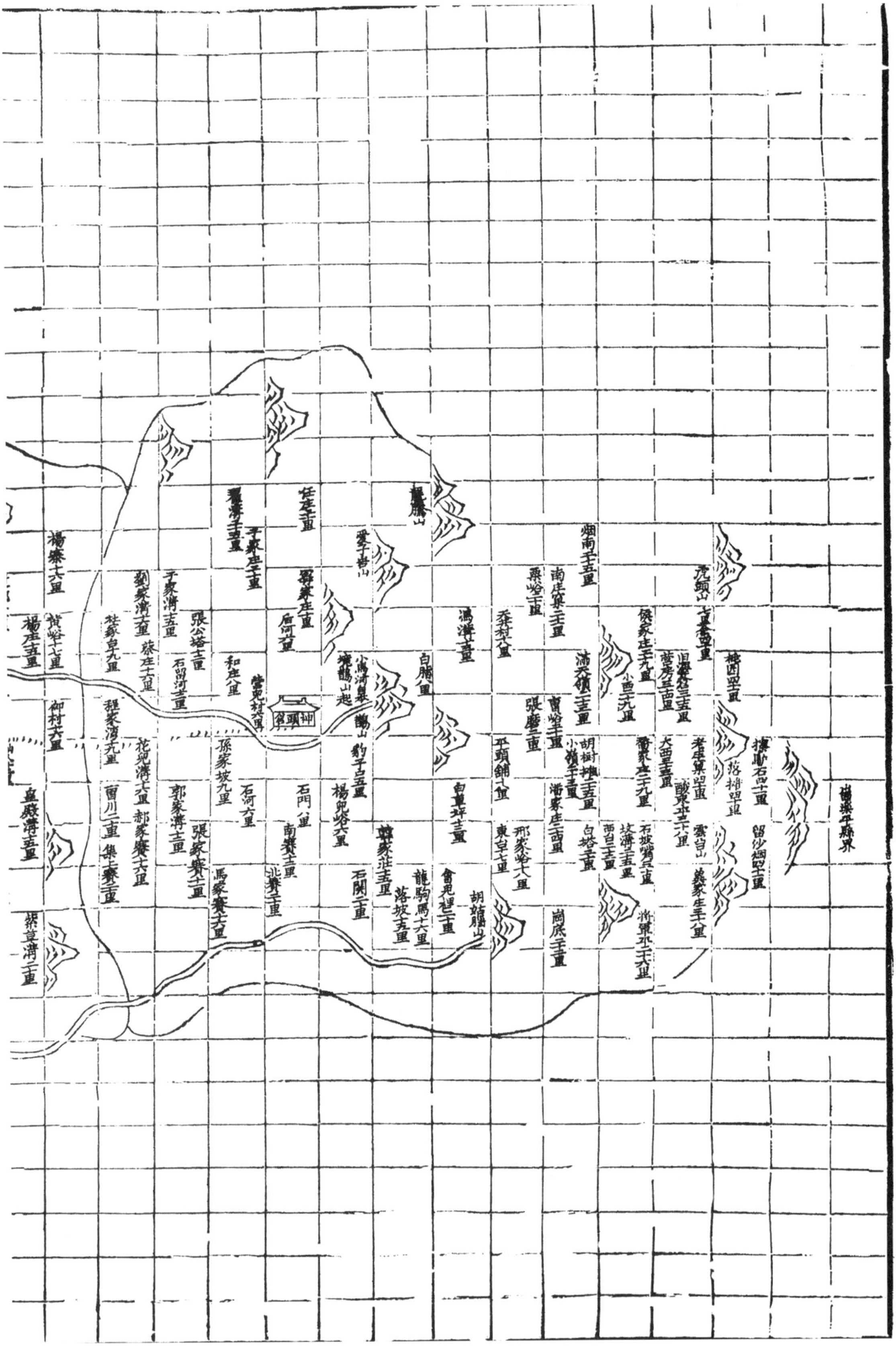

張公塔
和庄八里
孫家坡九里
石河六里
石門八里
張家寨十一里

内邱縣東至唐山縣界一十里至縣治四十里西至山西樂平縣界一百二十里至縣治一百六十里南至邢臺縣界一十里至縣治六十里北至栢鄉縣界三十里至縣治六十里東南至任縣界二十里至縣治五十里西南至邢臺縣界二十五里至縣治六十里東北至唐山縣界十五里至縣治一十五里西北至臨城縣界二十里至縣治三十里

縣屬大小二百一十五村每二十里内建倉一區稍遠者附之計張麻村都城舖史村西龐村神頭村共建倉五區

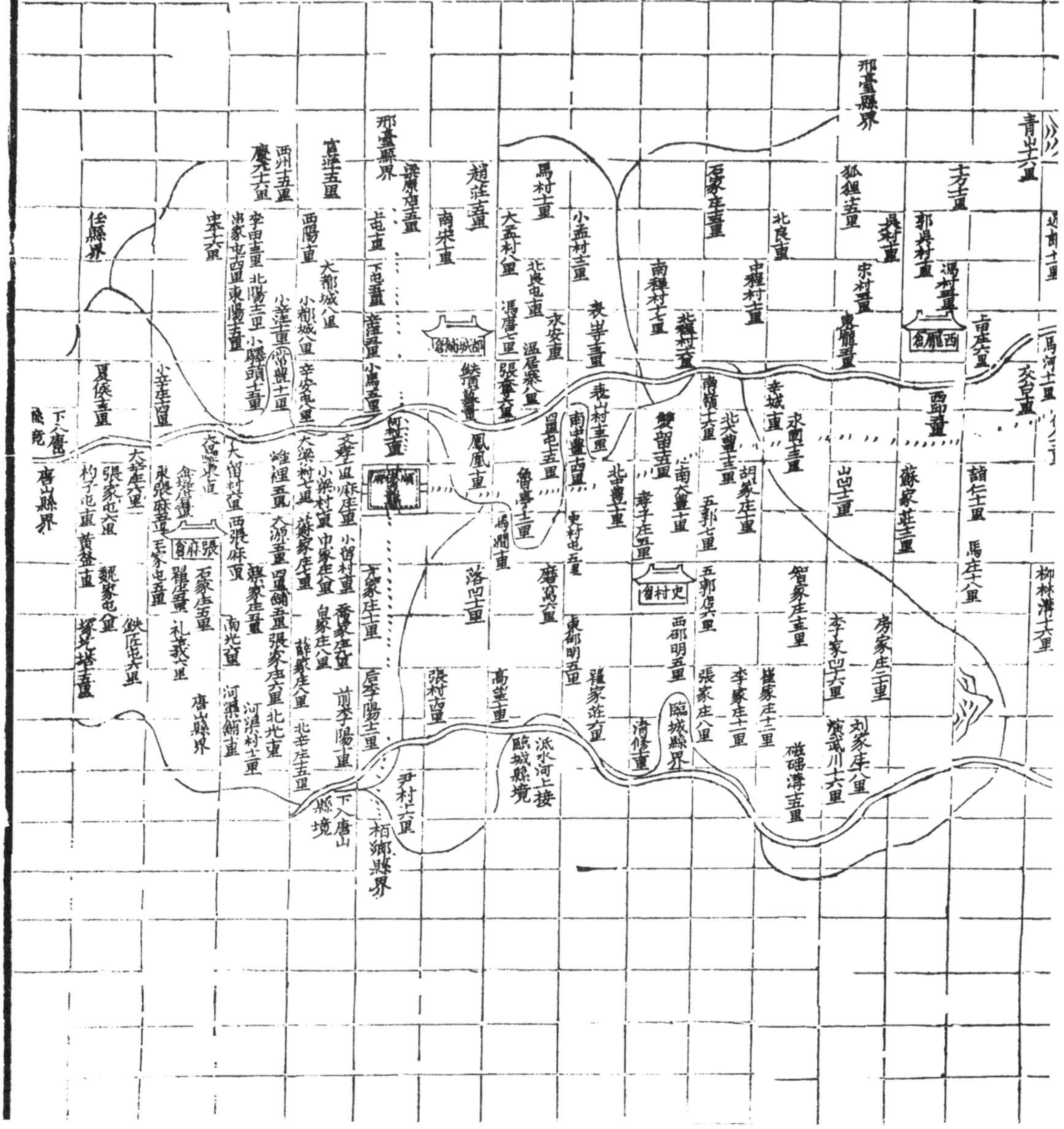

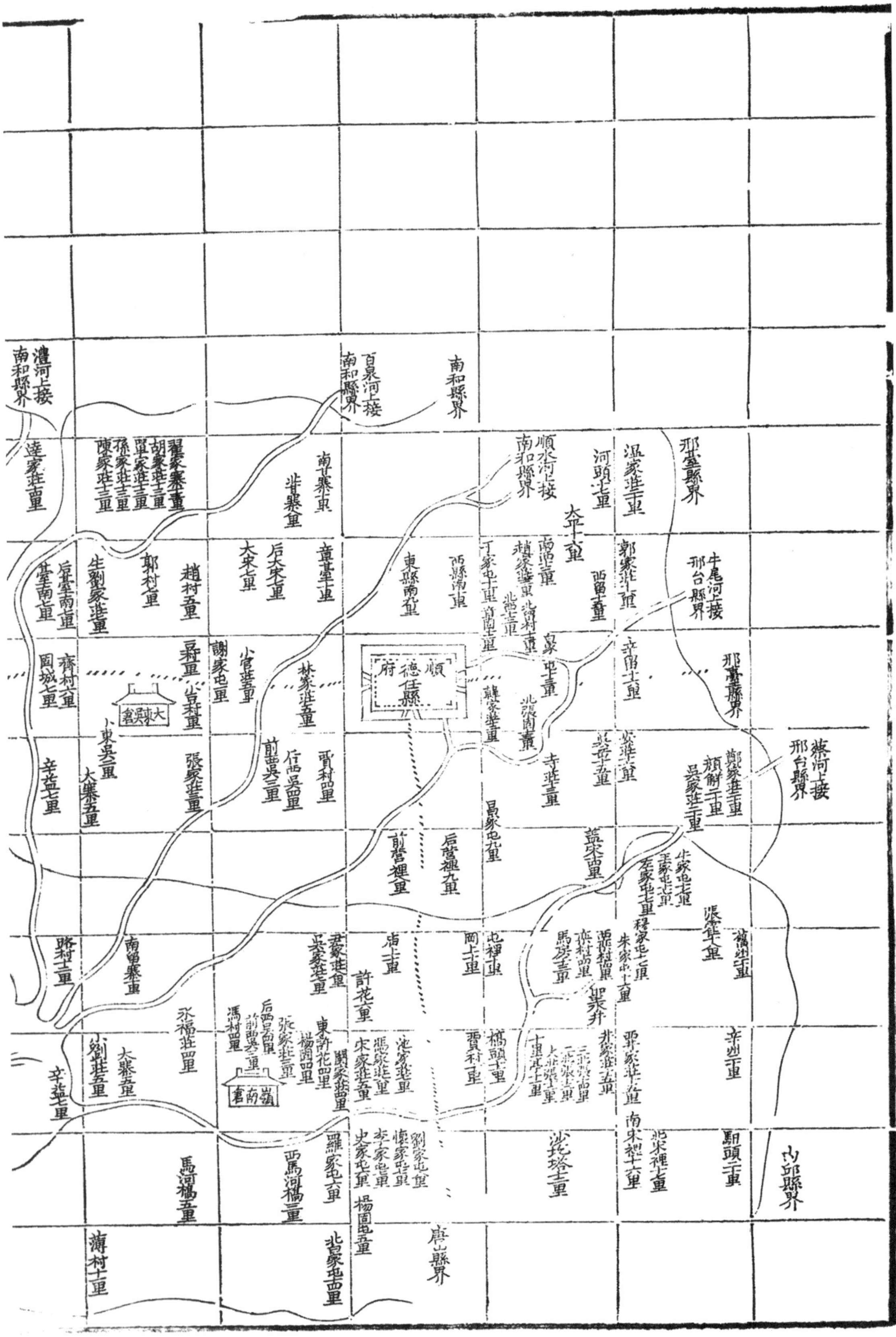

澧河上接
南和縣界
百泉河上接
南和縣界
南和縣界
順水河上接
南和縣界
邢臺縣界
牛尾河上接
邢台縣界
邢臺縣界
邢台縣界
順德府
任縣
唐山縣界
內邱縣界

任縣東至鉅鹿縣界四十里至縣治七十里西至邢臺縣界八里至縣治三十五里南至南和縣界八里至縣治二十五里北至唐山縣界二十五里至縣治五十里東南至平鄉縣界三十五里至縣治六十里西南至邢臺縣界八里至縣治三十五里東北至隆平縣界四十里至縣治六十里西北至内邱縣界二十五里至縣治七十里

縣屬大小一百七十二村每二十里内建倉一區計鎮南大東吳村劉家莊甄莊共建倉四區

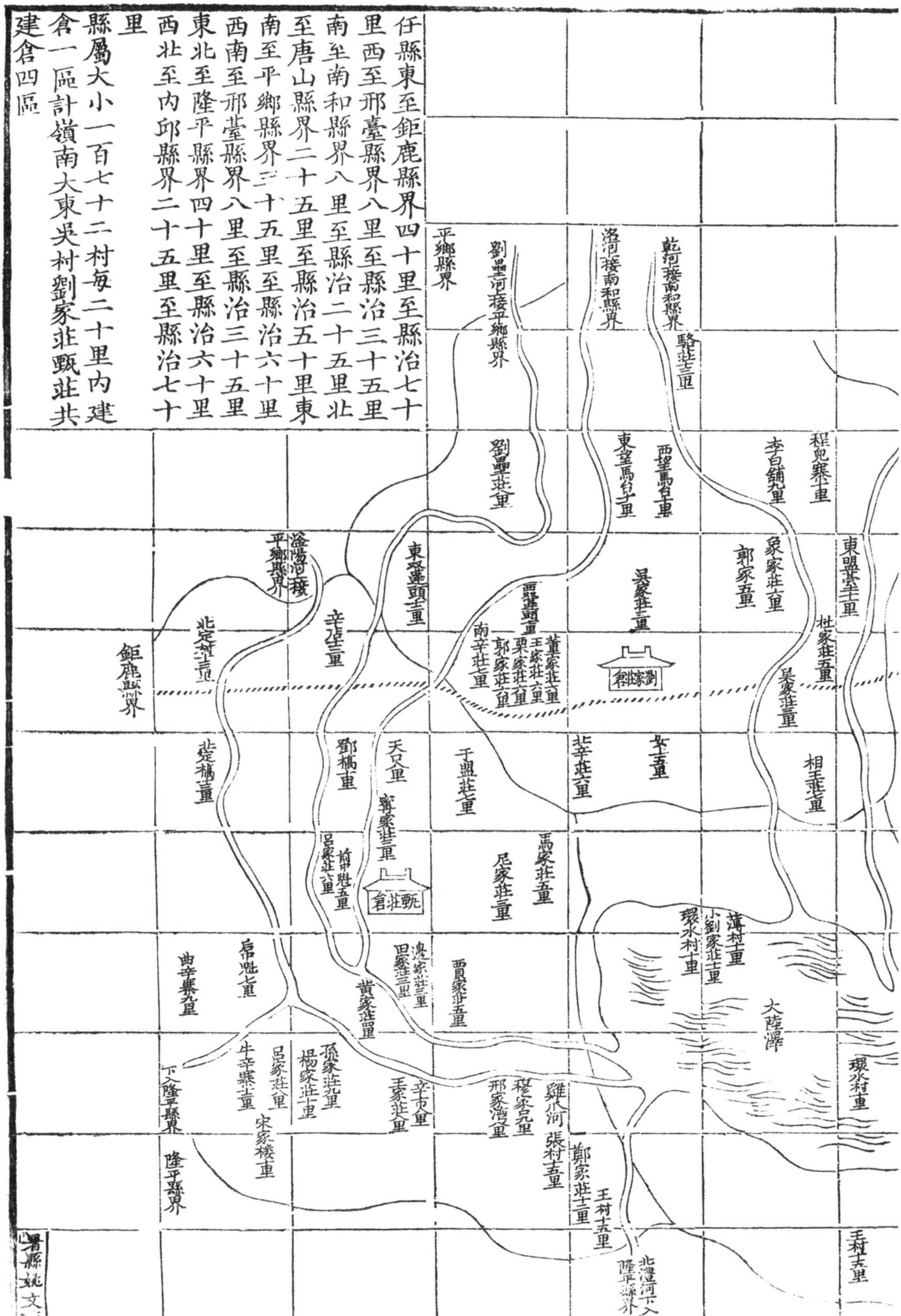

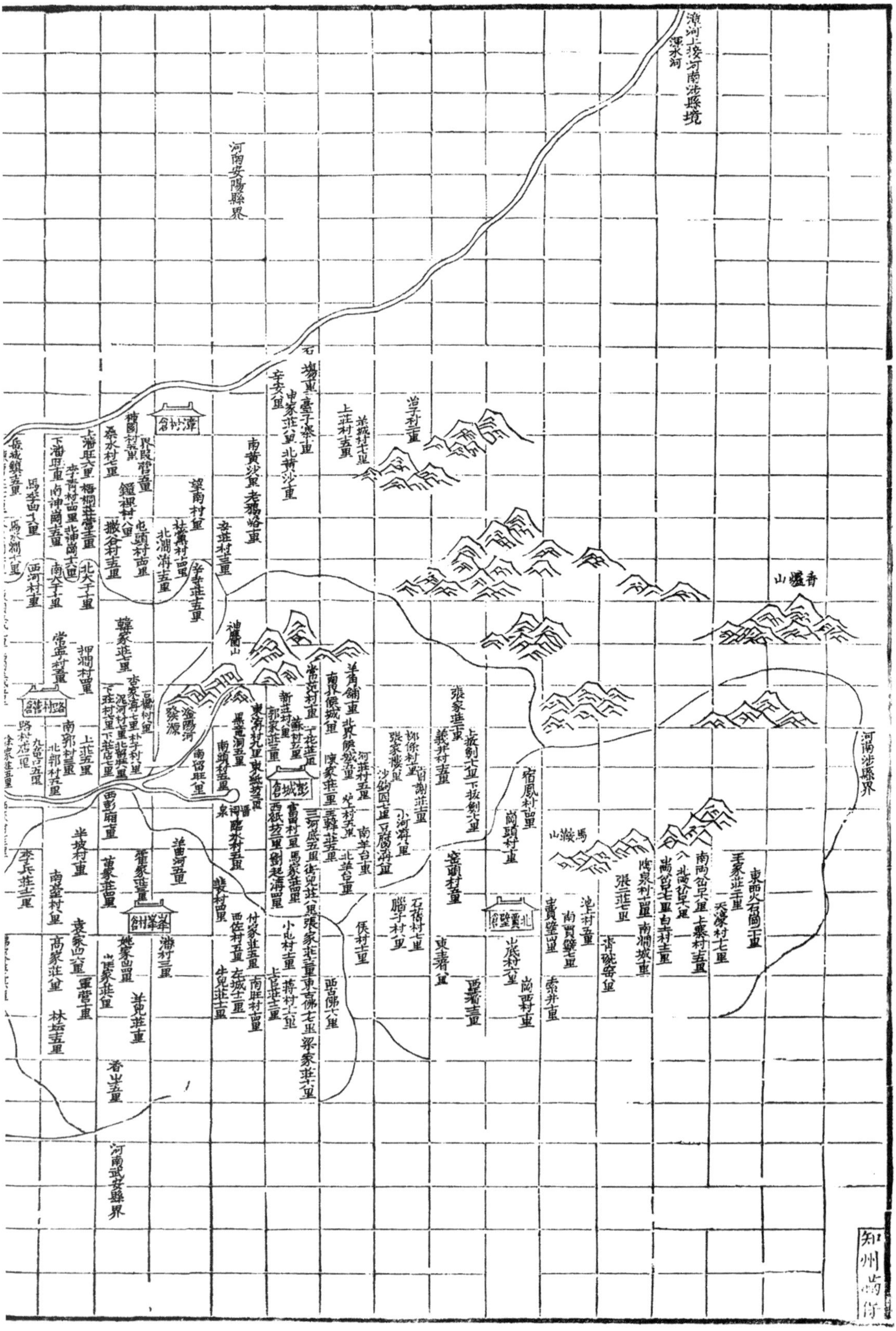
漳河上接河南涉縣境
濁水河
河南安陽縣界
香爐山
河南涉縣界
馬鞍山
神龜山
滏陽河
滏源
河南武安縣界
南黃沙里
北黃沙里
上莊村
宿鳳村
東石洞
張家莊
義井村
彭城

磁州東至成安縣界五十里至縣治六十里西至河南涉縣界一百里至縣治一百八十里南至河南安陽縣界二十里至縣治七十里北至邯鄲縣界五十里至縣治七十里東南至河南臨漳縣界十里至縣治四十里西南至河南安陽縣界六十里至縣治八十五里東北至邯鄲縣界六十里至縣治八十五里西北至河南武安縣界五十里至縣治九十里

州屬大小三百六十七村每二十里內建倉一區計東城營東王曹北白道漳村彭城鎮路村營北賈壁峯峰村南城共建倉九區

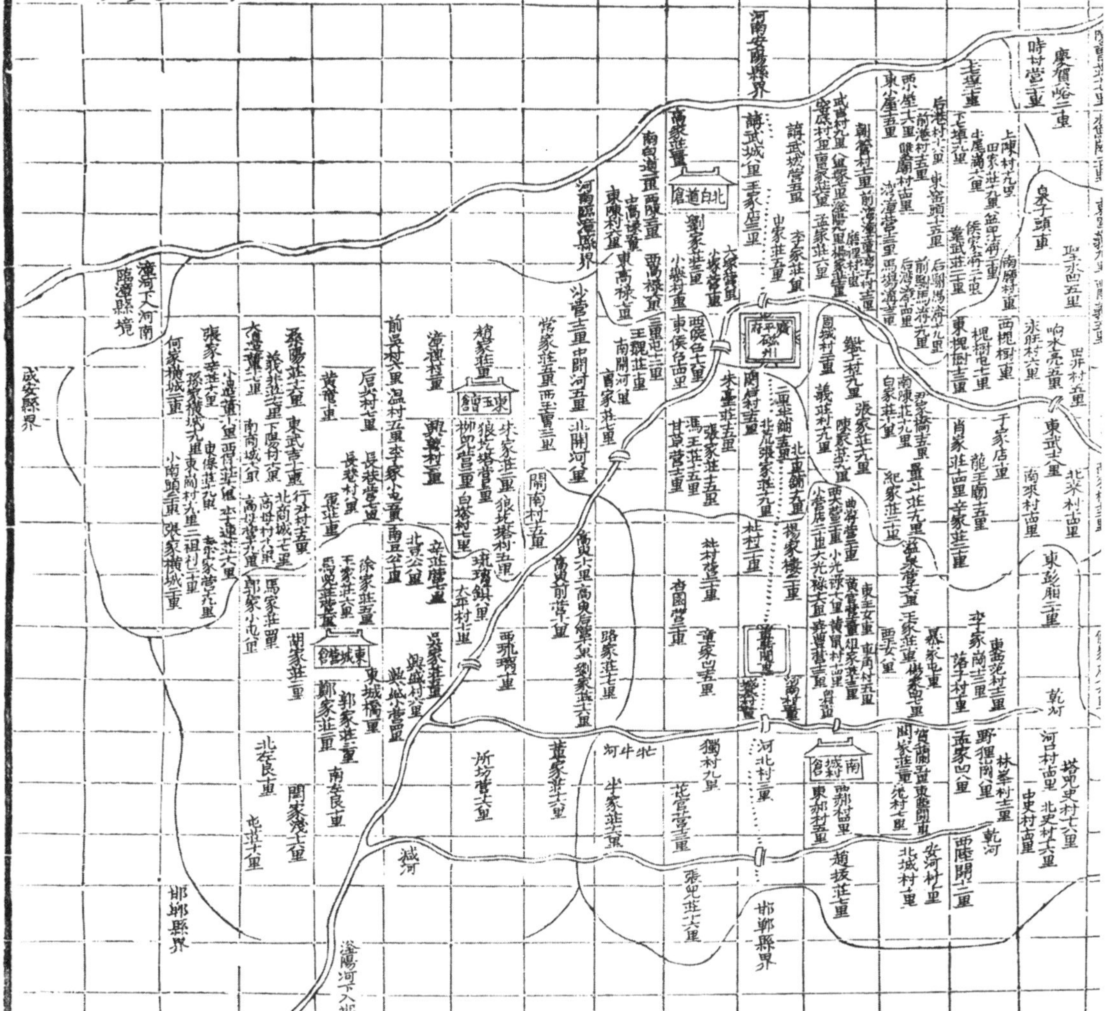

永年縣東至曲周縣界二十五里至縣治四十里西至河南武安縣界七十里至縣治一百一十里南至肥鄉縣界二十里至縣治三十五里北至南和縣界五十里至縣治七十里東南至肥鄉縣界十五里至縣治三十五里西南至邯鄲縣界二十里至縣治四十五里東北至雞澤縣界二十二里至縣治六十里西北至沙河縣界六十里至縣治八十里

縣屬大小一百九十九村每一十里内建倉一區計東大由村牛家堡南閆村周村臨洺鎮劉固大北汪曲陌辛莊堡劉營八汪村共建倉十一區

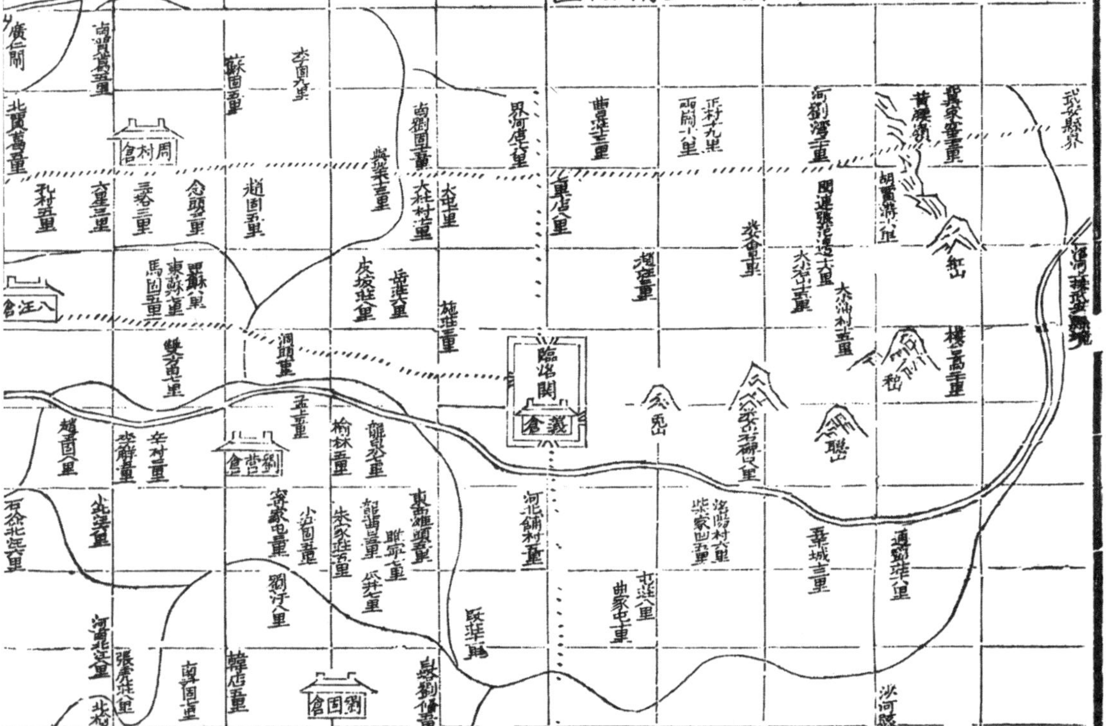

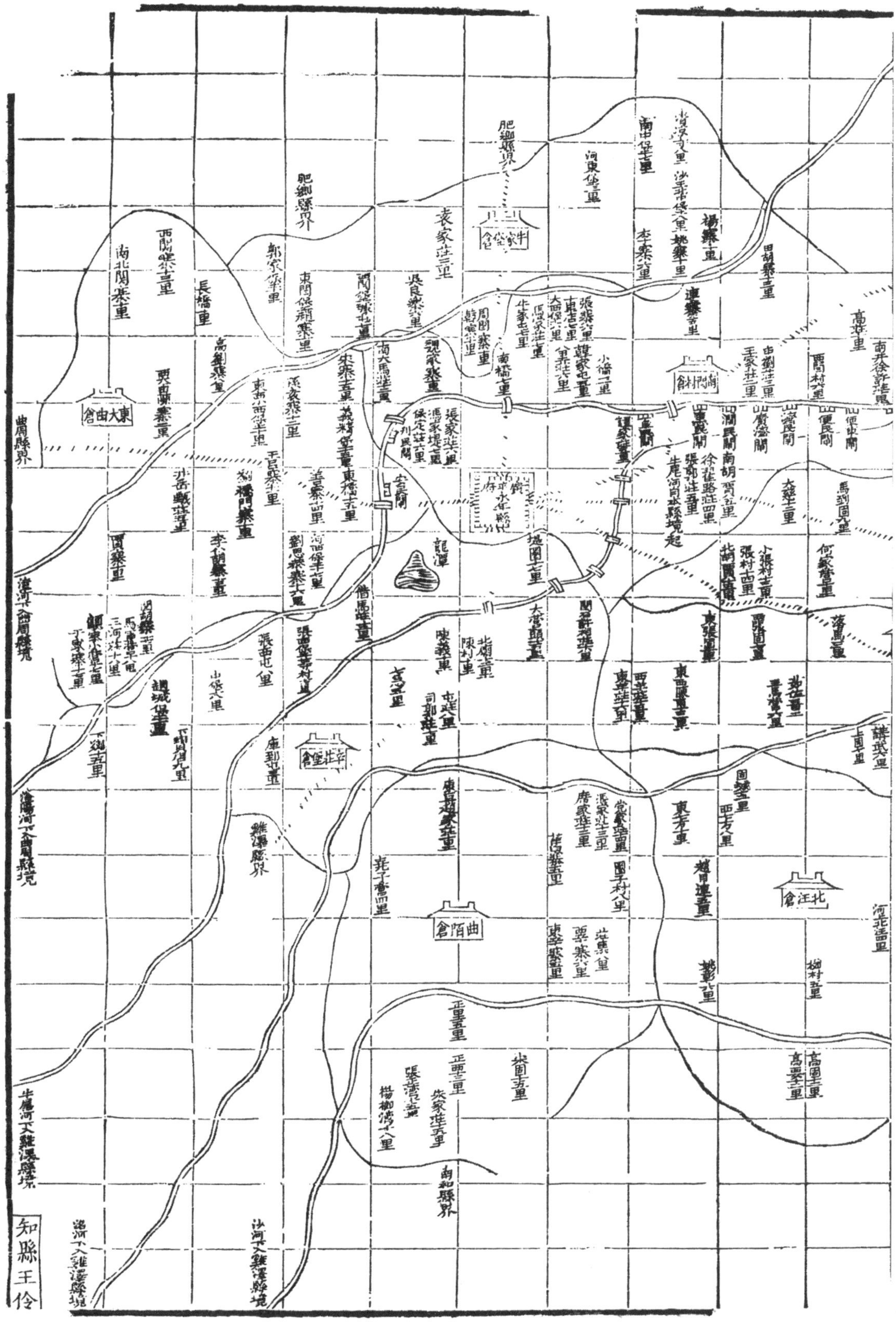
肥鄉縣界
肥鄉縣界
曲周縣界
雞澤縣界
南和縣界
東大曲倉
曲陌倉
北汪倉
龍潭
袁家莊三里
長橋里
南北閻寨里
東方里
知縣王伶

邯鄲縣東至肥鄉縣界三十五里至縣治六十里西至河南武安縣界三十五里至縣治六十里南至磁州界二十里至州治七十里北至永年縣界二十里至縣治七十里東南至成安縣界三十五里至縣治五十里西南至磁州界三十里至州治八十里東北至永年縣界三十里至縣治五十五里西北至永年縣界三十里至縣治九十里

縣屬大小一百五十三村每十五里內建倉一區計軍師堡河沙堡張莊橋白塚牛叫河叢塚呂固村共建倉七區

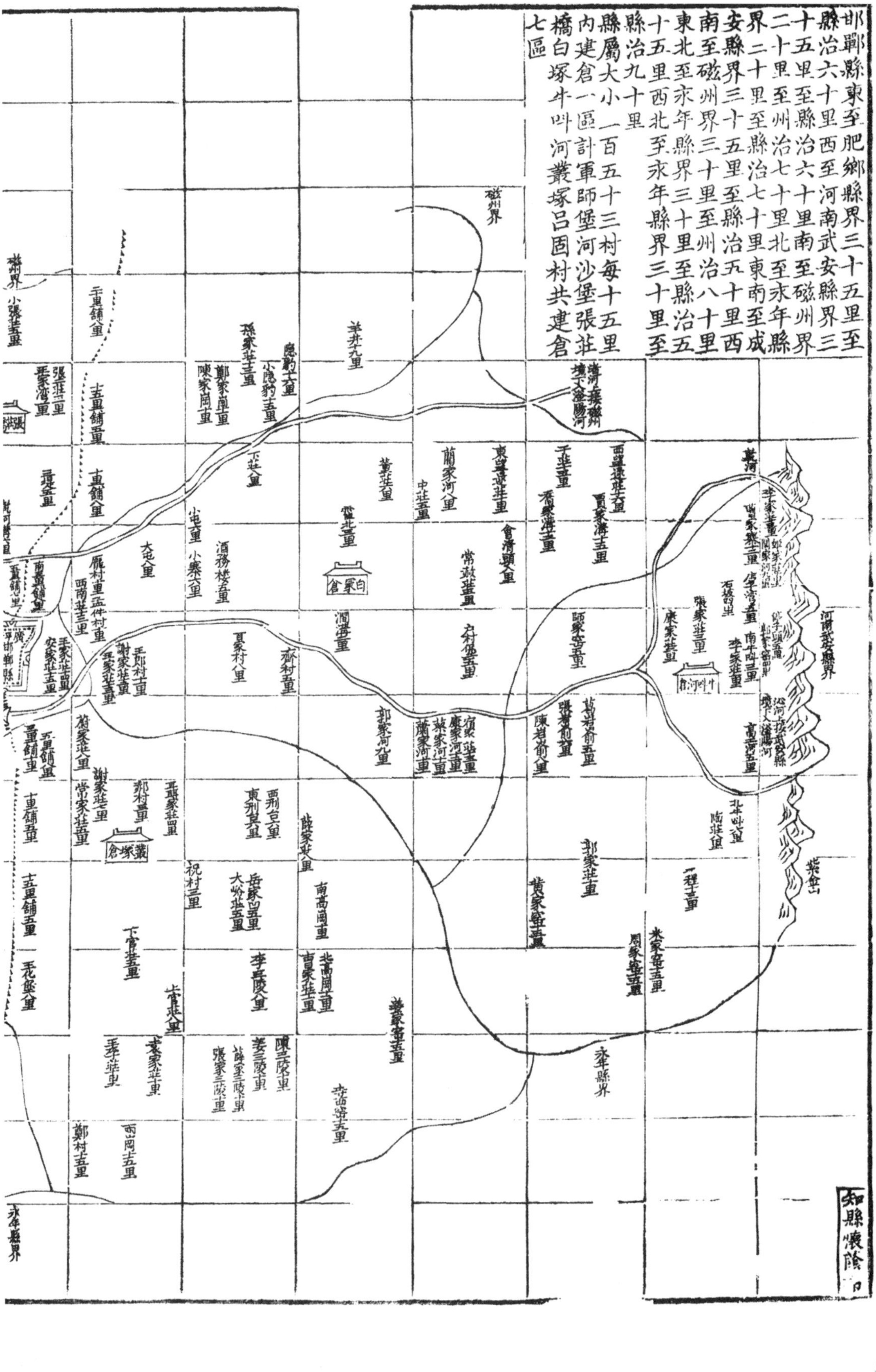


知縣懷蔭

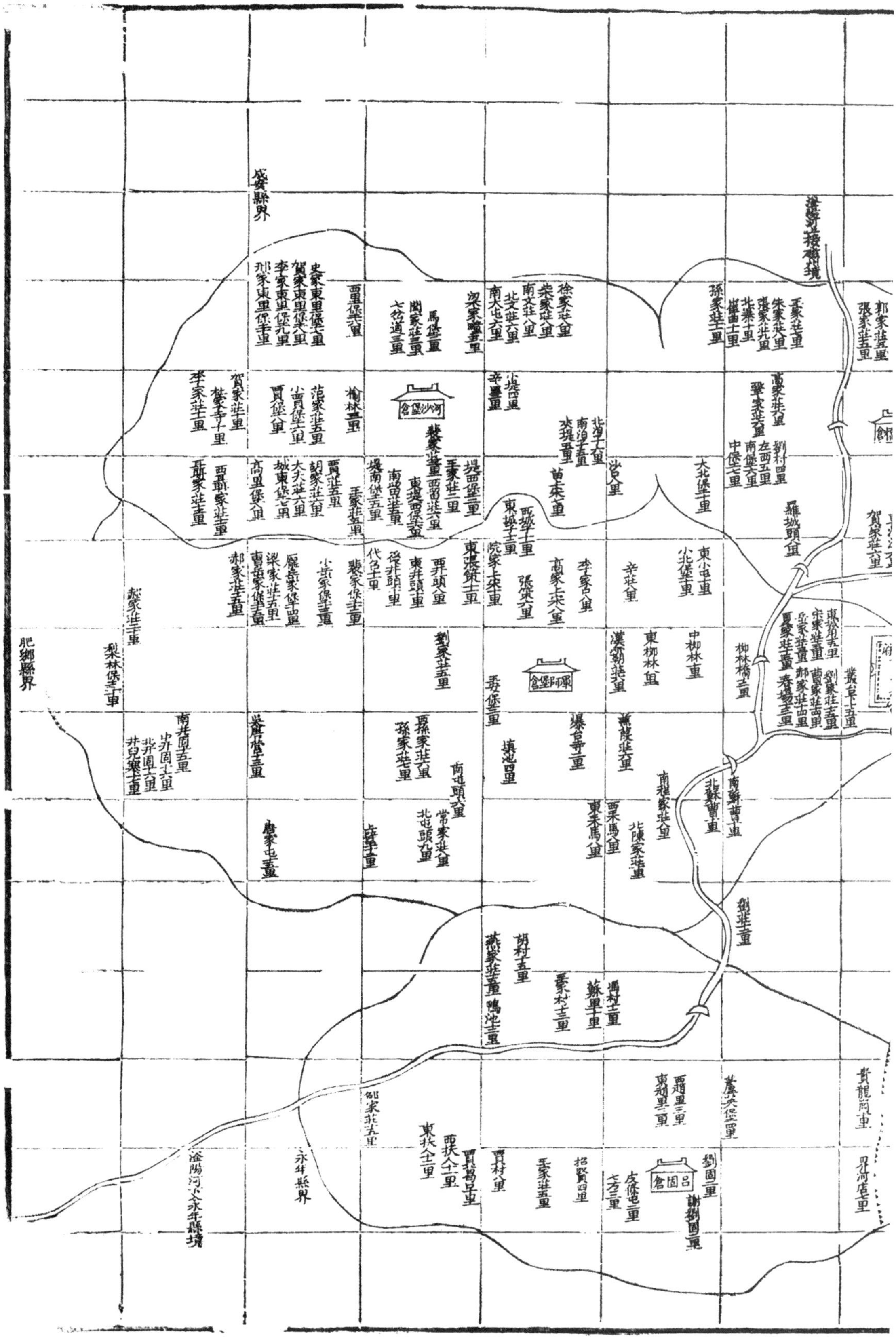
成安縣界
肥鄉縣界
河沙堡倉
呂固倉
永年縣界
滏陽河入永年縣境

成安縣東至魏縣界三十里至縣治四十五里西至邯鄲縣界十二里至縣治五十里南至河南臨漳縣界二十里至縣治二十五里北至肥鄉縣界十里至縣治三十五里東南至魏縣界二十五里至縣治五十里西南至磁州界二十里至州治六十里東北至廣平縣界一十里至縣治四十五里西北至邯鄲縣界十五里至縣治五十里

縣屬大小一百八村每一十里内建倉一區計漳河集鄭家莊北郎堡宋村共建倉四區

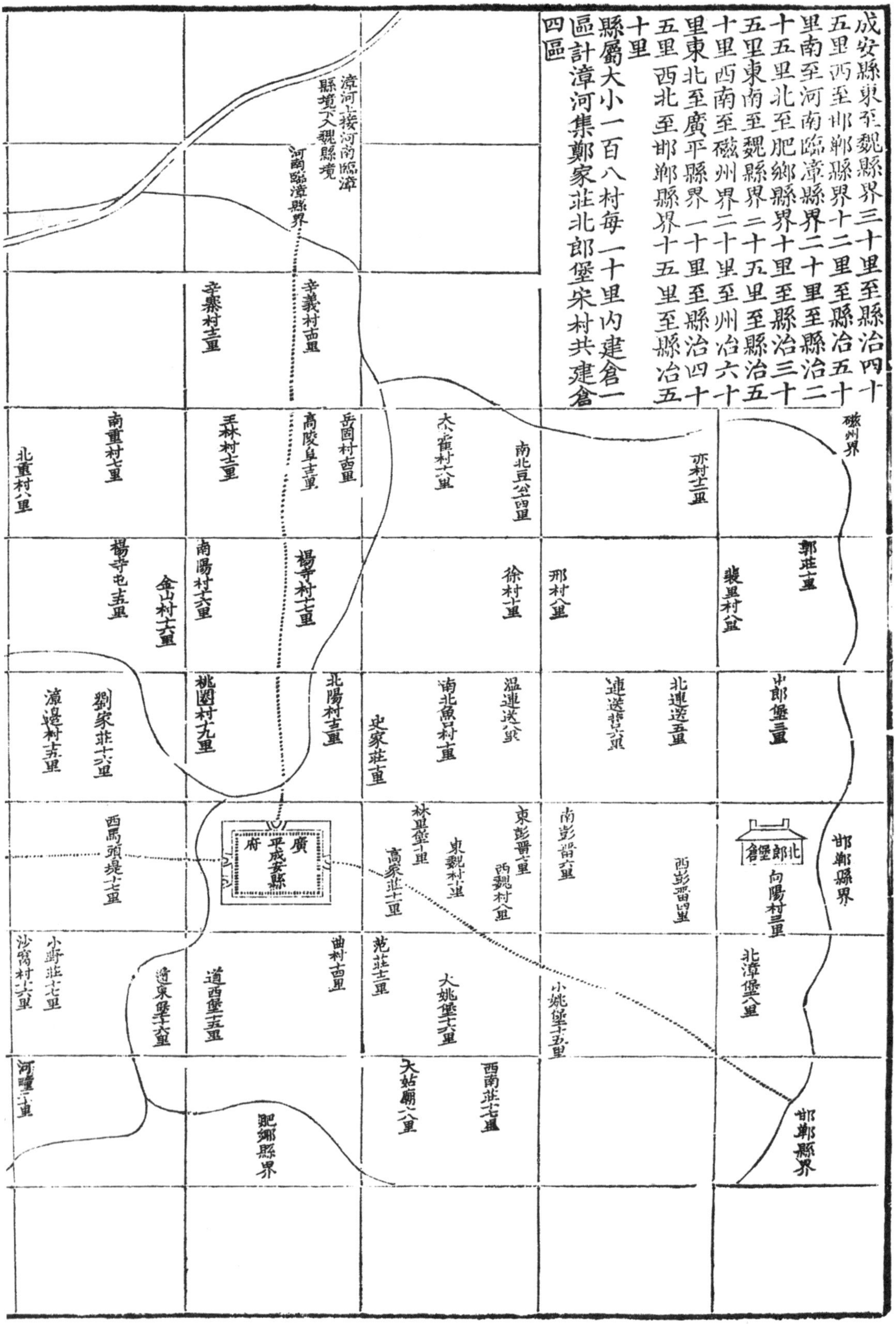

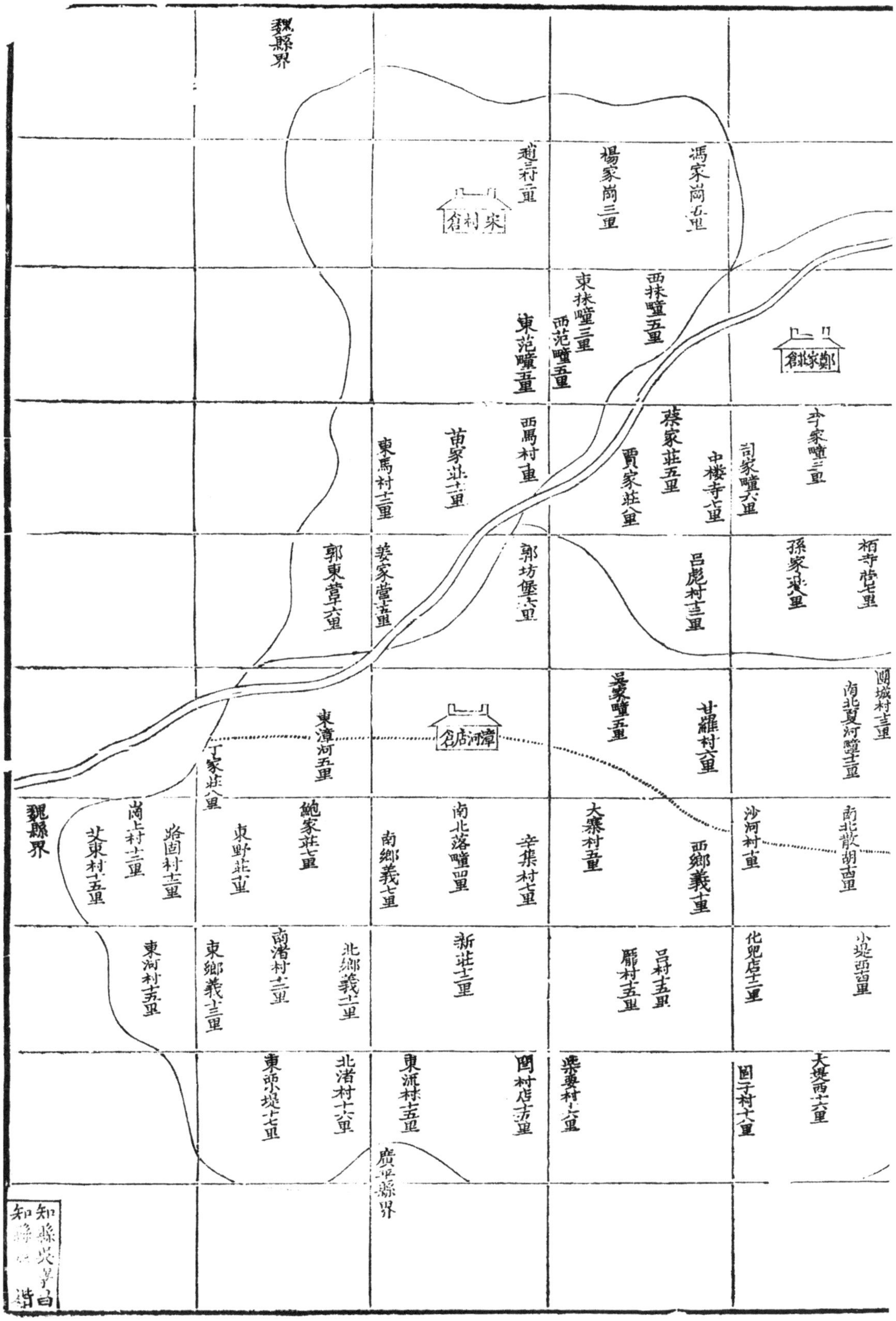
魏縣界
楊家崗三里
宋村倉
東抹疃三里
西抹疃五里
西范疃五里
鄭家莊倉
苗家莊
東馬村
西馬村
蔡家莊五里
賈家莊
中樓寺
司家疃
李家疃
郭東草六里
郭坊堡
呂彪村
孫家
東漳河五里
漳河店倉
甘羅村六里
南北夏河疃
丁家莊八里
魏縣界
大寨村
沙河村
南北散胡
鮑家莊七里
東野莊
南鄉義七里
南北落疃
辛集村七里
西鄉義
東河村
東鄉義
南渚村
北鄉義
新莊
化兒店
北渚村十六里
廣平縣界
固子村十八里

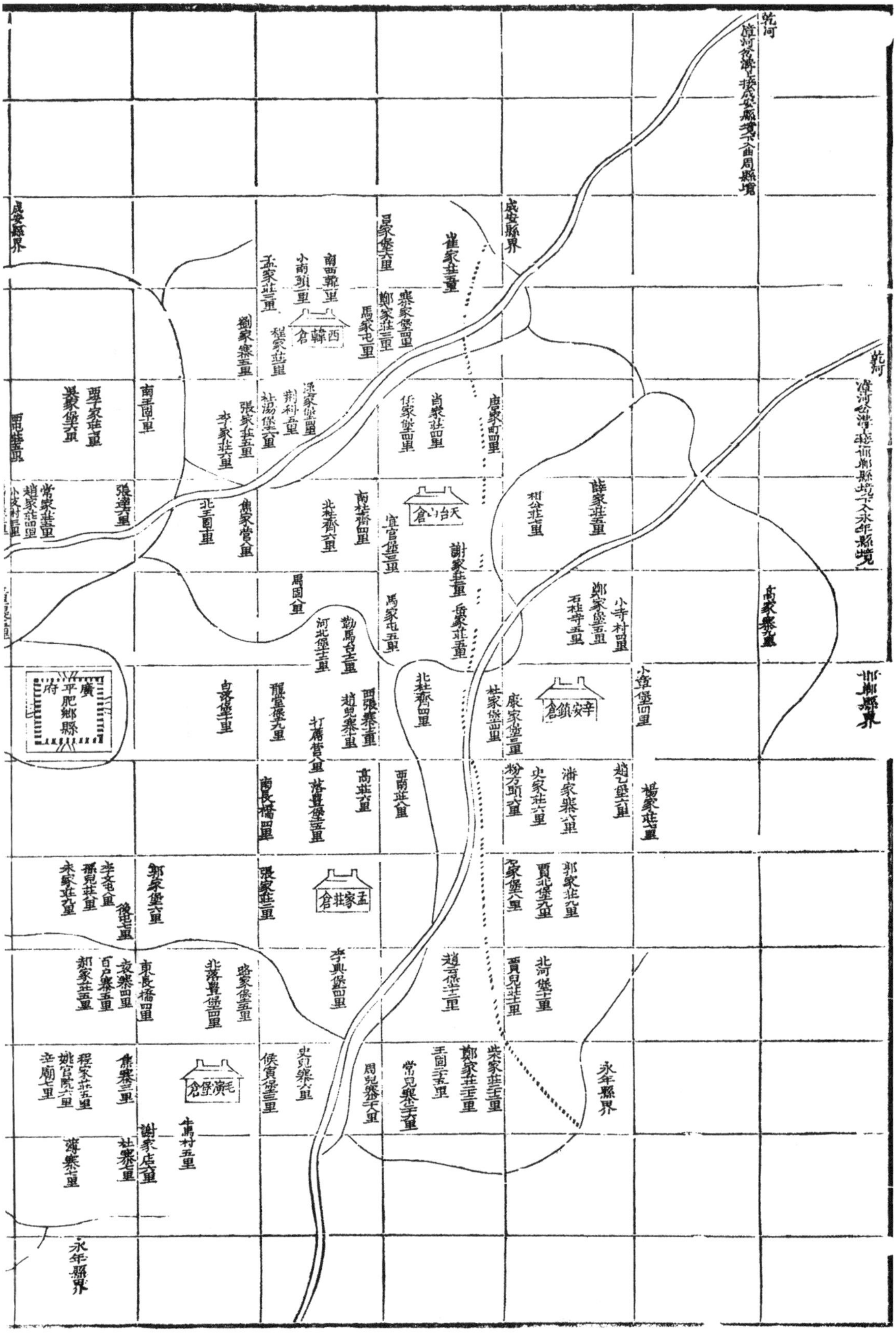
乾河
成安縣界
成安縣界
西韓倉
天台山倉
辛安鎮倉
孟家莊倉
毛演堡倉
廣平府肥鄉縣
邯鄲縣界
永年縣界
永年縣界

肥鄉縣東至廣平縣界三十五里由
大道至縣治二十里西至邯鄲縣界
三十里由大道至縣治六十里南至
成安縣界 十里由大道至縣治三
十里北至永年縣界二十五里由大
道至縣治三十五里東南至廣平縣
界二十五里由大道至縣治一十里
西南至成安縣界一十八里由大道
至縣治二十里東北至曲周縣界三
十里由大道至縣治五十五里西北
至永年縣界一十五里由大道至縣
治二十五里
縣屬大小一百十村每十五里內建
倉一區計劉寨營舊店東章堡天臺
山辛安鎮西韓東北莊劉家莊屯莊
營毛演堡孟家莊叢民寨共建倉十
二區

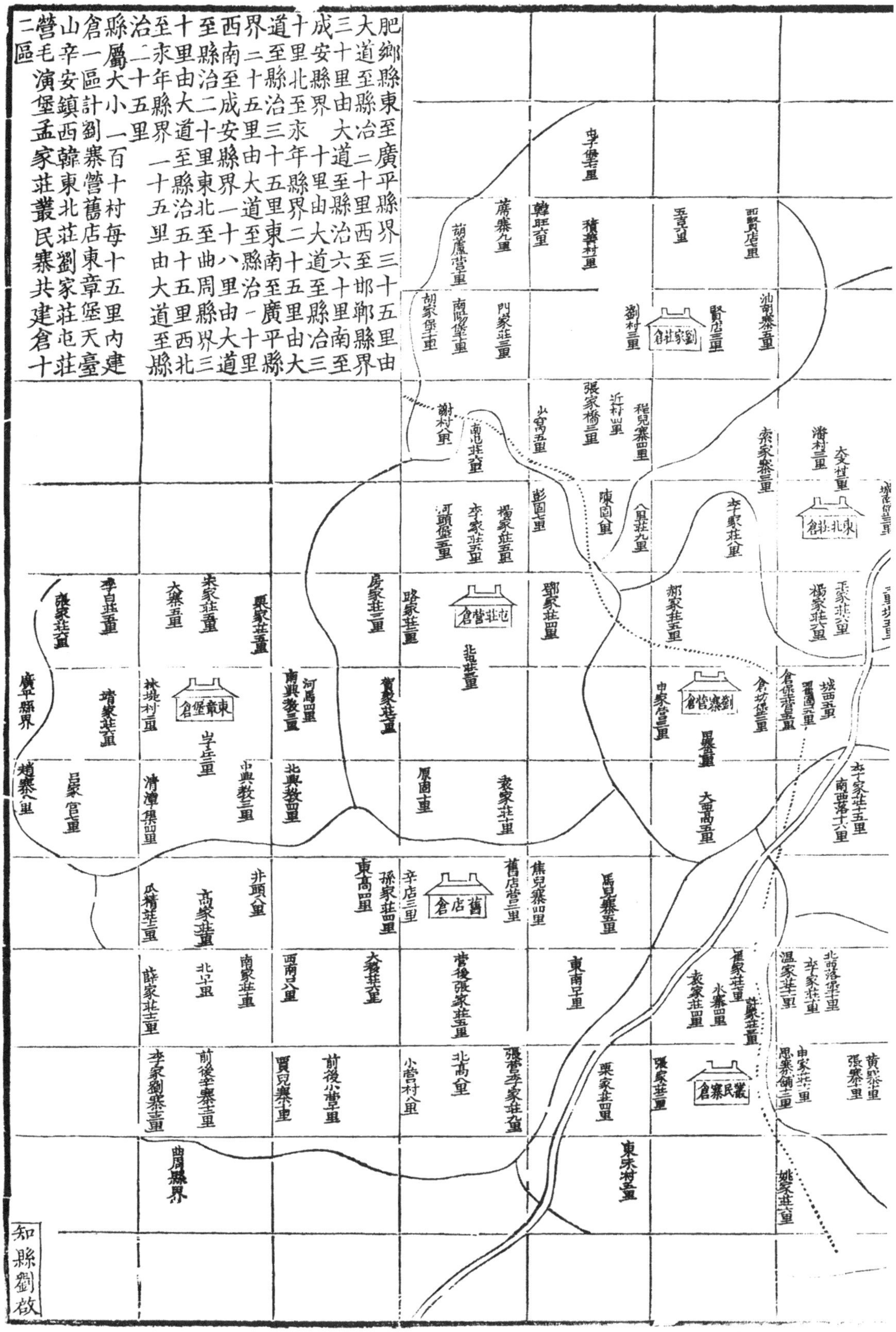


知縣劉啟

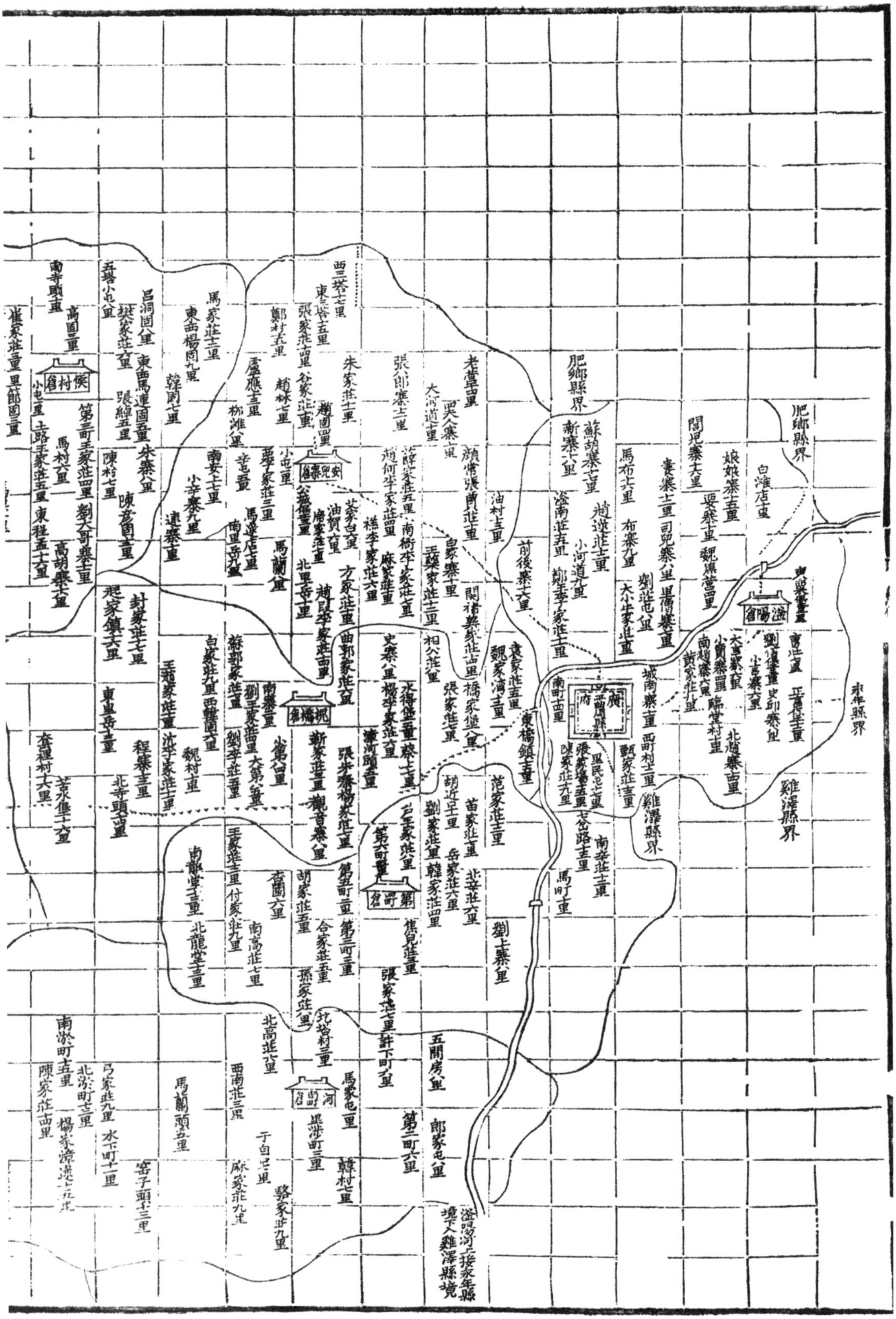

肥鄉縣界
肥鄉縣界
廣平府
永年縣界
雞澤縣界
雞澤縣界
侯村倉
滏陽倉
安兒寨倉
旭橋倉
第四町倉
第一町倉
河南倉
東橋鎮
滏陽河一接永年縣境入雞澤縣境
南寺頭
崔家莊
劉六哥寨
高胡寨
封家莊
東里岳
北寺頭
舍樓村
馬家莊
張家莊
朱家莊
蘇胡寨
新寨
趙遊莊
小河道
劉莊屯
閻兒寨
娘娘寨
白灘店
司兒寨
魏集營
城南寨
西町村
甄家莊
前後寨
魏家濟
油村
顏常張西莊
閻祖寨
橋家堡
張家莊
袁家莊
范家莊
苗家莊
岳家莊
韓家莊
胡近屯
劉土寨
五間房
郎家屯
第二町
馬家屯
韓村
許下町
張家莊
孫家莊
胡家莊
南高莊
北高莊
北龍堂
南龍堂
王家莊
付家莊
南漩町
北漩町
陳家莊
楊家濟
水下町
馬蘭頭
窑子頭
西南莊
麻家莊
于白屯
駱家莊
黑涉町
史家莊
張井寨
南町
南安莊
馬町
第五町
第三町
焦兒莊

曲周縣東至山東臨清州界七十里由大道至州治一百四十里西至永年縣界十五里由大道至縣治四十里南至肥鄉縣界二十里由大道至縣治六十里北至雞澤縣界五里由大道至縣治二十五里東南至山東館陶縣界七十里由大道至縣治九十里西南至肥鄉縣界一十五里由大道至縣治六十里東北至山東臨清州界一百二十里由大道至州治一百四十里西北至雞澤縣界十里由大道至縣治一十五里

縣屬大小一百七十村每一十里內建倉一區計大寨香城固槐橋安兒寨候村滏陽第四町河南町共建倉八區

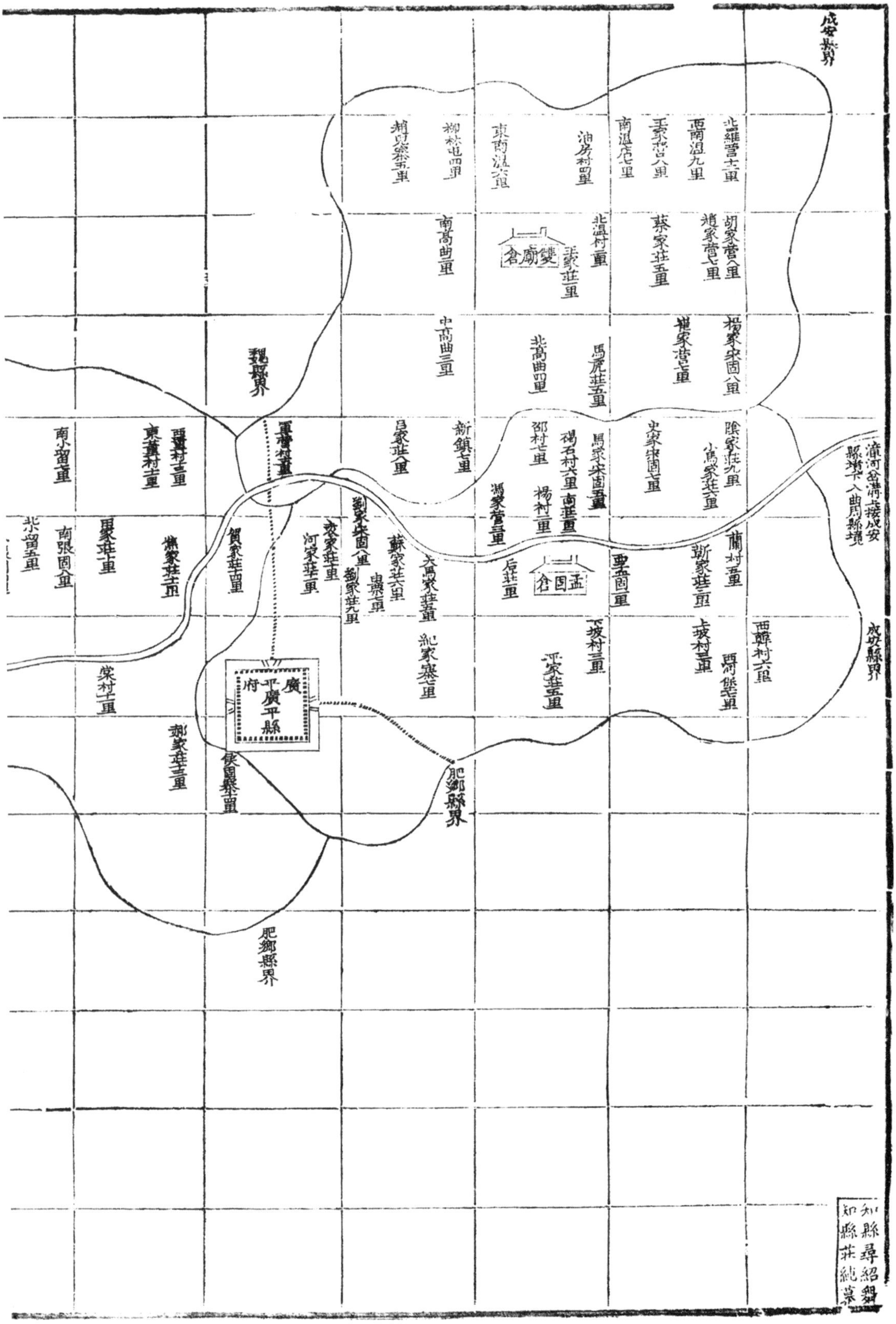
成安縣界
雙廟倉
孟固倉
廣平府
廣平縣
魏縣界
肥鄉縣界
成安縣界
肥鄉縣界

廣平縣東至山東館陶縣界四十里由大道至縣治九十里西至成安縣界一十里由大道至縣治四十五里南至魏縣界十里由大道至縣治一十五里北至肥鄉縣界丨里由大道至縣治二十里東南至元城縣界一十里由大道至縣治六十里西南至成安縣界一十里由大道至縣治四十五里東北至曲周縣界五十里由大道至縣治七十里西北至肥鄉縣界五里由大道至縣治一十里

縣屬大小一百一十九村每十五里内建倉一區計平固孟固寺郎固雙廟共建倉四區

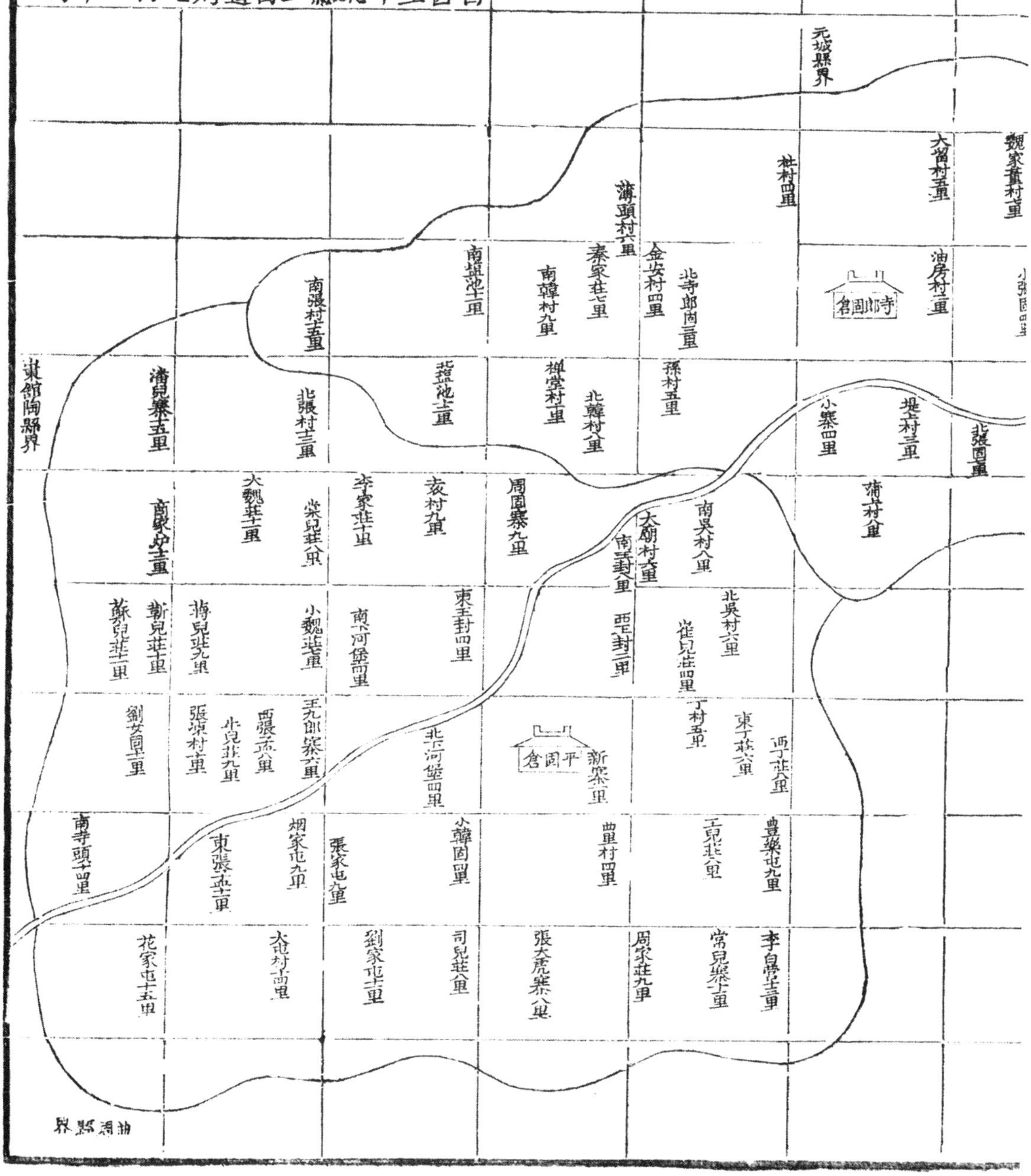

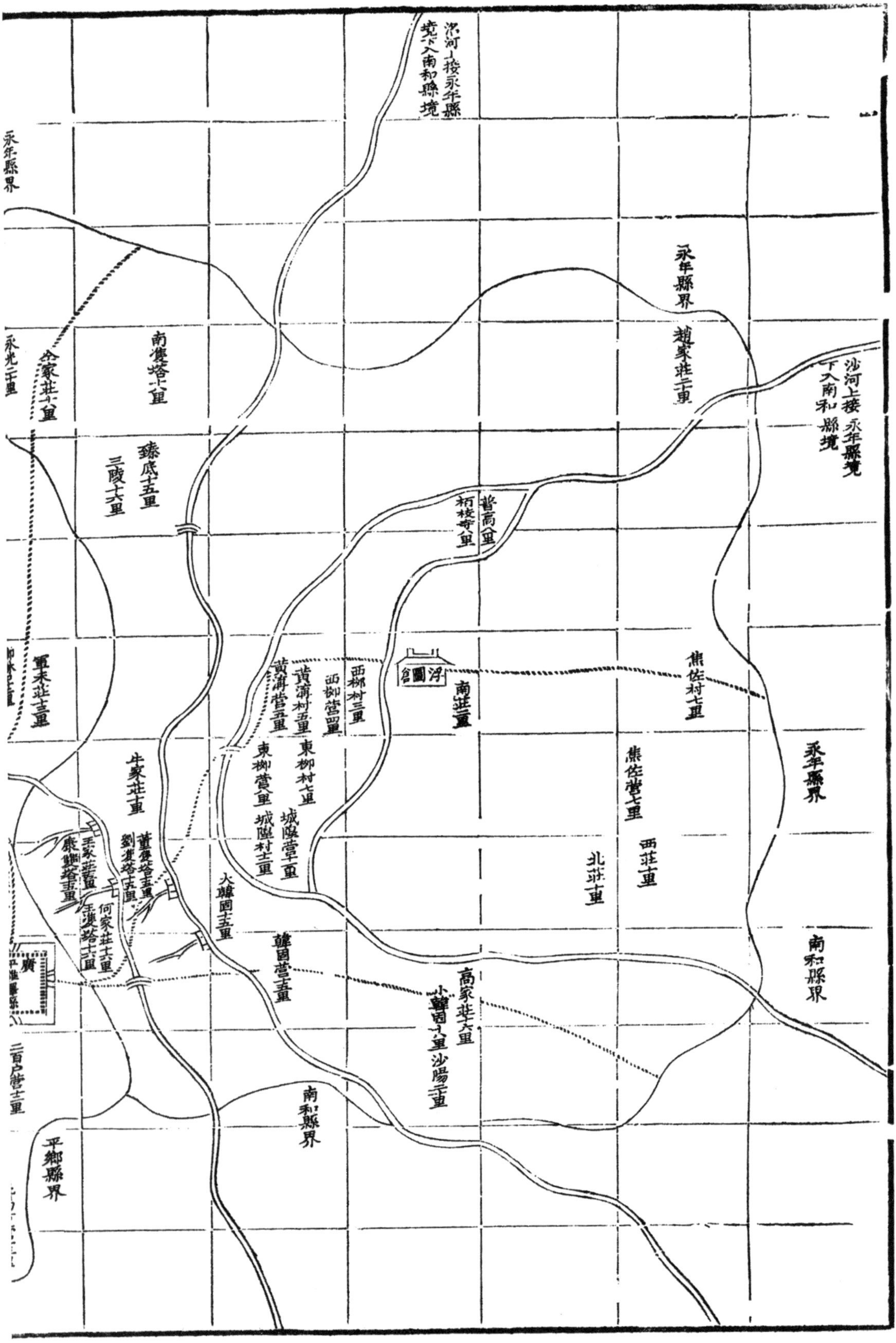

洺河上接永年縣境下入南和縣境
永年縣界
永年縣界
趙家莊二里
沙河上接永年縣境下入南和縣境
南台塔八里
臻底十五里
三陂十六里
普高八里
柏棱寺八里
浮圖
南莊一里
焦佐村七里
黄浦營五里
黄浦村五里
西柳營四里
西柳村三里
東柳營一里
東柳村七里
城隍村十里
城隍營二里
牛家莊一里
焦佐營七里
西莊二里
北莊二里
永年縣界
大韓固十里
韓固營十里
高家莊六里
小韓固八里
沙陽二里
南和縣界
何家莊十里
南和縣界
二百户營十里
平鄉縣界

雞澤縣東至曲周縣界三十里由大道至縣治二十五里西至永年縣界一十里由大道至縣治六十里南至永年縣界一十五里由大道至縣治六十里北至平鄉縣界六里由大道至縣治十一里東南至曲周縣界三十里由大道至縣治三十五里西南至永年縣界三十里由大道至縣治六十里東北至平鄉縣界八里由大道至縣治十二里西北至南和縣界八里由大道至縣治二十五里

縣屬大小一百一十一村每一十里内建倉一區計伃畐店小寨村吳官營共建倉一區

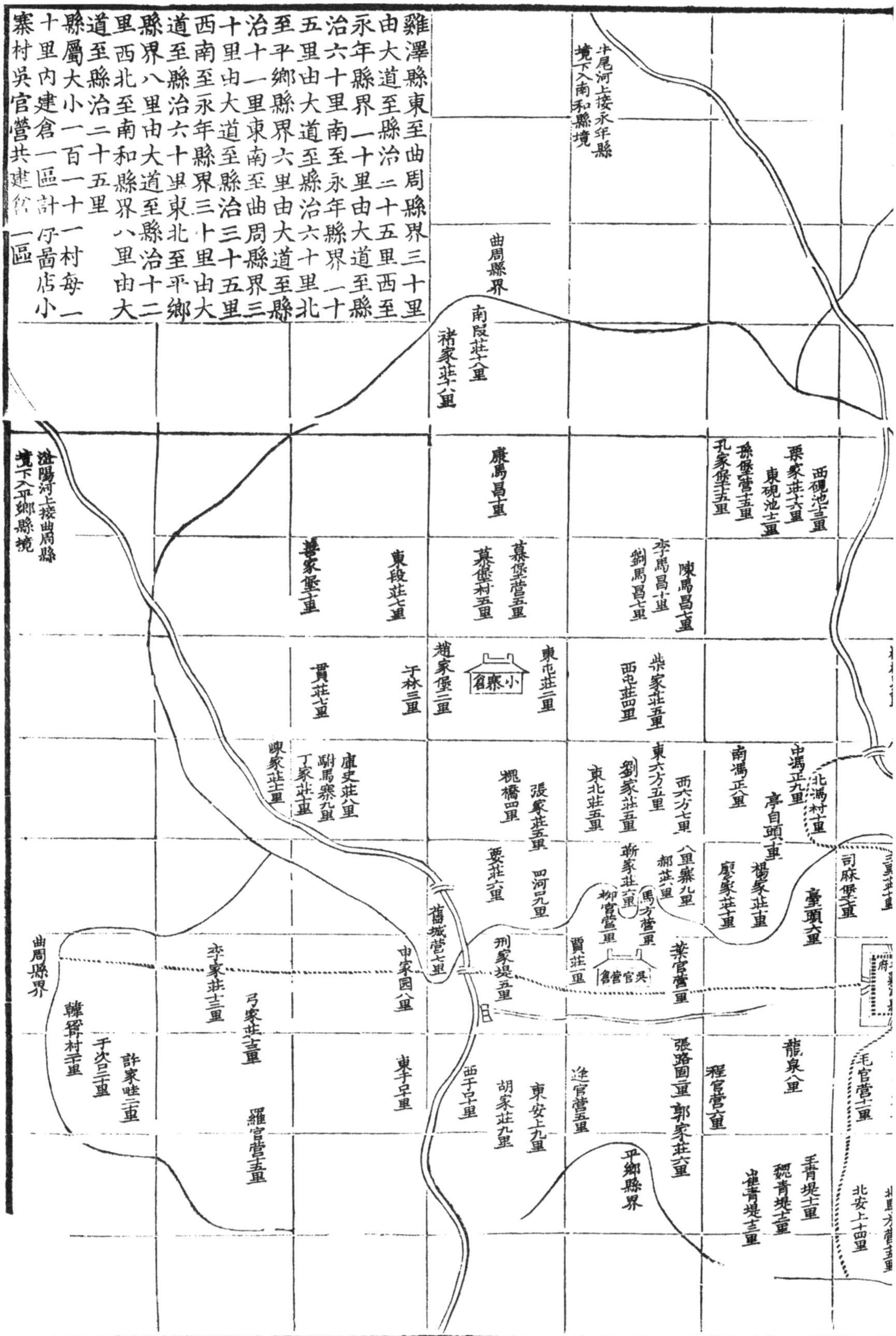

威縣東至山東臨清州界六十里由大道至州治九十里西至廣宗縣界一里由大道至縣治二十五里南至曲周縣界二十里由大道至縣治七十里北至南宮縣界七十里由大道至縣治九十里東南至曲周縣界三十里由大道至縣治七十里西南至廣宗縣界八里由大道至縣治一十五里東北至南宮縣界七十里由大道至縣治九十里西北至廣宗縣界五十里由大道至縣治一十五里縣屬大小二百五村每一十里内建倉一區計第十營方家營邵固堡南里村章華堡七級倉經鎮堡紅龍集共建倉八區

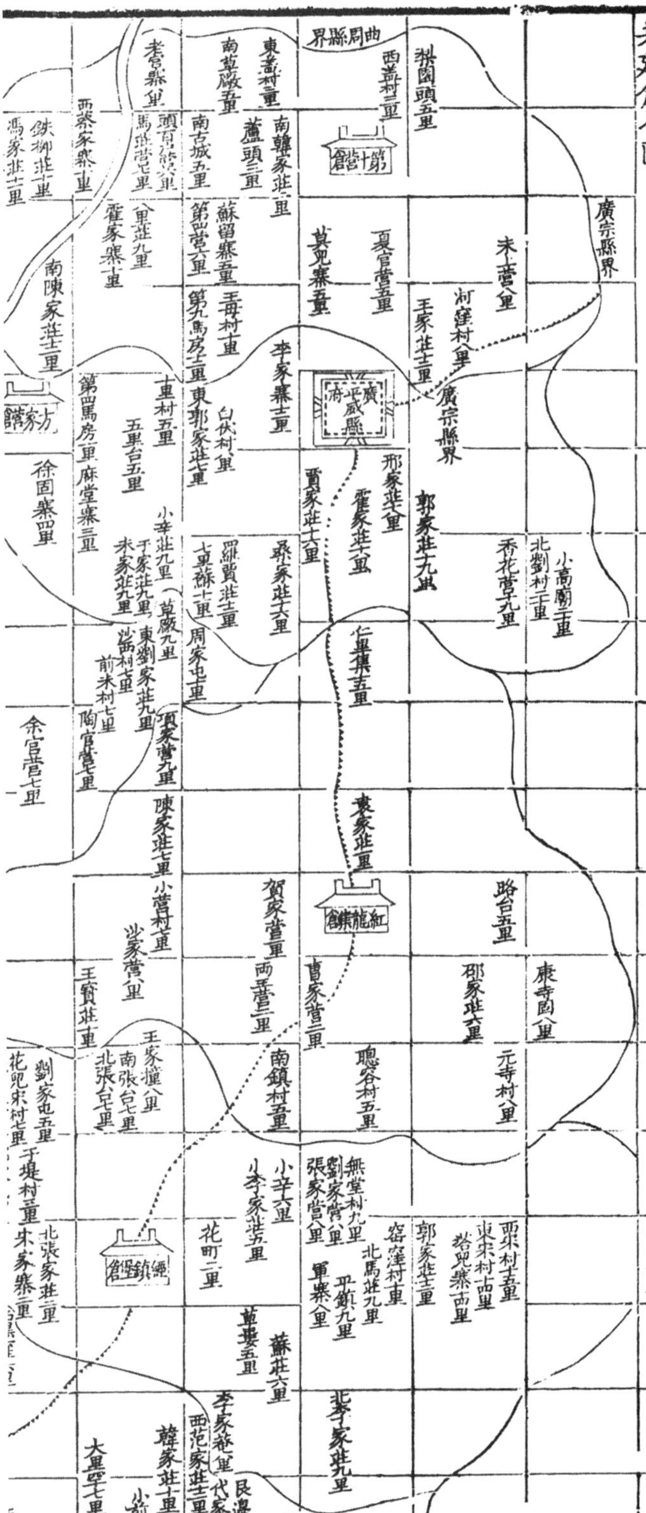

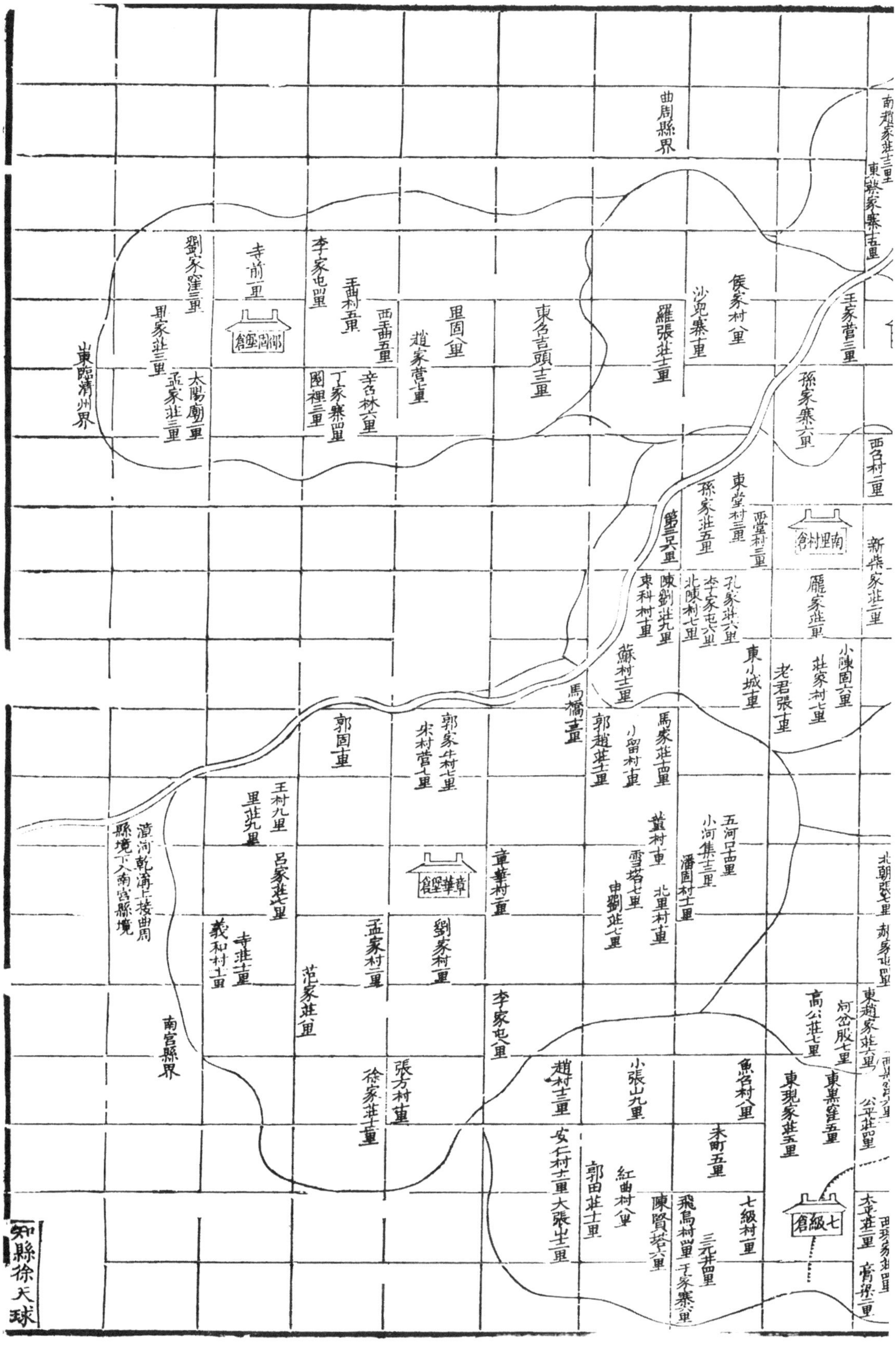
曲周縣界
山東臨清州界
南宮縣界
漳河乾涌上接曲周縣境下入南宮縣境
寺前一里
劉家窪三里
李家屯四里
東名古頭十三里
羅張莊十里
沙兒寨一里
侯家村八里
王家營三里
孫家寨六里
南里村倉
七級倉
章華堡倉
郭固一里
馬橋十二里
東小城一里
老君張一里
里莊九里
王村九里
呂家莊六里
寺莊十里
義和村十四里
孟家村一里
劉家村一里
范家莊四里
李家屯八里
張方村一里
徐家莊十一里
趙村十一里
小張山九里
魚台村八里
東現家莊五里
東黑莊五里
安仁村十二里
郭田莊十一里
紅曲村八里
陳賢莊六里
飛烏村四里
七級村一里
知縣徐天球

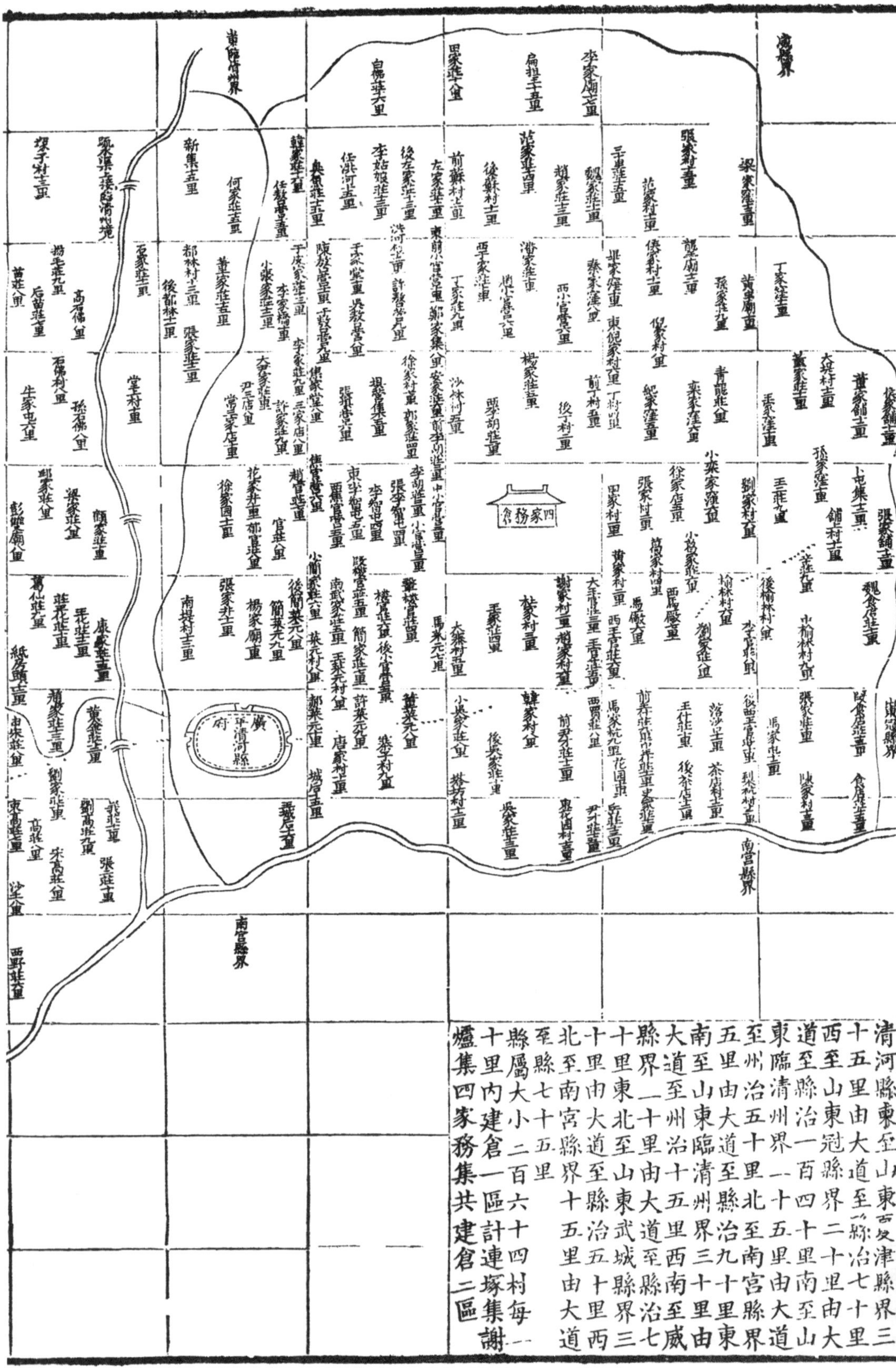


清河縣東至山東夏津縣界三十五里由大道至縣治七十里西至山東冠縣界二十里由大道至縣治一百四十里南至山東臨清州界一十五里由大道至州治五十里北至南宮縣界五里由大道至縣治九十里東南至山東臨清州界三十里由大道至州治十五里西南至威縣界一十里由大道至縣治七十里東北至山東武城縣界三十里由大道至縣治五十里西北至南宮縣界十五里由大道至縣七十五里

縣屬大小二百六十四村每一十里內建倉一區計連塚集謝爐集四家務集共建倉三區

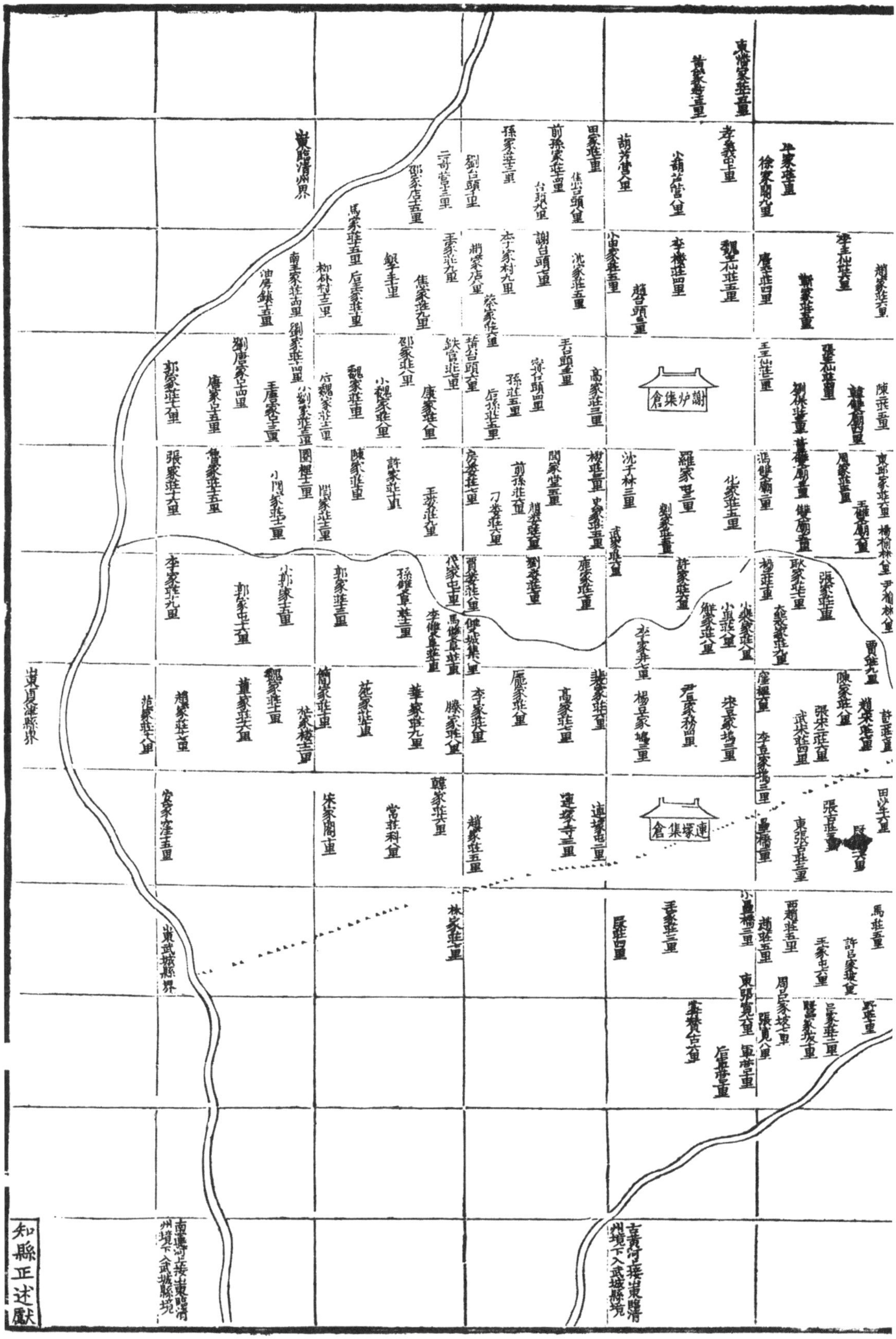
山東臨清州界
山東夏津縣界
山東武城縣界
謝爐集倉
連窩集倉
南運河東接山東臨清州境下入武城縣境
古黃河接山東臨清州境下入武城縣境
知縣正述獻

開州東至山東濮州界五十里至州治六十里西至河南滑縣界二十里至縣治九十里南至東明縣界六十五里至縣治九十里北至清豐縣界三十里至縣治四十五里東南至山東荷澤縣界八十五里至縣治一百二十里西南至河南滑縣界二十里至縣治九十里東北至清豐縣界四十里至縣治四十五里西北至河南內黃縣界六十里至縣治六十五里

州屬大小一千二百一十一村每二十里內建倉一區計柳下屯集文留集八公橋集徐鎮集呂邱店東子岸井店白倉清河頭集焦邱村陳家樓共建倉十一區

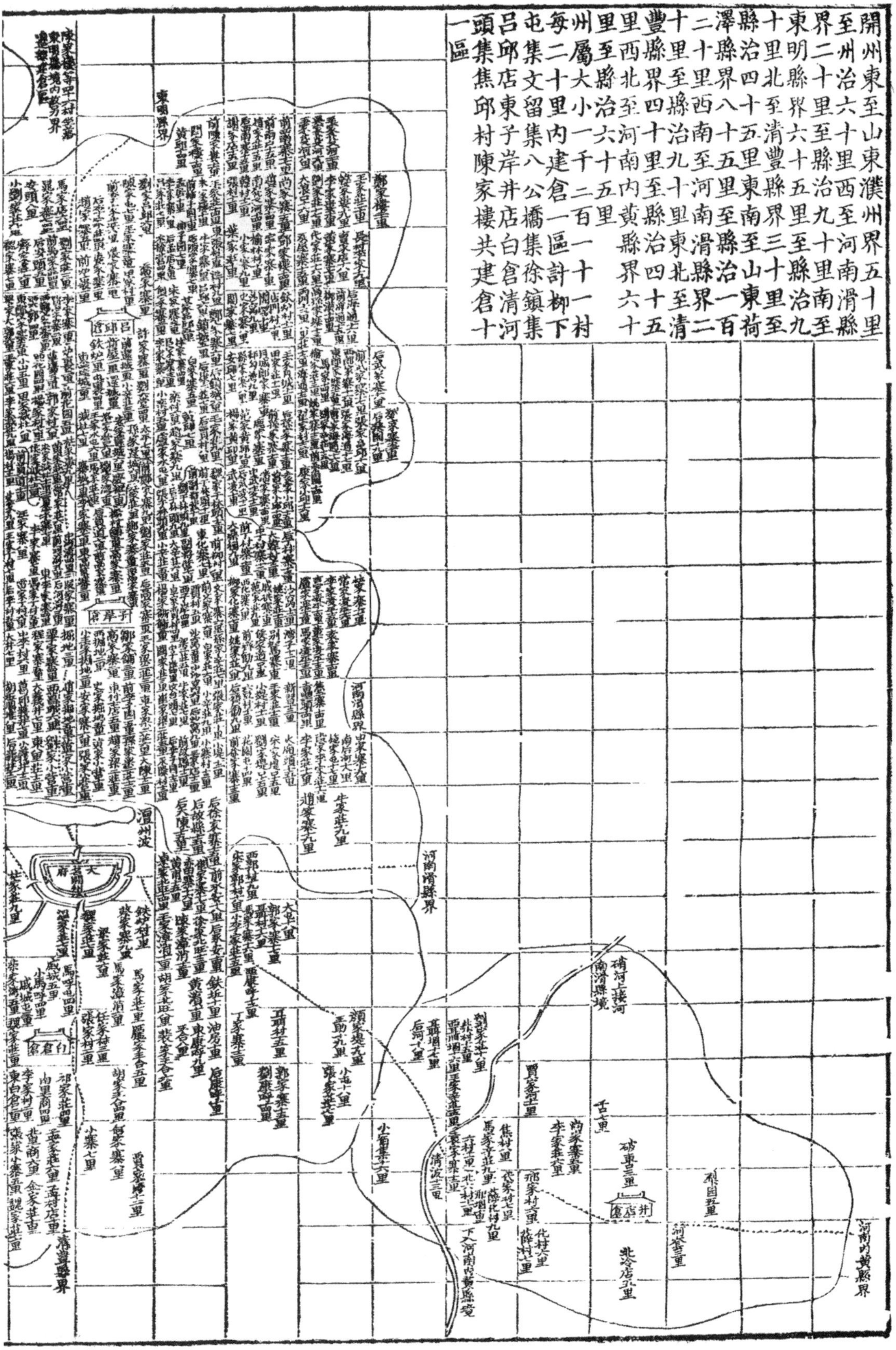

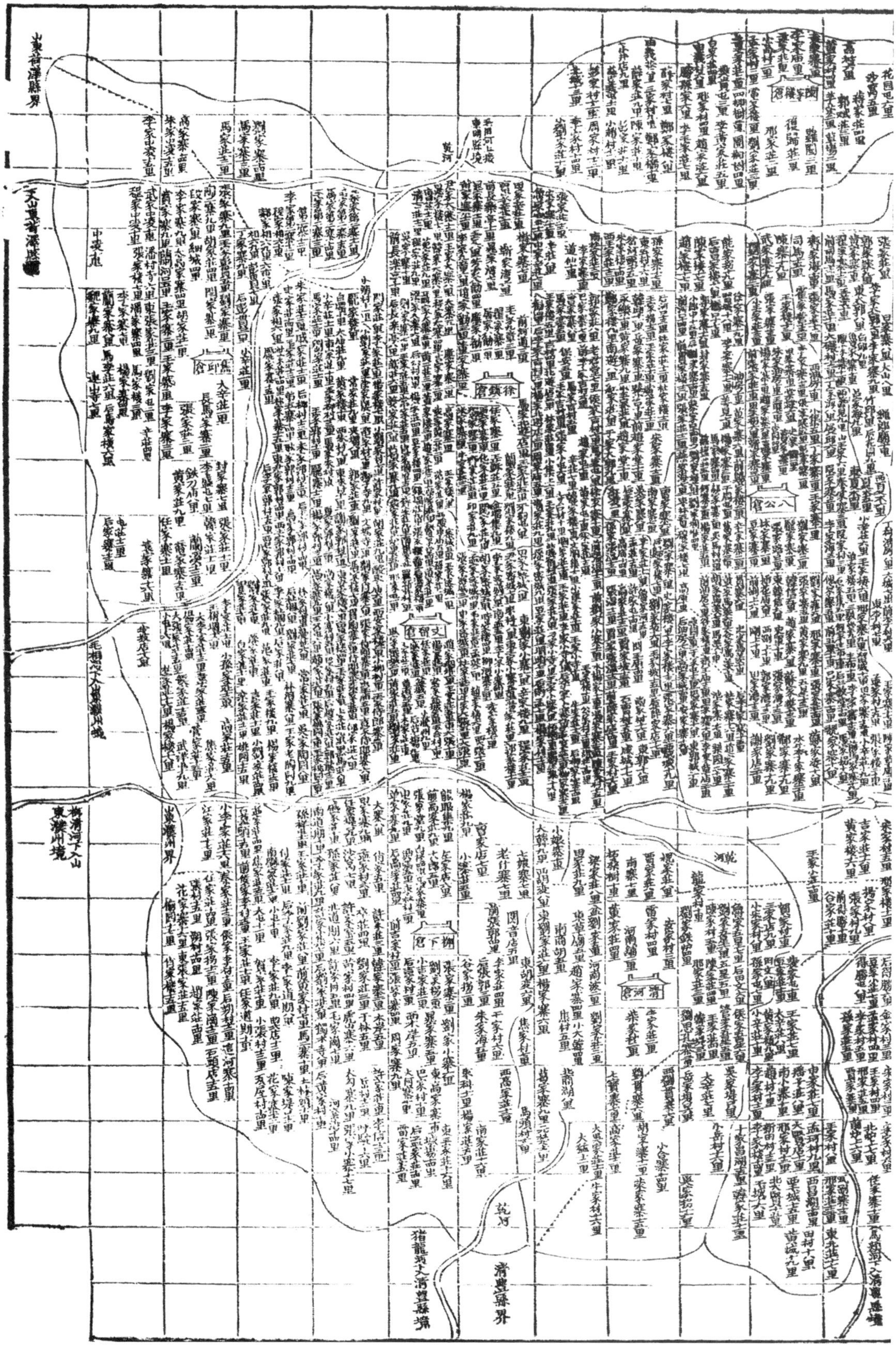
八公倉
徐鎮倉
清豐縣界

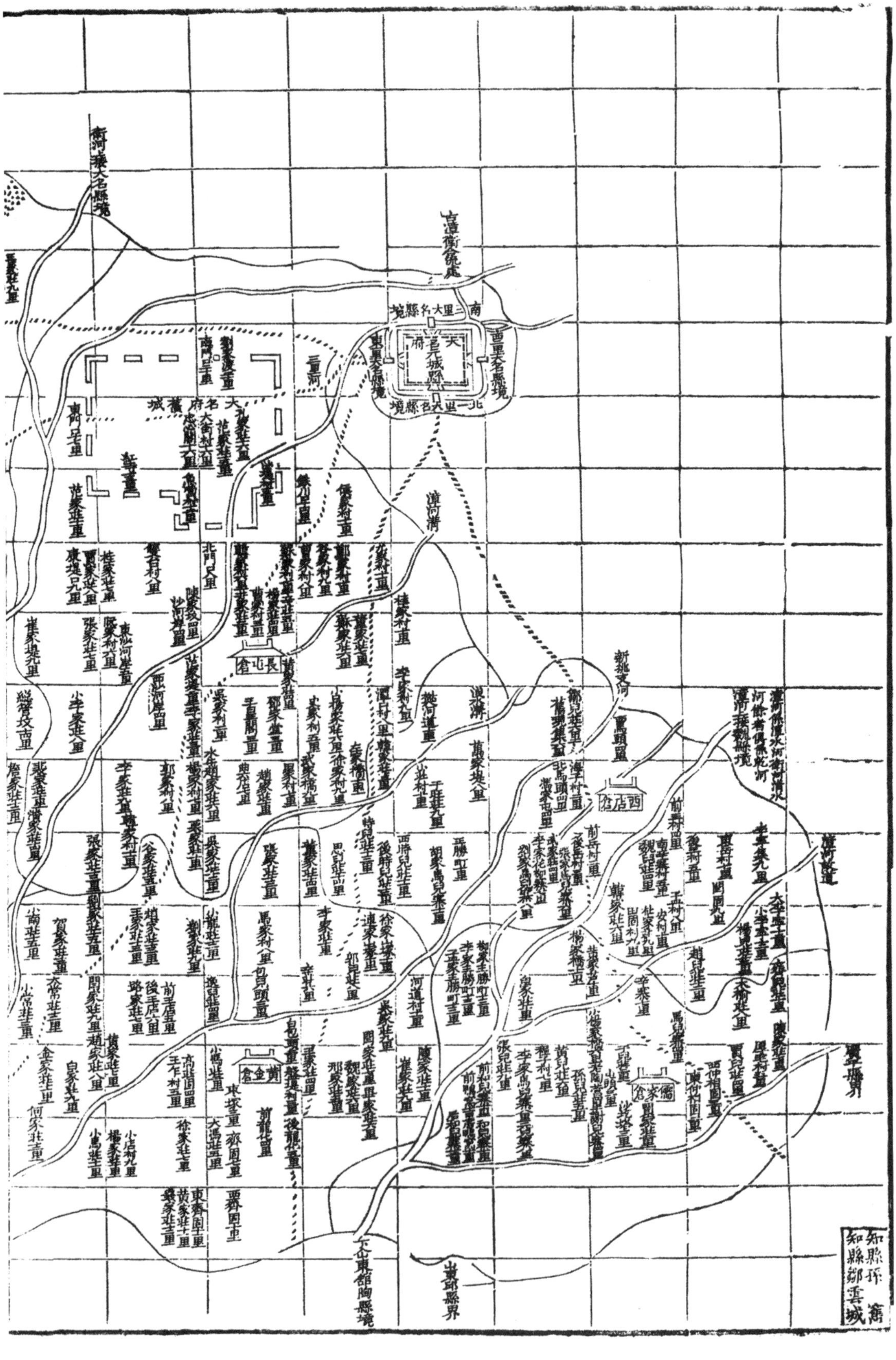

衛河接大名縣境
古漳衛合流處
南三里大名縣境
大名府元城縣
北一里大名縣境
西一里大名縣境
東一里大名縣境
大名府舊城
長屯倉
西店倉
黃金倉
山東館陶縣境
山東邱縣界
知縣孫　齋
知縣鄒雲城

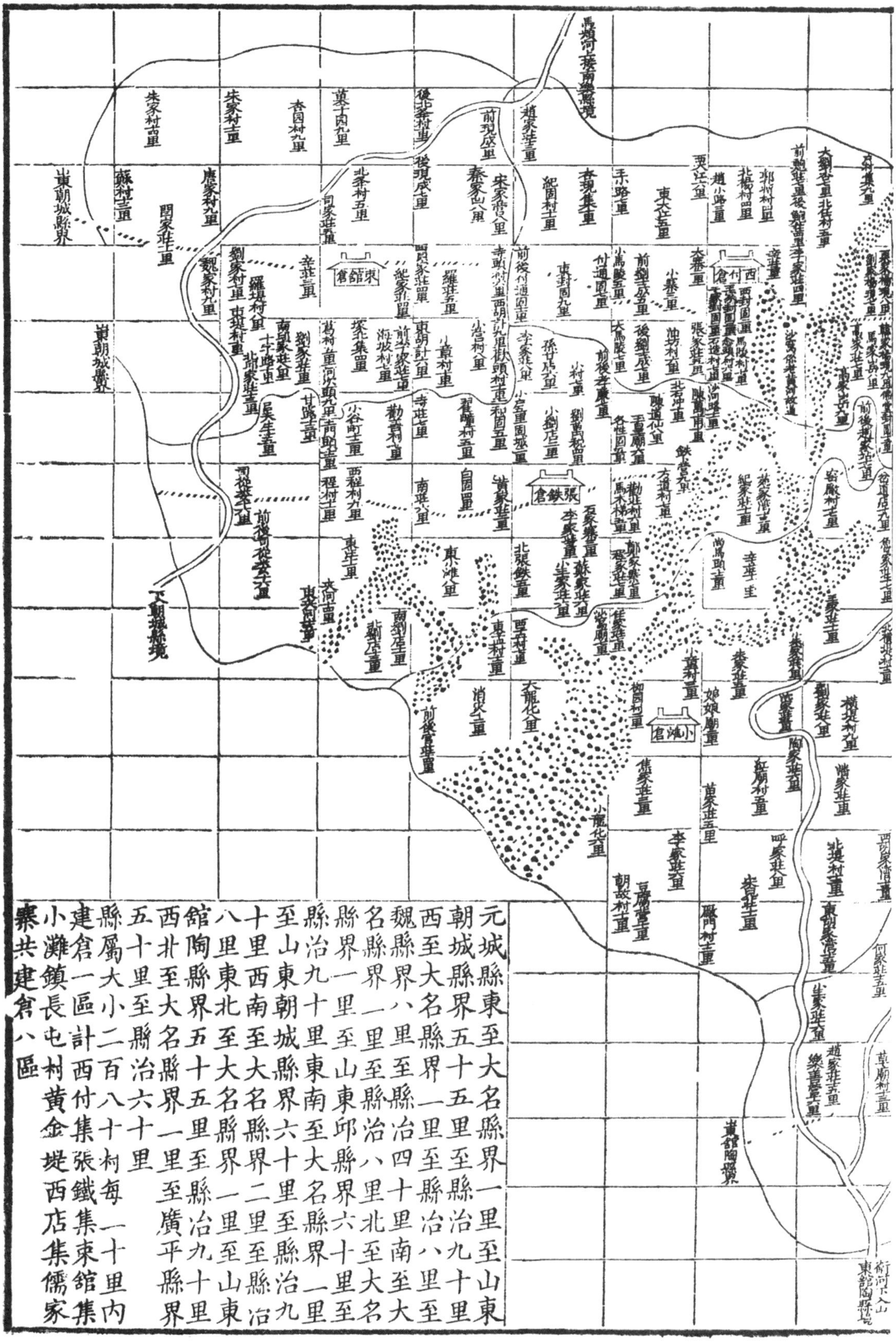


元城縣東至大名縣界一里至山東朝城縣界五十五里至縣治九十里西至大名縣界一里至縣治八里至魏縣界八里至縣治四十里南至大名縣界一里至縣治八里北至大名縣界一里至山東邱縣界六十里至縣治九十里東南至大名縣界一里至山東朝城縣界六十里至縣治九十里西南至大名縣界二里至縣治八里東北至大名縣界一里至山東館陶縣界五十五里至縣治九十里西北至大名縣界一里至廣平縣界五十里至縣治六十里

縣屬大小二百八十村每一十里內建倉一區計西付集張鐵集東館集小灘鎮長屯村黄金堤西店集儒家寨共建倉八區

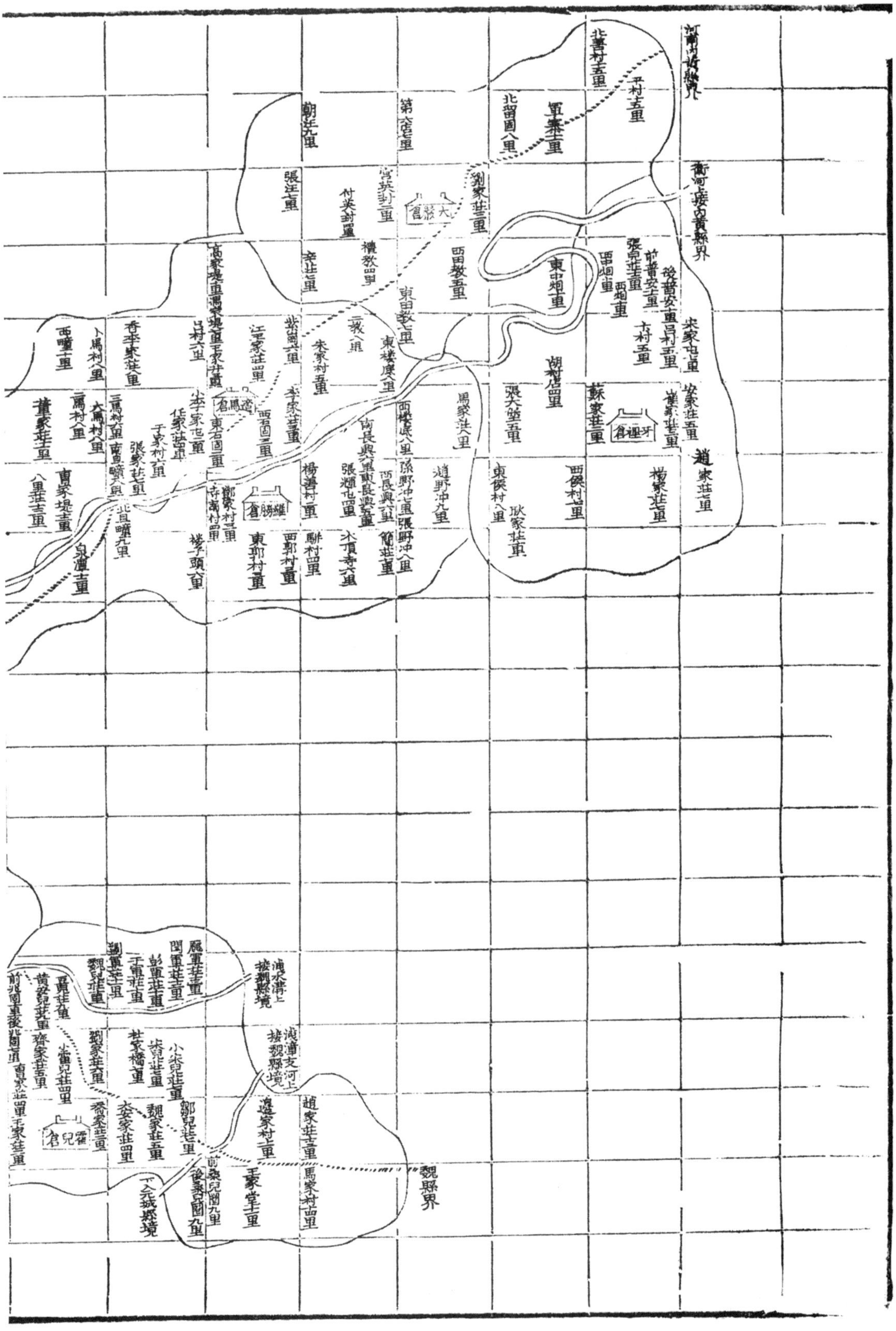

北留固八里
朝莊九里
張莊七里
西田敎五里
東田敎七里
馬家莊八里
胡村店四里
楊家莊五里
安家莊五里
東郭村五里
西郭村四里
趙家莊五里
魏縣界

大名縣東至元城縣界二十九里至縣治二十里西至魏縣界七里至縣治四十五里南至南樂縣界十里至縣治二十里北至元城縣界三十七里至縣治三十八里東南至南樂縣界十七里至縣治四十里西南至河南内黄縣界六十六里至縣治九十里東北至元城縣界一十三里至縣治二十四里西北至魏縣界四十一里至縣治四十五里

縣屬大小二百二十五村每十五里内建倉一區計李茂堤羅勝屯牙裡集大嚴屯邊馬集七里店霍兒莊共建倉七區

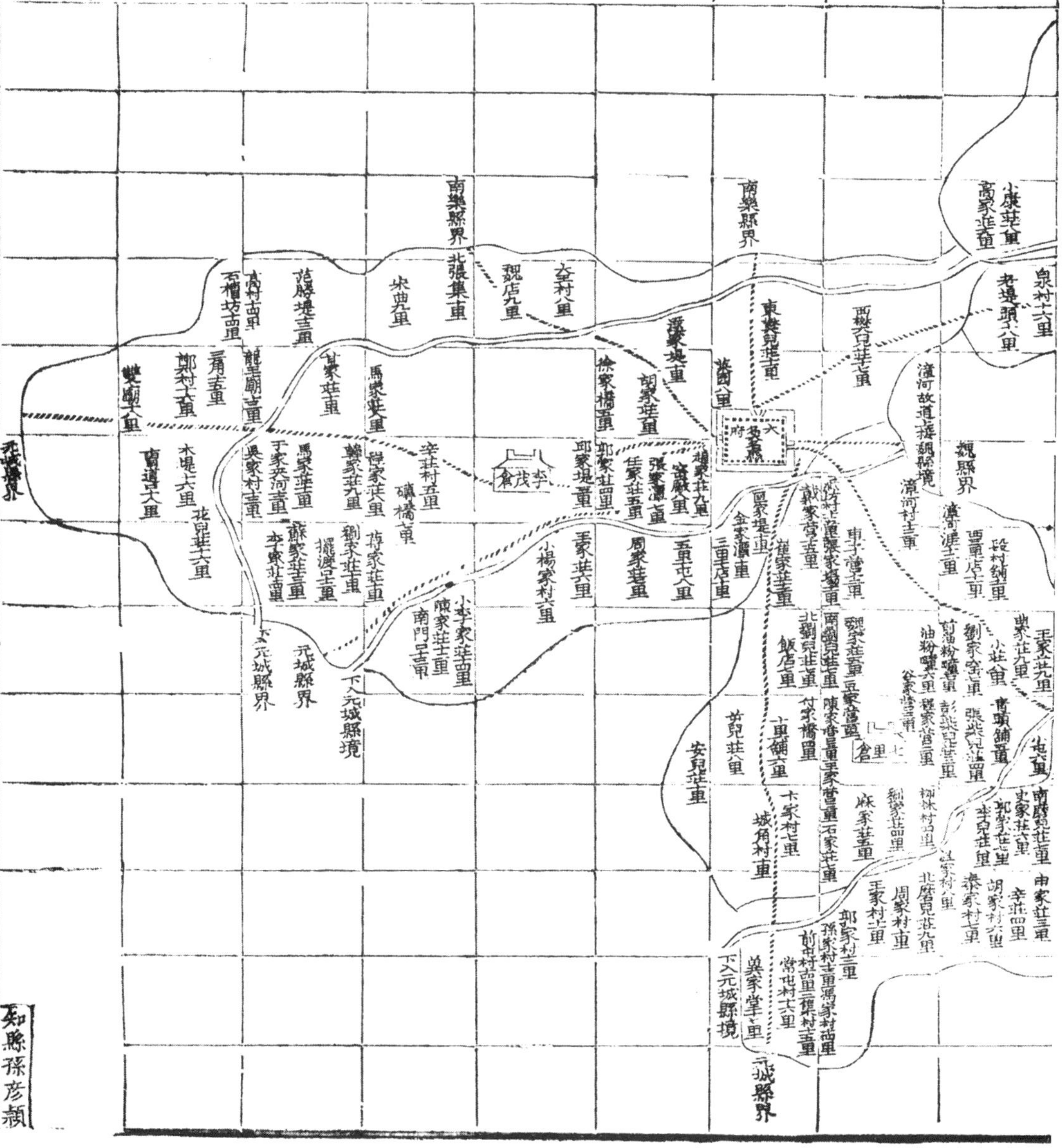


知縣孫彥頳

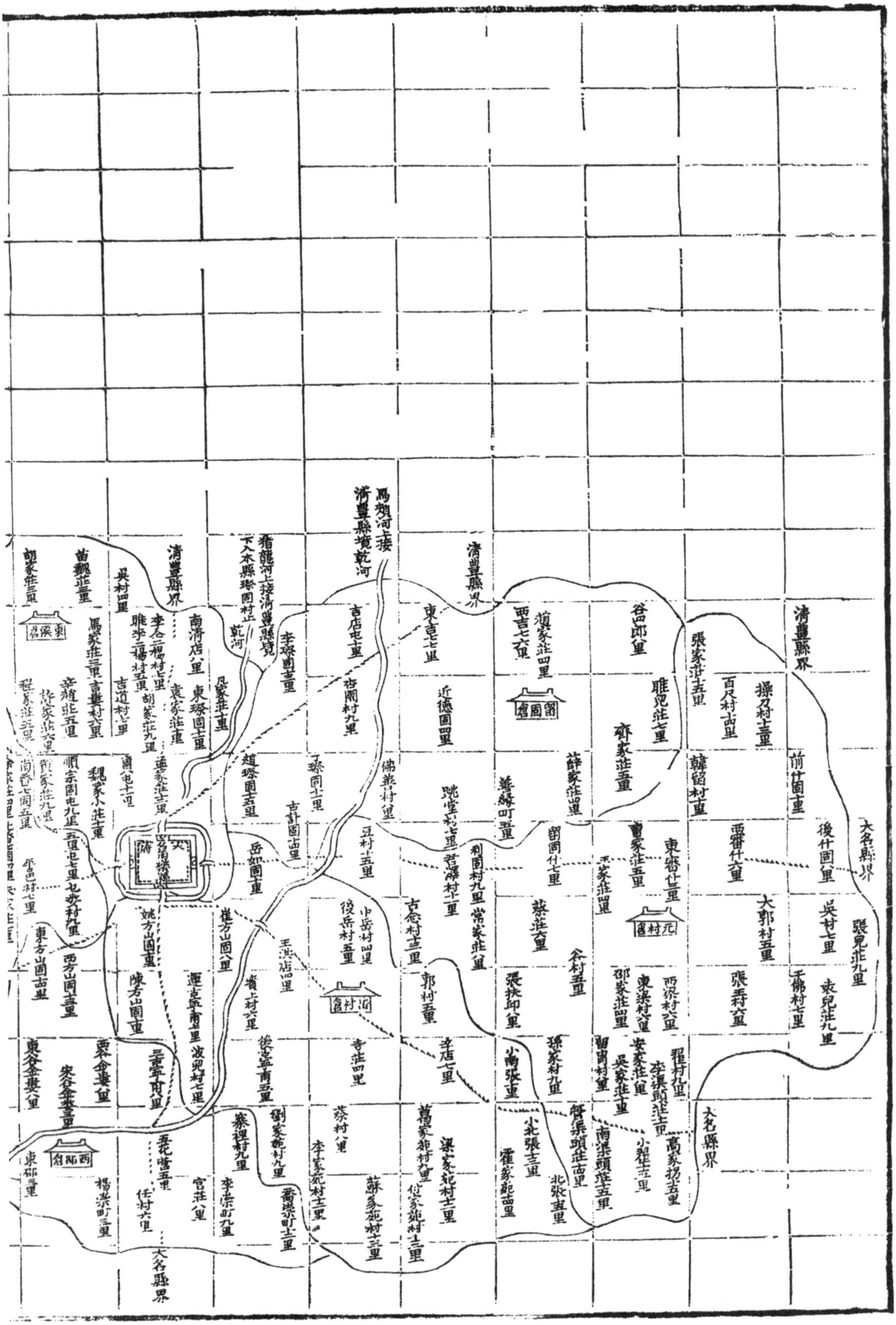
馬頰河上接
清豐縣境乾河
清豐縣界
清豐縣界
清豐縣界
清豐縣界
大名縣界
大名縣界
大名縣界

南樂縣東至山東朝城縣界四十八里至縣治六十里西至大名縣界三十五里至縣治二十七里南至清豐縣界十五里至縣治五十里北至大名縣界二十五里至縣治二十六里東南至山東觀城縣界二十一里至縣治四十里西南至清豐縣界二十里至縣治五十五里東北至元城縣界二十五里至縣治六十五里西北至大名縣界一十五里至縣治四十里

縣屬大小二百四十村每十五里内建倉一區計大屯村韓張集大清集東候集元村集留固店岳村西邵村共建倉八區

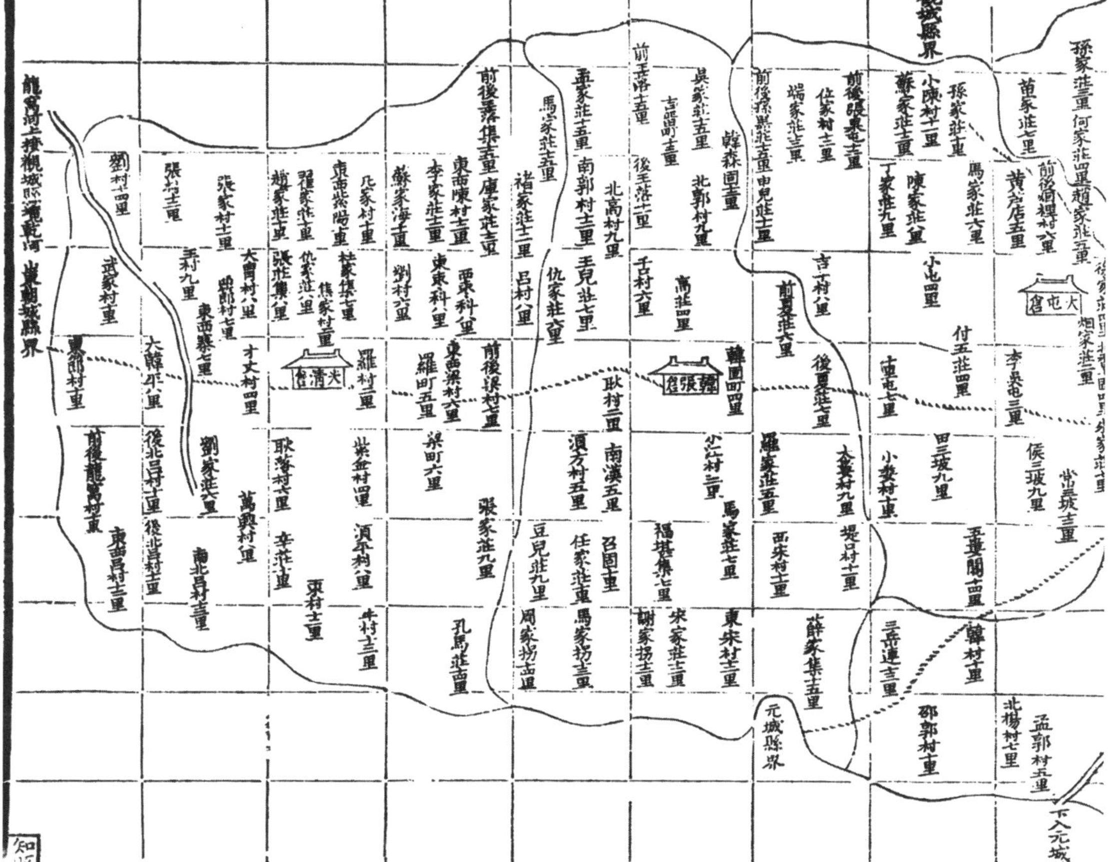

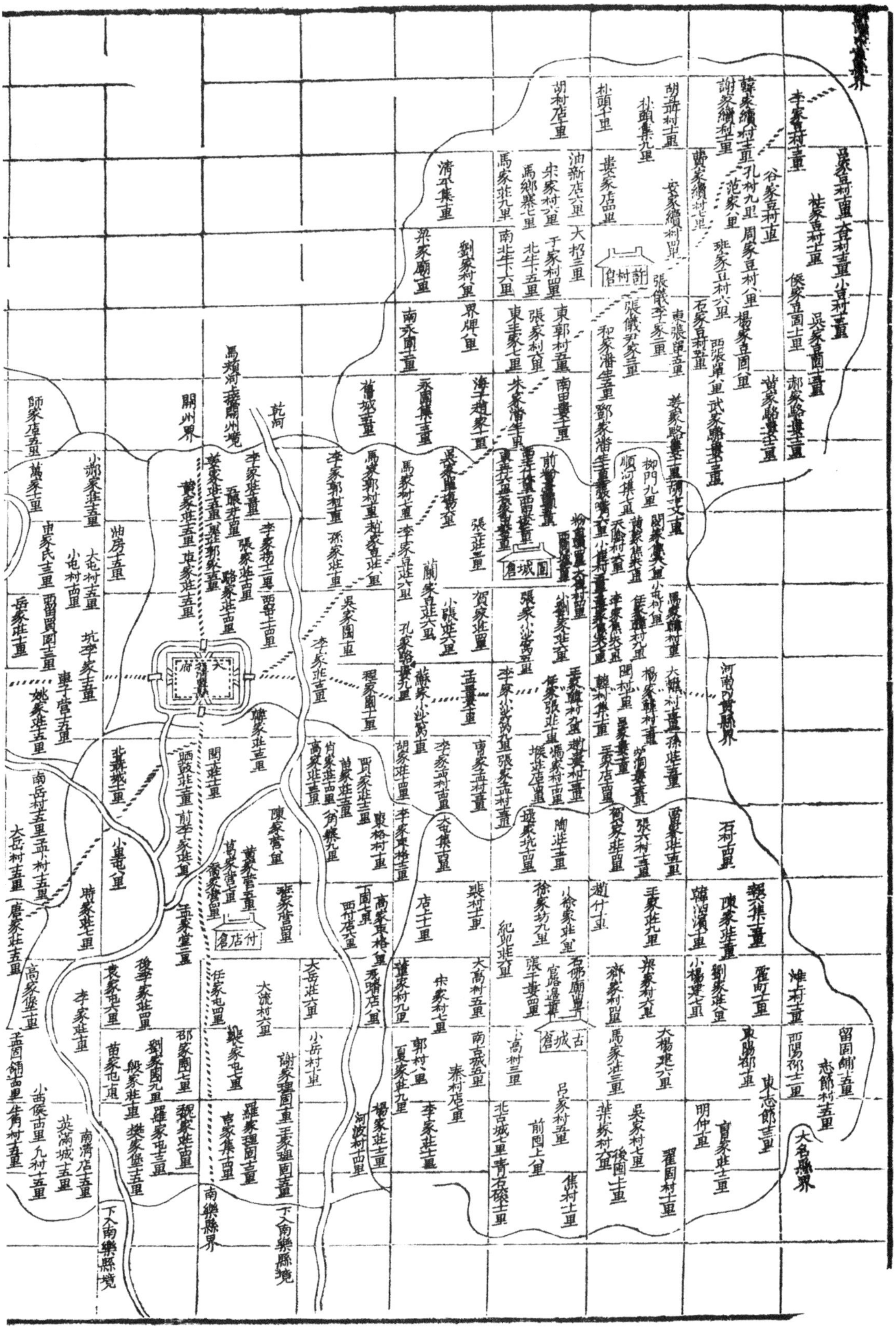
大名縣界
河南內黄縣界
開州界
南樂縣界
下入南樂縣境
下入南樂縣境
乾河
馬頰河
古城倉
城倉
付店倉
許村倉
清豐集三里
大招三里
界牌一里
油房五里
留固鋪一十五里
志節村一十五里
明仲里
石村四里
小高村三里
前固一里
焦村十二里
翟固村十二里
小屯村四里
大屯村五里
岳家莊十里
坑李家莊三里
姚家莊五里
南岳村五里
大岳村十五里
小車屯一里
北清城一里
時家莊五里
李家莊三里
小岳村七里
大岳莊六里
小張莊四里
谷家五村四里
李家村十二里
侯家五固十里
吳家五固十二里
東張固五里
賀家莊四里
張家莊五里
宮家營四里
孔家務八里
北古城七里

清豐縣東至山東觀城縣界一十五里至縣治五十里西至河南內黃縣界一十五里至縣治四十里南至開州界十五里至州治五十里北至南樂縣界三十五里至縣治四十里東南至山東濮州界四十里至州治六十里西南至河南內黃縣界五十里至縣治七十里東北至南樂縣界二十里至縣治五十五里西北至大名縣界四十五里至縣治八十里

縣屬大小四百七十八村每十五里內建倉一區計王毛集武強鎮雙廟集許村集固城集古城集付店集馬村集共建倉八區

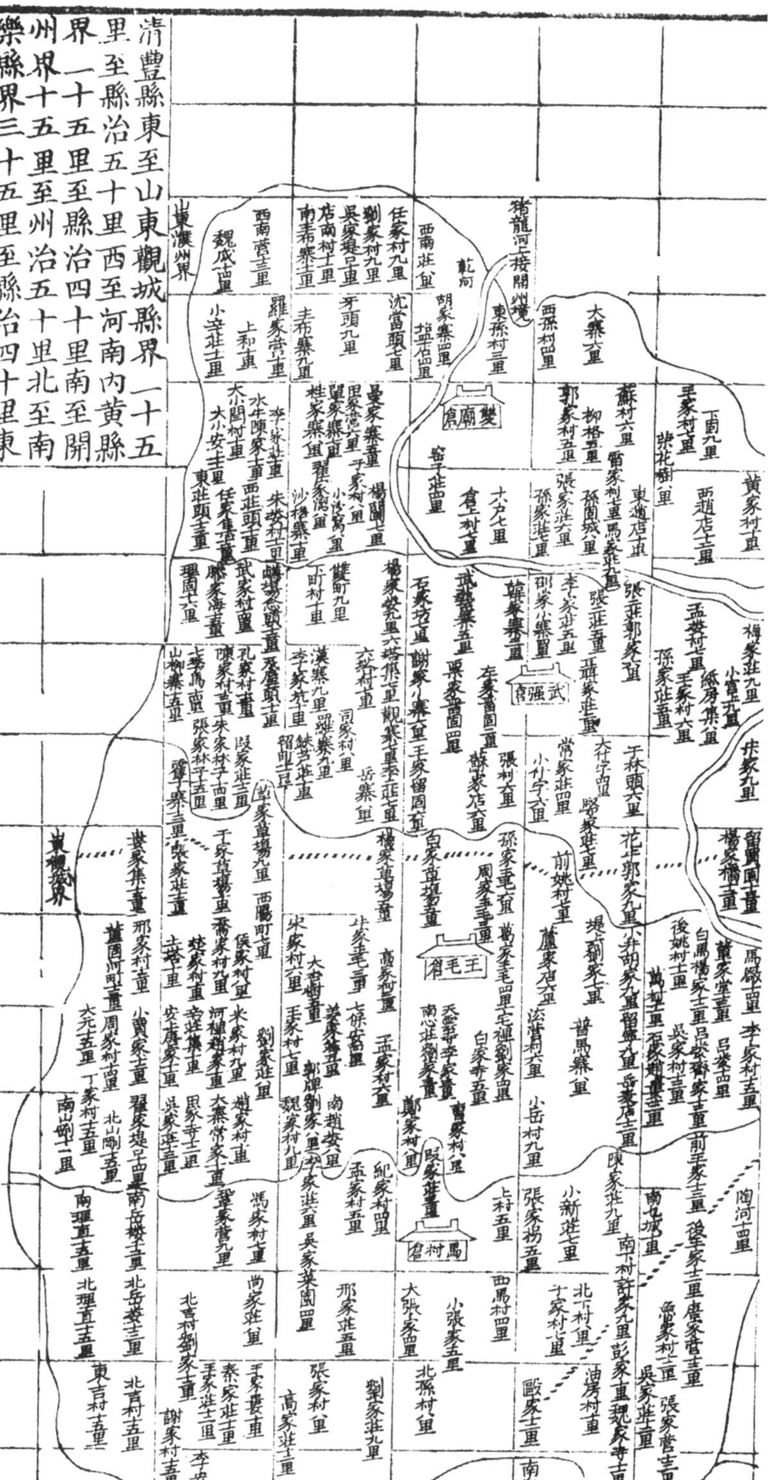

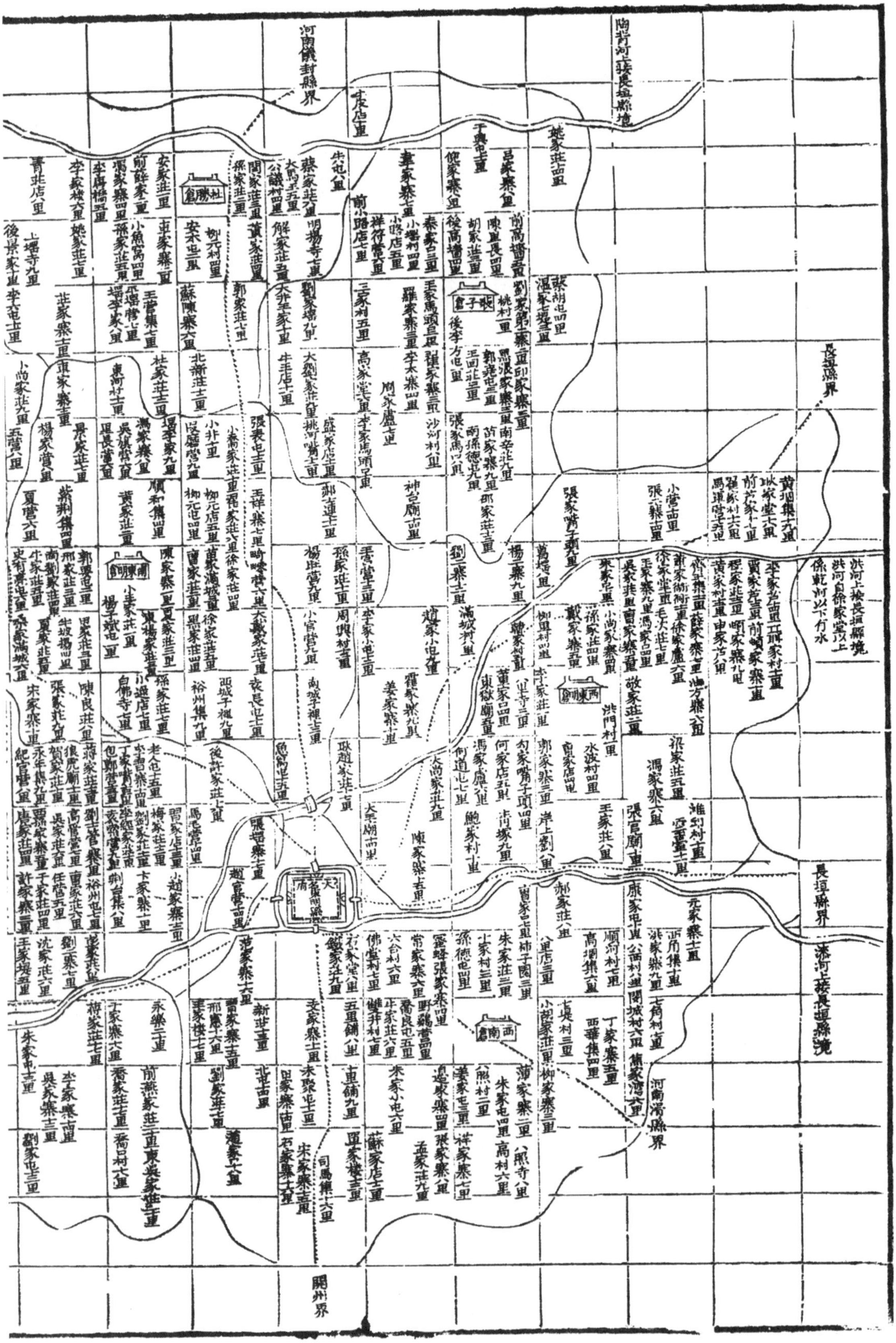

河南儀封縣界
陶村河接長垣縣境
長垣縣界
洪河上接長垣縣境
洪河自徐家堂以上係乾河以下有水
長垣縣界
河南滑縣界
開州界

東明縣東至山東荷澤縣界二十五里至縣治六十里西至長垣縣界二十五里至縣治七十里南至河南儀封縣界六十里至縣治一百里北至開州界二十五里至州治九十里東南至山東定陶縣界五十五里至縣治九十里西南至長垣縣界四十二里至縣治八十五里東北至山東濮州界六十里至州治一百二十里西北至河南滑縣界二十里至縣治一百二十里

縣屬大小四百七十八村每一十里內建倉一區計杜勝集裴子岩玉浩屯南東明集西東明集六圈集西南莊海頭集共建倉八區

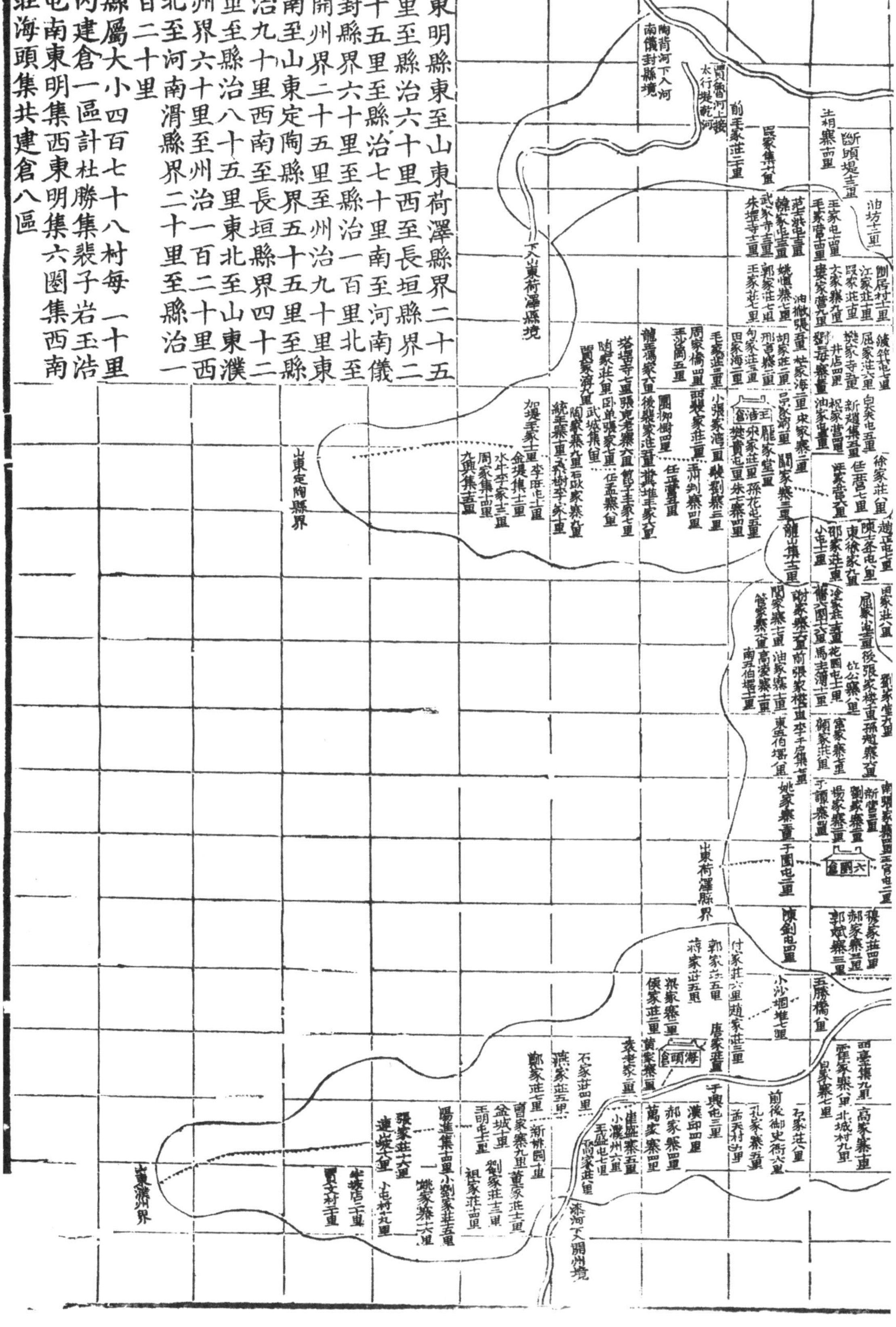

長垣縣東至東明縣界七十里至縣治七十里西至河南滑縣界二十八里至縣治九十里南至河南封邱縣界三十里至縣治六十里北至河南滑縣界二十五里由大道至縣治一百五東南至河南儀封縣界七十里至縣治一百里西南至河南封邱縣界一十五里由大道至縣治七十里東北至東明縣界四十五里由大道至縣治七十五里西北至滑縣界三十里由大道至縣治一百里

縣屬大小一千一百乚十四村每二十里內建倉一區計南岳集閭大堽板邱集樊相集常村集孟家堽麗家橋邵家樓共建倉八區

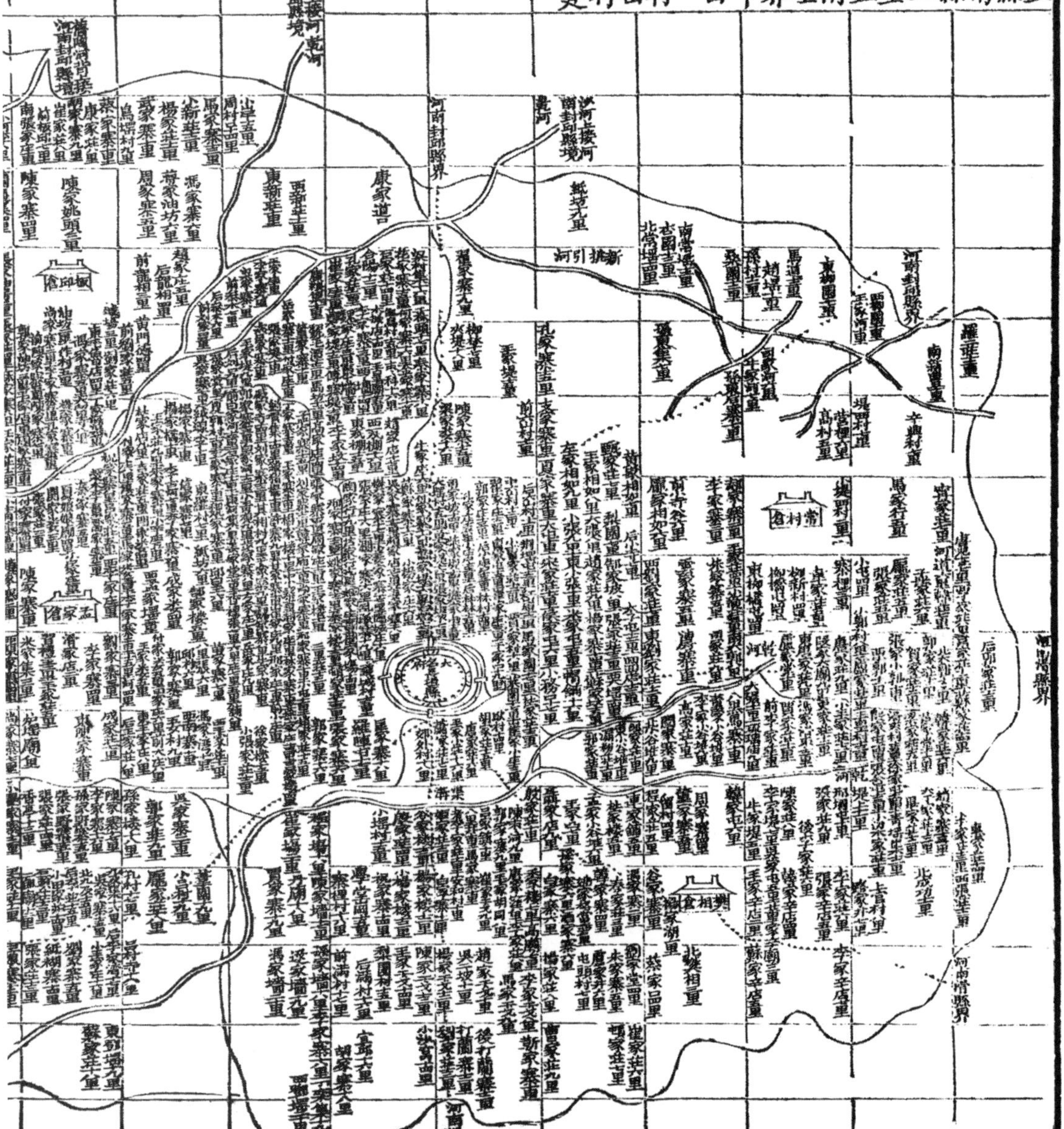

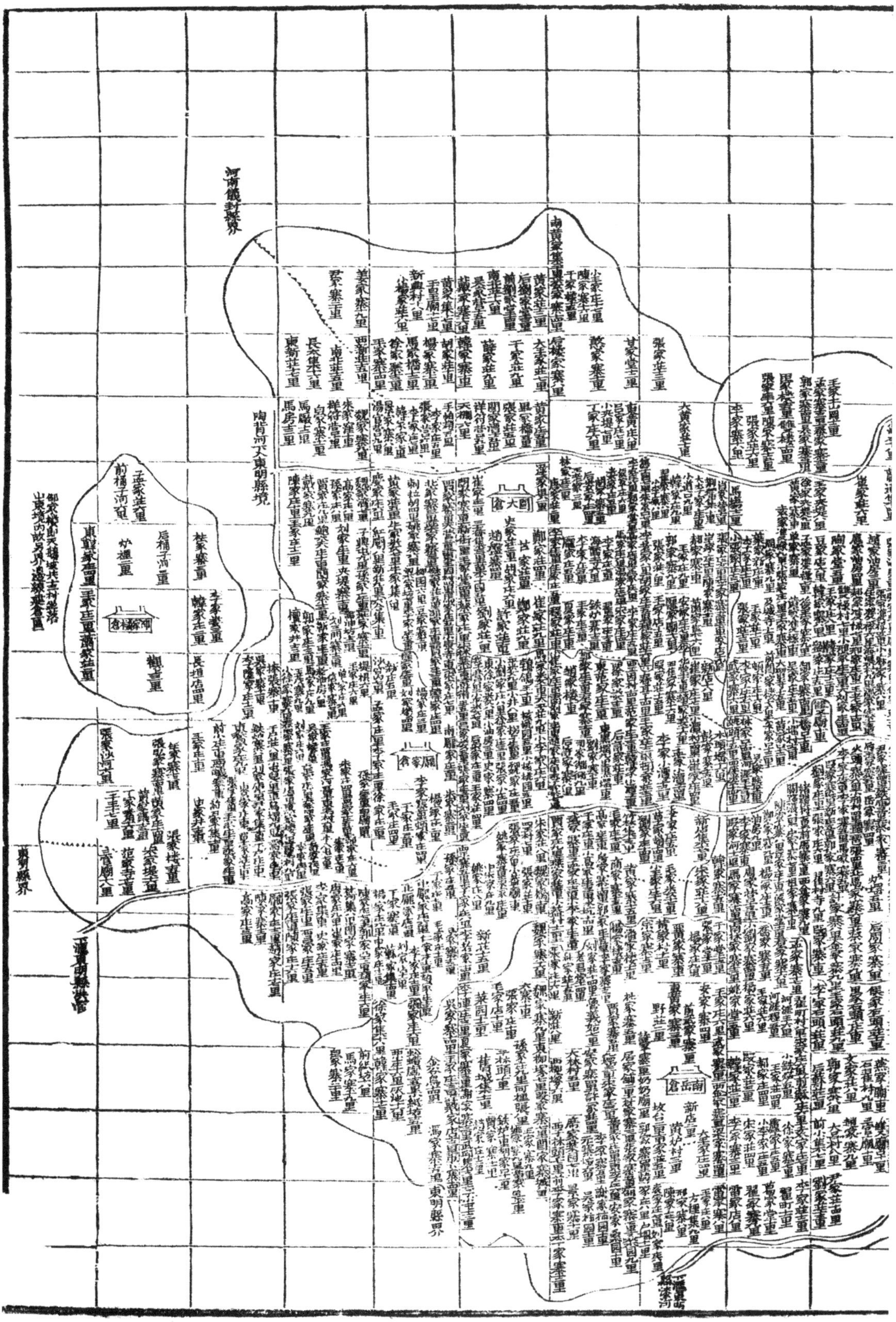
河南儀封縣界
東明縣界

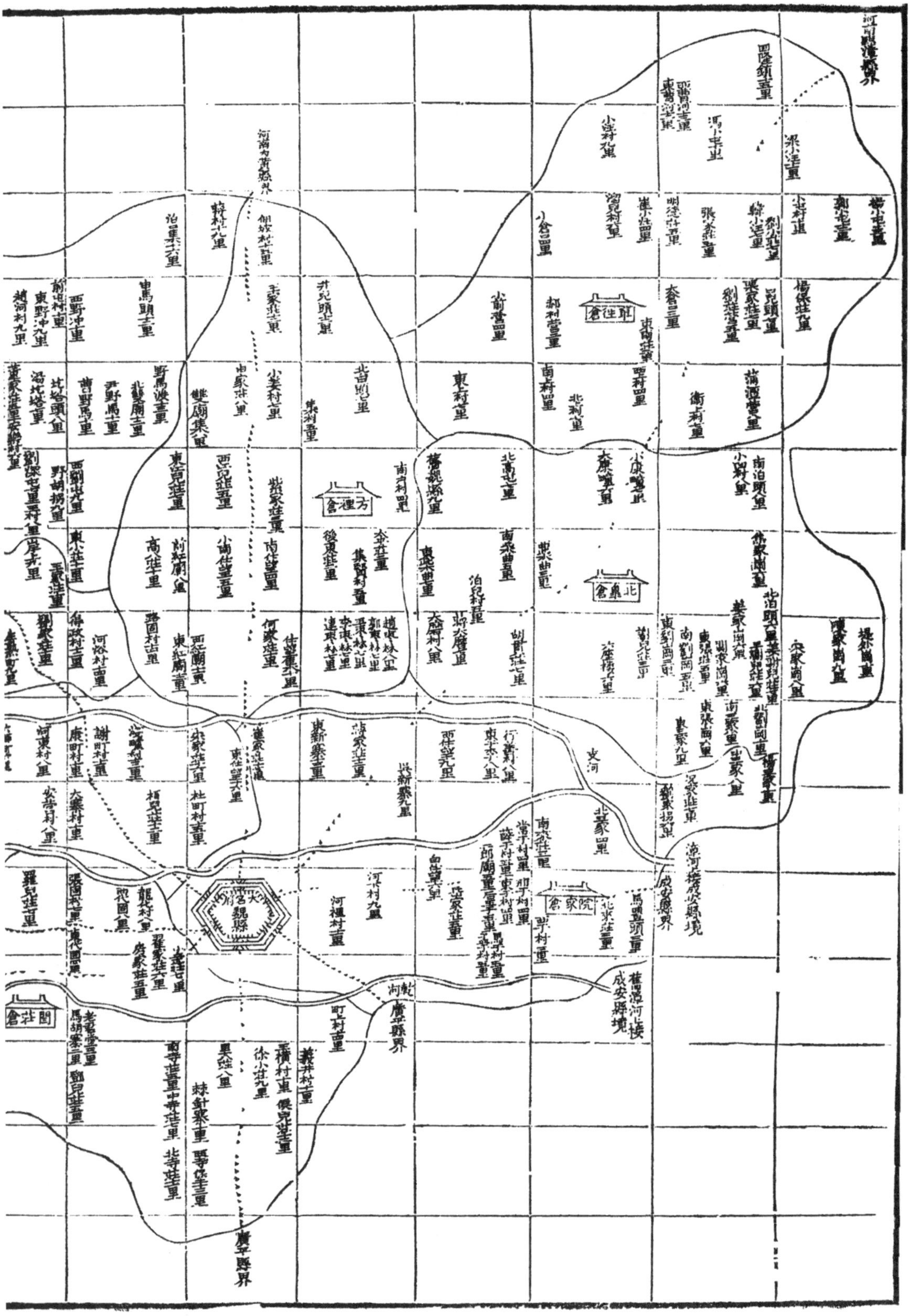
大名府
魏縣
廣平縣界

魏縣東至大名縣界三十五里至縣治四十五里西至成安縣界十五里至縣治四十五里南至河南内黄縣界四十里至縣治九十里北至廣平縣界十五里至縣治一十五里東南至大名縣界四十五里至縣治五十里西南至河南臨漳縣界五十里至縣治六十里東北至元城縣界一十五里至縣治四十里西北至廣平縣界五里至縣治一十五里

縣屬大小一百八十一村每十五里内建倉一區計沙口集雙井集方里集北皐集車往營晥家堡高兒寨閻莊共建倉八區

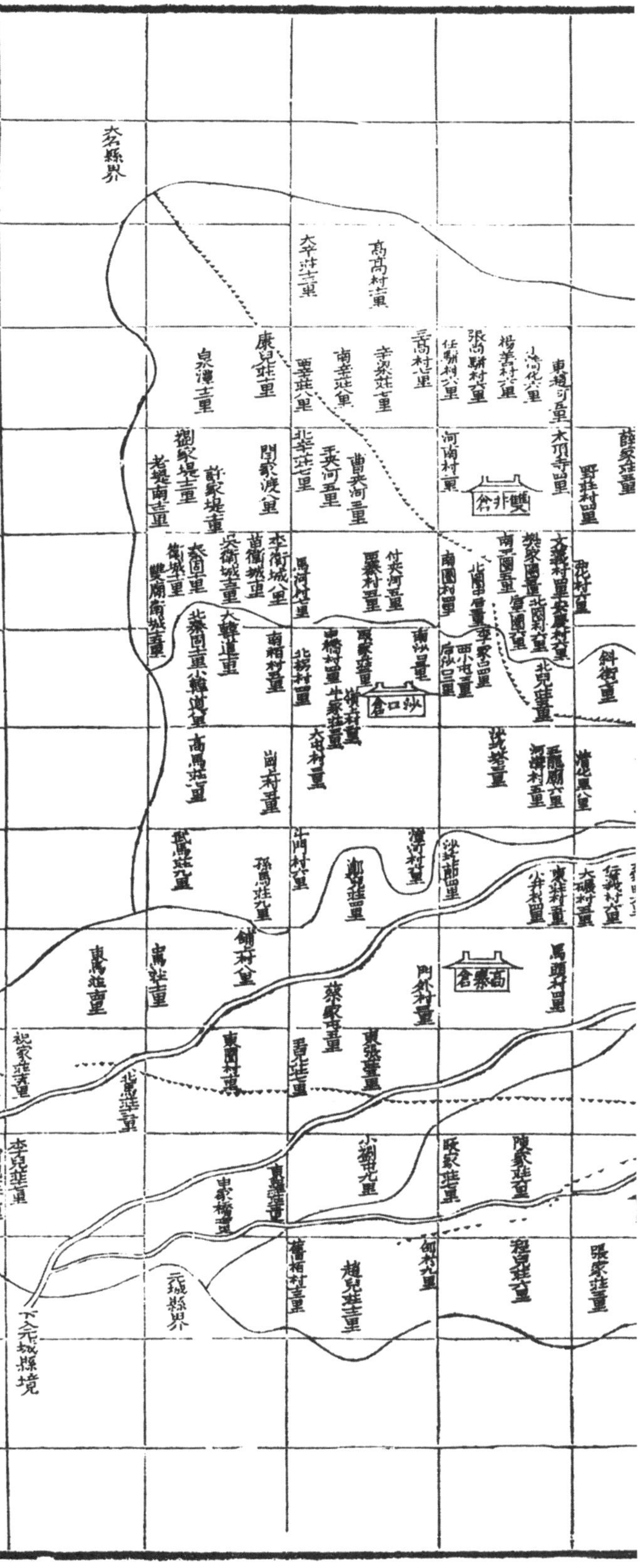

# 畿輔義倉圖

河間府　天津府

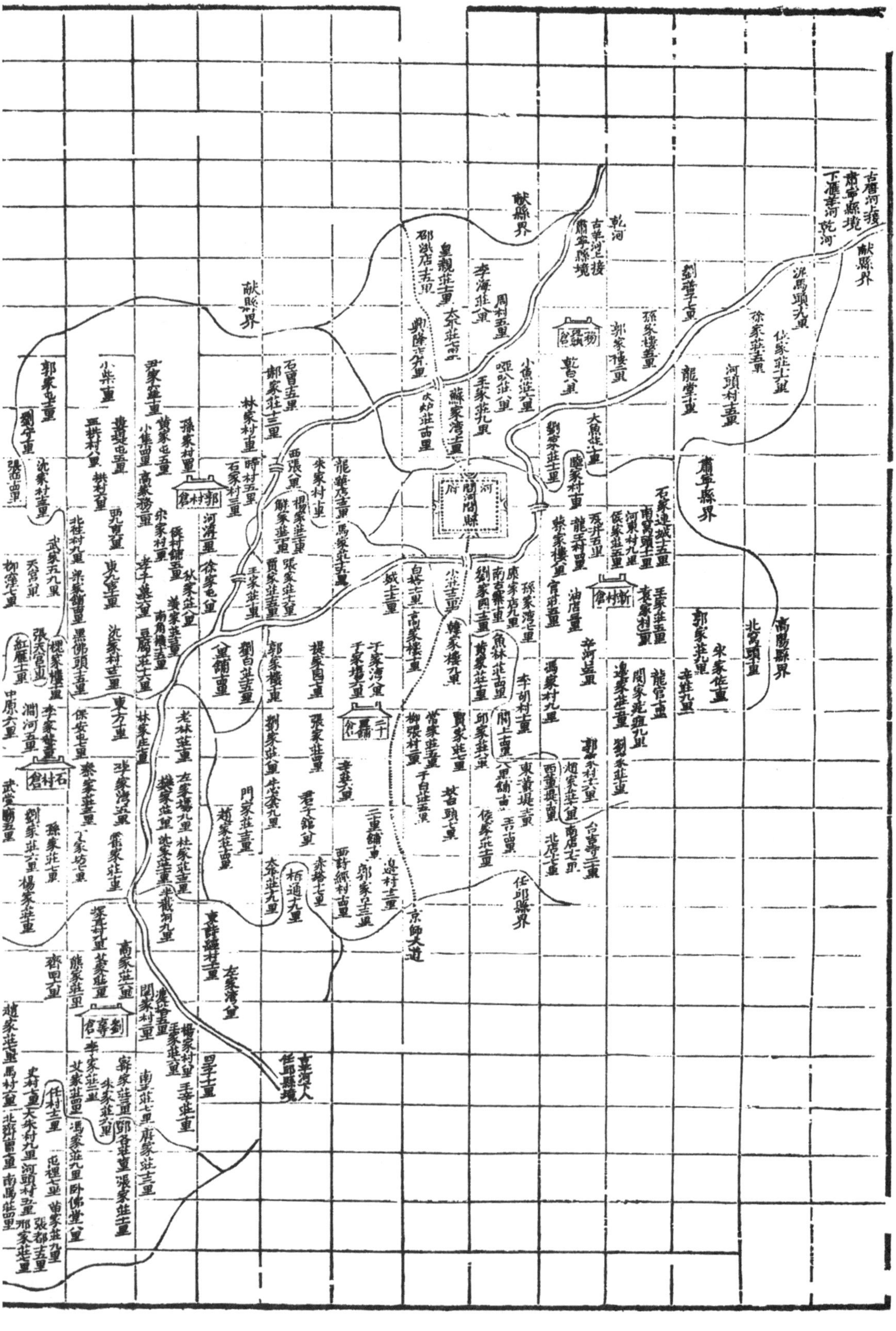

河間府
河間縣
獻縣界
肅寧縣界
任邱縣界
高陽縣界
古唐河接肅寧縣境
下滹沱河
乾河
郭村倉
石村倉
新村倉
劉寺倉
京師大道

河間縣東至青縣界一百里至縣治一百五十里西至肅寧縣界十三里至縣治四十里南至獻縣界二十五里至縣治六十里北至任邱縣界四十里至縣治七十里東南至獻縣界二十里至縣治六十里西南至獻縣界四十里至縣治六十里東北至大城縣界一百里至縣治一百六十里西北至高陽縣界二十五里至縣治八十里

縣屬大小四百六十三村每二十里内建倉一區計新村二十里舖郭村務兒頭時村劉古寺村鎮上村北位村東城村尊祖莊行别營閆家村景和鎮于家務共建倉十四區

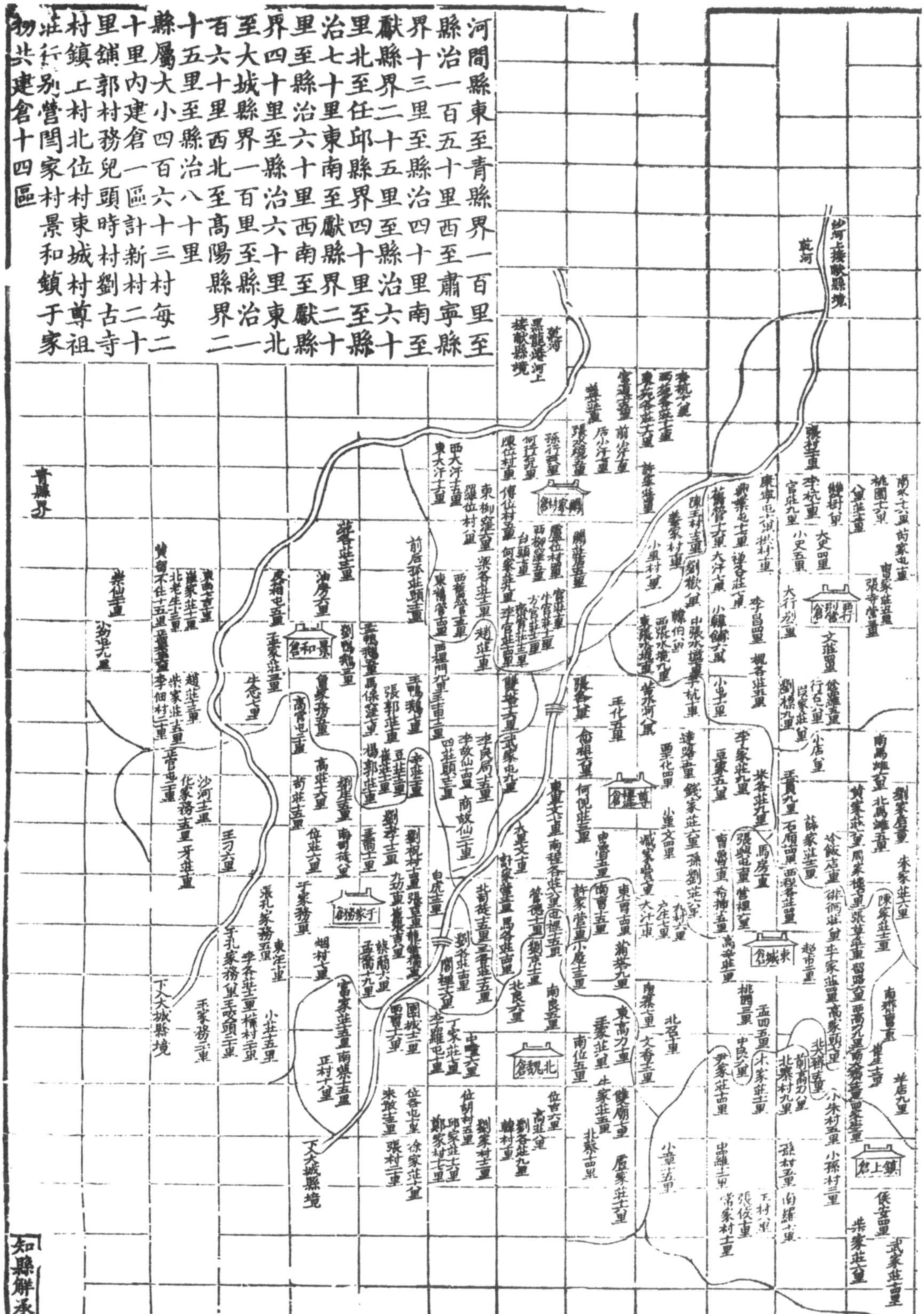

知縣解承毓

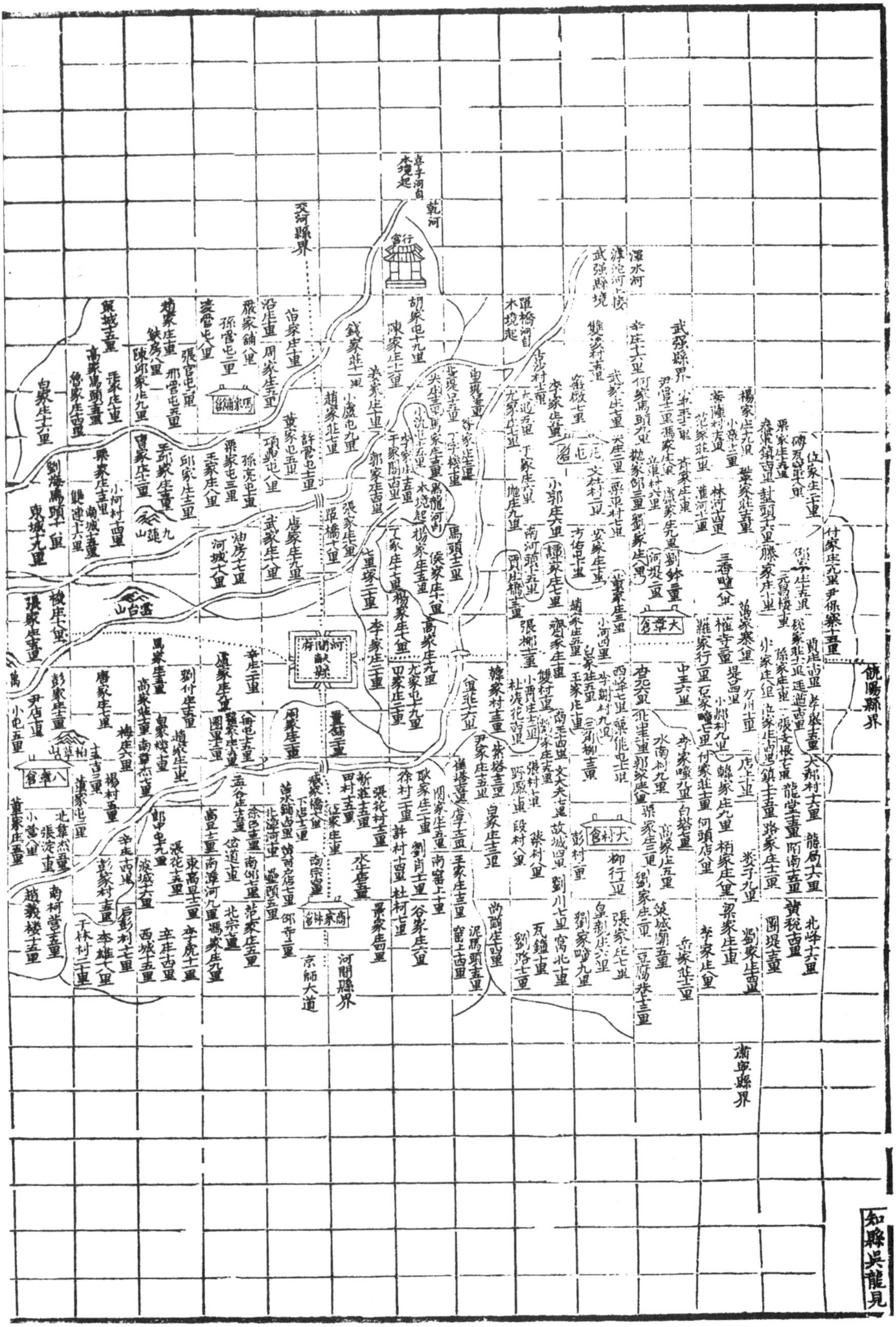
河間府獻縣
交河縣界
饒陽縣界
肅寧縣界
河間縣界
武强縣界
京師大道
知縣吳龍見

獻縣東至滄州界九十五里至州治一百五十里西至饒陽縣界四十里至縣治七十里南至交河縣界四十里至縣治六十五里北至河間縣界三十里至縣治六十里東南至交河縣界三十里至縣治五十里西南至武强縣界四十里至縣治六十里東北至青縣界一百一十里至縣治一百五十里西北至肅寧縣界五十里至縣治七十里

縣屬大小四百三十七村每二十里內建倉一區計大章大村商家林凡屯馬家鋪八章淮鎮韓村崔爾莊共建倉九區

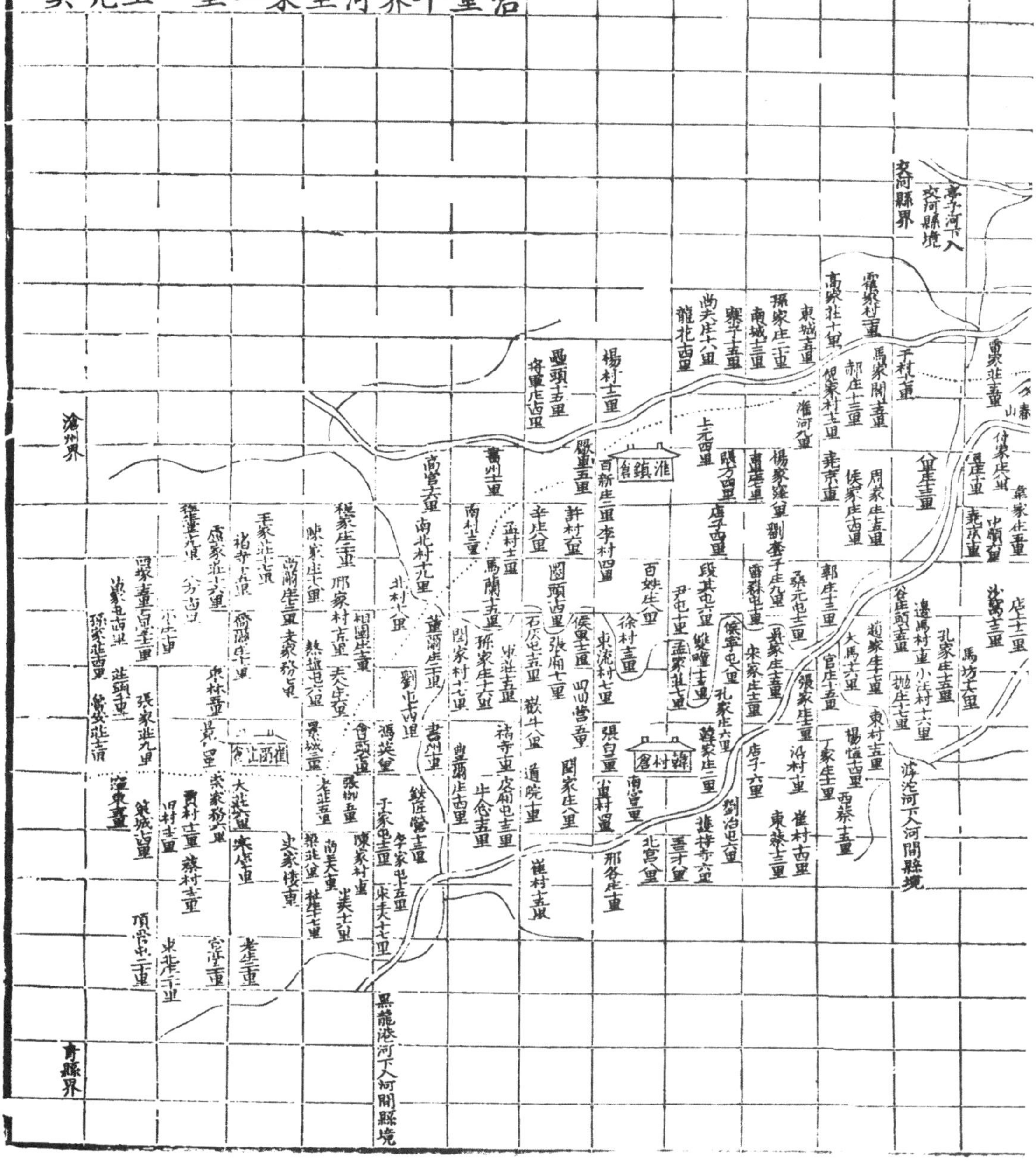

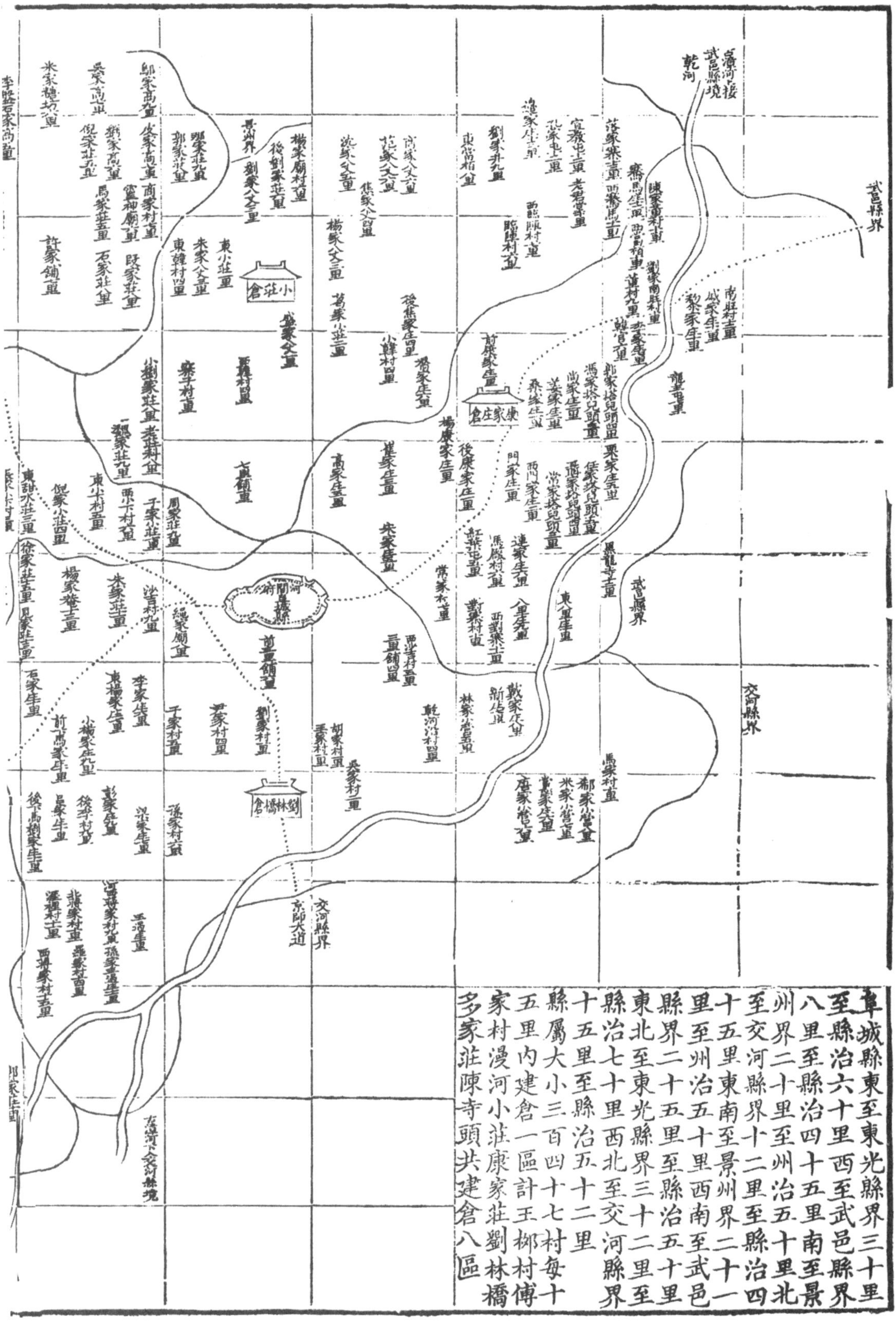


阜城縣東至東光縣界三十里至縣治六十里西至武邑縣界八里至縣治四十五里南至景州界二十里至州治五十里北至交河縣界十二里至縣治四十五里東南至景州界二十一里至州治五十里西南至武邑縣界二十五里至縣治五十里東北至東光縣界三十二里至縣治七十里西北至交河縣界十五里至縣治五十二里

縣屬大小三百四十七村每十五里內建倉一區計王柳村傅家村漫河小莊康家莊劉林橋多家莊陳寺頭共建倉八區

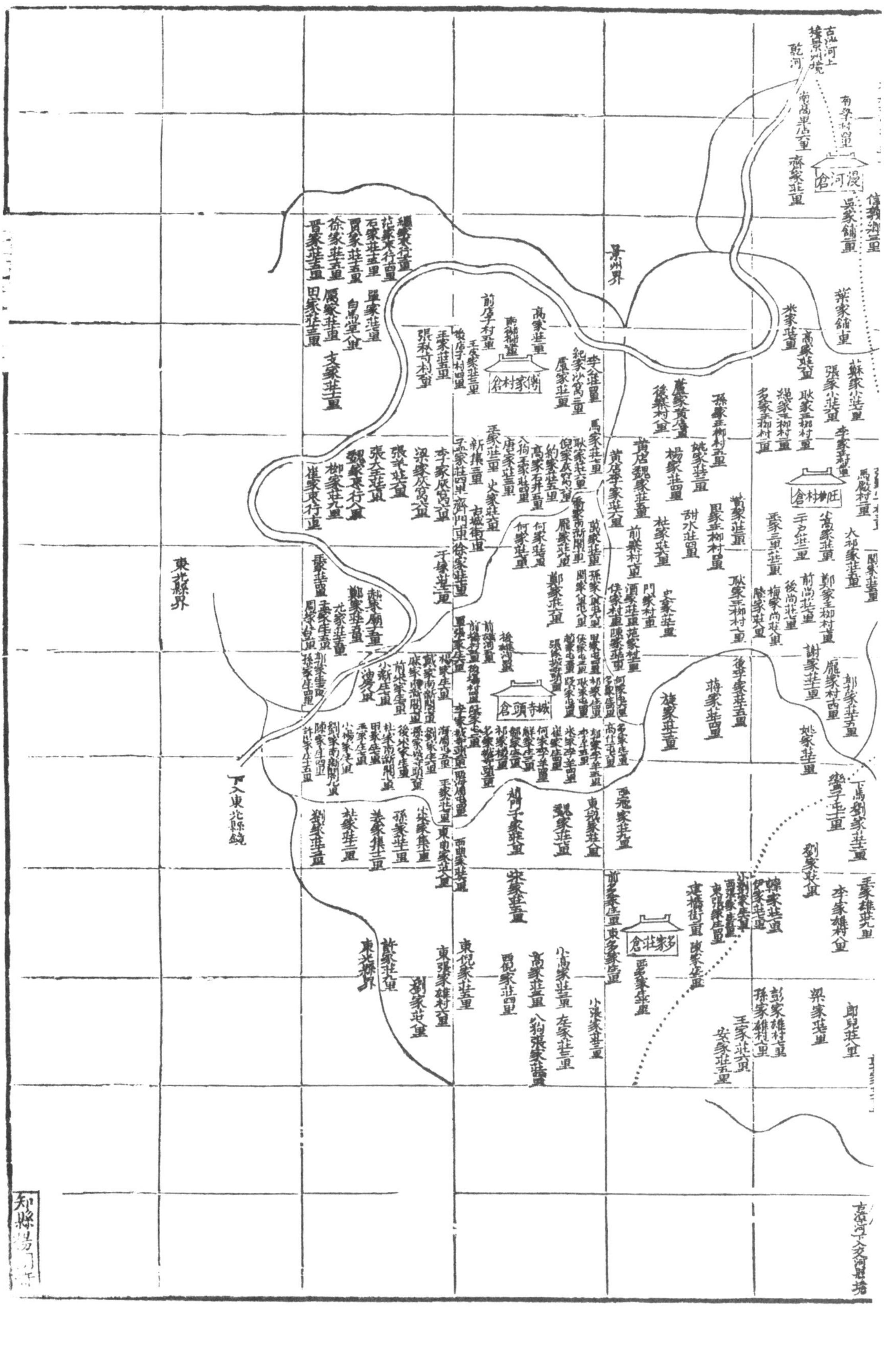
漫河倉
傅家村倉
城寺頭倉
旺村倉
多家莊倉
景州界
東光縣界
下入東光縣境

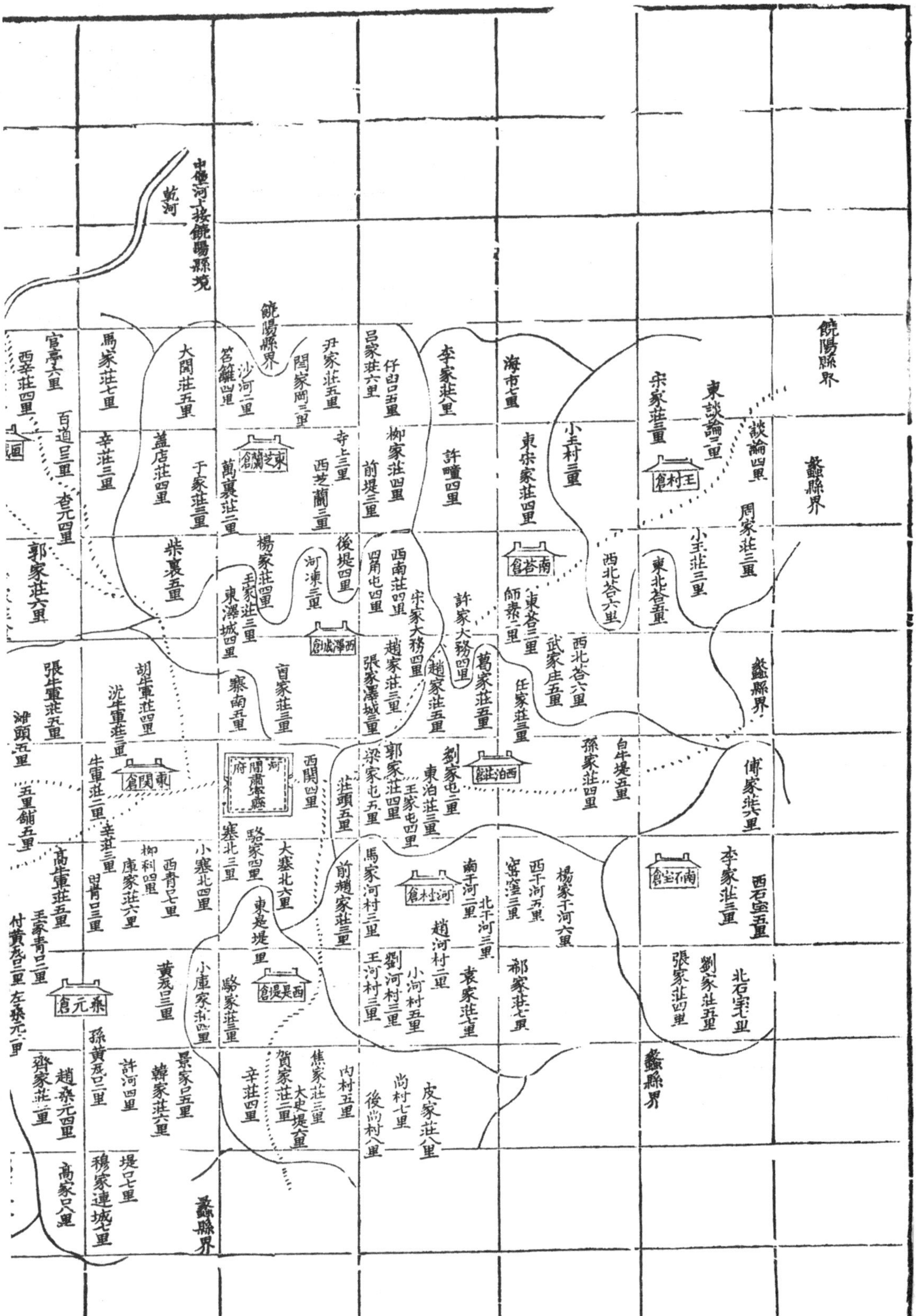

乾河
中德河上接饒陽縣境
饒陽縣界
饒陽縣界
蠡縣界
蠡縣界
蠡縣界
蠡縣界
官亭六里
西辛莊四里
馬家莊七里
大閆莊五里
沙河二里
丹家莊五里
吕家莊六里
仔白口五里
李家莊六里
海市七里
宋家莊三里
東談論三里
談論四里
辛莊三里
蓋店莊四里
于家莊三里
寺上三里
西芝蘭三里
前堤三里
柳家莊四里
許疃四里
東宋家莊四里
小王村三里
周家莊三里
郭家莊六里
柴裏五里
楊家莊四里
後堤四里
西南莊四里
西北營六里
小王莊三里
東北營三里
東澤城四里
許家大務四里
師素三里
東營三里
武家庄五里
西北營六里
張牛重莊五里
任家莊三里
孫家莊四里
白牛堤五里
傅家莊六里
東泊莊三里
劉家屯二里
前趙家莊三里
馬家河村三里
李家莊三里
西石室五里
北石室七里
楊家千河六里
袁家莊七里
郝家莊七里
劉家莊五里
張家莊四里
辛莊四里
皮家莊八里
後尚村八里
尚村七里
內村五里
大史堤六里
高家口八里
穆家連城七里
趙桑元四里
韓家莊六里
景家口五里
黃戎口三里
堤口七里
許河四里

肅寧縣東至河間縣界三十七里至縣治四十里西至蠡縣界十八里至縣治四十里南至饒陽縣界二十里至縣治四十里北至蠡縣界二十里至縣治六十里東南至獻縣界二十五里至縣治九十里西南至饒陽縣界二十五里至縣治五十里至蠡縣界二十五里至縣治四十五里東北至河間縣界二十八里至縣治四十里西北至蠡縣界二十里至縣治四十五里

縣屬大小二百四十一村每十里內建倉一區計東関南白寺劉家莊柳林梁家村西是堤韓村西澤城東芝蘭垣城南答王村西泊莊南石寶河村軍莊糸園共建倉十七區

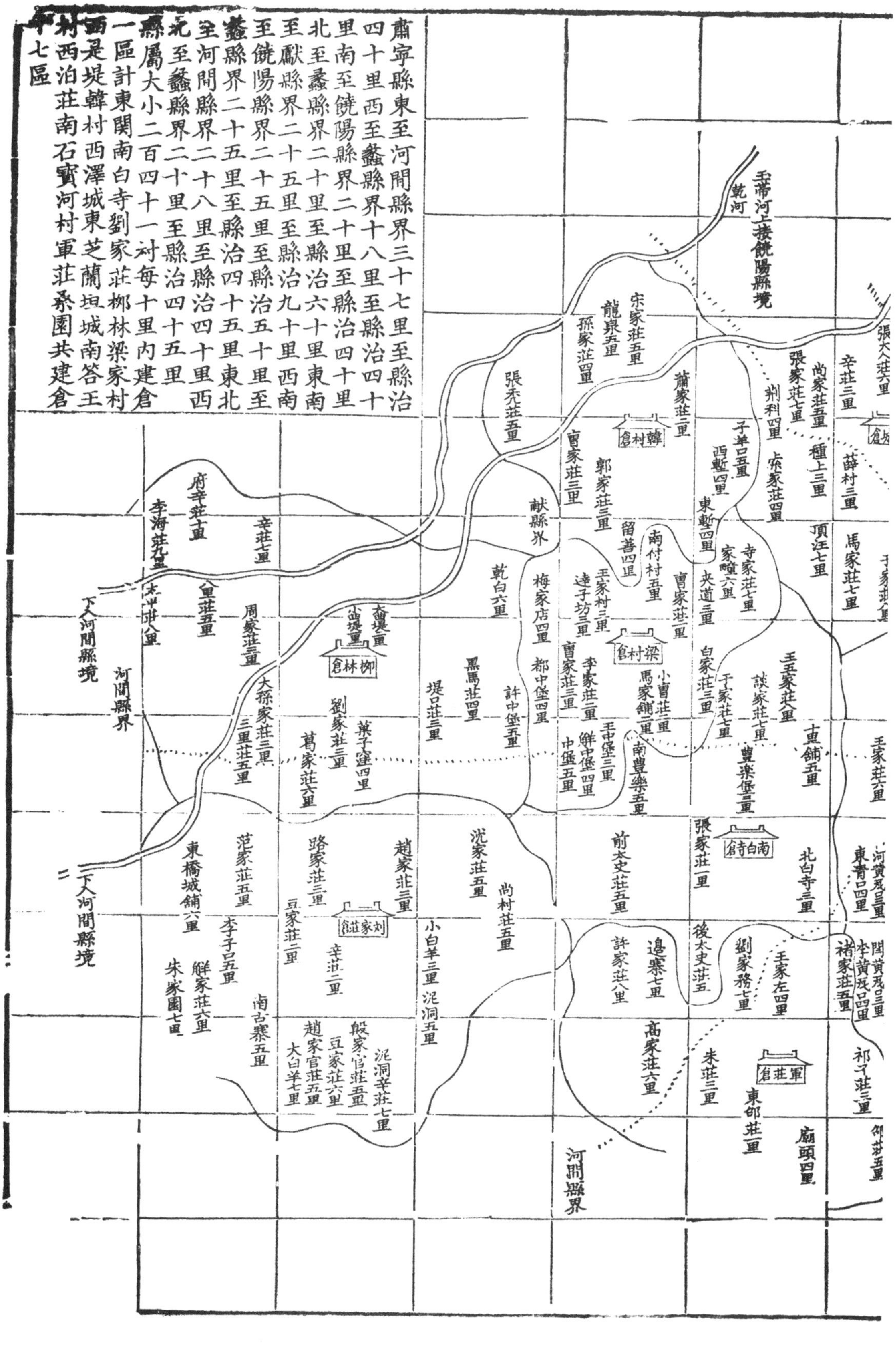

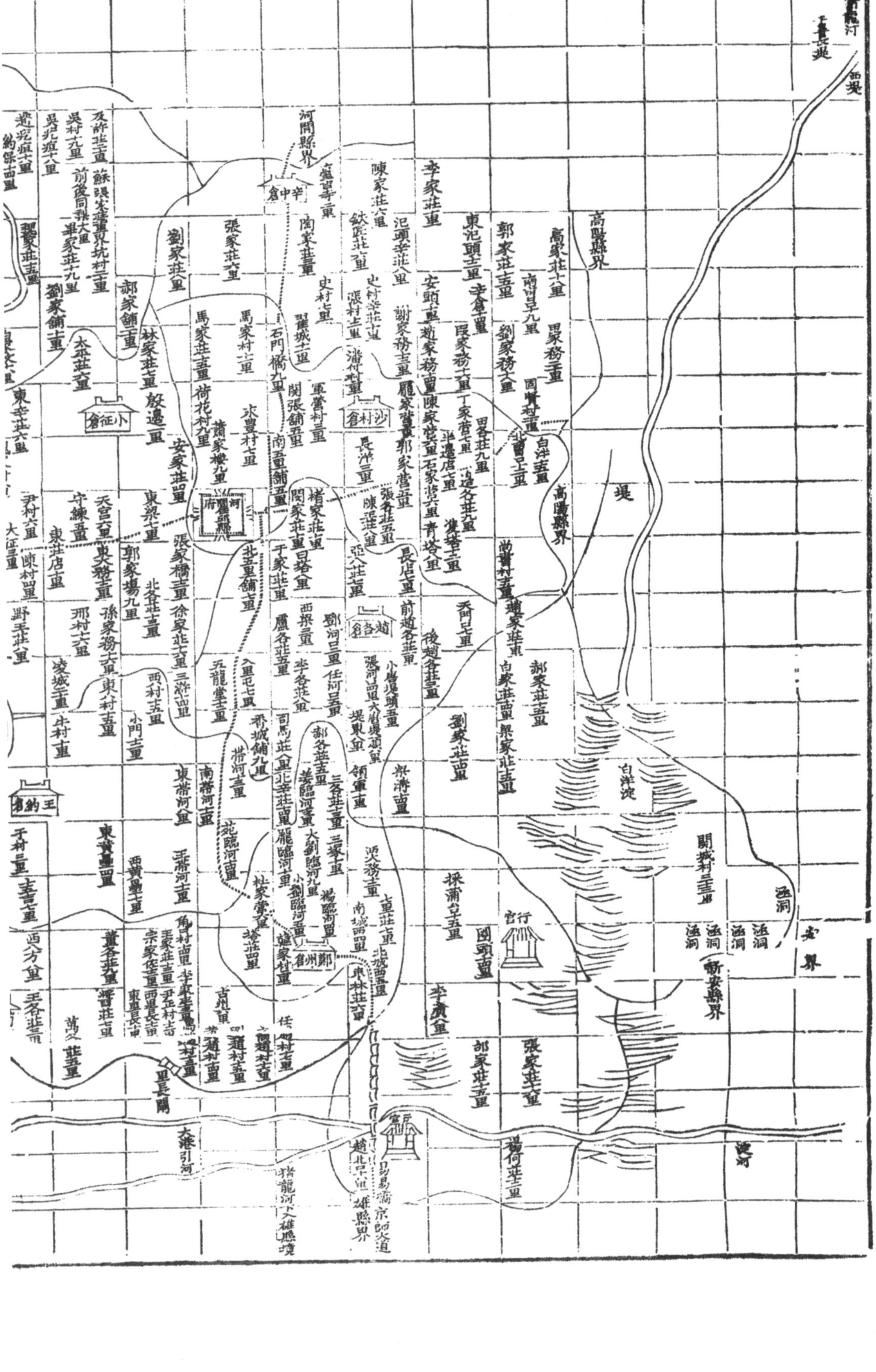

河間縣界
高陽縣界
高陽縣界
白洋淀
行宮
新安縣界
堤

任邱縣東至文安縣界六十三里至縣治七十里西至高陽縣界十八里至縣治六十里南至河間縣界三十里至縣治七十里北至雄縣界六十里至縣治七十里東南至河間縣界四十九里至縣治七十九里西南至高陽縣界三十里至縣治七十里東北至雄縣界四十五里至縣治八十五里至文安縣界六十里至縣治八十五里西北至安州界五十里至州治六十五里至新安縣界五十里至縣治七十里

縣屬大小三百一十九村每二十里內建倉一區稍遠者附之計辛中驛沙村趙各莊鄚州王約苟各莊小征榆林堡劉村呂公堡樓子長豐共建倉十二區

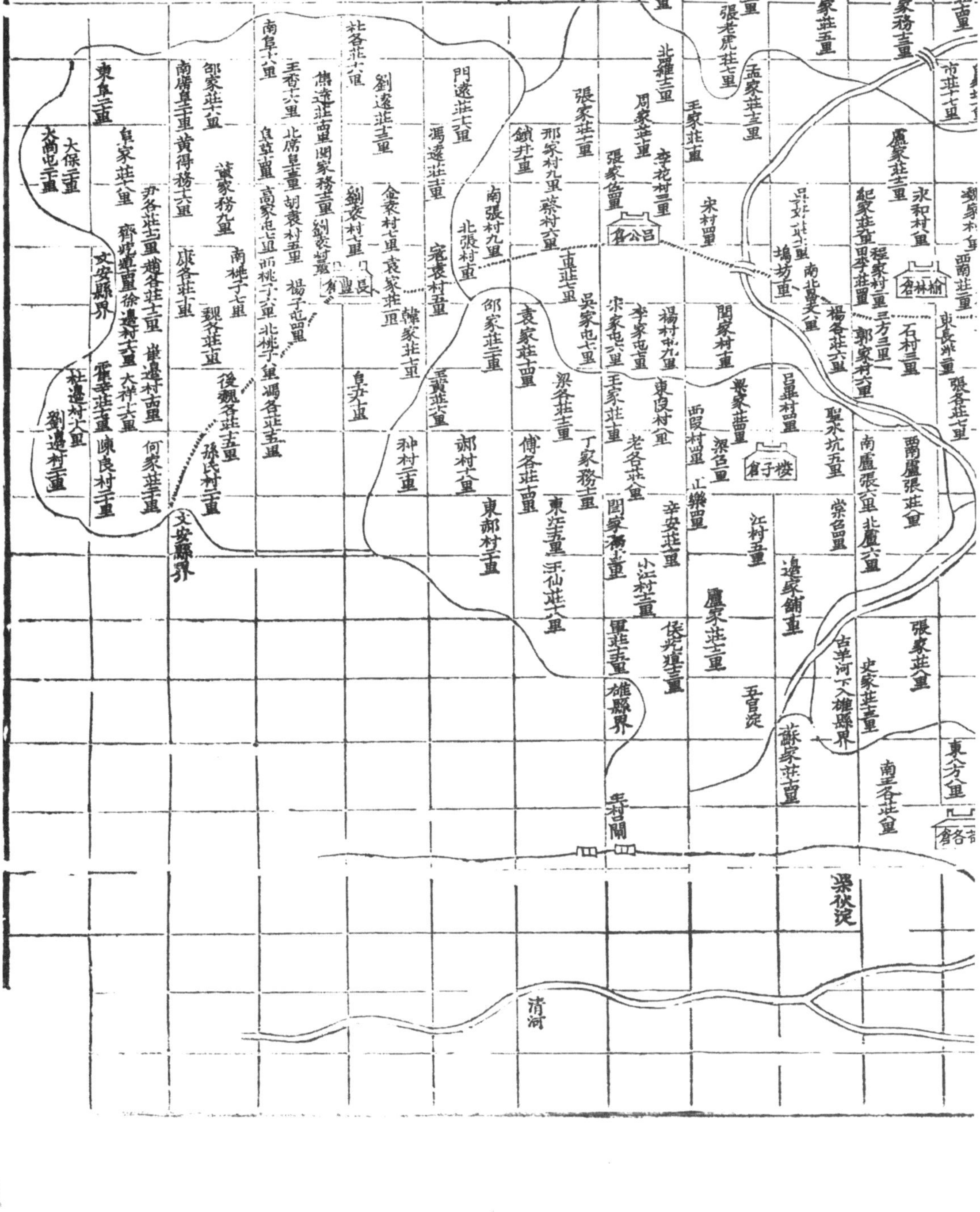

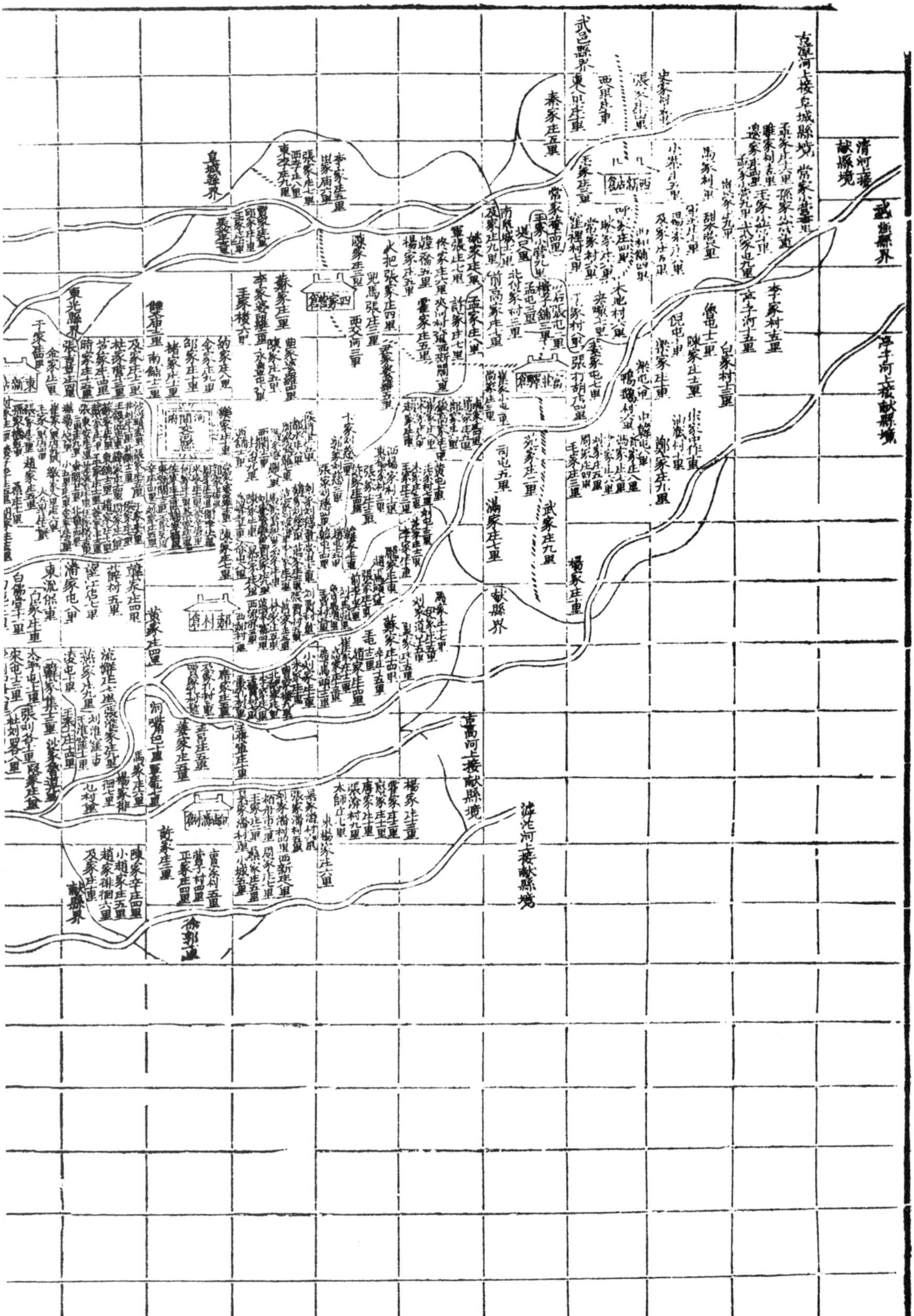
武邑縣界
阜城縣界
清河接獻縣境
武強縣界
獻縣界
東光縣界
滹沱河上接獻縣境
李家村十五里
皂家村十三里
楊家庄十里
武家庄九里
滿家庄十一里
潘家屯八里

交河縣東至南皮縣界五十里至縣治七十五里西至武强縣界四十里至縣治九十里南至阜城縣界十二里至縣治四十里北至獻縣界四十里至縣治五十里東南至東光縣界六里至縣治五十里西南至武邑縣界四十里至縣治九十里東北至青縣界八十里至縣治一百八十里至滄州界一百里至州治一百二十里西北至獻縣界十八里至縣治五十里

縣屬大小六百六十四村每十五里內建倉一區計富莊驛泊鎮八尺高文家廟尹家園高龍華黃遞舖李村東新店四家營西新店郝村紅廟潘村共建倉十三區

知縣尹　佩
署縣佟　海

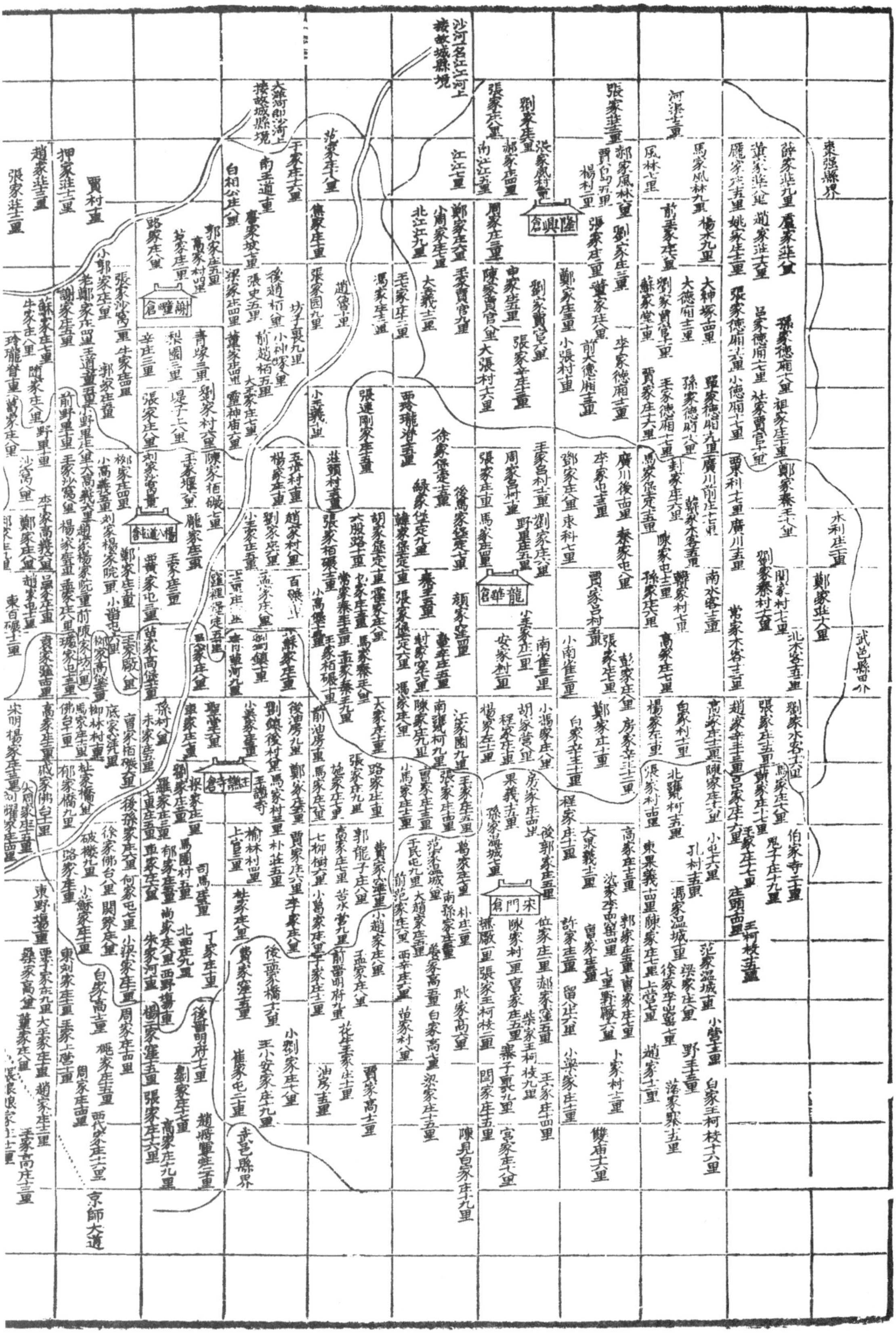
東强縣界
沙河上名江江河上
接故城縣境
大沙河即滏河上
接故城縣境
隆興倉
龍華倉
宋門倉
武邑縣界
京師大道

景州東至吳橋縣界二十八里至縣治四十里西至武邑縣界六十三里至縣治九十里南至山東德州界四十里至州治六十里北至阜城縣界三十五里至縣治五十里東南至山東德州界二十里至州治七十里西南至棗强縣界七十里至縣治九十里東北至東光縣界五十五里至縣治七十五里西北至武邑縣界五十里至縣治一百里

州屬大小七百二十七村每二十里内建倉一區計安凌北留智楊八道屯謝瞳隆興龍華王謙寺宋門向化屯劉家集共建倉十區

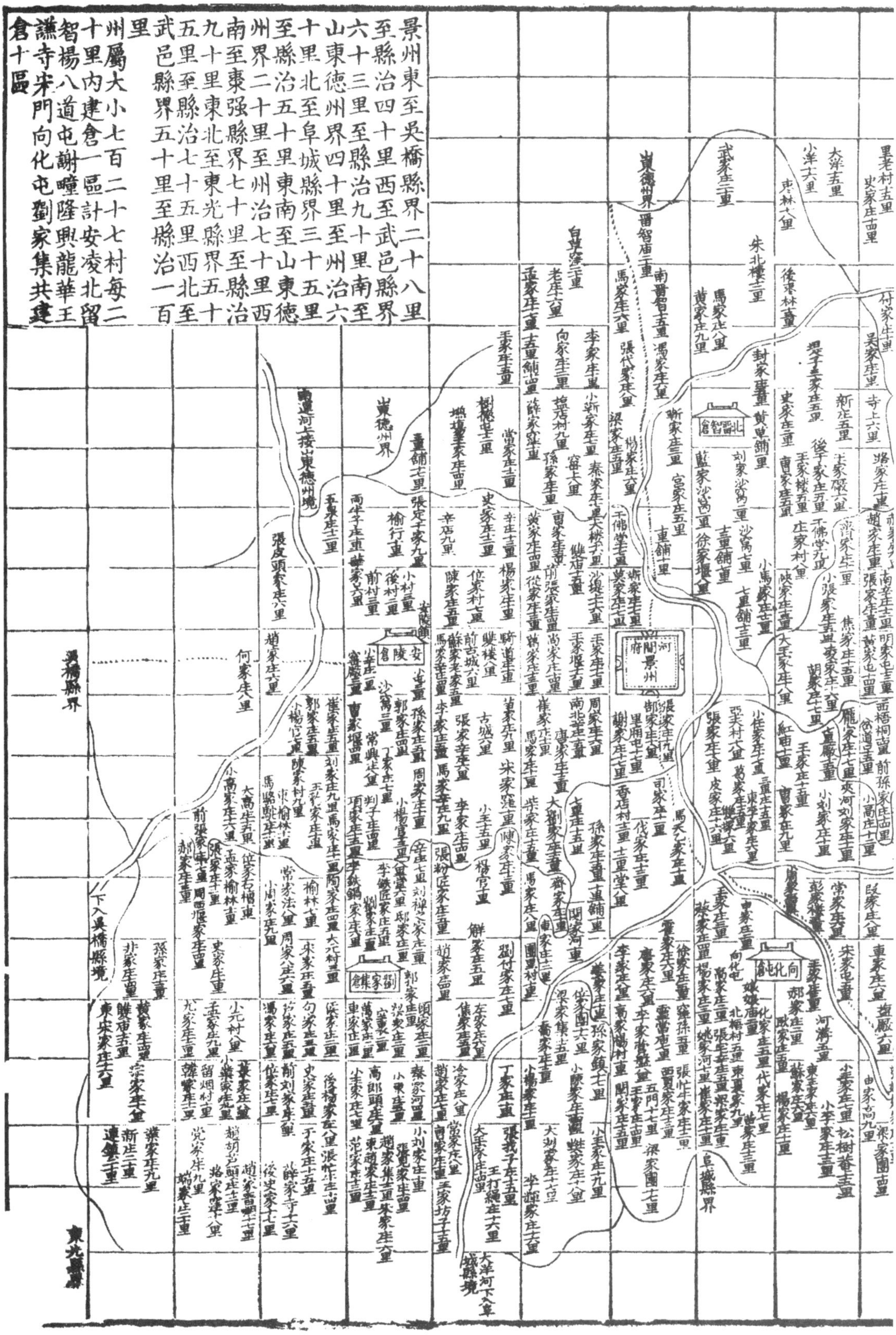

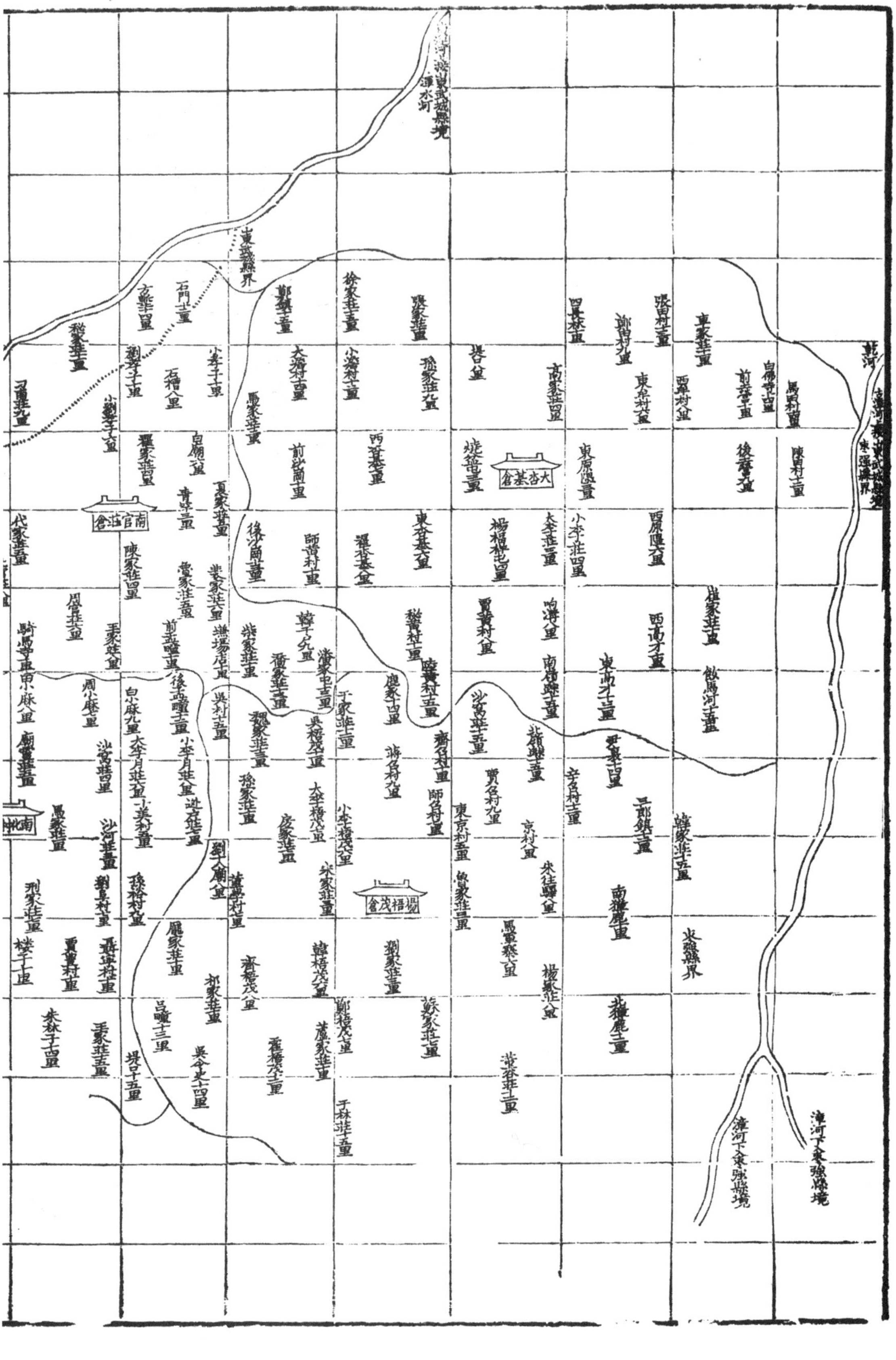

東武城縣界
南官莊倉
大杏莊倉

故城縣東至山東德州界二十五里至州治三十五里西至棗强縣界五十里至縣治八十里南至山東恩縣界一里半至縣治六十里北至景州界三十里至州治九十里東南至山東恩縣界一里至縣治七十里西南至山東武城縣界二十五里至縣治七十里東北至山東德州界三十里至州治四十里西北至棗强縣界五十里至縣治九十里

縣屬大小二百三十一村每十五里内建倉一區計南官莊南化村大杏基楊梧茂十里鋪駱家莊共建倉六區

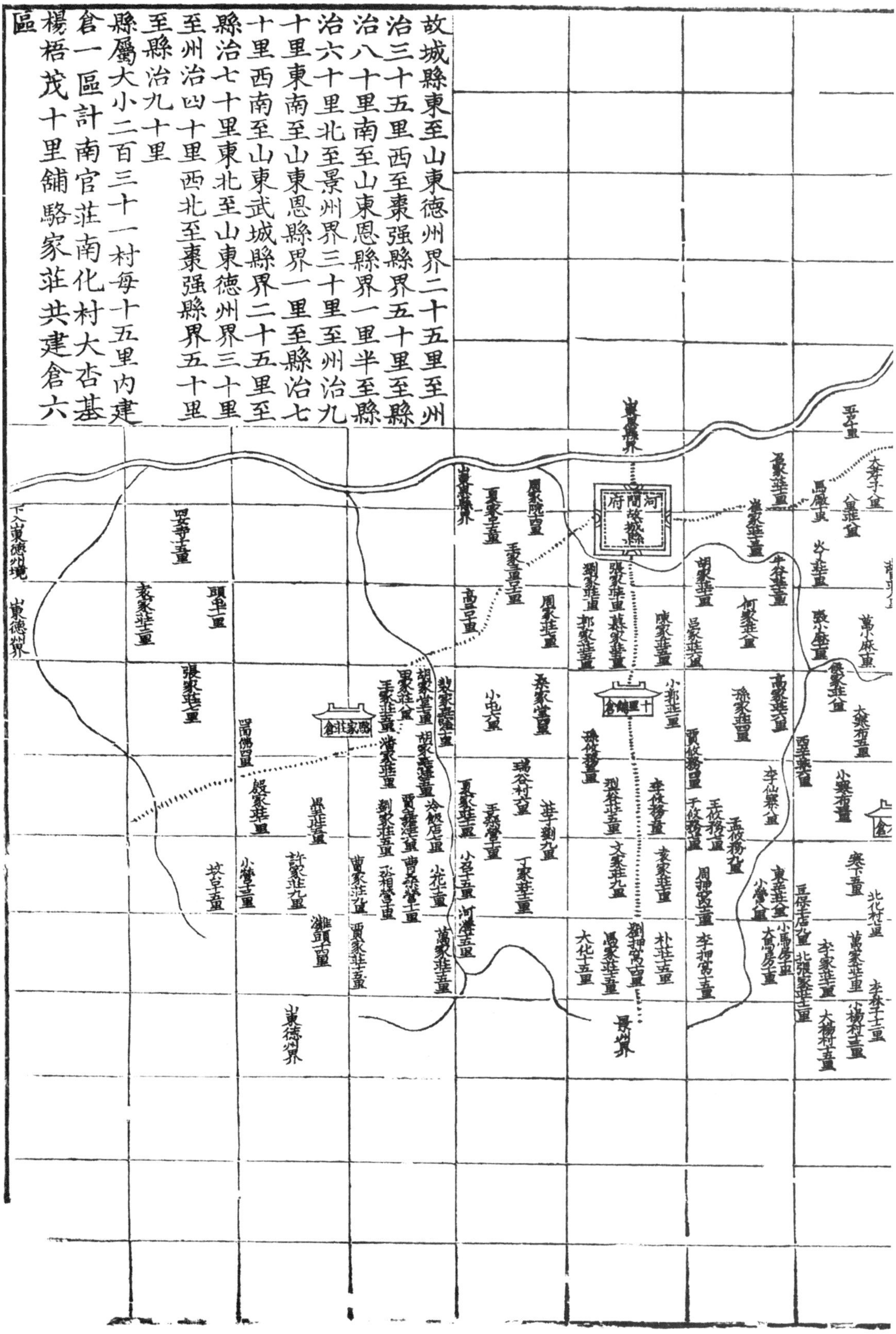

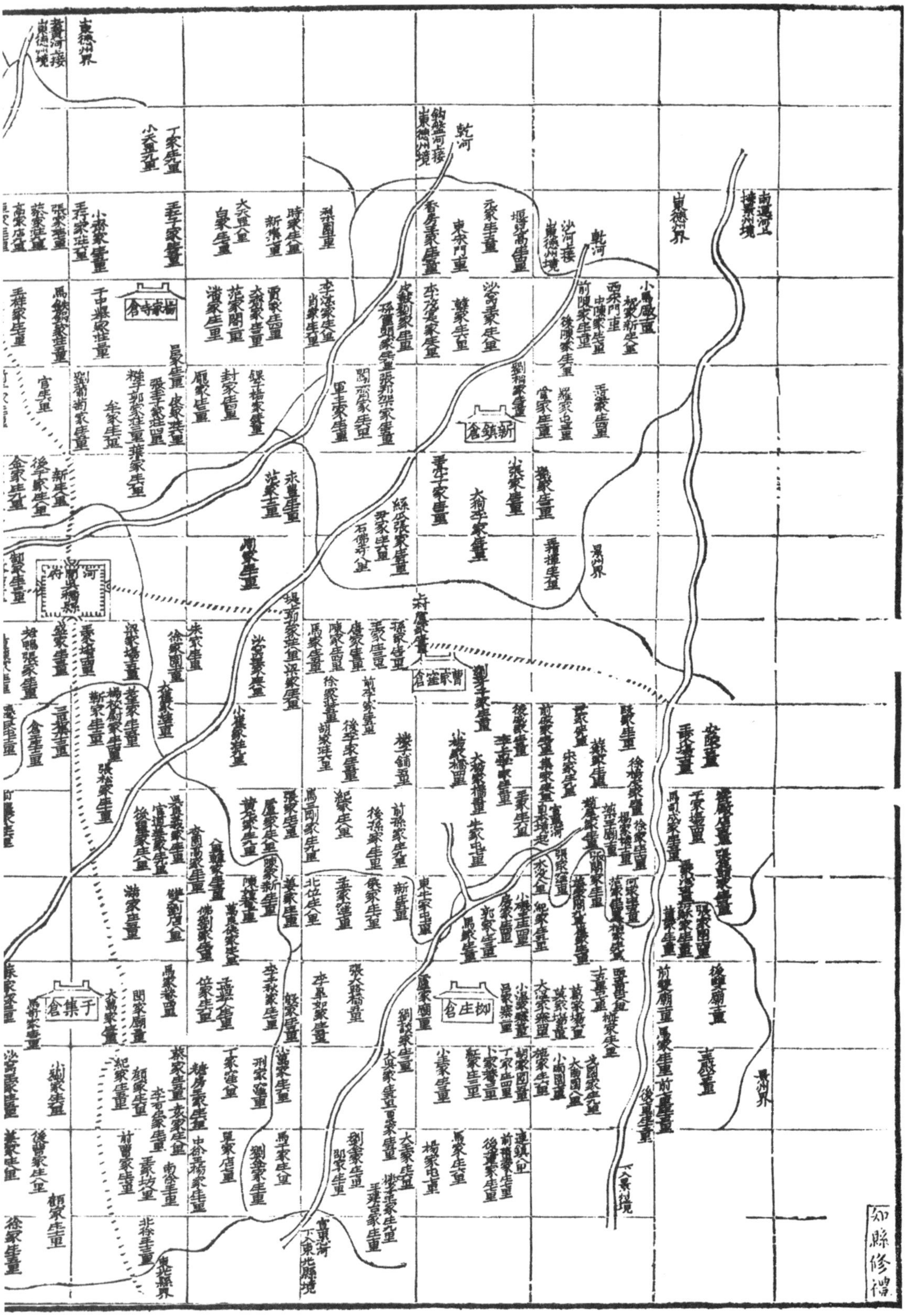
乾河
新鎮倉
曹家窪倉
柳庄倉
于集倉
知縣修禮

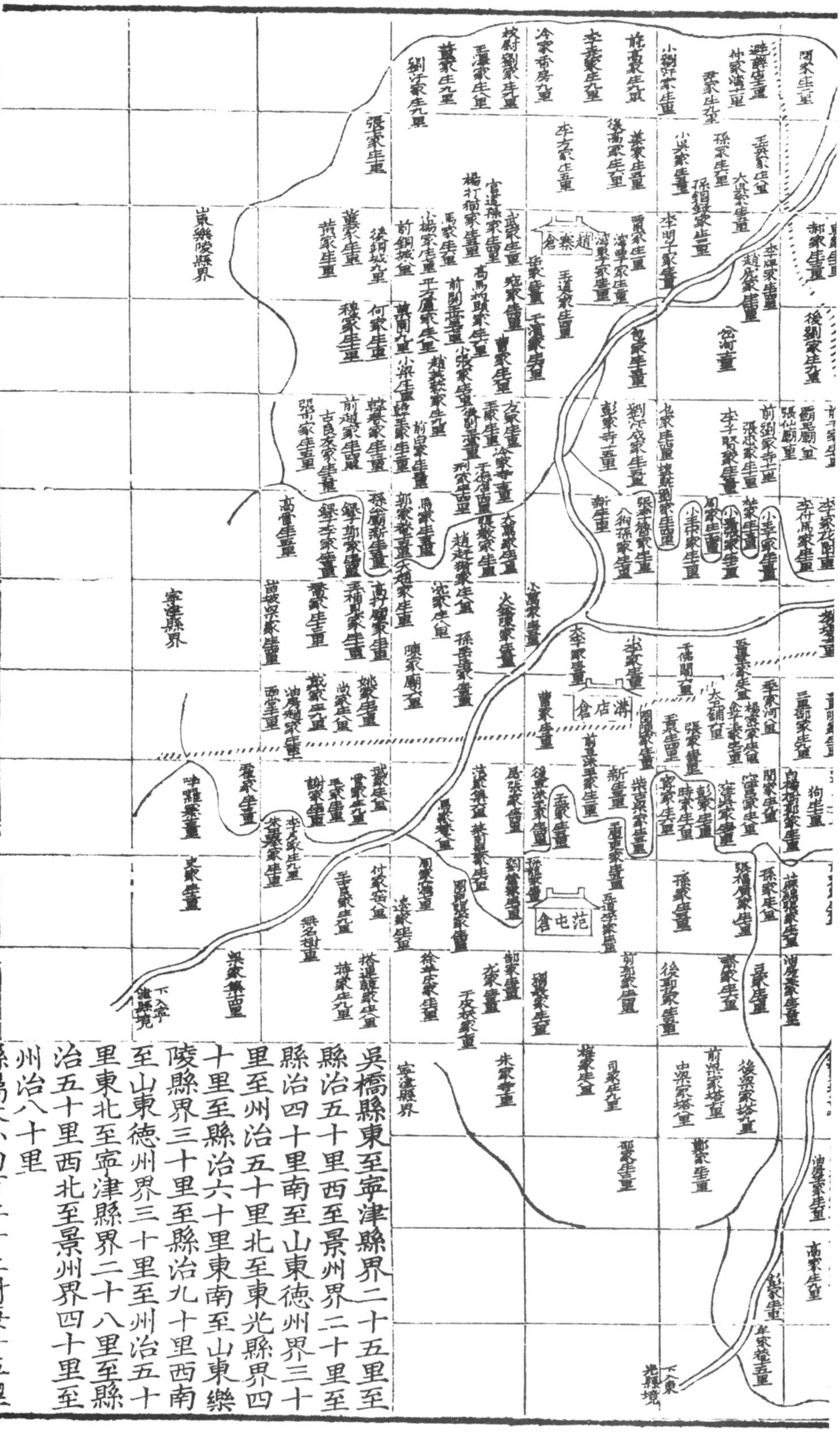


吳橋縣東至寧津縣界二十五里至縣治五十里西至景州界二十里至縣治四十里南至山東德州界三十里至州治五十里北至東光縣界四十里至縣治六十里東南至山東樂陵縣界三十里至縣治九十里西南至山東德州界三十里至州治五十里東北至寧津縣界二十八里至縣治五十里西北至景州界四十里至州治八十里

縣屬大小四百二十二村每十五里内建倉一區計溝店舖趙寨楊家寺新鎮店曹家窪柳家莊范家屯于家集共建倉八區

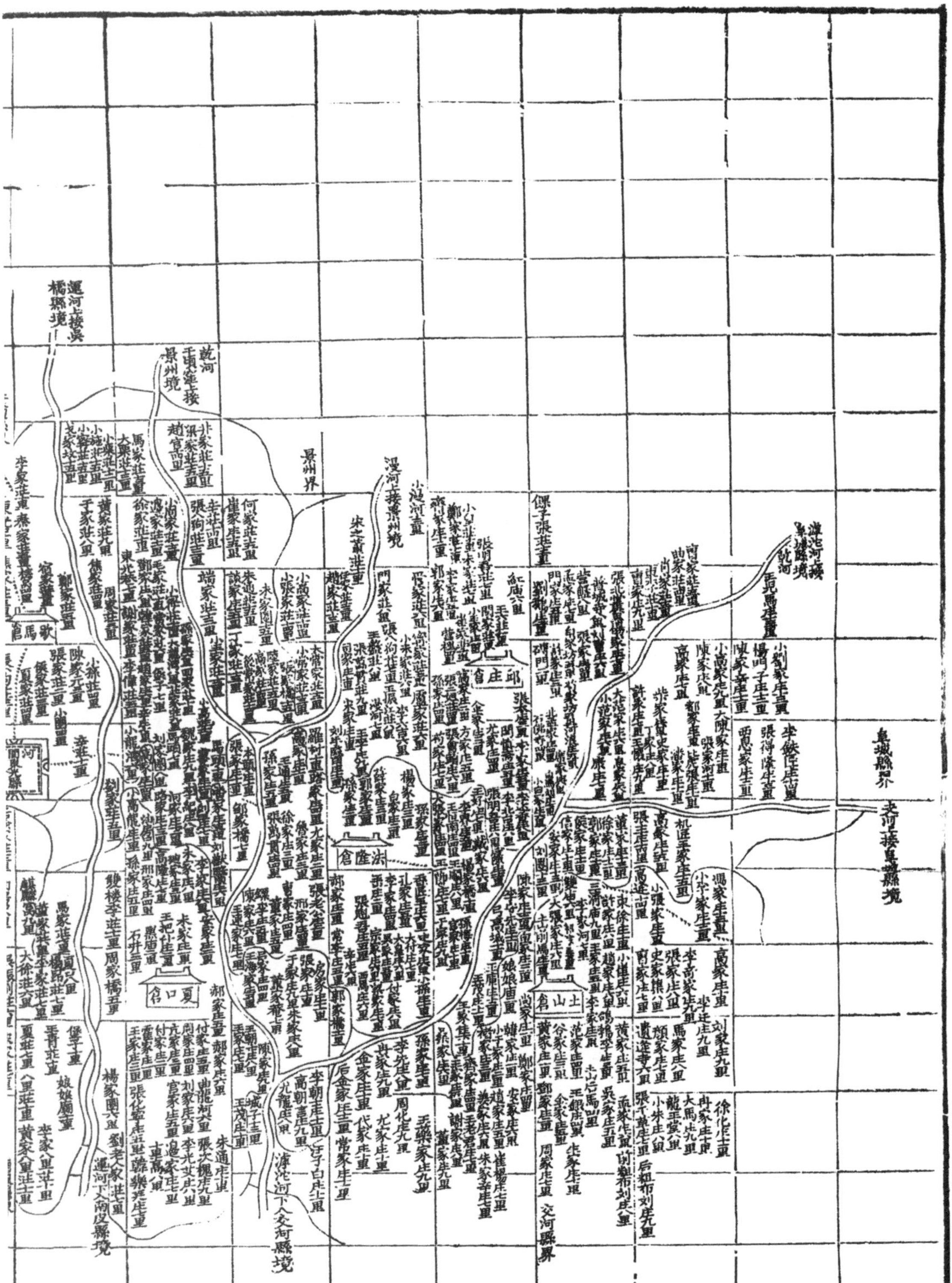
運河上接吳橋縣境
景州界
阜城縣界
交河縣界
滹沱河下入交河縣境
運河下入南皮縣境
夏口倉
土山倉

東光縣東至南皮縣界四十二里至縣治五十五里西至阜城縣界四十里至縣治六十里南至吳橋縣界二十里至縣治六十里北至南皮縣界二十二里至縣治四十里東南至寧津縣界四十里至縣治六十里西南至景州界二十五里至州治六十里東北至南皮縣界四十里至縣治六十里西北至交河縣界四十里至縣治五十里

縣屬大小七百六十四村每五里內建倉一區計燕臺村陳家坊村燈明村歇馬村陶店村夏口村法隆村邱莊村土山村共建倉九區

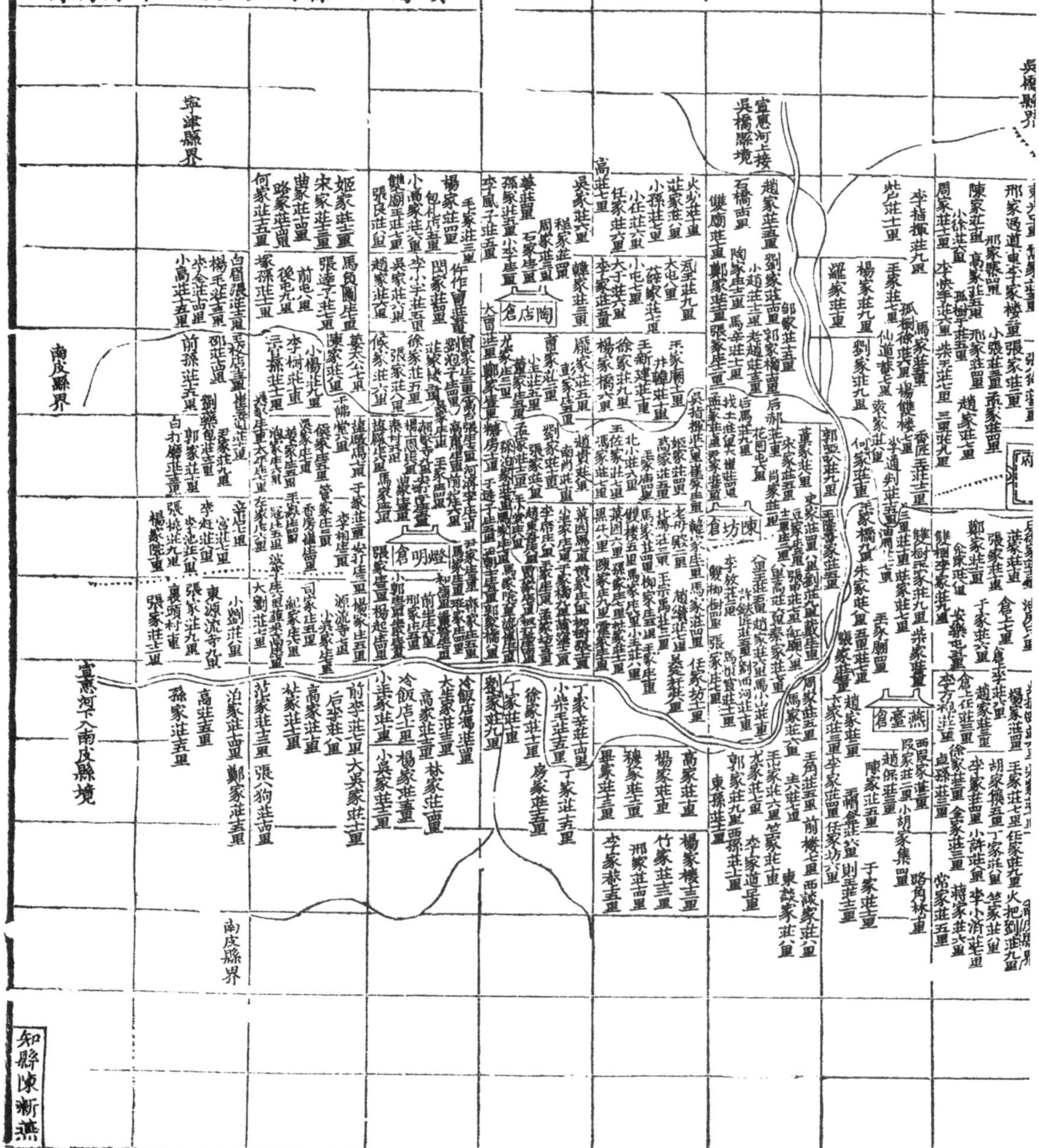


知縣陳嘶燕

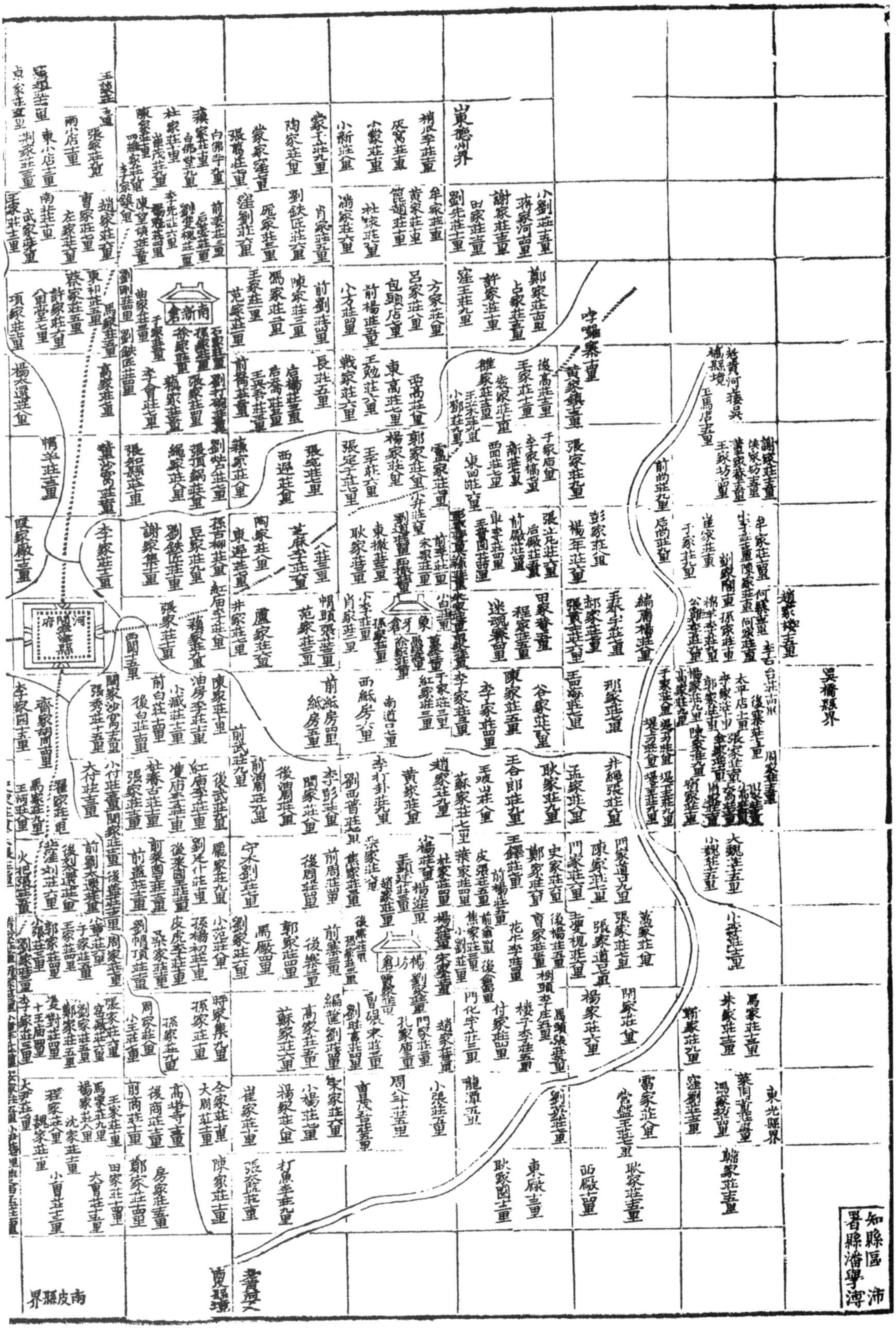
山東德州界
吳橋縣界
東光縣界
南皮縣界
知縣區沛
署縣潘學湧

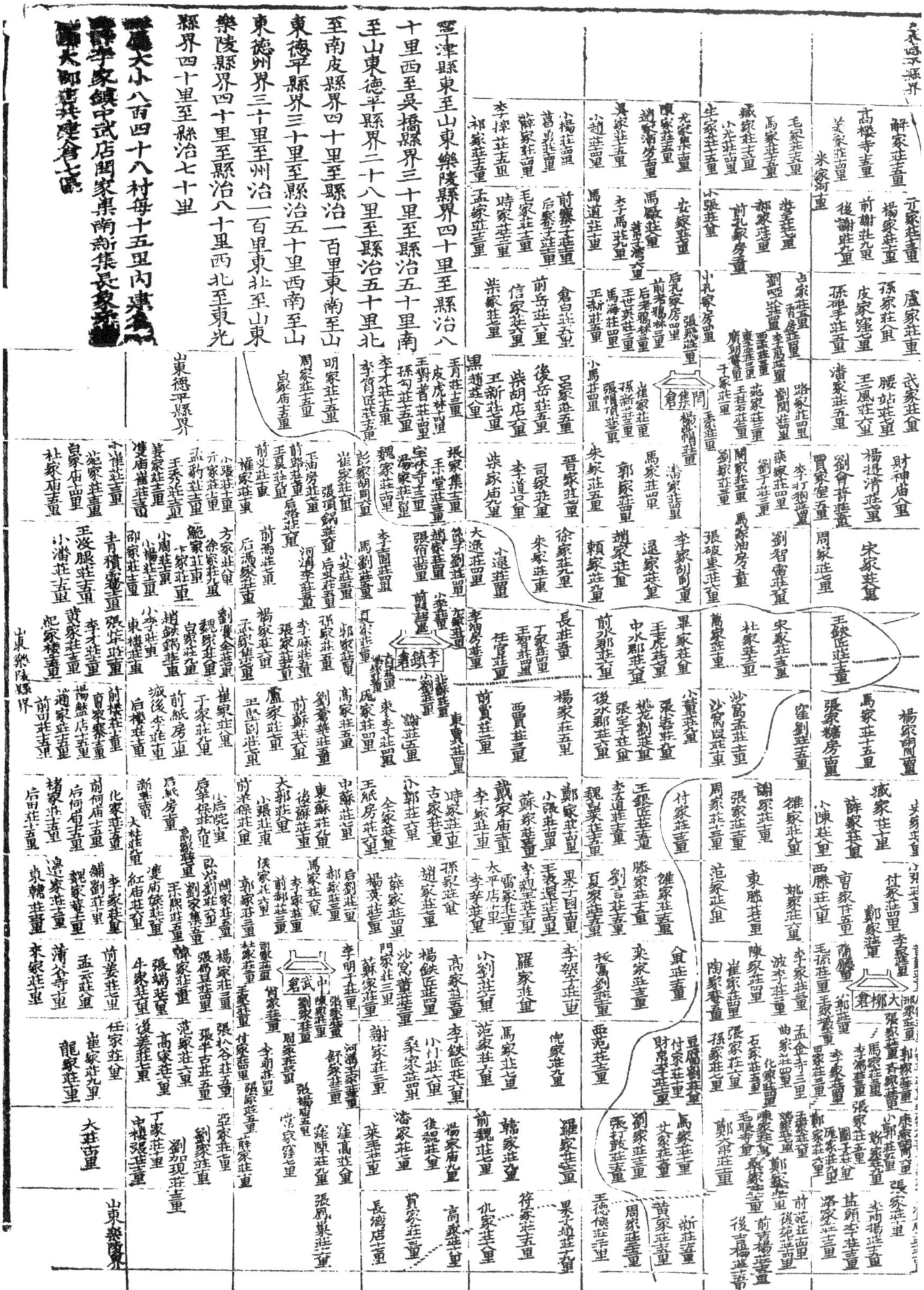

寧津縣東至山東樂陵縣界四十里至縣治八十里西至吳橋縣界三十里至縣治五十里南至山東德平縣界二十八里至縣治五十里北至南皮縣界四十里至縣治一百里東南至山東德平縣界三十里至縣治五十里西南至山東德州界三十里至州治一百里東北至山東樂陵縣界四十里至縣治八十里西北至東光縣界四十里至縣治七十里

[illegible]屬大小八百四十八村每十五里內建[illegible]

[illegible]孛家鎮中武店闕家集南新集長家荘[illegible]

[illegible]大柳荘共建倉七處

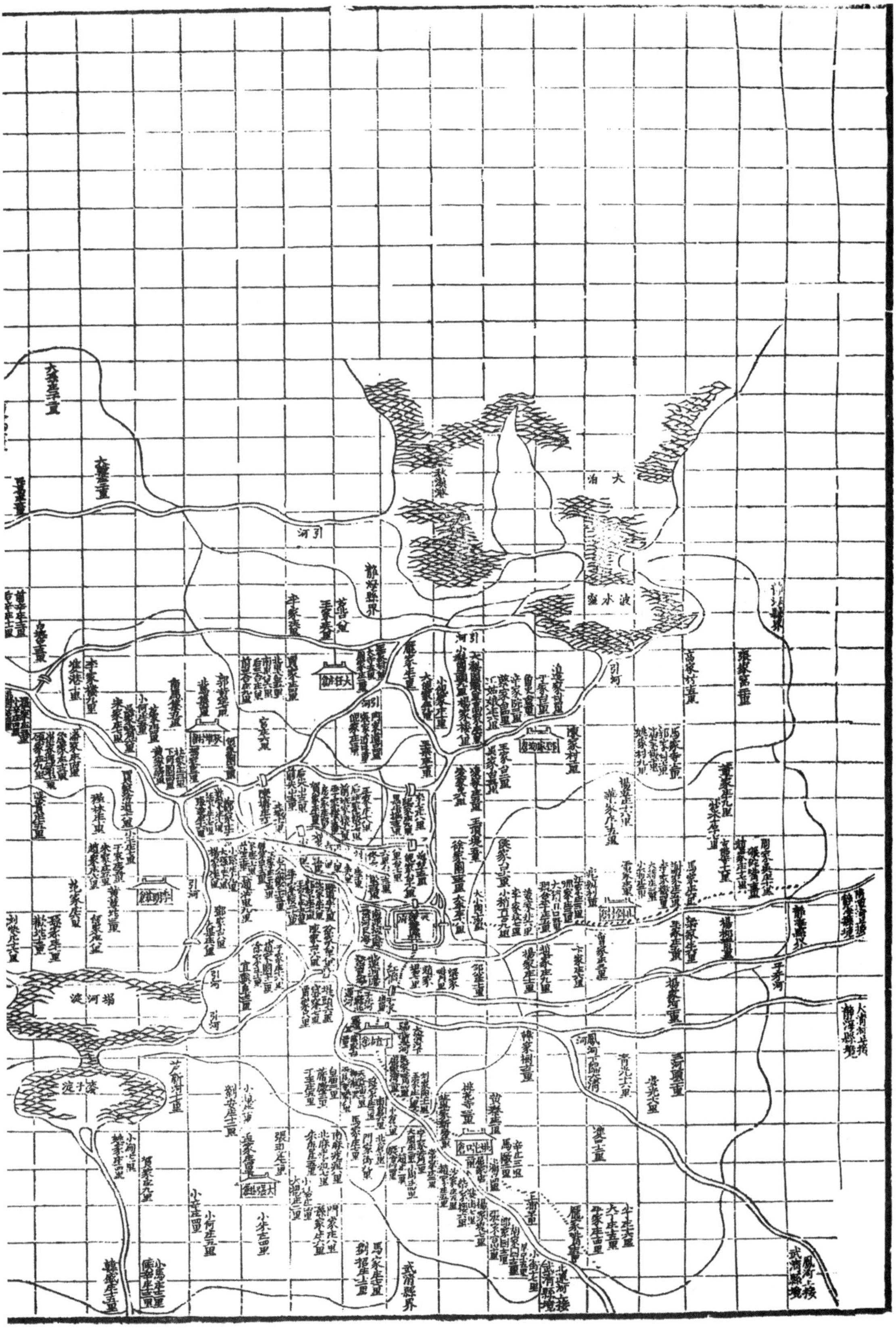
大泊
引河
塌河淀
武清縣界

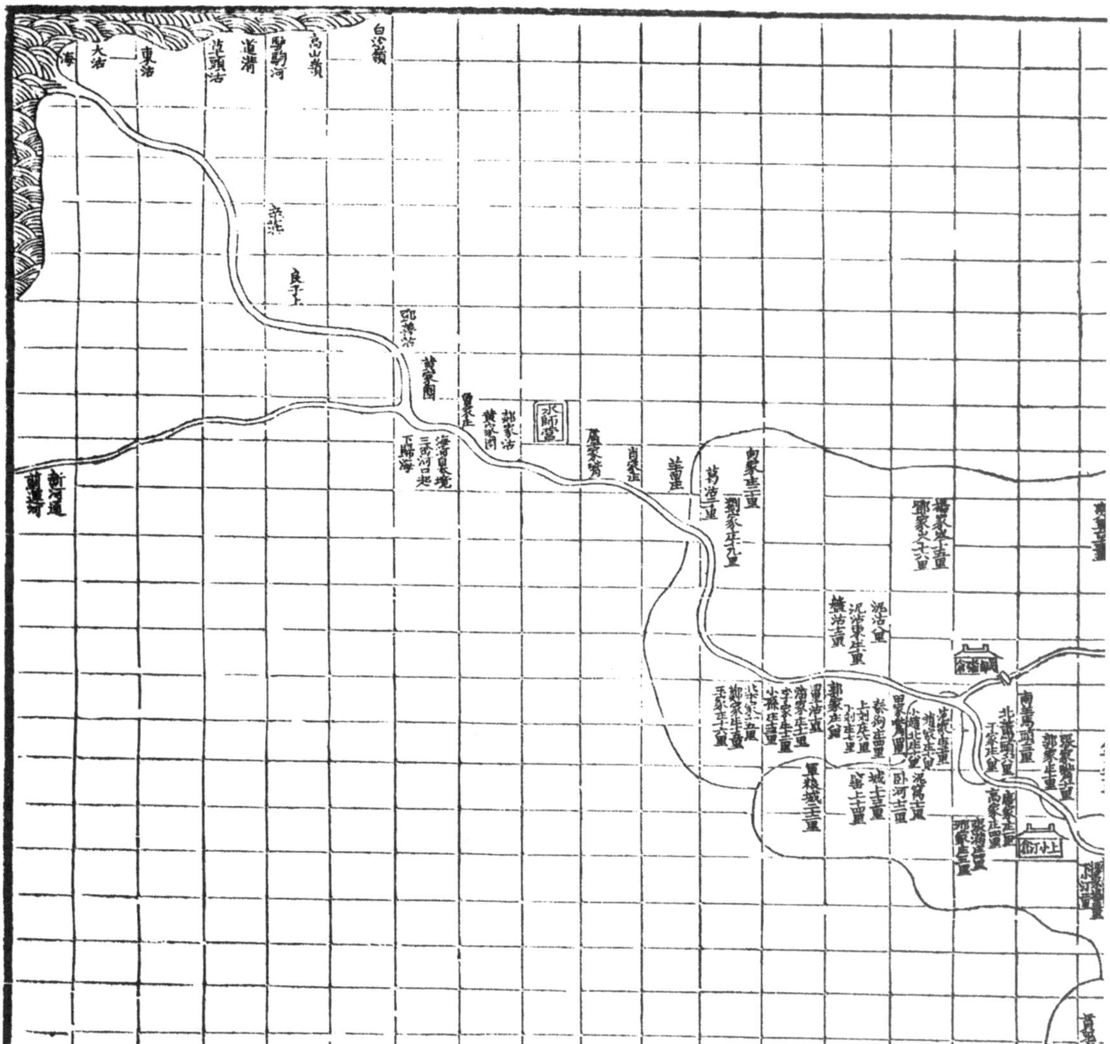


天津縣東至寧河縣界四十里
至縣治一百四十里西至靜海
縣界三十五里至縣治西七十五
里南至靜海縣界四十二里至
縣治七十五里北至武清縣界
四十五里至縣治一百二十里
東南至海一百二十里西南至
靜海縣界四十里至縣治七十
五里東北至武清縣界五十里
至縣治一百三十里西北至武
清縣界四十五里至縣治一百
二十里
縣屬大小二百九十九村每二
十里內建倉一區計李明莊上
小汀鄧家淀大任村灰堆鹹水
沽北斜村丁直沽梔花口大張
莊共建倉十區再東南羊同等
十七村莊係濱海之區魚鹽為
業不事耕種無庸附倉合併聲
明

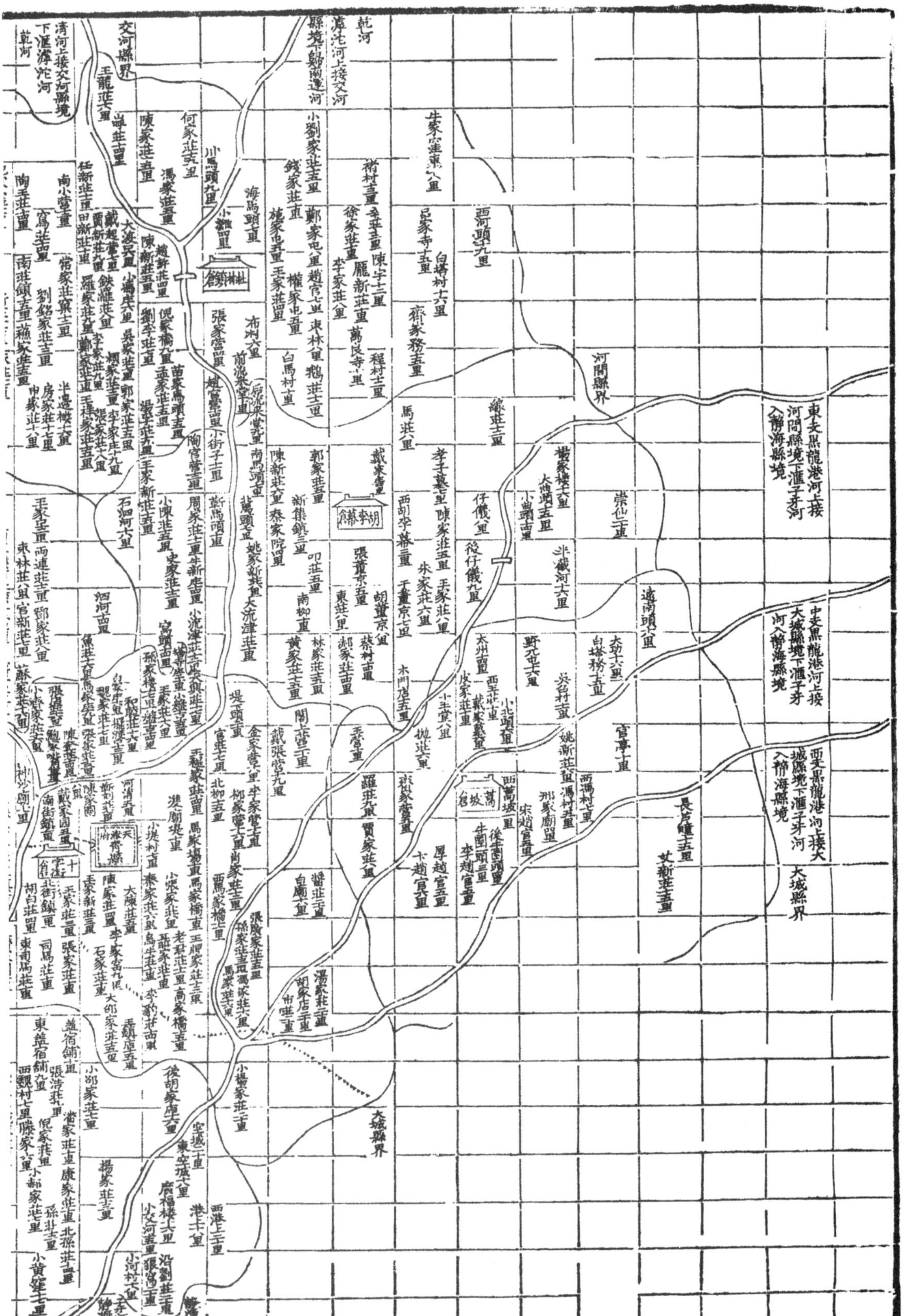

清河上接交河縣境下匯滹沱河
乾河
交河縣界
滹沱河上接交河縣境下歸南運河
乾河
東支黑龍港河上接河間縣境下匯子牙河入靜海縣境
中支黑龍港河上接大城縣境下匯子牙河入靜海縣境
西支黑龍港河上接大城縣境下匯子牙河入靜海縣境
河間縣界
大城縣界
大城縣界
杜林鎮
胡李鎮
天津府青縣
崇仙二里
長莊嗹十五里
艾新莊十三里

青縣東至滄州界五十三里至州治七十里西至大城縣界五十里至縣治四十里南至交河縣界八十二里至縣治一百五十里北至靜海縣界五十里至縣治九十里東南至滄州界五十五里至州治七十里西南至河間縣界五十里至縣治一百六十里東北至靜海縣界五十二里至縣治九十里西北至大城縣界二十七里至縣治四十里

縣屬大小四百〡村每二十里內建倉一區計大興鎮興濟鎮伊家莊十字街蒿坡杜林鎮胡李蕭流河鎮共建倉八區

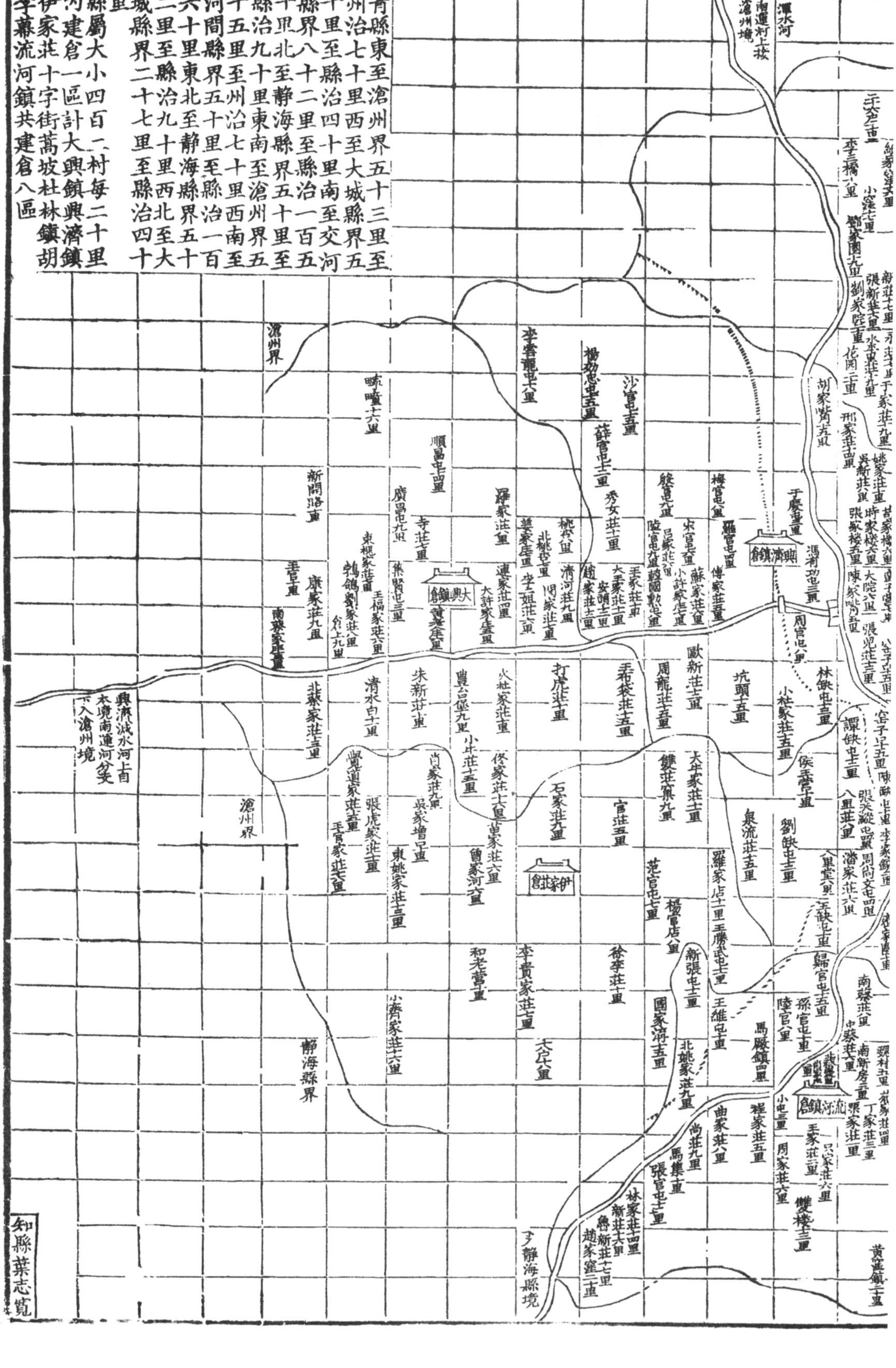


知縣葉志寬

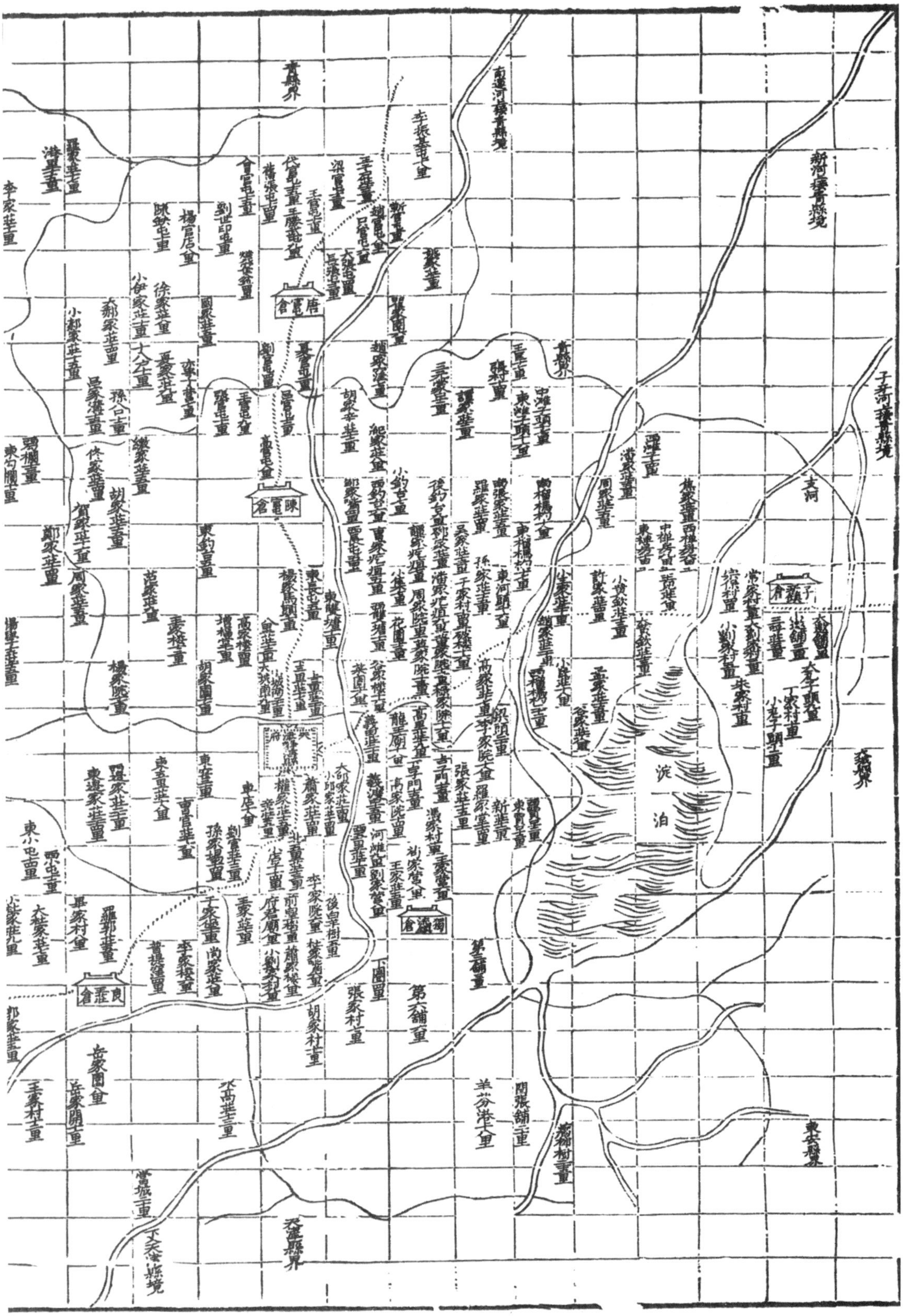
淀
泊

静海縣東至天津縣界九十里至縣治七十五里西至大城縣界四十里至縣治九十里南至青縣界七十里至縣治九十里北至天津縣界四十五里至縣治七十五里東南至滄州界七十里至州治一百六十里西南至青縣界四十五里至縣治九十里東北至天津縣界四十里至縣治七十五里西北至東安縣界四十五里至縣治一百二十里

縣屬大小三百四十二村每二十五里内建倉一區計雙窑子牙鎮陳官屯唐官屯獨流鎮良王莊尚馬頭南和順磚垛村共建倉九區

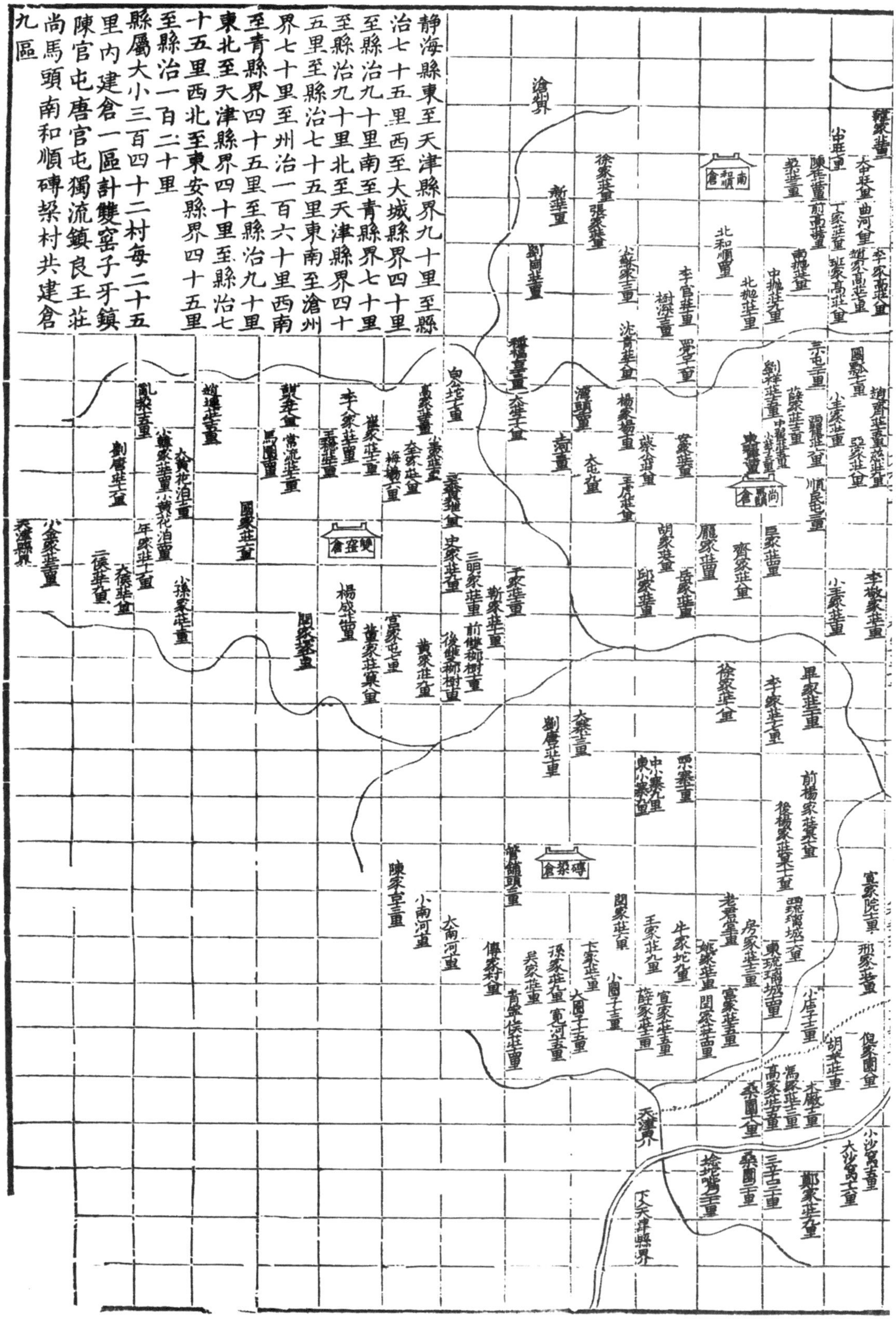

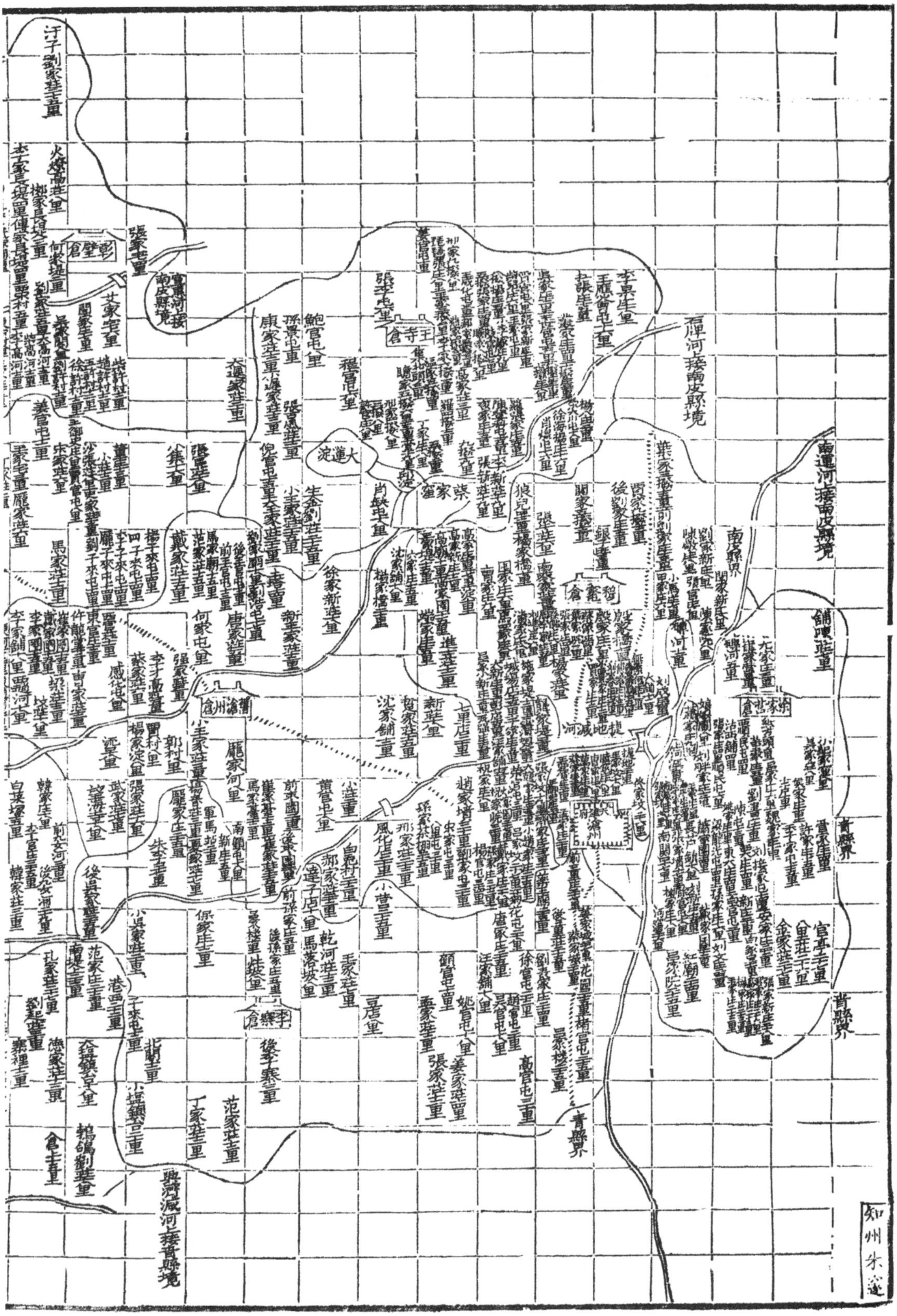
大蓮淀
張家窪
王寺倉
舊滄州倉
南皮縣界
青縣界
鋪頭莊里
南運河接南皮縣境
興濟減河接青縣境

滄州東至海一百一十里西至青縣界十七里至縣治七十里南至南皮縣界三十五里至縣治七十里北至青縣界三十至縣治七十里東南至鹽山縣界七十里至縣治九十里西南至南皮縣界三十五里至縣治七十里東北至靜海縣界一百里至縣治一百六十里西北至青縣界十八里至縣治七十里

州屬大小五百三十五村每三十里內建倉一區計王橋舊滄州孟村佘家營王寺村穆官屯彰壁村李寨李村共建倉九區

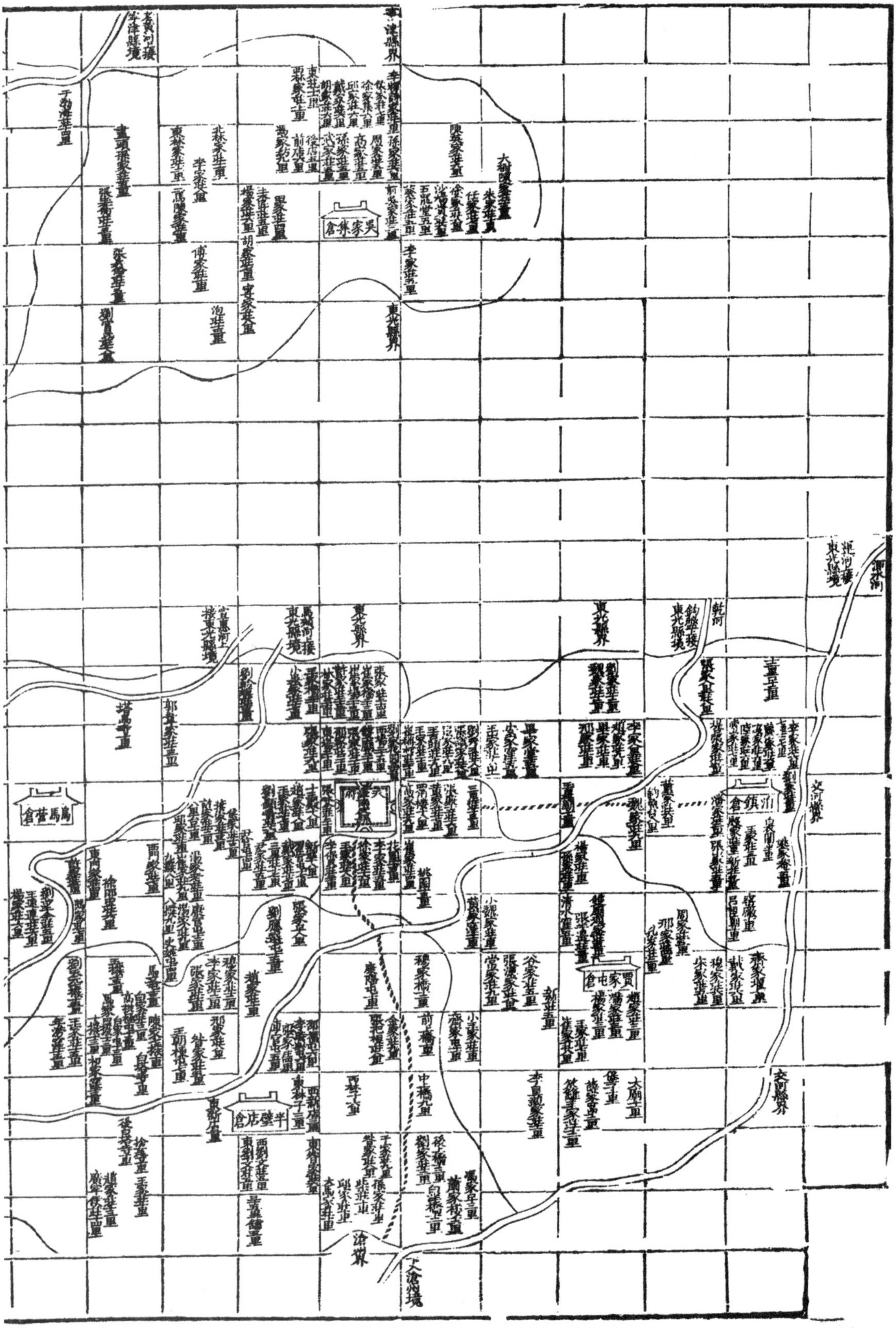
烏馬營倉
半壁店倉
賈家屯倉
泊鎮倉
交河縣界

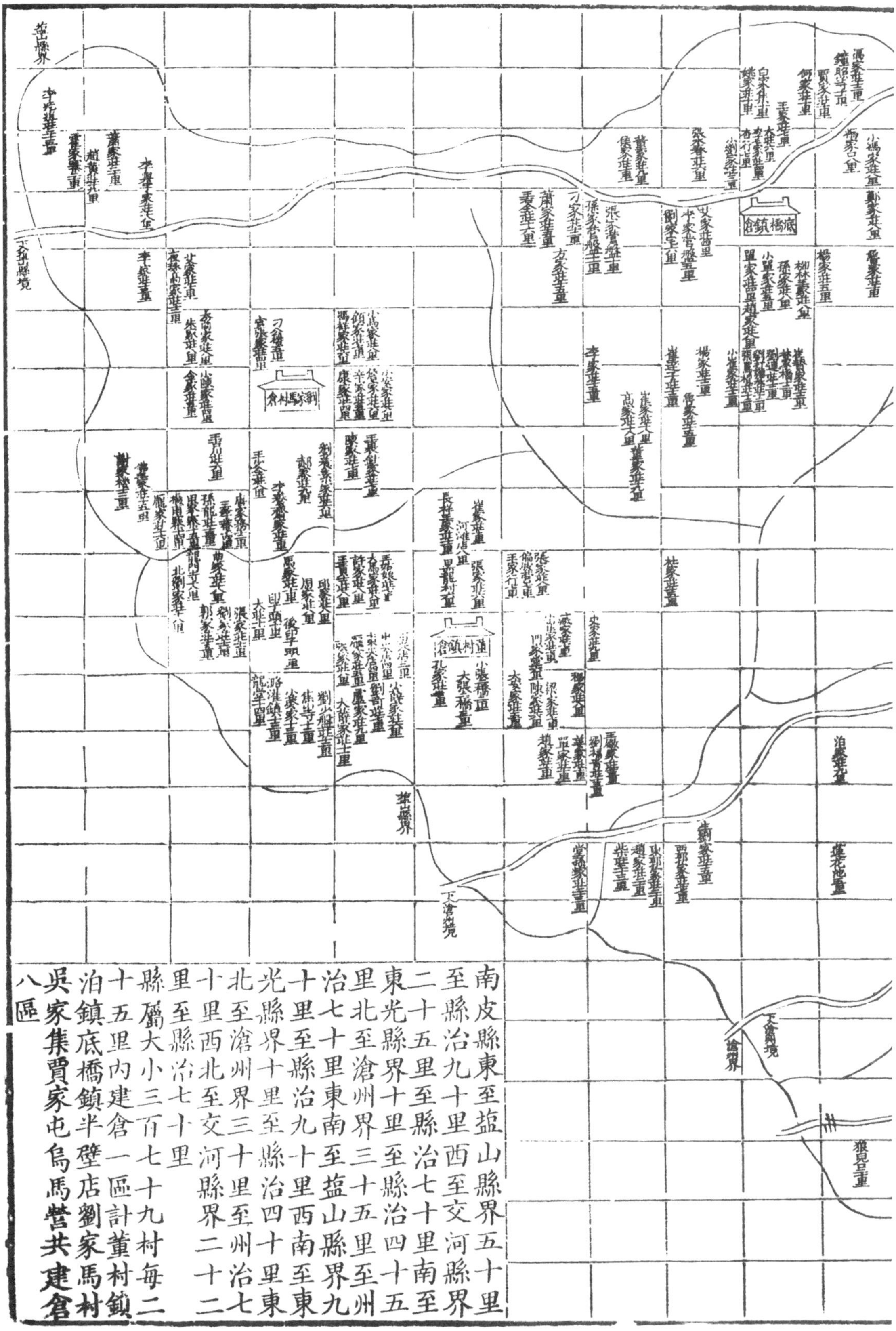


南皮縣東至塩山縣界五十里至縣治九十里西至交河縣界二十五里至縣治七十里南至東光縣界十里至縣治四十五里北至滄州界三十五里至州治七十里東南至塩山縣界九十里至縣治九十里西南至東光縣界十里至縣治四十里東北至滄州界三十里至州治七十里西北至交河縣界二十二里至縣治七十里

縣屬大小三百七十九村每二十五里內建倉一區計董村鎮泊鎮底橋鎮半壁店劉家馬村吳家集賈家屯烏馬營共建倉八區

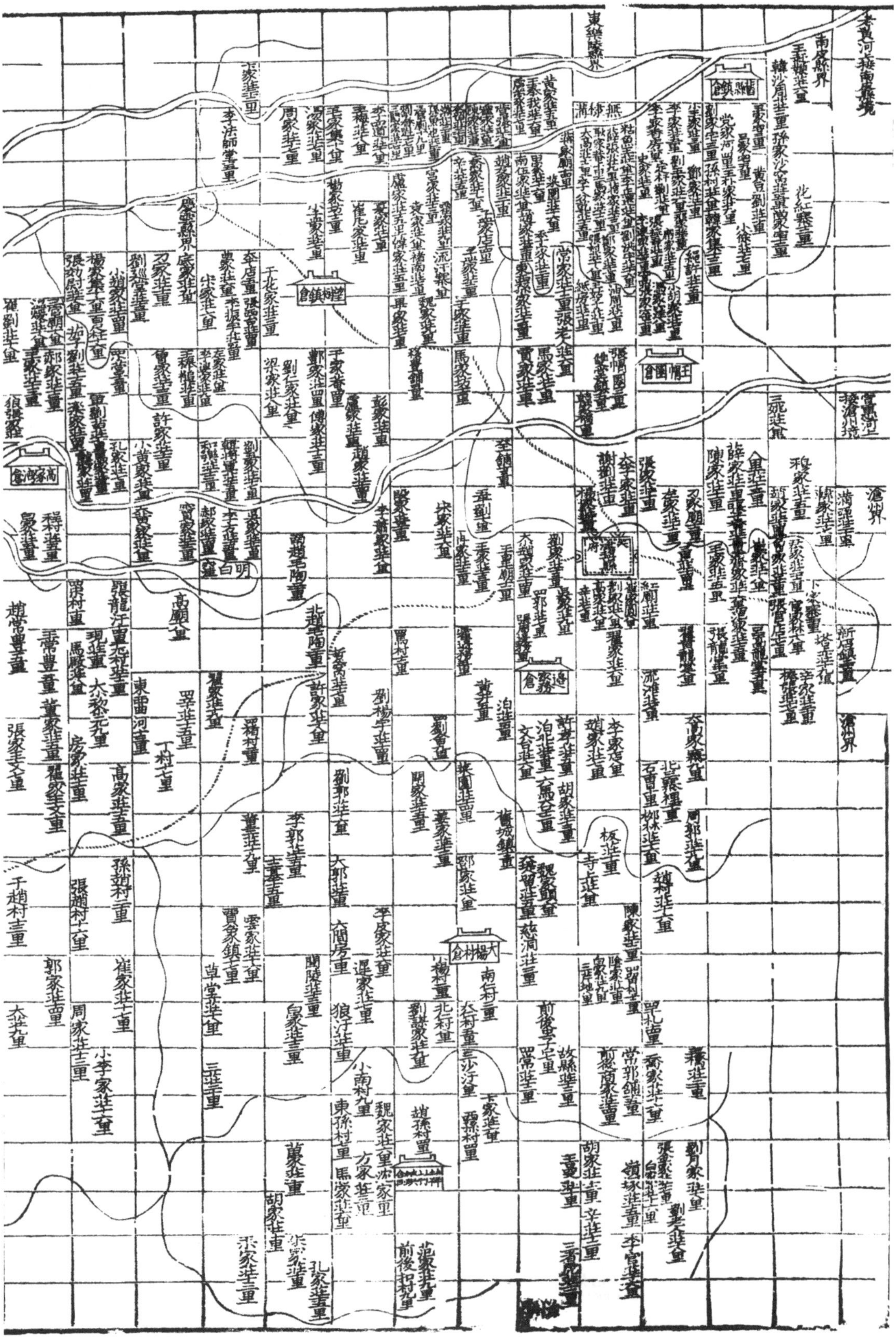
南皮縣界
滄州界
滄州界

鹽山縣東至山東海豐縣界六十里至縣治一百里西至滄州界二十里至州治九十里南至山東樂陵縣界五十里至縣治七十里北至滄州界八十里至州治九十里東南至慶雲縣界四十里至縣治六十里西南至南皮縣界五十五里至縣治九十里東北至海一百二十里西北至滄州界二十里至州治九十里

縣屬大小四百一十村每二十里內建倉一區計蘇基鎮羊二莊舊縣鎮王帽圈望樹鎮高家灣邊家務大楊村韓村鎮共建倉九區再東北狼坨鋪等七村係濱海之區魚蝦為業不事耕種無庸建倉合並聲明

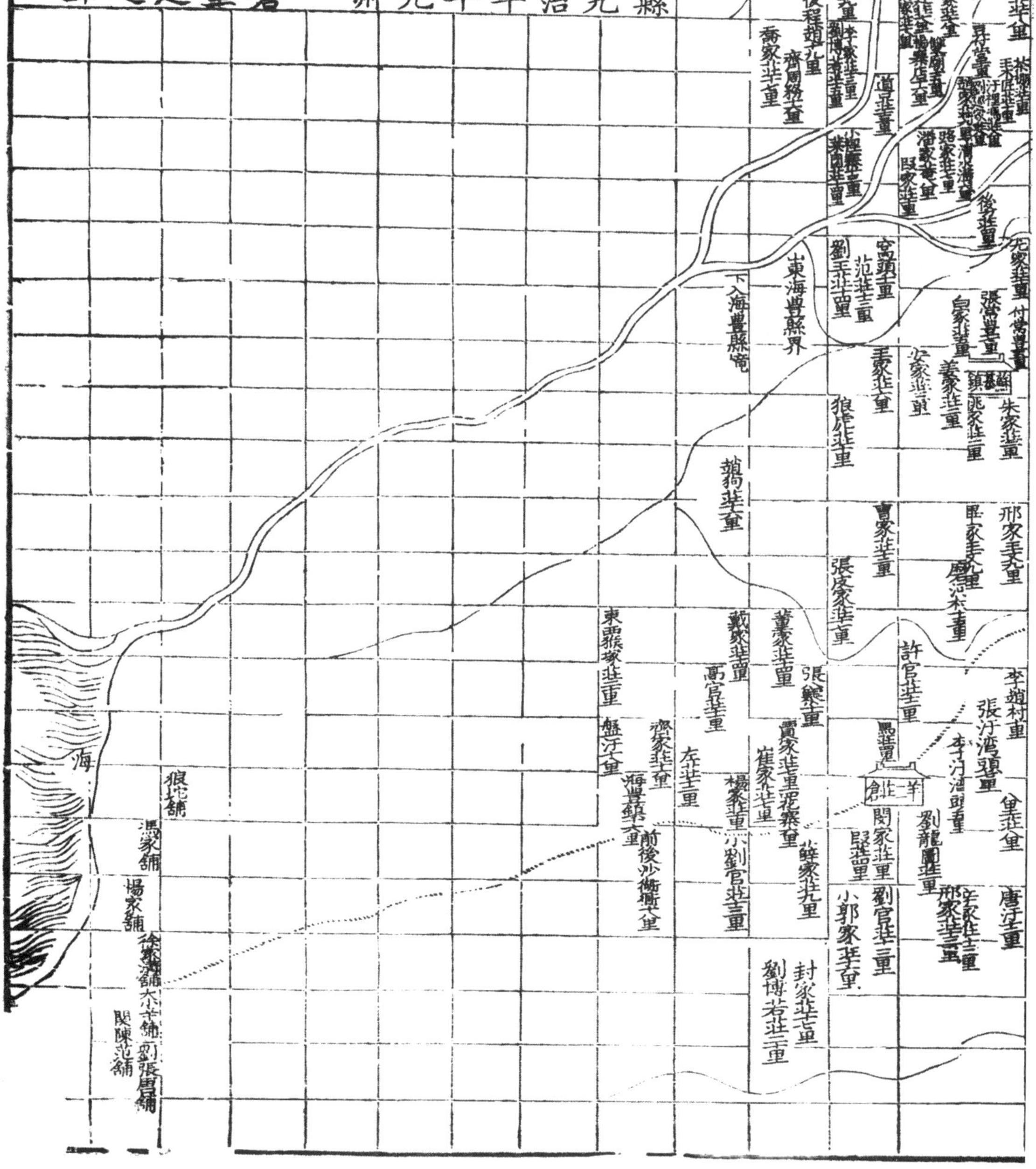

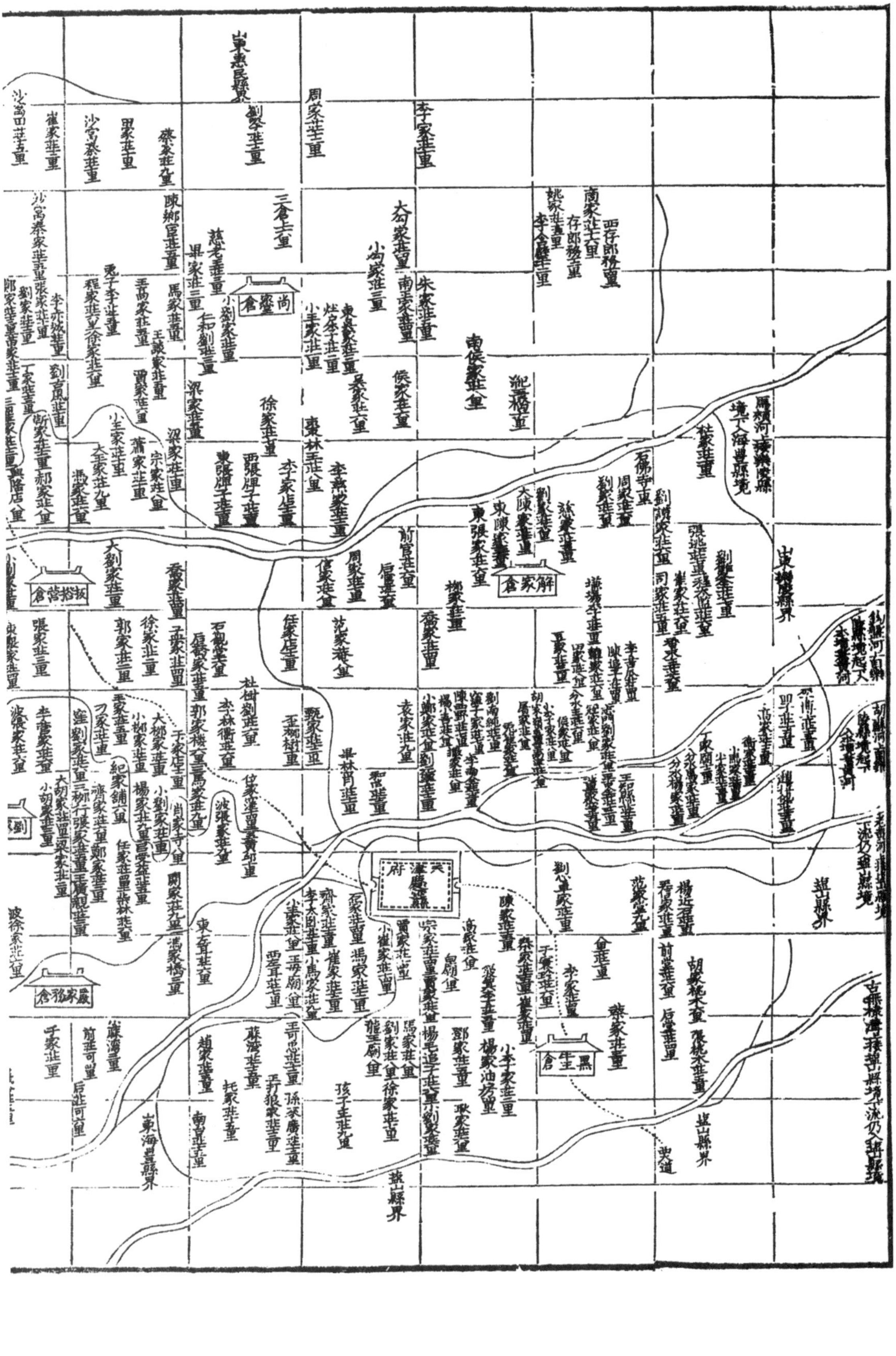
周家莊一里
李家莊一里
尚盈倉
解家倉
嚴家務倉

慶雲縣東至山東海豐縣界三十五里至縣治四十里西至鹽山縣界十五里至縣治六十里南至山東惠民縣界五十里至縣治九十里北至鹽山縣界十五里至縣治六十里東南至山東陽信縣界三十五里至縣治五十里西南至山東樂陵縣界十五里至縣治四十里東北至山東海豐縣界十五里至縣治四十里西北至鹽山縣界十五里至縣治六十里

縣屬大小三百二村每十五里內建倉一區計劉貴家莊尚家堂板搭營觧家莊黑牛王村嚴家務村共建倉六區

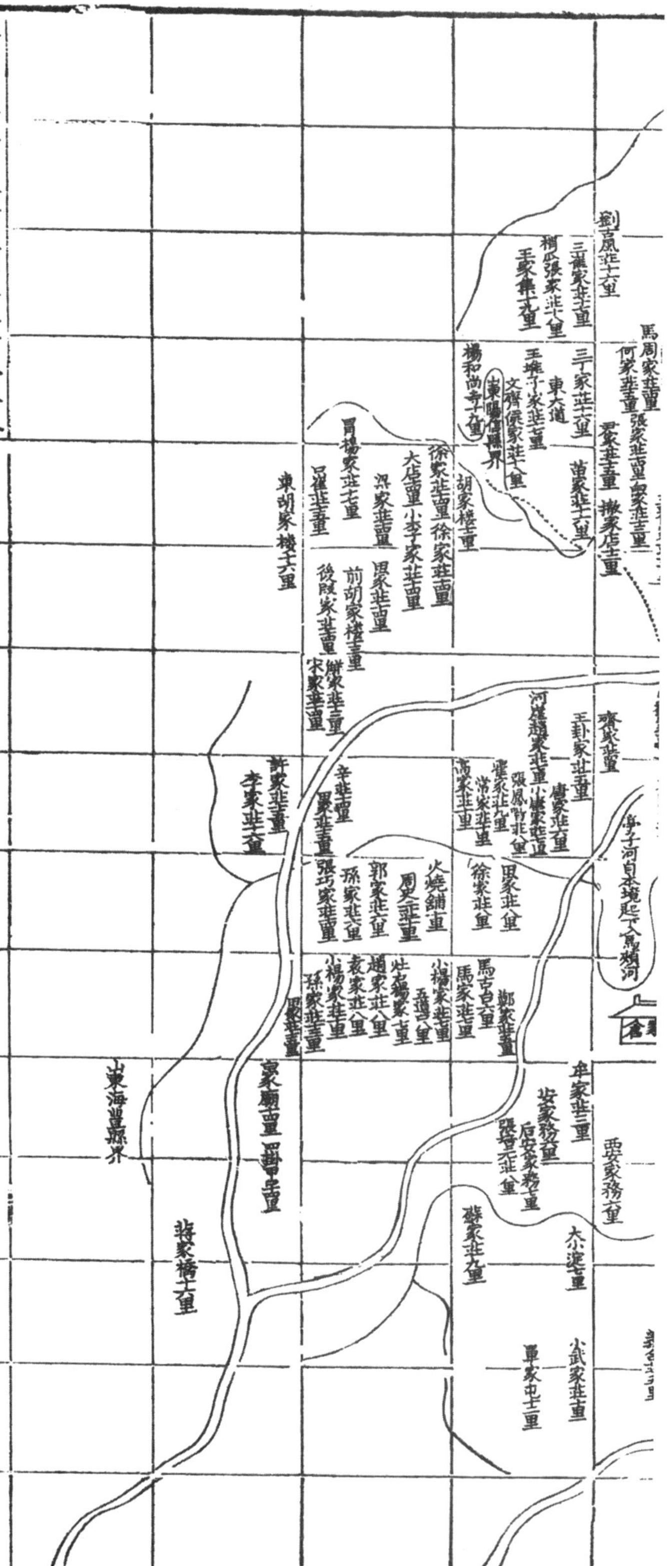


縣列建倉圖

# 畿輔義倉圖

永平府　宣化府

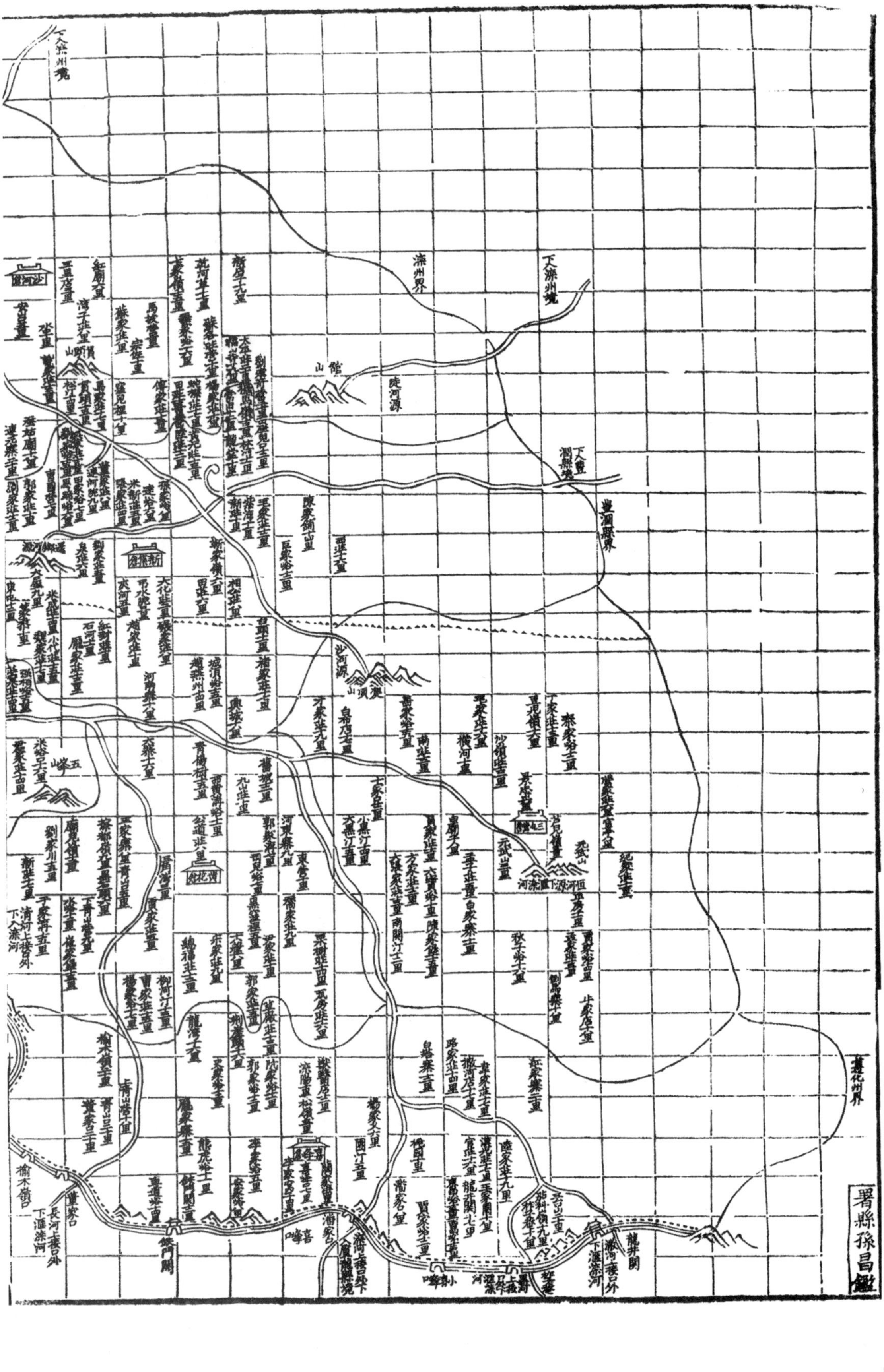
灤州界
下灤州境
豐潤縣界
陡河源
沙河源
鐵門關
龍井關
署縣孫昌鑑

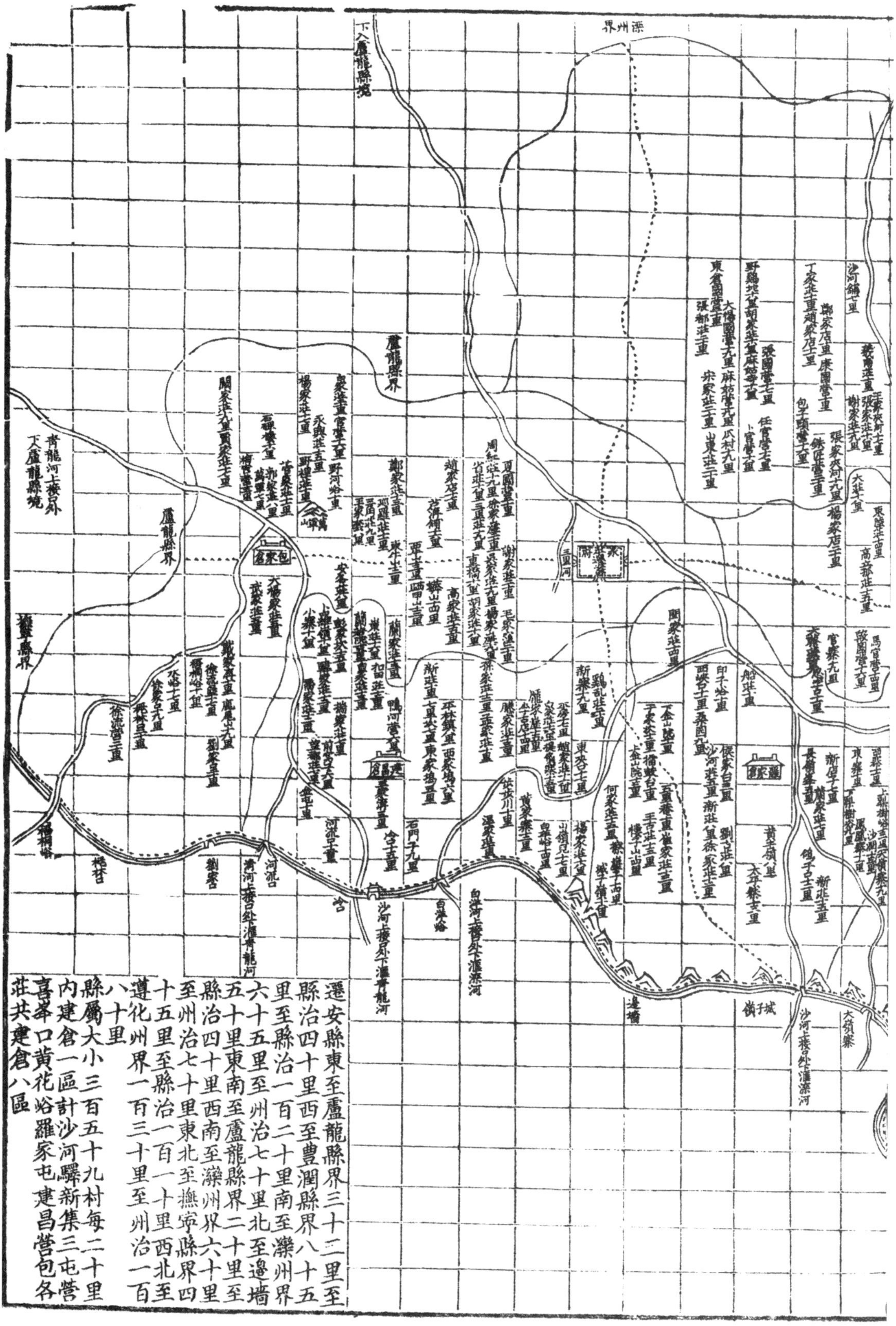


遷安縣東至盧龍縣界三十二里至縣治四十里西至豐潤縣界八十五里至縣治一百二十里南至灤州界六十五里至州治七十里北至邊墻五十里東南至盧龍縣界二十里至縣治四十里西南至灤州界六十里至州治七十里東北至撫寧縣界四十五里至縣治一百一十里西北至遵化州界一百三十里至州治一百八十里

縣屬大小三百五十九村每二十里内建倉一區計沙河驛新集三屯營喜峯口黄花峪羅家屯建昌營包各莊共建倉八區

昌黎縣東至撫寧縣界二十五里至縣治四十里西至灤州界六十五里至州治七十里南至樂亭縣界六十里至縣治八十里北至撫寧縣界二十里至縣治四十里東南至海六十里西南至樂亭縣界六十里至縣治九十里東北至撫寧縣界二十里由大道至縣治五十里西北至盧龍縣界五十里至縣治七十里

縣屬大小三百六十一村每二十里内建倉一區計石橋莊莫各莊姜各莊赤崖村套裡村靜安村石門莊蛤蛅莊共建倉八區

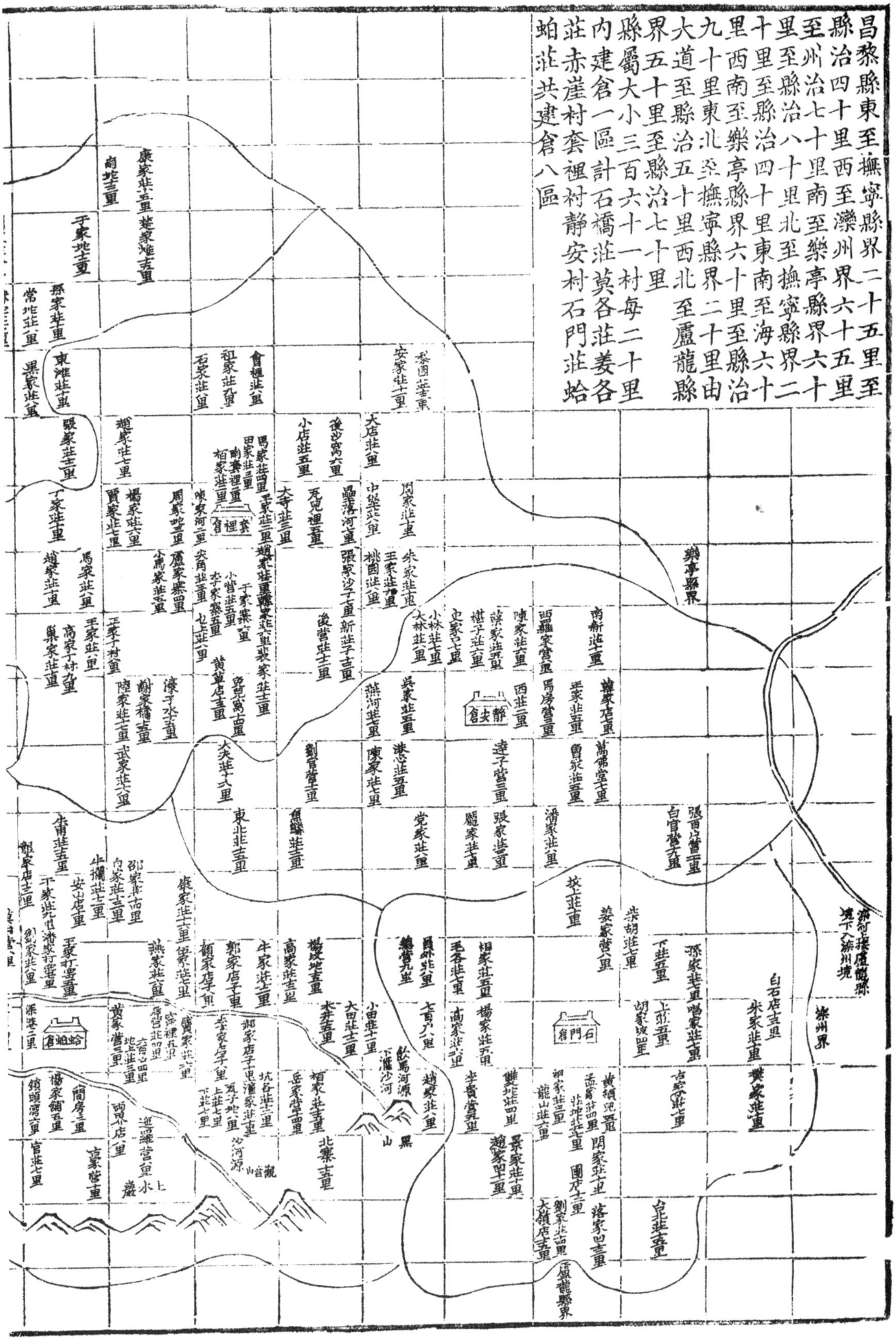

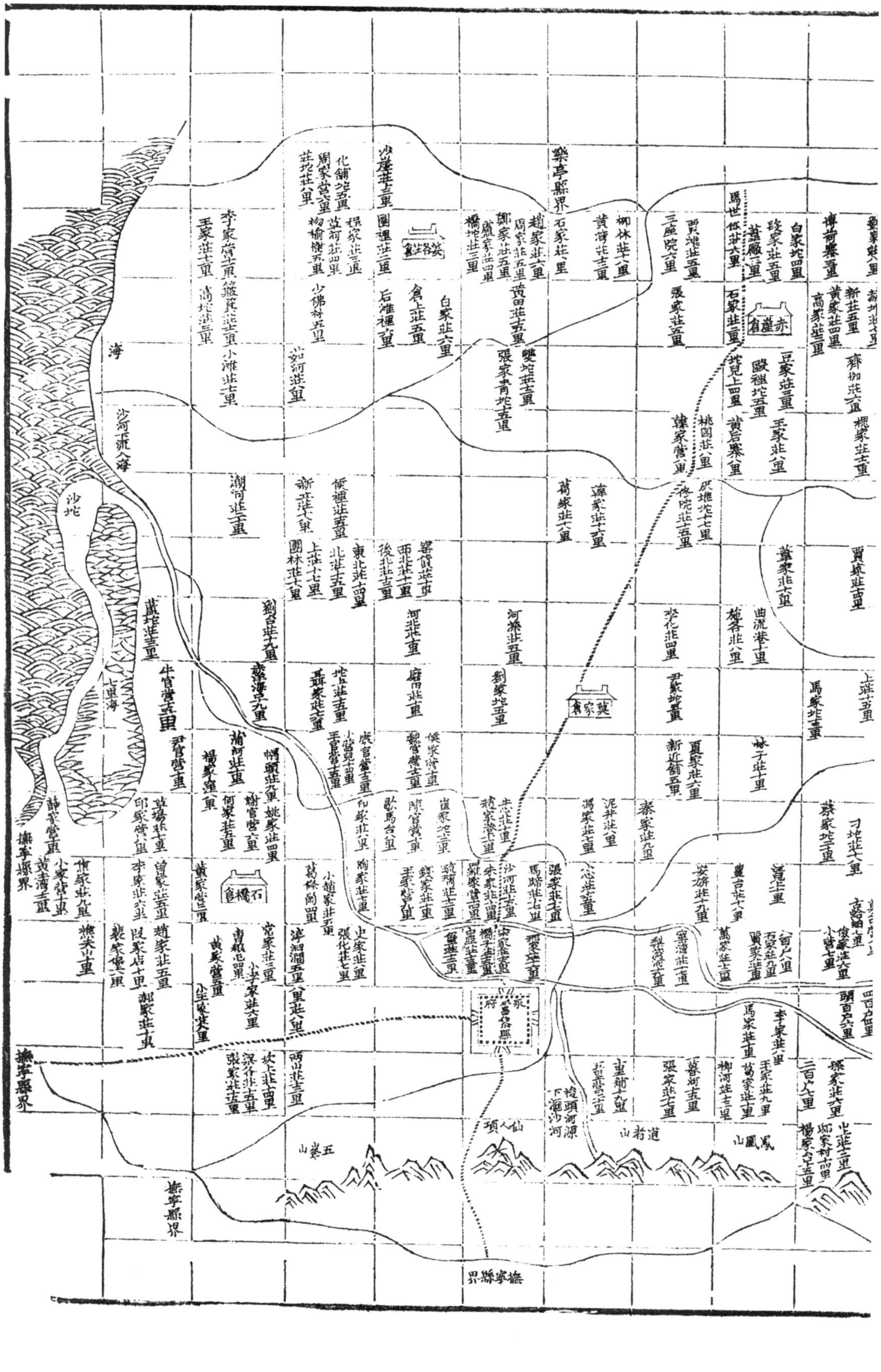
海
沙河下流入海
沙坨
七里海
灤亭縣界
撫寧縣界
撫寧縣界
撫寧縣界
五峯山
仙人頂
道者山
鳳凰山
赤崖倉
石橋倉
潮河莊十二里

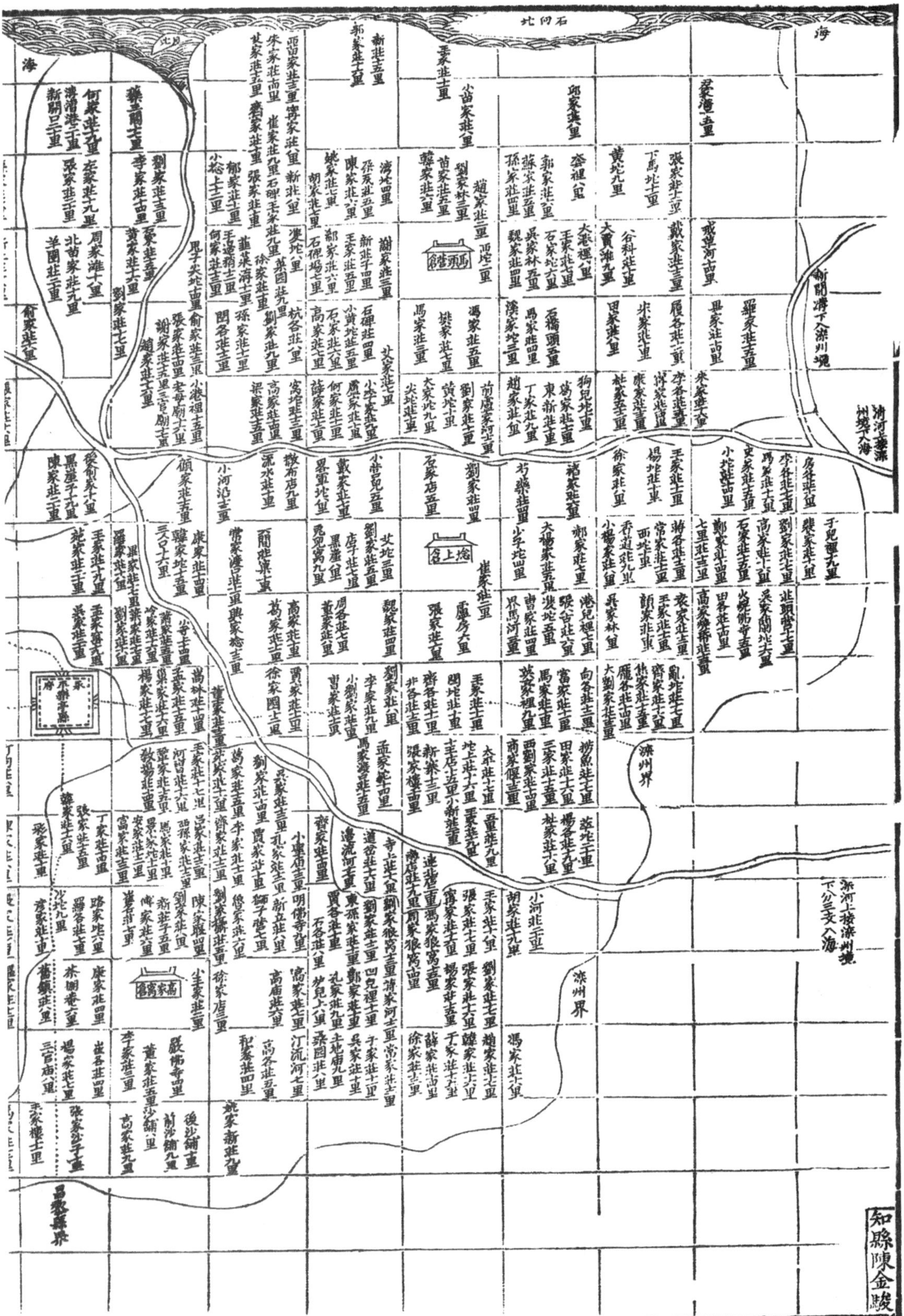

知縣陳金駿
海
灤州界
灤州界
昌黎縣界

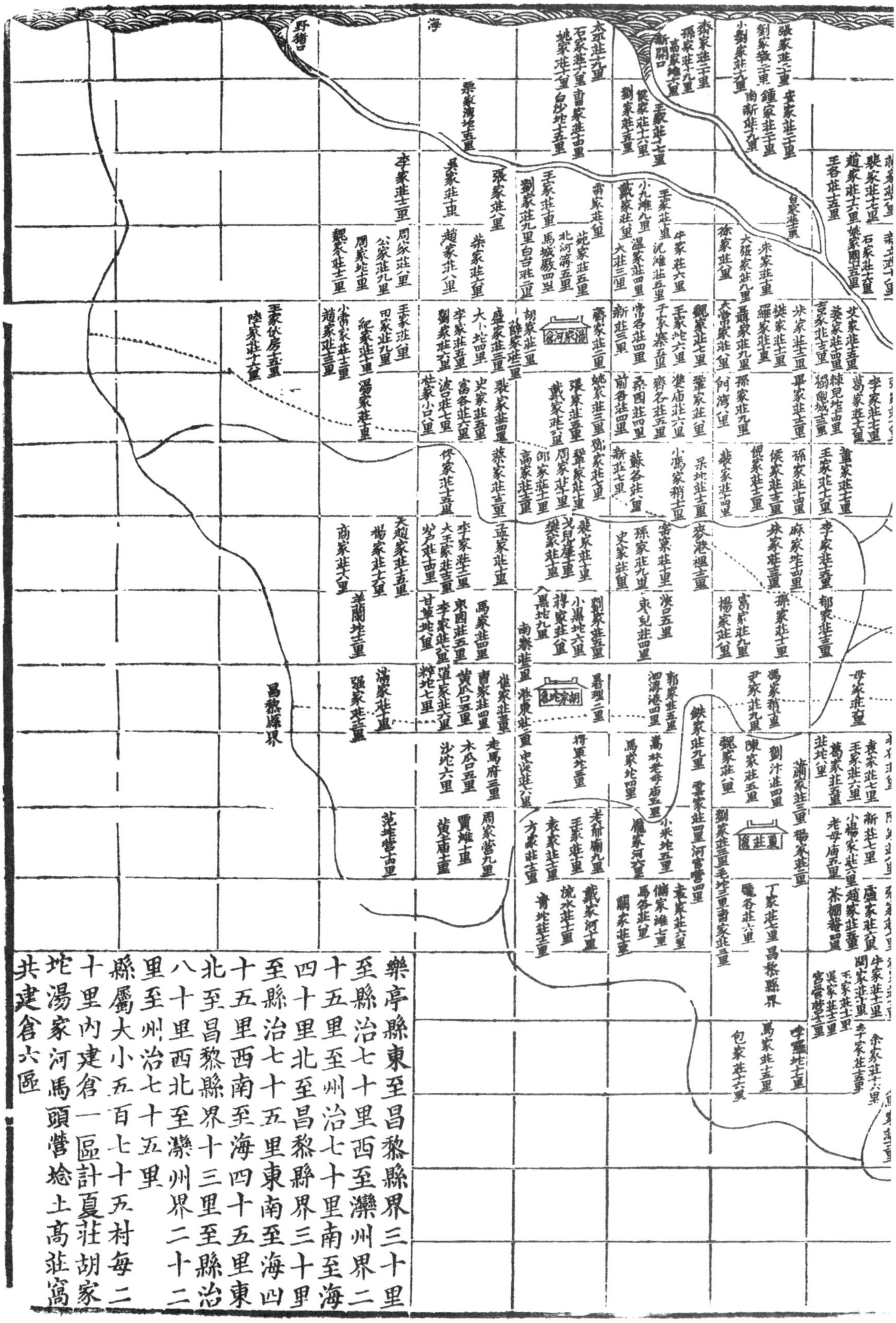


樂亭縣東至昌黎縣界三十里至縣治七十里西至灤州界二十五里至州治七十里南至海四十里北至昌黎縣界三十里至縣治七十五里東南至海四十五里西南至海四十五里東北至昌黎縣界十三里至縣治八十里西北至灤州界二十二里至州治七十五里

縣屬大小五百七十五村每二十里內建倉一區計夏莊胡家坨湯家河馬頭營埝上高莊窩共建倉六區

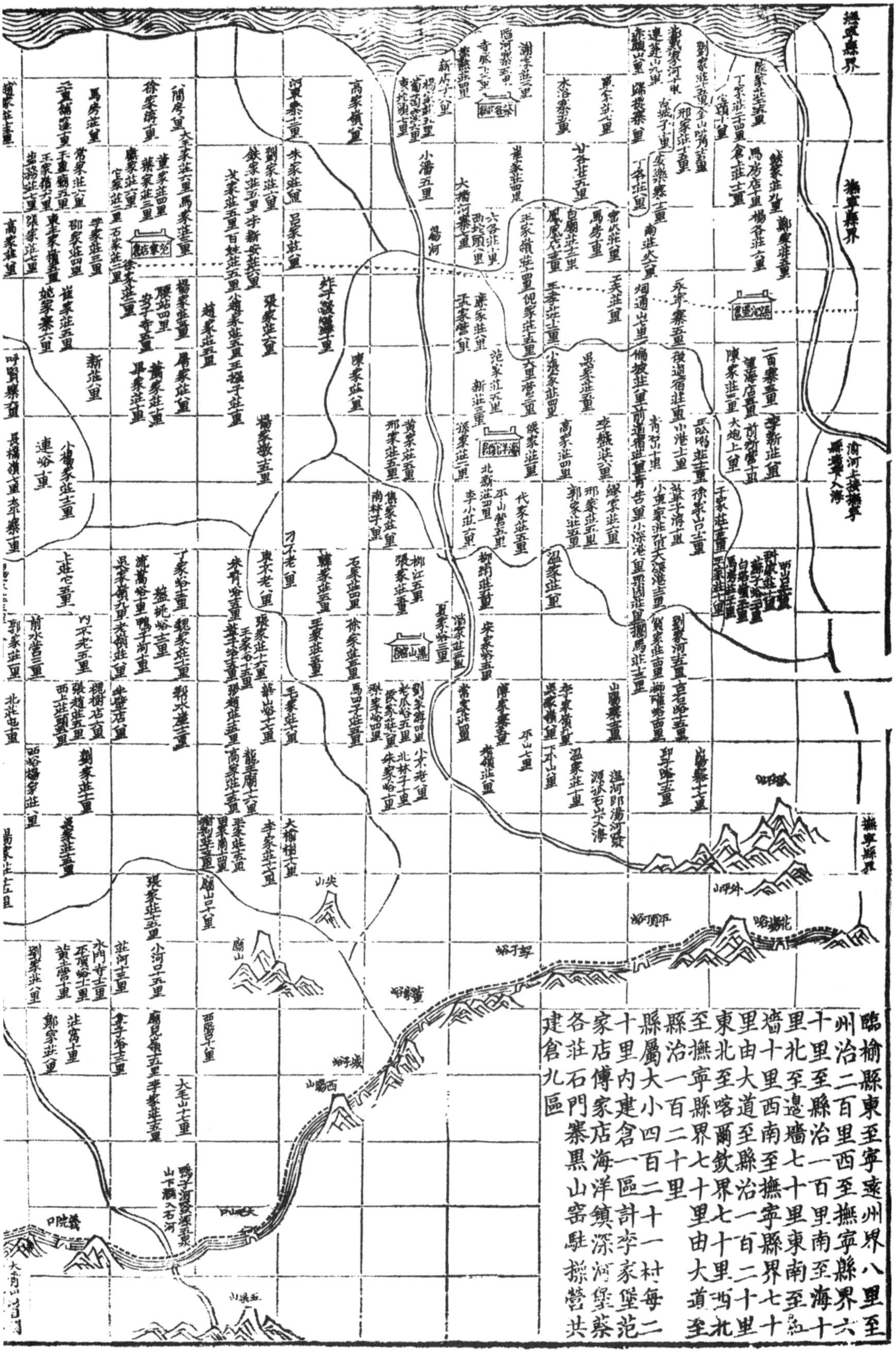


臨榆縣東至寧遠州界八里至州治二百里西至撫寧縣界六十里至縣治一百里南至海十里北至邊牆七十里東南至[illegible]牆十里西南至撫寧縣界七十里由大道至縣治一百二十里東北至喀爾欽界七十里西北至撫寧縣界七十里由大道至縣治一百二十里縣屬大小四百二十一村每二十里內建倉一區計李家堡范家店傅家店海洋鎮深河堡蔡各莊石門寨黑山窑駐撫營共建倉九區

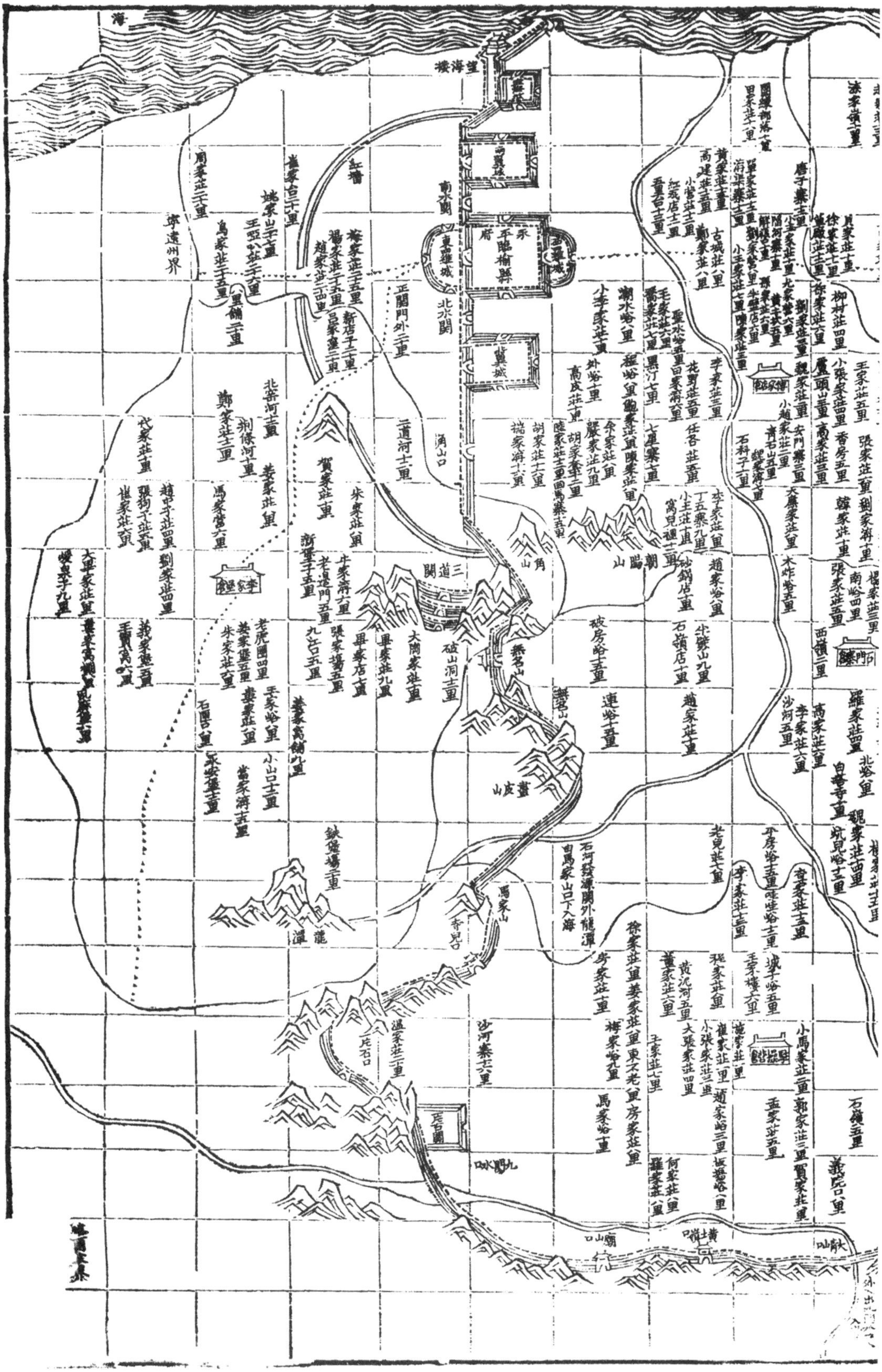
海
望海樓
南水關
北水關
東羅城
寧遠州界
二道河十里
三道關
角山
朝陽山
馬家山
九門水口
廟山口

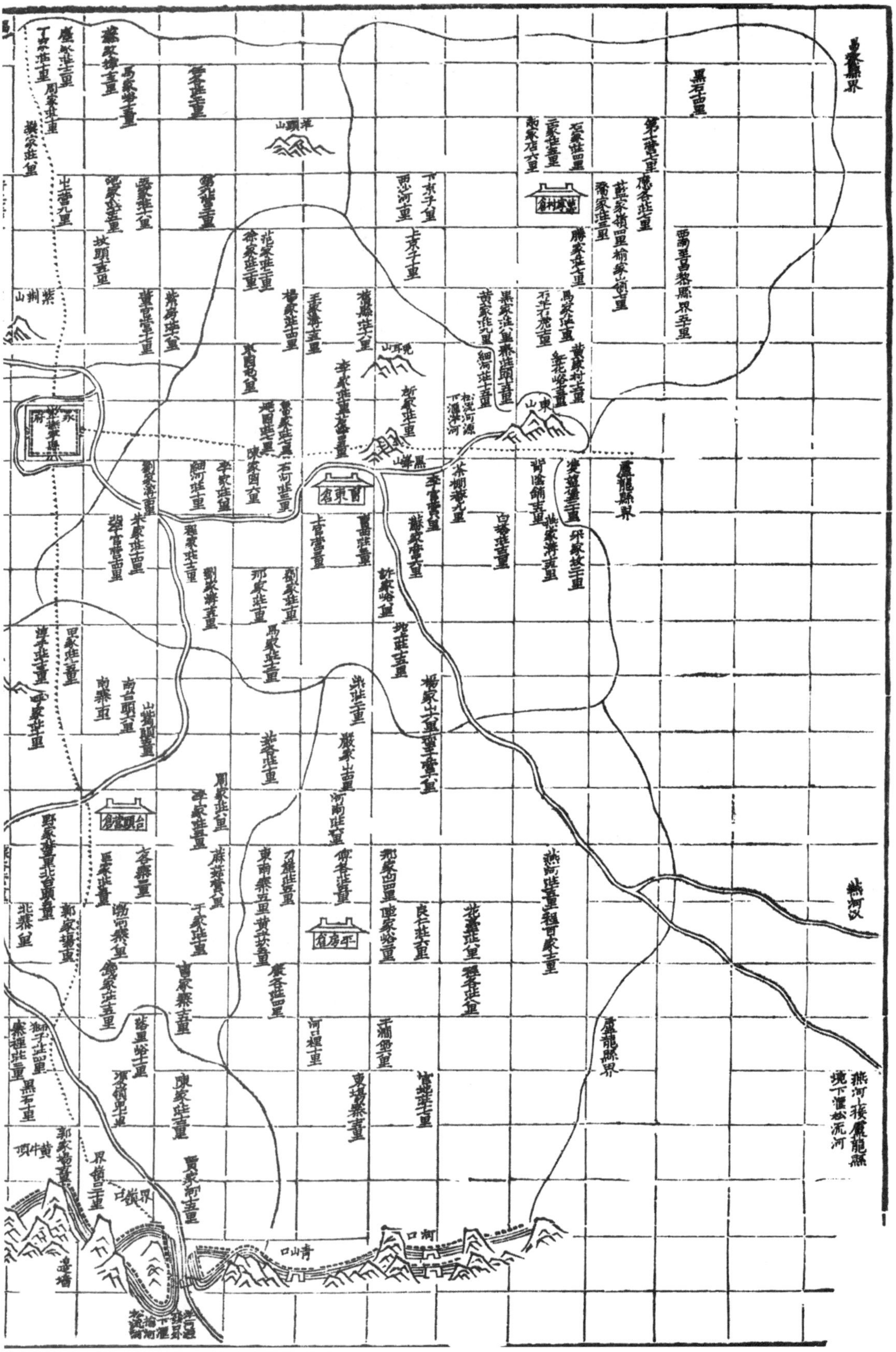
盧龍縣界
青山口

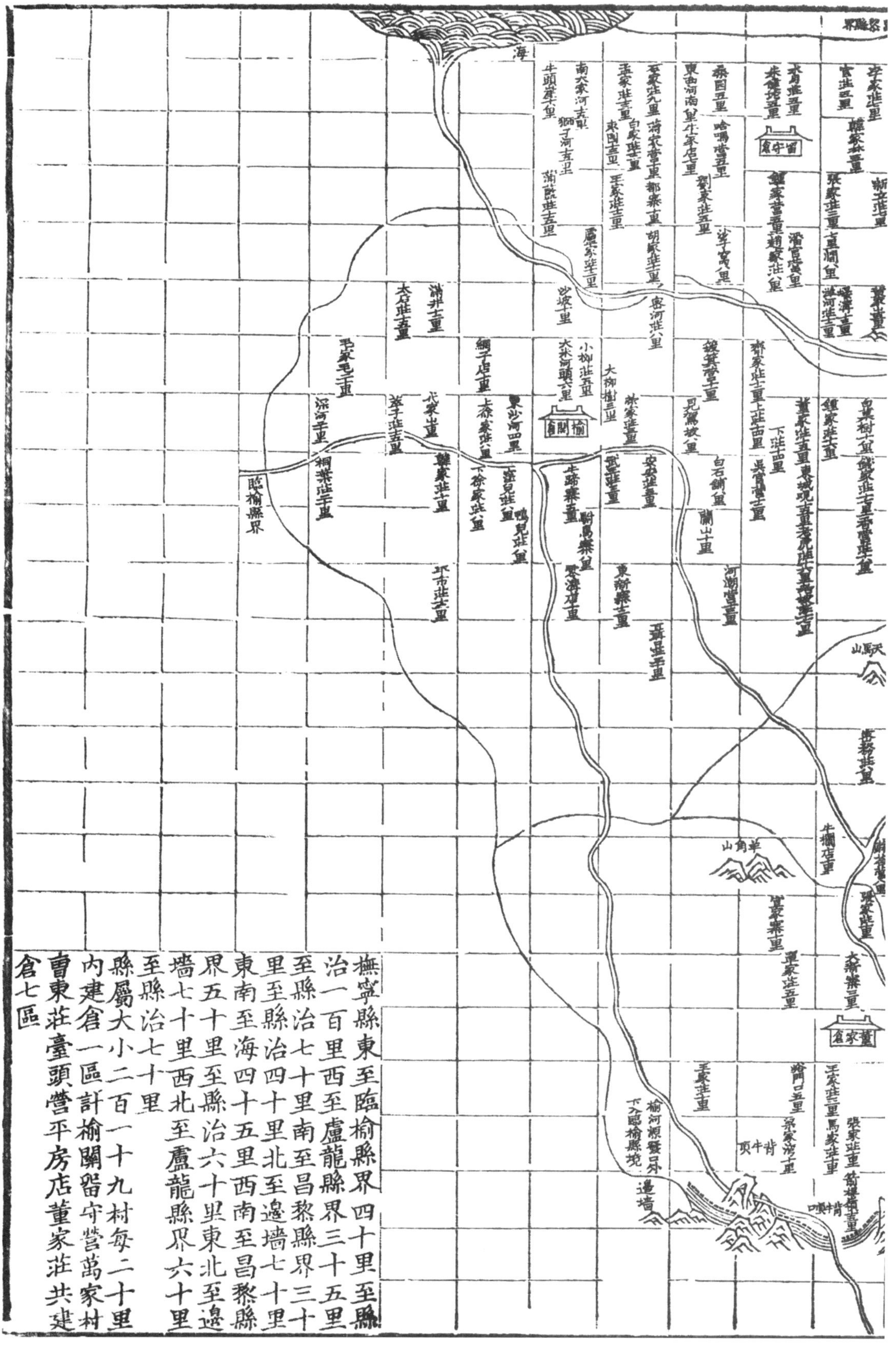


撫寧縣東至臨榆縣界四十里至縣治一百里西至盧龍縣界三十五里至縣治七十里南至昌黎縣界三十里至縣治四十里北至邊墻七十里東南至海四十五里西南至昌黎縣界五十里至縣治六十里東北至邊墻七十里西北至盧龍縣界六十里至縣治七十里

縣屬大小二百一十九村每二十里内建倉一區計榆關留守營萬家村曹東莊臺頭營平房店董家莊共建倉七區

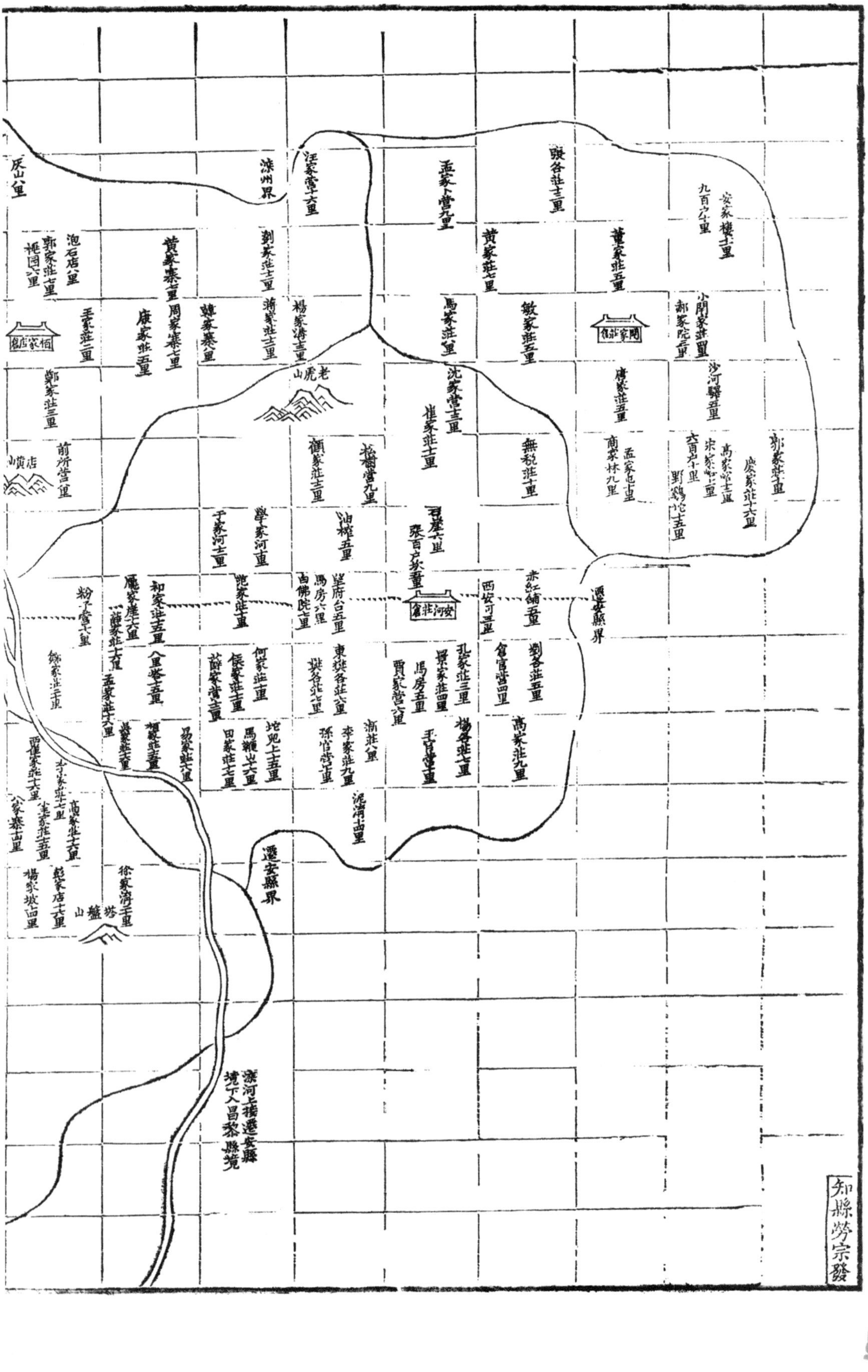

灤州界
老虎山
安河莊倉
遷安縣界
遷安縣界
灤河上接遷安縣境下入昌黎縣境
知縣勞宗發

盧龍縣東至撫寧縣界三十五里至縣治七十里西至遷安縣界三十五里至縣治四十里南至灤州界三十里至州治四十里北至遷安縣界四十五里至縣治七十里東南至昌黎縣界二十里至縣治七十里西南至灤州界二十五里至州治四十里東北至崇峪口五十里西北至遷安縣界二十里至縣治四十里

縣屬大小二百八十六村每十五里內建倉一區計十八里舖安河莊閘家莊栢家店橫河莊律馬莊共建倉六區

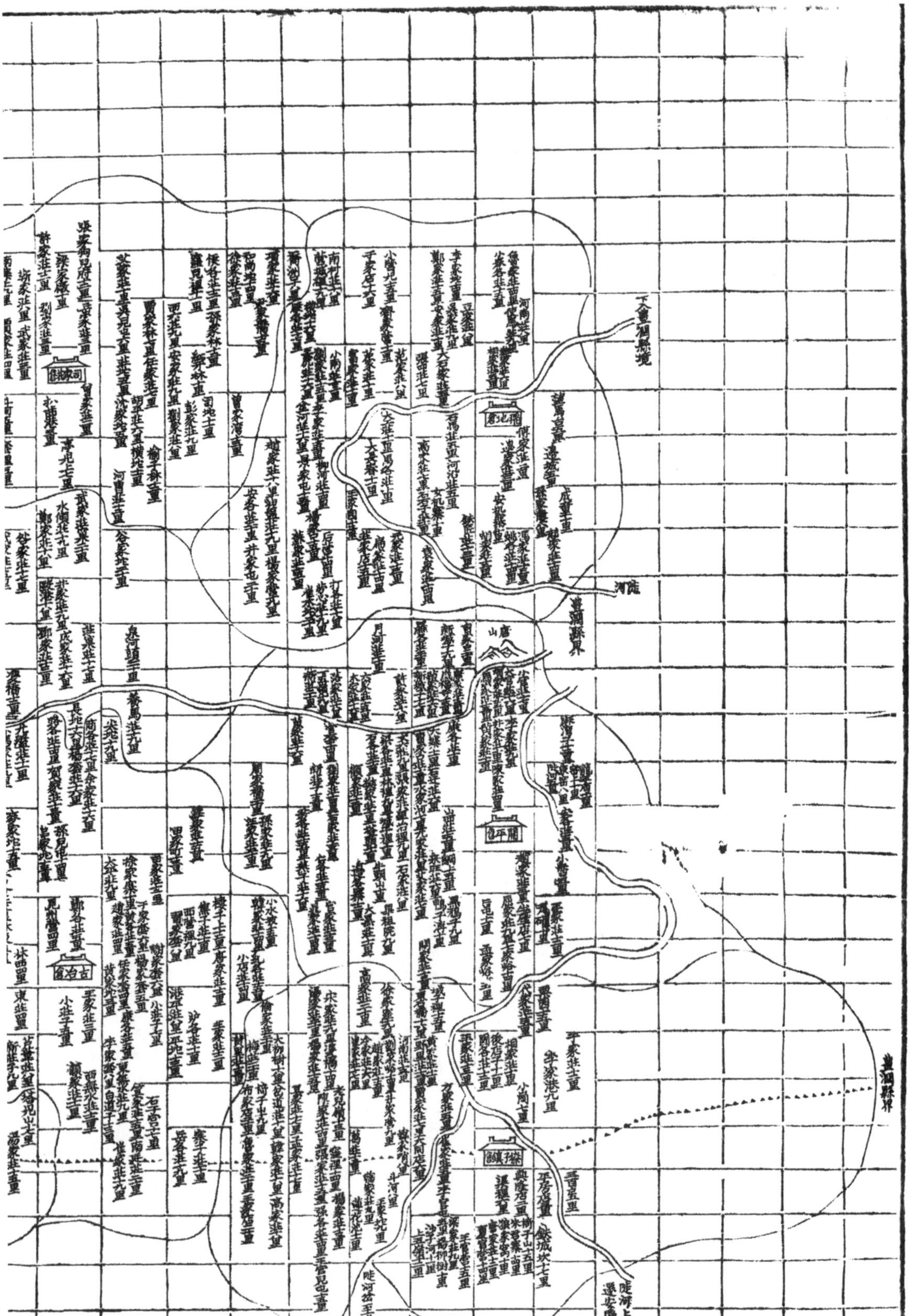

灤州東至昌黎縣界五里至縣治七十里西至豐潤縣界一百二十里至縣治一百四十里南至海一百一十里北至盧龍縣界十里至縣治四十里東南至樂亭縣界四十里至縣治七十里西南至豐潤縣界九十里至縣治一百二十里東北至盧龍縣界五里至縣治四十里西北至遷安縣界三十里至縣治七十里

州屬大小七百一十村每二十里內建倉一區計石佛口治治開平稻地倴城茨榆坨胡家莊司家莊榛子鎮馬城共建倉十區

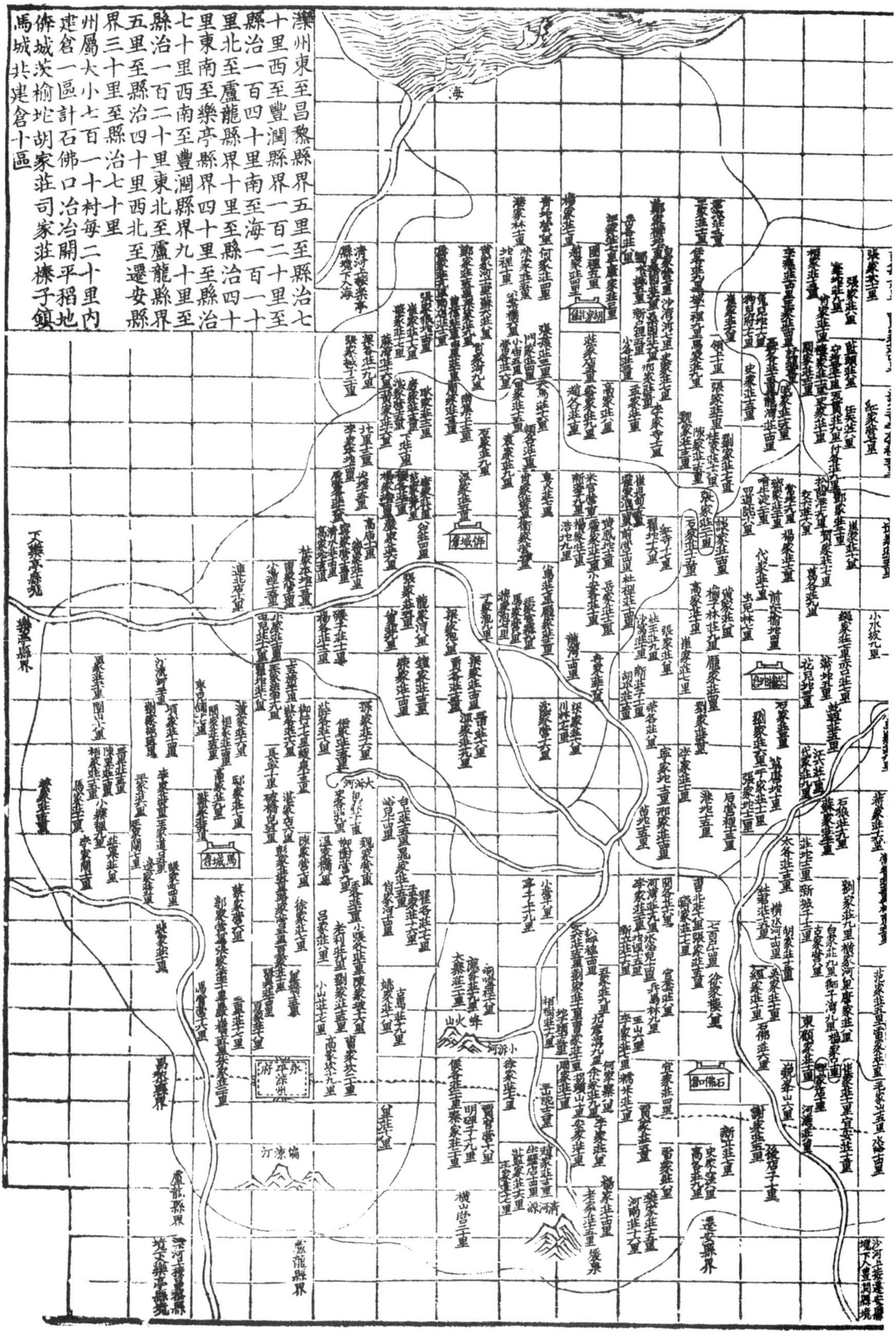

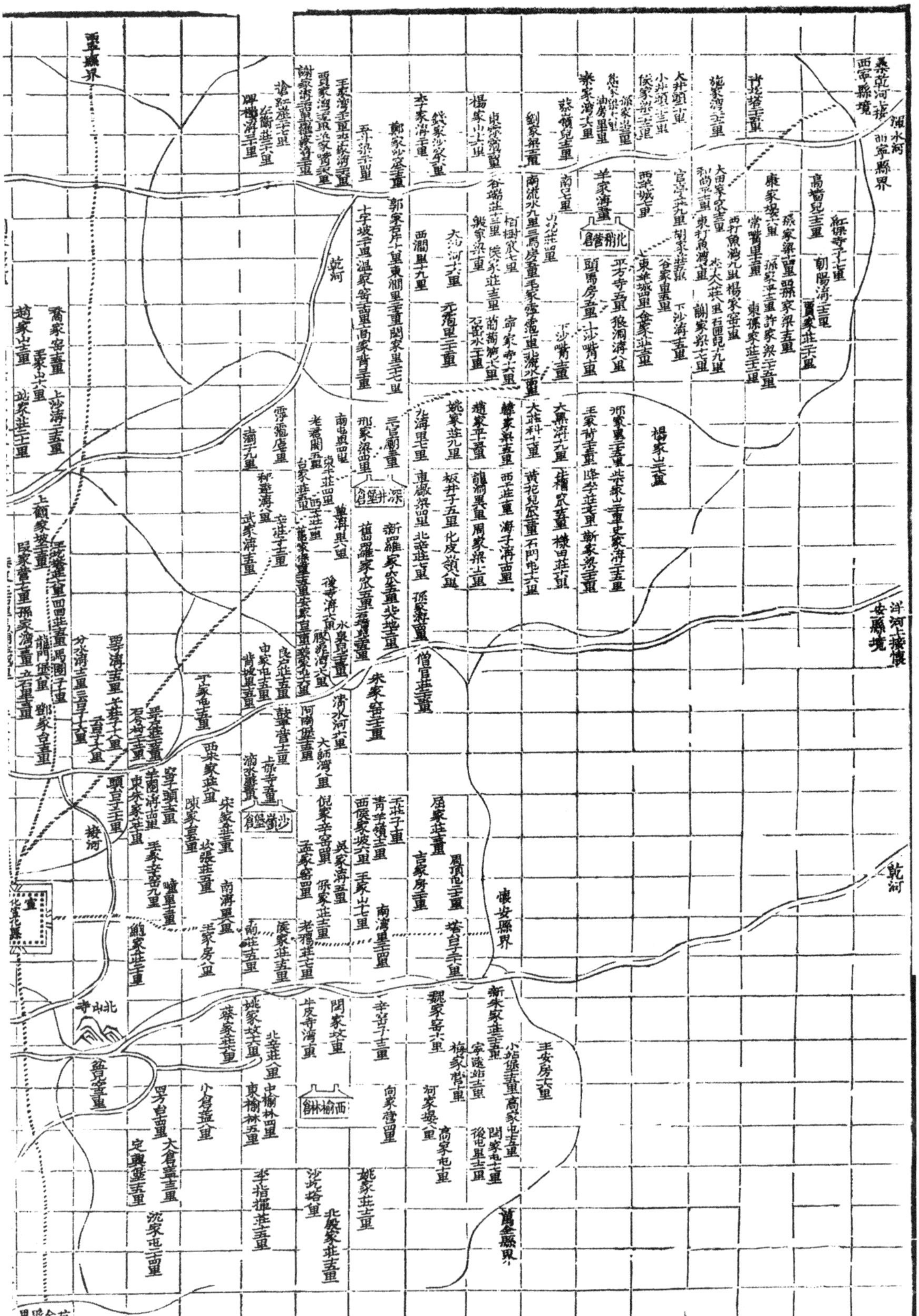

西寧縣境
懷安縣界
乾河
北山寺
萬全縣界

宣化縣東至懷來縣界七十五里至縣治一百五十里西至懷安縣界三十五里至縣治一百二十里南至西寧縣界一百里至縣治二百里北至萬全縣界四十五里至縣治九十里東南至保安州界四十五里至州治六十里西南至西寧縣界一百二十里至縣治二百里東北至龍門縣界六十五里至縣治一百里西北至萬全縣界四十五里至縣治九十里縣屬大小四百五十五村每二十里內建倉一區稍遠者附之計化稍營深井堡輝耀堡西谷村沙嶺堡西榆林響水舖鷄鳴驛賈家營白廟堡共建倉十區

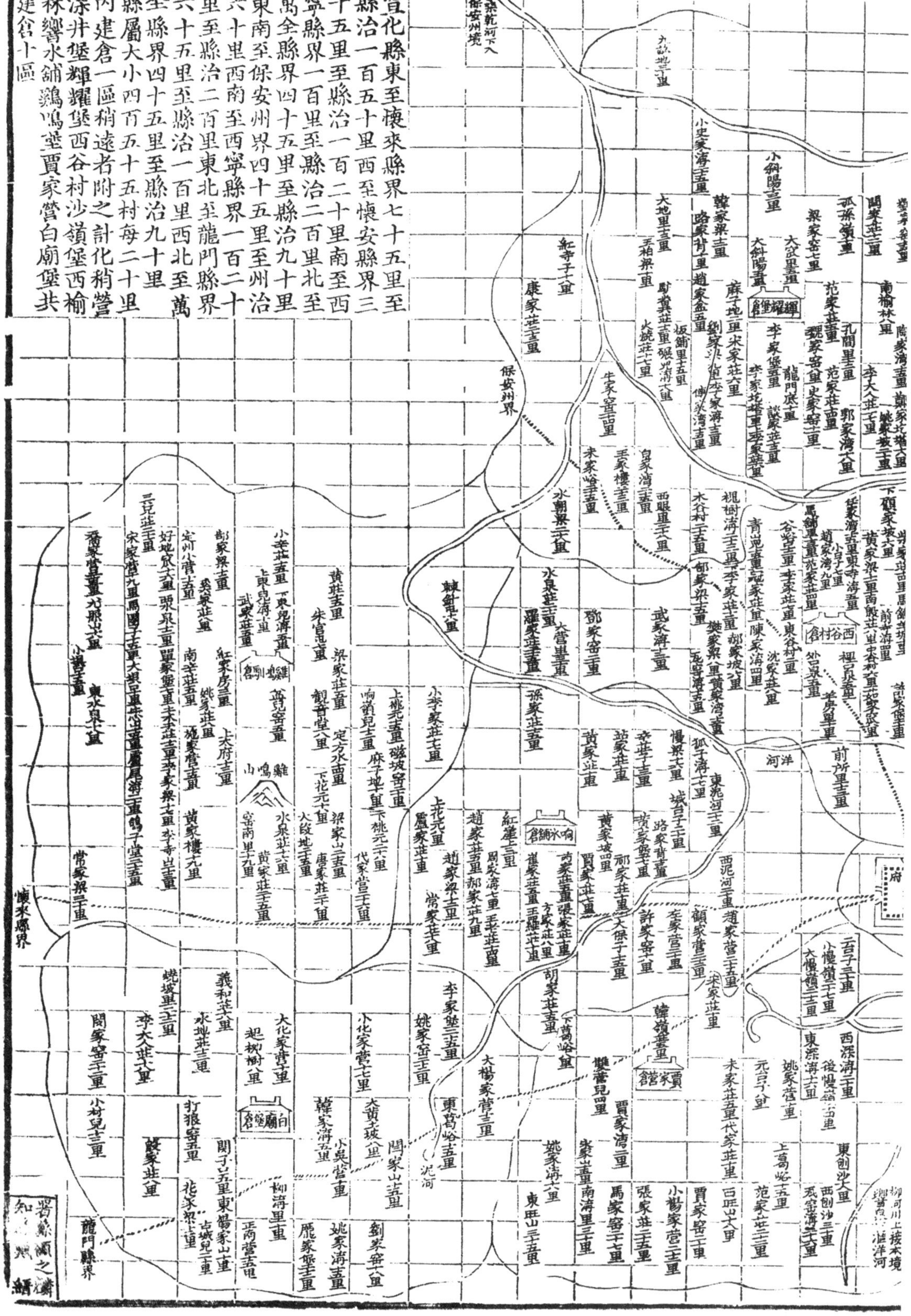

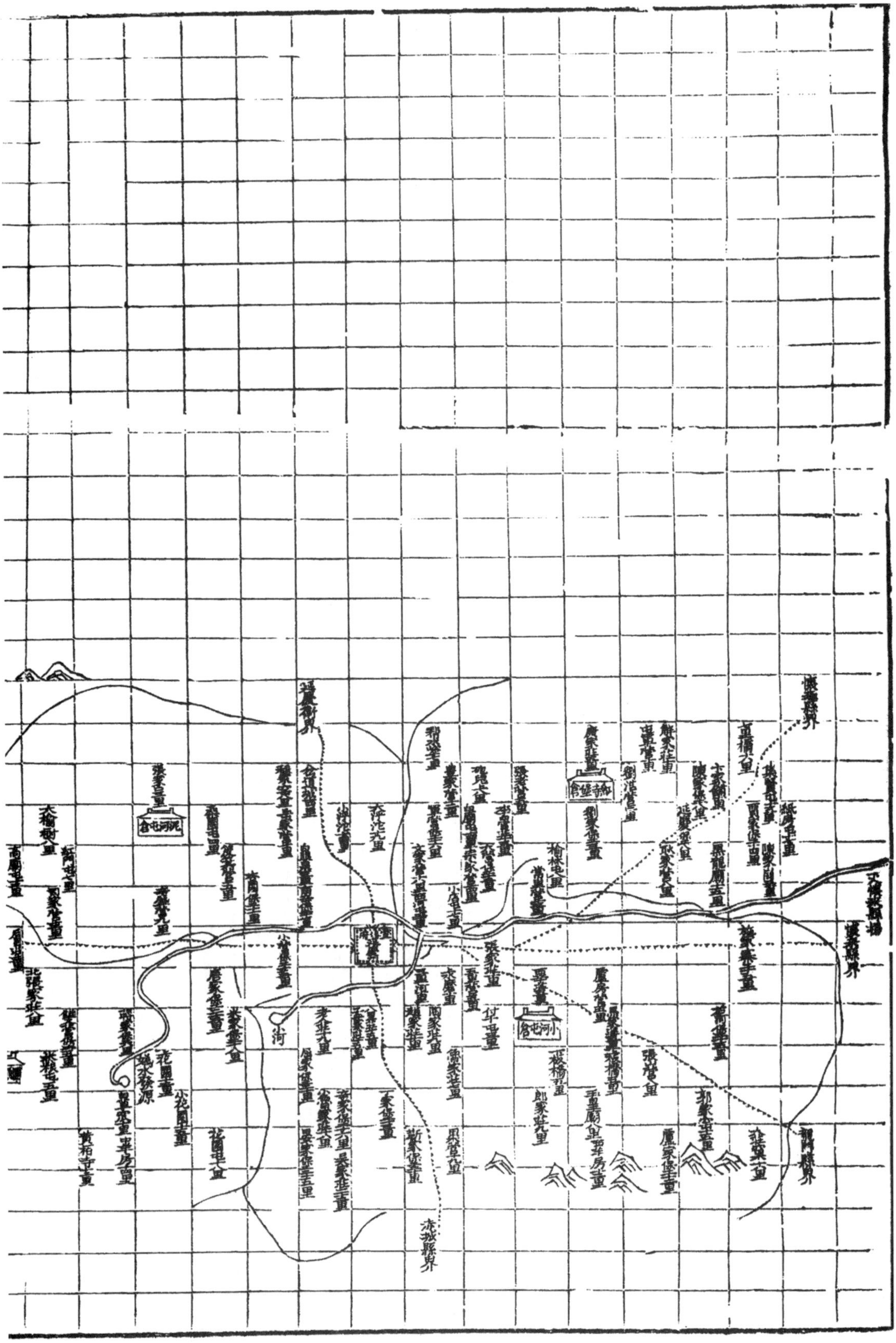

延慶州東至懷柔縣界一百一十里至縣治一百八十里西至懷来縣界四十里至縣治五十里南至延慶衛界三十里至衛治五十里北至赤城縣界三十里至縣治二百里東南至懷柔縣界七十五里由大道至縣治一百八十里西南至懷来縣界四十里由大道至縣治五十里東北至邊墻八十里西北至龍門縣界四十里由大道至縣治二百里

縣屬大小一百四十村每二十里内建倉一區稍遠者附之計大泥河小河屯紅寺堡團順屯劉賓堡栁溝城共建倉六區

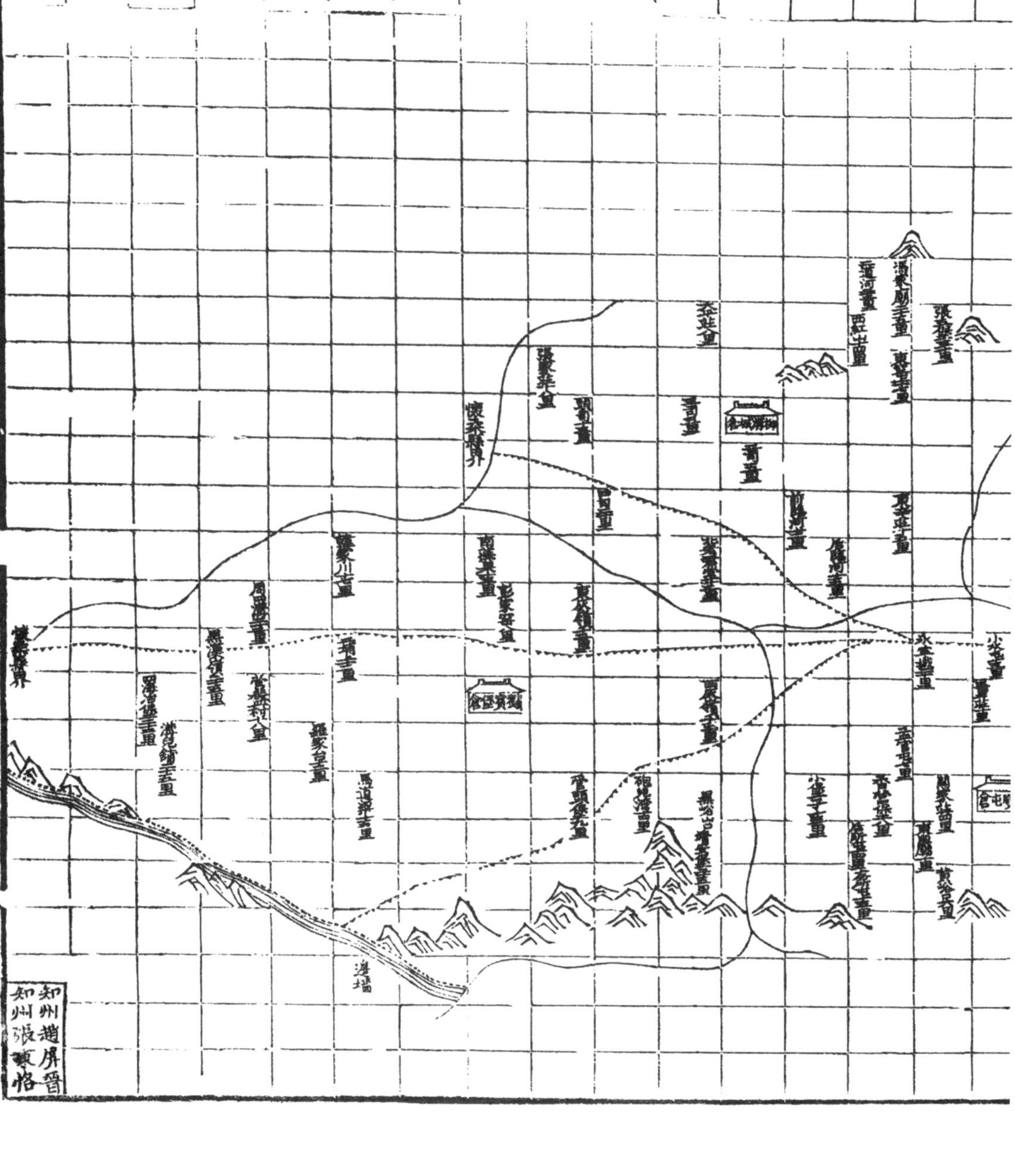


知州趙府晉
知州張敏恪

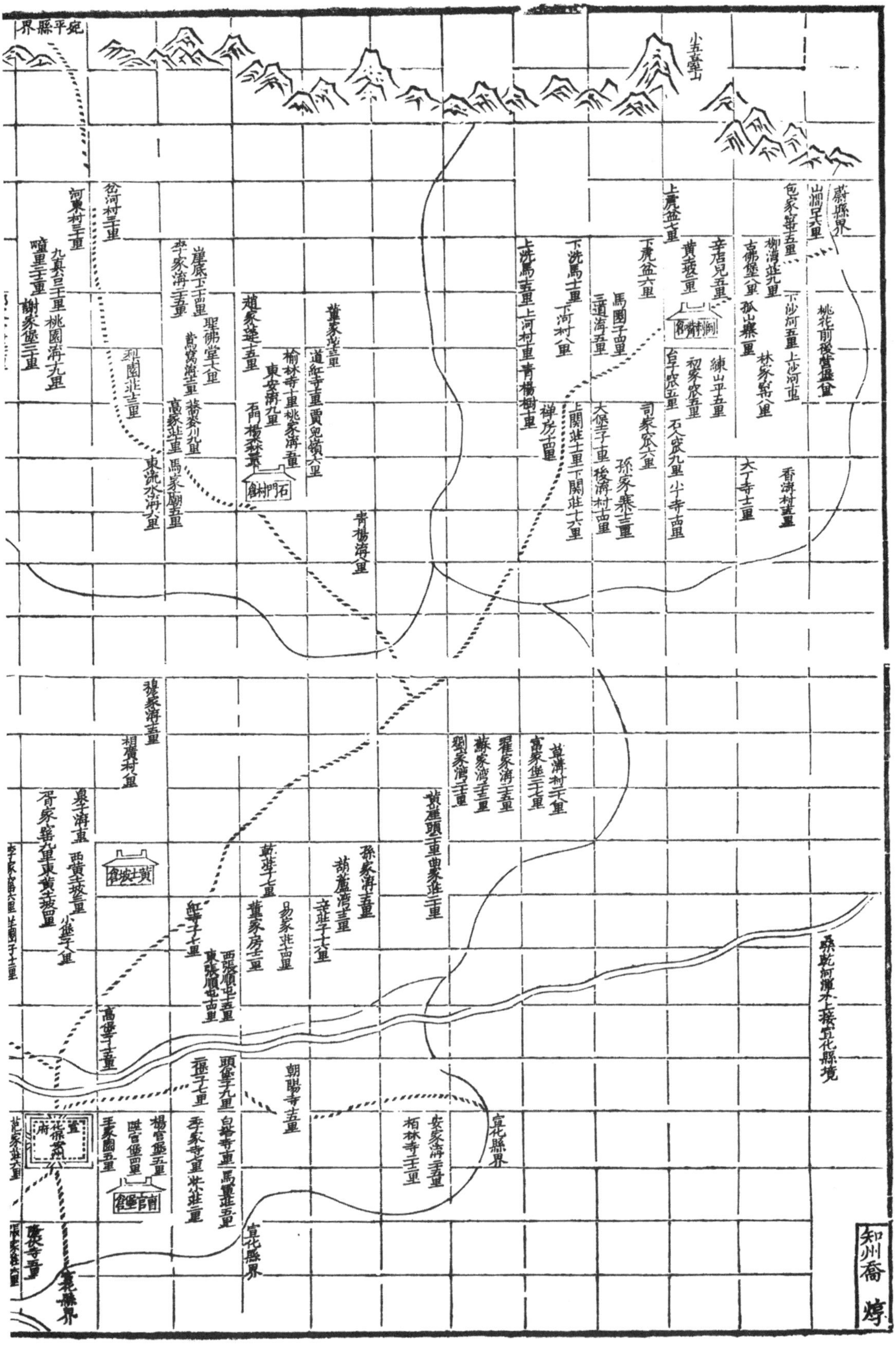

宛平縣界
小五臺山
蔚縣界
宣化縣界
知州喬焞

保安州東至懷來縣界六十里至縣治一百一十里西至宣化縣界二十七里至縣治六十里南至宛平縣界一百里至縣治三百里北至宣化縣界十里至縣治六十里東南至懷來縣界三十五里由大道至縣治一百三十里西南至蔚縣界九十里由大道至縣治一百八十里東北至懷來縣界三十里由大道至縣治一百二十里西北至宣化縣界十一里由大道至縣治六十里

州屬大小一百三十四村每二十里內建倉一區稍遠者附之計倒喇嘴東八里曹官堡黃土坡石門村共建倉五區

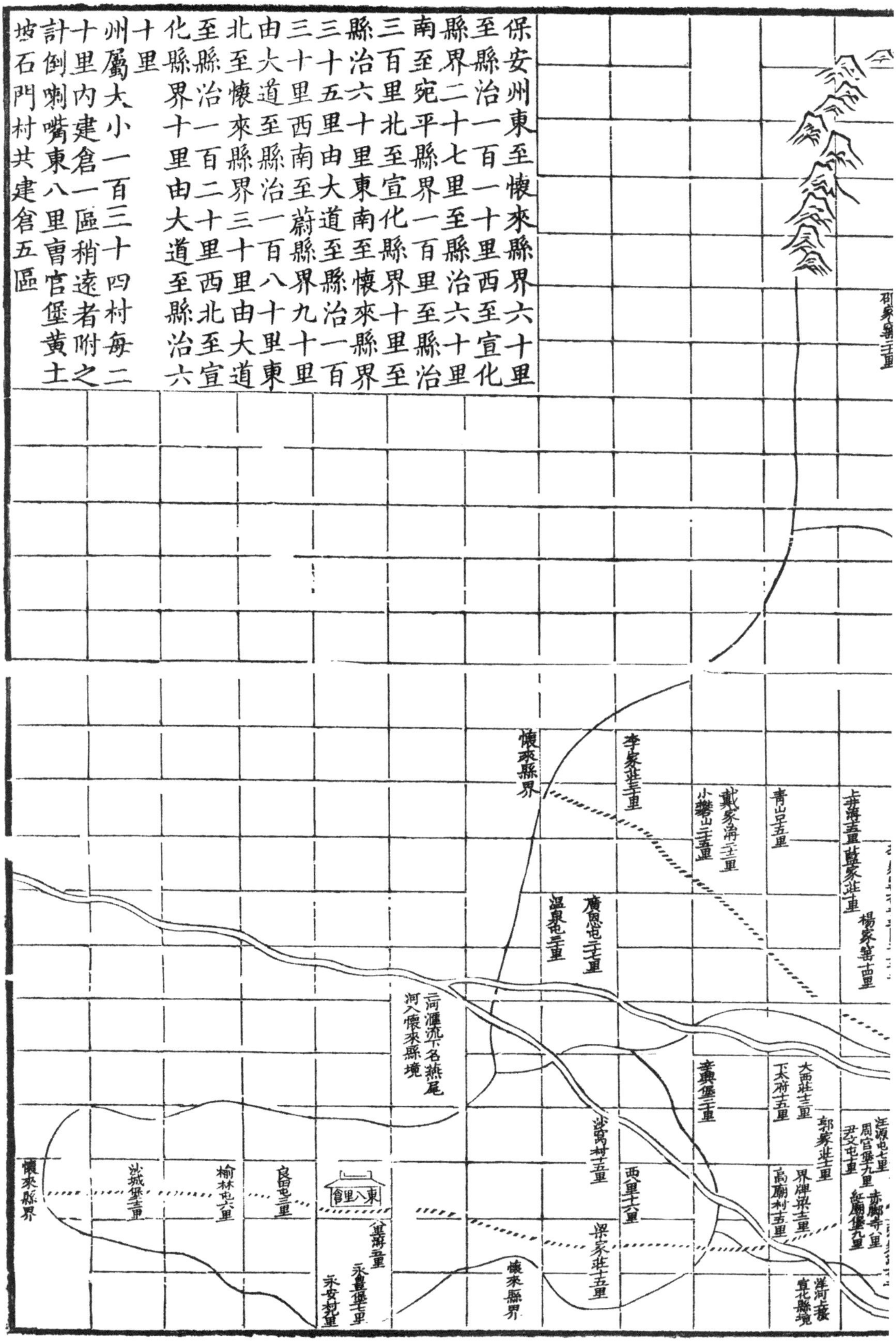

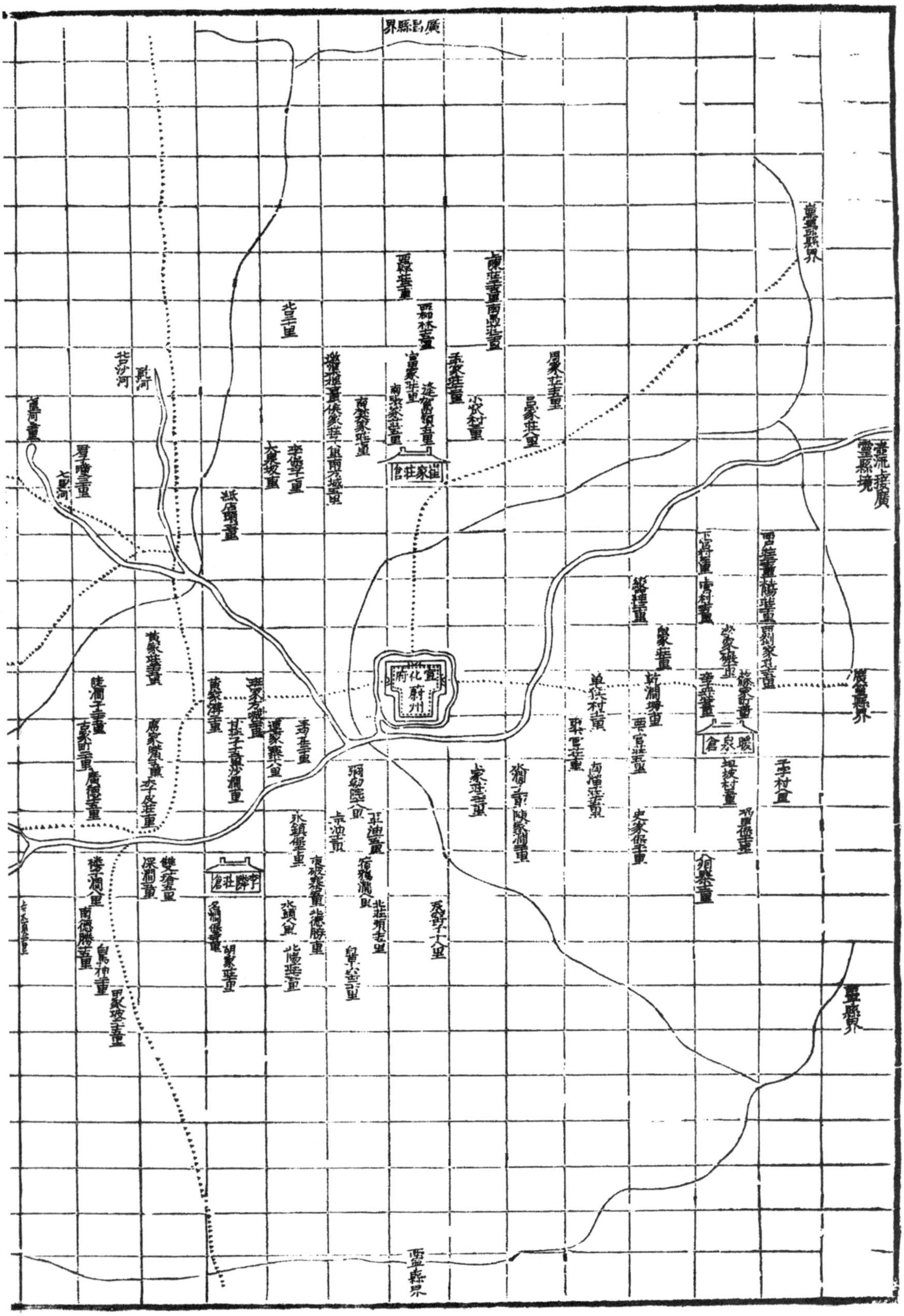
廣昌縣界
宣化府
蔚州
崔家莊倉
暖泉倉

蔚州東至保安州界九十里至州治一百八十里西至山西廣靈縣界三十里至縣治六十里南至廣昌縣界七十里至縣治一百三十里北至西寧縣界六十五里至縣治一百二十里東南至九宮口六十里入峪俱係山徑並無連界城邑西南至山西靈邱縣界五十里至縣治一百三十里東北至宣化縣界八十里至縣治二百四十里西北至西寧縣界四十里至縣治一百二十里

縣屬大小一百五村每二十里內建倉一區稍遠者附之計崔家莊西合營暖泉堡李隣莊共建倉四區

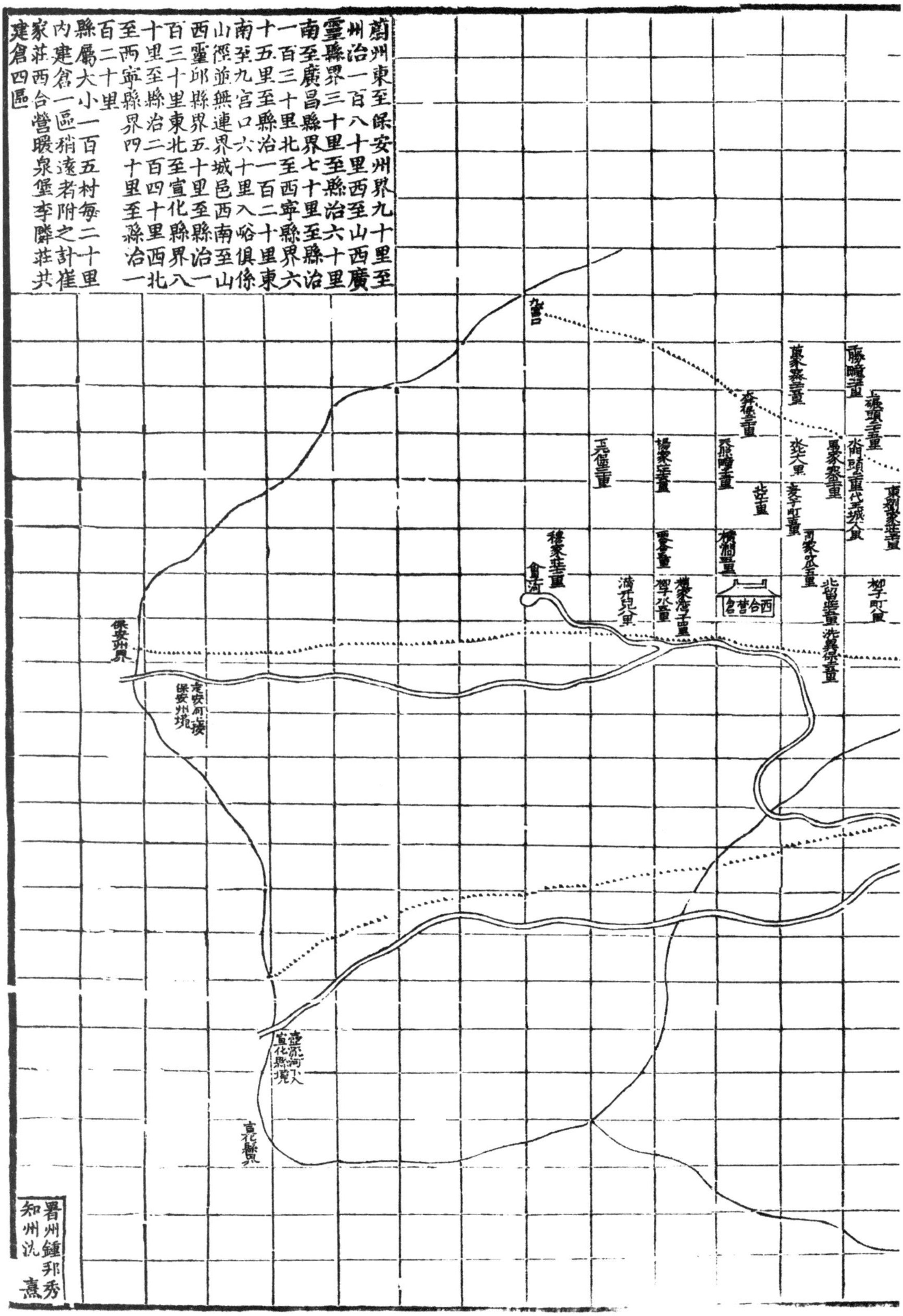


署州鍾邦秀
知州沈　熹

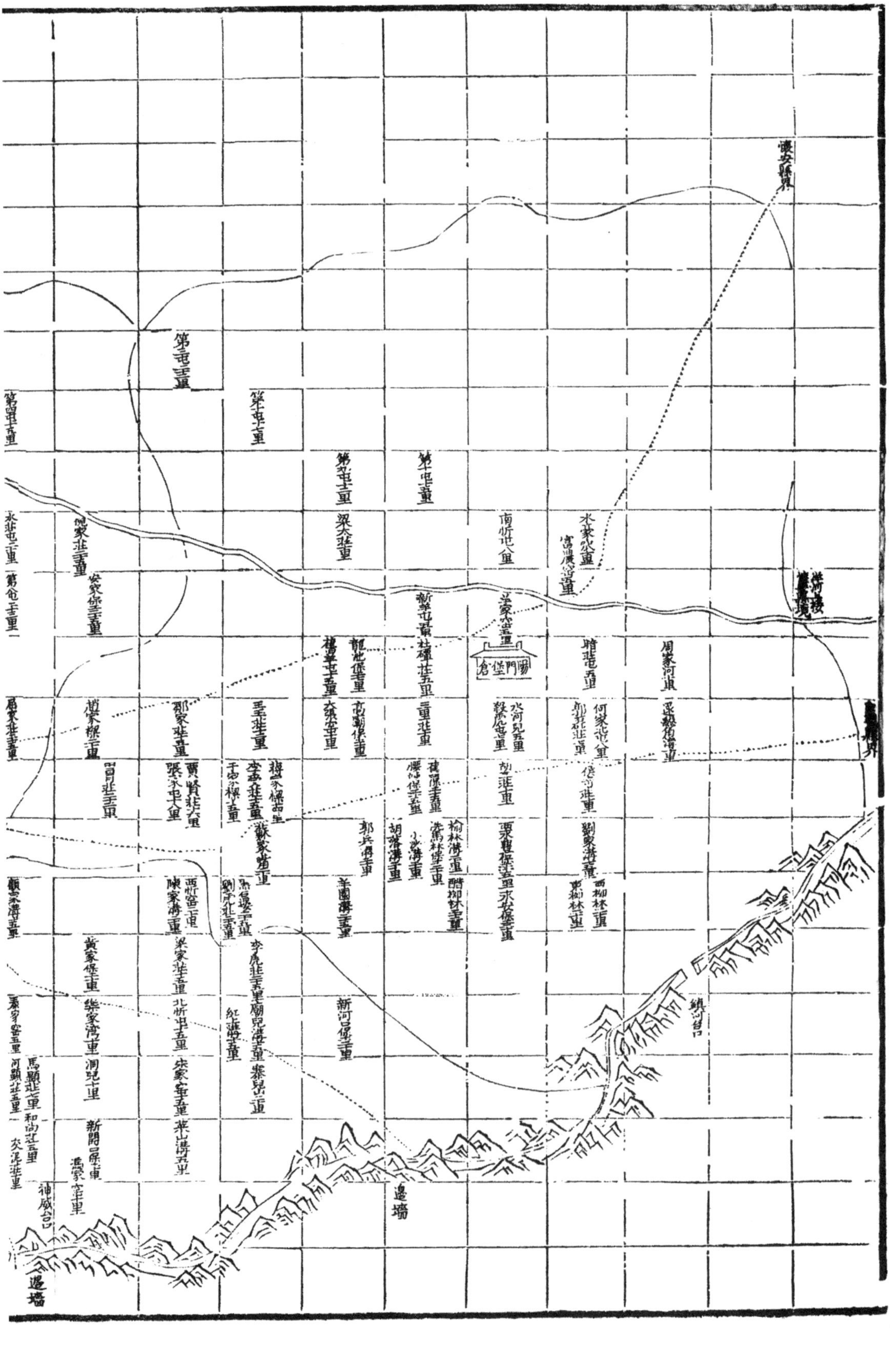
懷安縣界
神威台口
邊墻
邊墻

萬全縣東至宣化縣界四十里至縣治九十里西至懷安縣界六十里至縣治一百里南至懷安縣界四十里至縣治一百里北至邊墻三十里東南至宣化縣界三十五里至縣治九十里西南至懷安縣界七十里至縣治一百里東北至邊墻三十里西北至邊墻三十里

縣屬大小一百三十六村每二十里內建倉一區稍遠者附之計張家口陽門堡上營屯膳房堡共建倉四區

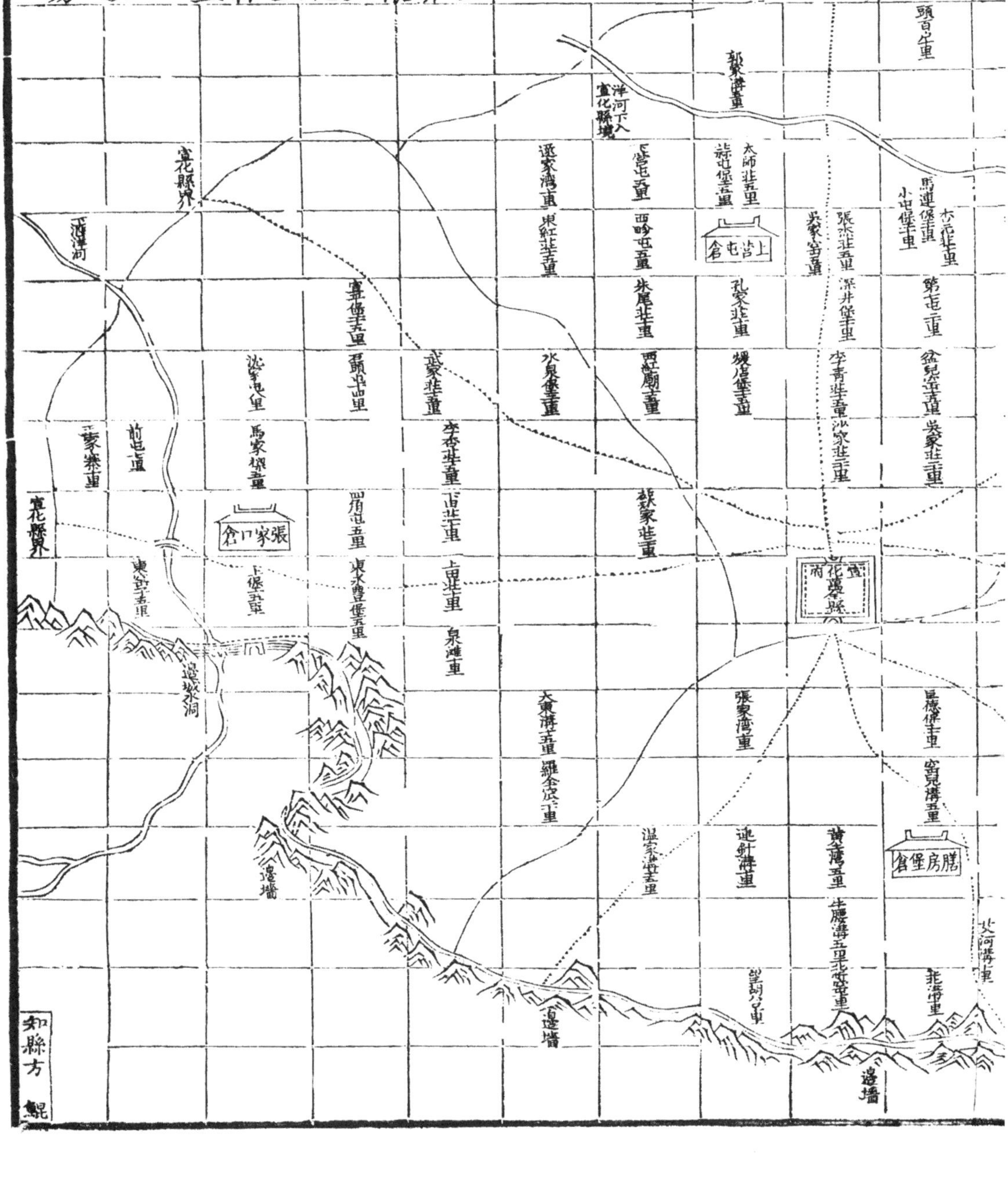


知縣方 鯤

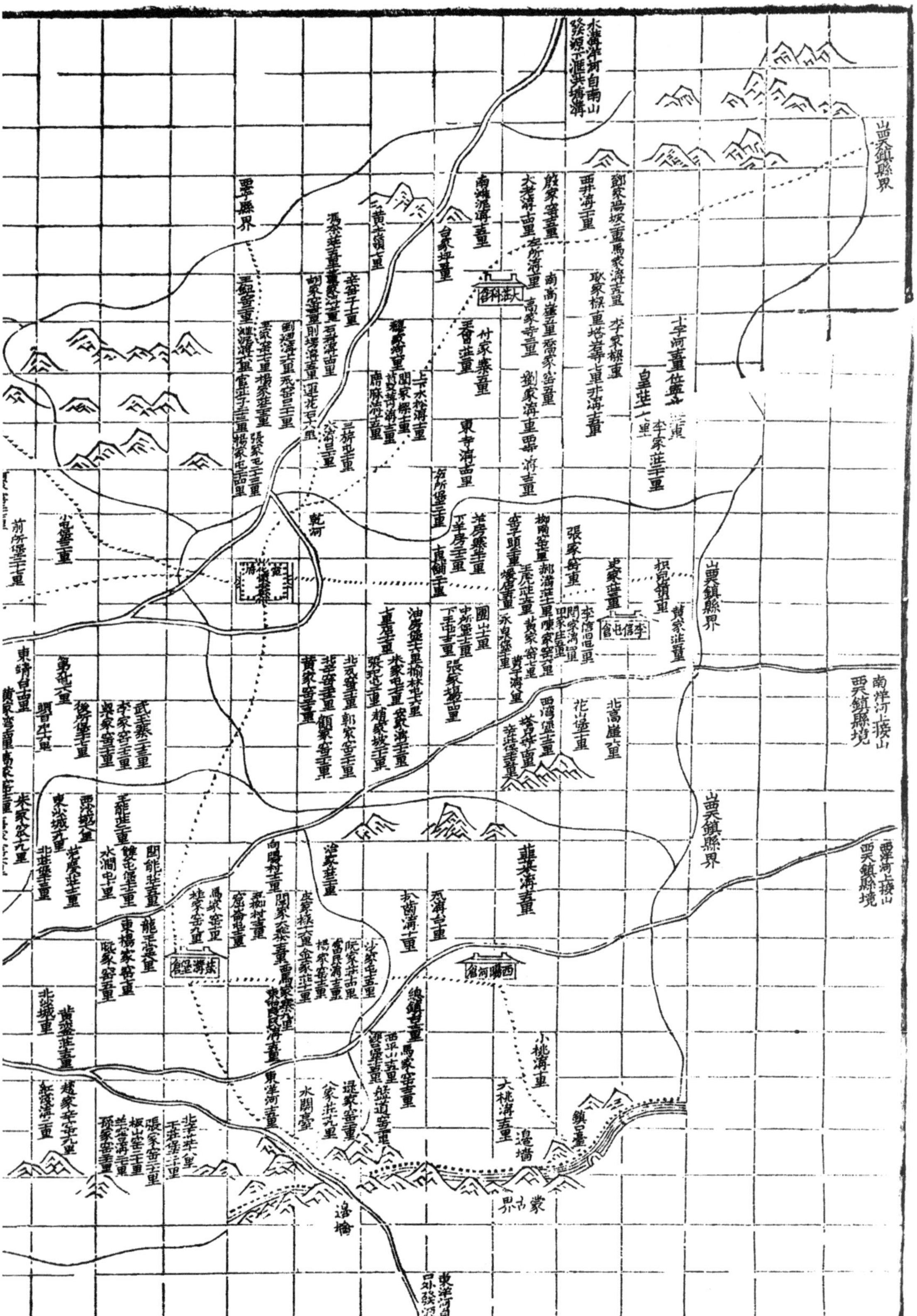

山西天鎮縣界
邊墻
鎮口臺
蒙古界
乾河

懷安縣東至宣化縣界八十里至縣治一百二十里西至山西天鎮縣界三十里至縣治六十里南至西寧縣界三十五里至縣治一百二十里北至邊墻六十里東南至宣化縣界三十里至縣治一百二十里西南至山西天鎮縣界五十五里至縣治六十里東北至萬全縣界八十里至縣治一百里西北至山西天鎮縣界三十里至縣治六十里

縣屬大小二百五十三村每二十里內建倉一區稍遠者附之計大莊科李信屯太平莊太平寨左衛柴溝堡西陽河共建倉七區

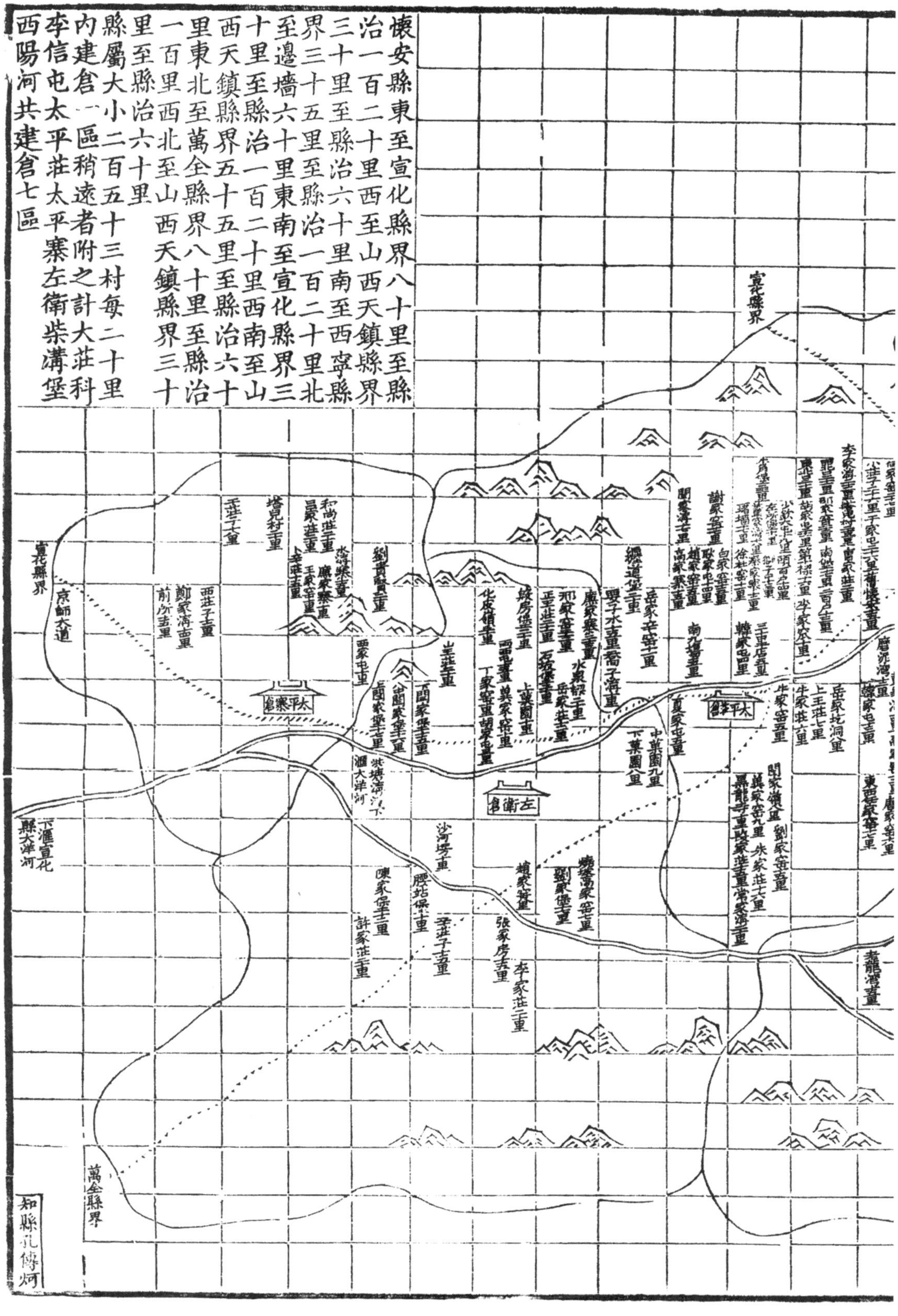

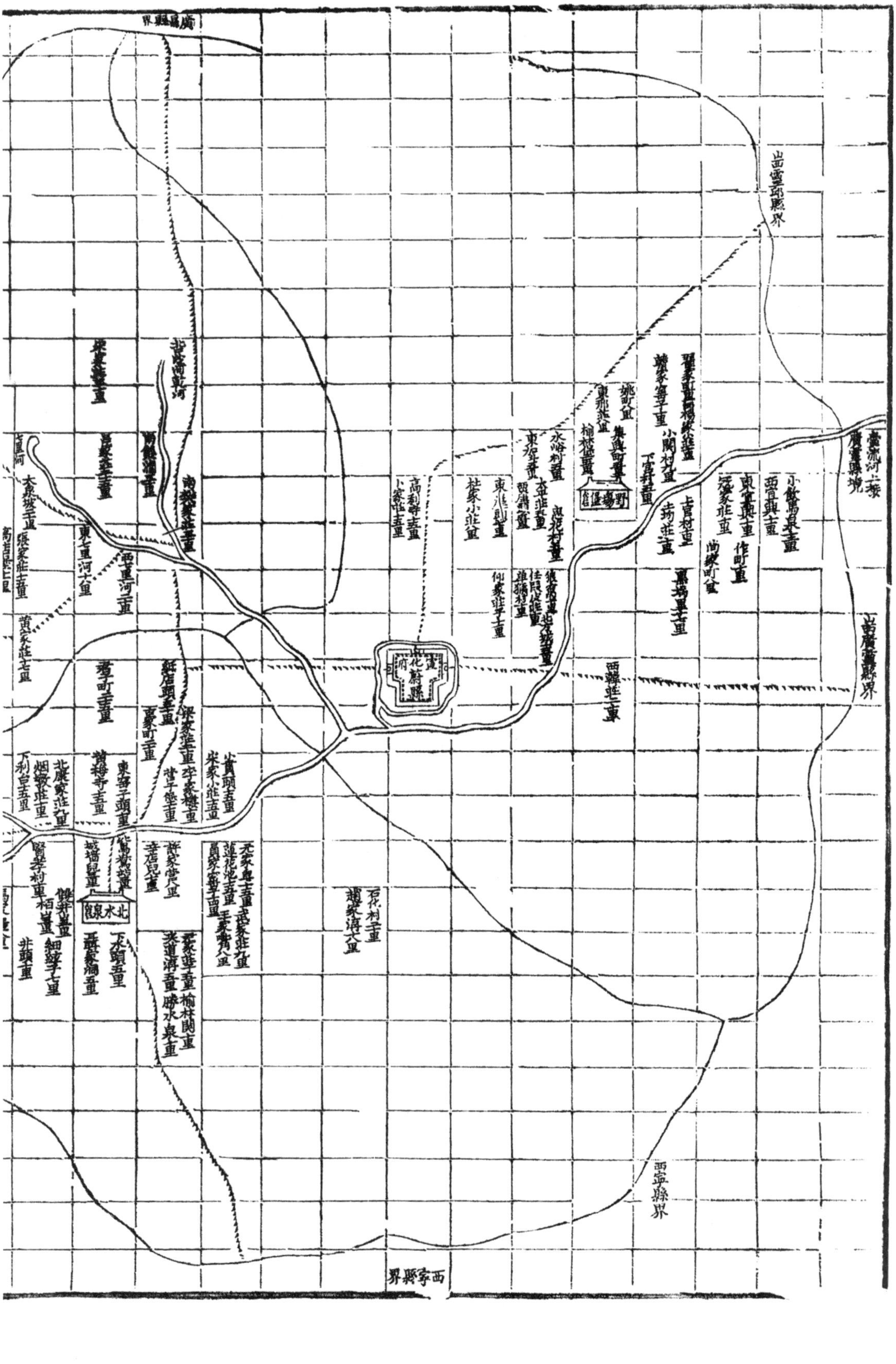
山西靈邱縣界
西寧縣界
北水泉

蔚縣東至保安州界九十里至州治一百八十里西至山西廣靈縣界三十里至縣治六十里南至廣昌縣界七十里至縣治一百三十里北至西寧縣界六十五里至縣治一百二十里東南至九宮口六十里入峪俱係山徑並無連界城邑西南至山西靈邱縣界五十里至縣治一百三十里東北至宣化縣界八十里至縣治二百四十里西北至西寧縣界四十里至縣治一百二十里

縣屬大小一百五十九村每二十里内建倉一區稍遠者附之計桃花堡野塲堡北水泉祁家皂共建倉四區

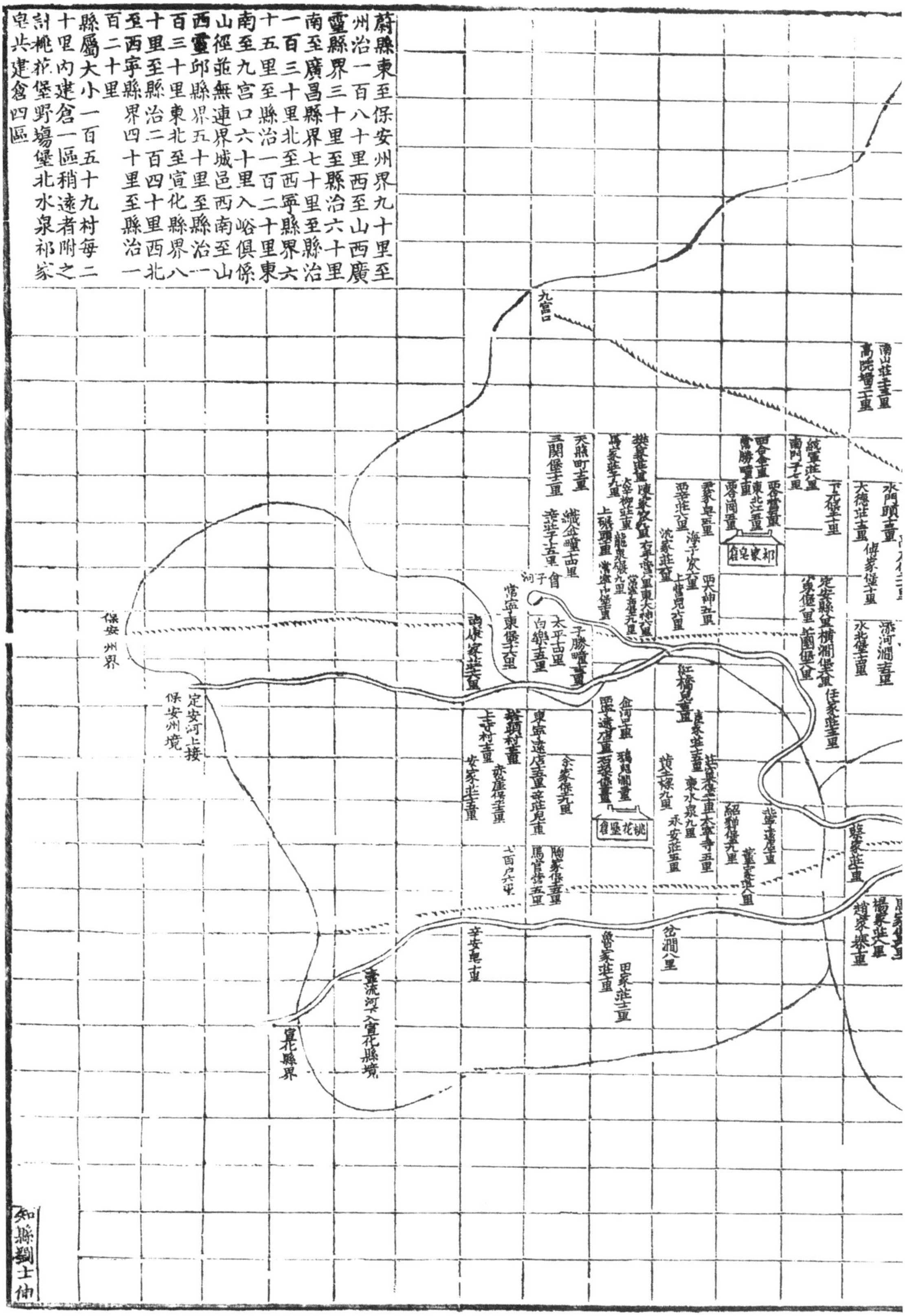


知縣劉士伸

赤城縣東至邊墻五十里西至龍門縣界三十里至縣治六十里南至延慶州界八十里至州治一百四十里北至邊墻一百里東南至延慶州界八十里至州治一百四十里西南至龍門縣界三十里至縣治六十里東北至邊墻一百里西北至邊墻八十里

縣屬大小一百三十村每二十里内建倉一區稍遠者附之計獨石口馬營雲州鎮寧龍門所滴水崖共建倉六區

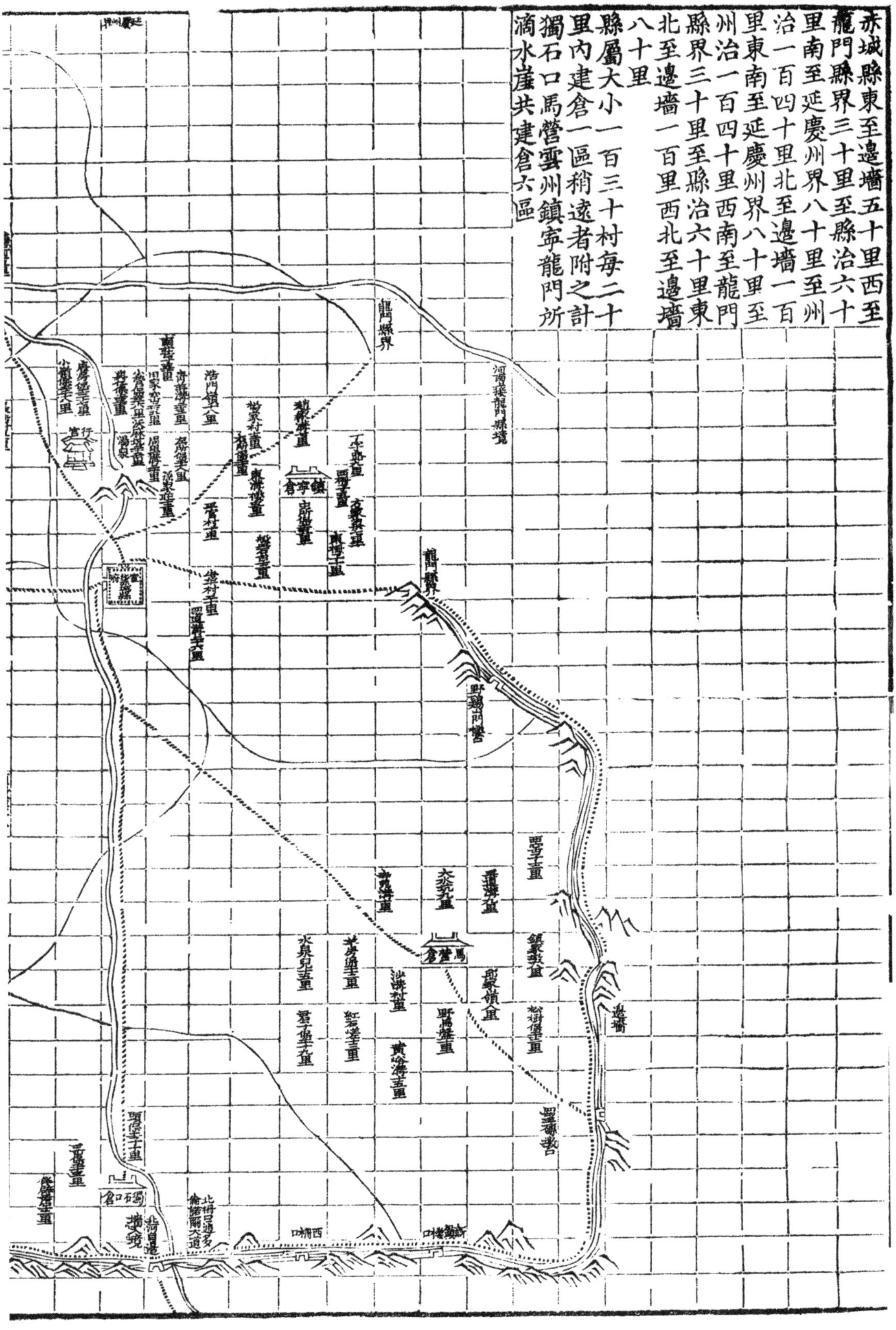

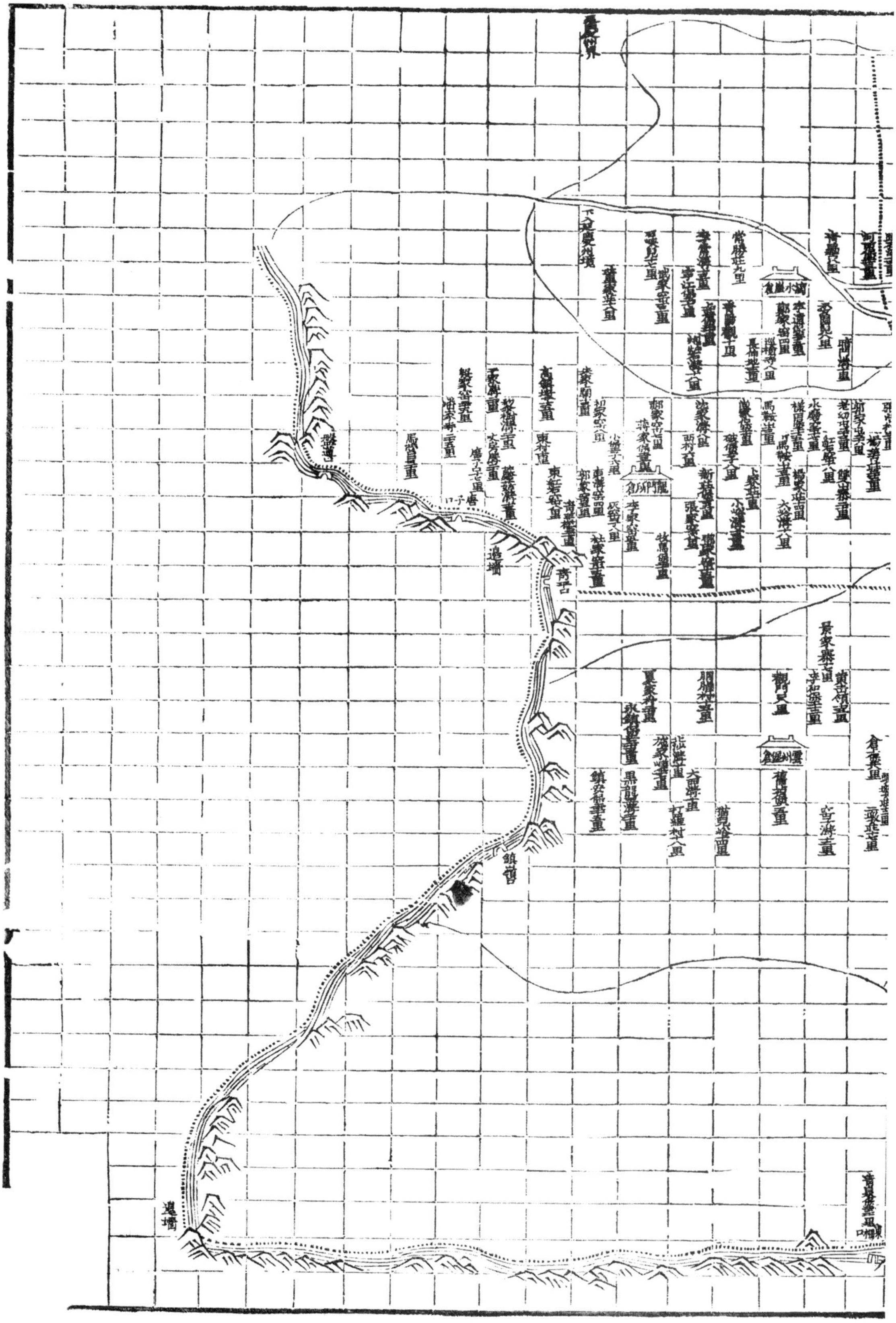

邊墻

龍門縣東至赤城縣界四十五里至縣治六十里西至萬全縣界七十里至縣治一百三十里南至懷來縣界七十里至縣治一百八十里北至邊墻二十五里東南至延慶州界八十里至州治一百六十里西南至宣化縣界六十里至縣治一百二十里東北至赤城縣界四十里至縣治六十里西北至邊墻四十里

縣屬大小一百二十六村每二十里內建倉一區稍遠者附之計鵰鶚堡新井莊金壙堡小白陽下倉堡共建倉五區

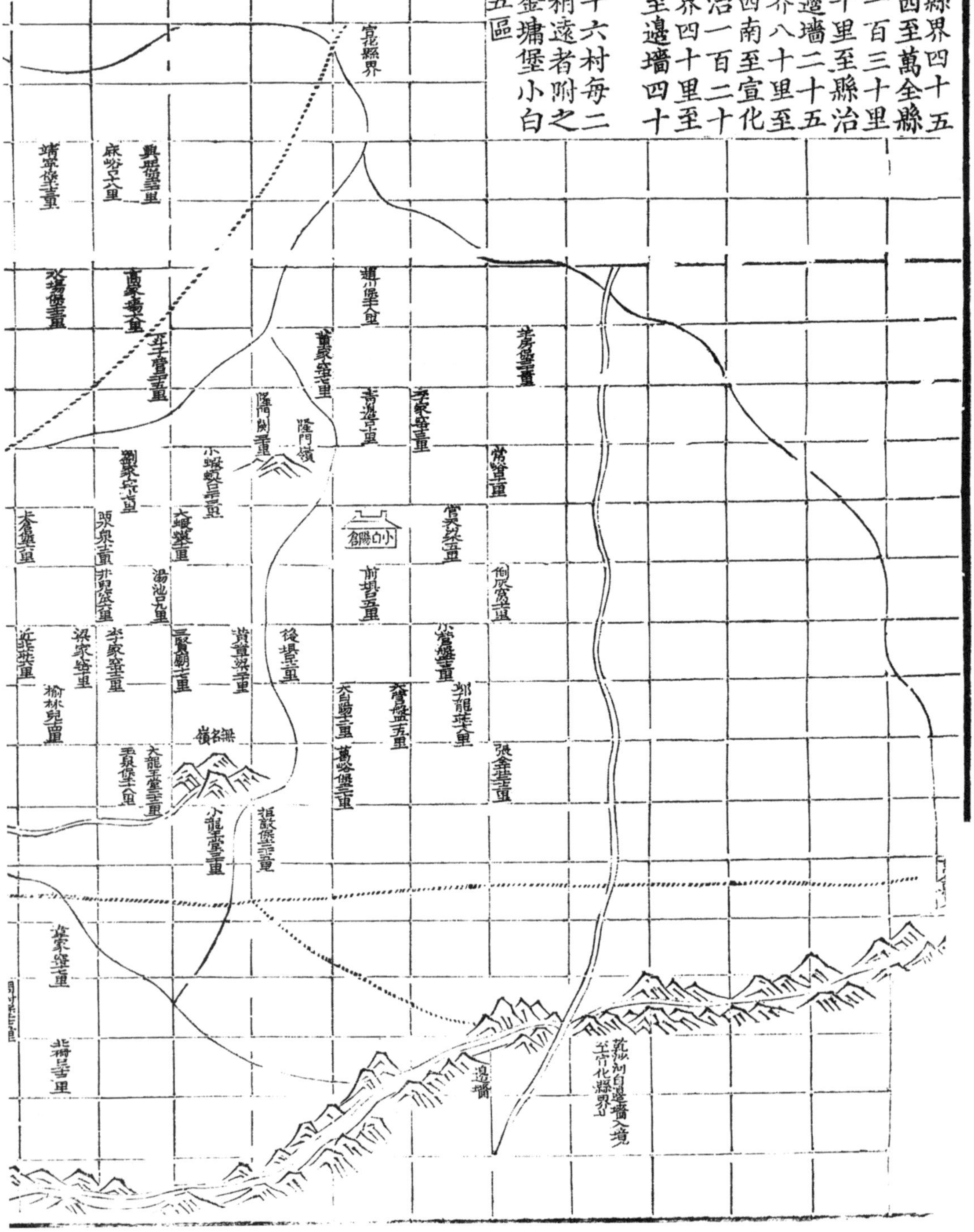

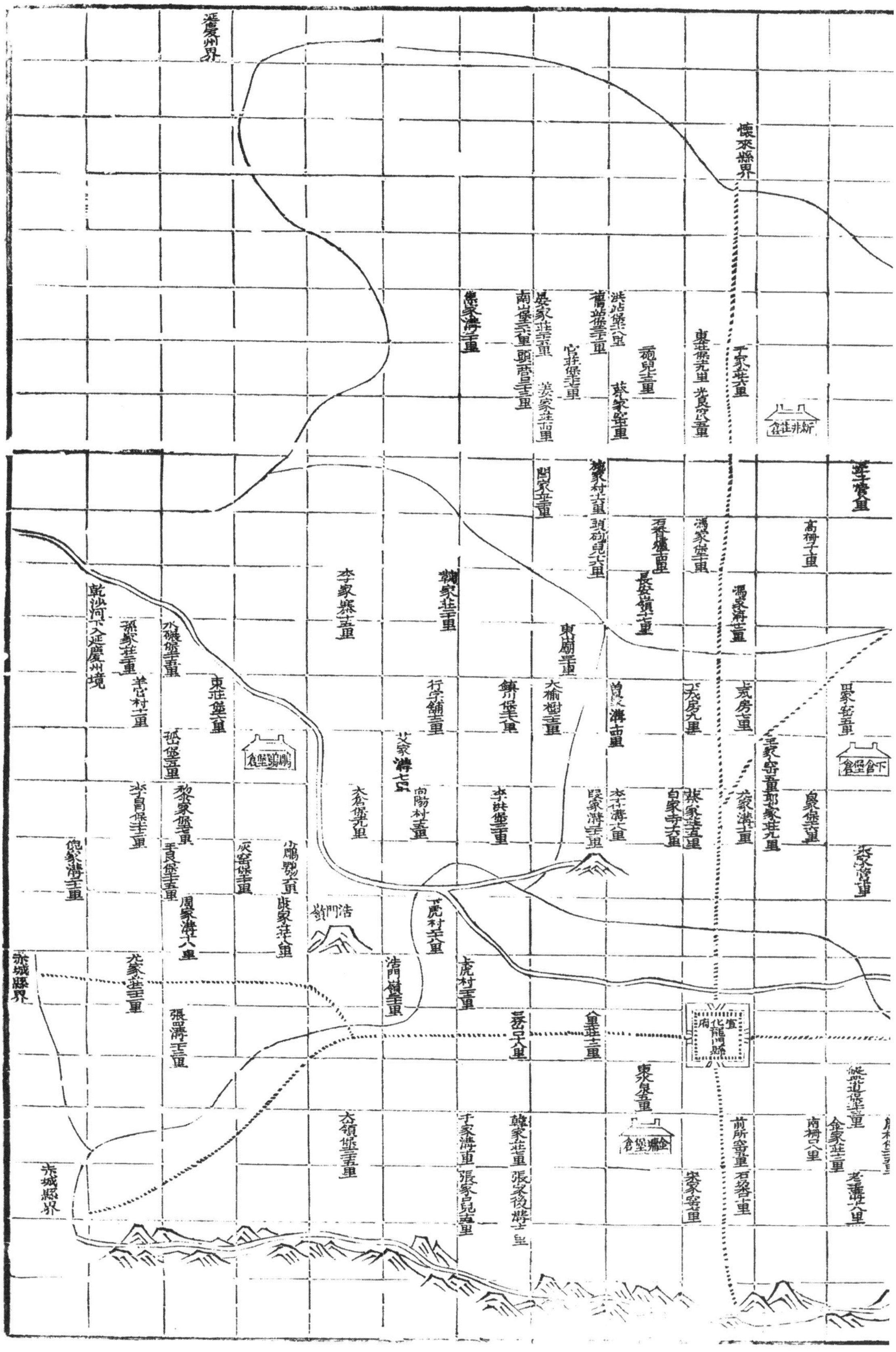
延慶州界
懷來縣界
乾沙河下入延慶州境
浩門嶺
赤城縣界

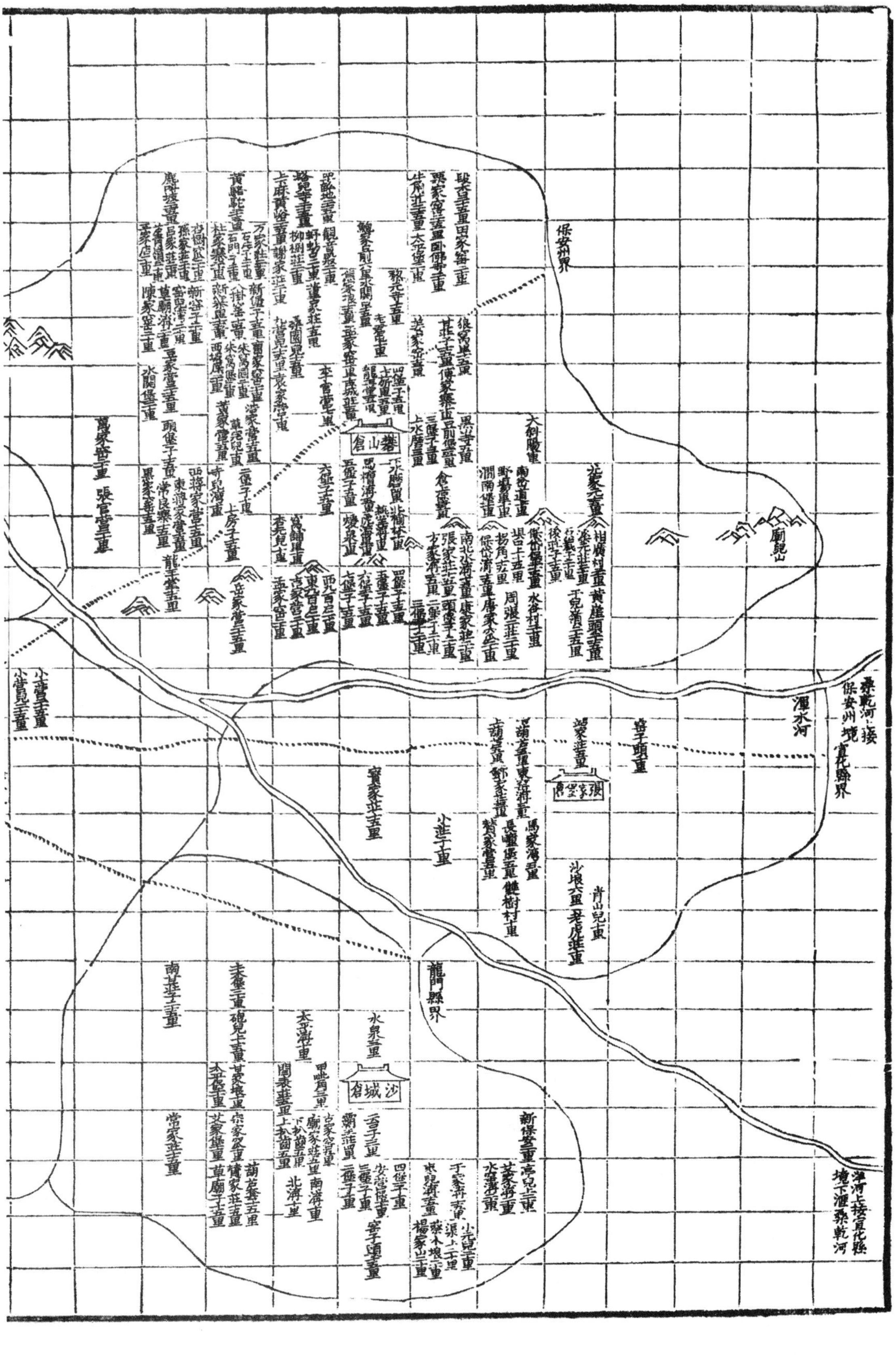
保安州界
渾水河
廟兒山
龍門縣界
沙城倉

懷來縣東至延慶州界三十五里至州治五十里西至宣化縣界七十五里至縣治一百五十里南至昌平州界三十里至州治一百二十里北至龍門縣界三十五里至縣治一百八十里東南至昌平州界四十里至州治一百二十里西南至保安州界五十里至州治一百一十里東北至延慶州界三十里至州治五十里西北至龍門縣界四十里至縣治一百八十里

縣屬大小二百五十七村每二十里內建倉一區稍遠者附之計榆林堡狼山堡沙城堡張家堡礬山堡官莊子共建倉六區

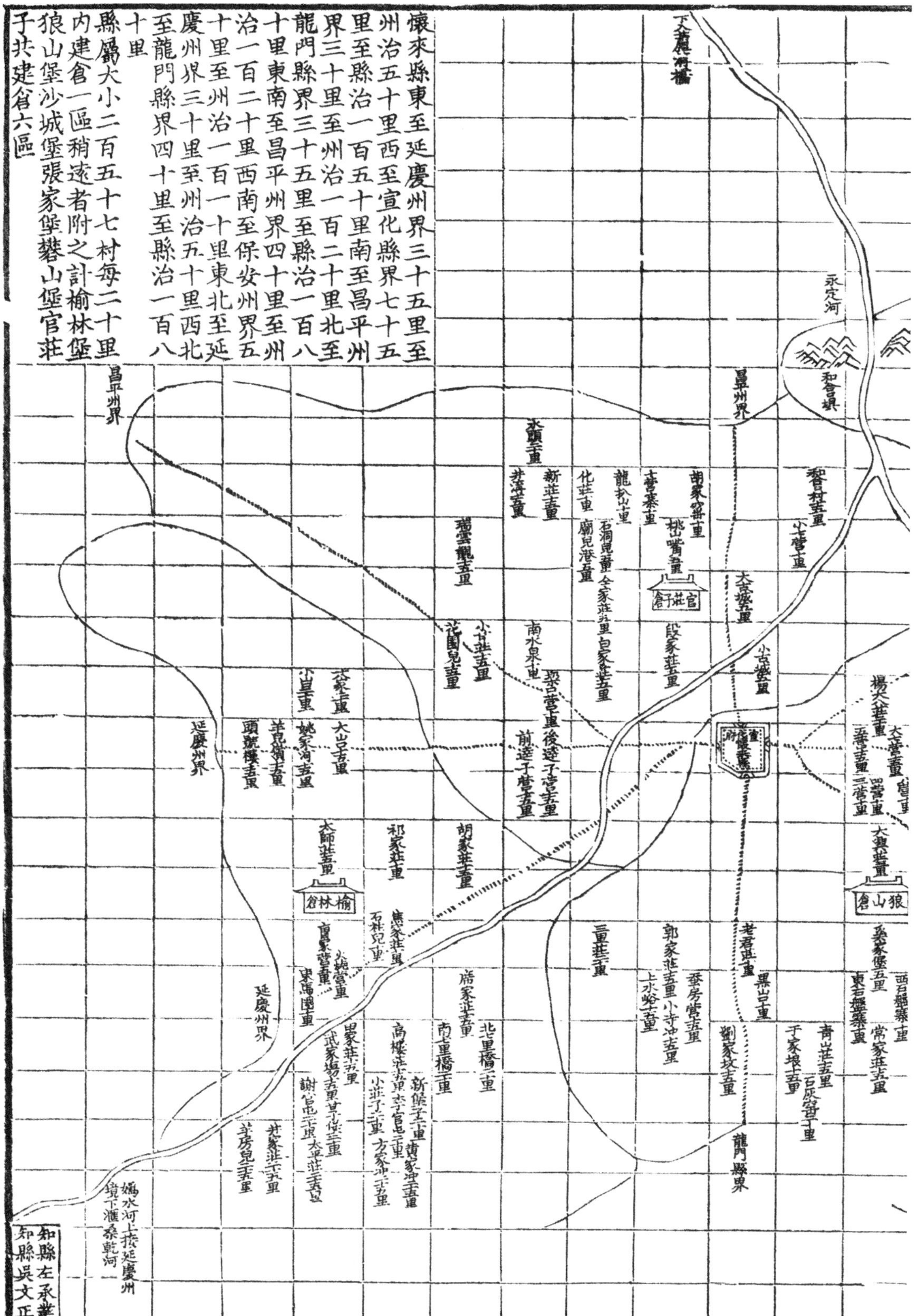


知縣左承業
知縣吳文正

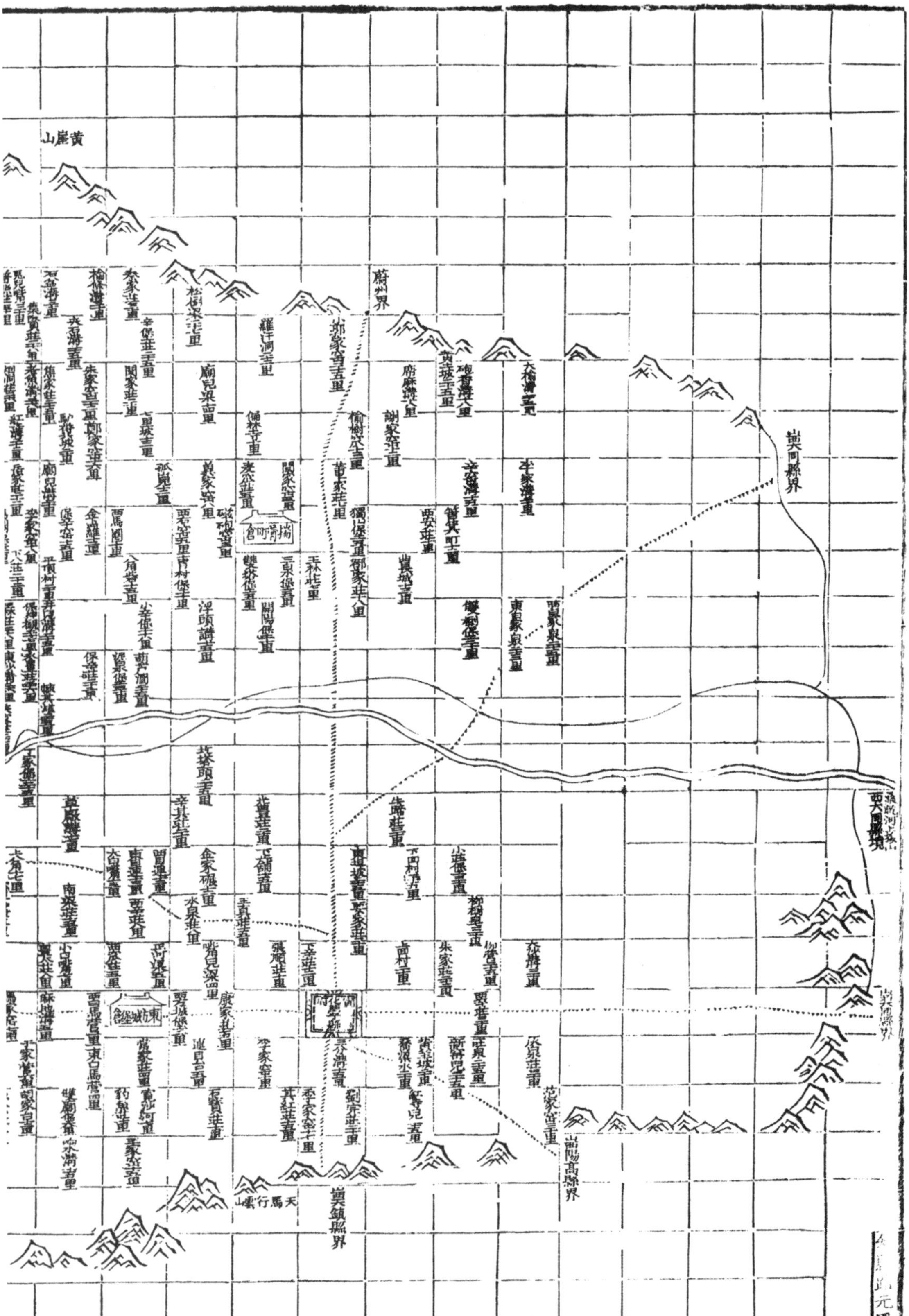
黃崖山
蔚州界
天馬行雲山

西寧縣東至宣化縣界七十五里至縣治二百里西至山西大同縣界四十里至縣治一百五十里南至蔚州界七十里至州治九十里北至山西天鎮縣界十五里至縣治七十里東南至蔚縣界七十五里至縣治一百一十里西南至山西大同縣界五十五里至縣治一百四十里東北至懷安縣界九十里至縣治一百六十里西北至山西陽高縣界十五里至縣治九十里

縣屬大小二百二十四村每二十里內建倉一區稍遠者附之計揣骨疃東方城堡東城共建倉三區

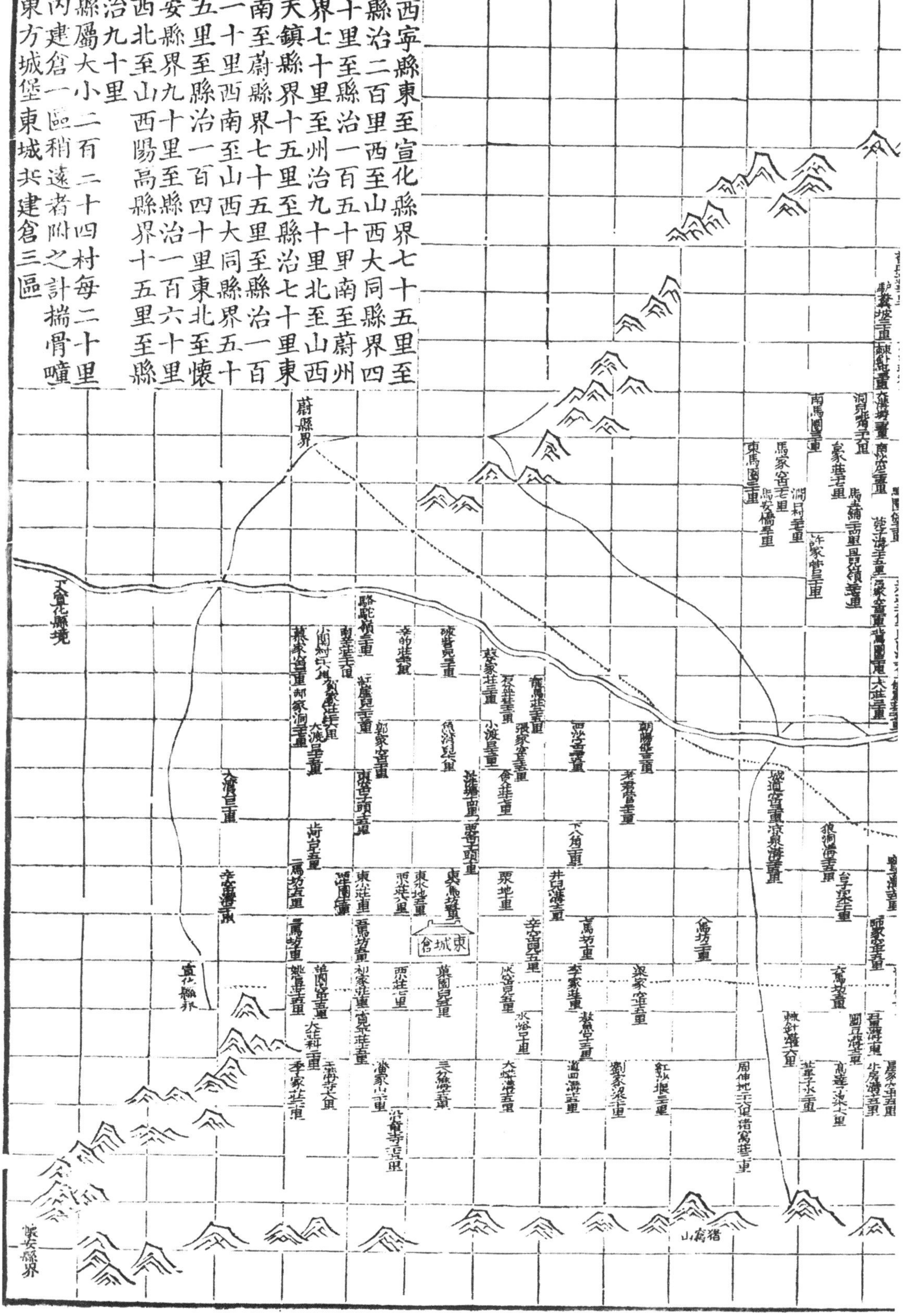

# 畿輔義倉圖

遵化州　易州　冀州　趙州

深州　定州

玉田縣東至豐潤縣界四十里至縣治八十里西至薊州界四十五里至州治八十里南至寶坻縣界七十里至縣治九十里北至遵化州界二十二里至州治九十里東南至寧河縣界八十里至縣治一百二十里西南至寶坻縣界四十五里至縣治九十里東北至遵化州界二十五里至州治九十里西北至薊州界四十里至州治八十里

縣屬大小八百五村每二十里內建倉一區稍遠者附之計在洪橋兩家店采亭橋林南倉王見莊鴉鴻橋窩洛沽石臼窩共建倉八區

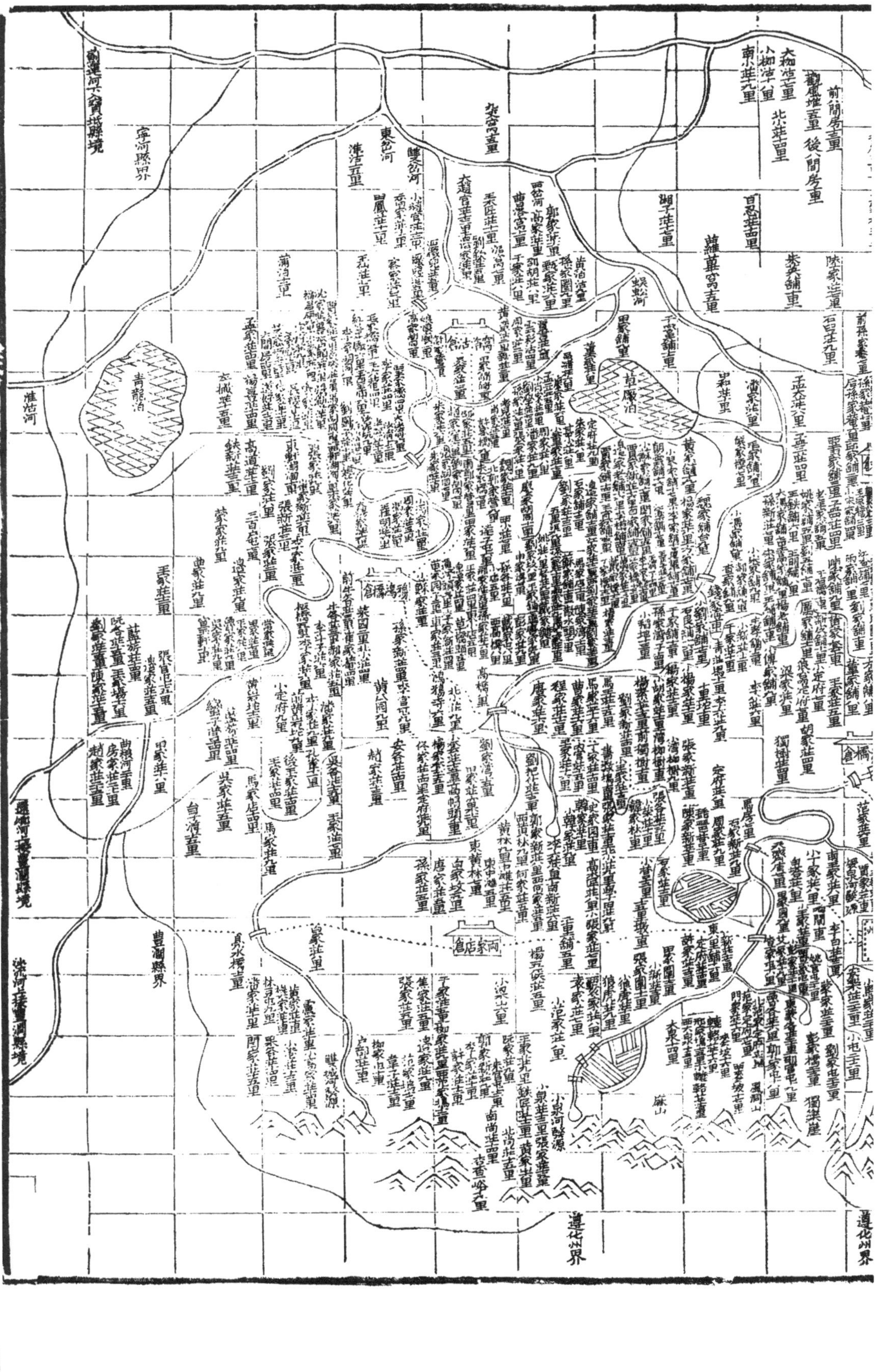
寧河縣界
青龍泊
草廠泊
淮沽河
豐潤縣界
遵化州界
遵化州界

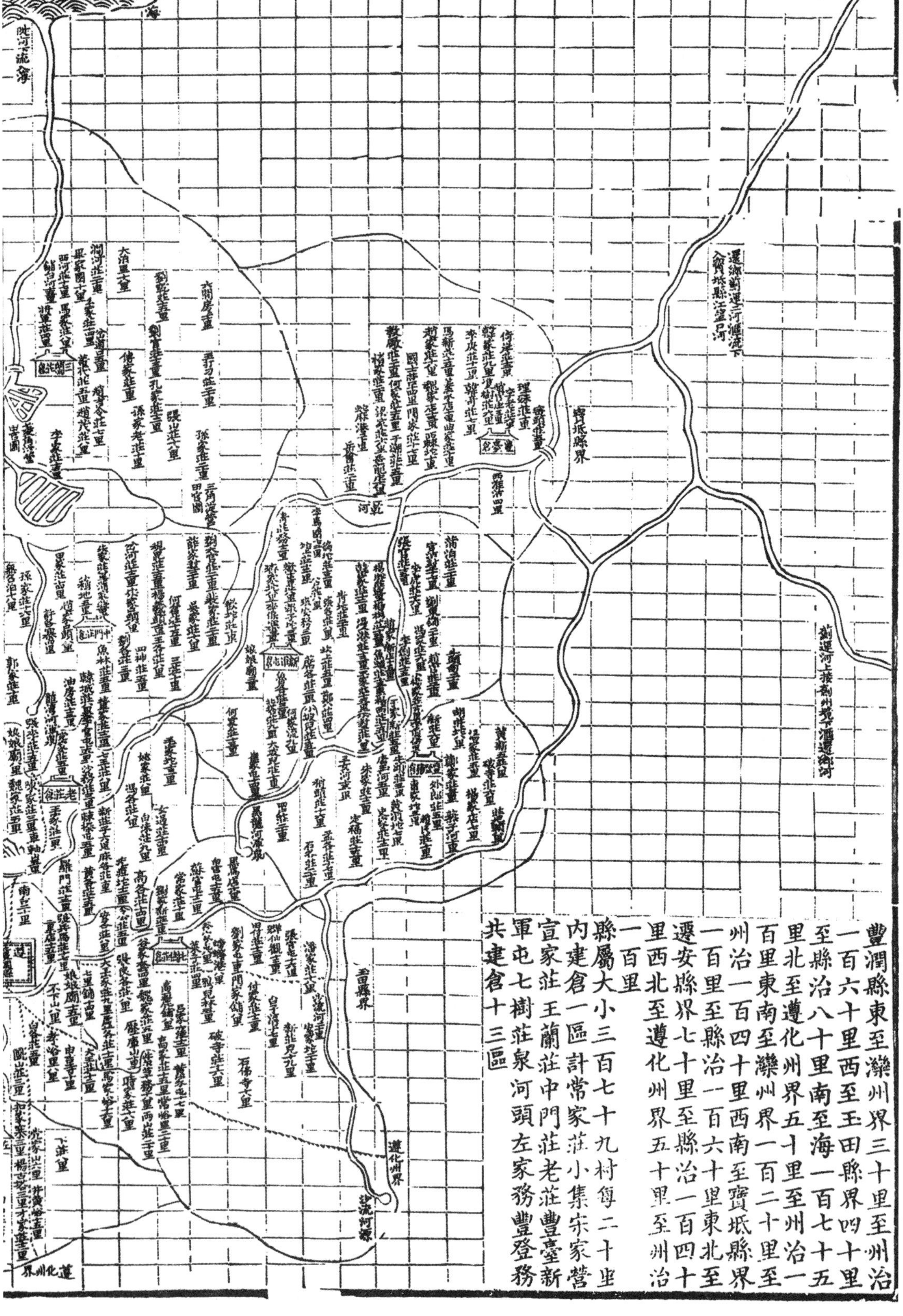


豐潤縣東至灤州界三十里至州治一百六十里西至玉田縣界四十里至縣治八十里南至海一百七十五里北至遵化州界五十里至州治一百里東南至灤州界一百二十里至州治一百四十里西南至寶坻縣界一百里至縣治一百六十里東北至遷安縣界七十里至縣治一百四十里西北至遵化州界五十里至州治一百里

縣屬大小三百七十九村每二十坐内建倉一區計常家莊小集宋家營宣家莊王蘭莊中門莊老莊豐臺新軍屯七樹莊泉河頭左家務豐登務共建倉十三區

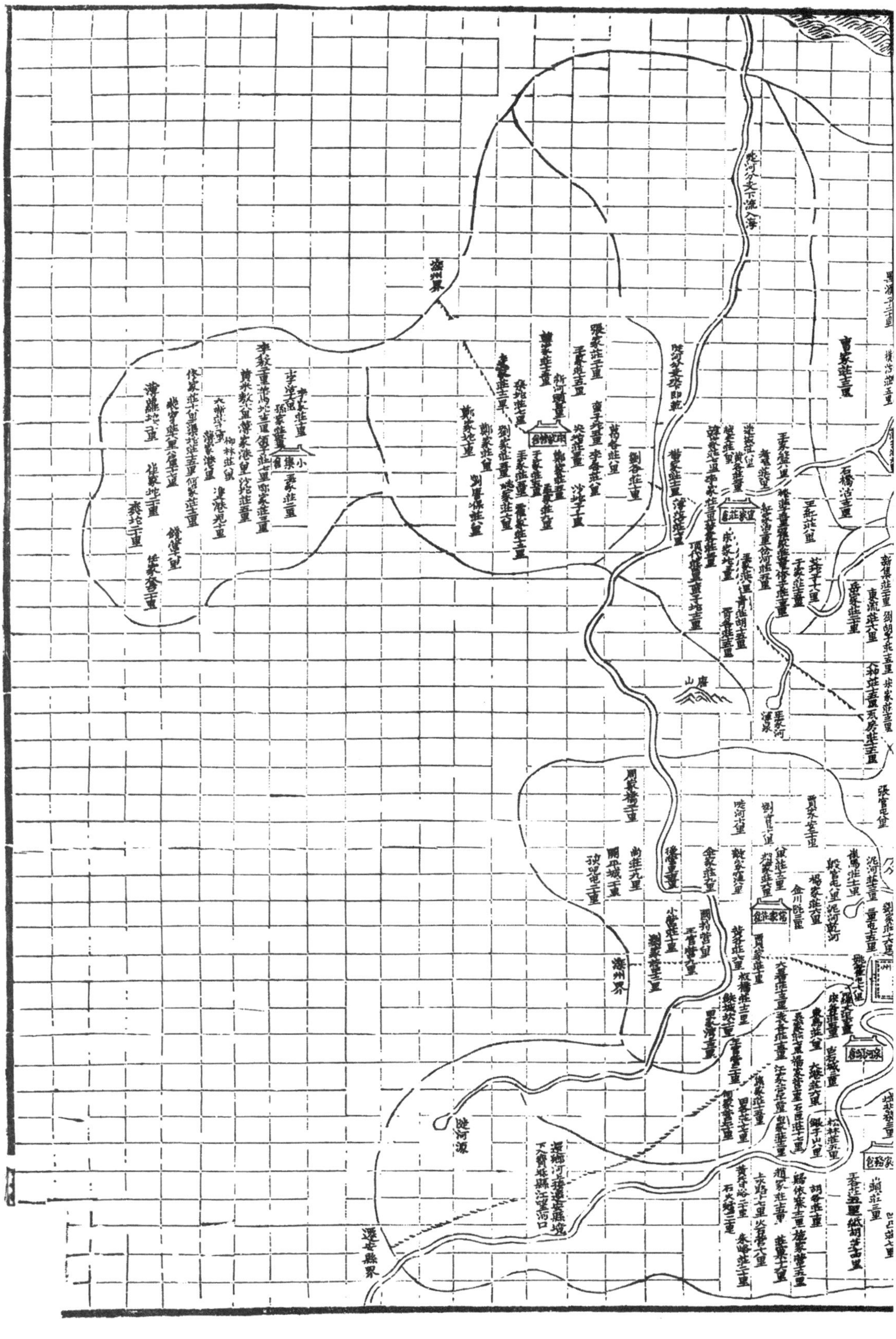
唐山
灤州界
遷安縣界

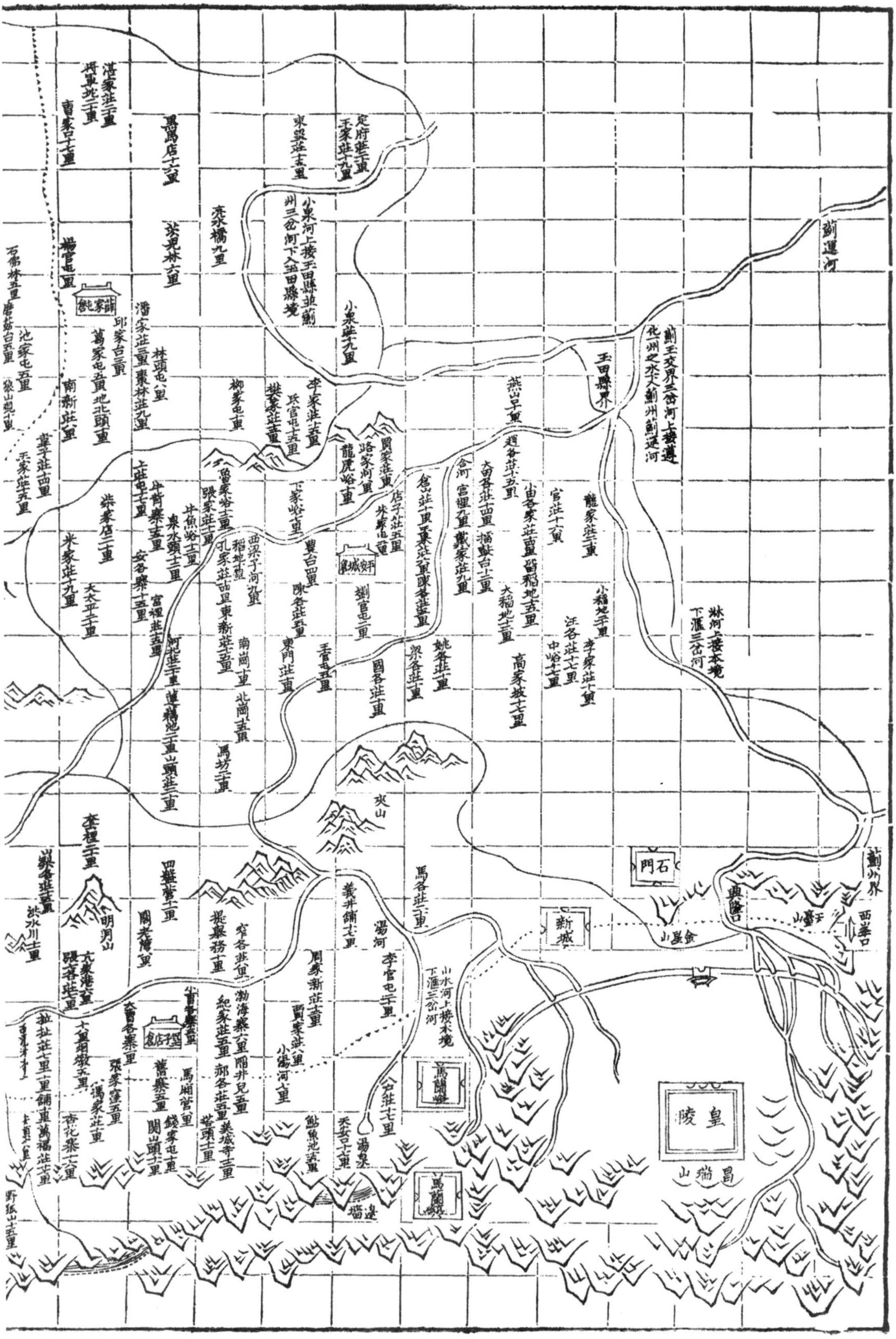

薊運河
玉田縣界
石門
新城
皇陵
昌瑞山
夾山
明月山
馬蘭關
湯泉
薊州界

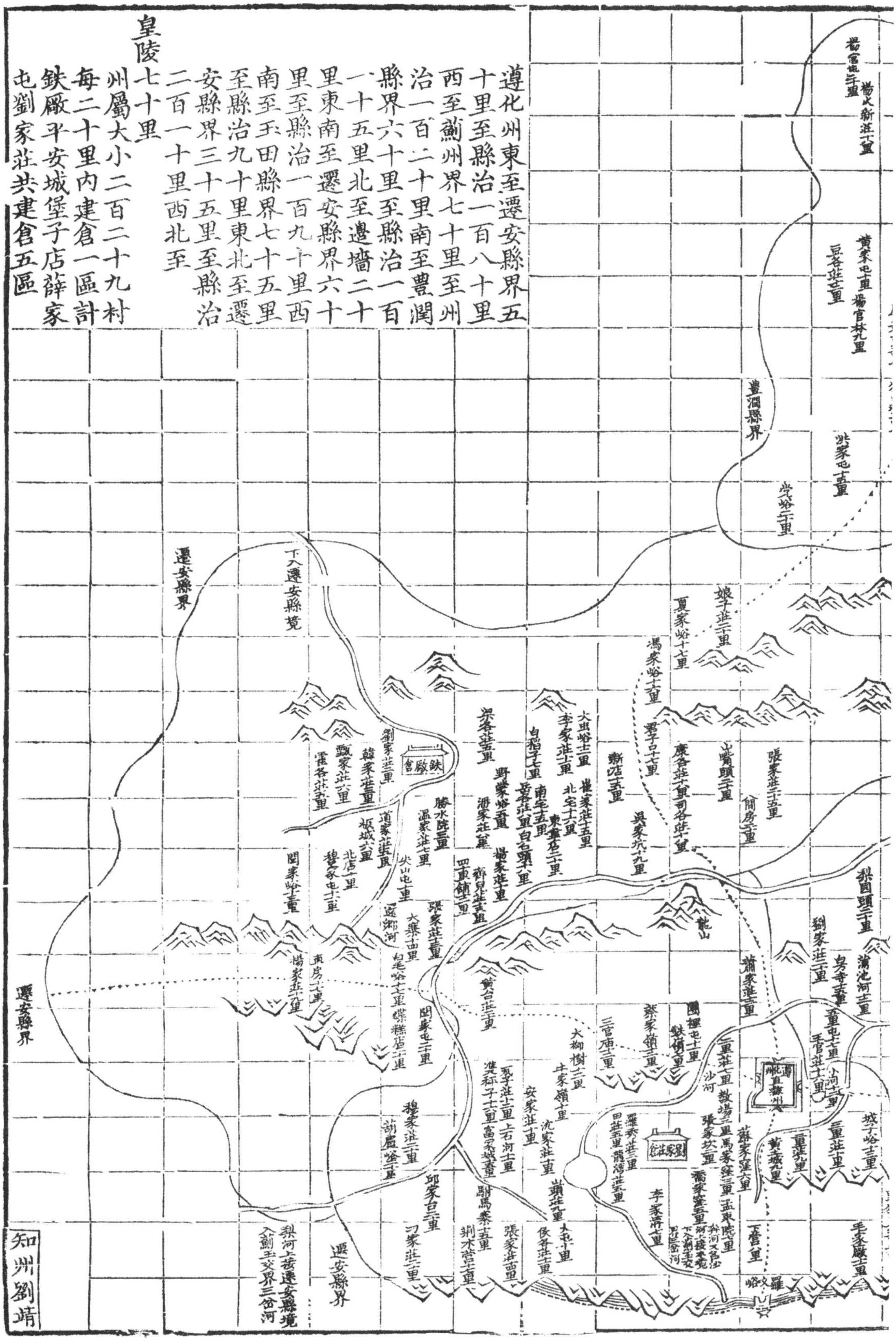


遵化州東至遷安縣界五十里至縣治一百八十里西至薊州界七十里至州治一百二十里南至豐潤縣界六十里至縣治一百一十五里北至邊墻二十里東南至遷安縣界六十里至縣治一百九十里西南至玉田縣界七十五里至縣治九十里東北至遷安縣界三十五里至縣治二百一十里西北至

皇陵七十里

州屬大小二百二十九村每二十里内建倉一區計鉄廠平安城堡子店薛家屯劉家莊共建倉五區

知州劉靖

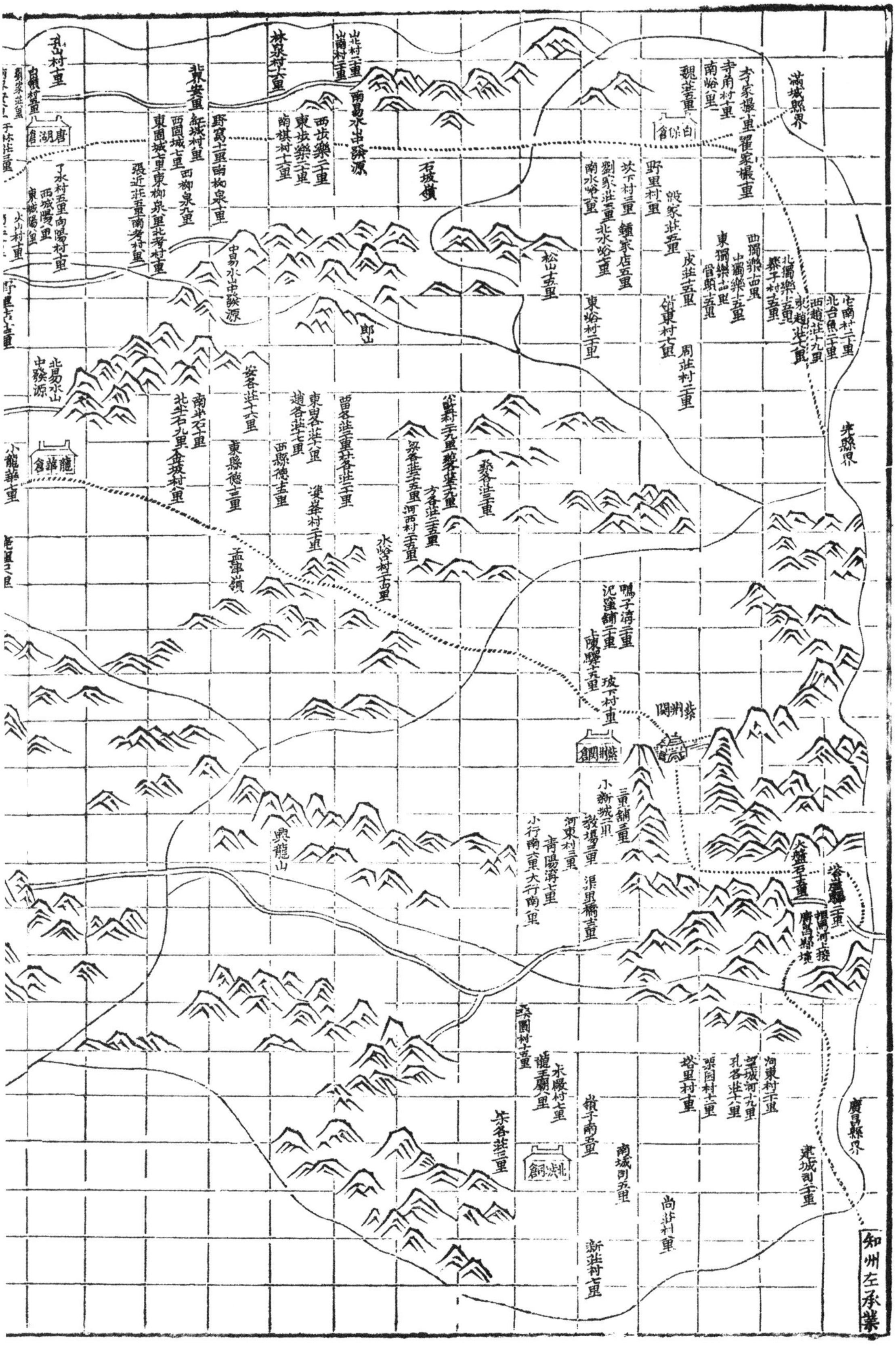
滿城縣界
南峪里
白保倉
孔山村
唐湖倉
石城鎮
松山
郎山
南易水山中發源
中易水山中發源
北易水山中發源
龍華倉
紫荊關
興龍山
完縣界
廣昌縣界
廣昌縣境
知州左承業

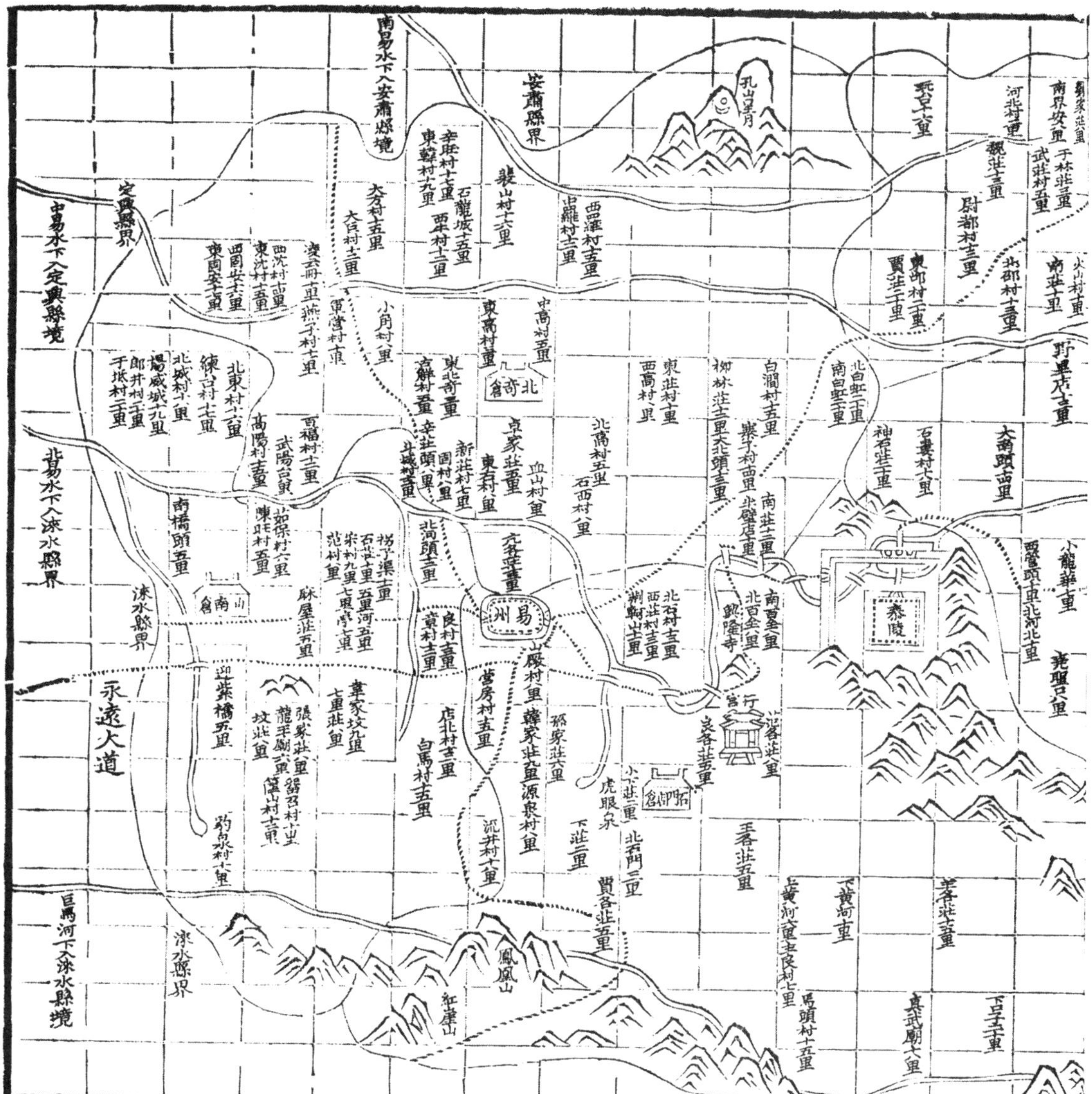


易州東至淶水縣界二十里至縣治四十里西至完縣界一百里至縣治一百五十里南至安肅縣界四十里至縣治九十里北至淶水縣界六十里至縣治四十里東南至定興縣界三十五里至縣治七十里西南至滿城縣界九十五里至縣治一百二十里東北至淶水縣界二十五里至縣治五十里西北至廣昌縣界山徑盤曲一百五十里至縣治一百八十里

州屬大小二百二十四村每二十里內建倉一區計北奇村山南村唐湖店白保店紫荊關北城司龍華店石門店共建倉八區

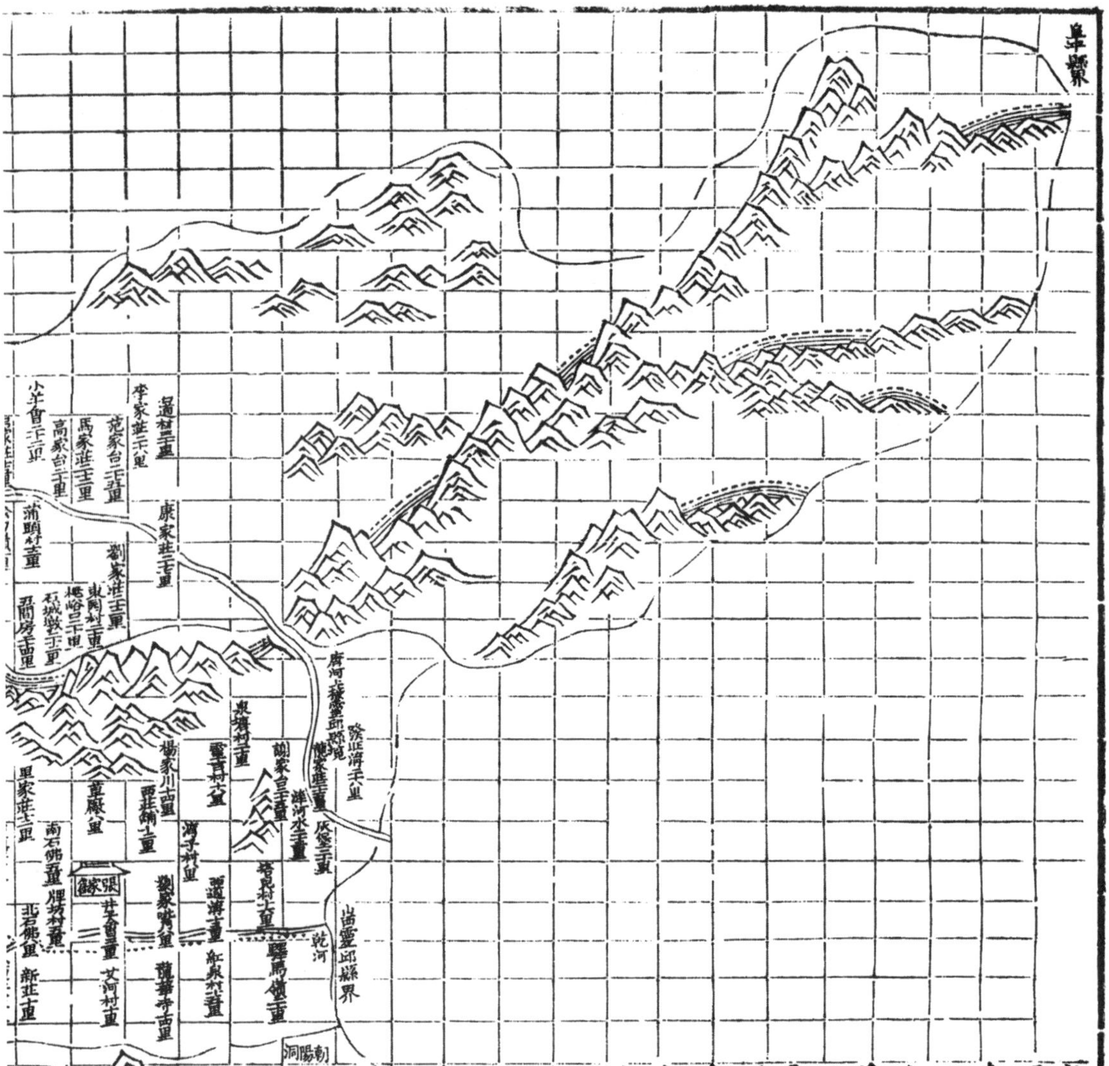

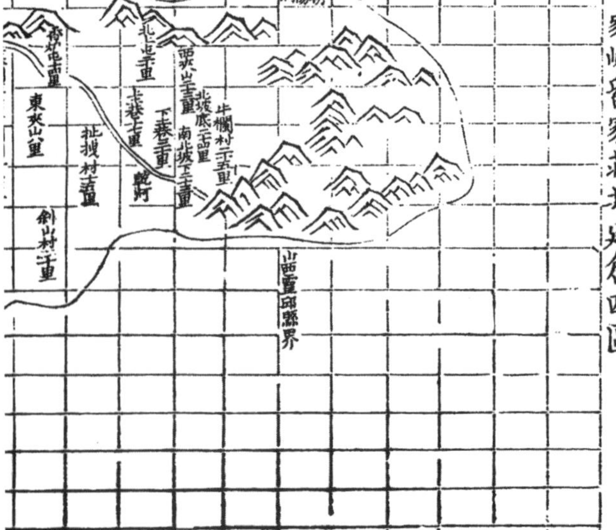


廣昌縣東至易州界二十八里至州治一百八十里西至山西靈邱縣界四十里至縣治九十里南至唐縣界七十里至縣治二百二十里北至蔚州界五十三里至州治一百三十里東南至完縣界八十里至縣治一百八十里西南至阜平縣界一百一十里至縣治二百五十里東北至蔚州界八十里至州治一百三十里西北至山西靈邱縣界五十里至縣治九十里

縣屬大小一百五十六村每二十里内建倉一區稍遠者附之計豐樂村走馬驛張家峪留家莊共建倉四區

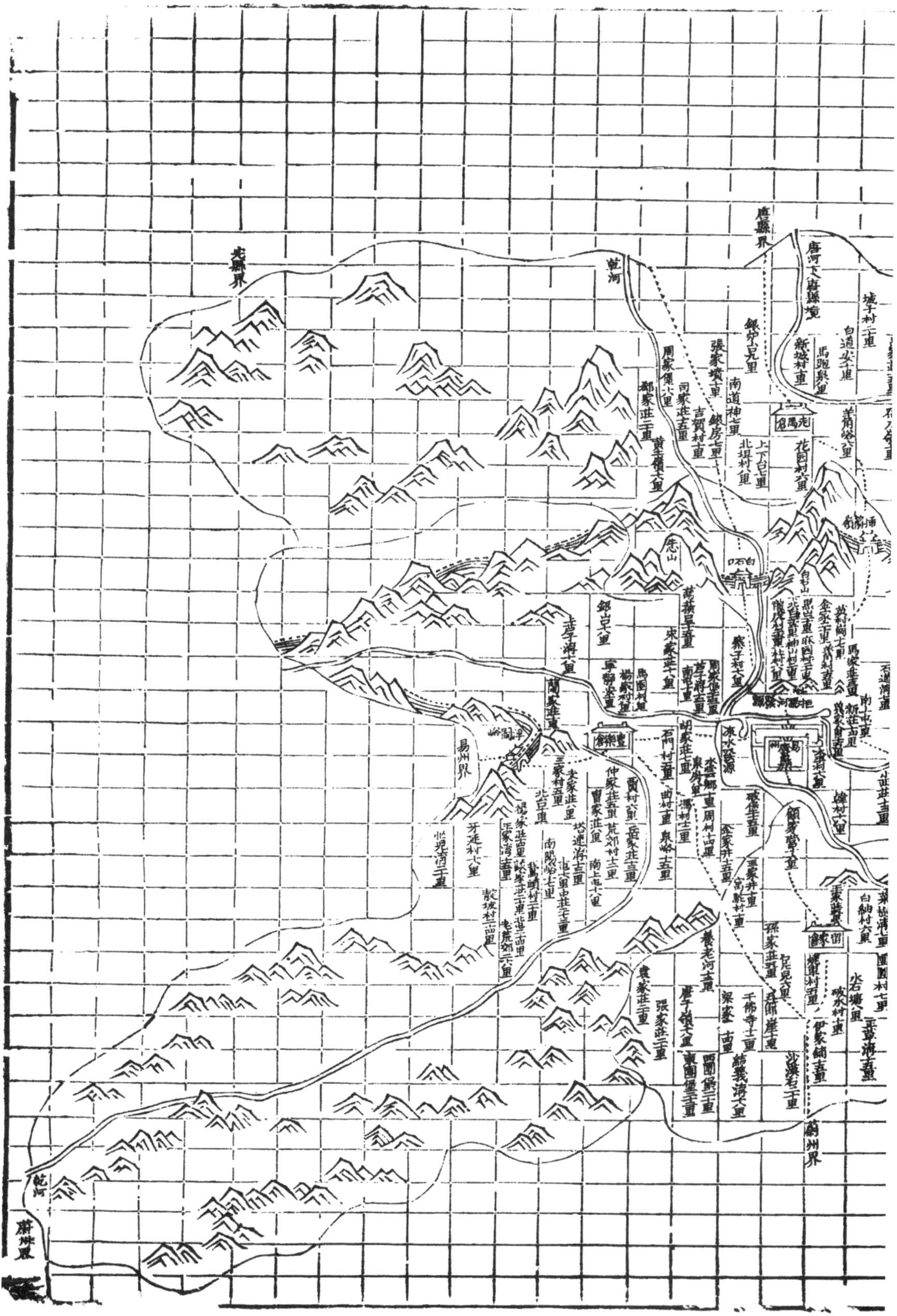
完縣界
唐縣界
唐河下唐縣境
易州界
淶水發源
蔚州界
蔚州界

淶水縣東至涿州界十三里至州治五十里西至易州界二十五里至州治四十里南至定興縣界二十里至縣治三十里北至房山縣界三十里至縣治一百一十里東南至新城縣界二十五里至縣治三十里西南至易州界二十二里至州治四十五里東北至房山縣界三十里至縣治九十里西北至馬水口二百三十里

縣屬大小一百一十四村每二十里內建倉一區計孔村吳泉村秋蘭村婁村石亭村共建倉五區再查西北馬水口一帶山徑崎嶇遼遠難以界格其居民錯處萬山伐木燒炭爲業無庸建倉合並聲明

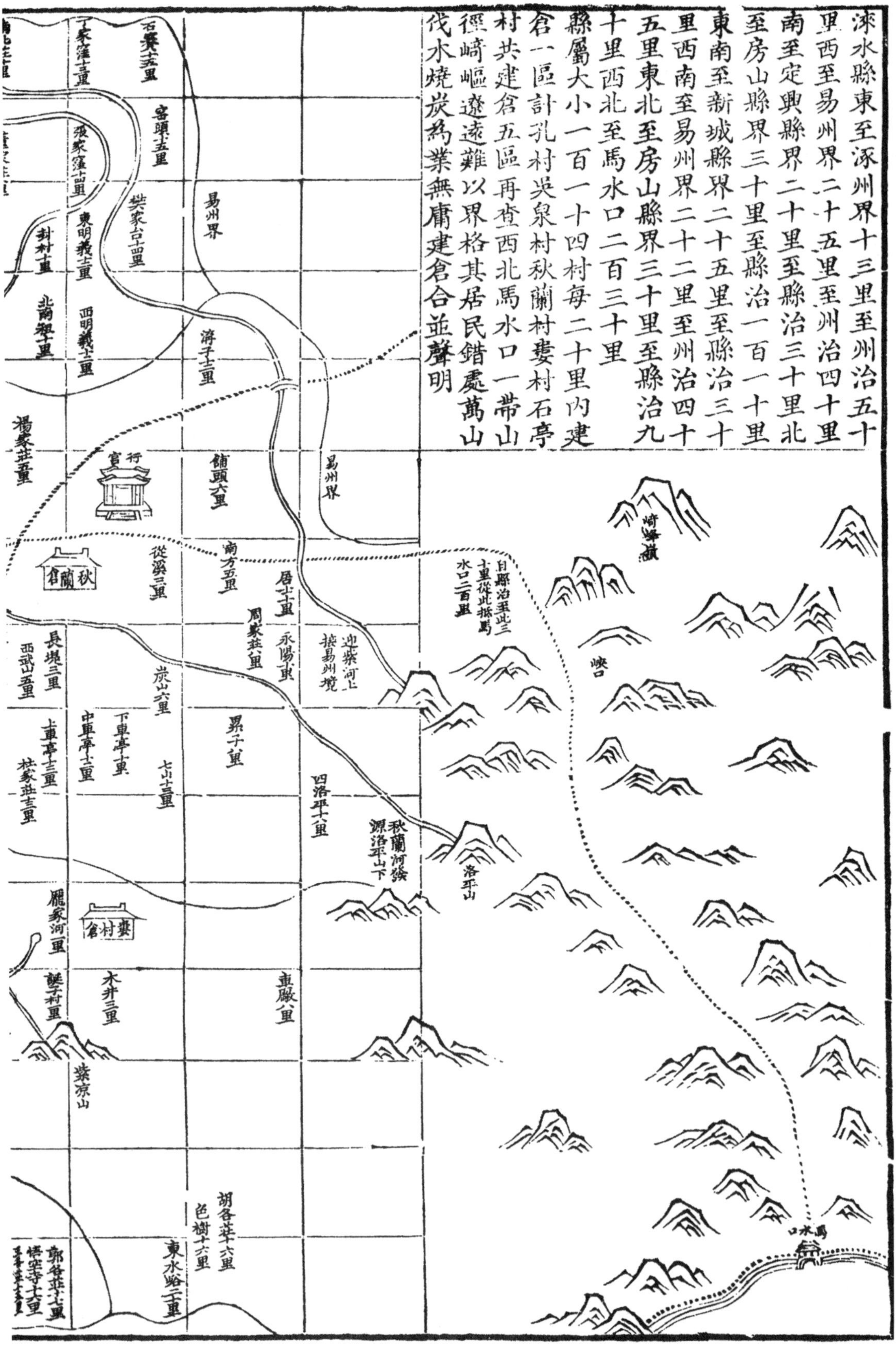

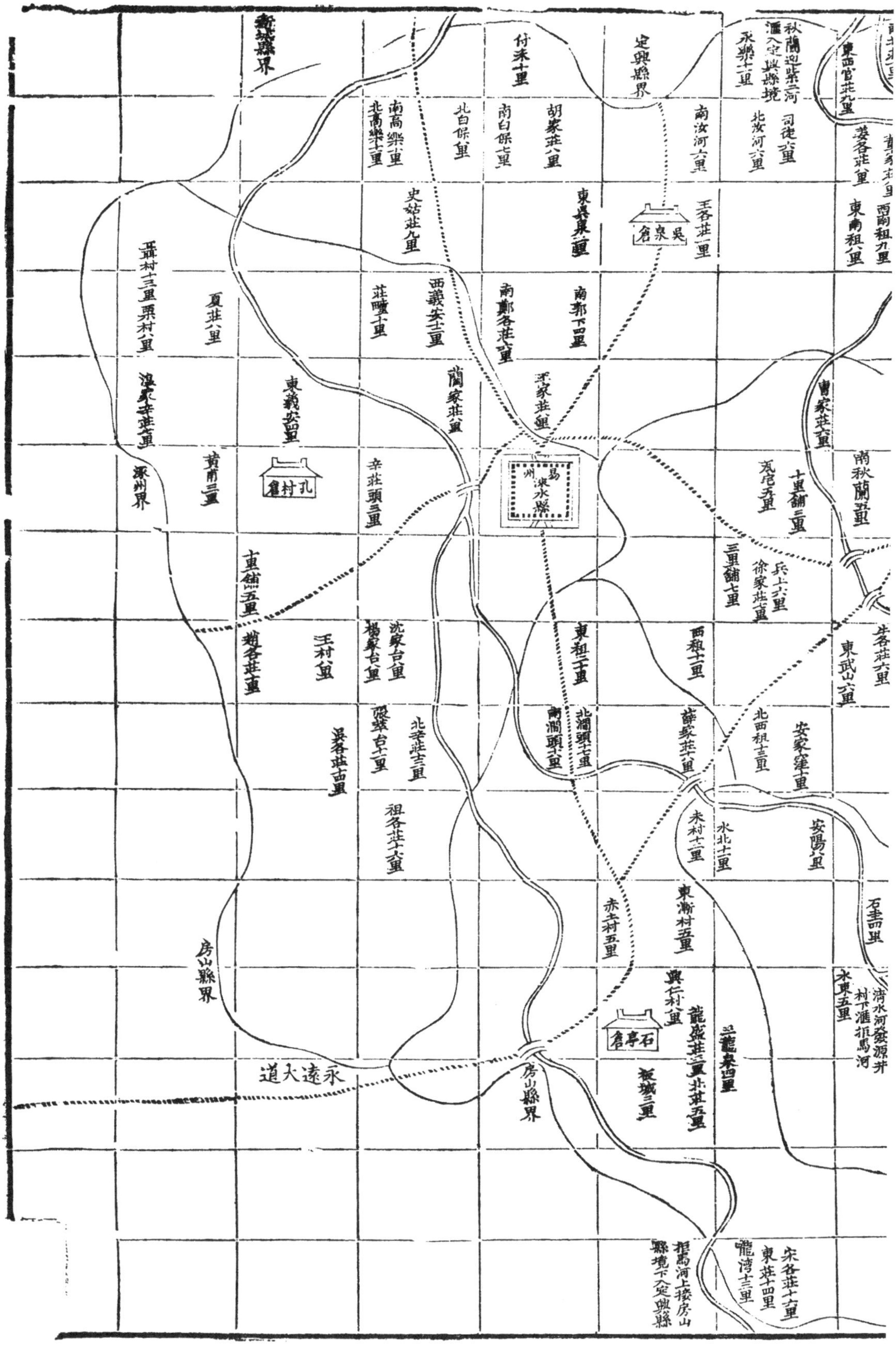

新城縣界
付來十里
定興縣界
秋蘭迎紫荊河滙入定興縣境
東西官莊九里
南高樂十里
北高樂十里
北白保十里
南白保七里
胡家莊八里
南汝河六里
北汝河六里
司徒六里
史姑莊九里
東吳泉十里
吳泉倉
夏莊八里
西義安十里
南鄭各莊十里
南郭下四里
東義安十里
藺家莊十里
曹家莊十里
涿州界
孔村倉
易州淶水縣
辛莊頭三里
十里鋪三里
南秋蘭十里
東鋪五里
三里鋪七里
徐家莊七里
王村八里
沈家台十里
楊家台十里
東武山六里
北辛莊十三里
北西租十三里
安家窪十里
祖各莊十六里
安陽八里
赤土村五里
房山縣界
石亭倉
永遠大道
板城三里
東莊十四里
拒馬河上接房山縣境下入定興縣

冀州東至棗强縣界十二里至縣治二十五里西至寧晉縣界五十八里至縣治一百三十里南至南宮縣界五十里至縣治七十里北至衡水縣界二十里至縣治四十五里東南至棗强縣界四十五里至縣治五十里西南至南宮縣界四十八里至縣治六十里東北至衡水縣界二十五里至縣治六十里西北至束鹿縣界五十里至縣治一百二十五里

州屬大小三百七十二村每二十里內建倉一區計六家疃南午召徐家莊南榆林村付水店李家莊堤北橋杜村共建倉八區

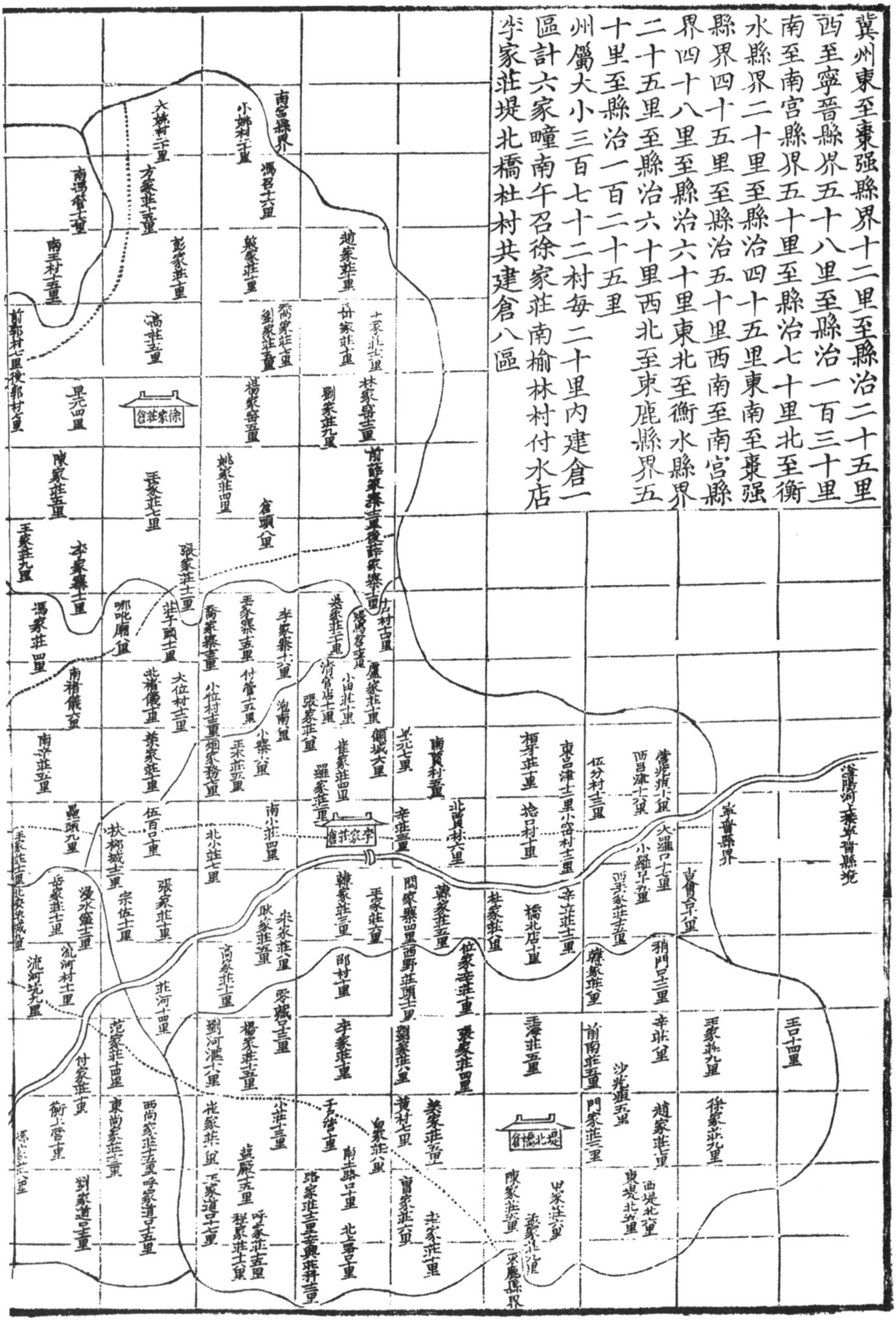

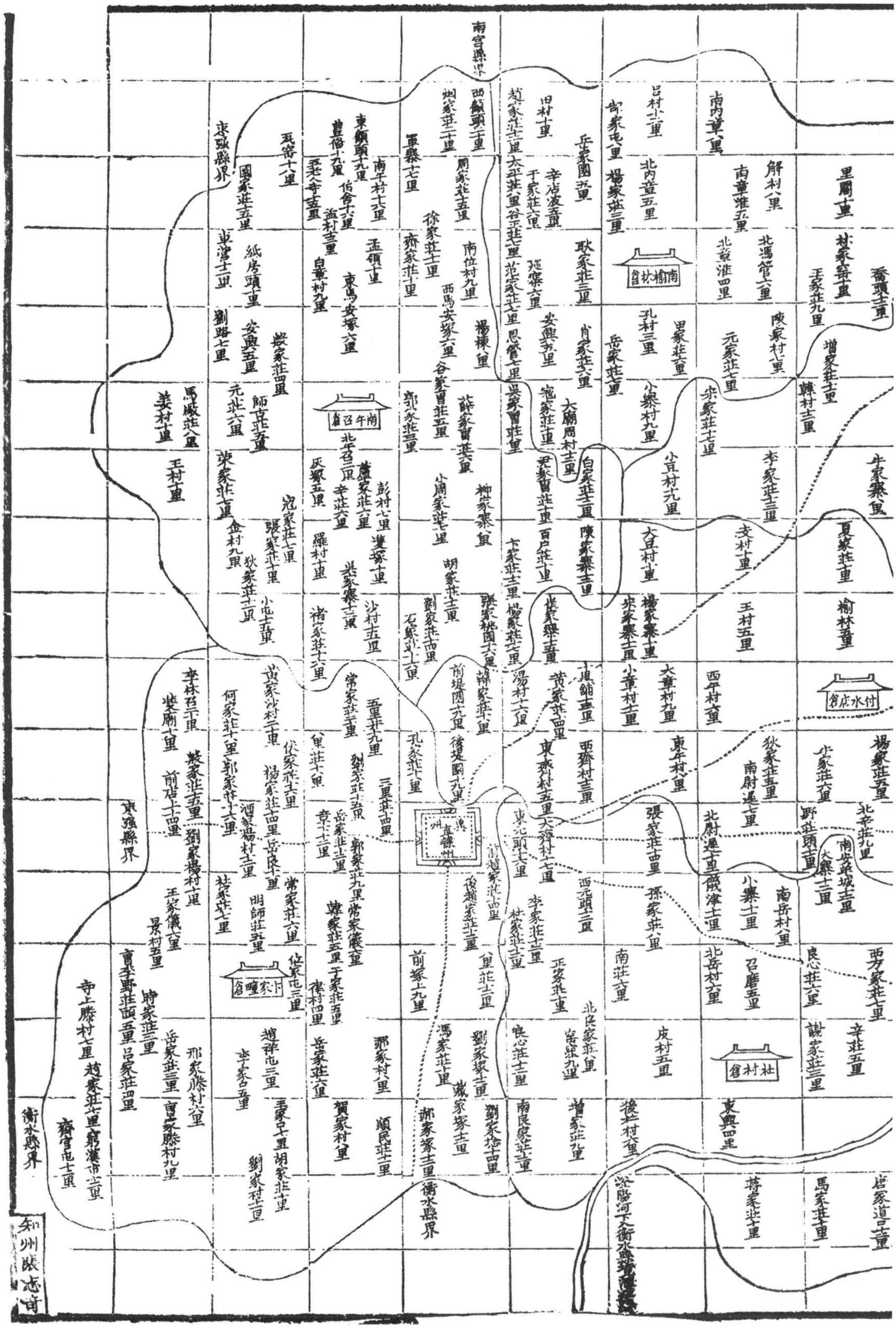
南宮縣界
棗强縣界
衡水縣界
冀州直隸州
南午召倉
南楡林倉
付水店倉
卜家疃倉
杜村倉
東興四里
滏陽河下入衡水縣

南宮縣東至山東武城縣界七十五里至縣治一百里西至寧晉縣界三十二里至縣治一百里南至威縣界十五里至縣治九十里北至冀州界十二里至州治六十里東南至清河縣界七十五里至縣治九十里西南至鉅鹿縣界二十八里至縣治七十里東北至棗強縣界三十五里由大道至縣治七十里西北至新河縣界二十里至縣治四十里

縣屬大小二百三十九村每十五里內建倉一區計寧堡喬村岳悅村遞楊段盧頭閘河堡董家廟蘇村陳伯居尋寨共建倉十區

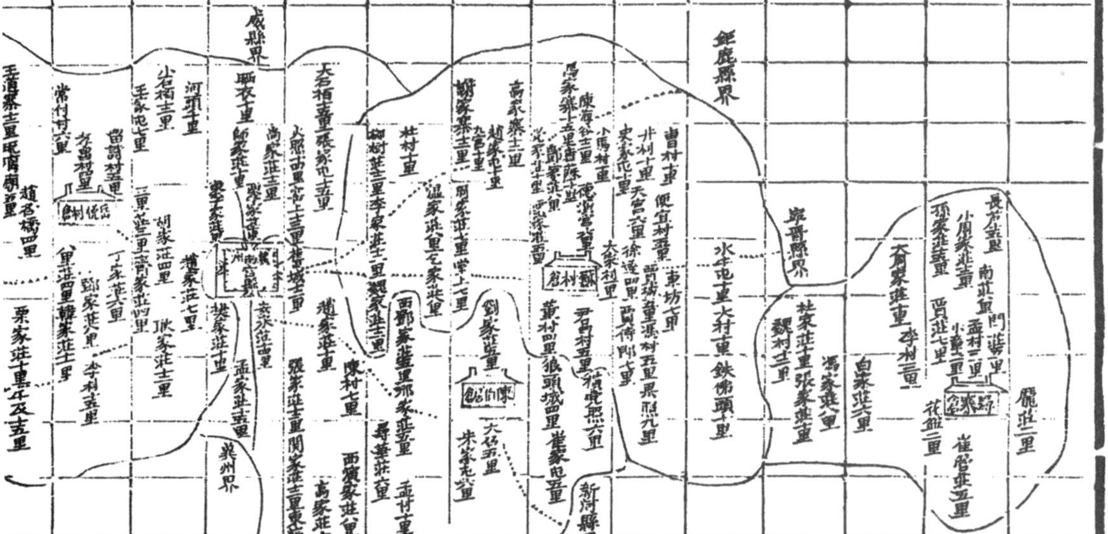

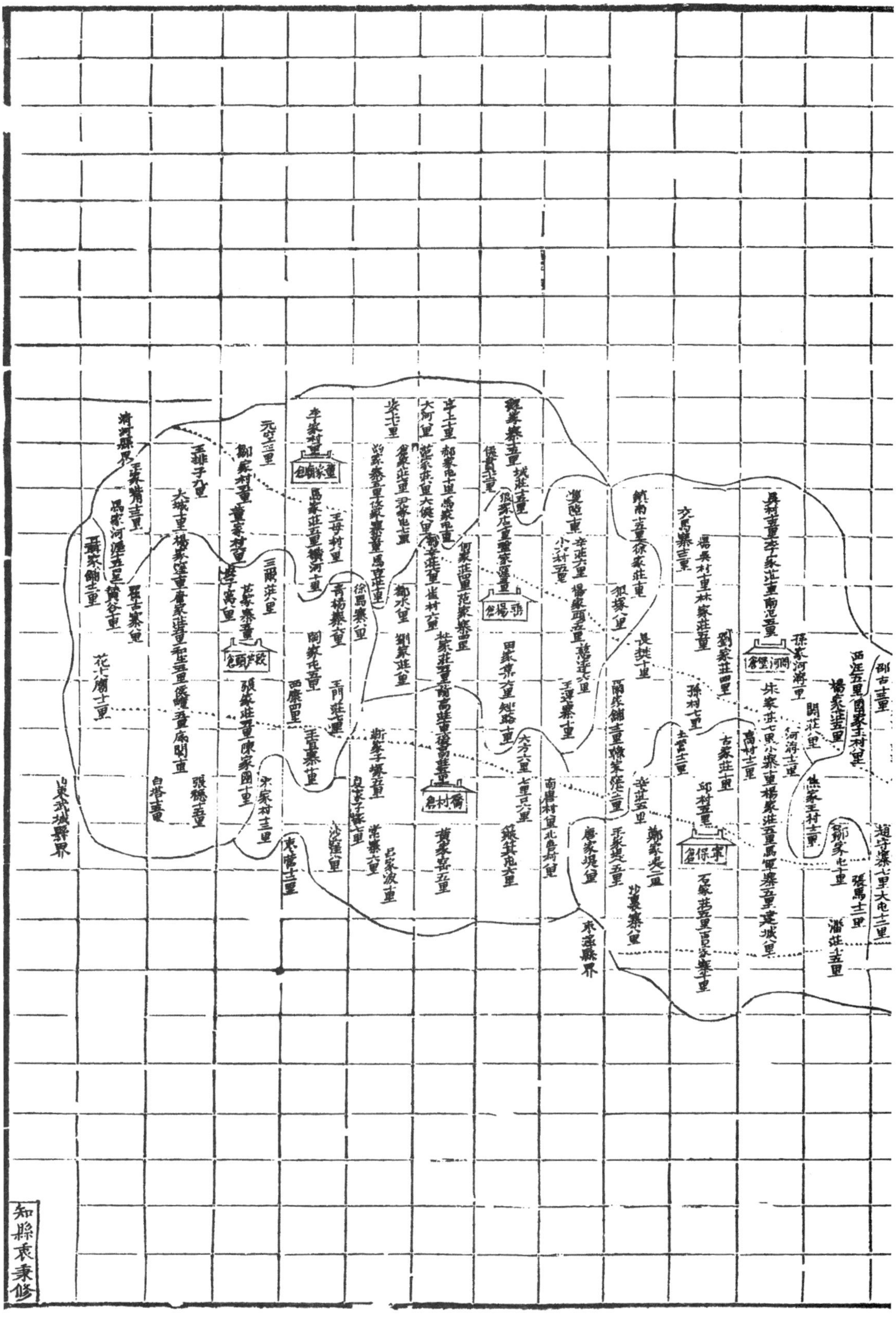
知縣袁秉修

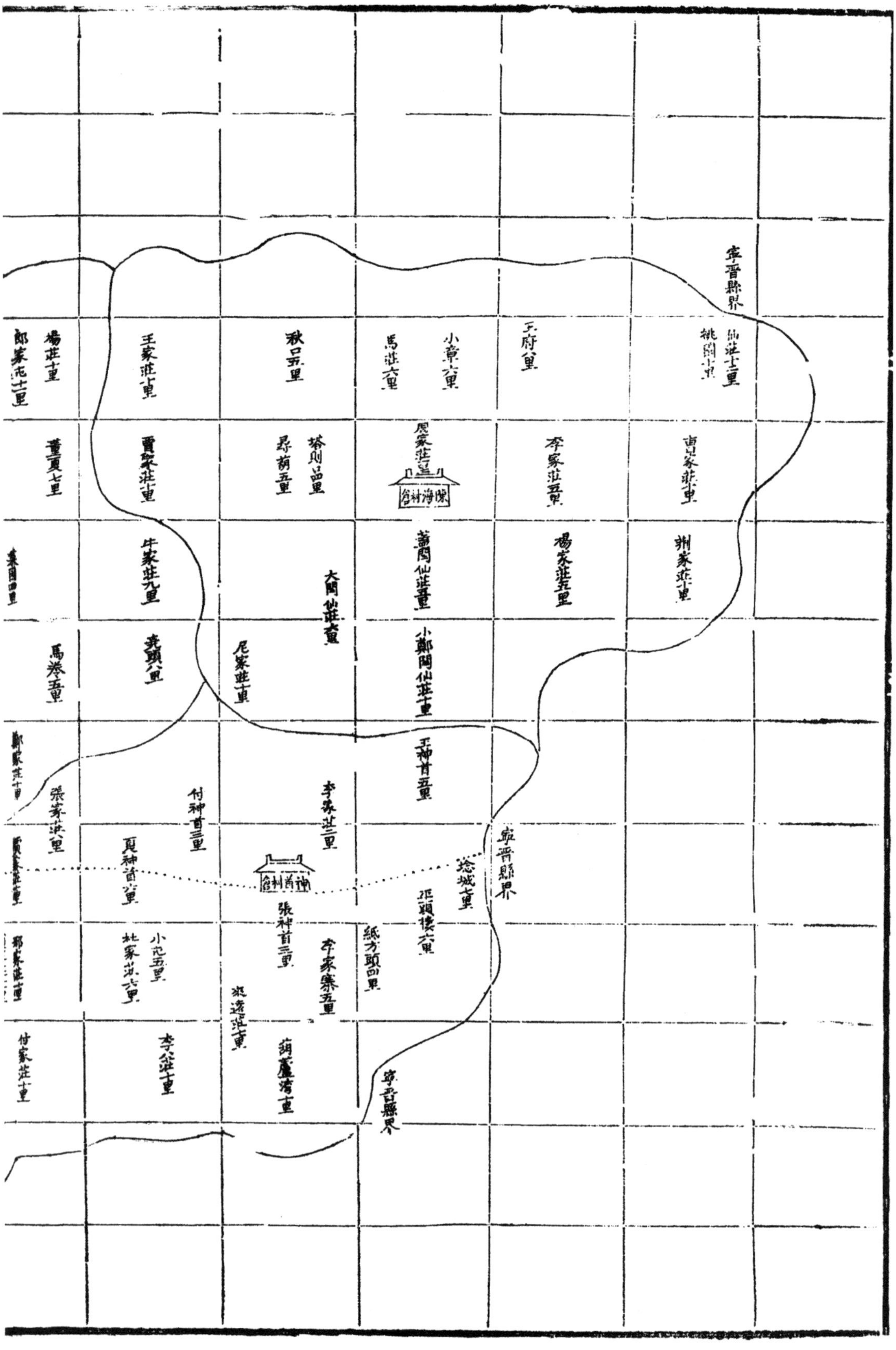
寧晉縣界
楊莊十里
王家莊十里
秋口五里
馬莊六里
小章六里
李家莊五里
楊家莊五里
陳海村倉
牛家莊九里
小鄭閣仙莊十里
王神首五里
付神首三里
李家莊三里
神首村倉
寧晉縣界
張神首三里
李家寨五里
紙方頭四里
付家莊十里
寧晉縣界

新河縣東至冀州界二十里至州治六十里西至寧晉縣界二十里至縣治七十里南至南宮縣界二十五里至縣治五十里北至寧晉縣界十五里至縣治六十里東南至南宮縣界二十里至縣治四十里西南至寧晉縣界三十里至縣治六十里東北至冀州界十五里至州治六十五里西北至寧晉縣界十五里至縣治七十五里

縣屬大小一百一十四村每十五里内建倉一區計六户村千家莊神首村陳海村團里西流堡北建倉六區

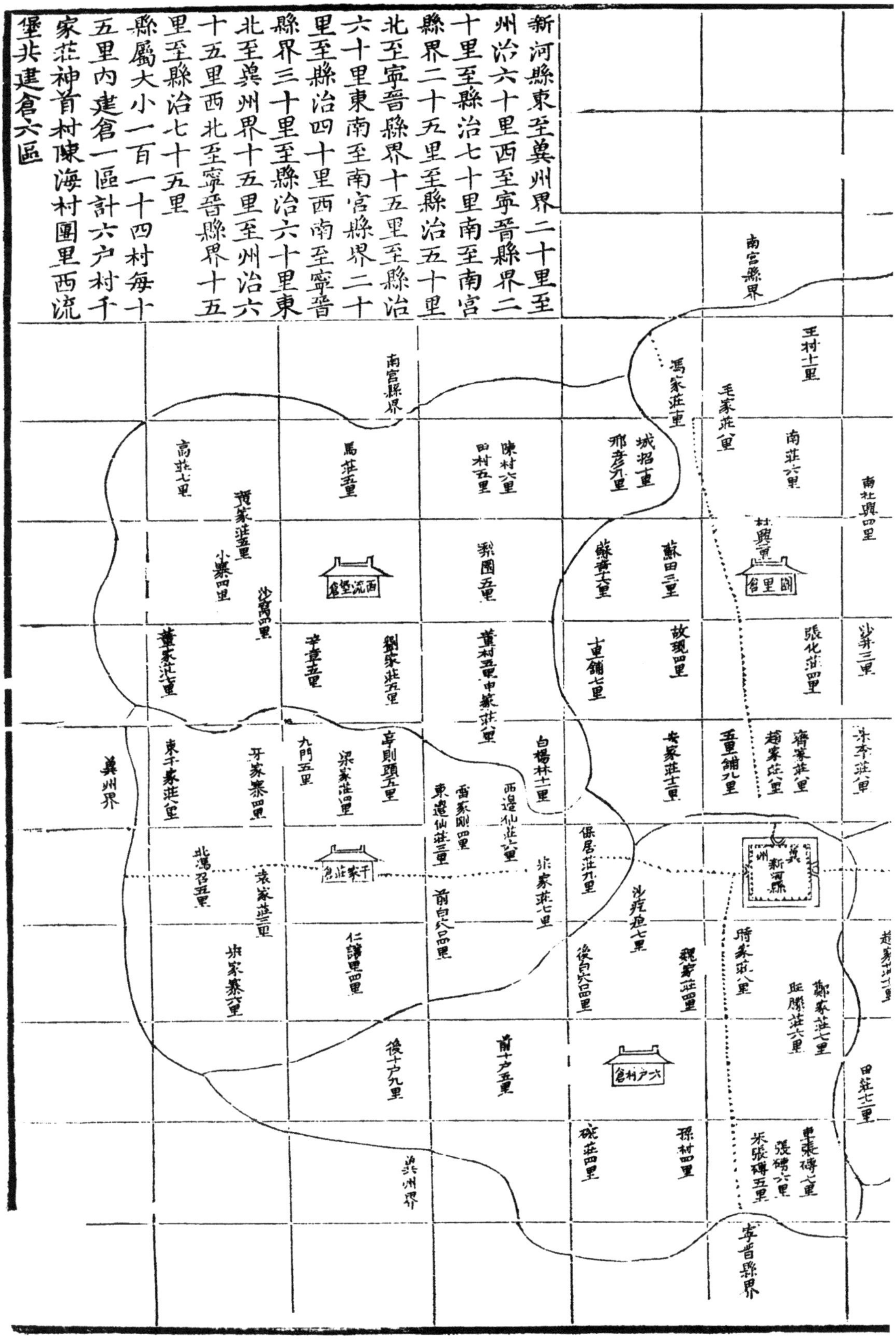

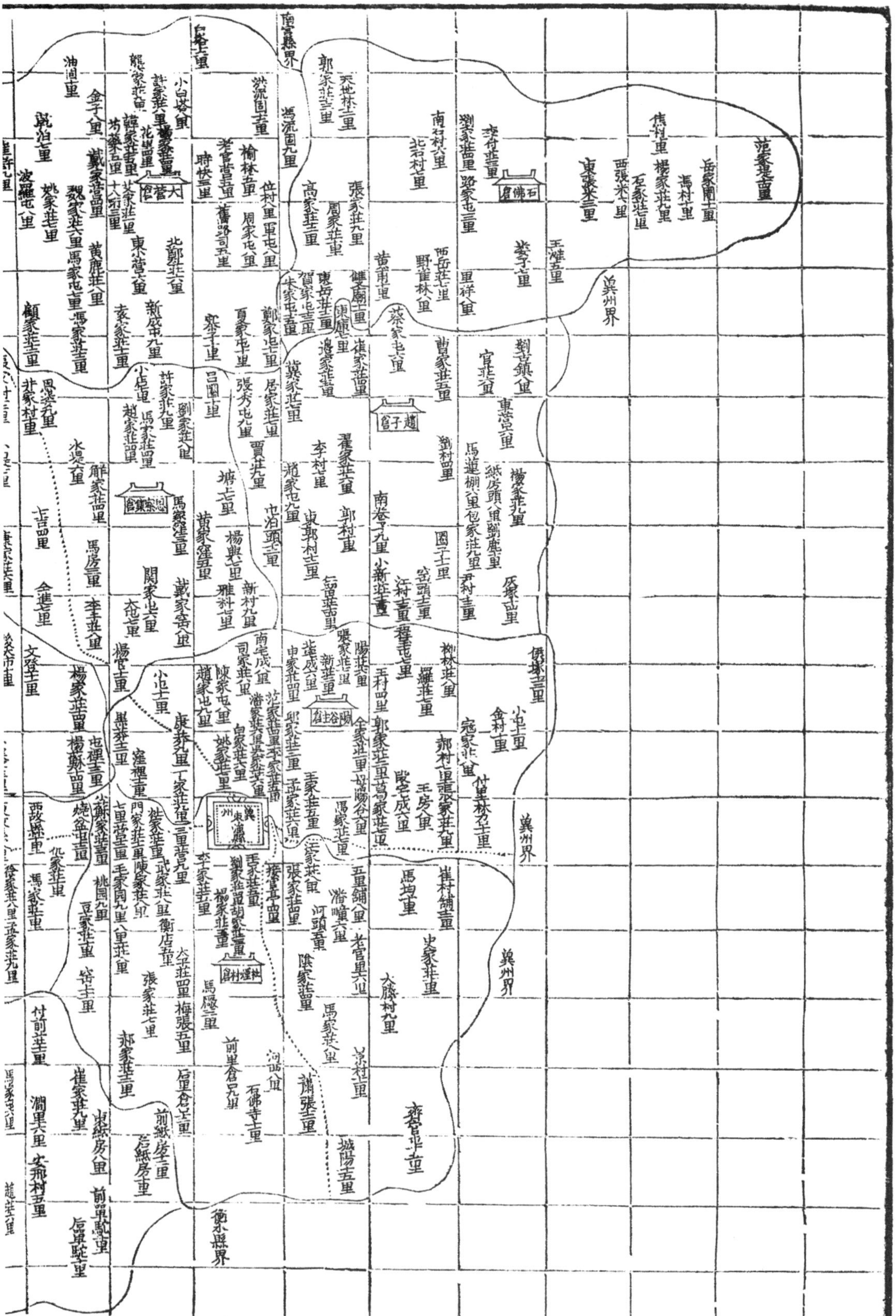
南宮縣界
冀州界
冀州界
冀州界
衡水縣界
冀州
束鹿

棗強縣東至故城縣界三十里至縣治八十里西至冀州界十三里至州治二十五里南至南宮縣界六十里至縣治七十里北至衡水縣界二十五里至縣治五十里東南至武城縣界四十里至縣治九十里西南至冀州界三十七里至州治四十里東北至武邑縣界四十里至縣治七十里西北至冀州界十五里至州治三十里

縣屬大小三百七十九村每十五里內建倉一區計曹莊吉里恩察集大營石佛頭楊谷莊趙子諫村杜畑村邢村陳散共建倉十區

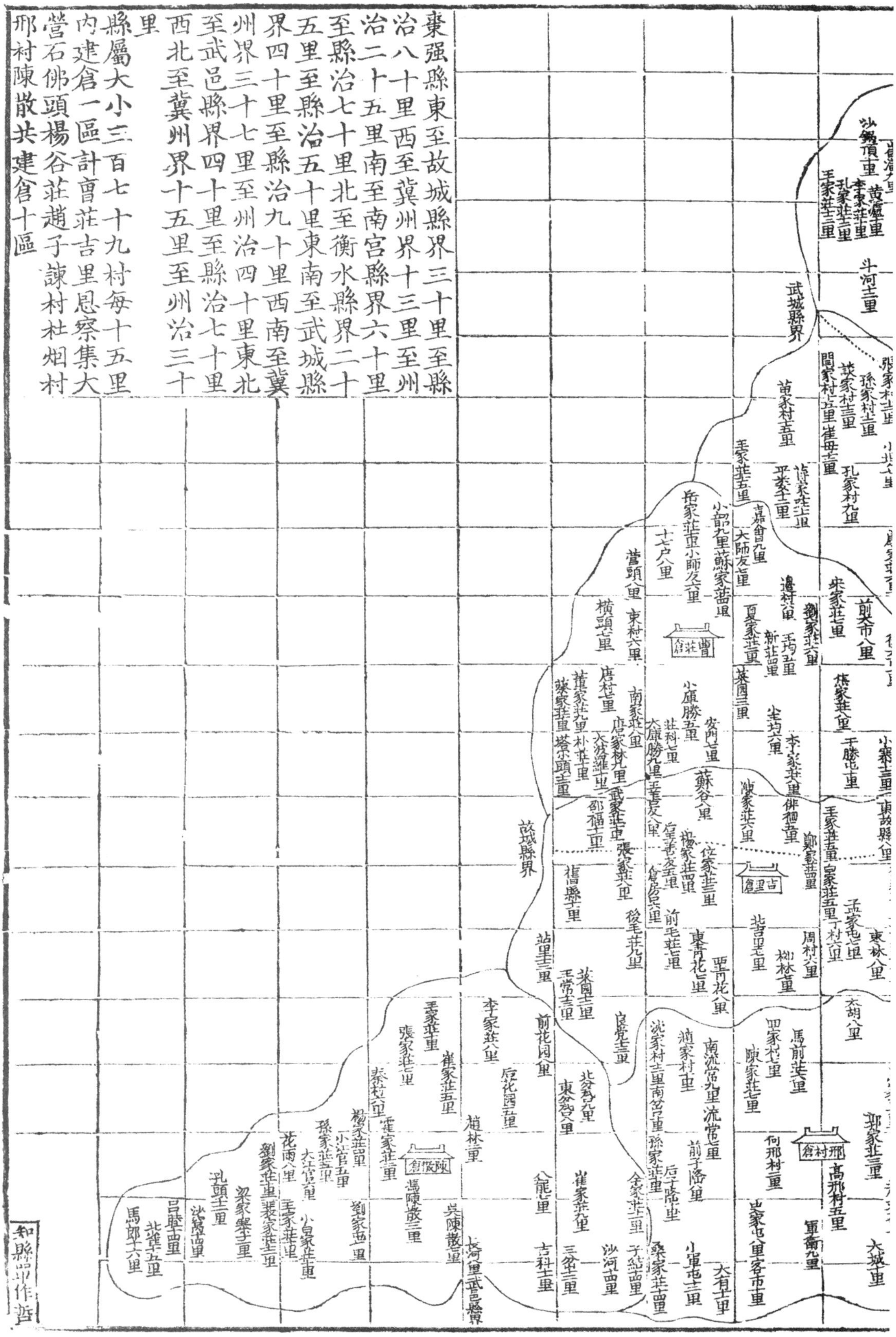


知縣單作哲

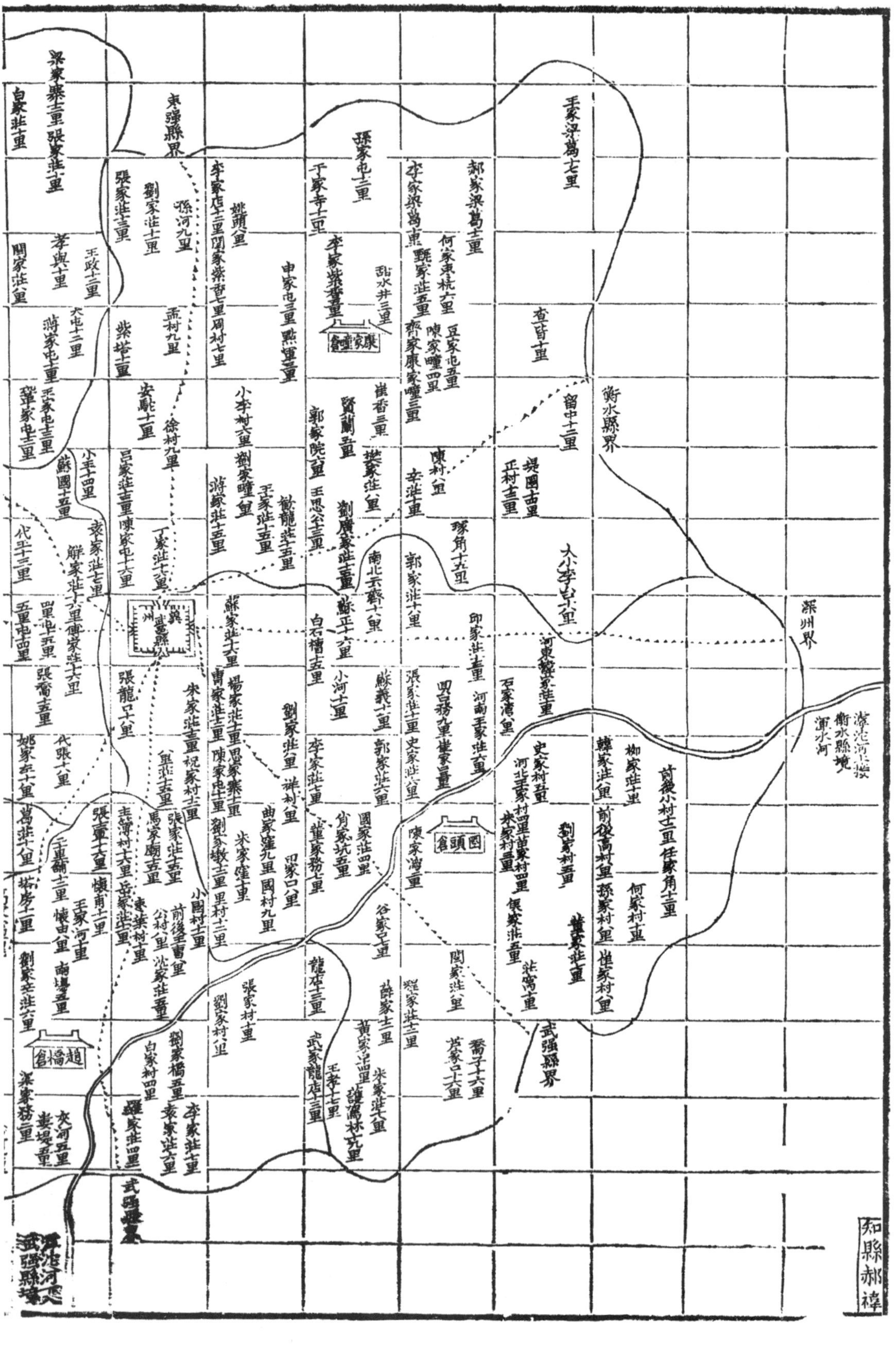
東强縣界
衡水縣界
深州界
武强縣界
冀州
衙頭倉
縣家倉
趙橋倉
滹沱河上接衡水縣境
滏水河
滹沱河下入武强縣境
知縣郝禕

武邑縣東至阜城縣界三十五里至縣治四十五里西至深州界三十里至州治七十里南至棗強縣界三十里至縣治七十里北至武強縣界三十五里至縣治四十里東南至景州界三十里至州治七十里西南至衡水縣界二十里至縣治四十里東北至交河縣界五十里至縣治九十里西北至武强縣界三十里至縣治四十五里

縣屬大小二百八十一村每二十里內建倉一區計審婆村律家寨村康家疃圈頭村趙橋村石海波村共建倉六區

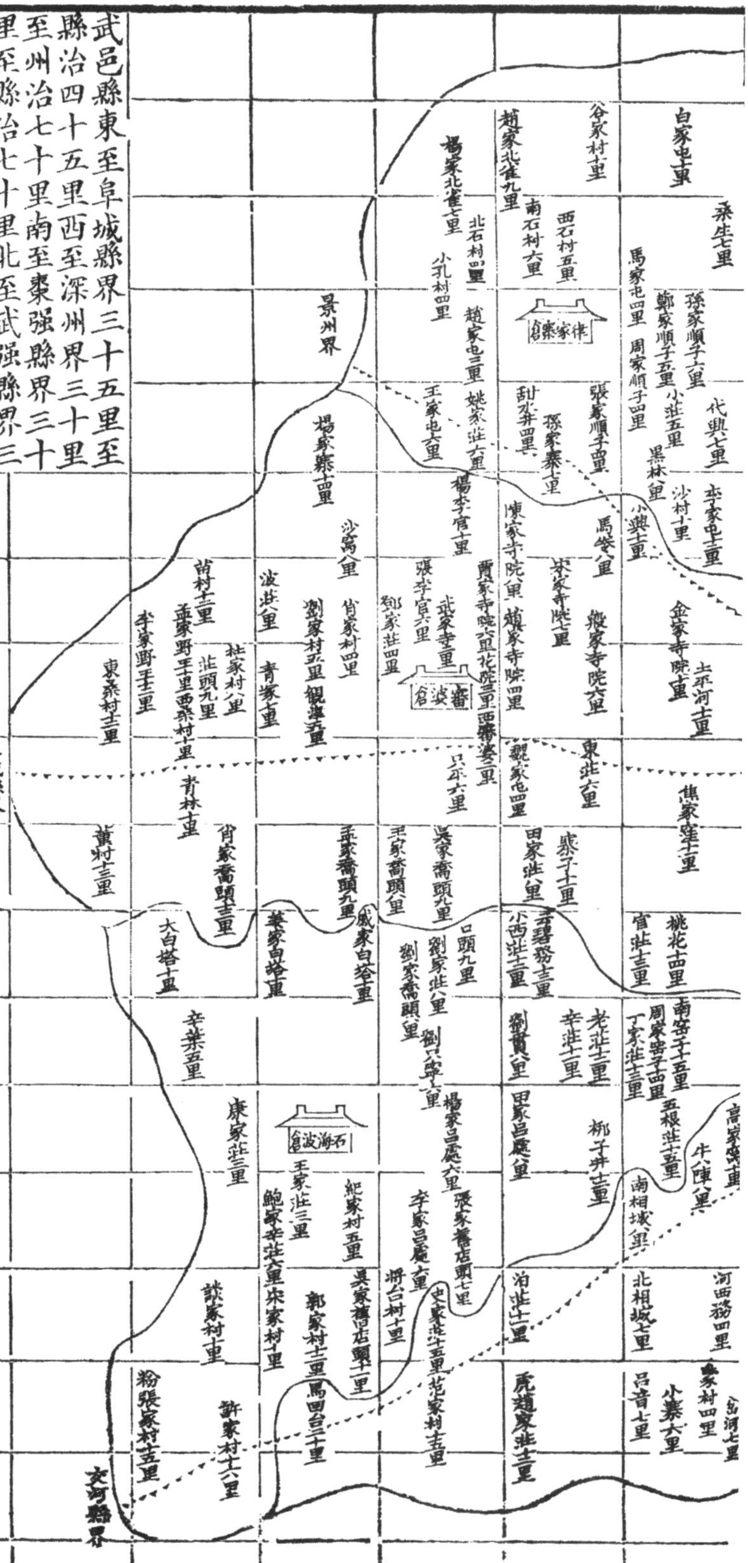

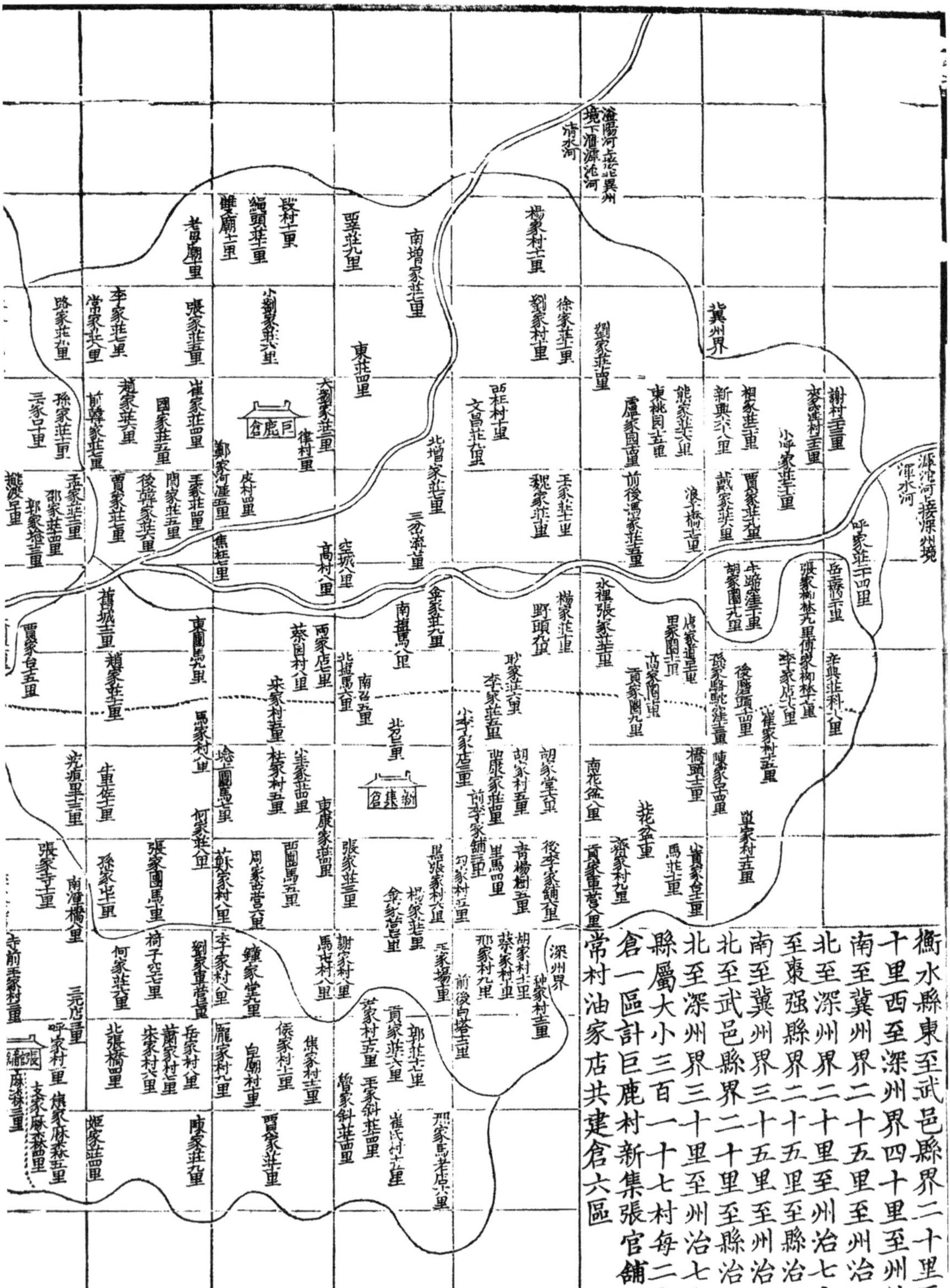


衡水縣東至武邑縣界二十里至縣治四十里西至深州界四十里至州治七十里南至冀州界二十五里至州治四十五里北至深州界二十里至州治七十里東南至棗强縣界二十五里至縣治五十里西南至冀州界三十五里至州治五十里東北至武邑縣界二十里至縣治四十里西北至深州界三十里至州治七十五里

縣屬大小三百一十七村每二十里内建倉一區計巨鹿村新集張官鋪留中村趙常村油家店共建倉六區

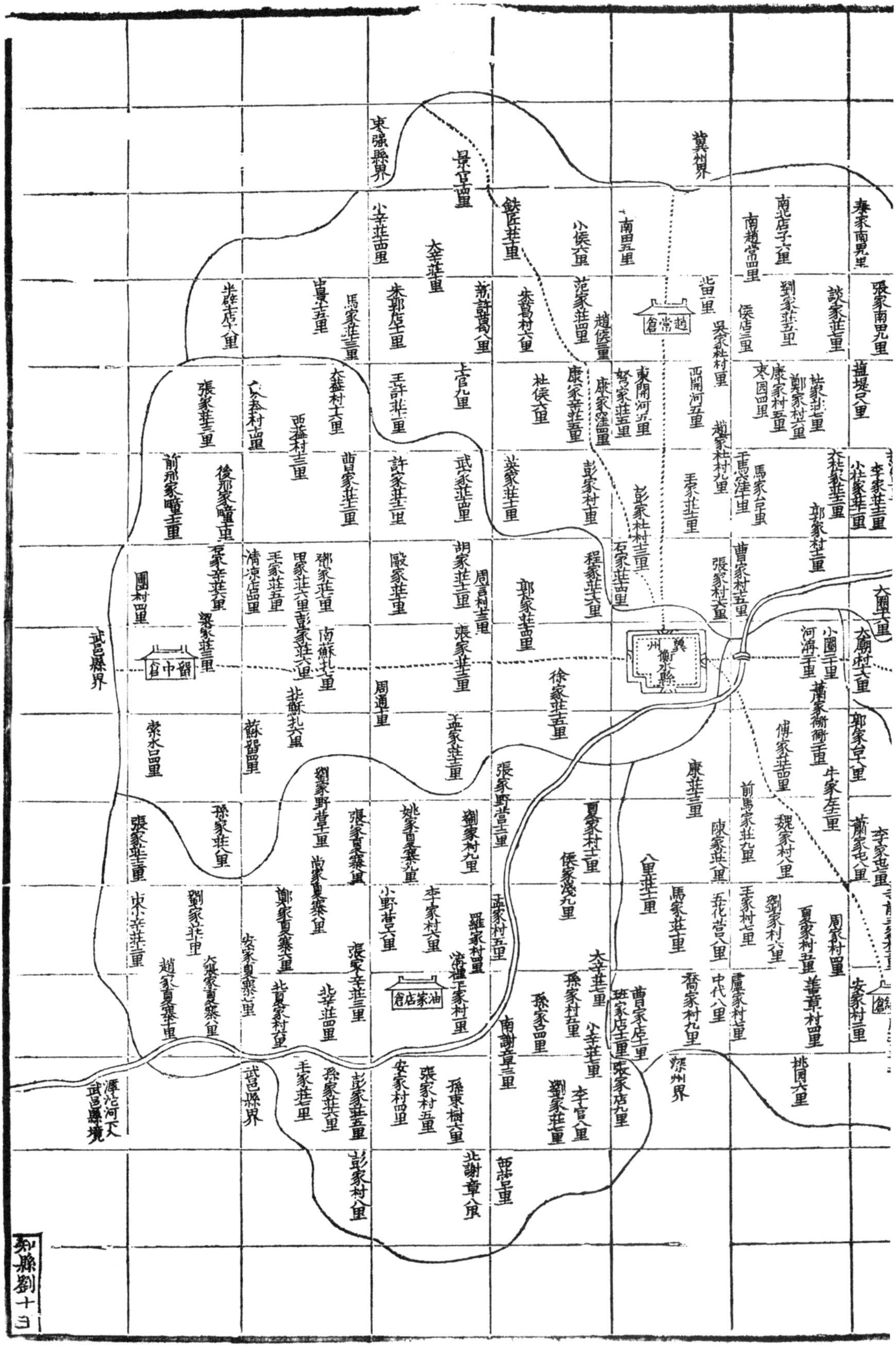

冀州界
東張縣界
武邑縣界
衡水縣
趙常倉
留中倉
油家店倉
滹沱河下
武邑縣境
深州界
小辛莊西里
太辛莊三里
南田五里
小侯六里
北苗里
南趙常四里
南北店子六里
春家南里
張家南里
劉家莊五里
談家莊三里
張家莊三里
許家莊三里
武家莊四里
彭家村里
郎家村里
殷家莊里
胡家莊三里
周通里
徐家莊五里
索水呂里
蘇碼四里
張家莊八里
孫家莊八里
康莊三里
馬家莊里
張家店九里
桃園六里
安家村三里
彭家村八里
北謝章八里

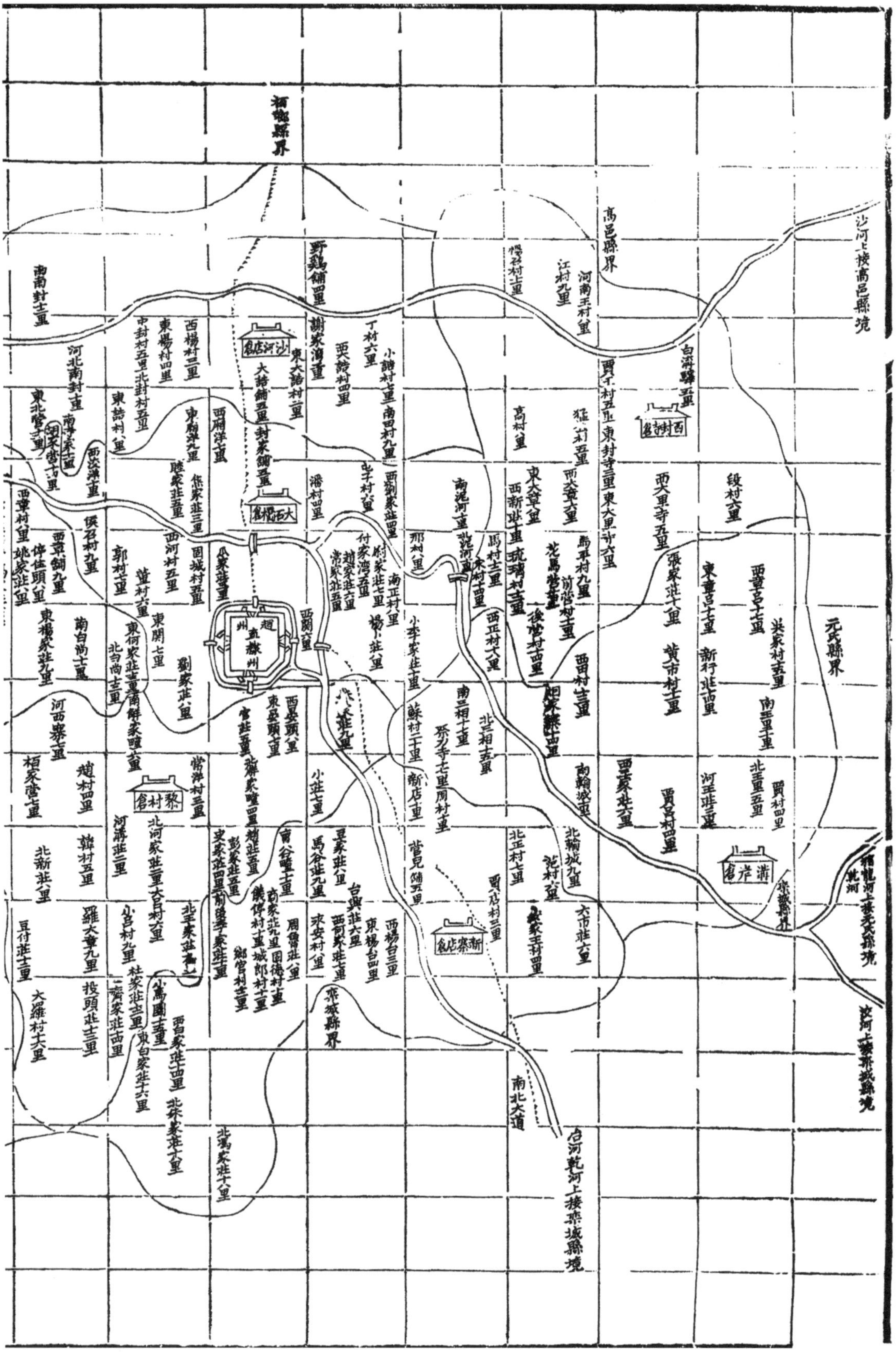
栢鄉縣界
高邑縣界
沙河上接高邑縣境
元氏縣界
欒城縣界
南北大道
冶河乾河上接欒城縣境
沙河倉
大石橋倉
西封斯倉
黎村倉
新寨店倉
滿莊倉
趙州
直隸州
野雞舖四里
謝家灣三里
東大諸村二里
大諸舖五里
封家舖五里
西封斯村五里
東封寺三里
段村六里
高村四里
江村九里
河南王村五里
南封村十一里
河北南封十三里
東楊村四里
西楊村三里
小諸村十三里
南田村九里
東大寶七里
西大寶六里
西大寺五里
張家莊十里
黄市村十里
新村莊四里
東大諸村
劉家莊八里
河西寨十五里
柏家營十一里
趙村四里
北新莊八里
韓村五里
羅大章九里
投頭莊十三里
大羅村十六里
北馮家莊十里
南北大道
北輪城九里
六市莊六里
北王村八里
蘇村十二里
新店十一里
小李家莊十三里
小莊七里
馬谷莊九里
求安村八里
台興莊六里
東楊台四里
西楊台五里
西高村五里
南柏舍五里
東黃窩十七里
西黃窩十六里
北三里五里
河王莊十里
賈村四里
賈宮村四里
段家莊七里
西田村十三里

趙州東至寧晉縣界五十里至縣治五十五里西至元氏縣界二十五里至縣治四十里南至栢鄉縣界三十里至縣治六十里北至欒城縣界二十里至縣治四十里東南至寧晉縣界二十里至縣治四十里西南至高邑縣界二十五里至縣治四十里東北至槀城縣界三十五里至縣治七十里西北至欒城縣界二十六里至縣治四十六里

州屬大小二百三十一村每二十里內建倉一區計西封寺滿岸新寨店大石橋沙河店許家郭黎村北龍化范莊共建倉九區

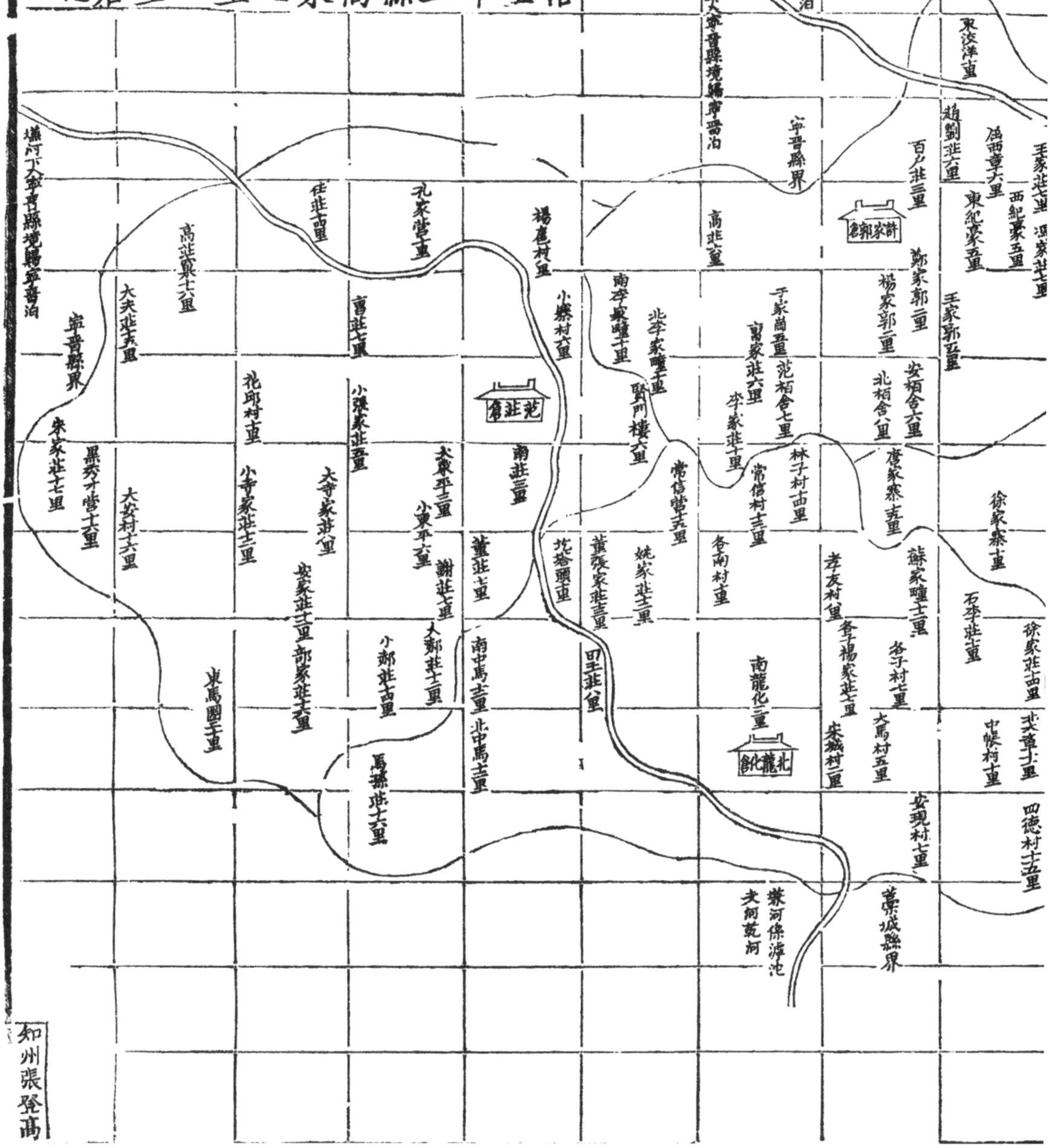


知州張登高

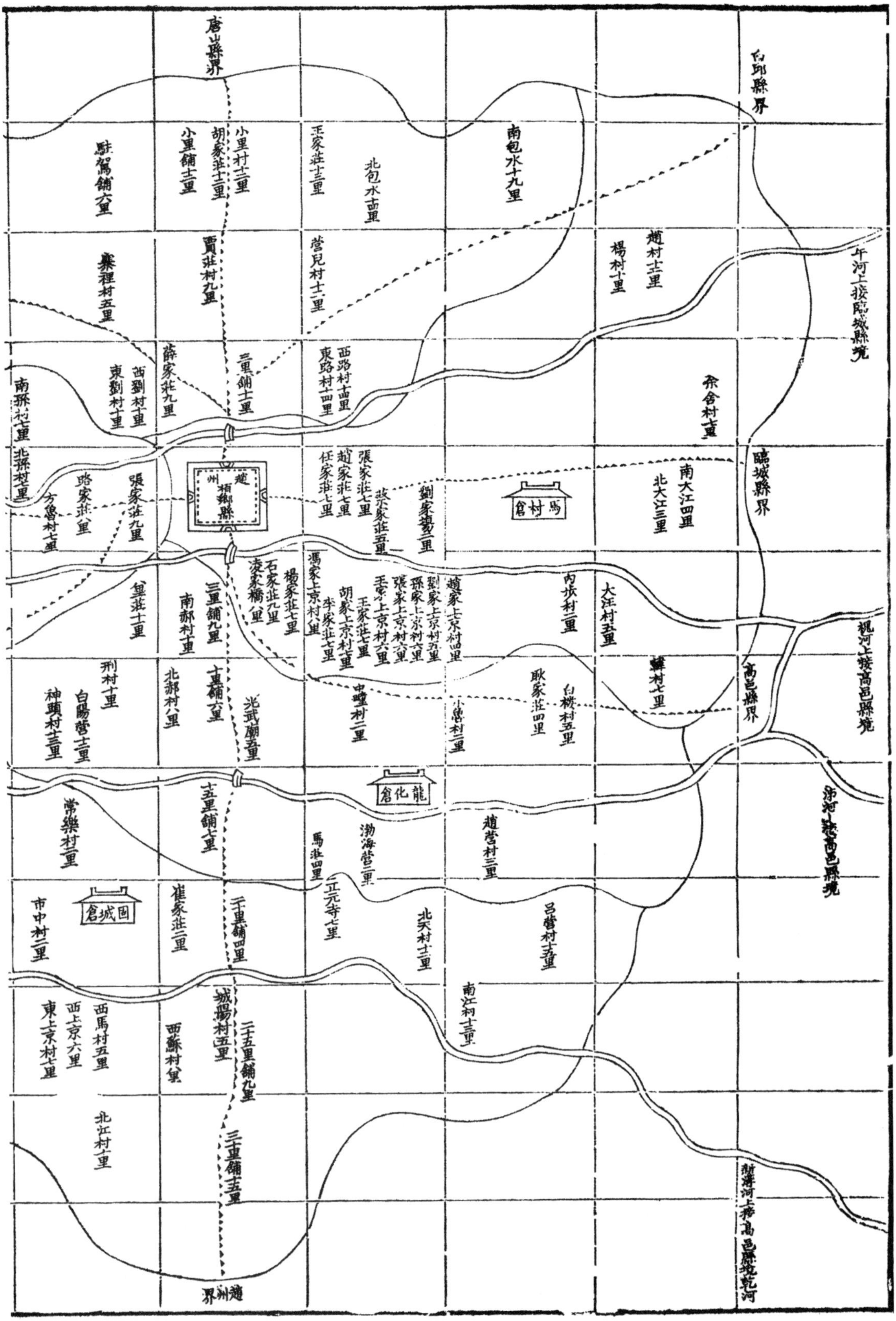
唐山縣界
內邱縣界
駐駕鋪六里
小里鋪十里
小里村十三里
王家莊十三里
南包水十九里
賈莊村九里
楊村十里
午河上接臨城縣境
薛家莊九里
西劉村十里
東劉村十里
西路村十四里
東路村十四里
南孫村七里
北孫村七里
臨城縣界
趙州
柏鄉縣
馬村倉
張家莊九里
任家莊七里
南大江四里
北大江三里
內步村三里
高邑縣界
槐河上接高邑縣境
北郝村八里
光武廟五里
龍化倉
泜河上接高邑縣境
常樂村十里
渤海營二里
固城倉
市中村二里
崔家莊十里
東上京村七里
西馬村五里
城陽村五里
二十五里鋪九里
北江村十里
南江村十三里
趙州界

栢鄉縣東至隆平縣界十七里至縣治三十里西至臨城縣界十五里至縣治三十五里南至唐山縣界十八里至縣治三十里北至趙州界三十五里至州治六十里東南至隆平縣界二十里至縣治三十五里西南至内邱縣界二十里至縣治六十里東北至寧晉縣界十八里至縣治五十五里西北至高邑縣界十五里至縣治二十五里

縣屬大小一百六村每二十里内建倉一區計北陽村西汪村馬村固城龍化村共建倉五區

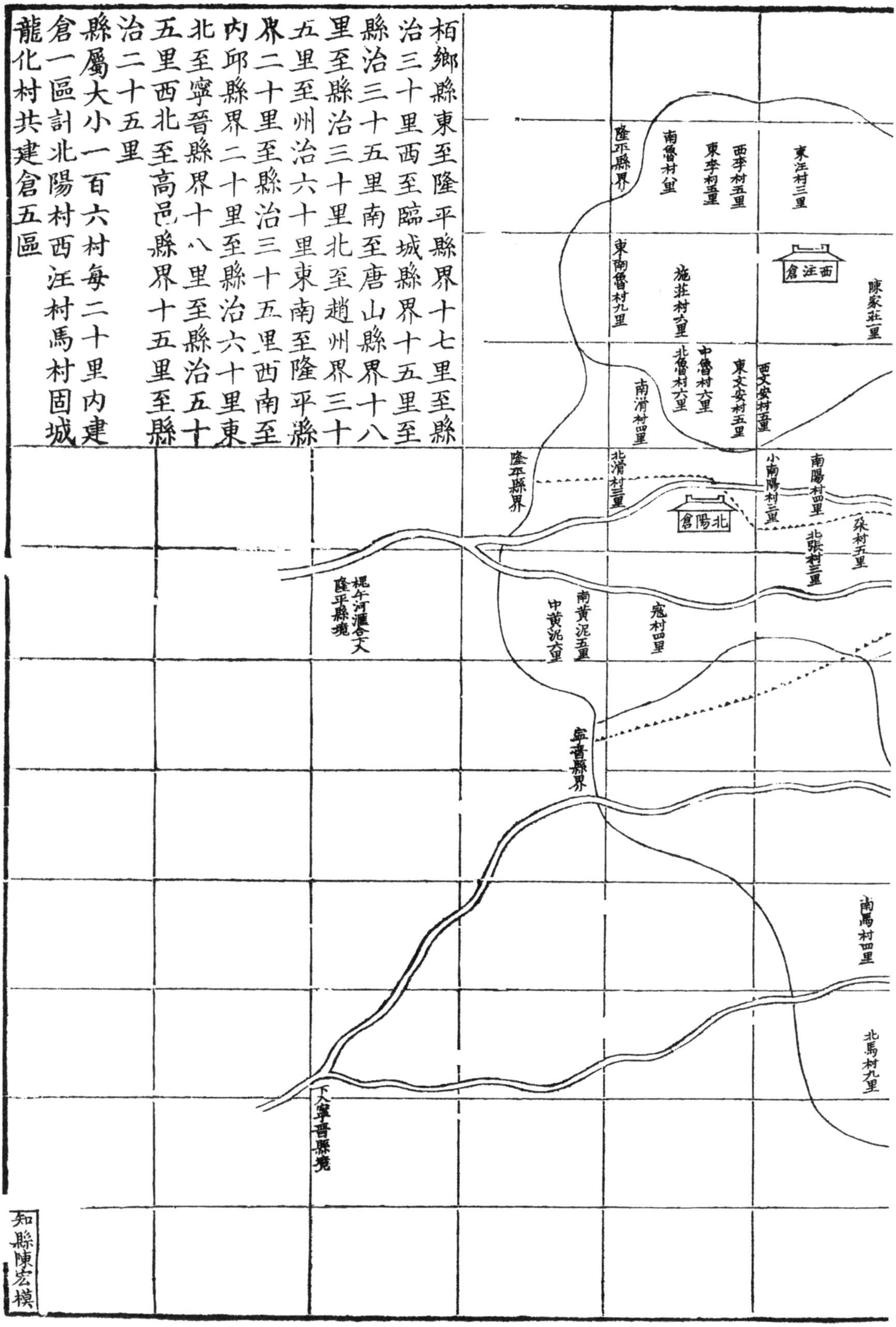


知縣陳宏模

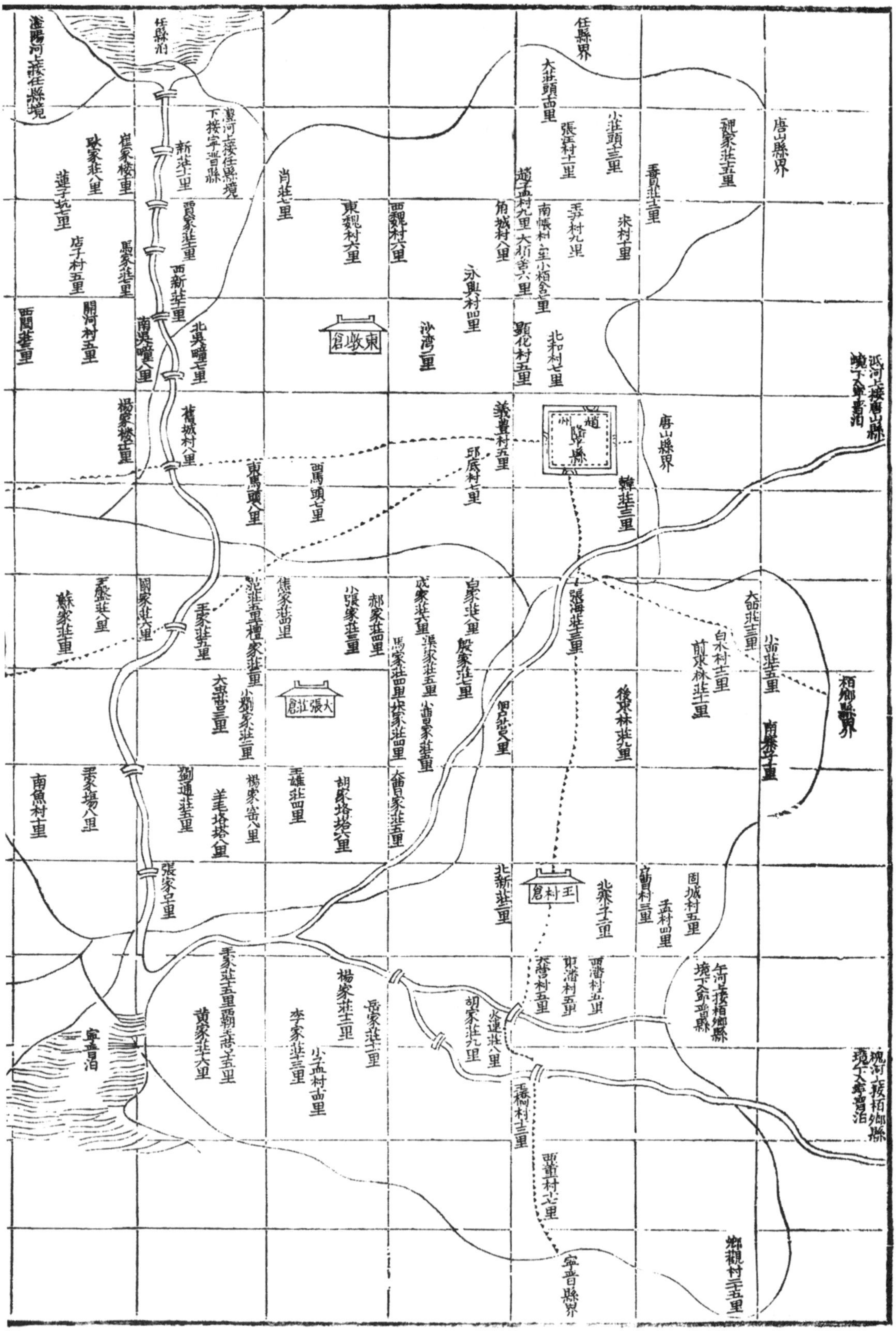
任縣界
任縣泊
唐山縣界
柏鄉縣界
寧晉縣界
寧晉泊
隆平縣
大張莊倉
王村倉
大莊頭十四里
小莊頭十三里
張莊村十里
韓莊三里
張海莊三里
前東林莊十里
後東林莊九里
北新莊十里
沙灣十里
北和村七里
東魏村六里
西魏村六里
肖莊七里
店子村五里
胡家莊八里
楊家莊十里
黃家莊十六里
李家莊十三里
張家口十里
西董村十七里
固城村五里

隆平縣東至鉅鹿縣界三十五里至縣治五十里西至唐山縣界一里至縣治五十二里南至任縣界十八里至縣治五十里北至寧晉縣界四十里至縣治七十里東南至任縣界三十里至縣治六十里西南至唐山縣界卄五里至縣治十里東北至新河縣界五十五里至縣治卌卜里西北至栢鄉縣界十五里至縣治四十五里

縣屬大小一百三十六村每二十里內建倉一區計陳墩村白家寨杜家莊大張莊王村共建倉五區

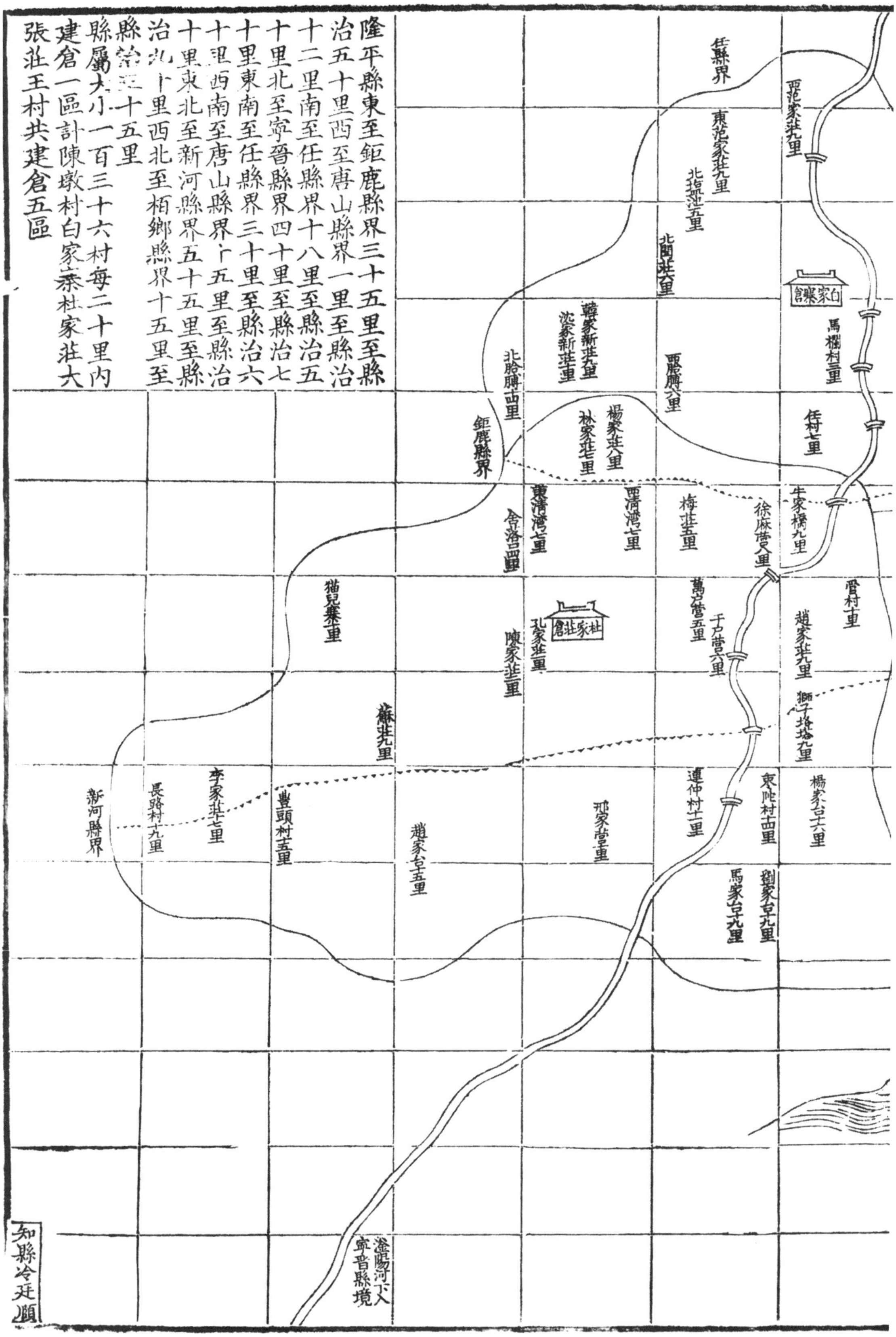


知縣冷廷顯

高邑縣東至栢鄉縣界十二里至縣治三十里西至贊皇縣界二十里至縣治五十里南至臨城縣界十二里至縣治五十里北至元氏縣界十七里至縣治四十五里東南至栢鄉縣界十二里至縣治二十五里西南至臨城縣界十六里至縣治五十五里東北至趙州界十二里至州治五十里西北至元氏縣界十七里至縣治三十五里

縣屬大小九十三村每十五里內建倉一區計坊㭬村萬城村東驛頭村中寒村共建倉四區

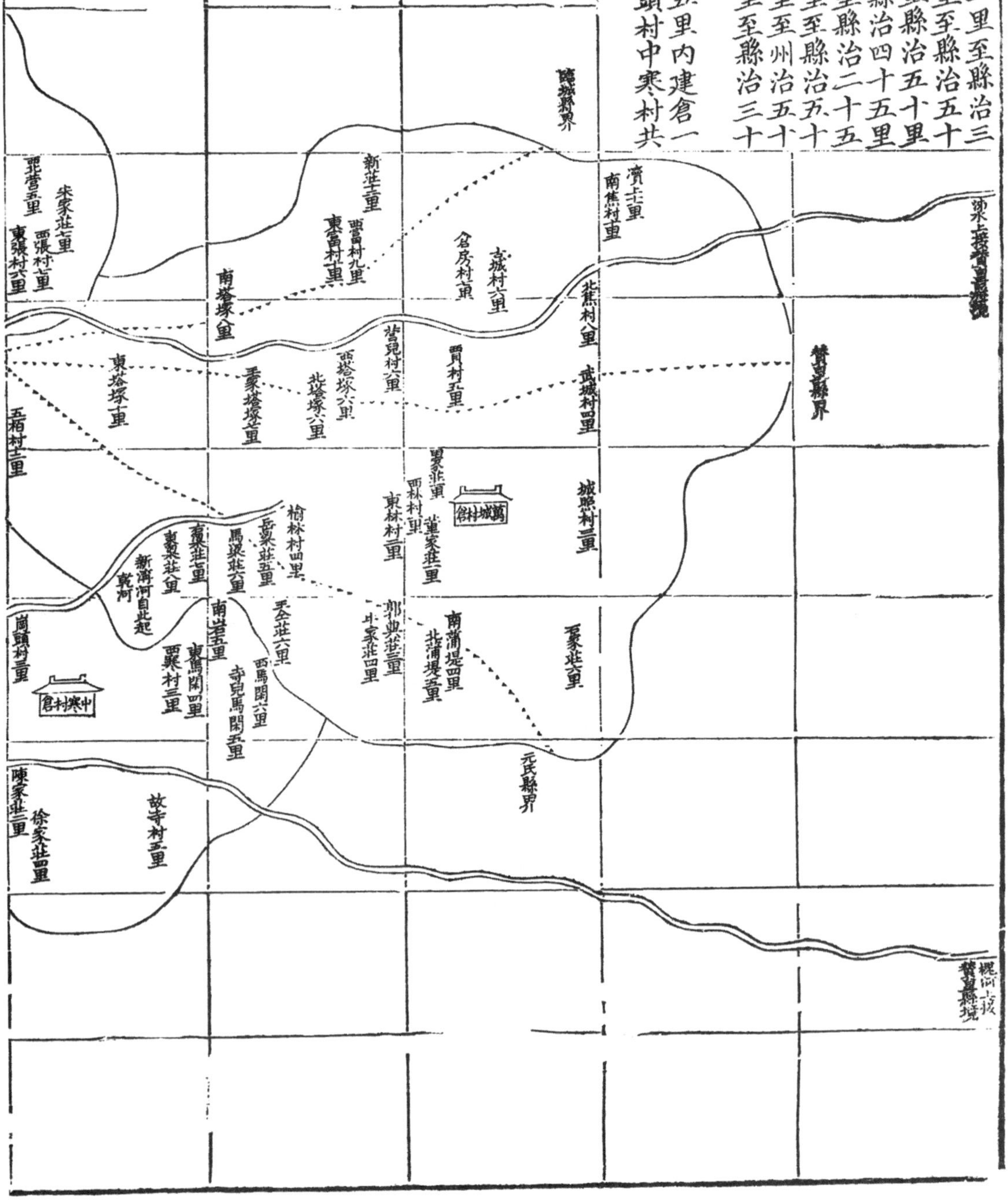

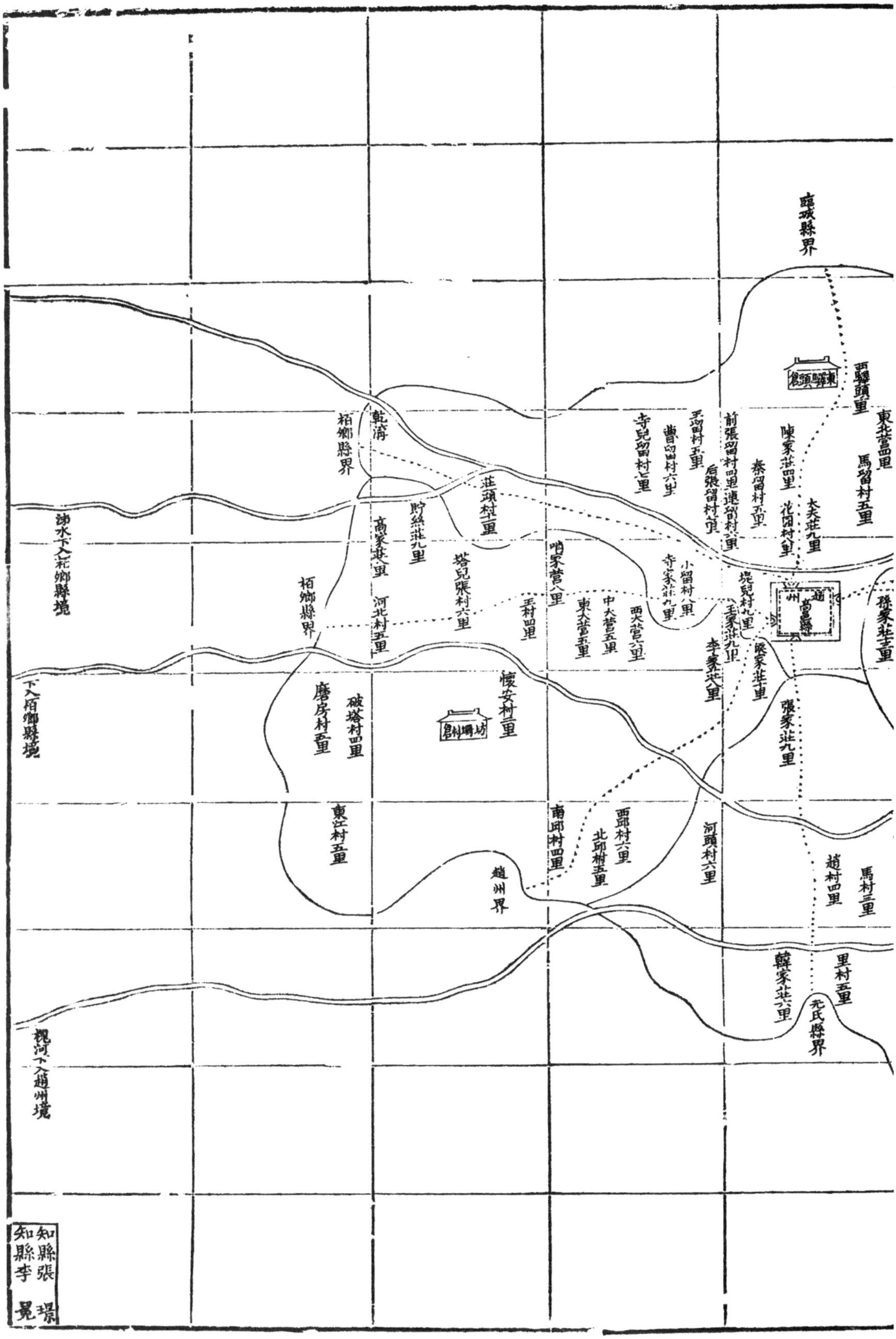
臨城縣界
東驛頭倉
西驛頭里
東北營四里
馬留村五里
柏鄉縣界
寺兒留村七里
曹留村六里
前張留村四里
後張留村八里
陳家莊四里
秦留村六里
花園村八里
大夫莊九里
莊頭村三里
高家莊七里
塔兒張村六里
哨家營八里
王村四里
東大營五里
中大營五里
西大營六里
小留村八里
寺家莊九里
境兒村九里
王家莊九里
李家莊八里
張家莊十里
孫家莊十里
趙州
高邑縣
柏鄉縣界
河北村五里
下入栢鄉縣境
懷安村三里
坊城村倉
破塔村四里
磨房村五里
張家莊九里
東江村五里
南邱村四里
西邱村六里
北邱村五里
河頭村六里
趙村四里
馬村三里
趙州界
韓家莊六里
里村五里
元氏縣界
槐河下入趙州境
知縣張璟
知縣李冕

臨城縣東至隆平縣界二十里至縣治五十里西至樂平縣界一百二十里至縣治二百二十里南至内邱縣界二十五里至縣治三十五里北至高邑縣界三十五里至縣治四十五里東南至唐山縣界二十五里至縣治四十里西南至邢臺縣界六十里至縣治九十里東北至柏鄉縣界二十五里至縣治三十五里西北至贊皇縣界四十五里至縣治七十里
縣屬大小一百一十九村每二十里内建倉一區稍遠者附之計竹果村石城村管等村韓村共建倉四區

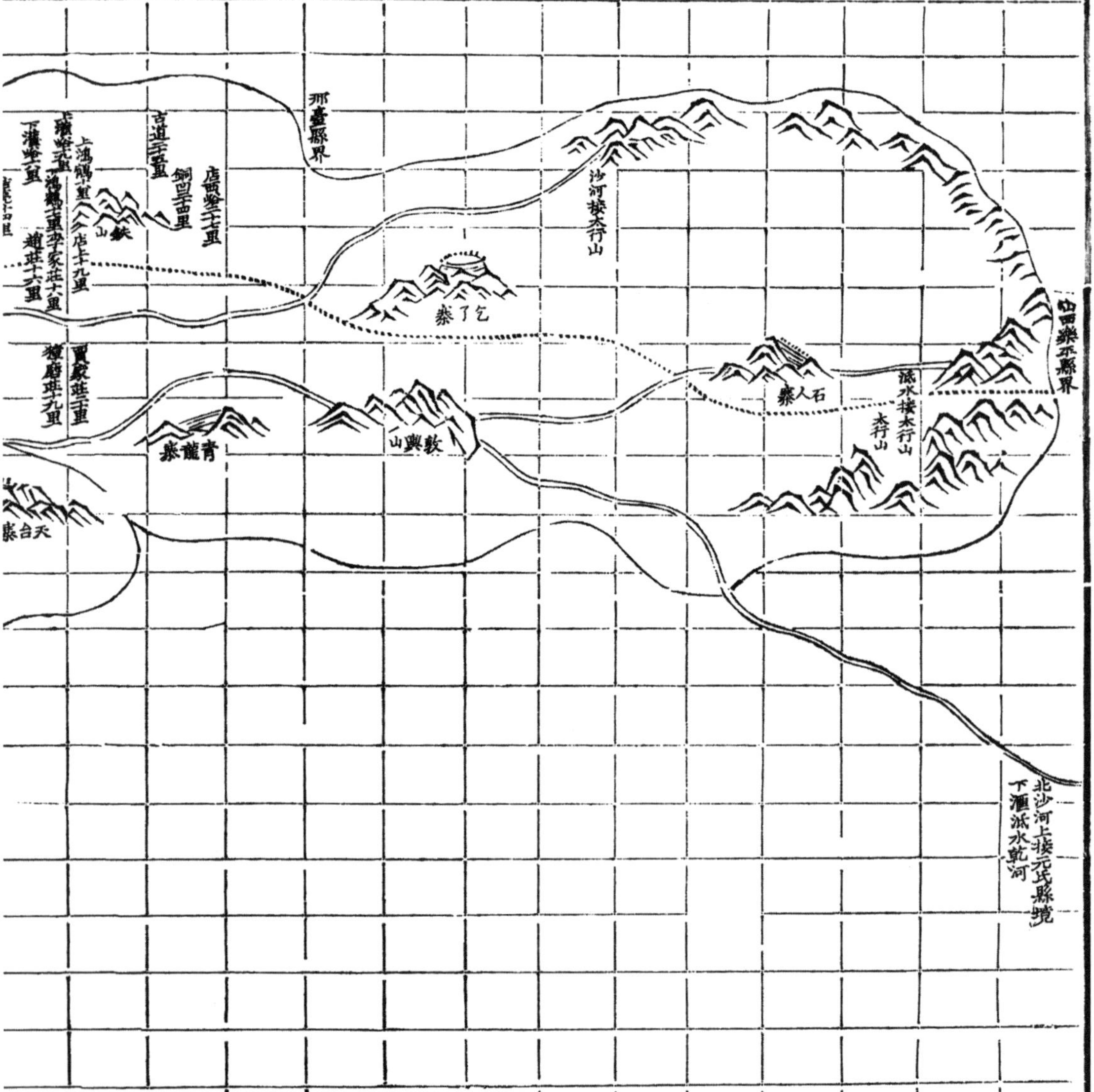

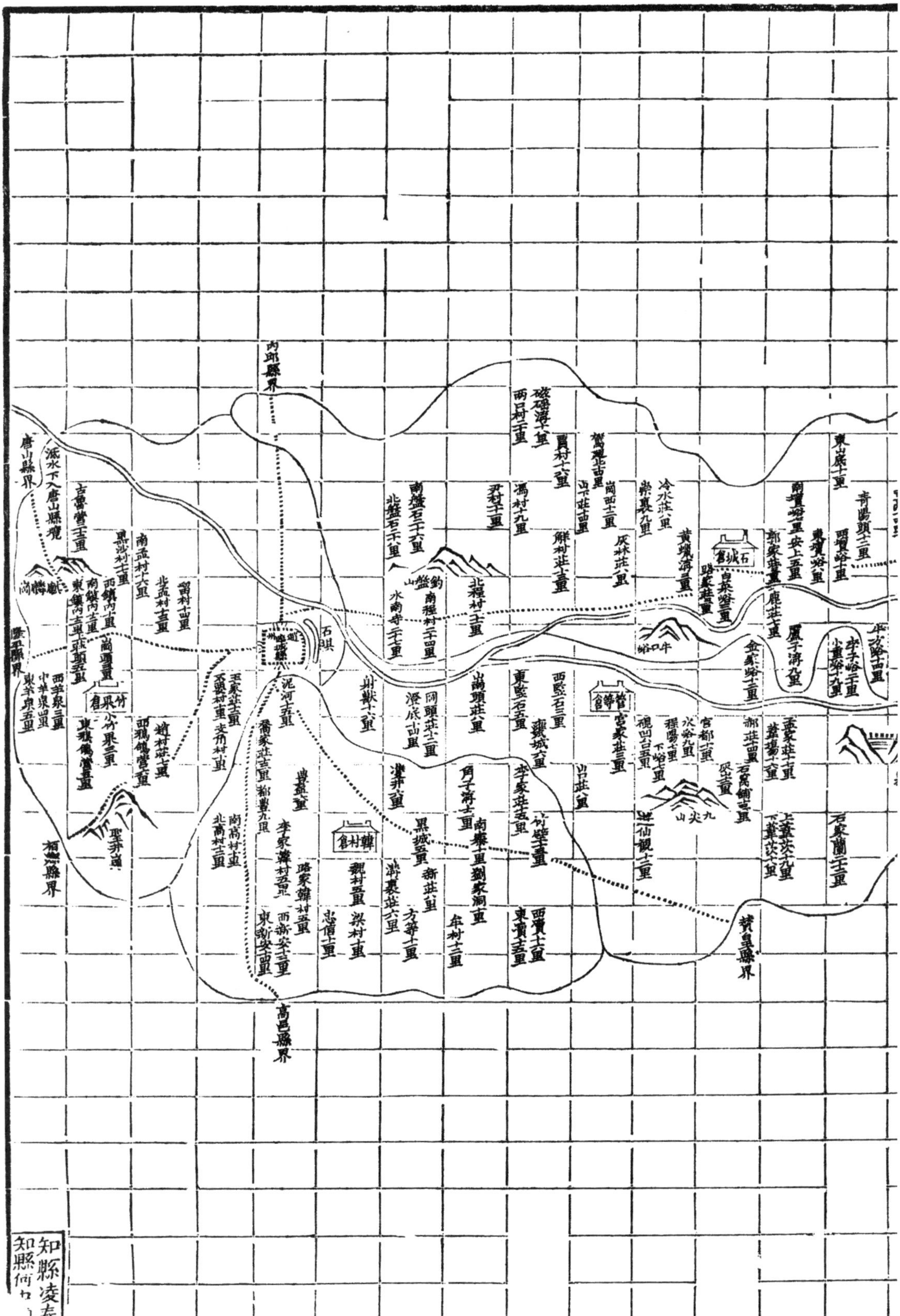


第三二一页

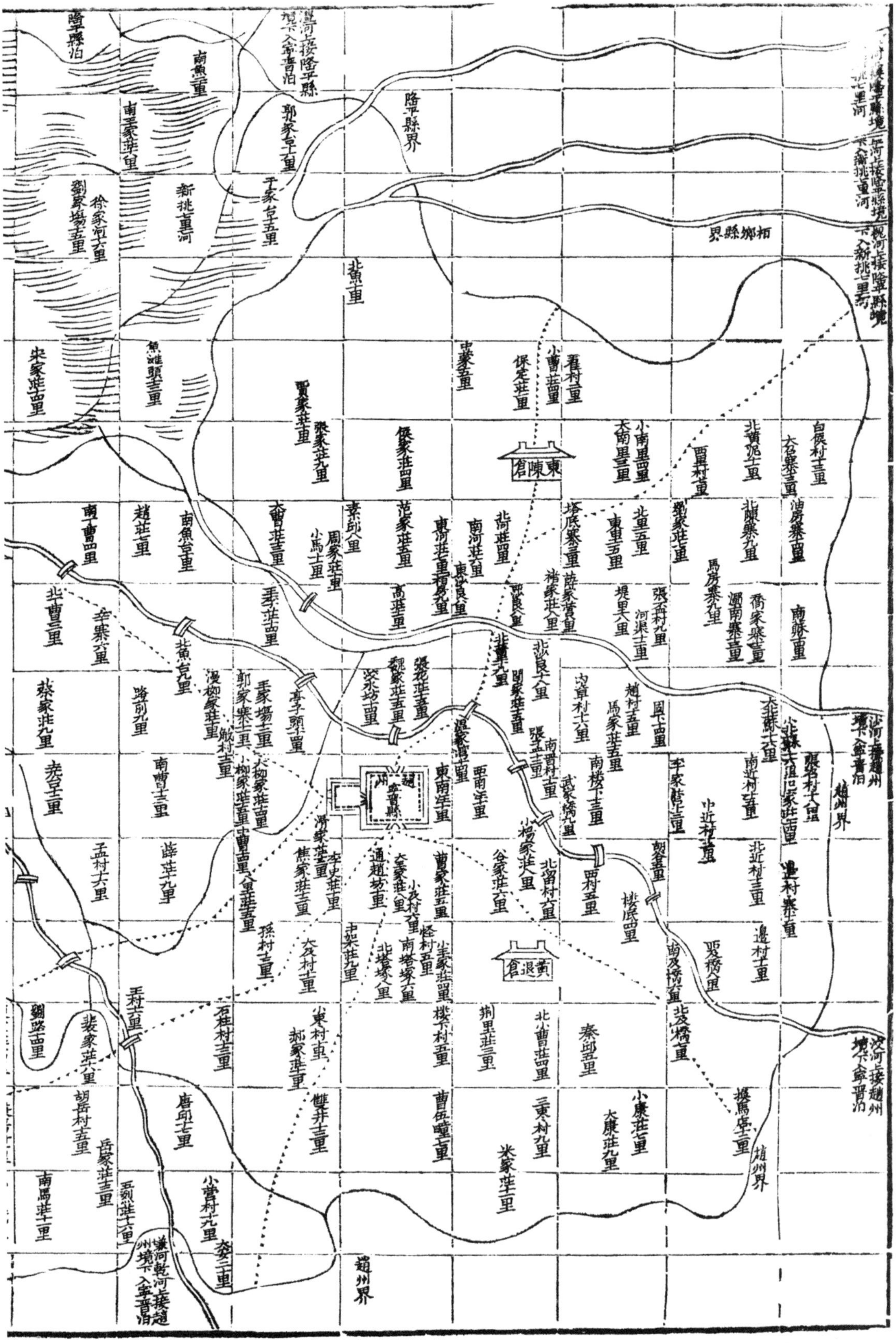
隆平縣泊
南魚一里
南王家莊一里
劉家墳五里
徐家宿六里
新挑五里河
郭家台一里
于家台五里
隆平縣界
柏鄉縣界
北旦一里
宋家莊四里
東陳倉
黃退倉
南一曹四里
北曹三里
辛寨六里
趙莊一里
南魚台二里
北黃台五里
路頭九里
南曹十三里
孟村六里
薛莊九里
劉路四里
裴家莊八里
胡岳村五里
岳家莊十里
南馬莊十里
唐明七里
小曹村九里
趙州界
北曹莊四里
秦邱五里
小康莊七里
大康莊九里
米家莊十里
三東村九里
曹伍疃十里
攝馬台十二里
趙州界
白侯村十二里
北黃泥十里
北陳寨九里
南蘇五里
馬房寨九里
孟家莊十三里
趙州界
北近村十三里
吳疃里
邊村十里

寧晉縣東至新河縣界五十里至縣治七十里西至趙州界二十里至州治四十里南至隆平縣界三十五里至縣治七十里北至趙州界二十五里由大道至州治四十五里東南至鉅鹿縣界五十里至縣治九十里西南至栢鄉縣界三十里至縣治五十里東北至束鹿縣界五十里至縣治九十里西北至趙州界二十里由大道至州治四十里

縣屬大小二百六十八村每二十里内建倉一區計東陳村黃退村蘇家莊小劉村杜買莊東汪村共建倉六區

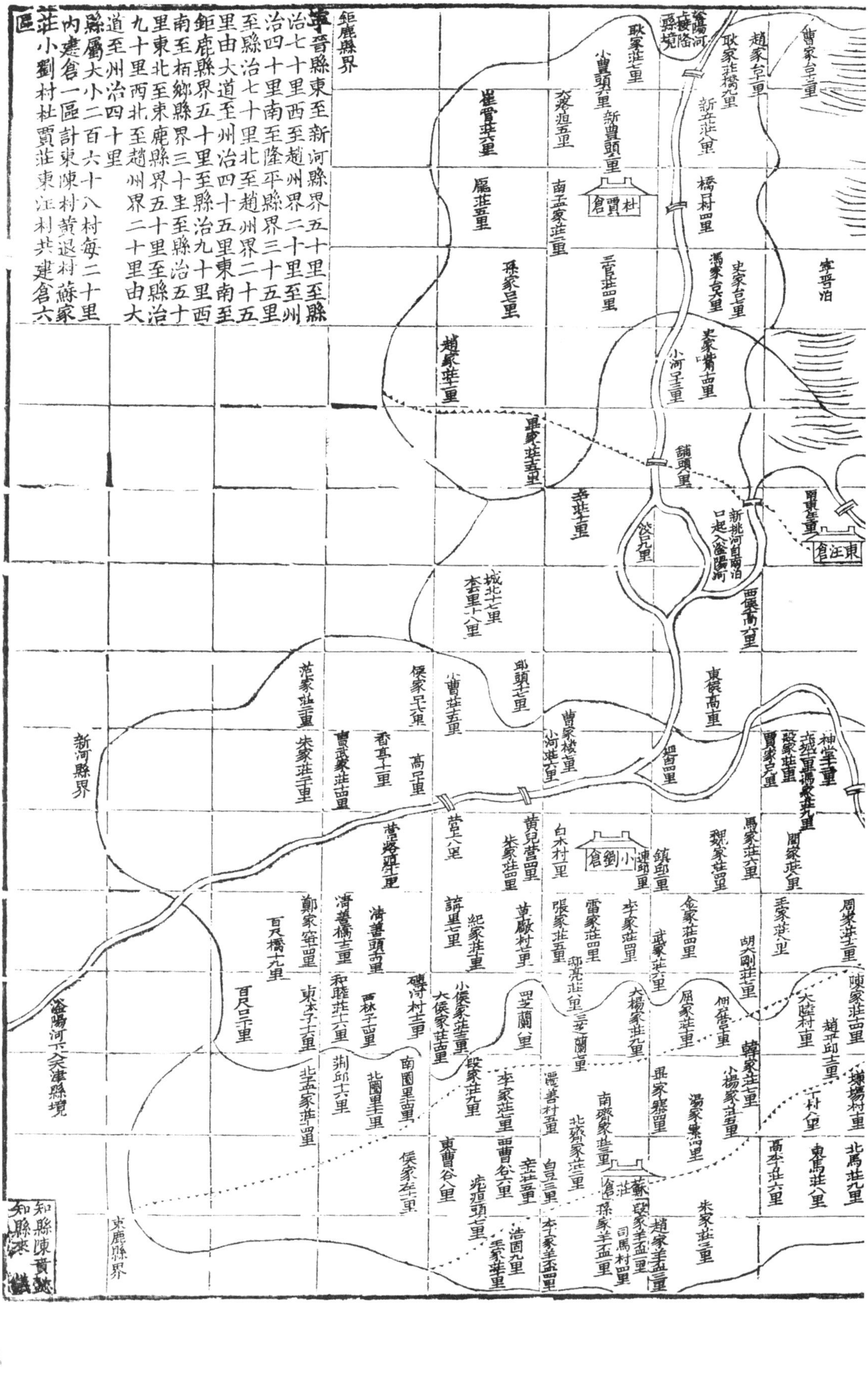

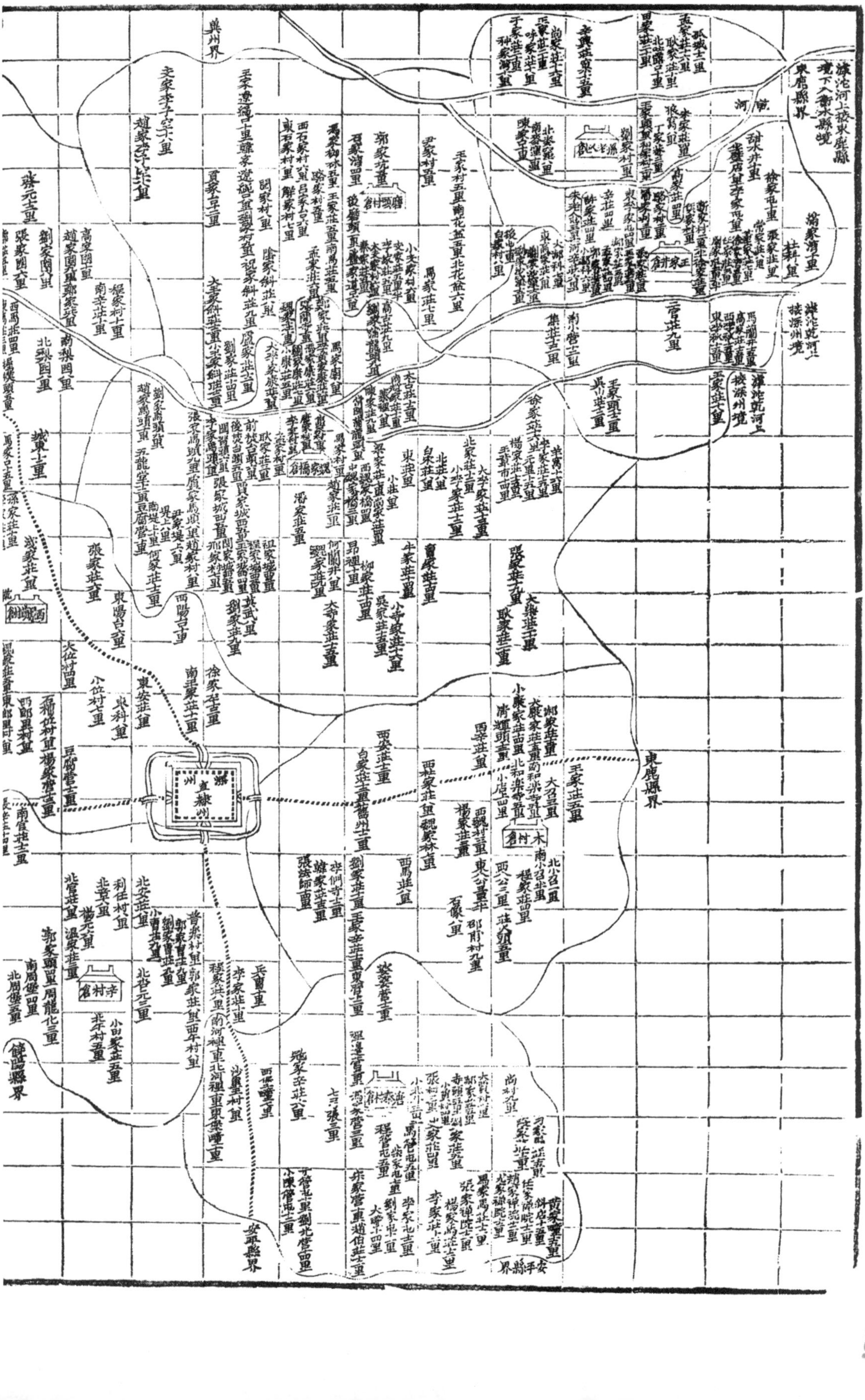
冀州界
滹沱河上接束鹿縣境下入衡水縣境
束鹿縣界
直隸州
束鹿縣界
安平縣界

深州東至武强縣界三十八里至縣治五十里西至東鹿縣界二十五里至縣治七十里南至冀州界六十五里至州治一百一十里北至安平縣界三十五里至縣治五十里東南至衡水縣界四十五里至縣治七十里西南至東鹿縣界五十九里至縣治六十里東北至饒陽縣界十八里至縣治六十里西北至安平縣界三十八里至縣治五十二里

州屬大小五百二十五村每二十里内建倉一區計榆科莊西景萌村護駕池陳二莊磨頭村王家井魏家橋木村唐奉村辛村北戲村孫老人屯共建倉十二區

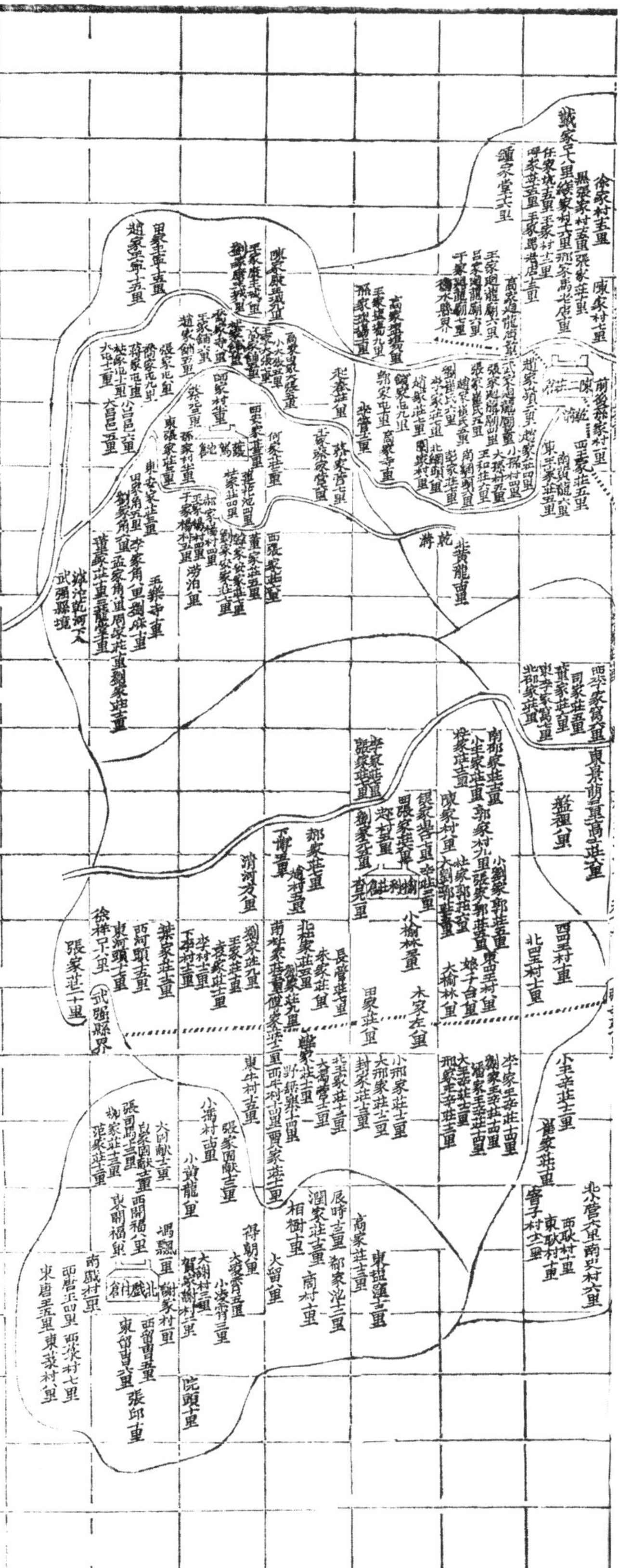

知州姜泰嗣
知州尹侃

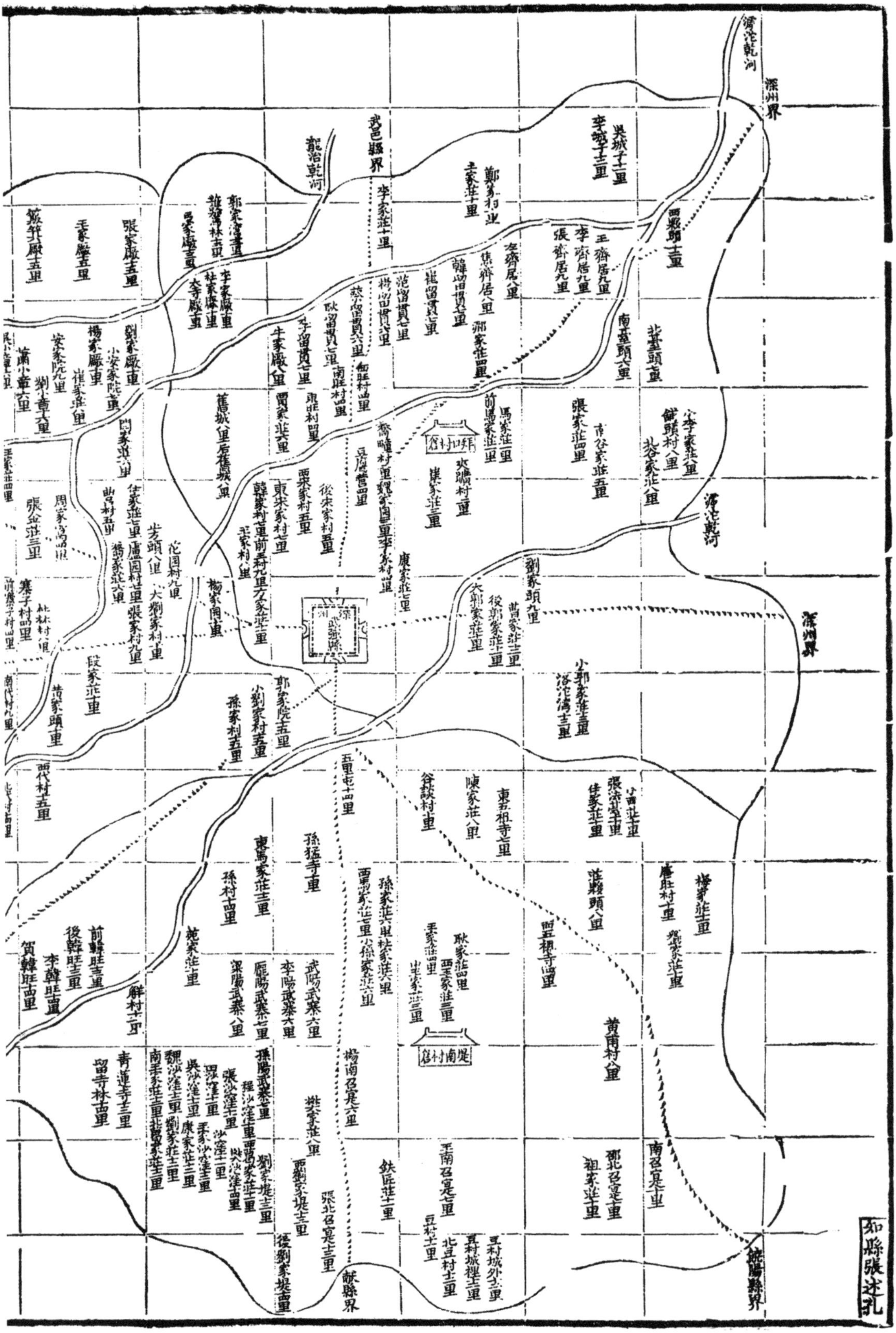
滹沱乾河
深州界
武邑縣界
滹沱乾河
深州界
獻縣界
饒陽縣界
知縣張述孔

武强縣東至交河縣界四十里至縣治七十里西至深州界十六里至州治五十四里南至武邑縣界二十里至縣治三十六里北至献縣界三十五里至縣治七十里東南至武邑縣界二十一里至縣治四十里西南至深州界二十五里至州治六十五里東北至献縣界三十三里至縣治六十里西北至饒陽縣界三十五里至縣治六十里

縣屬大小二百四十八村每十五里內建倉一區計小範鎮辛莊拜口村堤南村共建倉四區

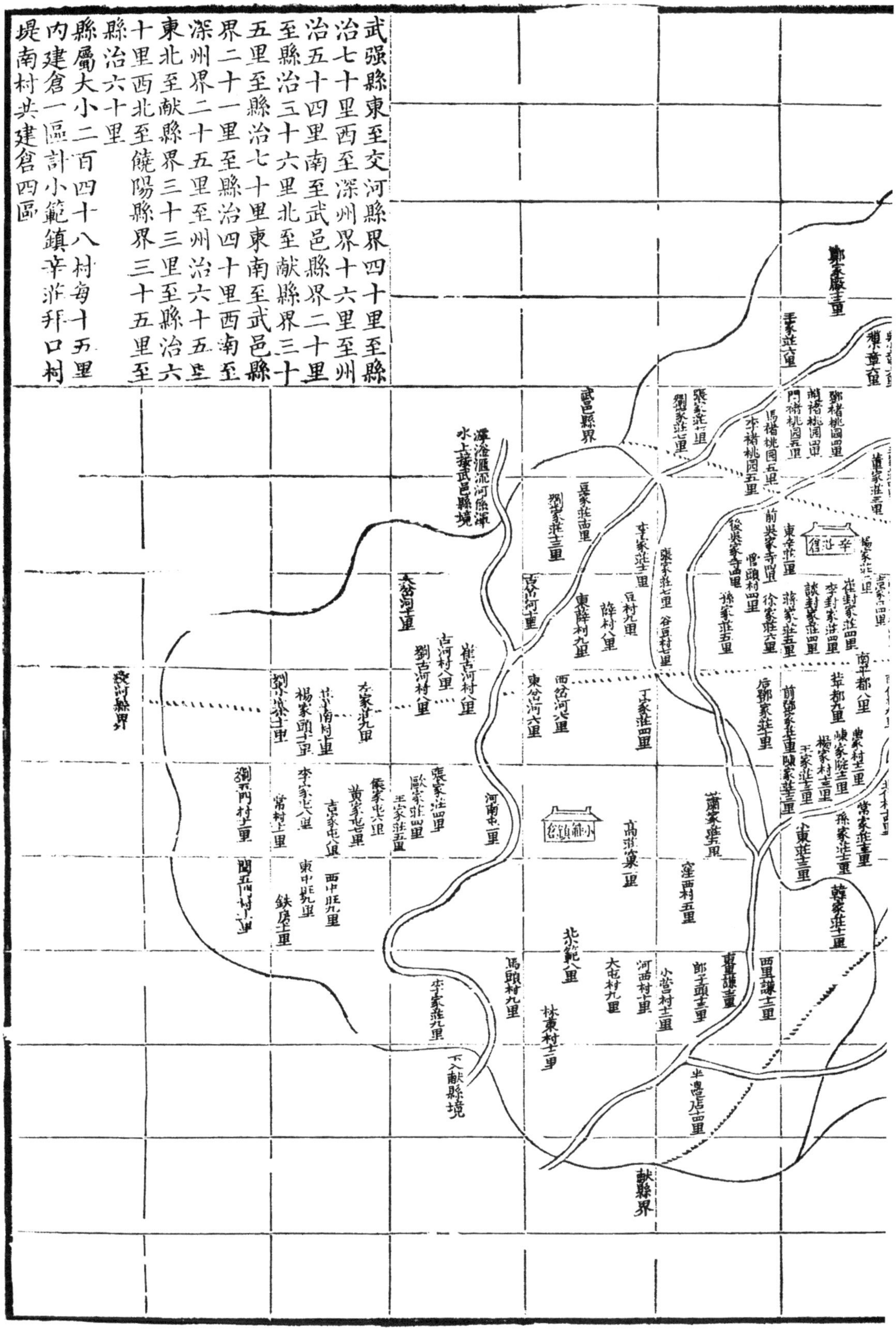

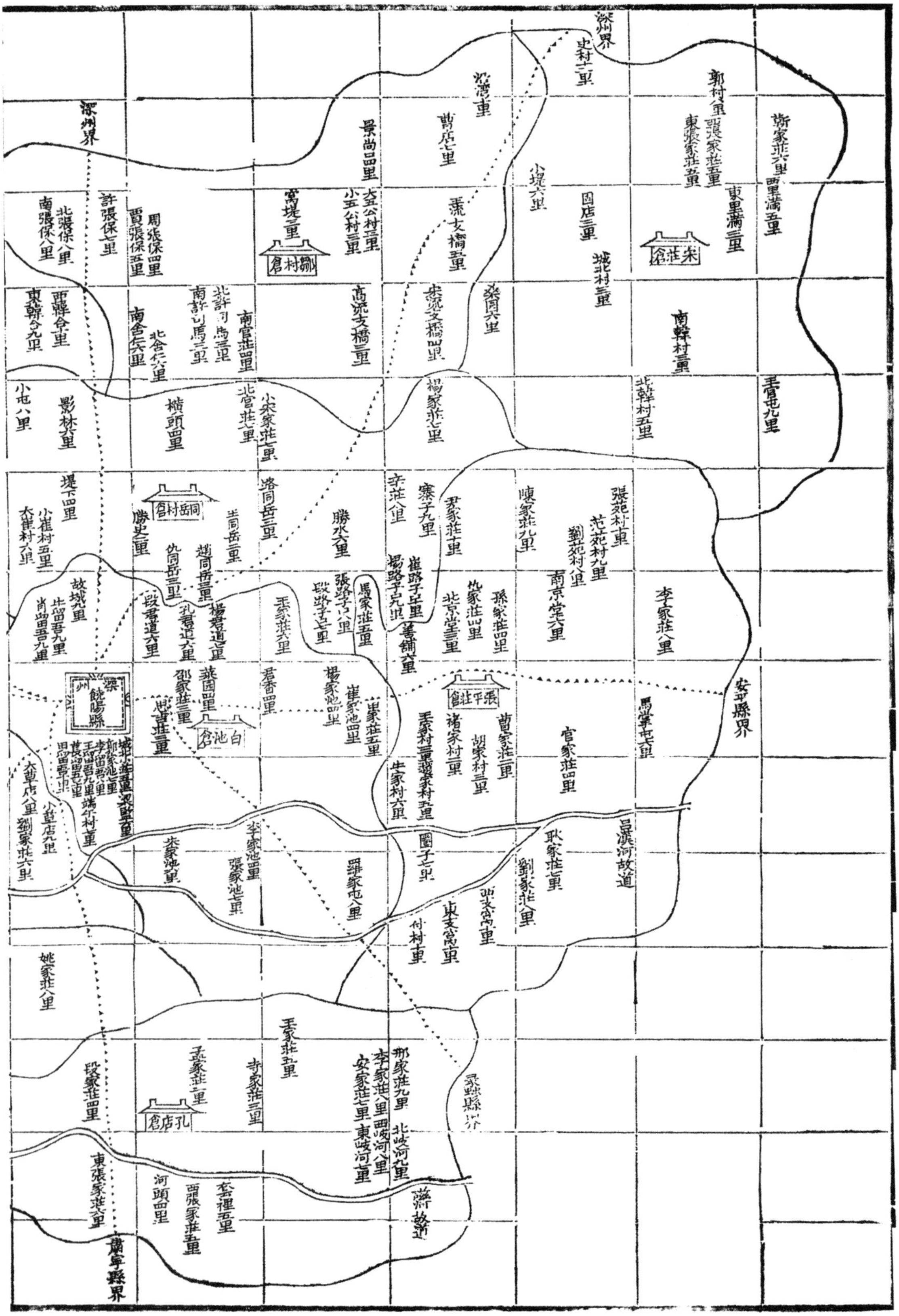
深州界
史村三里
郭村八里
景尚四里
曹店七里
小堤六里
固店三里
東里滿三里
西里滿五里
宋莊倉
城北村三里
南韓村三里
北韓村五里
王官屯九里
深州界
許張保七里
周張保四里
賈張保五里
北張保八里
南張保八里
大公村三里
小五公村三里
高流支橋三里
東流支橋五里
西流支橋四里
東韓今九里
西韓今三里
南舍六里
北舍六里
南官莊四里
北官莊六里
小宋家莊七里
楊家莊七里
小屯八里
影林六里
横頭四里
北許司馬三里
南許司馬三里
同岳倉
勝史三里
路同岳三里
勝水六里
李莊八里
寨子九里
張苑村五里
范苑村九里
劉苑村八里
陳家莊九里
南京堂六里
李家莊八里
安平縣界
馬家莊五里
孫家莊四里
北京堂三里
張平莊倉
白池倉
深州
饒陽縣
段君道六里
孔君道六里
楊君道三里
故城九里
堤下四里
小崔村五里
大崔村六里
張路子六里
段路子七里
崔路子五里
崔家池四里
楊家池四里
君香四里
邵家莊三里
曹家莊二里
胡家村三里
官家莊四里
滹沱河故道
耿家莊三里
劉家莊八里
圍子七里
羅家屯八里
宋家池三里
李家池三里
張家池七里
付村三里
東支宮三里
大董店八里
小董店九里
劉家莊六里
姚家莊八里
王家莊五里
孟家莊二里
寺家莊三里
段家莊四里
孔店倉
邢家莊九里
李家莊八里
安家莊七里
北岐河八里
西岐河八里
東岐河七里
東張家莊六里
河頭四里
西張家莊五里
獻縣界
滹沱故道
肅寧縣界

饒陽縣東至献縣界二十二里至縣治七十里西至安平縣界二十三里至縣治三十八里南至深州界一十七里至州治六十里北至肅寧縣界二十五里至縣治四十里東南至武强縣界二十五里至縣治六十里西南至深州界四十里至州治七十里東北至肅寧縣界三十里至縣治五十里西北至蠡縣界二十七里至縣治六十里

縣屬大小一百九十八村每十里内建倉一區計呂漢村留楚村鄒村同岳村宋莊張平莊白池干民村孔店共建倉九區

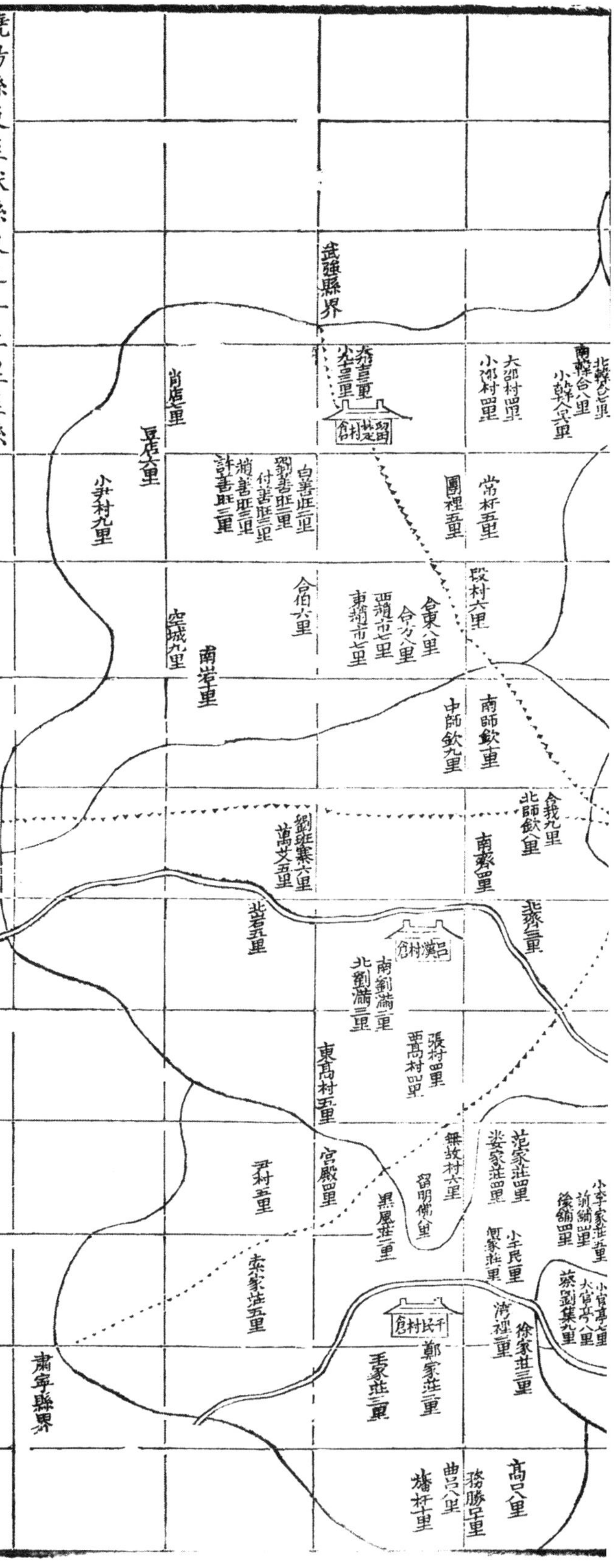


知縣單作藩

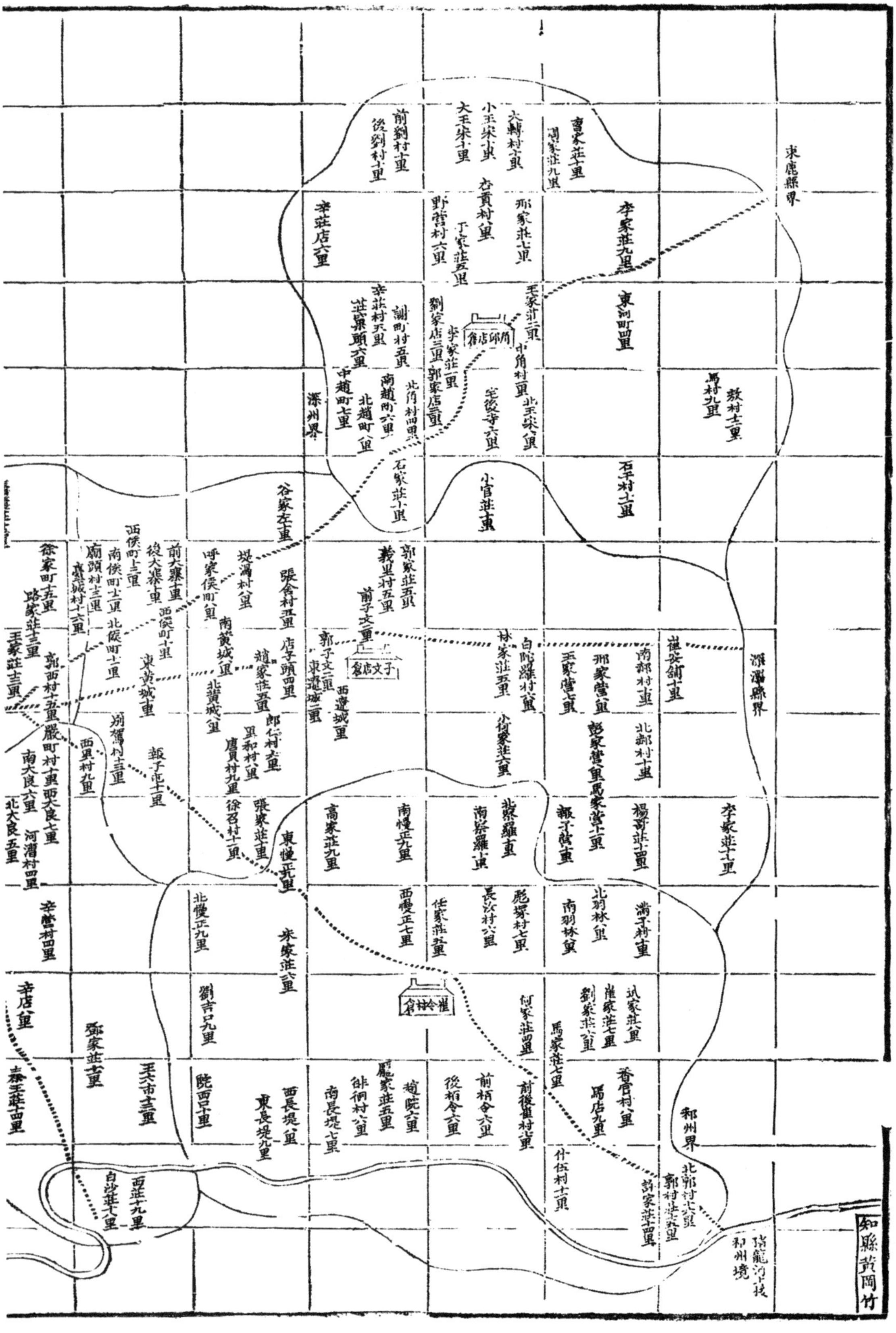

東鹿縣界
曹家莊十里
大王宋十里
小王宋八里
前劉村十里
後劉村十里
辛莊店六里
李家莊九里
邢家莊七里
谷貢村八里
野營村六里
丁家莊五里
王家莊二里
劉家店三里
李家莊一里
角邱店倉
宅後寺六里
南趙町六里
中趙町七里
北趙町八里
深州界
石家莊十里
小官莊八里
谷家莊七里
郭家莊五里
義里村五里
子文店倉
林家莊五里
張舍村五里
南黃城八里
北黃城八里
東黃城八里
徐家町十五里
路家莊十三里
王家莊十三里
崔家舖十里
李家莊十里
高家莊九里
南慢正九里
西慢正七里
北慢正九里
東慢正里
朱家莊十里
劉吉口九里
任家莊五里
長汝村八里
南羽林八里
北羽林八里
崔家莊七里
劉家莊八里
馬店九里
何家莊四里
馬家莊七里
辛店八里
鄭家莊十里
王六市十三里
前柏舍六里
後柏舍六里
南長堤七里
東長堤八里
西長堤八里
白沙莊十里
什伍村十里
北郭村北八里
許家莊十四里
知縣黃岡竹

安平縣東至饒陽縣界十五里至縣治三十八里西至深澤縣界三十里至縣治六十里南至深州界十二里至州治五十里北至博野縣界二十八里至縣治五十里東南至饒陽縣界十五里至縣治四十五里西南至東鹿縣界四十里至縣治九十里東北至饒陽縣界三十五里至縣治六十五里西北至祁州界三十五里至州治六十里

縣屬大小二百二十七村每十五里內建倉一區計義門村尹官屯角邱店子文店崔令村會窪村共建倉六區

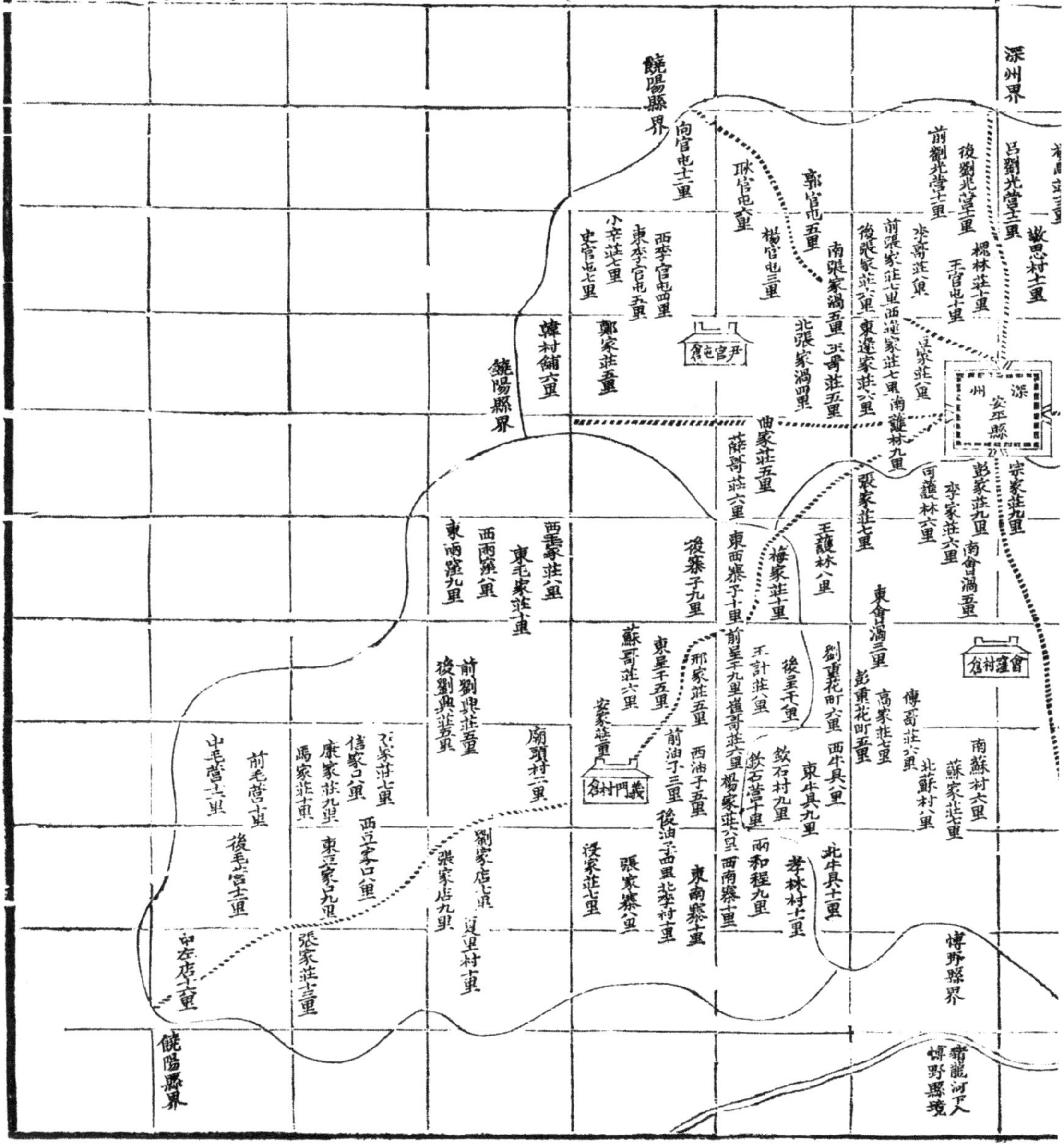

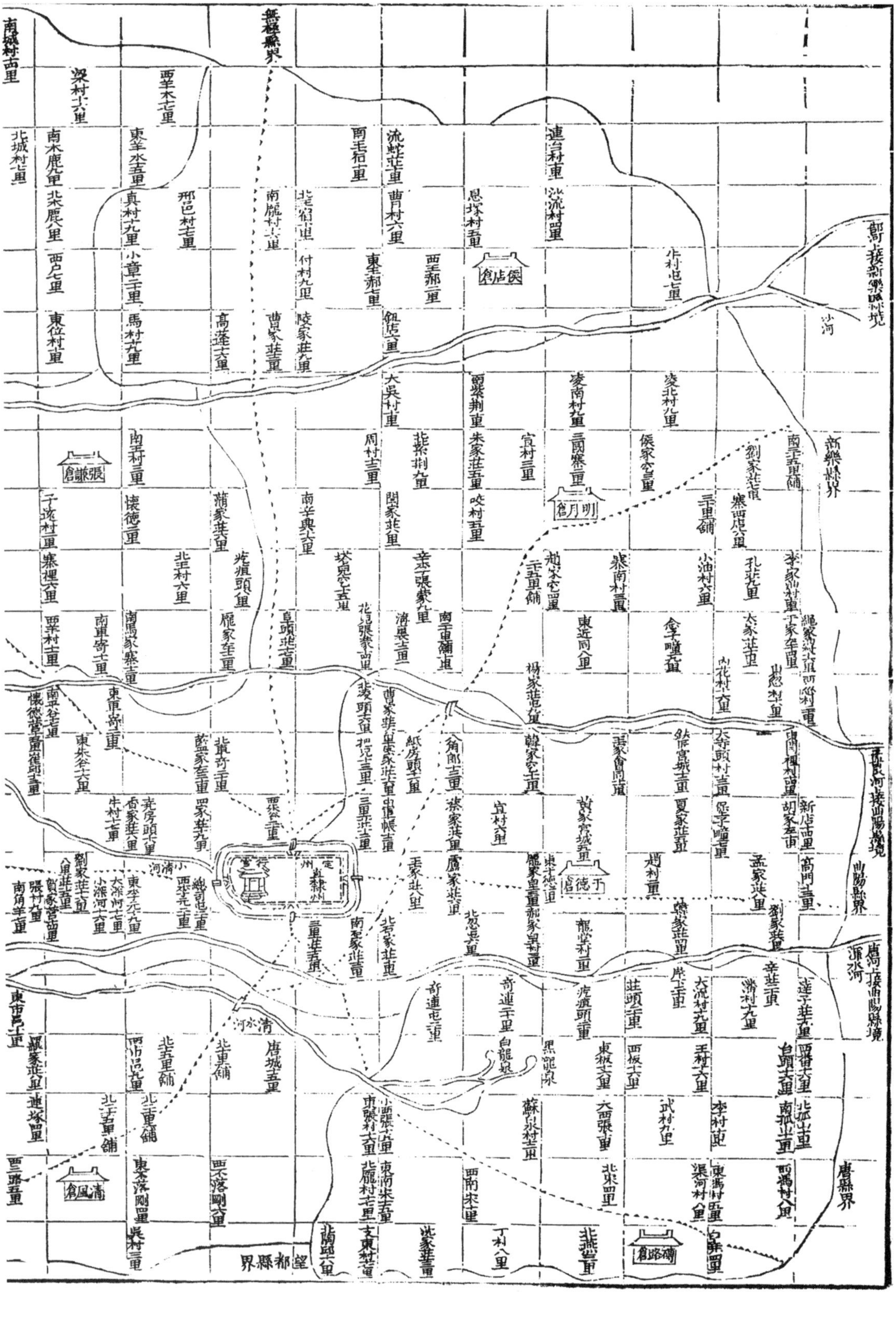
無極縣界
望都縣界
唐縣界
新樂縣界
曲陽縣界
沙河
唐河
清水河
定州
侯店倉
明月倉
清風倉
張謙倉

定州東至祁州界四十五里至州治六十里西至曲陽縣界三十里至縣治六十里南至無極縣界六十五里至縣治九十里北至望都縣界三十里至縣治六十里東南至深澤縣界七十里至縣治九十里西南至新樂縣界三十五里至縣治五十里東北至望都縣界三十五里至縣治六十里西北至唐縣界三十五里至縣治五十里

州屬大小三百四村每二十里内建倉一區計建羊村大女村東城村婁底村張謙村候店村明月店干德村磚路村清風店共建倉十區

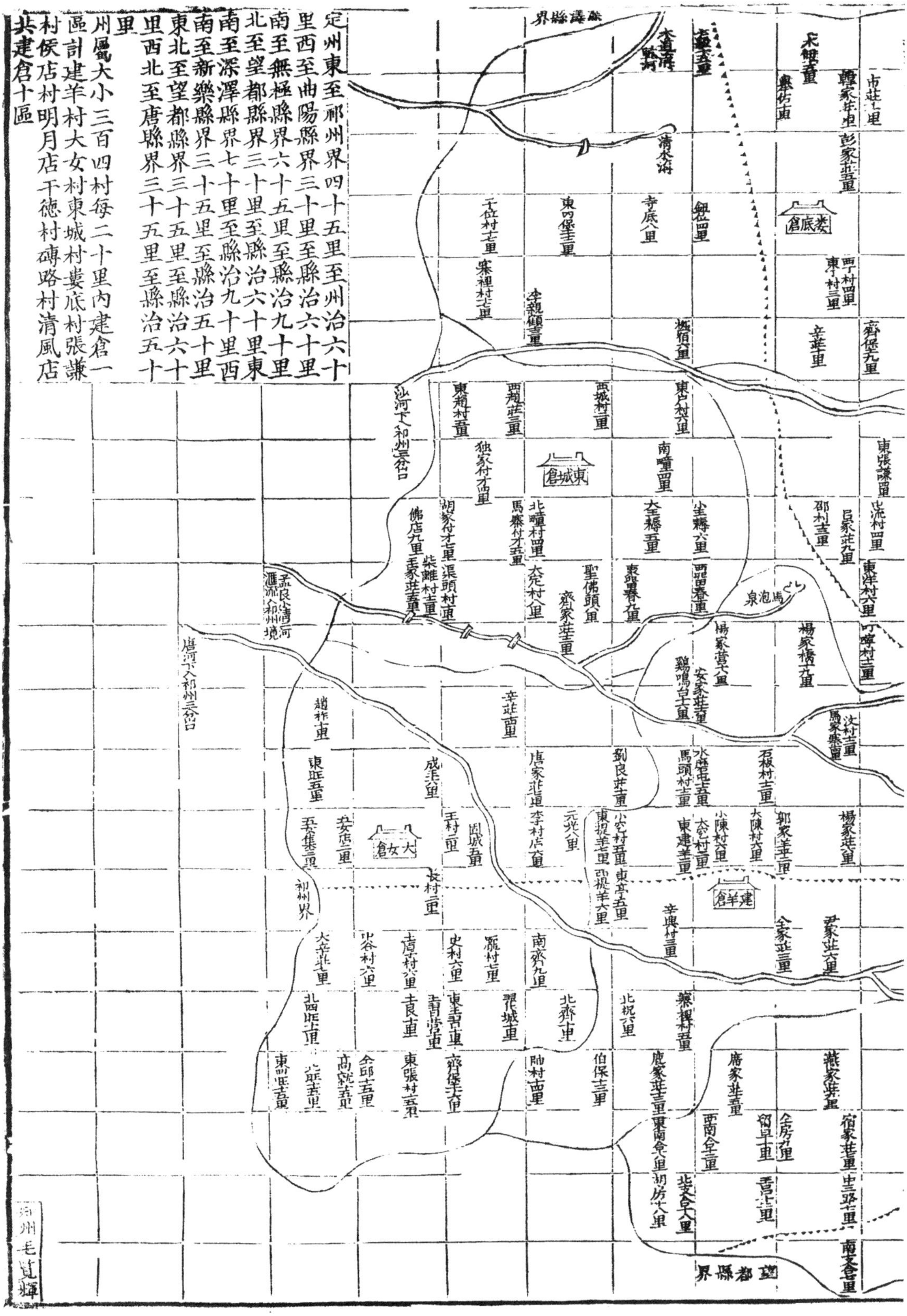

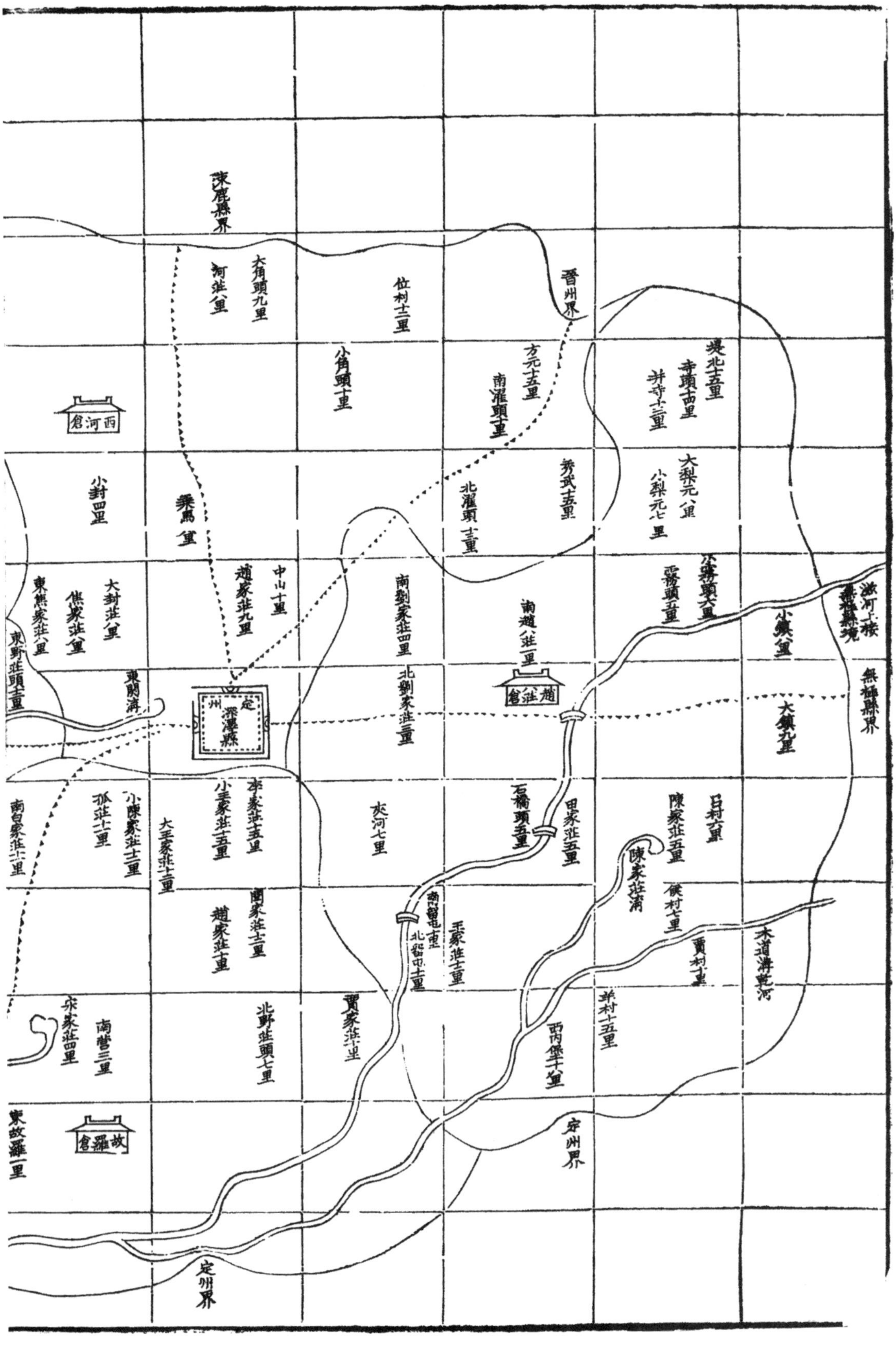

束鹿縣界
晉州界
大角頭九里
位村十二里
小角頭十里
西河倉
小封四里
大封莊八里
中山十里
趙家莊九里
南劉家莊四里
北劉家莊三里
定州
深澤縣
趙莊倉
大鎮九里
無極縣界
南白家莊十二里
孤莊十二里
小陳家莊十一里
大王家莊十三里
小王家莊五里
石橋頭五里
甲家莊五里
陳家莊五里
陳家莊清
侯村七里
北留屯十一里
王家莊十里
北野莊頭七里
賈家莊十里
南營三里
故羅倉
定州界

深澤縣東至安平縣界三十四里至縣治六十里西至無極縣界二十里至縣治四十里南至東鹿縣界二十里至縣治九十里北至定州界十八里至州治九十里東南至東鹿縣界二十里至縣治九十里西南至晉州界二十一里至州治四十里東北至祁州界二十七里至州治六十里西北至定州界十八里至州治九十里

縣屬大小九十村每二十里內建倉一區計大堡村鉄干村西河村南趙八莊西故羅村共建倉五區

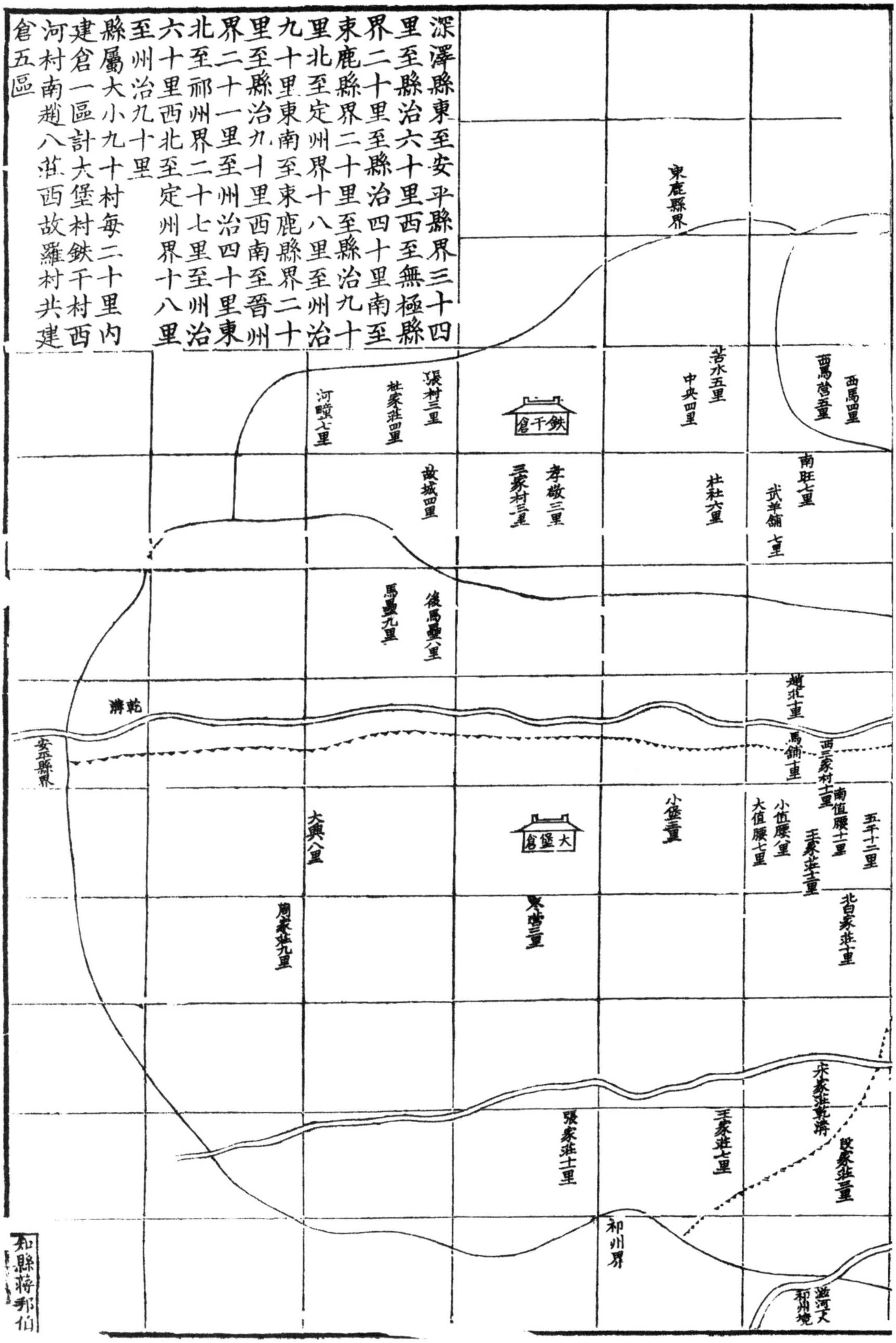


知縣蒋邦伯

曲陽縣東至定州界三十里至州治六十里西至行唐縣界二十五里至縣治五十里南至新樂縣界三十里至縣治六十里北至阜平縣界九十里至縣治一百五十里東南至新樂縣界三十里至縣治六十里西南至行唐縣界二十五里至縣治五十里東北至唐縣界二十五里至縣治六十里西北至阜平縣界六十里至縣治一百二十里

縣屬大小一百五十村每二十里内建倉一區計文德村留營村中家村朱家峪共建倉四區

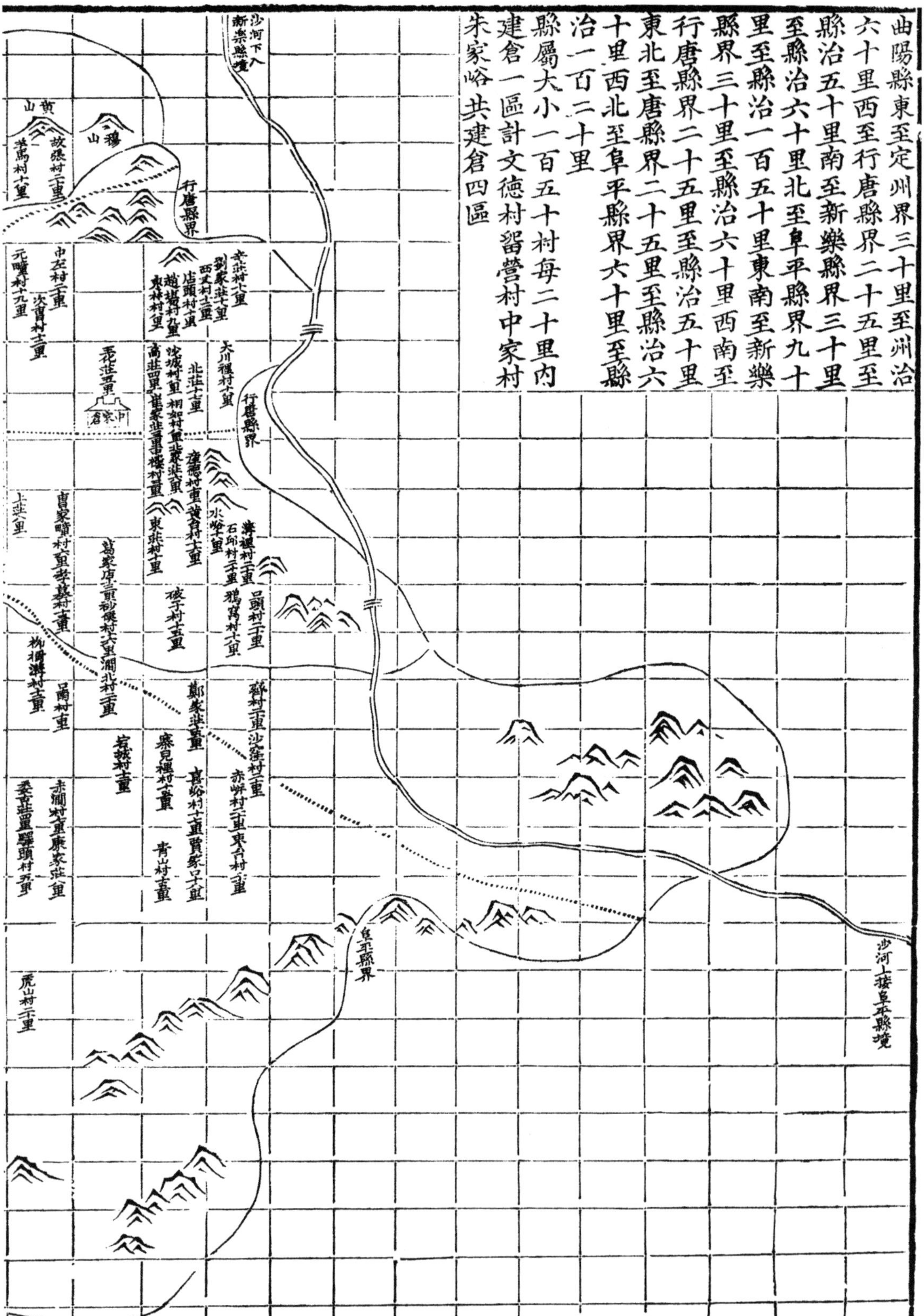

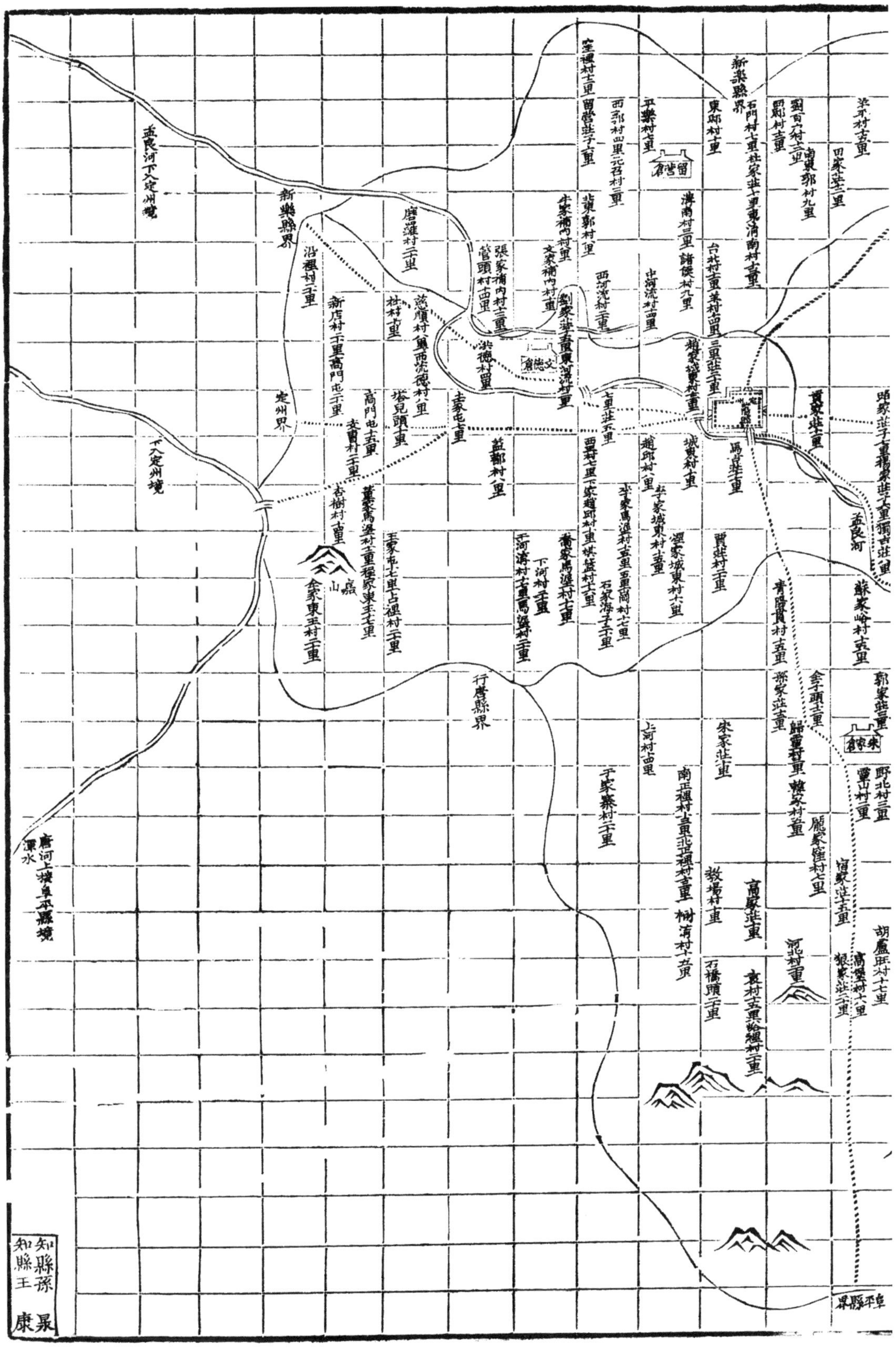
孟良河下入定州境
新樂縣界
新樂縣界
定州界
下入定州境
唐河上接阜平縣境
行唐縣界
孟良河
阜平縣界
知縣孫泉
知縣王康